Arbeitskulturen im Wandel

Prof. Dr. Sebastian Wörwag
Prof. Dr. Alexandra Cloots
Hrsg.

Arbeitskulturen im Wandel

Der Mensch in der New Work Culture

Springer Gabler

Hrsg.
Prof. Dr. Sebastian Wörwag
Berner Fachhochschule
Bern, Schweiz

Prof. Dr. Alexandra Cloots
OST - Ostschweizer Fachhochschule
St. Gallen, Schweiz

ISBN 978-3-658-30450-8 ISBN 978-3-658-30451-5 (eBook)
https://doi.org/10.1007/978-3-658-30451-5

Die Deutsche Nationalbibliothek verzeichnet diese Publikation in der Deutschen Nationalbibliografie; detaillierte bibliografische Daten sind im Internet über http://dnb.d-nb.de abrufbar.

Springer Gabler

Planung: Ulrike Lörcher

Titelfotografie: Bodo Rüedi, www.bo-do.ch
Springer Gabler ist ein Imprint der eingetragenen Gesellschaft Springer Fachmedien Wiesbaden GmbH und ist ein Teil von Springer Nature.
Die Anschrift der Gesellschaft ist: Abraham-Lincoln-Str. 46, 65189 Wiesbaden, Germany

Vorwort

„Kultur ist nicht sichtbar, sondern das unsichtbare Band, das die Dinge zusammenhält."
Joseph Joubert (1754–1824)

Die Arbeitskultur ist das unsichtbare Band, das Betriebe zusammenhält, deren Reputation und Attraktivität beeinflusst, sie in Krisen rettet oder in Krisen zu stürzen vermag. Die Arbeitskultur stand lange nicht im Vordergrund der betrieblichen Diskussionen. Oftmals verhindert ein aktueller Krisenmodus, ein traditionelles Strukturdenken, die Sorge vor grundlegenden Hinterfragungen, mangelnde Zeit oder die Fokussierung auf die x-te Strategie eine profunde Diskussion über die Arbeitskultur. Und doch ist die Arbeitskultur immer da. Unterschiedlich in ihrer Ausprägung und mal besser, mal schlechter von den Mitarbeitenden beurteilt. Sie ist aber mehr als nur ein Zustand, eine Randerscheinung: Sie prägt die Diskussionen zwischen Mitarbeitenden, sie setzt Themen, sie beeinflusst, wie gearbeitet, wie kommuniziert wird, wie Führungsentscheide getroffen werden und vor welchem Bedeutungshintergrund sie interpretiert werden. Sie beeinflusst das „Wie" im betrieblichen Alltag, das Klima im Betrieb, die Codes und Praxen, die schon zu Selbstverständlichkeiten geworden sind. Sie hat damit einen großen Einfluss auf Haltung, Professionalität, Zusammenarbeitsbereitschaft, schließlich darauf, ob bestehende Strukturen wirksam werden und ob eine gewählte Strategie erfolgreich wird. Die durchdachtesten Strukturen und die besten Strategien können an einer realen Kulturdifferenz scheitern: „Culture eats strategy for breakfast": Der Peter Drucker zugesprochene Ausspruch besagt, dass zwar Kultur nicht alles, doch ohne eine gute Kultur vieles nichts ist. Lassen Sie uns also über die Arbeitskultur reden.

Gehen wir von der Grundprämisse aus, dass der Mensch gerne, und gerne gut arbeitet, so ist es nicht nur das „Was", sondern auch das „Wie", das ihn prägt. Viele Menschen suchen ein harmonisches Beziehungsgeflecht zu ihrem Umfeld, wollen eigene Fertigkeiten kultivieren, wollen in einem kollektiven Bewusstsein beheimatet sein und streben nach einer Kultur, die ihnen hilft, betriebliche Ereignisse anhand kulturell akzeptierter Werte und Normen zu interpretieren. Das alles sind unterschiedliche Funktionen der Arbeitskultur, auf die wir in diesem Buch eingehen wollen. Mitarbeitende wollen nicht nur einer Zweckrationalität ihrer Aufgabe oder ihres Betriebes folgen, sie wollen Sinn und kulturelle Anschlussfähigkeit finden. Doch sie wollen sich auch nicht von plumpen Kultur-Geboten vereinnahmen lassen.

Die Kunst der Entwicklung guter Arbeitskulturen liegt darin, das subtile Zusammenspiel zwischen persönlichen Präferenzen und kollektiven Werten als freiwilliges, feines und filigranes Gewebe gemeinsam geteilter, wirkungsvoller und befriedigender Praxen der Arbeit entstehen zu lassen. Und dabei führt bereits die Erkenntnis, dass Kultur sich nicht einfach ‚bauen' lässt, sondern sich subtil in reflektierter Arbeits- und Führungspraxis „ent-wickelt", zum ersten und vielleicht wichtigsten Schritt der Kulturentwicklung. Denn Arbeitskultur ist kein Projekt, sie ist eine Haltung, die pluralistische Sinnwelten anerkennt, prozesshaft bleibt und Entwicklung zulässt, ohne das Ende vorwegzunehmen.

Pluralistische Sichtweisen und Diversität der Perspektiven sind auch in diesem Sammelband abgebildet, welcher den vielschichtigen und schillernden Begriff der Arbeitskultur mit unterschiedlichen Textbeiträgen thematisch beleuchtet. Das zeigt sich an der Vielfalt der Autorinnen und Autoren. Diversität ist aber auch wiederum in diesem Sammelband in drei unterschiedlichen Textsorten angelegt: Unsere *Forschungsbeiträge* präsentieren aktuelles und empirisch gesichertes Wissen mit hohem Anwendungsbezug und leisten damit einen Beitrag zur Objektivierung eines Themas, das für sich selbst gesehen voller Zuschreibungen ist. Eine zweite Textsorte sind die *Praxisbeiträge*, welche konkrete Erfahrungen mit dem Thema der Arbeitskultur in spezifischen Situationen aufarbeiten und verallgemeinerbare Erkenntnisse ableiten. Die dritte Textsorte sind *Denkanstöße*, essayistische Textbeiträge, welche den aktuellen Wissensstand zu einem Thema aufarbeiten, dieses aus einem neuen Blickwinkel strukturieren, es in unterschiedliche und neue Kontexte stellen oder spielerisch erörternd neue Perspektiven aufzeigen. Mit diesen drei Textsorten bieten wir unterschiedliche Leselinien an, sprechen ein breites Feld an interessierten Personen aus Praxis, Wissenschaft und Gesellschaft an und schaffen vielfältige Bezüge zum Thema.

Doch nicht nur Fachexpertinnen und -experten sollen mit ihrem spezifischen Blick *auf* die Arbeitskulturen in diesem Buch zu Wort kommen, auch die Betroffenen und Akteure selbst wollen wir einbeziehen mit ihrem Blick von *„innerhalb"* der Arbeitskulturen. Anhand einer eigenen Studie haben wir, die Herausgeber dieses Bandes, jenen Mitarbeitenden das Wort gegeben, die jeden Tag von ihrer spezifischen Erfahrung in und mit der Arbeitskultur berichten können. Sie geben uns einen aktuellen Einblick in die Arbeitswelt, in herrschende und gewünschte Arbeitskulturen. Die Ergebnisse haben wir in eigenen Kapiteln strukturiert und aufbereitet.

Eine solche Publikation ist – im besten Sinne – ein Gemeinschaftswerk, erstellt und unterstützt von verschiedensten Persönlichkeiten, denen eine Diskussion und Reflexion des Themas Arbeitskultur wichtig ist. Ein besonderer Dank geht zuerst an die Beitragsautoren, welche spannende und vielseitige Textbeiträge zu diesem Sammelband geliefert haben. Einige von ihnen standen auch am New Work Forum der FHS St.Gallen am 8. Januar 2020 einem interessierten Publikum Rede und Antwort.

Danken wollen wir auch unseren Mitgliedern des HR-Panels New Work, insbesondere den Board-Mitgliedern, welche uns mit guten Fragen und Diskussionen auf die Idee gebracht haben, dem Thema der Arbeitskultur ein Forschungsprojekt und einen Sammelband zu widmen. Ihre wertvollen Beiträge, Erfahrungsberichte und Impulse waren strukturbildend und inspirierend für die vorliegende Publikation.

Ein zusätzlicher Dank geht an die Fachpersonen in unserem Review Board, welche uns bei der Beurteilung und der Auswahl der Textbeiträge im „double-blind-Verfahren" unterstützt haben.

Schließlich danken wir noch jenen, welche organisierend oder redigierend die Komplexität eines Ausschreibeverfahrens für Textbeiträge, die Koordination aller Einzelarbeiten und schließlich das kritische Gegenlesen unterstützt haben. Es sind dies in alphabetischer Reihenfolge Alexandra Bernhardt, Samanta Riklin, Manuela Ruf und Claudia Züger.

Ihnen allen sagen wir herzlich Danke.

Nun wünschen wir Ihnen ein gutes Quantum Zeit, nicht nur zum Lesen der diversen Textbeiträge, sondern auch für die Reflexion, was das Thema der Arbeitskultur in ihrem (Arbeits-)Leben und ihrer betrieblichen Funktion verändern mag.

Wir wünschen Ihnen eine inspirierende Lektüre.

Sebastian Wörwag und Alexandra Cloots

► Aus Gründen der Lesbarkeit verwenden wir in diesem Buch überwiegend das generische Maskulinum. Dies impliziert beide Formen, schließt also das weibliche Geschlecht mit ein.

Inhaltsverzeichnis

Autorenverzeichnis

Alexia Böniger hat verschiedene Funktionen in der Finanzbranche ausgeführt, bevor sie vor rund 20 Jahren ein KMU im Bildungssektor aufgebaut hat. In der Rolle der Innovationsmanagerin und des CEO initiierte sie eine umfassende Digitalisierung sowie eine Transformation der Unternehmung von einem klassisch hierarchisch geführten Unternehmen zu einer Netzwerkstruktur mit kollegialen Führungs- und Entscheidungsprinzipien. Im Jahr 2017 durfte ihr Bildungsinstitut einen Award der OECD entgegennehmen, als eine von 30 weltweit führenden Schulen, in der Kategorie Innovation. Anfangs 2018 und Ende 2019 hat sie zwei Firmen gegründet, um Unternehmungen in ihren Transformationen zu unterstützen. Sie hat einen Master in Betriebsökonomie und studierte Innovationsmanagement.

Dr. Vera Calenbuhr unterstützt im Rahmen ihrer eigenen Beratungsfirma BlueMarble, sowie bei Now.New.Next. einem Beratungsnetzwerk, deren Gründungsmitglied sie ist, Organisationen dabei herauszufinden, was Nachhaltigkeit für sie bedeutet. Sie hat langjährige Erfahrung im Bereich der Beratung nationaler Regierungen bzw. Regierungsorganisationen, privater Unternehmen, Nicht-Regierungsorganisationen und wissenschaftlicher Institutionen in den Bereichen Komplexitätsforschung und Nachhaltigkeit. Im Rahmen ihrer langjährigen Aktivität beim Joint Research Centre (JRC) – dem wissenschaftlichen Arm der Europäischen Kommission – koordinierte sie u. a. einen Prozess zur Stärkung von Methoden aus der Theorie komplexer Systeme in der wissenschaftlichen Politikberatung; die strategische Planung, Berichterstattung und Evaluation des JRC; die Evaluation des

Prozesses der wissenschaftlichen Politikunterstützung; sowie das European Science and Technology Observatory (ESTO), einen europaweiten virtuellen Think-Tank. Den Beraterstab des Kommissionspräsidenten unterstützte sie bei der Konzeption der Europäischen Nachhaltigkeitsstrategie sowie zum Vorsorge-Prinzip. Dr. Calenbuhr ist externe Dozentin an der Universität Basel im Bereich der ökonomischen Perspektive der Nachhaltigkeit sowie der Umweltpolitik.

Prof. Dr. Alexandra Cloots ist Leiterin des HR-Panels New Work der Fachabteilung Interdisziplinäre Querschnittsthemen der OST - Ostschweizer Fachhochschule am Standort St.Gallen. Ihr Fachgebiet ist die innovative Gestaltung von Organisationen und Führung im Zeitalter von Smart & New Work.

Clarissa-Diana de Grancy (*Wilke) ist Gründerin und geschäftsführende Gesellschafterin der WOMEN'S BOARDWAY GmbH und Strategieberaterin mit vielschichtiger Gremien- und Managementerfahrung. Die Unternehmerin steht für Out-of-the-Box-Consulting von Führungspersönlichkeiten, Unternehmen und Organisationen, die sich mit crossfunktionalen Teams in einem disruptiven Markt erfolgreich positionieren möchten. Sie bringt herausragenden C-Level-Executives die entscheidenden Essentials für die erfolgreiche Mandatsgewinnung: informelles Strategiewissen, Sparring und das gezielte Matching mit Entscheiderinnen und Entscheidern aus der Board Community. Sie ist Vize-Präsidentin des franco-internationalen Business-Zirkels Féminin Pluriel Global in Berlin. Als Mentorin u. a. bei dem von dem Euro-Mediterran-Arabischen Länderverein (EMA e.V.) initiierten Entrepreneurship-Programm, Ouissal, hilft sie Start-up-Unternehmerinnen aus Marokko bei deren Positionierung im deutschen Markt.

Dr. Sascha Demarmels ist Expertin für agile Kommunikation und Zusammenarbeit bei Kommunikation 3.0. Sie unterstützt Teams und Führungspersonen als Kommunikationscoach, insbesondere im Hinblick auf Fragen der zwischenmenschlichen Kommunikation im Bereich Selbstorganisation, Konflikte und Diversity. Sie ist als Dozentin und Trainerin an verschiedenen Hochschulen und Instituten in der Schweiz und Deutschland unterwegs. Als Partnerin von Now.New.Next. ist sie in diesen Bereichen auch als Beraterin tätig. Nach ihrem Studium in Germanistik, Kommunikationswissenschaften und Medienforschung sowie Filmwissenschaften hat sie in Sprachwissenschaften promoviert und war über zehn Jahre lang Projektleiterin in angewandten Forschungsprojekten, u. a. zu Fragestellungen der Verständlichkeit von Marketing zu nachhaltigen Stromprodukten.

Prof. Dr. Ernst Deuer ist Prodekan der Fakultät Wirtschaft am Studienort Ravensburg der Dualen Hochschule Baden-Württemberg und lehrt Betriebswirtschaftslehre mit den Schwerpunkten Personalwirtschaft, Organisationslehre und Mitarbeiterführung. Seit vielen Jahren verantwortet er empirische Studien insbesondere an der Schnittstelle von betrieblicher Personalarbeit und beruflicher Bildung. Hierbei standen bislang unter anderem Ausbildungsabbrüche, Aspekte der Studien- und Berufswahl, betriebliches Vorschlagswesen, berufliche Gratifikationskrisen sowie Work-Life-Balance im Fokus. Seit 2015 ist er wissenschaftlicher Leiter der Panelstudie „Studienverlauf – Weichenstellungen, Erfolgskriterien und Hürden im Verlauf des dualen Studiums an der DHBW".

Thomas Falter hat mehr als 30 Jahre Erfahrung als Manager in unterschiedlichen Rollen in Konzernen wie Infineon AG und Siemens AG. Seit 2009 ist er Professor für Informations-/Projektmanagement in der Betriebswirtschaftlichen Fakultät der OTH Regensburg. Seine Forschungs- und Beratungsschwerpunkte sind Führung, Motivation, Lernen, Energie- und Skill-basierte Jobpassung und Organisationsentwicklung. Er entwickelt Produkte für (Selbst-)Führungskräfte zur Umsetzung von Strategie-, Personal-, Führungs- und Wertethemen in der täglichen Praxis und wendet diese in der Beratung von Startups, KMU und Konzernen an.

Roman A. Huber MSc. ist Senior Consultant bei der ALL CONSULTING AG in St. Gallen; Studium der Betriebsökonomie an der Hochschule für Angewandte Wissenschaften St. Gallen mit Vertiefung in Corporate and Business Development; langjährige Tätigkeiten im Finanzdienstleistungsbereich als Berater, im Gesundheitswesen als Projektleiter für Risikomanagement und Personaleinsatzplanung, im Industriesektor als Group-Controller/Begleiter von M&A-Projekten, im Bildungssektor als Projektleiter und Senior Berater für Praxisprojekte; Leitung unterschiedlicher Module von Praxisprojekten, Coaching- und Consultingaktivitäten sowie Fach- und Methodeninputs in den Bereichen wissenschaftliches Arbeiten, Präsentation und Projektmanagement und in der IT- und Managementberatung.

Christina Hübschen ist CHRO bei dem Software- und Finanzdienstleistungsunternehmen Avaloq. Zuvor hatte sie für die Firma Accenture gearbeitet. Christina Hübschen verfügt über eine langjährige, internationale Erfahrung im Personalwesen. Sie ist Anwältin und hat einen MBA. Ihr Steckenpferd sind die Zukunft der Arbeit und die damit einhergehenden, z.T. radikalen Veränderungen. Im Moment fokussiert sie sich auf den Aufbau von „User Experience im HR".

Dr. Ronald Ivancic Mag. mult., Projektleiter und Dozent an der Wissenstransferstelle der OST - Ostschweizer Fachhochschule; Ronald Ivancic ist Medien- und Kommunikationswissenschaftler, Kulturwissenschaftler, Wirtschaftsrechtler sowie Betriebswirtschafter und promovierte zum systemischen Markenmanagement. Er ist als Dozent und Projektleiter an der Wissenstransferstelle der Hochschule für Angewandte Wissenschaften St.Gallen tätig. Bis 2016 war er als Direktor der Internationalen Programme der St.Galler Business School und der Management Academy St.Gallen sowie als Dozent, Autor, Herausgeber, Berater, Coach und Interimsmanager sowie in verschiedenen Fachverbänden, Interessensgemeinschaften und Beiräten aktiv.

Reto Kaelli Wirtschaftsinformatiker HF, Head of Marketing & Head of Business Intelligence bei der ALL CONSULTING AG in St. Gallen: Kaufmännische Grundausbildung, Weiterbildung in Marketing und Wirtschaftsinformatik mit höheren Abschlüssen. Langjährige Tätigkeiten im Bereich Business Intelligence als Berater, für einen international tätigen Hersteller von Business Intelligence und Controlling Software als Vice President Pre-Sales EMEA/APAC, für ein mittelgroßes IT Dienstleistungsunternehmen als Head of Marketing & Head of Business Intelligence.

Reto Kessler berät Organisationen zu Führung, Zusammenarbeit und Veränderung. Er unterstützt Kunden dabei, geeignete Praktiken im Umgang mit Ungewissheit zu entwickeln und adäquate Antworten auf komplexe Fragen zu finden. Seine Beratungsschwerpunkte sind Entscheidungsfindung, Veränderung, Organisationsentwicklung und Teamdynamik. Nach seinem Ingenieursstudium arbeitete Reto Kessler als Projektleiter für IT und Organisationsprojekte in einem Schweizer Medienkonzern. Hier war er für die Evaluation und Einführung von IT-Systemen sowie die Umsetzung von organisatorischen Veränderungsvorhaben verantwortlich. 2012 wechselte er in die Organisationsbereitung. Seit 2019 ist er selbstständiger Berater und Mitbegründer von Now. New.Next. Reto Kessler ist ausgebildet in systemischer Organisationsberatung, Führung und Projektmanagement. Er gibt regelmässig Trainings und Workshops zu seinen Schwerpunktthemen, zu Praktiken wie Soziokratie 3.0 und Art of Hosting und engagiert sich als Gastdozent an verschiedenen Fachhochschulen.

Prof. Dr. Petra Kugler ist Professorin für Strategie und Management am Institut für Unternehmensführung der OST - Ostschweizer Fachhochschule. Sie beschäftigt sich mit innovativen Strategie- und Managementansätzen und wie diese zu nachhaltigen Vorteilen im Wettbewerb führen können. (Digitale) Technologien, Innovationen und Organisationen, die „anders" als der Mainstream funktionieren, spielen dabei eine zentrale Rolle. Doch letztlich geht es eigentlich immer darum, wie Menschen „ticken". Petra Kugler studierte und promovierte in Betriebswirtschaft in der Schweiz, den USA, Deutschland und in Italien und war in der Werbung/Kreativwirtschaft tätig. Über Aktivitäten im Sport hatte sie die Gelegenheit, einige spannende Ecken der Welt kennenzulernen und zu entdecken, dass „Anderssein" immer eine Frage der Perspektive und der Mehrheitsverhältnisse ist.

Andreas Laib ist Dozent an der Ostschweizer Fachhochschule im Fachbereich Soziale Arbeit. Er lehrt in den Schwerpunkten Sozialmanagement und Sozialpolitik und ist Studienleiter des MAS in Management of Social Services. Er ist Vorsitzender der Internationalen Arbeitsgemeinschaft für Sozialmanagement/Sozialwirtschaft (INAS e.V.) und befasst sich schwerpunktmässig mit Führung und Organisation im Nonprofit-Bereich.

Nicole Lieberherr MSc FHO Soziale Arbeit. Während des Masterstudiums von 2015 bis 2019 arbeitete sie als wissenschaftliche Assistentin im Institut für Soziale Arbeit und Räume der OST - Ostschweizer Fachhochschule. Diverse Projektarbeiten im Bereich Alter und Modelle der Selbstorganisation wie zum Beispiel Buurtzorg, das holländische Pflege-Modell.

Prof. Dr. Sabina Misoch ist Leiterin des Instituts für Altersforschung an der OST - Ostschweizer Fachhochschule. Sie ist promovierte Soziologin und Methodologin und hat sich neben alterssoziologischen Fragestellungen auf qualitative Methoden, insbesondere Methoden der qualitativen Befragung, spezialisiert. Sie engagiert sich in der Lehre sowie in der Betreuung von Doktorierenden. Darüber hinaus ist sie als internationale Expertin für Technologie, ICT und Ageing für verschiedene (inter-) nationale Kommissionen und Stiftungen und als Redaktionsmitglied in verschiedenen internationalen Fachzeitschriften tätig. Forschungsschwerpunkte sind Technik(-akzeptanz), Robotik, ICT, Identität, Wertewandel und ältere Arbeitnehmende. Sabina Misoch leitet, neben vielen anderen Forschungsprojekten, das grösste Schweizer Projektvorhaben zu den Herausforderungen einer alternden Gesellschaft (AGE-NT, „Alter(n) in der Gesellschaft"), das vom SBFI mit ca. 4 Mio CHF gefördert wird. In Zusammenarbeit mit ihrem interdisziplinären Team widmet sie sich der Suche nach effektiven und nachhaltigen Lösungen für die Herausforderungen des demografischen Wandels in der Schweiz.

Andreas Müller hat mehr als 20 Jahre Berufserfahrung in unterschiedlichen Rollen in Industrie und Wissenschaft. Nach seinem Studium in Braunschweig, Amiens und Tübingen promovierte er an der TH Karlsruhe (heute KIT). Anschließend war er Gründungsmitglied im Managing Board der Volkswagen AutoUni und hob später die School of Banking and Finance als Corporate University der Erste Group aus der Taufe. Seit 2016 ist Andreas Müller als Professor für Personalmanagement an der Hochschule Kempten aktiv, wo er sich mit Digital HR, Führungsentwicklung und Transformational Change in Forschung und Lehre beschäftigt.

Dr. Sandra Niedermeier ist freie Trainerin und Beraterin und als Dozentin an der Hochschule Kempten, der Ludwig-Maximilians-Universität München und weiteren Hochschulen tätig. Sie promovierte am Lehrstuhl für empirische Pädagogik und pädagogische Psychologie an der LMU München. Als Leiterin des Profitcenters bbw digital beim Bildungswerk der bayerischen Wirtschaft (bbw) gGmbH war sie für den Bereich digitaler Lernmedien im Weiterbildungsbereich zuständig. Schwerpunkte ihrer Arbeit stellen weiterhin die Beratung zur didaktischen Konzeption und die Durchführung von virtuellen Kursen, die Produktion von Online-Lerninhalten mit Netzwerkpartnern sowie Trainertätigkeiten zu Themen der Digitalisierung dar.

Julia Reiner ist wissenschaftliche Mitarbeiterin am Institut für Altersforschung an der OST - Ostschweizer Fachhochschule. Sie studierte Soziologie und Psychologie an der Fernuniversität Hagen sowie Klinische Soziale Arbeit an der Fachhochschule Vorarlberg. Ihre Forschungsschwerpunkte umfassen die Themengebiete Lebensübergänge, Identität im Alter und ältere Arbeitnehmende. Im Rahmen ihres Dissertationsprojekts beschäftigt sie sich mit der Identitätsarbeit von älteren Menschen beim Übergang in den Ruhestand unter besonderer Berücksichtigung von Sozialer Ungleichheit.

Viktoria Schachinger ist wissenschaftliche Mitarbeiterin in der Lehre im Fachbereich Soziale Arbeit an der OST - Ostschweizer Fachhochschule. Sie absolvierte ihr Masterstudium im Kooperationsmaster St.Gallen/Bern/Luzern/Zürich mit dem Schwerpunkt Professionsentwicklung. Ihr fachlicher Schwerpunkt sind Theorien und Methoden Sozialer Arbeit, insbesondere die soziologische Systemtheorie mit den weiterführenden Ansätzen der Beobachtungstheorie sowie Kommunikation und Organisation. Im Rahmen eines Masterstudium-Projekts untersuchte sie gemeinsam mit Nicole Lieberherr die Möglichkeiten, das in den Niederlanden erfolgreiche Modell von autonomen Teams der ambulanten Pflege „Buurtzorg" auf Schweizer Bedingungen anzuwenden.

Dr. Moritz Senarclens de Grancy berät C-Level Executives, Organisationen und Familienunternehmen in vertraulichen und strategischen Anliegen. Als Leadership-Trainer entwickelt er praxisnahe Seminare zu den Herausforderungen unserer Zeit. Er ist Gastherausgeber und Fachautor zu Themen wie New Work Culture und Future Leadership und Chair des ISPSO Annual Meeting 2021 in Berlin.

Prof. Dr. Katrin Winkler ist Professorin für Personalführung und Personalentwicklung an der Hochschule Kempten. Sie leitet dort zudem das Institut für digitale Lehrformen. Nach ihrem Studium der Pädagogik, Arbeits- und Organisationspsychologie und Psycholinguistik promovierte sie am Lehrstuhl für Empirische Pädagogik und Pädagogische Psychologie an der Ludwig-Maximilians-Universität München. Im Anschluss arbeitete sie als Personalreferentin in der AMB Generali Holding. Ab 2006 leitete sie die globale Personal- und Organisationsentwicklung der QIAGEN GmbH. Schwerpunkte ihrer Arbeit waren die globale Personal- und Führungskräfteentwicklung, Change-Management-Projekte, Mitarbeiterzufriedenheitsstudien und HR-Marketing.

Prof. Dr. Sebastian Wörwag ist Rektor der Berner Fachhochschule sowie Präsident des Hochschulrats der Pädagogischen Hochschule Thurgau. Seit 2020 vertritt er die Schweiz in der Research Policy Working Group der European University Association. Zuvor leitete er die Hochschule für Angewandte Wissenschaften St.Gallen und war zudem Vorsitzender eines internationalen Hochschulnetzwerks. Der promovierte Betriebsökonom war zudem Mitbegründer der Privaten Hochschule Wirtschaft und mit einer eigenen Forschungs- und Beratungsinstitution (humanlogix) unternehmerisch tätig. Seine eigene Forschungstätigkeit widmet er seit Jahren den Veränderungen der Arbeitswelt und publizierte hierzu mehrere Bücher.

Abbildungsverzeichnis

Tabellenverzeichnis

Einleitung

1

Sebastian Wörwag und Alexandra Cloots

> *„Man merkt nie, was schon getan wurde, man sieht immer nur, was noch bleibt."*
>
> *Marie Curie*

Zusammenfassung

Die Arbeitskultur ist ein vielschichtiges und komplexes Phänomen. Arbeitskultur und damit das Arbeitshandeln wird maßgeblich von Werten, Normen und sozialen Beziehungen bestimmt, und zwar auf individueller, betrieblicher, beruflicher und gesellschaftlicher Ebene, die sich in verschiedenen Praxen, Codes und Bedeutungszusammenhängen zeigen und diese wiederum beeinflussen. Unser eigenes Denken und Handeln in der Arbeit prägt die Arbeitskultur. Gleichzeitig sind wir aber auch von den Normen, Bedingungen und Regeln der Arbeit geprägt. Der vorliegende Sammelband umfasst Forschungsbeiträge, Praxisbeispiele und Denkanstöße von Expertinnen und Experten, die sich aus unterschiedlichen Perspektiven mit dem Thema der Arbeitskultur beschäftigt haben. Gegliedert in die Teile (1) Human Work Culture – Ein Schlüssel zur Zukunft der Arbeit, (2) Arbeits- und Führungskultur im Wandel und (3) Human Work Culture – Den Wandel meistern, vermittelt dieses Kapitel einen Überblick über

S. Wörwag (✉)
Berner Fachhochschule, Bern, Schweiz
E-Mail: sebastian.woerwag@bfh.ch

A. Cloots (✉)
OST-Ostschweizer Fachhochschule, St. Gallen, Schweiz
E-Mail: alexandra.cloots@ost.ch

S. Wörwag, A. Cloots (Hrsg.), *Arbeitskulturen im Wandel*,
https://doi.org/10.1007/978-3-658-30451-5_1

die wichtigsten Essenzen, Aussagen und Erkenntnisse der Textbeiträge. Damit soll dem Wunsch vieler Leser nach Orientierung in der Vielheit und Lust, sich im Einzelnen zu vertiefen, entsprochen werden.

1.1 Zur Struktur des Buches

Der vorliegende Sammelband ist in drei Teile gegliedert. Teil 1 bietet eine Heranführung an das komplexe Phänomen der Arbeitskultur, schafft ein Verständnis, was darunter verstanden wird und strukturiert unsere Diskurse zur Arbeitskultur mit einem Denkmodell.

1.1.1 Teil 1: Human Work Culture – Ein Schlüssel zur Zukunft der Arbeit

Die Human Work Culture, eine auf den Menschen basierende Arbeitskultur, ist ein vielschichtiges und komplexes Phänomen, so wie es eben auch wir Menschen sind. Im ersten Teil unseres Sammelbands geben wir eine Einführung sowie einen Überblick über die unterschiedlichen Debatten und Bedeutungszusammenhänge der Arbeitskultur.

In **Kap. 2** gibt **Wörwag** einen historischen Bezug zu unterschiedlichen Kulturbegriffen und zeigt, dass sich diese in ihrer Bedeutung heute noch immer in unseren Diskussionen zur Arbeitskultur wiederfinden. Unser Verständnis von Arbeitskultur setzt sich aus unterschiedlichen Kulturverständnissen zusammen, die zusammen ein komplexes Bedeutungsgeflecht ausmachen. Vier Kulturbezüge stehen dabei im Vordergrund: (1) Kultur als Prozess zur Gestaltung der Beziehung des Menschen zu seinem Umfeld, (2) Kultur als Kultivierung von Fertigkeiten, (3) Kultur als Sammlung von kulturellen Errungenschaften und eines kollektiven Bewusstseins darüber und schließlich (4) Kultur als symbolische Ordnung. Das sind vier unterschiedliche Perspektiven auf die Kultur im Allgemeinen, sie haben aber auch direkte Bezüge zur Arbeitskultur im Besonderen. Arbeitskultur hat erstens die Gestaltung eines wechselseitig gelingenden Verhältnisses zwischen Mitarbeitenden untereinander sowie in ihrem Betrieb im Fokus. Sie ist zweitens wichtig für die Herausbildung und Professionalisierung des Arbeitsdenkens und -handelns. Arbeitskultur ist drittens die Sammlung der im Arbeitskontext entstandenen kulturellen Codes und Praxen eines Betriebs und das reflektierte Bewusstsein sowie der reife Umgang damit. Und viertens bietet uns die Arbeitskultur ein Sinn- und Unterscheidungssystem für die Deutung unterschiedlicher sozialer Praktiken am Arbeitsplatz.

Gleichzeitig bietet Wörwag ein Modell der Arbeitskultur an, welches die individuelle Ebene der Mitarbeitenden mit der betrieblichen Ebene der Unternehmen und Institutionen verbindet. Beide sind wiederum mit Sozialisationsprozessen der Arbeits- und Berufswelt verknüpft und in gesellschaftliche Diskurse eingebettet. Alle Ebenen stehen zueinander in einem dynamischen Wechselspiel. Dieses Verständnis stellt die Grundlage für die Analyse und die Entwicklung der Arbeitskultur dar. Anhand einiger exemplarischer Diskurse zeigt er die gesellschaftlichen Rahmenbedingungen für die Gestaltung einer guten Arbeitskultur auf. Das Modell und das Verständnis der Diskurse auf den einzelnen Ebenen hilft, die vielschichtig auftretenden Arbeitskulturen in ihren Bedeutungszusammenhängen besser zu verstehen.

In **Kap. 3** beschreibt **Kugler** die Veränderungsgeschwindigkeit der Wirtschaft und den digitalen Wandel als Herausforderungen für traditionelle Organisationskulturen. Unternehmen müssen schneller, flexibler und agiler werden – „traditionelle" Organisationsstrukturen können dies oft nicht mehr leisten. Im Wandel der Organisationskulturen beschreibt sie grundlegende Dilemmas, beispielsweise wenn Organisationen gleichzeitig innovativ und effizient sein sollen. Diese Ziele erfordern unterschiedliche organisationale Strukturen, Denk- und Handlungsmuster, bzw. Strukturen, welche ein „sowohl als auch" einlösen. Hier kommt die Organisationskultur ins Spiel, welche geeignet sein kann, formelle Strukturen und Hierarchien zu ersetzen, wo dies notwendig ist. Weniger Hierarchie soll nach Kugler insbesondere dort durch eine stark ausgeprägte Organisationskultur ersetzt werden, wo Unternehmenskontexte durch eine große Unsicherheit, wenig Opportunismus und einen hohen Anteil an Teamwork geprägt sind. Kugler vergleicht ferner typisch „traditionelle" Kulturen mit „New Work-Kulturen". Dabei macht sie deutlich, dass viele Unternehmen die gut sichtbaren und einfach zu verändernden Artefakte, Werte und Normen gut zu gestalten in der Lage sind. Gleichzeitig scheint es aber ungleich schwieriger, die unbewussten zugrunde liegenden Annahmen und selbstverständlichen Denkweisen der Mitarbeitenden zu entwickeln. Doch gerade hier müssen nachhaltige Veränderungen ansetzen, ansonsten man nur oberflächlich erneuert, im Kern aber nach wie vor „traditionell" bleibt.

Genau an diesen, der Arbeit zugrunde liegenden, Annahmen, Denkweisen und Werten setzt **Wörwag** in **Kap. 4** an. Er berührt damit die viel zitierten Frage, ob wir arbeiten, um zu leben oder leben, um zu arbeiten. Hierzu gliedert er die Arbeitswerte in sieben Wertkomplexe: Sicherheit, Gemeinschaftssinn, Karriere, Leistung, Selbstverwirklichung, Balance zwischen Arbeit und Leben sowie Sinn im Leben. Er kommt zum Schluss, dass die Arbeitswerte Selbstverwirklichung und Gemeinschaftssinn am häufigsten in der Arbeitswelt anzutreffen sind. Das bedeutet, dass eine individuelle wie auch eine kollektive Wertperspektive zusammen wichtig sind. Die Resultate der zugrunde liegenden Studie legen es ferner nahe, von einer gelebten Wertediversität in den Betrieben auszugehen. Der Betrieb – verstanden als Unternehmen, Organisation oder Institution – ist ein Abbild der Vielfalt unserer Gesellschaft. Vor diesem Hintergrund scheint es ratsam, auch unterschiedliche Werte in der betrieblichen Praxis zu respektieren und zu leben, statt nur auf einzelne zu fokussieren und andere zu negieren. Auch rät er dazu, eine alters- und funktionsspezifische Ausgestaltung von Erfolgs-Messgrößen, Anreizstrukturen und Karrierekriterien entsprechend der unterschiedlichen Wertvorstellungen umzusetzen. Er kann ferner nachweisen, dass Mitarbeitende die ihnen wichtigen Werte in Summe zu wenig bei ihren Arbeitgebenden repräsentiert sehen. Am größten ist die Differenzerfahrung der Mitarbeitenden bei ihrem Anspruch auf Sinn und Selbstverwirklichung, verglichen mit dem, wie sie ihren Arbeitgeber darin wahrnehmen. Hierin liegen erhebliche Handlungsfelder in der betrieblichen Praxis.

Ähnlich wie Kugler fragen auch **von Senarclens de Grancy** und **Wilke** in **Kap. 5**, inwieweit Unternehmen und Organisationen zu einem neuen Rollenverständnis finden müssen, um dem Veränderungsdruck der digitalisierten und globalisierten Märkte zu begegnen. Ausgehend von dieser Fragestellung untersucht der Beitrag, wie sich die Veränderungsdynamik auf die Art der Identifikationen der Mitarbeitenden und Führungspersönlichkeiten mit ihrer Organisation auswirkt. Aus psychoanalytischer Sicht stellen die Autoren einen Bezug zwischen der Konstruktion des Ich und der Organisation her. Beiden gemeinsam ist das Bestreben, die eigene, als unbefriedigend oder auch angstauslösend empfundene Unvollkommenheit – etwa aufgrund des Veränderungsdrucks durch die Digitalisierung und Globalisierung – zu überblenden. Mit Bezug zur Digitalisierung beschreiben die Autoren als zentrale Herausforderungen der kulturellen Identität, dass sich die Vorstellungen davon, was eine Organisation ist und wie sie zu führen sei, grundlegend ändern. Besonderes Kennzeichen ist dabei der Verlust an organisationaler Souveränität. Vor diesem Hintergrund gehen sie auf die sich verändernden Rollenzuschreibungen von Mitarbeitenden und Führungskräften ein. Wie jemand seine Rolle in einem Unternehmen tatsächlich einnimmt, gestaltet oder auch überschreitet, ergibt sich weniger aus der formalen Aufgabenzuteilung, sondern aus wenig formalisierten und festgeschrieben Elementen. Neue Zusammenarbeitsformen, zum Beispiel zwischen Mitarbeitenden und Kunden, konstituieren neue Rollenzuschreibungen. Das Konzept der agilen Organisation antwortet hierauf durch die Schaffung kleiner autonomer Teams mit neuen Rollenbildern, die Prozesse von Anfang bis Ende flexibel und vor allem nah am Kunden planen und durchführen können. Konsequenterweise verändert sich dadurch auch die Rollenverteilung von Führungspersonen, Mitarbeitenden und Kunden. Organisationskulturell interessant ist die Feststellung, dass sich Mitarbeitende auf der sozial-symbolischen Ebene identifizieren und dadurch die Verhaltens- und Sprechweisen jener Mitarbeitenden übernehmen, denen sie angehören möchten. Man akzeptiert die sozial-symbolische Ordnung, um dazuzugehören. Im Gegenzug lässt man jedoch einen Teil vom Selbst gewissermaßen vor den Werkstoren zurück. Führung wird nach den Autoren mehr denn je zu einer Dienstleistung, deren Prioritäten darin liegen, die Entfremdungen der Mitarbeitenden durch die etablierten Mechanismen der Identifizierung abzumildern. Ziel ist es Organisationen zu schaffen, die es weniger darauf anlegen zu sagen, was für eine Organisation sie sind, als vielmehr sich als Organisation auf die eigenen Lücken und Unvollständigkeiten sowie auf jene ihrer Mitarbeitenden und Kunden konzentrieren.

1.1.2 Teil 2: Arbeits- und Führungskultur im Wandel

Im Teil 2 dieses Sammelbandes gehen wir auf Veränderungen in den Arbeits- und Führungskulturen ein. Diese werden entweder marktseitig notwendig, zum Beispiel aufgrund der Ansprüche der digitalen Transformation, der Globalisierung oder der allgemein gesteigerten Dynamik oder sie werden intern aufgrund einer sich wandelnden (Arbeits-)Gesellschaft eingefordert.

In **Kap. 6** geht **Wörwag**, gestützt auf empirische Daten der Studie 2019, vgl. Kap. 1.2, der Frage nach, wie die Arbeitskulturen heute aus Sicht der Mitarbeitenden wahrgenommen werden. Die Vorstellungen von Arbeit und Arbeitskultur beschreibt er als Konstrukt aus individuellen und kollektiven Erwartungen, Erleben und Erfahrungen. *Erwartungen* basieren dabei unter anderem auf Vorannahmen, Werten, Einstellungen und Präferenzen. Im direkten, persönlichen und nicht vorannahmefreien *Erleben und Interpretieren* der Arbeitspraxen im Umfeld, erhält Arbeit eine reale Wirklichkeit. *Erfahrungen* sind sodann Reflexionsanlässe, anhand derer wir uns unserer Haltungen und Einstellungen vergewissern und sie reproduzieren oder Anpassungen vornehmen. Arbeitskultur entsteht, wenn sich Erwartungen, Erleben und Erfahrungen in der Interaktion mit Arbeitskolleg/innen zu Praxen, Codes, Narrativen verdichten und verstetigen. Entsprechend seinen Studienergebnissen herrscht aktuell in der Tendenz eine primär top-down geprägte, ergebnis- sowie sicherheitsorientierte Arbeitskultur. Sekundär sind Zentralisierungsdenken und eine hohe Regelorientierung, ein starker Marktfokus und eine Kultur der Innovativität und Dynamik anzutreffen. Es sind Arbeitskulturen, welche einem eher klassisch hierarchischen, nach markt- und betriebswirtschaftlichen Logiken zentral gesteuerten und geregelten Organisationsbild folgen. Mitarbeitende wünschen sich aber in Summe eine in ihren Augen moderne Arbeitskultur, in welcher eine innovative Fehlerkultur gelebt wird und in der sie partizipativ einbezogen werden. Sie suchen eine menschenorientierte Kultur mit starkem bottom-up-Ansatz, welche sich offen und ermöglichend sowie flexibel gestaltet. Hier wird stärker der Mensch ins Zentrum eines innovativen und partizipativen Systems gesetzt. Betrachtet man nun über alle Branchen hinweg das Ausmaß der gewünschten Kulturveränderung, so kann man angesichts der Profilverschiebung nicht von einer graduellen Verschiebung einzelner Kulturwerte sprechen oder von einer leichten Zunahme oder Abnahme einzelner Werte. Es ist eine tief greifende Neuorientierung von Arbeitskulturen, welche von einem rationalen Organisationsverständnis mit eher technischen oder ökonomischen Zweckrationalitäten hin zu einem subjektorientierten Kulturverständnis führt. Bei diesem geht es weniger um die Aufrechterhaltung von Systemzuständen und hierarchischen Ordnungen als vielmehr um die Entwicklungsfähigkeit eines Systems durch Flexibilisierung und Schaffung von Durchlässigkeit.

Laib, Lieberherr und **Schachinger** räumen in **Kap. 7** mit dem Missverständnis auf, dass Selbstorganisation und Selbstführung – zum Beispiel über Modelle wie Soziokratie oder Holakratie – ohne Regeln und Führung implementiert werden können oder Führung gar gänzlich abgeschafft werden soll. Das Gegenteil ist nach ihnen der Fall. Die Erfüllung der Aufgaben sowie die Kommunikationsabläufe sind in Modellen der Selbstorganisation viel strukturierter als in herkömmlichen Organisationsmodellen. Die Transparenz erhöht sich und ein klares System von Verantwortlichkeiten leitet die Handlungen. Auch die zweite Annahme, dass in Organisationen mit selbstgesteuerten Teams die Führung abgeschafft wird, bewahrheitet sich nach ihnen nicht: Die oberste Führungsebene bleibt bestehen. Was hingegen hinterfragt werden kann, sind die rein verwaltungstechnischen Aufgaben eines auf Koordination ausgerichteten „mittleren Managements“. Am Beispiel des Buurtzorg-Modells aus den Niederlanden zeigen die Autor/innen, wie autonom gesteuerte Pflegeteams ihre Klientinnen und Klienten erfolgreich betreuen, wobei das Back Office und Coach-System maßgeblich für den Erfolg mitverantwortlich sind. Als Voraussetzung für eine erfolgreiche Implementierung nennen die Autor/innen, gestützt auf die Erfahrungen ihres Praxisfalles, einerseits ein Bewusstsein über die grundlegenden Veränderungen, welche Selbstorganisation und Selbstführung mit sich bringen, andererseits eine gute Vermittlung des Zweckes (purpose), was man sich von der Umstellung verspricht und drittens eine Rückbindung der Organisationsentwicklung auf eine grundlegende strategische Ausrichtung. Ferner bedingen Formen der Selbstorganisation und Selbstführung eine Führungskultur, in welcher Vorgesetzte Kontrolle loslassen und Vertrauen in die Fähigkeiten ihrer Mitarbeitenden haben sowie deren Selbstständigkeit und Mitbestimmung „aushalten“. Mit Blick auf die Wirkung bei Mitarbeitenden, verweisen die Autor/innen auf den damit einhergehenden grundlegenden Kulturwandel, welcher unter anderem die Elemente Selbstverantwortung und eine offene Feedback-Kultur beinhalten.

Selbstorganisation und deren Wirkung auf die Arbeitskultur sind auch das Thema von **Demarmels, Kessler** und **Calenbuhr** in **Kap. 8.** Sie arbeiten heraus, dass Selbstorganisation, gerade in zunehmend komplexen Unternehmenssettings, einige Vorteile gegenüber vorwiegend formal-hierarchisch geprägten Strukturen aufweist: Mehr Effizienz in den Prozessen, bessere Effektivität in den Entscheidungen, mehr Kreativität und Innovation und dadurch bessere Chancen, sich am Markt behaupten zu können. Auch für die Mitarbeitenden entstehen attraktive Potenziale, wie mehr Sinnstiftung, bessere Arbeitsatmosphäre, Flexibilität und Selbstverwirklichung. Dadurch entstehen auch attraktivere Arbeitsbedingungen und Vorteile, sich als Arbeitgeber gut im Arbeitsmarkt zu positionieren und qualifizierte sowie motivierte Fachleute rekrutieren und binden zu können. Mit Blick auf die Praxis zeigen die Autoren aber auch Probleme der Implementierung auf. Selbstorganisation bietet sowohl Lösungen als auch neue Herausforderung in der Praxis, da sie widersprüchliche Bedürfnisse befriedigen soll: Den Bedürfnissen der Mitarbeitenden, ihre Arbeit selbstverantwortlich, mit den eigenen Kompetenzen, frei von Vorgaben und Kontrolle zu gestalten, stehen die Bedürfnisse von Führung und Organisation nach Stabilität, Verbindlichkeit, Effizienz sowie greifbaren und kommerziell verwertbaren Ergebnissen entgegen. Auch führt Selbstorganisation vielenorts zu Überforderungen der Mitarbeitenden mit den Anforderungen an Selbst- und Sozialkompetenzen wie auch zu Überforderungen der Führungspersonen, ihre Führungsrolle neu zu verorten. Aus dieser Überforderung schließen viele Organisationen, dass Selbstorganisation „nicht anwendbar“ oder „nicht hilfreich“ sei, worauf sie als Reaktion wieder stark formalisierte Strukturen und Prozesse etablieren. Die Autoren fragen deshalb, wie Prozesse zu gestalten sind, in denen Organisationen (in einem weiten Sinne) eine eigene „Kultur der Selbstorganisation“ entwickeln. Hierbei schlagen die Autoren Lern- und Entwicklungsprozesse vor, in welchen Mitarbeitende außerhalb der eingefahrenen Strukturen mit Elementen der Selbstorganisation ‚experimentieren‘ können. An drei Beispielen erklären sie, wie ein experimentierendes Ausprobieren auf der Vorderbühne (z. B. bei Meetings, Ideen-Workshops, Entscheidungsprozessen) Einfluss auf die Hinterbühne der Kultur haben kann. Am Beispiel der Konsent-Entscheidung zeigen sie auf, dass sich in der Praxis eine Kultur der Gleichwertigkeit entwickeln kann, bei der sich alle einbringen können, angehört werden und unabhängig vom formalen Status berücksichtigt werden. Die Verbindung von Handlung (Ausprobieren) und Reflexion verfestigt dann neue Praktiken in der Arbeitskultur.

Führungspersonen haben einen erheblichen Einfluss auf die Arbeitskultur. Doch Führung ist anspruchsvoll und gelingt nicht immer. **Wörwag** und **Cloots** gehen in **Kap. 9**, gestützt auf eigenes empirisches Datenmaterial aus der in Kap. 1.2 vorgestellten Studie 2019, auf die Verbreitung gegenwärtiger Führungsstile und -verhalten in unterschiedlichen Branchen ein. Am weitesten verbreitet scheinen jene Führungsstile, welche auf Leistung und Selbstverwirklichung beruhen. Bereits weniger häufig sind dagegen teamorientierte, weniger auf Hierarchie setzende Führungsstile und -rollen, welche die Führungsperson als Coach, als Teammitglied, als Kollegin oder Kollege, seltener auch als Vorbild darstellen. Noch weniger verbreitet sind kompetenzorientiertes und inspirierendes Führungsverhalten. Das Schlusslicht machen Laissez-Faire und autoritäre Führungsstile sowie Co-Leitungsmodelle. Vereinfacht gesagt, kann man in Summe von einem liberalen Führungsverständnis sprechen, das dem Mitarbeitenden als Leistungsträger Freiheiten einräumt, wohingegen moderne Führungsprinzipien einer kompetenz- oder teamorientierten Führung weniger häufig anzutreffen sind. Die Autoren konnten weiter Zusammenhänge zwischen einer guten Arbeitsmotivation und einem fördernden, vorbildhaften, kompetenzorientierten und inspirierenden Führungsstil beobachten. Für die Produktivität scheinen zudem Inspiration und Delegation von Eigenverantwortung wichtig. Doch weisen die Autoren in diesem Zusammenhang auch auf die Belastungsseite der Eigenverantwortung hin: Auf Eigenverantwortung ausgerichtete sowie leistungsorientierte Führungsstile weisen einen erhöhten Erschöpfungsanteil bei den Mitarbeitenden auf. Hinsichtlich Identifikation mit dem Arbeitgeber kristallisieren sich inspirierende Führungsstile, Führungsvorbilder und ein reflektiertes Loslassen in einer Vertrauenskultur als mögliche Führungsstile heraus. Mit Bezug auf die wahrgenommene Gesundheit sowie Vereinbarkeitsfragen kommen auf Arbeitgeber und Führungskräfte neue und prononcierte Anforderungen zu. Hier scheinen kompetenzorientierte Führungsstile besonders geeignet, welche die Mitarbeitenden entsprechend ihrer Kompetenzen einsetzen und dadurch nicht in Überforderungssituationen führen. Schließlich warnen die Autoren vor einem defizitären Altersbild, beispielsweise hinsichtlich Produktivität und Leistungsfähigkeit. Diese Altersbilder wurden in der Studie 2019 nicht bestätigt. Verlässliches Wissen statt Annahmen um vermutete Altersverläufe gehören deshalb heute in jede Führungsausbildung.

Die spezifischen Führungsherausforderungen in der digitalen Transformation beschreiben **Winkler** und **Niedermeier** in **Kap. 10**. Die Logik der Digitalisierung der Arbeitswelt bringt mit sich, dass alles möglichst flexibel, vernetzt und digital sein muss. Daher stehen auch etablierte Führungsmodelle auf dem Prüfstand. Führungskompetenzen im digitalen Zeitalter fokussieren besonders auf die Interaktion und Kommunikation zwischen Führungskraft und Mitarbeitenden. Ziel muss sein, eine Grundlage für eine vertrauensvolle Beziehung in einer vernetzten, digitalisierten Welt zu schaffen. Bestehende und etablierte

Modelle müssen um diese Faktoren ergänzt werden. Die Autorinnen bieten mit dem Konzept der transformationellen Führung mit einer starken Betonung des digitalen Mindsets und einem integrativen Unterstützungsangebot für Mitarbeitende ein neues Führungsmodell an. Hierbei geht es im Kern darum, eine vertrauensvolle Basis für die Zusammenarbeit zu schaffen, zugleich aber auch neue Impulse zu setzen. Das Modell betont die Wichtigkeit, wonach Führungskräfte ihre Mitarbeitenden individuell kennen müssen, um sie zu motivieren, zu fördern und zu entwickeln. Darin akzentuiert sich die Rolle der Führung als „Befähiger und Motivator". Diese Rolle ist notwendig, da die mit der Digitalisierung einhergehende Komplexitätserhöhung es für Führungskräfte schwer macht, das für eine Aufgabenstellung relevante Wissen selbst zu besitzen, um Mitarbeitende im Detail anleiten und kontrollieren zu können. Mitarbeitende müssen stärker denn je von Führungskräften dazu befähigt werden, selbstständig zu arbeiten. Ein transformationeller Führungsstil scheint in der Digitalisierung der Arbeitswelt dafür geeignet zu sein. Die Führungskraft sollte Visionen für die von der Digitalisierung betroffenen Mitarbeitenden formulieren, für digitale Themen begeistern, für (virtuelle) Zusammenarbeit motivieren und gemeinsame Ziele in Hinblick auf die veränderte Arbeitswelt mit den Mitarbeitenden diskutieren.

An den Auswirkungen der digitalen Transformation auf die Arbeitskultur der Gegenwart knüpfen **Reiner, Cloots** und **Misoch in Kap. 11** an. Sie nehmen die digitale Transformation unter dem Aspekt einer generationenübergreifenden Arbeitskultur ins Blickfeld. In diesem Kontext verweisen sie auf die Gefahr eines „digital divide", einer Kluft, die sich zwischen jüngeren und älteren Arbeitnehmenden im Hinblick auf die Kompetenzen und Nutzung von Informations- und Kommunikationstechnologien (ICT) abzeichnet. So lautet eine weitverbreitete betriebliche Zuschreibung, dass ältere Arbeitnehmende sich nicht mit der digitalen Transformation arrangieren wollen oder können, insbesondere im Hinblick auf die Verwendung neuer Technologien oder der Anpassung an neue Arbeitsprozesse. Solche Annahmen bergen jedoch die Gefahr in sich, dass ältere Arbeitnehmende stereotypisiert werden und als solche sich nicht mehr zu einer Organisation zugehörig fühlen. Innerliche Kündigungen und/oder eine pessimistische Haltung können einschneidende Folgen auch auf die Arbeitskultur haben. Hinzu kommt, dass Skepsis und mögliche Fehlannahmen über die Kompetenzen respektive Schwächen der verschiedenen Altersgruppen innerhalb einer Belegschaft die intergenerationelle Zusammenarbeit erschweren und zu Konflikten führen können. Anhand einer eigenen Pilotstudie zeigen die Autorinnen, dass in den Unternehmen erhebliche altersbezogene Unterschiede im Umgang mit ICT im beruflichen Kontext wahrgenommen werden. Auch Vorurteile hinsichtlich der ICT-Kompetenzen sind nachweisbar, so dass ältere Arbeitnehmende im Hinblick auf digitale Transformation als weniger kompetent eingeschätzt werden. In ihrer Befragung können sie erhärten, dass mehr als die Hälfte der Mitarbeitenden intergenerationellen Unterschiede im Umgang mit der digitalen Transformation wahrnehmen. Ganze 42 % bestätigen, dass sie in ihrem Unternehmen altersspezifischen Vorurteilen ausgesetzt sind. Diese werden überwiegend auf Erfahrungs-, Affinitäts- und Kompetenzunterschiede zwischen den Generationen zurückgeführt. Als Maßnahme zur Verringerung dieser Alterszuschreibungen reichen nach den Autorinnen Schulungsmaßnahmen nicht aus. Nach ihnen bedarf es geeigneter Sensibilisierungsmaßnahmen, welche die Themen Altersdiskriminierung und Stereotypenbildung aufgreifen und einen Raum schaffen, persönliche Haltungen zu reflektieren und an diesen zu arbeiten. Dies kommt nicht nur älteren Mitarbeitenden zugute, sondern auch jüngeren Arbeitnehmenden, die den Befunden zufolge auch von altersdiskriminierenden Vorurteilen betroffen sind. Die Autorinnen plädieren angesichts des demografischen und digitalen Wandels damit für eine diversitätssensible und inklusionsorientierte Arbeitskultur.

Falter und **Müller** setzen in **Kap. 12** mit einem Praxisbericht am immer wichtiger werdenden Veränderungsmanagement an. Dabei sind kulturelle Veränderungen besonders wichtig, die das Verhalten einer Organisation ebenso wie die zugrunde liegenden Werte und Einstellungen betreffen. Für die digitale Transformation bieten sie sechs Perspektiven an: a) die Entscheidung des Business Modells, b) die Klärung der Aufgaben und die Frage, welche von Menschen und welche von Maschinen erledigt werden sollen. Anschließend werden die Anforderungen der erfolgreichen c) Skills und d) Werte betrachtet, die e) die Performance des Unternehmens beeinflussen. Als letztes wird f) die Reward-Effizienz als Beispiel für die Veränderung der Personalinstrumente durch die digitale Transformation beschrieben. Dieses Vorgehen, welches an einem Praxisbeispiel erläutert wird, schafft in tief greifenden Transformationsprozessen temporäre Stabilität und Orientierung. Es hilft Zwischen-Zustände, in die Organisationen geraten, wenn sie sich von dem vertrauten Alltag lösen und sich in einen noch unbekannten neuartigen Zustand bewegen, zu organisieren. Die Autoren empfehlen, in dieser Phase Abschied vom Bisherigen zu nehmen, neue temporäre Rollen zu definieren, mit Zuversicht zu experimentieren und sich bietende Chancen zu nutzen.

1.1.3 Teil 3: Human Work Culture – den Wandel meistern

Teil 3 widmet sich schließlich dem Veränderungsmanagement zur Weiterentwicklung bestehender Arbeitskulturen. Die präsentierten Vorgehensweisen plädieren für ein kultursensibles und spezifisches sowie prozesshaftes Vorgehen, welches immer wieder selbst die eigene Wirksamkeit hinterfragt.

Wörwag wendet sich in **Kap. 13** der Frage zu, wie Arbeitskulturen entwickelt und verändert werden können. Dabei stellt sich vorderhand die Frage, ob und wie Arbeitskulturen lenk- und beeinflussbar sind. Wörwag kommt zum Schluss, dass Arbeitskulturen mit geeigneten betrieblichen Maßnahmen, d. h. mit einem kulturaffinen und den spezifischen Ausgangslagen gerecht werdenden Vorgehen, durchaus beeinflusst werden können, als Prozess aber immer dynamisch bleiben und nicht im einfachen Sinne auf ein definiertes Ergebnis hin steuerbar sind. Eine erfolgreiche Kulturarbeit im Betrieb basiert auf allgemeinen Gütekriterien wie Kohärenz, Offenheit, Verlässlichkeit, Vielfalt, Vertrauen, Toleranz, Wertschätzung, Authentizität und Optimismus. Damit, und nicht mit einer Verzwecklichung der Kultur an den Unternehmenszielen, fängt die Kulturarbeit an. Darüber hinaus muss Kulturentwicklung aber auch sehr sensibel mit Branchenidentitäten, funktionaler Ausdifferenzierung und bestehenden Kultursettings umgehen, mitunter auch im gleichen Betrieb.

Basierend auf der Studie 2019, vgl. Kap 1.2, kommt er zum Schluss, dass manches, was heute für die Kulturentwicklung in der Praxis gemacht wird, sich aus Optik der Mitarbeitenden als nicht geeignet erweist. Vereinfacht kann man schließen, dass die Mitarbeitenden lieber Taten wollen (Vorleben, Führung, Entscheide) als Kulturevaluationen, Schulungen und Dokumente. Kultur muss im Arbeitsalltag gelebt, erfahren und diskutiert werden. Alles was nebst dem Arbeitsalltag an Kulturmaßnahmen einmaligen Charakter hat, wie Papiere, Schulungen, Evaluationen etc. überzeugt zu wenig. Arbeitskultur wird während der Arbeit gemacht, und hierbei ist glaubhaftes Vorleben, Vermittlung von Werten und Haltungen, die Auswahl der richtigen (passenden) Persönlichkeiten und die alltäglich erfahrene Infrastruktur über alle Branchen gesehen ausschlaggebend.

Auch plädiert der Autor für eine alters- und lebenslagenspezifische Unterstützung der Mitarbeitenden durch die Führungskräfte. Denn, es ist davon auszugehen, dass jüngere Mitarbeitende die Entwicklung der Arbeitskultur mehr noch in der Verantwortung der Führung sehen, während ältere Mitarbeitende zusätzlich dazu selbst auch eingebunden werden wollen und auf Umfeldfaktoren, wie Räume und Infrastrukturen etc., ansprechen. Trotz alterssensibler Führungsarbeit warnt Wörwag aber auch vor altersabhängiger Ungleichbehandlung und expliziten oder impliziten Formen der Altersdiskriminierung. Diese wurden durch die Studie 2019 im Bereich der Führungsunterstützung und Mitarbeitendenförderung nachgewiesen. Sie können die Arbeitskultur belasten, indem sie gegen grundsätzliche Wertvorstellungen, wie Gerechtigkeit und Wertschätzung, verstoßen und indem sie unzweckmäßige Stereotype bedienen, die eine Zusammenarbeit erschweren.

Das **Kap. 14** von **Böniger** zeigt an einem Praxisfall auf, wie sich ein Verlag mit 50 Mitarbeitenden mit dem Thema Kultur während einer umfassenden Transformation auseinandergesetzt hat. Dabei werden für die Reflexion theoretische Modelle herangezogen. Anhand praktischer Beispiele wird aufgezeigt, wie die Kulturentwicklung mit bewussten Interventionen beeinflusst werden konnte. Dem Thema Kulturentwicklung wurde in der sehr umfassenden und herausfordernden Transformation viel Aufmerksamkeit gewidmet. Insbesondere auch, weil das Loslassen von alten Gewohnheiten und das Einlassen auf Neues ein Anspruch war, der mit der strategischen Neuausrichtung eingelöst werden sollte. Ausgangspunkt des Kulturentwicklungsprozesses war das Festlegen des kulturellen Ausgangspunkts und das Definieren von Zielkulturen. Wichtig war eine zur Kultur passende Organisationsstruktur, welche aus der Mitte heraus, mit Einbezug der Mitarbeitenden und orientiert am Kundenbedürfnis sowie aufbauend auf den eigenen Stärken entwickelt wurde. Zentral für das Gelingen des Transformationsprozesses waren nach Böniger ein kulturelles Empowerment (u. a. mit Diskursen auf der Metaebene, Kulturbotschaftern, kulturstiftende Maßnahmen und der Schaffung einer Atmosphäre der Verlässlichkeit), ein psychologisches Empowerment (u. a. durch Befähigung der Mitarbeitenden, Sinnstiftung und Selbstwirksamkeit bzw. Selbstorganisation) und schließlich auch ein strukturelles Empowerment (u. a. durch Anpassung von Organisationsform und Führungsinstrumenten,

Rollenmodellen und Ressourcen). Im gesamten Prozess legte die Autorin aus eigener Erfahrung auch viel Wert darauf, ein soziales Feingespür zu haben und Irritationen konsequent in den Diskurs aufzunehmen.

Huber, Kaelli und **Ivancic** setzen in **Kap. 15** bei einem vermeintlich kleinen, aber dennoch wirkmächtigen Instrument der Kulturentwicklung an: den Meetings. Diese sind für sie ein Teil einer Kommunikations- und Feedbackkultur, welche die Arbeitskultur wesentlich prägen, aber auch durch die bestehende Kultur geprägt sind. Meetings kommen im Arbeitsalltag, welcher zunehmend komplex und vieldeutig ist, eine große Bedeutung zu. In der Überzeugung, dass Kulturtransformationen nicht direkt, z. B. über Trainings, möglich sind, sehen die Autoren in Meetings wirkungsvolle indirekte Stellschrauben, die das Verhalten der Mitarbeitenden beeinflussen. Meetings können als Werkzeug genutzt werden, um gezielte Werte vorzuleben, effizient und effektiv zu Entscheidungen zu kommen, eine Feedbackkultur zu etablieren und damit intendierte Kulturveränderungen herbeizuführen. Feedbackprozessen kommt dabei eine entscheidende Rolle in der Vergegenwärtigung der Unternehmenskultur und zur Aufdeckung von „blinden Flecken" zu. Die Integration einer Feedbackkultur in Meetings fördert den Cultural Change, indem nicht nur eine Selbstreflektion, sondern auch eine Reflektion innerhalb der Gruppe möglich wird. Das so entstehende Bewusstsein schafft einen ersten, rasch umzusetzenden Ansatzpunkt für den kulturellen Wandel. Über Meetings werden nicht nur Mitarbeitende sozialisiert, es findet auch eine nachhaltige Kulturförderung statt. Auch können effiziente Meetings helfen, Zeit und Ressourcen zurückzugewinnen, die in andere Projekte investiert werden können. Um Meetings effizient und effektiv zu gestalten, plädieren die Autoren für eine klare Strukturierung in Vorbereitung, Durchführung und Nachbereitung, eine adäquate IT-Unterstützung sowie eine offene Reflexion auch von Kulturthemen innerhalb des Meetings. Da Meetings eine Selbstverständlichkeit in allen Organisationseinheiten und auf allen Hierarchiestufen sind, stellen sie ein hervorragendes Instrument für eine breite Kulturtransformation im ganzen Unternehmen dar. Durch eine Verhaltens- und Kulturänderung von Meetings, lässt sich flächendeckend und bis in die Verästelung der Organisation die gelebte Kultur beeinflussen.

Deuer beschreibt in **Kap. 16** einen weiteren Aspekt des Veränderungsmanagements. Aufgrund der demografischen Entwicklung werden künftig die Unternehmen zunehmend im Wettbewerb um Nachwuchskräfte stehen, insbesondere um solche mit hoher Fach- oder Führungsqualifikation. Die Digitalisierung fordert hierbei ein hohes fachliches Niveau der Mitarbeitenden. Betrieblichen Qualifizierungsmaßnahmen (in Aus- oder Weiterbildung) kommt somit eine besondere Bedeutung zu. Deuer schlägt hierfür den Ansatz einer lernförderlichen Arbeitsgestaltung vor. Adäquate Qualifizierungsstrategien und eine lernförderliche Arbeitsorganisation sind notwendig, um den sich rasch verändernden Aufgaben- und Kompetenzprofilen zu begegnen. Lernförderlichkeit ist nach ihm die Grundlage des Lernens im Arbeitskontext: Lernförderliche Arbeitsbedingungen können betriebliche Lernprozesse begünstigen, d. h. sie wirken sich positiv auf Lernen und die Kompetenzentwicklung aus. Damit wird der Gegensatz von Arbeiten und Lernen aufgehoben, denn Lernen findet vor allem in der Arbeitstätigkeit und durch die Gestaltung der

Arbeitstätigkeit statt. Als mögliche Treiber der digitalen Transformation sieht Deuer jene Personen, welche sich frühzeitig mit der Digitalisierung auseinandersetzen und diese aufgreifen. Solche „Pioniere“ gehen offen und spielerisch mit den Chancen der Digitalisierung um und suchen aktiv neue Herausforderungen. Zur Ausgestaltung lernförderlicher Arbeitsbedingungen hat Deuer anhand eigener Studien aufgezeigt, dass ihnen Arbeitsaufgaben gegeben werden sollten, welche als Herausforderungen wahrgenommen werden und mehr verlangen als reine Handlungsroutine. Daneben sollen die Arbeitsaufgaben Freiheitsgrade bei der Umsetzung bieten und zeitnahe Rückmeldungen über die Qualität des eigenen Handels ermöglichen und dies weitgehend frei von vermeidbaren Störungen. Wenn es den Organisationen gelingt, diese lernförderlichen Arbeitsbedingungen anzubieten, können sie mehr Zufriedenheit, eine geringere Fluktuationstendenz und auch ein gesteigertes Innovationspotenzial erhoffen. Und doch sollten Unternehmen bei Transformationsprozessen nicht nur auf „Pioniere“ setzen, sondern durchaus auch skeptische Stimmen zulassen, welche auch auf die Risiken im Kontext der Digitalisierung hinweisen. Bei der Verteilung der „Pioniere“ findet Deuer bei seinem Studierendenpanel durchaus auch fachlich sozialisierte Ausprägungen zwischen den Studienbereichen aber auch geschlechtsspezifische Zuschreibungen.

Hübschen beschreibt in **Kap. 17** in einem eindrücklichen Praxisbeispiel von Avaloq die Summe von Initiativen und Projekten, die eine Firma strukturell und kulturell auf dem Weg in die New Work betreffen. Elemente davon umfassen eine gute Kommunikation der Initiative, Veränderungen im Performance-Management in Richtung Teamleistung bis hin zu einer transparenten und differenzierten Feedback-Kultur. Das sind allesamt kulturprägende Maßnahmen. Eine transparente und potenzial-orientierte Mitarbeiterentwicklung in einem eigenen Karrieremodell und die Abschaffung individueller Boni zugunsten „Extraordinary Achievement Awards“ zeigen, dass auch heikle und emotional kritische Themen angesprochen werden müssen und den uneingeschränkten Support der Geschäftsleitung bedürfen. Am Beispiel der Digitalisierung des Recruiting-Prozesses zeigt Hübschen auf, wo einfache aber wirkungsvolle Widerstandsfiguren auftreten können. Am Beispiel der Einführung neuer Organisationsmodelle weist sie darauf hin, wie wichtig das Vorleben durch das Management ist: Teams können nicht agil und selbstorganisiert arbeiten, wenn sich das Verhalten auf Managementstufe nicht ändert. Schließlich geht die Autorin auch auf die Herausforderung ein, das HR-Team für die eigenen, wenn auch neuen Konzepte zu begeistern: Es braucht ein HR Leadership Team, das seine Rolle als Gestalter von „New Work“ versteht und in der Lage ist, gemeinsam mit Mitarbeitenden und Führungskräften an neuen Initiativen zu arbeiten, ohne dabei zu wissen, wie das Ergebnis aussieht. „Sense and Respond“ werden als die neuen Fähigkeiten der HR propagiert.

1.2 Unsere Studie 2019 „New Work Culture"

Wie im Vorwort erwähnt, war es uns ein zentrales Anliegen, nicht nur aus Expertensicht über die Mitarbeitenden in ihren Arbeitskulturen zu schreiben, sondern diese selbst als „Insider“ ihrer wahrgenommenen Arbeitskultur zu Wort kommen zu lassen. Hierzu haben wir eine eigene Erhebung arbeitskultureller Wahrnehmungen bei Mitarbeitenden im November 2019 durchgeführt, auf die wir immer wieder in unseren Kap. 4, 6, 9 und 13 referenzieren. Der Einfachheit halber reden wir dann jeweils von unserer „Studie 2019". Die Studie 2019 wurde im Rahmen des vom Eidgenössischen Büro für Gleichstellung von Frau und Mann (EBG) geförderten Projekts „Gestaltung einer New-Work-Kultur in Organisationen zu Ermöglichung einer gendergerechteren Arbeitskultur" (Projektleitung: Alexandra Cloots) als Teilprojekt durchgeführt. In diesem Kapitel soll das Erkenntnisinteresse und die Stichprobe kurz umrissen werden.

1.2.1 Kurzbeschreibung und Projektziel

Wie in den Vorjahren und letzten gemeinsamen Sammelbandpublikationen, haben sich die Herausgeber dieses Sammelbandes, in Absprache und thematischen Koordination mit den rund 30 Vertreterinnen aus Unternehmen, Institutionen und Verbänden des HR Panels New Work der Fachhochschule St.Gallen, Hochschule für Angewandte Wissenschaften, für die Durchführung einer quantitativen Erhebung zu einem als relevant wahrgenommenen Thema der New Work entschieden. Nachdem in den Jahren zuvor bereits die Themen flexibilisierter Arbeitsmodelle für die Generation 50+ (Wörwag und Cloots 2018), die Frage nach den Trends und den Treibern der New Work (Wörwag und Cloots 2019), die Chancen auf eine humane digitale Transformation (Wörwag und Cloots 2020) bearbeitet wurden, entstand in den Diskussionen mit der Praxis immer wieder die Einsicht, dass sich die New Work nur auf Basis eines geänderten Mind-Sets entwickeln ließe. Angesprochen war die Kulturebene, welche die Werte, Denkweisen und Praxen, die Präferenzen und die Normen, die Vorannahmen und Diskurse des Arbeitshandelns prägt. Die Einsicht und auch Erfahrung vieler Expert/innen der Praxis war, dass jede noch so sorgfältig formulierte Strategie erst durch den Filter der herrschenden Arbeitskultur gehen müsse, bevor sie akzeptiert würde, bzw. Chancen auf Erfolg verspreche.

Vor diesem Hintergrund haben die beiden Herausgeber selbst eine weitere quantitative Studie zu folgenden Fragekomplexen im November 2019 durchgeführt:

1. Arbeitswerte: Was ist das Grundmotiv, zur Arbeit zu gehen, und welche Arbeitswerte werden als Normengerüst bei den Arbeitgebenden zum Ausdruck gebracht.
2. Arbeitskulturen: Welche Arbeitskulturen nehmen wir heute bei Arbeitgebenden wahr und welche würden die Mitarbeitenden sich wünschen?
3. Führungskultur: Welche Führungskulturen werden heute in der Praxis gelebt?
4. Arbeitsfaktoren: Wie beurteilen die Mitarbeitenden eigene Arbeitsfaktoren, wie Motivation, Produktivität, Identifikation, Arbeitsklima, Rücksichtnahme auf Vereinbarkeits- und Gesundheitsthemen etc.
5. Welches Vorgehen, bzw. welche Maßnahmen zur Förderung von Arbeitskulturen, werden heute eingesetzt, und welche werden als geeignet betrachtet.

1.2.2 Angaben zur Stichprobe

Die Studie zum Thema Arbeitskultur wurde durch das HR-Panel New Work der FHS St.Gallen Hochschule für Angewandte Wissenschaften im November 2019 durchgeführt und fand im Rahmen des EBG-geförderten Projekts „Gestaltung einer New Work Kultur in Organisationen zur Ermöglichung einer gendergerechteren Arbeitskultur“[1] statt. Zielgruppe waren Mitarbeitende und Führungskräfte. Die Studienteilnehmenden wurden zum einen durch die Mitgliedsunternehmen des HR-Panels New Work und Partnerorganisationen gewonnen, zum anderen aber auch über soziale Medien und Printmedien. Aufgrund der Bewerbung über Social Media kann keine Grundgesamtheit festgelegt werden. Insgesamt nahmen 551 Personen an der Studie teil. Die Altersverteilung der Studienteilnehmenden zeigt sich in Abb. 1.1 sehr ausgewogen. 51 % der Studienteilnehmenden sind unter 46 Jahren. Prozentual am häufigsten vertreten sind die beiden Altersgruppen der 46 bis 50-Jährigen und der 51 bis 55-Jährigen mit 16 % und 18 %. Die Altersverteilung zeigt ein recht ausgewogenes Bild, indem alle Altersgruppen vertreten sind. Gerade auch die jüngeren Berufstätigen kommen in der Studie gut zu Wort. Die beiden Randgruppen am unteren und oberen Ende der Altersskala werden bei den spezifischen Altersauswertungen nicht berücksichtigt.

Insgesamt nahmen an der Studie 47 % Frauen und 53 % Männer (n = 530) teil. Abb. 1.2 veranschaulicht, wie sich diese auf die einzelnen Funktionsstufen verteilen. Von den weiblichen Studienteilnehmenden sind 47 % in einer Mitarbeitendenfunktion und 27 % in einer

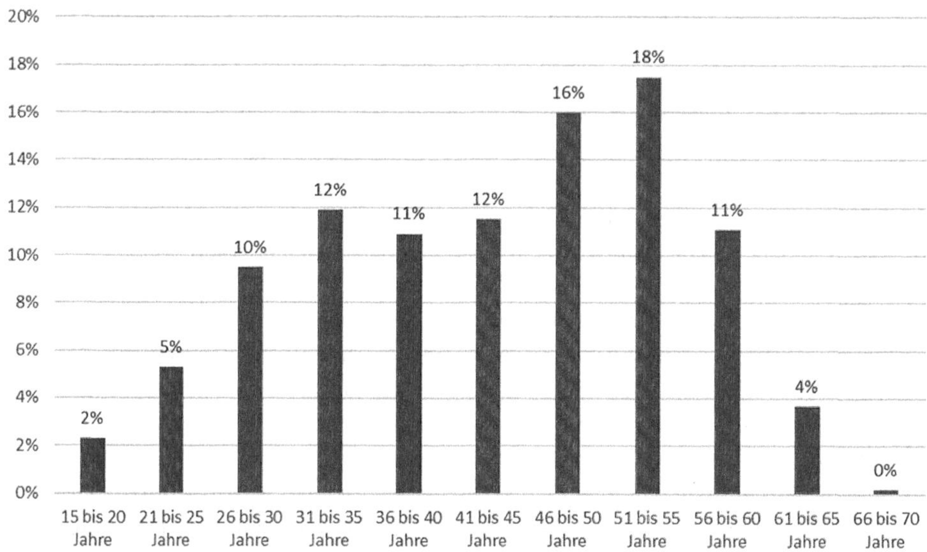

Abb. 1.1 Stichprobenverteilung nach Altersgruppen; n = 486

[1] EBG = Eidgenössisches Büro für die Gleichstellung von Frau und Mann.

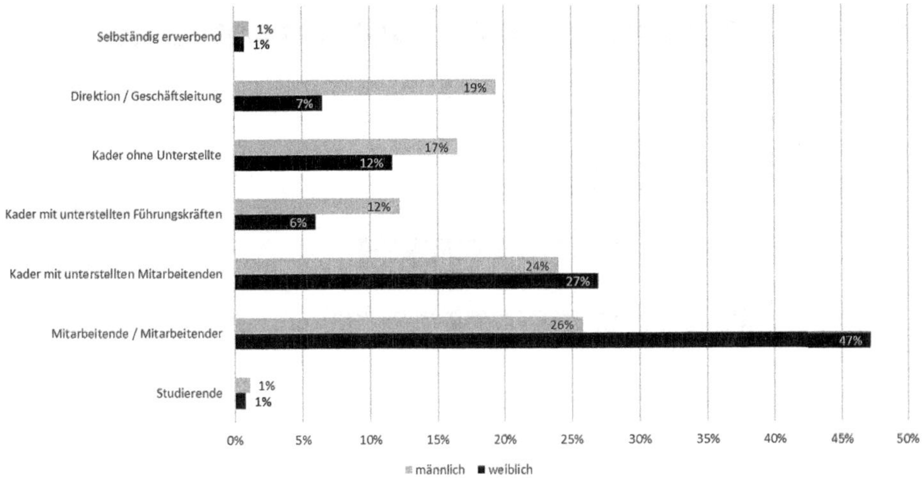

Abb. 1.2 Funktionsstufe der Studienteilnehmenden nach Geschlecht und Funktionsstufe, N = 527

Kaderfunktion mit unterstellten Mitarbeitenden. In diesen beiden Funktionsstufen sind die Frauen stärker vertreten als die Männer. Von den männlichen Teilnehmenden gaben knapp 26 % eine Mitarbeitendenfunktion an, also fast die Hälfte weniger als bei den weiblichen Studienteilnehmenden, und rund 24 % der männlichen Teilnehmenden gaben eine Kaderfunktion mit unterstellten Mitarbeitenden an. Während die männlichen Studienteilnehmenden in diesen beiden Funktionsstufen durchaus schwächer repräsentiert werden, sind sie in unserer Stichprobe häufiger in der Geschäftsleitung (19 %), als Kader ohne Unterstellte (17 %) und als Kader mit unterstellten Führungskräften (12 %) anzutreffen. Insbesondere in den Funktionsstufen Geschäftsleitung und Kader mit unterstellten Führungskräften sind die weiblichen Studienteilnehmenden mit 6,5 % und 6 % weitaus weniger repräsentiert. Dies deutet weiterhin auf ein Ungleichgewicht in der Vergabe der Führungspositionen bei Frauen hin. Ein Ergebnis, welches bereits auch die letzten Studien aufzeigten (Wörwag und Cloots 2018, 2019, 2020).

Eine Ungleichverteilung zeigt die Studie in Bezug auf den höchsten Bildungsabschluss: Hier verfügen 58 % über einen Hochschulabschluss, zusätzliche 3 % über einen PhD, 13 % über eine gymnasiale Vorbildung, 11 % über eine Berufsbildung, 8 % läuft unter Sonstiges.

Von den Studienteilnehmenden geben 88 % an, in einem deutschsprachigen Kanton zu arbeiten. 12 % der Befragten geben an, in anderen Regionen, unter anderem Deutschland und Österreich, tätig zu sein.

Abb. 1.3 zeigt die Verteilung der Studienteilnehmenden hinsichtlich der Größe der Unternehmen, in denen sie tätig sind. Insgesamt 43 % arbeiten in KMU mit 9 bis 249 Mitarbeitenden. 49 % der Studienteilnehmenden geben an, in Großunternehmen (ab 500 Mitarbeitende) zu arbeiten, während die weiteren 9 % der Studienteilnehmenden in kleinen Betrieben mit weniger als 9 Mitarbeitenden tätig sind.

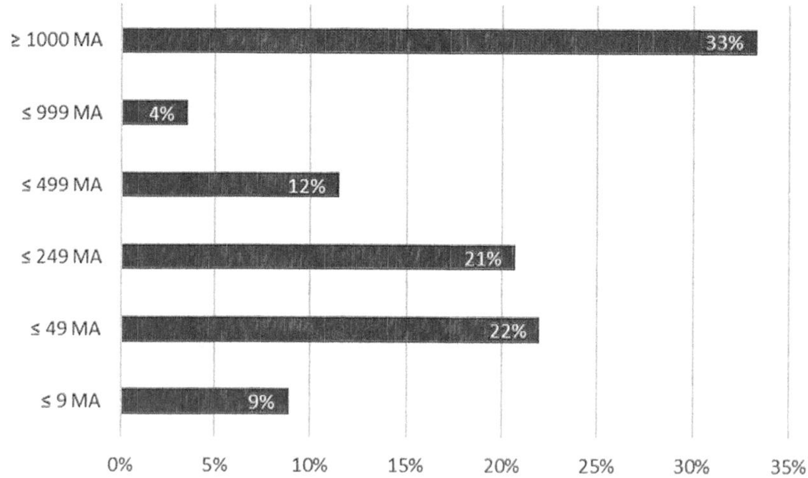

Abb. 1.3 Studienteilnehmende nach Unternehmensgrösse, N = 531

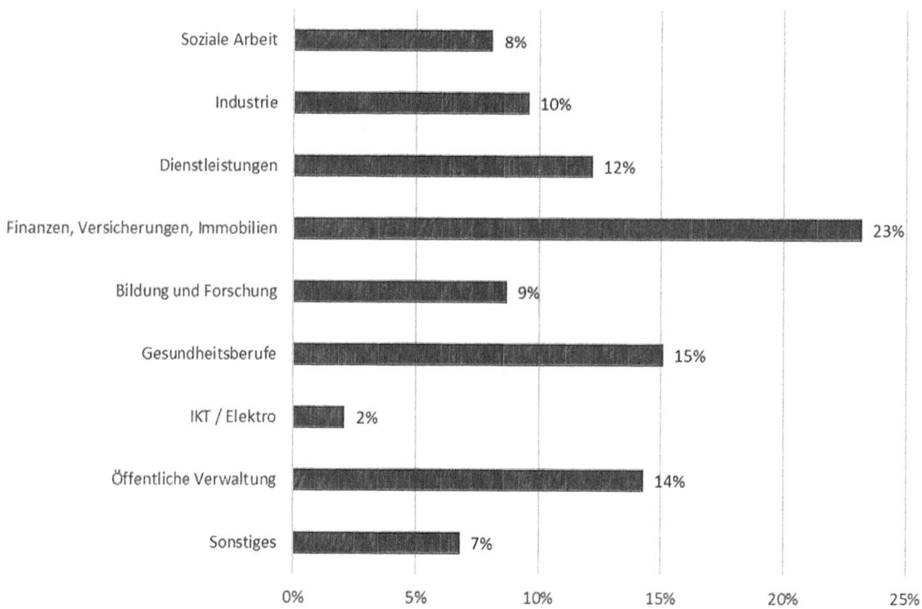

Abb. 1.4 Studienteilnehmende nach Branche, N = 531

Betrachtet man die Studienteilnehmenden nach Branche, so zeigt sich eine gute Verteilung bezogen auf die unterschiedlichen Branchen (Abb. 1.4). Sehr gut vertreten ist die Finanzbranche, indem sie ein Fünftel der Studienteilnehmenden ausmacht. Sehr schwach vertreten ist in dieser Studie die IT- und Elektrobranche.

Literatur

Wörwag, Sebastian, und Alexandra Cloots. 2018. *Flexible Arbeitsmodelle für die Generation 50+. Wirkungsvolle Maßnahmen gegen den vorzeitigen Austritt aus der späten Erwerbsphase.* Wiesbaden: Springer Gabler. https://doi.org/10.1007/978-3-658-20538-6.

Wörwag, Sebastian, und Alexandra Cloots. 2019. *Zukunft der Arbeit – Perspektive Mensch. Aktuelle Forschungserkenntnisse und Good Practices*, 2., akt. Aufl. Wiesbaden: Springer Gabler.

Wörwag, Sebastian, und Alexandra Cloots. 2020. *Human Digital Work – Eine Utopie? Erkenntnisse aus Forschung und Praxis zur digitalen Transformation der Arbeit.* Wiesbaden: Springer Gabler.

Teil I

Human Work Culture – Ein Schlüssel zur Zukunft der Arbeit

Human Work Culture – Ein Modell für eine humane Arbeitskultur

2

Ein Denkanstoß

Sebastian Wörwag

> *„Man sollte nie so viel zu tun haben, dass man zum Nachdenken keine Zeit mehr hat.“*
>
> *Georg Christoph Lichtenberg*

Zusammenfassung

Die Arbeitskultur ist das unsichtbare Band, das Betriebe zusammenhält, deren Reputation und Attraktivität beeinflusst, sie in Krisen rettet, oder in Krisen stürzt. So viel wir jeden Tag über Kultur im Allgemeinen und Arbeitskultur im Speziellen reden, so schillernd, vielschichtig und vage ist der Begriff. Dieses Kapitel erläutert die Arbeitskultur anhand unterschiedlicher Kulturverständnisse, die zusammen ein komplexes Bedeutungsgeflecht ausmachen. Gleichzeitig wird in diesem Kapitel ein Modell der Arbeitskultur entwickelt, welches die verschiedenen Bezüge aufzeigt, in welchen eine Arbeitskultur zu lesen und zu entwickeln ist. Das Modell verbindet die individuelle Ebene der Mitarbeitenden mit der betrieblichen Ebene der Unternehmen und Institutionen, beide wiederum mit Sozialisationsprozessen der Arbeits- und Berufswelt, und bettet alle Faktoren schließlich in gesellschaftliche Diskurse ein. Alle Ebenen stehen zueinander in einem dynamischen Wechselspiel, das zu verstehen die Grundlage für die Analyse und die Entwicklung der Arbeitskultur darstellt. Anhand einiger exemplarischer Diskurse

S. Wörwag (✉)
Berner Fachhochschule, Bern, Schweiz
E-Mail: sebastian.woerwag@bfh.ch

S. Wörwag, A. Cloots (Hrsg.), *Arbeitskulturen im Wandel*,
https://doi.org/10.1007/978-3-658-30451-5_2

werden die Rahmenbedingungen für die Gestaltung einer guten Arbeitskultur aufgezeigt. Das Modell und das Verständnis der Diskurse auf den einzelnen Ebenen hilft, die vielschichtig auftretenden Arbeitskulturen in ihren Bedeutungszusammenhängen besser zu verstehen.

2.1 Eine Begriffsannäherung

Der Begriff der Kultur ist so attraktiv wie anforderungsreich, umgibt ihn doch eine Aura des Wertvollen wie auch eine Vieldeutigkeit, die seine Nutzung so anforderungsreich wie vage machen. Busche (2018) beschreibt Kultur als eines der vieldeutigsten Wörter unserer Zeit, welches auch nicht davor gefeit ist, zum hohlen Pathosbegriff abzuflachen. Alles scheint heute Kultur, was wertvoll, eigen, mitunter auch schön(geistig) dargestellt werden soll. Um der Polysemie des Begriffs etwas auf die Spur zu kommen, bedarf es unterschiedlicher Interpretationszugänge, welche sich auch entlang der Geschichte vieldeutig darstellen. Versuchen wir uns also zuerst einmal den unterschiedlichen Kulturbegriffen zu nähern.

2.1.1 Kultur als Prozess zur Veredelung von Natur, Körper und Geist

Kultur war in der Geschichte zuerst einmal etwas, das man betreibt (Busche 2018). In der altrömischen Gesellschaft bedeutete das Verb „colere" bebauen, bearbeiten, sorgfältig pflegen sowie wohnen. Das zu pflegende und zu bebauende Objekt war denn auch der Acker (agri cultura) und der Garten (horti cultura). Der **erste Kulturbegriff** bezog sich also auf die Veredelung der natürlichen Umgebung durch den Menschen zum Zwecke, dass die Natur fruchtbar und produktiv werde. Von der konkreten Veredlung der äußeren Natur erweiterte sich der Begriff auf die innere Natur des Menschen, so zum Beispiel auf die Körperkultur (cultura corporis) und die Geisteskultur (cultura animi), wobei mindestens in der Gegenwart erste an höherer Bedeutsamkeit gewonnen zu haben scheint, was sich beispielsweise aktuell in den Entwicklungen eines eigentlichen Körperkults ablesen lässt.

In allen drei Bezügen, der Natur, dem Körper und dem Geist, zeigt sich Kultur nicht als Gegenpol zur Natur, sondern „als Prozess der Kulturalisierung und Veredelung" von Naturanlagen. Sie bedeutet die Arbeit an einer noch rohen und ungeformten Natur, die durch den Eingriff des Menschen in einen höheren Zustand gebracht werden soll. Es ist also ein Prozess der Veredelung und Reifung. Damit ist ein Begriffsverständnis eingeführt, bei welchem sich Kultur als höherer Zustand der Natur manifestiert, die aber bewusst gestaltet und gepflegt werden muss.

Mit Bezug zur heutigen Arbeitskultur kann man aus dem ersten Begriffsverständnis ableiten, dass Kultur ein Prozess ist, bei dem sowohl das Umfeld als auch das individuelle

Denken und Handeln veredelt werden soll, um so für den Menschen und für sein Umfeld fruchtbare und reife Ergebnisse hervorzubringen. Es geht darum, ein harmonisches Zusammenspiel des Menschen mit seinem Lebens- und Arbeitsumfeld zu erzeugen. Der Mensch arbeitet dabei nicht gegen die Natur und das Umfeld, sondern mit ihnen und nutzt dabei die gegebenen Ressourcen.

2.1.2 Kultur als Kultiviertheit des gebildeten Menschen

Ein sich vom Kulturbegriff als Prozess der Kulturalisierung deutlich unterscheidender **zweiter Kulturbegriff** entsteht gemäß Busche (2018) im 17. Jahrhundert als „die Kultur, die man hat". Sie ist beim Menschen sozusagen das Produkt der Kultivierung, und beschreibt ihn als einen kultivierten Menschen im Sinne eines dauerhaften Zustandes. Kultur bezieht sich dabei auf Eigenschaften und Fähigkeiten, die ein Mensch entwickelt und zur Meisterschaft perfektioniert hat. So kann man beispielsweise von einer Vortragskultur eines Politikers, einer Stimmkultur einer Sängerin, einer Kultur der Umgangsformen einer gut erzogenen Person oder einer Malkultur eines Künstlers sprechen. Je umfassender diese unterschiedlichen Ausprägungen von Kultur, desto eher kann man von einem rundum kultivierten und gebildeten Menschen sprechen. Damit wird Kultur als Leistung und Errungenschaft in Abhängigkeit des individuellen Bildungsstandes gesehen, was zum einen die Bedeutung von Bildung des Individuums, aber gleichzeitig auch ganzer Gruppen, Völker und Epochen akzentuiert. Damit nimmt der Begriff der Kultiviertheit nebst einer individuellen Perspektive auch die Perspektive des Kollektivs auf und rückt damit in eine schwierige Beziehung zum Begriff der Zivilisation ganzer Völker. Es ist vor allem die dem Zivilisationsgrad und der Kultiviertheit mitunter beigemischte Wertung, welche in der Vergangenheit einzelne Volksgruppen als höherwertig oder minderwertig klassiert hat und als Differenzierungsmerkmal zwischen diesen in der Menschheitsgeschichte auch zu viel Leid und Ungerechtigkeit geführt hat. Die Kultur, die man hat, ist also ein Zustand, der aber nach gängigen gesellschaftlichen Normen auch eine Wertung und einen Vergleich zulässt.

In Bezug auf die Arbeitskultur kann man aus diesem Kulturbegriff ableiten, dass die unterschiedlichen Kompetenzen und Fertigkeiten, die einzelne Mitarbeitende oder ein Betrieb als Ganzes zu perfektionieren vermögen, durchaus Distinktionsmerkmale zu anderen Mitarbeitenden und Betrieben darstellen. Eine ausgeprägte Innovationskultur, eine Kultur des Dialogs und der Wertschätzung, eine Partizipationskultur etc. sind Beispiele dafür, wie herausgebildete Kompetenzen auf individueller und kollektiver Ebene eine Kultiviertheit zum Ausdruck bringen können. Damit wird natürlich immer auch ein Grad der Vervollkommnung verbunden, womit gesagt ist, dass der gegenwärtige Zustand der Kultiviertheit immer noch weiter zur Meisterschaft entwickelt werden kann. Die Formen der Kultur sind also nie abgeschlossen, sondern immer Gegenstand fortgesetzter und nachhaltiger Anstrengungen.

2.1.3 Kultur, in der man lebt

Beim **dritten Kulturbegriff** spricht Busche (2018) von der „Kultur, in der man lebt" und referenziert diesen auf Francis Bacon, der cultura erstmals als Zivilisationsstand aufgrund gesamtgesellschaftlichen Fortschritts verwendet. Gemeint war die Höherentwicklung einer Gesellschaft dank Erfindungen und technischen Fortschritts. Im 18. Jahrhundert erfuhr die Kultur damit eine geschichtsphilosophische Umdeutung in Richtung der charakterlichen Sitten und Gebräuche von Völkern. Während die Natur des Menschen in der Geschichte stets die gleiche blieb, war es im damaligen Verständnis die Kultur, welche bei den Völkern die unterschiedlichen Sitten und Gebräuche hervorbringe (Busche 2018, S. 13). Mit aufkeimendem Nationalbewusstsein in Europa wurde sodann die Kultur als das geschichtlich Kollektive, als das historisch und regional Einmalige verstanden. Damit geht eine enorme Ausweitung des Begriffs mit einer gleichzeitigen regionalen und zeitlichen Spezifizierung einher. Man spricht von der abendländischen Kultur, von einer europäischen Kultur etc. und meint damit spezifische, in ihrem historischen und ethnografischen Zusammenhang zu lesende Lebens- und Geistesformen, Institutionen und Symbole, durch die sich Völker und Epochen voneinander unterscheiden. Damit ist auch gesagt, dass es verschiedene Kulturen nebeneinander geben kann, die sich in ihrer Ausprägung, in manchen Lesarten auch in ihrem Entwicklungsstand unterscheiden. Diese Kulturen lassen sich sowohl als Summe ihrer geistigen Errungenschaften wie auch als Gesamtheit des menschlichen Bewusstseins beschreiben. Bei beiden begrifflichen Herangehensweisen kündigt sich jedoch bereits die Vielschichtigkeit des Kulturbegriffs als sowohl kultureller Ausdruck in einer Gesellschaft (als Summe der Errungenschaften) als auch relative Unbestimmbarkeit des gesellschaftlichen Bewusstseins an. Dieses doppelte Begriffsverständnis schafft eine Überkomplexität, welche den Kulturbegriff immer schwerer fassbar machen. Hinzu kommt, dass die Kultur der Errungenschaften sich lange einem linearen Fortschrittsdenken unterwarf bzw. implizierte, dass wenn man nur laufend kulturelle Errungenschaften, zum Beispiel in möglichst großen Museen, akkumuliere, damit auch die Kultur der Menschheit zunehme.

Diesem linearen Fortschrittsdenken, welches alltagssprachlich auch heute noch weit verbreitet ist, muss ein relativistisches Verständnis von Kultur in Abhängigkeit von Volks- und Zeitgeist gegenübergestellt werden, wie dies Herder bereits im ausgehenden 18. Jahrhundert tat. Herder teilt zwar die Vorstellung eines universalen Fortschritts und Entwicklungsdenkens, das in der Aufklärung angelegt war, doch sieht er auch die Relativität und den Zeitbezug eines umfassenden Kulturbegriffs, der nach ihm nicht die Summe der Errungenschaften umfasst, sondern die im gesellschaftlichen Bewusstsein angelegten unterschiedlichen Lebensformen – von der Religion, über die Wirtschaft bis hin zur Rechtspflege. Er sieht dabei die Unbestimmtheit des Begriffs als ebenso großes Problem, wie die Neigung des Menschen, einen solchen umfassenden Kulturbegriff absolut in seiner Zeit und seinem Kontext anzuwenden:

> „Nichts ist unbestimmter als dieses Wort [die Kultur] und nichts ist trüglicher als die Anwendung desselben auf ganze Völker und Zeiten." (Herder 1794, S. 4)

Nach Busche (2018) hat Herder damit den Wechsel von einem „Zeitalter der Kultur" zu einer „Kultur des Zeitalters" eingeläutet. Kultur wird zeit- und kontextabhängig. Damit lässt sich eine Kultur von einer anderen abgrenzen. Und somit gibt es nicht nur eine Kultur, sondern verschiedene Kulturen, und der Weg ist zu der Weg zu einem pluralistischen Kulturverständnis geebnet, das auch diverse Kulturausprägungen in ein und demselben Zeitalter zulässt. So kennen wir heute beispielsweise nebeneinander verschiedene Generationenkulturen, die in ihrer Zeit und in ihrem Kontext geprägt wurden. In einer globalisierten Welte bilden sich zudem parallel unterschiedliche Kulturpraxen heraus, die nebeneinander leben. Unterschiedliche Alltagskulturen bestimmen das Leben, gesellschaftliche Gruppierungen unterscheiden sich durch ihre Kommunikationskulturen, unterschiedliche Baukulturen drängen sich in direkter Nachbarschaft ins Blickfeld des Betrachters, Musikkulturen koexistieren und arbeiten unterschiedliche Stilrichtungen heraus. Alltagskulturen verweben sich mit Moden, die sich voneinander zu unterscheiden suchen, und doch den jeweiligen Zeitgeist repräsentieren. Damit ist dieser Kulturbegriff eng verbunden mit kurzfristigen und parallel auftretenden Stilrichtungen und einem sich dauernd wandelnden Zeitgeist. Die in diesem Kulturverständnis angelegte Kulturdiversität wird zu einem wichtigen Orientierungspunkt in allen Lebenswelten, auch in der Arbeitswelt. Auch hier ist anzuerkennen, dass verschiedene Kulturen in ihrem jeweiligen Kontext entstehen, nebeneinander existieren können, mehr noch, dass die Kulturunterschiede auch produktiv gemacht werden können und Kulturdiversität zu einem wichtigen Erfolgsprinzip der betrieblichen Praxis werden kann.

2.1.4 Kultur als symbolische Ordnung

Einen **vierten Kulturbegriff** umschreibt Reckwitz (2011) als bedeutungsorientierte Kultur der symbolischen Ordnung. Für ihn ist Kultur kein Gegenstand neben anderen Gegenständen und Kulturwissenschaft keine spezifische geistes- und sozialwissenschaftliche Disziplin neben anderen Disziplinen. Kulturwissenschaft ist nach ihm eine spezifische Perspektive des Fragens und Analysierens. Einer Partialperspektive, nach welcher sich die Kulturwissenschaften nur um die eigenen (kulturellen) Belange, zum Beispiel mittels Kulturgeschichte und Kultursoziologie, zu kümmern habe, stellt er entgegen, dass letztlich jeder Gegenstand der Geistes- und Sozialwissenschaften, von den ökonomischen Praktiken bis zu den Handlungsfeldern der Politik und des Staates, von der Gesellschaftsstruktur bis hin zur Familie, als kulturelle Phänomene in den Blick zu kommen haben. Die kulturwissenschaftliche Frage muss nach ihm darauf abzielen, „die impliziten, in der Regel nicht bewussten symbolischen Ordnungen, kulturellen Codes und Sinnhorizonte zu explizieren, die in unterschiedlichsten menschlichen Praktiken – verschiedener Zeiten und Räume – zum Ausdruck kommen und diese ermöglichen" (Reckwitz 2011, S. 2). Reckwitz spricht sich hier also für einen zeitlich sowie lokal-spezifisch kontingenten, d. h. nicht-notwendigen Kulturbegriff aus, der aus den impliziten, nicht-bewussten Codes und Ordnungen herausgearbeitet werden muss. Mit diesem bedeutungsorientierten Kulturbegriff wird impliziert, dass alle Verhaltenskomplexe nur vor dem Hintergrund symbolischer Ordnungen zu verstehen sind, ja sich sogar aus diesen entwickeln, und schließlich diese auch wieder beeinflussen. Kultur bietet uns damit ein Sinn- und Unterscheidungssystem für unterschiedliche soziale Praktiken, welche als Interpretationsfolie einem spezifischen Verständnis dienen. Kultur hilft uns, Wirklichkeit als symbolisches Ordnungsschema wahrzunehmen und Bedeutung zuzuweisen. Die ‚Welt' erschließt sich uns nur als bedeutungsvolle, symbolische und sinnhafte Humanwelt. Die Kultur menschlicher Praktiken und Diskurse wird dabei als grundlegend sinnenhaft erfassbar und sinnhaft deutbar verstanden. Für Reckwitz (2018) kann sich die Kultur menschlicher Praktiken durchaus auch in einfachen Zusammenhängen zeigen, sofern diesen ein intrinsischer Wert zukommt, zum Beispiel bei der Wahl des eigenen Kleidungsstils, beim Sport wie auch beim gemeinsamen Erleben einer Sportereignisses, in der Natur, beim Reisen, bei der Wahl der Lektüre, beim Einrichten der Wohnung, dem Zubereiten des Essens, in der Freizeitgestaltung, wie eben auch bei der Arbeit, sofern es sich bei dieser „nicht um reine Lohnarbeit als Mittel zum Zweck handelt, sondern um Arbeit mit einem intrinsischen Wert" (Reckwitz 2018, S. 52). Im Unterschied zu rein zweckrationalen Praktiken beinhalten die kulturellen Praktiken nach ihm also ein intrinsisches Element wie auch ein individuelles Erleben und Erfahren, welches über das rein rational Notwendige hinausgeht.

Aus den hier nur kurz und exemplarisch umrissenen Zugängen zum Thema Kultur wird nachvollziehbar, warum Kultur als Ganzes und Arbeitskultur im Besonderen als schwer fassbare Begriffe gelten. Vielfältig sind die Begriffsverständnisse der Kultur und oftmals vage nur ihre Anwendung in der Praxis. Dennoch liegt genau in dieser Vielfalt kein Widerspruch, sondern eine Ergänzung und Komplementarität unterschiedlicher Kulturzugänge. Abb. 2.1 zeigt die vier maßgeblichen Kulturbegriffe, welche dem Thema der Arbeitskultur zugrunde gelegt werden können. Alle vier Begriffszugänge sind nebeneinander gültig, obschon sie in der Geschichte zu unterschiedlichen Zeiten die Diskurse geprägt haben. Doch ist in ihrer geschichtlichen Entwicklung nicht ein Kulturbegriff gänzlich von einem anderen abgelöst worden, sondern die Bedeutungen wurden allenfalls transformiert oder um neue Bedeutungszugänge ergänzt. Alle vier Kulturbegriffe umreißen damit Aspekte, die bis heute und in allen Situationen Gültigkeit haben. Es wäre falsch zu meinen, dass die vorgestellten Kulturzugänge lediglich spezifische Zeugnisse ihrer Zeit seien, als solche also überholt oder aufgehoben seien. Alle Kulturbegriffe stellen bis heute unterschiedliche Dimensionen eines integralen Kulturbegriffs dar und finden in der heutigen Diskussion über Kultur, je nach Blickwinkel, unverminderte Anwendung.

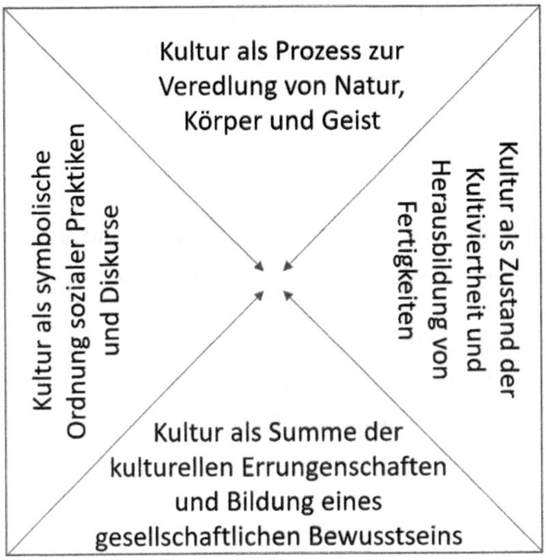

Abb. 2.1 Unterschiedliche Begriffskonnotationen zur Arbeitskultur. (Quelle: eigene Darstellung)

2.1.5 Kultur als Arbeit von Kulturschaffenden

Ein **fünfter Kulturbegriff**, der jedoch auf einer anderen Ebene als die vorangehenden zu lesen ist, soll an dieser Stelle ebenso Erwähnung finden. Es ist „die Kultur, die man fördert" (Busche 2018). Dieser fünfte Kulturbegriff führt in gewisser Weise wieder zum ersten zurück, indem es den Kulturbegriff der Antike aufgreift und mit jenem der Renaissance verbindet (Reckwitz 2011). Dieses Verständnis lehnt sich an den Begriff der Veredelung an, umfasst aber, anders als der erste Kulturbegriff, nicht die Bereiche Natur, Körper und Geist, sondern fokussiert auf gewisse gesellschaftliche Sphären der Kunst, der Literatur, der Philosophie, mitunter auch Wissenschaft und Religion. Gleichzeitig wird der Fokus vom Individuum auf das Kollektiv im Sinne spezifischer Gesellschaftsschichten gelenkt. So entsteht ein „sektoraler" Kulturbegriff, ein „spezialisiertes soziales System, welches zum Bestand der modernen Gesellschaft bestimmte funktionale Leistungen erbringt" (Reckwitz 2011, S. 6). Dieser sektorale Kulturbegriff beschreibt einen Gesellschafts- bzw. Wirtschaftsbereich von Kulturschaffenden, deren Szene, deren gesellschaftliche Förderbarkeit aber auch deren Beitrag, den sie für die Kultur einer Gesellschaft leisten. Auf den ersten Blick kann man die Vermutung äußern, dass der Bereich der Kulturschaffenden wenig mit dem Thema der Arbeitskultur zu tun habe. Ich bin aber der festen Überzeugung, dass sich dies auf den zweiten Blick ändert, da es viele und interessante Transferbereiche zwischen dem Arbeitsverständnis und der Kultur der Kulturschaffenden einerseits und der Analyse und Entwicklung von Arbeitskultur in anderen Berufsfeldern gibt. Wie ich in Abschn. 2.1.4 aufzeigen werde, können Kunst- und Kulturschaffende aufgrund ihres starken Berufsethos, ihrer Werkverbundenheit, ihre spezifischen Herangehensweise an offene und unbestimmte Phänomene sowie ihre Zugänge zur Untersuchung und

Vermittlung von Deutungs- und Bedeutungszusammenhängen einen wesentlichen Beitrag zur Analyse und Förderung der Unternehmens- und Arbeitskulturen leisten.

2.1.6 Zum Begriff der Arbeitskultur

Während sich die Kultur als Ganzes auf alle Lebenswelten und Alltagspraxen einer Gesellschaft bezieht, so umschreibt die Arbeit hieraus einen Teilbereich, wenn auch einen sehr wichtigen. Denn in der Neuzeit ist Arbeit nicht nur eine Tätigkeit, wie viele andere auch, sie ist im eigentlichen Sinn identitätsstiftend und für die menschliche Existenz konstituierend. Arbeit dient uns heute nicht nur als Erwerbsarbeit, das heißt zum Erwerb von Mitteln zur Teilnahme an ökonomischen Tauschprozessen. Arbeit kann und soll im positiven Fall dem Menschen Möglichkeiten geben, ein erfülltes und lebenswertes Leben führen zu können. Arbeit soll also nicht nur existenzsichernd wirken, sie ist auch wesentliche Quelle für die Herausbildung von persönlicher Identität, Lebenserfahrung, sowie Sinnentwicklung. Über die Bedeutung und Ausgestaltung von „guter Arbeit" sind wir in der Publikation „Flexible Arbeitsmodelle für die Generation" 50+ (Wörwag und Cloots 2018) eingegangen, weshalb ich mich hier kurz halten möchte. Dennoch ist es für ein Verständnis von Arbeit und von Arbeitskultur wichtig, dass diese einen wichtigen Beitrag zur Existenz des Menschen leisten. In Anlehnung an Lévinas (2003) leistet die Arbeit einen Beitrag dazu, dass die Existenz des Menschen nicht nur ein *In-der Welt-Sein,* bedeutet, sondern ein *In-der-Existenz-engagiert-Sein.* Arbeit dient also zu mehr, als nur dem Zweck, sich ein bequemes Leben zu ermöglichen. Arbeit bietet den Menschen die Möglichkeit, die eigene Existenz mit einem als sinnvoll erachteten Engagement auszustatten, sich also für etwas zu engagieren. Dieses Arbeitsengagement verschafft dem Menschen eine Grundlage, sich in der Welt zu verorten, eine Existenz zu entwickeln und etwas zu vollbringen. Das Gefühl, etwas mit der eigenen Arbeit vollbracht zu haben, ist viel motivierender, als sich nur die Erwerbsgrundlage für ein bequemes Leben zu verschaffen. Dieses vollbringende Engagement verschafft dem Menschen das Gefühl von Selbstwirksamkeit; in so verstandener Arbeit erlangt der Mensch eine Herrschaft über das eigene Sein.

Arbeit als existenzielles Engagement geht natürlich über einen engen Begriff der Erwerbsarbeit hinaus und betrifft fast alle individuell und gesellschaftlich nützlichen Tätigkeiten. Auch das Zivilengagement, die Freiwilligenarbeit etc. rücken bei einem solch existenziellen Begriffsverständnis der Arbeit in das Blickfeld. Und wäre dies nicht ohnehin schon komplex genug, so weitet sich die Arbeit zunehmend auf fast alle Dimensionen der Lebenswelt aus: Denken wir beispielsweise an Familienarbeit, Beziehungsarbeit, Gemeinwesenarbeit, Arbeit wird fast inflationär auch auf zwischenmenschliche Beziehungen angewendet, wodurch das, bei dem die Liebe und das Bestreben des Zusammenhalts im Vordergrund stehen sollte, den Beigeschmack ernsthafter, zielstrebiger und wohl auch anstrengender Arbeit bekommt. So weit will ich hier bei der Untersuchung von Arbeit und Arbeitskultur nicht gehen, was auch den Rahmen dieses Buches sprengen würde. Aus diesem Grund fokussiere ich primär das Arbeitsverständnis auf die Erwerbsarbeit, bzw. die Arbeitskultur auf jene Kulturphänomene, die uns bei der Erwerbsarbeit begegnen.

Dennoch ist der Gedanke nicht von der Hand zu weisen, die eine oder andere Überlegung, welche sich in diesem Band auf die Arbeitskultur bezieht, nicht auch einmal versuchshalber auf die Beziehungs-, Familien oder Gemeinwesenskultur anzuwenden.

Unter Berücksichtigung der verschiedenen hier ausgeführten Kulturzugänge möchte ich die Arbeitskultur wie folgt verstehen:

▶ **Arbeitskultur** ist die Erscheinung der expliziten und impliziten symbolischen Ordnungen, kulturellen Codes sowie Sinn- und Bedeutungszusammenhänge bezogen auf das Arbeitsdenken und -handeln eines Betriebs, die in unterschiedlichen Praktiken zum Ausdruck kommen und diese ermöglichen. Diese basieren auf individuellen, betrieblichen, berufsspezifischen und gesellschaftlichen Normen und Werten und werden in sozialen Beziehungen ausgetauscht.

Die Arbeitskultur und damit das Arbeitshandeln wird also maßgeblich von Werten, Normen und sozialen Beziehungen bestimmt, die sich in verschiedenen Praxen, Codes und Bedeutungszusammenhängen zeigen.[1] Arbeitskulturen beeinflussen diese Praxen, die Praxen beeinflussen wiederum die Arbeitskulturen.

Im Sinne eines qualitativen Zielbildes sind auch gute von weniger guten Arbeitskulturen unterscheidbar, und zwar nicht über konkrete Attribute wie innovativ, leistungsfähig etc., sondern generisch über die Art, wie Arbeitskulturen die betriebliche Praxis prägen. Vor dem Hintergrund der oben beschriebenen Kulturzugänge lässt sich dies exemplarisch wie folgt umschreiben:

Eine gute Arbeitskultur soll

a. das Verhältnis zwischen arbeitenden Menschen untereinander und zu ihrem Umfeld in harmonischer und produktiver Art entwickeln,
b. spezifische Fähigkeiten von Menschen und Institutionen professionalisieren und allenfalls bis zu einer Meisterschaft kultivieren und herausbilden,
c. unterschiedliche Kulturen innerhalb eines Systems anerkennen und im Zusammenspiel nutzbar machen.

2.2 Ein Denkmodell zur Arbeitskultur

Eingedenk der Komplexität des Kulturbegriffs möchte ich in diesem Abschnitt ein Modell vorschlagen, welches einen Orientierungsrahmen zur Diskussion der verschiedenen Zugänge der Arbeitskultur bietet. Es soll als offener Rahmen für die Verortung von individuellen, betrieblichen, berufsfeldorientierten und gesellschaftlichen Diskursen zur Arbeitskultur dienen. Diese Einordnung soll sowohl Phänomene der Arbeitskultur wie auch

[1] Kap. 3 gibt einen guten Überblick über die Artefakte, Werte und Annahmen nach dem Schichtenmodell von Schein 2017.

Maßnahmen zu deren Entwicklung auf einer Mikro-, Meso- und Makroebene zuordnen, für deren Abhängigkeiten untereinander sensibilisieren und gleichwohl aber auch auf Leerstellen in der Diskussion hinweisen. Leerstellen sind dort zu vermuten, wo ein spezifisches Phänomen oder eine Maßnahme nicht im Kontext seiner Umsysteme betrachtet wird. Was es mit diesem Wechselspiel auf sich hat, soll im nachfolgenden Abschnitt erläutert werden.

2.2.1 Ein offener Orientierungsrahmen

Die Individuen prägen mit ihren Motiven, Präferenzen, Stilen, Diskursen und Praxen den jeweiligen Zeitgeist und die Kultur ihrer Zeit, können sich aber umgekehrt nur soweit entfalten, als die gesellschaftlichen Institutionen und Normen dies auch zulassen. Die kollektive Kultur einer Gesellschaft ist also gleichsam Produkt wie auch Gestaltungsrahmen dessen, was in der Öffentlichkeit zum Ausdruck gebracht werden kann. Aus diesem dynamischen Wechselspiel verfestigen sich in ständig wiederholter Arbeitspraxis Kulturen. Sie finden gemäß Konersmann (2003) ihren Ausdruck in Sitten und Gebräuchen, Mentalitäten und symbolischen Ordnungen, in Konventionen und Vorstellungen zum Zusammenarbeiten, in Anreizsystemen und Anerkennungsstrukturen, in Überlieferungen und Traditionszusammenhängen, in einem kollektiven wie in einem individuellen Bewusstsein. Diese symbolischen Ordnungen bilden sich von der individuellen Praxis (Mikroebene) auf die Mesoebene der Betriebe, Institutionen und Branchen bis auf die Makroebene der Gesellschaft. Gleichzeitig beeinflussen gesellschaftliche Wertsysteme die Arbeits- und Berufswelt sowie die Institutionen (Mesoebene) genauso wie die individuelle Ebene der Mitarbeitenden (Mikroebene). Alle vier Ebenen sind in einem wechselseitigen Einflussspiel, einem Mobile gleich, miteinander verbunden, sodass sich, wenn auf einer Achse eine Veränderung geschieht, zwangsläufig alle anderen Ebenen beeinflusst werden. Abb. 2.2 verdeutlicht dieses Wechselspiel, indem der Rahmen der sich herausbildenden Kulturen, einem durchgehenden Fluss gleich, alle Ebenen verbindet. Auch auf der konkreteren Ebene der Manifestationen finden wir ein komplexes Zusammenspiel zwischen den individuellen Bedürfnissen, Arbeitsmotiven, Präferenzen und Arbeitsstilen der Mitarbeitenden, welche an ihrem Arbeitsplatz auf spezifische kulturelle Werte, Praxen und Anerkennungsstrukturen treffen. Das ist die täglich erlebte Arbeitsrealität, welche zwischen Arbeitgebenden und -nehmenden einen mehr oder weniger passenden *cultural fit* erzeugen wird.

Beide, Arbeitgebende wie Arbeitnehmende, sind aber auch in spezifische Arbeits- und Berufswelten sowie Branchen eingebettet. Arbeitnehmende haben zum Beispiel Berufe erlernt, sind durch diese sozialisiert worden, haben in der Regel auch einen gewissen beruflichen Habitus erlangt, der sie als Vertreter ihrer Profession oder ihres Tätigkeitsfeldes ausweist. Dieser Berufshabitus zeigt sich oft in der Sprache, meist auch in einem gewissen Weltbild und manchmal bereits an der Kleidung. Wenn beispielsweise meist schwarz gekleidete Berufspersonen mit ebenso schwarz gerahmten Brillen von Fügung und Anmu-

Abb. 2.2 Ein Denkmodell zur Arbeitskultur als Orientierungsrahmen. (Quelle: eigene Darstellung)

tung sprechen, so erkennt man oft dahinter den oder die Architekt/in. Mitarbeitende aus Banken und Versicherungen sind mitunter ebenso einfach zu erkennen wie Pflegefachpersonen, Sozialarbeitende etc. Auch wenn keine Regel ohne Ausnahme, so sind die berufliche Sozialisation, der Habitus, die Codes meist gut erkennbar. Die berufliche Sozialisation fängt dabei bereits mit einer Positivselektion bei der Berufswahl an, wird durch die Ausbildung gefestigt und in beruflichen Netzwerken verstetigt. Auch Unternehmen und Institutionen wären bei einem ‚Blindtest', d. h. ohne Kenntnis der Branchenzugehörigkeit also lediglich durch ihre Erscheinungsform, ihren kommunikativen Auftritt, die internen Sprachgewohnheiten, Dresscodes, Praxen und Gebräuche recht gut identifizierbar. Auch hier sieht man gut, wie stark der wechselseitige Einfluss zum Beispiel zwischen Betrieb und Branche ist.

Im innersten Rechteck der Abb. 2.2 zeigen sich einzelne Kulturausprägungen, auf die wir eingangs eingegangen sind. Da finden wir einerseits den auf das Individuum ausgerichteten Kulturbegriff, welcher Kultur als individuellen Prozess zur Veredelung und Kultiviertheit beschreibt sowie die ‚Aufladung' der Kulturentwicklung unter Sinn- und Bedeutungszusammenhängen versteht. Andererseits sehen wir den dynamischen Kulturbegriff, bei welchen das Individuum auf ein Gegenüber stößt und sich Kultur im Arbeitszusammenhang als Produkt sozialer Interaktionen und arbeitsalltäglicher Praxen ergibt. Drittens verstehen wir Arbeitskultur als berufsbezogene Identifikationsstruktur und viertens schließlich finden wir die Arbeitskultur inmitten von Kulturen „in denen wir leben", eingebettet in repräsentierte Mainstream-, Widerstands- oder Avantgarde-Kulturen.

Dieses Denkmodell hilft uns, die Vielfalt des Kulturbegriffs im Allgemeinen und der Arbeitskultur im Besonderen nicht aus den Augen zu verlieren und Phänomene der Arbeitskultur auf den unterschiedlichen Achsen und ihren Schnittmengen zu verorten.

Ich möchte das Denkmodell zudem und explizit als offener Denkrahmen und nicht als geschlossenes System verstanden wissen. Dies einerseits, um den unterschiedlichen Kulturverständnissen Rechnung zu tragen, andererseits um eine Vielzahl von Kulturausprägungen in einer Gesellschaft, im Arbeits- und Berufsfeld, in den Betrieben sowie bei den handelnden Subjekten in ihrer Dynamik und gegenseitigen Interdependenz anzuerkennen. Damit ist eine Sichtweise auf Arbeitskultur angelegt, welche vielschichtige, pluralistische und polyzentrische Bedeutungsstrukturen umfasst. Das ist nur möglich mit einer großen Offenheit und Durchlässigkeit zwischen den Achsen des Modells, also zwischen den individuellen und den kollektiven bzw. gesellschaftlichen Kulturverständnissen und -dynamiken. Notwendig ist aber auch eine Offenheit gegenüber der Kulturvielfalt innerhalb einer Achse, zum Beispiel aufgrund dessen, dass die Arbeitnehmenden als Individuen unterschiedlichen Interessen und Fertigkeiten mitbringen, unterschiedliche Präferenzen und Biografien entwickeln oder allein schon deshalb, weil sie von unterschiedlichen Herkunftsländern kulturell unterschiedlich geprägt sind. Was individuell divers ist, lässt auch betriebliche Vielfalt und auf gesellschaftlicher Ebene eine große Ausdifferenzierung von Subkulturen erwarten, welche sich im positiven Fall befruchten, in negativem Fall zu Reibung und Abwehr führen. Werden Kulturdiversität hingegen verneint und kulturelle Anpassungsleistungen an eine Normkultur erwartet, dann erhält Kultur einen Totalitätsanspruch, welcher die individuelle und allenfalls abweichende Kulturpraxis in nicht-öffentliche Kulturpraktiken verdrängt (Off-Kultur). Dies kennen wir aus der Geschichte, und diese ist auch noch gar nicht so alt: Denken wir nur an die vor wenigen Jahren in der Politik geführten, konservativ geprägten gesellschaftlichen Diskurse rund um eine einheitliche Leitkultur.[2] Die Annahme einer Leitkultur und das Bestreben, diese einheitlich als Norm in einer Gesellschaft durchzusetzen, führt wieder zurück zu einem normativen Kulturbegriff, welche den Entwicklungsstand einer Kultur wertend von anderen abgrenzt, in dem Sinne, dass es eine bessere und eine schlechtere Kultur gibt, dass es Anpassungsleistungen bedarf, welche die Vertreter der Leitkultur von anderen abverlangen. Kulturdiversität wird allenfalls noch mit Kulturtoleranz begegnet, doch auch nicht mit mehr. Die Gefahr besteht dann darin, dass Minoritäten einem jeweils herrschenden normativen Kulturverständnis unterworfen werden. Das Risiko einer Ideologisierung des Zulässigen, Gewünschten, der Normalitätskonstrukte und ihrer Abweichungen liegt damit auf der Hand.

Wiederum mit Bezug zu unserem Thema der Arbeitskultur lässt sich daraus auch die Notwendigkeit eines offenen, multi- und transkulturellen Verständnisses in und gegenüber der Mitarbeitendenschaft ableiten. Die Vielfalt, und darin eingebettet, die Fremdheit im

[2] Der Begriff der Leitkultur prägte im Jahr 2000 eine bundesdeutsche Debatte über Einwanderung und Integration. Insbesondere konservative Politikerinnen und Politiker vertraten dabei die Auffassung, die Anerkennung einer deutschen Leitkultur seien Voraussetzung für eine erfolgreiche Integration (GRA Stiftung gegen Rassismus und Antisemitismus 2015).

Sinne einer Abweichung zu kulturellen Normen und Erwartungen dürfen nicht zu einer Abwertung oder gar Diskriminierung von Minderheiten führen. Diese beziehen sich nicht nur auf Mitarbeitende anderer Herkunftsländer und ihrer entsprechenden Kulturen, sondern auch gegenüber zum Beispiel altersabhängigen Kulturen (Jugendkultur, Alterskultur), Genderkulturen oder anderweitig geformten Kulturausprägungen, zum Beispiel Fortschritts- versus Traditionskulturen etc. In unseren Studien aus dem Jahr 2018 (Wörwag und Cloots 2020) konnten wir beispielsweise eine nicht unerhebliche Gruppe von Digitalisierungsskeptikern ausmachen, welche Gefahr laufen, als Fortschrittsverhinderer die Antipode zu einer betrieblich weit verbreiteten Fortschrittskultur zu bilden. Wer zum Beispiel sich mit der digitalen Technisierung schwertut oder diese, durchaus auch aus guten Gründen, ablehnt, darf nicht als kulturfremder, devianter Sonderling betrachtet werden. Wenn nämlich diese kritischen Stimmen verstummen, läuft auch eine Institution oder eine Organisation Gefahr, das Individuum einem totalitären Kulturverständnis zu unterwerfen. Auch vor kulturbeschwörenden Zauberformeln, wie zum Beispiel das oft beschworene „One team – One spirit", ist aufgrund ihres totalitären Kulturverständnisses zu warnen.

Zur weiteren Verdeutlichung, wie die vier Rahmenachsen des Denkmodells auf die Arbeitskultur wirken können, möchte ich in der Folge ein paar exemplarische Diskurse aus allen Achsen beleuchten. Diese sind natürlich nicht abschließend, was einerseits den Rahmen dieses Kapitels sprengen würde, andererseits auch der Dynamik der Diskurse nicht gerecht werden würde. Sie sollen lediglich Beispiele für in den jeweiligen Achsen herrschende Werte und Normen sein, welche explizit oder implizit in die Diskurse einsickern und diese prägen. In der Anwendung des Denkmodells sind aber jeweils genau diese für einen Berufs-, Betriebs- oder Gesellschaftsbereich relevanten Diskurse zuerst zu identifizieren, um darin die aktuellen Phänomene und Maßnahmen der Arbeitskultur und -kulturentwicklung einzubetten.

2.2.2 Der gesellschaftliche Rahmen

Kultur und Gesellschaft stehen in einer engen, wechselseitig beeinflussten Beziehung zueinander: Kultur repräsentiert die Gesellschaft, die Gesellschaft prägt über ihre Institutionen Diskurse, Normen und (politischen) Weichenstellungen das, was als Kultur entsteht. Was auf der Metaebene der Gesellschaft gilt, spiegelt sich sodann auch auf der Mesoebene der Betriebe und Institutionen und umgekehrt. Auch sie sind Akteure in unserer Gesellschaft, von dieser beeinflusst, und beeinflussen wiederum durch ihre Praxen die gesellschaftliche Realität.

Kulturen sind Ausdruck subjektiver Vorstellungen und Handlungspraxen, die nicht objektiv begründet werden müssen. Sie legitimieren sich allein schon dadurch, dass sie da sind, und nicht erst dadurch, dass sie objektiv nachvollziehbar sind oder von einer Mehrheit als solches akzeptiert wurden. Auch gesellschaftliche Kulturen entstehen nicht durch objektive Begründung und rationale Nachvollziehbarkeit, sie sind gesellschaftliche Hervorbringungen, die polyzentrisch und unvermutet entstehen können, aufgegriffen, nachgeahmt, transformiert und über einen schwer fassbaren Prozess in den gesellschaftlichen Sprachgebrauch einsickern und zu einer neuen Realität werden. Die von vielen Menschen geteilten Gesellschaftskulturen bilden ein Massenphänomen, einen Mainstream. Doch auf jeden Mainstream gibt es Kulturreaktionen, auf die ich nachfolgend kurz eingehen möchte.

2.2.2.1 Kulturtypologien des Mainstreams, des Widerstands und der Avantgarde

Im Wechselspiel zwischen Individuum, Institution und Gesellschaft entsteht das, was anerkannt, gebilligt oder sogar gefördert wird. Es sind Normalitätskonstrukte von Kulturen, welche dank ihrer Vorhersehbarkeit eine Form von Selbstverständnis und Selbstverständlichkeit darstellen. Sie repräsentieren den Mainstream des Denkens in der Gesellschaft. Denken wir zum Beispiel im Arbeitskontext an eine gewisse Leistungskultur, welche eine Gesellschaft, einen Betrieb oder eine Person hinsichtlich Leistungsbereitschaft, und -fähigkeit, Fleiß aber auch Wettbewerbsfähigkeit prägt. Die Leistungskultur gilt in unserem Kulturkreis nach wie vor zum Mainstream, sie repräsentiert Werte und Normen, die auch trotz ihrer Negativimplikationen (z. B. des Leistungsdrucks) von vielen als einfach gegeben anerkannt werden. Gerade im politischen Diskurs bedient man sich gerne solcher Mainstreams für prägnante und wirksame Kurzformeln, wie zum Beispiel „Leistung bringt Wohlstand“.[3] Solche Verkürzungen und vereinfachten Zusammenhänge mögen kommunikativ eingängig sein, greifen gleichzeitig aber zu kurz und halten einer differenzierten Analyse kaum stand. Unsere gesellschaftlichen Diskurse sind voll von solchen Mainstreams, allgemein akzeptierten und oft unhinterfragten Aussagen, welche sich im kollektiven Bewusstsein eingenistet haben. Sie gelten solange als Orientierungsrahmen für die breite Masse, bis jemand kommt und fragt, warum dies eigentlich so sei.

Selten nur wird ohne Grund der bestehende Mainstream hinterfragt. Es sind oft die Druckpunkte des Mainstreams, die aufgrund ihrer Negativwirkung, oder auch einfach aufgrund der Tatsache, dass sie gegebene Machtstrukturen repräsentieren, Widerstandsfiguren und eine Anti-Kultur provozieren. Dieser Widerstand mag zuerst für die Repräsentanten des Mainstreams bemühend sein, wird damit doch auch ihre Position und ihre Repräsentation hinterfragt. Die Reaktionen können dementsprechend vom Belächeln bis hin zur offenen Abwertung gehen. Dennoch zeigen viele Beispiele, dass nicht ernst genommener Widerstand mehrheitlich zu disruptiven Veränderungen im Mainstream führt.

Ein schönes Beispiel hierzu ist die Widerstandsbewegung gegen die etablierte Politik in Reykjavik, bei welcher 2010 Jón Gnarr zum Bürgermeister gewählt wurde. Er – Taxifahrer, Komiker und Punkmusiker – hatte mit ein paar Freunden die „anarchosurreale“ Bewegung „Beste Partei“ gegründet, aus Wut gegen jene etablierte Politik, welche das Land an den Rand des Ruins manövriert hatte. Ihr Slogan lautete kämpferisch „Mehr Punk, weniger Hölle“, Gnarr wollte das bestehende System aufmischen. Ihr Wahlkampf war die Antithese zu allem Bestehenden, eine surreale Gegenwelt zum politischen System. Die Reaktionen der Politik und der Medien auf ihren provokativen Stil fielen entsprechend

[3] Kaufmann (2017) zitiert hier den damaligen Deutschen Innenminister Thomas des Maiziere.

aus. Gnarr formulierte dies so: „Es war ein Wahlkampf, ganz wie der Satz von Mahatma Gandhi: Erst ignorieren sie dich, dann lachen sie über dich, dann bekämpfen sie dich, und dann gewinnst du." (Seibt 2014) Als sie 2010 zur Überraschung aller – am meisten aber von sich selbst – wirklich gewählt wurden, wurde aus dem Widerstand eine offiziell gewählte Regierung, aus Punkmusikern musste ein politisches Gremium geformt werden, Gnarr wurde Bürgermeister von Reykjavik. Nun mussten sie Verantwortung übernehmen. Und das taten sie, gegen alle Voraussagen. Sie blieben, was bei Revolutionen nicht immer der Fall ist, ihren Idealen und Vorstellungen treu. Und hatten damit Erfolg: Sanierte Finanzen, Ankurbelung des Tourismus, Langsamverkehr, Reformen im Schulwesen. Der Widerstand konnte nicht mehr Widerstand sein, sondern sah sich nun selbst einer Opposition ausgesetzt. Sie hatten politische Entscheidungen zu treffen und wollten gleichzeitig ihren Überzeugungen treu bleiben, ohne konservativ zu werden. In vielen Fällen übernimmt das neue System die Regeln des alten, repräsentiert das, wogegen es Widerstand geübt hat. Anders in Reykjavik: Dass Gnarr nach vier Jahren Politik und sicherem Wahlsieg vor Augen der Politik wieder den Rücken zuwendete, ist Zeichen, dass Widerstand sich nicht immer vom Mainstream vereinnahmen lässt.

Das Beispiel zeigt, Widerstand muss ernst genommen werden; wer ihn ignoriert, belächelt oder bekämpft, wird vielleicht abgewählt. Umgekehrt, und mit positiver Konnotation, liegt im Widerstand das Potenzial, Scheinselbstverständlichkeiten zu hinterfragen, Bestehendes aufzubrechen und Fortschritt zu ermöglichen. Widerstand ist Ausdruck eines „Anti", welches im Sinne einer kritischen Auseinandersetzung den bestehenden Kräften den Spiegel vorhält, im positiven Fall zu einem Denken in Alternativen anregen kann. Widerstandskulturen sind, wenn sie im gesellschaftlichen Diskurs Eingang finden, durchaus auch Quellen der Erneuerung. Denken wir zurück an die 68-er Bewegung, so entsprang sie unter anderem einer Kultur der Auflehnung gegen die expliziten Entscheidungen und impliziten Normen einer Gesellschaftselite – eines Establishments. Der Widerstand richtete sich vornehmlich gegen die Deutungsmacht ‚Weniger' über die Lebenswelt ‚Vieler'. Widerstands-Kulturen fordern die Gesellschaft mit ihren Normalitätskonstrukten heraus, sie sind unbequem, wollen es auch sein, um etwas in Bewegung zu setzen. Und allenfalls kommt etwas in Gang, dessen sich auch konservative Bewahrungskräfte nicht entziehen können. Widerspruch ist ein Gegenüber, eine Reibungsfläche und gleichzeitig Quelle der Neuerung und sollte auf allen Ebenen nicht unerhört sein und bleiben, noch voreiligen Beschwichtigungsformeln zum Opfer fallen.

Nebst der repräsentierten Kultur des Main-Streams und der Widerstandskultur gibt es auch Kulturen der „Avantgarde" jenseits der gesellschaftlichen Diskurse und Institutionen. Sie sind die Kultur des „noch nicht", Vorläufer dessen, was erst in Zukunft ins gesellschaftliche Bewusstsein einfließen wird. Diese Kulturen sind kaum beschreibbar, da sie sich eben jeder Beschreibung und Gegenwartsanalyse bewusst entziehen. Sie sind im ‚kollektiven Off' und wollen dies meist auch bleiben. Sie suchen die Anonymität, den Ausdruck fernab von Vereinnahmungsrisiken des gesellschaftlichen Mainstreams. Sie verstehen sich gerne als eine Kultur- oder auch eine Kommunikationsguerilla, was sich beispielhaft am Street-Art-Künstler Banksy zeigen lässt, der trotz seines weltweiten Erfolgs bis heute anonym bleibt. Er vertritt eine Kultur, die alternative Sichtweisen auf politische und wirtschaftliche Diskurse wirft. Viele Aspekte der Jugendkultur tragen ebensolche Merkmale, sie schaffen neue Codes, Ausdrucksformen und Sprachen, die erst langsam ins kollektive Bewusstsein einsickern. Oft laufen diese Kulturen Gefahr, durch das gesellschaftliche Interesse aufgesogen und damit wirkungslos zu werden. Wenn sich der Mainstream der Avantgarde-Kultur bedient, ihr die eigenen Regeln aufdrängt,[4] dann verlieren sie dadurch ihre Position als Avantgarde. Als Reaktion auf die Übernahme der kulturellen Codes durch die breite Masse entstehen dann nicht selten Widerstandsfiguren und die Flucht in eine Anti-Position hinein. Oder es bildet sich eine neue Avantgarde in einer neuen dunklen Nische außerhalb des Mainstreams.

Diese drei exemplarischen Kulturtypologien eignen sich dazu, bestehende Systeme zu analysieren: Gesellschaften, Institutionen, Betriebe etc. In vielen dieser Systeme werden wir alle drei Typologien in einem gleichzeitigen Wechselspiel der Kräfteverhältnisse finden. Dieses Wechselspiel aus Beeinflussung und beeinflusst werden von unterschiedlichen Kulturen hat die Kraft, diese Systeme zu verändern.

Kulturen fallen, wie alle gesellschaftlichen Praxen, Codes und Sinnstrukturen auf einen bestehenden Nährboden einer gesellschaftlichen Verfasstheit. Neue Ideen werden von bestehenden Diskursen aufgegriffen – wie die Saat auf dem Feld, wird manches wachsen, was auf einen fruchtbaren, da passenden Nährboden bestehender Diskurse fällt. Anderes, das auf felsigen Grund fällt wird verdorren, und wieder anderes wird tiefer in die Bodenkruste eindringen und langfristig die Bodenbeschaffenheit verändern. Zur Verdeutlichung des aktuellen gesellschaftlichen „Nährbodens" will ich in der Folge ein paar wenige gesellschaftliche Kulturphänomene abstrakt umreißen, welche mir zur Verortung einer Kulturdiskussion auf gesellschaftlicher, wie auch auf betrieblicher Ebene – und hier mit Bezug zum Thema der Arbeitskultur – relevant erscheinen. Dabei will ich beispielhaft auf Phänomene und Diskurse einer postmodernen Verfasstheit unserer Gesellschaft hinweisen, nicht mit dem Anspruch auf Vollständigkeit, aber vielleicht als Fingerzeig, welcher Art solche zu berücksichtigenden gesellschaftlichen Diskurse sind. Für die geeignete Einbettung einer spezifischen Arbeitskultur sind dann jene Diskurse zu wählen, in welche ein Betrieb aufgrund seines spezifischen gesellschaftlichen Beitrags, eingebettet ist. Alleine das ist schon ein Anlass für betriebliche Diskurse, entsprechend Hoppe (2018, S. 256), für den kulturelle Manifestationen „für ihre jeweiligen Zeitgenossen, weit mehr als bloße Objekte (darstellen). Sie sind Anlässe zur Kommunikation und zu Initiativen, die in jeder

---

[4] Banksy-Bilder, welche sich aus dem anonymen Off der Gesellschaft gegen deren Verzwecklichungstendenz wenden, die oft deutliche Züge einer Kapitalismuskritik tragen, werden unterdessen zu Rekordpreisen von über 1 Mio. Euro gehandelt. Der Markt, den er kritisiert, hat sozusagen sein Konzept aufgesogen und den eigenen Regeln unterworfen. Daran ändert auch nur wenig, dass Banksy das berühmte Bild „Girl with Balloon" nach seiner Versteigerung für 1,2 Mio Euro noch vor dem Publikum hat schreddern lassen, wodurch er seine Kritik am Kunstzirkus zum Ausdruck hat bringen wollen. Aus dem Bild „Girl with Balloon" wurde in weniger Sekunden „Love is in the Bin" (die Liebe ist im Eimer).

Epoche anders geprägt sind und immer wieder neue Absichten und Ziele initiieren und realisieren können." Insofern ist auch Kultur Anlass zur Kommunikation und Aufforderung zum Handeln.

2.2.2.2 Eine Kultur der Unbetreffbarkeit

Wir leben in einem Zustand zunehmender Komplexität, Unsicherheit und laufender Beschleunigung (Rosa 2018). Unsere Gesellschaft wird immer kurzatmiger. Wesentlichen Beitrag leistet dazu das Trommelfeuer der medial aufbereiteten Informationen und die rasante Geschwindigkeit des Fortschritts. Gemittelt rund 60 % der Erwerbstätigen zwischen 26 und 60 Jahren erwarten sogar noch eine weitere Beschleunigung und starke bis sehr starke Einflüsse auf ihre aktuelle Arbeitssituation (Wörwag und Cloots 2019, S. 42). Einem Sprinter auf Marathondistanz gleich, stellen wir Phänomene individueller wie kollektiver Erschöpfung fest, und dem Schmerz ständiger Reizüberflutung begegnen wir mit zunehmender Dumpfheit und Empfindungslosigkeit. Welsch (2017, S. 17) stellt darin eine neue Unbetreffbarkeit, „eine Empfindungslosigkeit auf drogenhaft hohem Anregungsniveau" fest. Einige nennen dies die neue ‚Coolness', für andere ist es eine Form der Betäubung, der Anästhetik, die der Anästhesie ähnlich unsere Wahrnehmungsfähigkeit und Empfindsamkeit sediert.

In der immer rasanteren und unübersichtlicheren Informations- und Datenflut ist Wahrnehmung immer weniger bewusst, überlegt und reflektiert, dafür vermehrt bloße Informationsaufnahme, das Konstatieren von vorgefertigten Informationsstücken. Wahrnehmung wird zu einem entsinnlichten Prozess, Sinn geht dabei verloren, da uns schlicht die Zeit fehlt, über alles und jedes nachzudenken, das täglich auf uns eindringt. Wir suchen Instanzen, die uns Orientierung geben, die uns die komplexe Welt erklären und uns darin einen Sinn vermitteln, andererseits geben wir uns bereitwillig einer beschleunigten Wirklichkeit hin, die wir immer weniger verstehen und die uns fremd geworden ist.

Die aktuellen Denkformen sind damit aufgespannt einerseits zwischen der Sehnsucht der Moderne, die Welt in ihrer Komplexität und Wandelbarkeit zu erfassen und ihr mit einem umfassen Erklärungsansatz beizukommen, und andererseits dem Bewusstsein der Spätmoderne, welche sich des Scheiterns eines solchen Vorhabens bewusst ist. Denn angesichts einer pluralistischen Wirklichkeit, welche sich nach den Prinzipien der Partikularität, Wandelbarkeit und Spezifität richtet, kann es keine übergreifenden Konzepte mit Allgemeingültigkeit mehr geben. Das bedeutet, dass Menschen heute einerseits umfassende Theorie- und Erklärungsansätze als Orientierungsanker suchen, andererseits aber die Wirklichkeit als mehrdeutig und komplex und in ihrer Beschleunigungstendenz als volatil und damit unsicher empfinden.

Diese Wirklichkeit wirkt auch aktuell in der betrieblichen Praxis und beeinflusst unser Arbeitsdenken und -handeln zutiefst. Aktuell werden diese Entwicklungen in der Managementliteratur unter dem Begriff der VUKA zusammengefasst, einem Akronym der Begriffe Volatilität, Unsicherheit, Komplexität und Ambiguität. Hackl et al. (2017) beschreiben die Problematik dieses Phänomens so, dass für adäquates Praxis- und auch für spezifisches Führungsverhalten die Komplexität und Volatilität zu- und die mögliche Reaktionszeit abgenommen haben, dass somit auch im Führungsalltag zunehmend situative Faktoren zu berücksichtigen sind und eine angemessene Haltung im konkreten Fall gefragt ist. Mit Bezug auf die Entwicklung von Arbeitskulturen wird die Herausforderung für die Betriebe zum einen darin liegen, der Sehnsucht nach einheitlichen Kulturbeschreibungen zu widerstehen, zum anderen sich zwischen differenzierten Ausformungen der Kultur (Kulturdiversität) und dem Wunsch nach etwas Verbindenden (gemeinsame Kultur) zu positionieren und dabei zum Dritten überhaupt das Individuum im Meer von Überreizung und Unbetreffbarkeit erreichen zu können. Wie kann es gelingen, die Aufmerksamkeit auf die an sich nur langsam und subtil verändernden Phänomene der Arbeitskultur zu lenken, wenn gleichzeitig die Aufmerksamkeit von einem Stakkato von Reizen und der Ungeduld in einer beschleunigten Welt abgelenkt werden? Wie kann also das Thema der Arbeitskultur im Wettbewerb um Aufmerksamkeit an individueller Geltung und Relevanz gewinnen? Wie kann die Achtsamkeit auf das Leise, das Empfindsame und Spezifische des Kulturgeflechts gelenkt werden, ohne voreiligen und verkürzten Erklärungsversuchen aufzusitzen. Wie kann aus einer zunehmenden Empfindungslosigkeit des „ich mache hier nur meinen Job“ wieder eine „selbst-bewusste“ und reflektierte Haltung gegenüber dem Beruf und der Arbeit entwickelt werden? Wie kann eine spezifische, pluralistische Kulturdiskussion im Betrieb geführt werden, die weder zu einer Verabsolutierung einzelner Kulturwerte noch zu einem „anything-goes“ führt?

Welsch (2017, S. 75) rät uns hier folgendes: „Gegen systematische Anästhetik hilft nur gezielte Ästhetik“. Ihr schreibt er eine Anerkennung von Pluralität und Heterogenität und des radikal Verschiedenen zu, mit deren Auseinandersetzung ein Mittel gegen die Vereinseitigung und Abstumpfung der heutigen Zeit gefunden werden kann. Grundlage der Ästhetik ist die wache Aufmerksamkeit und Reflexion auf Basis eines offenen Wahrnehmungsrepertoires. Dieses wird angewendet auf eine vielschichtige, in ihren Lebensformen, -einsichten und -praxen pluralistische (Arbeits-)Gesellschaft, welche alles andere als homogen ist. Diese Vielfalt anzuerkennen, bedeutet indes nicht, sich einer unreflektierten Laisser-Faire- oder Anything-Goes-Mentalität hinzugeben, sondern mittels ästhetischer Reflexion auch kritische Instanz der eigenen Urteilsfähigkeit zu bleiben.

> „Bedenkt man, dass für die Gegenwart die Einsicht in den Elementarcharakter und die Unüberschreitbarkeit von Pluralität wichtig und leitend geworden ist, so dass uns deutlich wurde, dass jedes Sprachspiel, jede Lebensform, jeder Weltentwurf und jedes Wissenskonzept im Grunde spezifisch und partikulär ist, so begreift man, dass diese Wirklichkeitseinsicht, die an der Kunst längst ein exemplarisches Demonstrations- und Schulungsfeld hatte, heute von ihr paradigmatisch zu entwickeln wäre.“ (Welsch 2017, S. 77 f.)

Der Kunst – und damit auch der Kulturproduktion und -reflexion im Allgemeinen – wird hier also eine für die pluralistische, unübersichtliche und vielseitige Gegenwart wichtige Vorbildfunktion zugewiesen (ich gehe auf den Aspekt in Abschn. 2.2.3.3 gesondert ein). Das heißt nicht, dass wir alle Künstlerinnen oder Künstler werden oder uns nur noch in Kulturbetrieben herumtreiben müssen, doch sollten wir von Kunstschaffenden lernen, mit unübersichtlichen Situationen radikaler Pluralität umzugehen. Es geht darum, eine

Kompetenz zu entwickeln, die sich der Begrenztheit aller Konzepte – auch des eigenen – bewusst ist, ein Denken, das vom Spezifischen und Partikulären statt vom Allgemeinen ausgeht, das nicht mit dem ‚Pathos der Absolutheit‘ und der Einbildung der End-Gültigkeit urteilt, das unterschiedliche Sinnwelten und Lebensformen, Wirklichkeiten und Realitäten anerkennt und dies alles mit einem ‚Schuss Vorläufigkeit und einem Gran Leichtigkeit‘. Dadurch wird die Handlungswelt „im Einzelnen spezifischer und im Ganzen durchlässiger sein.“ (Welsch 2017, S. 84)

Unsere ganze Gesellschaft ist durchlässiger geworden. Das ist an sich positiv und schafft multiple Chancen auf Veränderung des eigenen gesellschaftlichen Status. Die neuen Freiheitsgrade führen jedoch auch zum Verlust der Vorhersehbarkeiten und mitunter auch zu einer neuen Orientierungslosigkeit des Menschen. Zum Beispiel hat die Befreiung aus früher als gegeben geltenden Sozialbindungen dem Menschen neue Aufstiegschancen beschert, zum Beispiel mit vielseitigen und individualisierbaren Laufbahnmodellen, während diese früher stark durch soziale Milieus und Geburt determiniert waren. Doch führen diese Freiheiten auch zu neuen Instabilitäten. Heute ist nicht mehr sozial vorgezeichnet, in welchen beruflichen Funktionen und Kontexten sowie sozialen Milieus sich ein Heranwachsender in der beruflichen Reife wiederfinden wird oder welche Position ein Individuum in der modernen Gesellschaft einnehmen wird. Es ist auch nicht mehr gesagt, dass ein beruflicher Spätzünder nicht Aussicht auf eine tolle Karriere hat, noch, dass eine reife und erfolgreiche Berufsperson, den beruflichen Abschluss im angestammten Beruf wird verwirklichen können, noch dass sie selbst von sozialem Abstiegsrisiken in den letzten Berufsjahren unbetroffen bleibt. Diese grundlegende Zukunftsoffenheit bietet einerseits Freiheiten für das Individuum, doch geht andererseits mit der Individualisierung von Möglichkeiten auch eine Individualisierung von sozialen Risiken einher. Niemand kann vorhersehen, und es ist auch nicht durch die Verankerung in einem sozialen Milieu gefestigt, dass eine erlangte berufliche Position stabil und vorhersehbar bleibt, dass die Karriereleiter immer nach oben weist, dass berufliche Funktionen nicht wegrationalisiert werden, geschweige denn, dass es den erlernten Beruf in ein paar Jahren noch gibt. Die Unvorhersehbarkeit der beruflichen Entwicklung birgt genauso das Risiko des unerwarteten beruflichen und sozialen Abstiegs in sich, wie es die Chance für unerwarteten Aufstieg mit sich bringt. Das schafft Unsicherheit und Orientierungslosigkeit in einer grundsätzlich instabilen Welt. Und es kann zu Ohnmachtsgefühlen führen, einem unbeeinflussbaren Schicksal ausgeliefert zu sein. Dies empfinden beispielsweise ältere Mitarbeitende, welche ein erhöhtes Arbeitsmarktrisiko gewärtigen. Je mehr Abhängigkeitserfahrungen und -vermutungen auftreten, desto eher wird sich der Einzelne vor der Möglichkeit der eigenen Betreffbarkeit zu schützen suchen, sei dies durch Entwicklung von Widerstand oder nur schon durch Abspaltung des Phänomens. Interessanterweise konnten wir zum Beispiel bei der Erhebung der Folgen der Digitalisierung bei Mitarbeitenden in einer breiten Studie 2018 feststellen, dass entsprechende Sorgen mehrheitlich den Arbeitskollegen zugeschrieben wurden, während man sich selbst als wenig von der Digitalisierung betroffen zeigte (Wörwag und Cloots 2020). Es ist ein bisschen wie mit dem Sankt-Floriansprinzip, dass der Hoffnung folgt, dass nur die anderen dem Risiko ausgesetzt sind, während man selbst hofft, unbeschadet zu bleiben. Der Wunsch nach Unbetreffbarkeit führt hier zur Abspaltung.

Um dieser Unsicherheit, Ohnmacht und Unbetreffbarkeit entgegenzuwirken, kann ein gemeinsamer Diskurs darüber hilfreich sein, welche kulturellen Werte in einem Betrieb wichtig sein sollen. Eine gemeinsame Versicherung auf einen Basissatz gemeinsam geteilter Werte schafft allenfalls genau die gesuchte Orientierung in einer sonst instabilen und unvorhersehbaren Welt. Das sich Verständigen auf Werte, damit auch auf Wertschätzungs- und Anerkennungsstrukturen, bildet mit guter Wahrscheinlichkeit für viele Mitarbeitende den gesuchten „Nordstern" zur Orientierung in ihrer eigenen beruflichen Entwicklung. Darin liegen eine wesentliche Bedeutung und ein wichtiger Nutzen, sich mit kulturellen Fragen im betrieblichen Kontext auseinanderzusetzen.

2.2.2.3 Eine Kultur der Besonderheit

Sobald wir das beschriebene Wechselspiel zwischen individueller Kulturpraxis, betrieblicher Kulturverortung und gesellschaftlicher Kulturrahmung in den Blick nehmen wollen, stellt sich natürlich die Frage nach den kulturellen Normalitätskonstrukten, innerhalb derer sich erwartbare Kulturdiskussionen in der betrieblichen Praxis abspielen können. Dabei stehen aller Normierungs- und Angleichungstendenz unserer Gesellschaft aktuell starke Tendenzen in Richtung Spezifität und Besonderheit gegenüber. Beide Bewegungen sind unterdessen nebeneinander so präsent, dass es beispielsweise schwerfällt zwischen Mainstream- und Widerstandkultur zu unterscheiden.

Reckwitz (2018) beispielsweise beschreibt unsere Gesellschaft als eine Gesellschaft der Singularitäten, in welcher das ‚Besondere' vor dem ‚Allgemeinen' gewichtet wird. Viele Menschen streben nach dem Gefühl der Einzigartigkeit. Auch die spätmoderne Wirtschaft hat sich von der Massenproduktion uniformer Waren zur Bereitstellung singulärer Leistungen und Erlebnisse gewandelt. Unsere Praxen und unser Konsum sollen eine besondere Persönlichkeit und einen besonderen Life-Style zum Ausdruck bringen: Außergewöhnlich zu sein, wird zu einem eigenen Wert und ermöglicht alles, außer gewöhnlich zu sein. Lesbar wird dies unter anderem an der Werbung, welche mit ihren Werbebotschaften genau diesen Zeitgeist adressiert: „Weil ich es mir wert bin" (L'Oreal), „Be yourself" (Allegra), „Think different" (Apple), „Alles außer gewöhnlich" (Bang & Olufsen), „Have it your way" (Burger King) usw. (Kilian 2020). Produkte, von der Musikanlage bis zum Haarshampoo, sind nicht mehr Produkte, sondern ein Versprechen auf ein Life-Style der Besonderheit als Teil der Selbstinszenierung. Das Allgemeine und Vergemeinschaftbare wird durch das Singuläre und Besondere verdrängt. Das geht über den schon länger bekannten Trend der Individualisierung hinaus, indem dieser mit dem Anspruch auf Einzigartigkeit überformt wird. Auf der individuellen Ebene ist im Zuge dessen auch eine immer stärkere Subjektivierung verbunden, mindestens dessen, was wir davon nach außen zeigen wollen. Denken wir an die ständige Selbstdarstellung der Profilbilder in den Sozialen Medien: Hier wird eine „einzigartige Persönlichkeit" mit einem „besonderen Life-Style" verknüpft. Privatheit wird hier, gänzlich von Scheu und Scham befreit, nach außen gekehrt.

Unter dem Titel der Authentizität – einem weiteren kulturellen Eckwert unserer Zeit – werden viele Konstrukte geschaffen, welche im Kollektiv Anerkennung finden wollen.

Auch im betrieblichen Kontext ist die Tendenz zur Singularität, Einzigartigkeit und individueller Authentizität als eine kulturelle Gegenbewegung zu den Standardisierungs-, Schematisierungs- und Vermassungsbestrebungen der klassischen Moderne zu sehen. Beobachtbar ist dies bei der Güterproduktion, beim Konsumverhalten, beim Bestreben vieler Anbieter, ihren Kunden eine einzigartige Customer-Journey anzubieten, ein Erleben, welches exklusiv und nicht austauschbar zu sein verspricht. Man ist zwar zur Einsicht gelangt, dass nicht jeder Kunde König sein kann, dafür soll er sich aber als etwas Besonderes fühlen können. Maximale Dienstleistungsorientierung macht spezifischen Dienstleistungszuschnitten Platz. Damit verdrängt der Anspruch auf das Besondere viele Gleichheitsprinzipien, die in der klassischen Moderne herrschten. Auch in der Arbeitskultur steht die Frage des Gleichheitsprinzips, der Norm und damit die Frage der Leistungsstandards und gleicher Funktionsrollen zur Disposition. Denn, wo alles auf Gleichheit getrimmt ist, verliert der einzelne Mitarbeitende an Identität und Spezifität und wird letztlich auf ein Funktionieren eines Gleichen unter Gleichen reduziert. Für Arendt sind das Sättigungszeichen einer Arbeitsgesellschaft:

> „In ihrem letzten Stadium verwandelt sich die Arbeitsgesellschaft in eine Gesellschaft von Jobholders, und diese verlangt von jenen, die ihr zugehören, kaum mehr als automatisches Funktionieren, als sei das Leben des Einzelnen bereits völlig untergetaucht in dem Strom des Lebensprozesses, der die Gattung beherrscht, und als bestehe die einzige aktive, individuelle Entscheidung nur noch darin, sich selbst gleichsam loszulassen, seine Individualität aufzugeben, bzw. die Empfindungen zu betäuben, welche noch die Mühe und Not des Lebens registrieren, um dann völlig ‚beruhigt' desto besser und reibungsloser ‚funktionieren' zu können." (Arendt in Seitz 2002, S. 292)

Das wollen wir wohl alle nicht. Eine Gesellschaft von Job-Holders, welche der eigenen Individualität beraubt, beruhigt und reibungslos funktioniert, erinnert an die Dystopie eine Brave New World (Huxley 2012). Deshalb kommen Theorien mit Verallgemeinerungsanspruch ins Wanken, und der Glaube an die Austauschbarkeit von Funktionen über betriebliche, ja sogar branchen- oder Kulturkontexte hinweg, ist keine unhinterfragte Selbstverständlichkeit mehr. Das Spezifische und eben nicht Vergleichbare prägt die jeweilig singulär empfundene Arbeitssituation.

Eng mit der Singularität verbunden ist, wie oben erwähnt, das Streben nach Authentizität, das sich seit der Romantik des 18. Jahrhunderts zuerst in der Kulturszene und dann gesamtgesellschaftlich ausbreitete. Dieser Entwicklung zuzuordnen ist auch das Streben nach der eigenen Selbstentwicklung und Selbstverwirklichung: Das Selbst und die Authentizität werden sozusagen gleichgesetzt, beide, sofern von inneren und äußeren Zwängen befreit, sollen nach eigener Entfaltung streben können. Der Mensch in seinem authentischen Selbstausdruck verwirklicht das, was ihn an Talent und Eigenschaft ausmacht. Nicht selten wird das mit einer kreativ-kulturellen Note verbunden, welcher dem Menschen als Gestalter und Schöpfer seiner selbst wie auch seiner Mit- und Umwelt neue Möglichkeits- und Betätigungsräume öffnet. Wie wir in Kap. 4 sehen werden, ist gerade die Selbstentwicklung und Selbstverwirklichung heute einer der stärksten Antreiber, motiviert zur Arbeit zu gehen. Der Mitarbeitende will nicht nur Objekte zum Nutzen seines Arbeitgebers erschaffen und damit dessen Rationalitäten folgen, er will gleichsam sich selbst erschaffen und sich in seiner Singularität, Besonderheit und Eigenheit verwirklichen. Dieser intrinsischer Arbeitswert hat einen erheblichen Einfluss auf die Gestaltung und Entwicklung von Kultur im Arbeitszusammenhang. Menschen suchen innerhalb der Mainstream-Kulturen das Spezifische. Sie wollen als Subjekte mit der Möglichkeit zur Selbstwirksamkeit und Selbstverwirklichung anerkannt und belohnt werden. Anders ist es oftmals bei Widerstandsbewegungen, in denen das Kollektiv Schutz für den Einzelnen bietet, in welcher die Bewegung der Masse stärker zu sein scheint als ein Individuum.

Der Privatheit des an sich intrinsischen Arbeitswerts steht hingegen gelegentlich eine öffentliche Performanz gegenüber. Selbstverwirklichung und das Besondere der eigenen Existenz will wahrgenommen werden. Sei dies in den Sozialen Medien, am Arbeitsplatz, im Freundes- oder Familienkreis, die Verwirklichung der eigenen Besonderheit fördert mitunter auch Ansätze der (Selbst)Inszenierung, welche wiederum weg von der eigentlich angestrebten Authentizität führen. Das Besondere, das sich aus der Masse abheben will, braucht dann doch wieder die Aufmerksamkeit der Masse und läuft damit Gefahr, gewöhnlich zu werden. Reckwitz (2018, S. 58) prägt für dieses Phänomen den Begriff der „performativen Authentizität“, bei welchem das singuläre und nach Einzigartigkeit strebende Subjekt sich dem Markt der Aufmerksamkeitsökonomie (siehe hierzu auch Franck 2010) und seinen nicht selbst gewählten Spielregeln – zum Beispiel in den Social Media – zu stellen hat, sodass von der eigenen Einzigartigkeit überhaupt Kenntnis genommen werden kann.

Arbeitskulturell muss damit ein gutes Gleichgewicht zwischen individueller Besonderheit und kollektiver Anerkennung geschaffen werden. Das Besondere, die Singularität muss individuell ermöglicht werden, kollektiv aber wahrgenommen werden können. Das Verhältnis zwischen Privatheit und Öffentlichkeit ist ein fragiles und muss sorgfältigen Umgang finden.

2.2.2.4 Eine Kultur der Suche nach Sinn und Bedeutsamkeit

In einer zunehmend komplexen, schwer verständlichen, dynamischen Zeit, in welcher Selbstwirksamkeitserfahrungen rarer geworden sind, sucht der arbeitende Mensch zunehmend nach Sinn und Bedeutung in seiner Arbeit. Wenn Arbeit, wie wir Lévinas (2003) schon zitierten, nicht nur ein *In-der Welt-Sein,* sondern ein *In-der-Existenz-engagiert-Sein* konstituieren soll, die Arbeit also zu mehr dienen soll, als nur sich ein bequemes Leben zu finanzieren, dann stellt sich akzentuiert die Frage nach dem Sinn und der Bedeutung der Arbeit. Menschen wollen verstehen, zu welchem „Gut“ ihr Engagement einen Beitrag leistet, und dieses Sinnverstehen soll für sie von Bedeutung sein. Nebst dem Arbeitsinhalt (dem Was) ist es vorrangig die Arbeitskultur (das Wie), die dem Menschen sinn- und bedeutungsvoll werden kann, damit er sich für gemeinsame kulturelle Werte engagiert. Dem

Begriffskonzept der Kultur immanent ist die Suche, die Wirklichkeit mit Bedeutung aufzuladen, den Dingen, Begegnungen, Praxen eine Bedeutung zuzuschreiben oder sie vor dem Hintergrund von Bedeutsamkeit zu interpretieren. Kultur ist das unsichtbare Band von Bedeutsamkeit, das die Mitarbeitenden verbindet, das Arbeitshandeln als bedeutungsvoll erscheinen lässt und ein starkes Engagement erst rechtfertigt. Menschen tun anderen Menschen etwas Gutes, wenn eine menschlich-kollegiale Wertschätzungskultur vorliegt. Dann sind sie auch zu außerordentlichem Engagement bereit, und viele würden „ihr letztes Hemd" für einen anderen geben. Ist die herrschende Kultur aber eher misstrauisch, missbilligend oder primär auf den individuellen Vorteil ausgerichtet, wird ein kollegiales Engagement kaum zu erwarten sein. In solch einem Arbeitsumfeld wird niemand arbeiten wollen, weil Arbeit als Engagement in der eigenen Existenz dann sinn- und bedeutungslos wird.

Bedeutung ist für soziale Interaktionen, die letztlich auch Manifestation einer Arbeitskultur sind, eminent wichtig. Eine der Prämissen des symbolischen Interaktionismus lautet, dass „Menschen Dingen[5] gegenüber auf der Grundlage von Bedeutung handeln, die diese für sie besitzen" (Blumer 2013, S. 65). Die Bedeutung entsteht aus der sozialen Interaktion im Rahmen eines interpretativen Prozesses. Das heißt, dass Bedeutung nicht einfach und ewig den „Dingen" innewohnt, sondern sozusagen „von Augenblick zu Augenblick", von Begegnung zu Begegnung neu erstellt wird (Konersmann 2003). Die Bedeutung entsteht, so die zweite Prämisse des symbolischen Interaktionismus, aus der Art und Weise, wie andere Personen diesen „Dingen" gegenüber handeln. Bedeutungen sind somit soziale Produkte, die durch die interagierenden Personen im Handeln in Bezug auf einen Gegenstand, eine Person, eine Begebenheit etc. hervorgebracht werden (Blumer 2013). So ist es auch mit der Arbeitskultur, die als Ergebnis der sozialen Interaktionen der von ihr Betroffenen entsteht. Das macht die ganze Angelegenheit natürlich sehr fragil und beweglich. Was gestern als Kulturelement noch galt, kann sich morgen aufgrund der Interaktionen und Interpretationen schon wieder anders darstellen. Eine Vertrauenskultur ist allenfalls bereits über Nacht durch eine Situation des Vertrauensbruchs und deren Interpretation bei den Mitarbeitenden, Kunden, Medien etc. zerstört. Wir müssen in der heutigen Zeit den Ausfall der Verlässlichkeit akzeptieren und anerkennen, dass die Entwicklungen sich nicht zwingend aus der Vergangenheit herleiten, sondern unvorhersehbar sich in neuen Sinnzusammenhängen förmlich „ent-wickeln" können. Konersmann (2003, S. 81) prägt hierzu folgenden Satz:

> „Es ist charakteristisch für den *cultural turn* und macht seine Eigenart aus, dass wir Bedeutung nicht mehr einfach *haben* und methodengeleitet ans Licht ziehen, dass wir über einen Kanon des Wissenswerten nicht einfach verfügen und ihn über die Institutionen der Lehre verbreiten können, sondern dass wir die Umwege der Interpretation auf uns nehmen müssen, um überhaupt erst herauszufinden, wie Bedeutung in jedem Einzelfall zustande kommt."

[5] Blumer (2013) versteht hier unter Dingen alles, was der Mensch in seiner Wahrnehmung zu fassen in der Lage ist, also Gegenstände wie Menschen, Institutionen, Ideale, Handlungen und Situationen etc.

Arbeitskultur als praktisches und bedeutsames Handeln entsteht also durch ständige Interpretation, zum Beispiel, wie sich die Vorgesetzten, die Geschäftsleitung, Arbeitskolleginnen und -kollegen verhalten und wie sie in konkreten Situationen handeln. Aus allem, was wir tun, wird Bedeutung interpretiert; aus allem, was andere tun, interpretieren wir Bedeutung. Unser Denken ist somit immer auch Bedeutungsverstehen.

Der sorgsame Umgang mit Kultur im Allgemeinen und Arbeitskultur im Besonderen fordert somit von uns einen kritischen Reflexionsvorgang, der das eigene Tun, unsere Interpretationsfolie für das Tun der anderen und schließlich deren Tun kritisch hinterfragt und in den jeweiligen Kontext (siehe hierzu das Denkmodell in Abb. 2.2) stellt. Sich bei der Arbeitskultur auf der Suche nach Sinn- und Bedeutungszusammenhängen lediglich vom Gegebenen, von Traditionen, Sitten und Gebräuchen leiten zu lassen, ist dabei keine Option. Doch stellen wir gerade bei der Arbeitskultur häufig fest, dass Sitten und Gebräuche als eherne Gesetze sich jedem kritischen Diskurs entziehen, bis es jemand wagt, ihren Sinn und ihre Bedeutung zu hinterfragen. Doch bis dahin gehorchen viele Mitarbeitende den Gebräuchen, ohne deren spezifische Bedeutung zu verstehen. Max Horkheimer und Theodor Adorno kritisierten bereits 1947, dass die Arbeiter den modernen Ruderern gleichen, welche rückwärtsgerichtet vorwärts rudern, einer hinter dem anderen sitzend und so kaum zueinander sprechen können. Sie bewegen sich pfeilschnell aber rückwärts in eine Richtung, abgewandt vom Weg, wohin sie fahren. Sie sind im ewiggleichen Takt ihrer Tätigkeit eingespannt, einem Konformismus gehorchend und rudern in eine Zukunft, die sie nicht einmal sehen können. Die Arbeitenden

> „regredieren so zu bloßen Gattungswesen, einander gleich und isoliert in der Kollektivität". Und weiter: Die „Resignation des Denkens zur Herstellung von Einstimmigkeit, bedeutet Verarmung des Denkens so gut wie der Erfahrung, […] und je komplizierter und feiner die gesellschaftliche, ökonomische und wissenschaftliche Apparatur, auf deren Bedienung das Produktionssystem den Leib längst eingestimmt hat, um so verarmter die Erlebnisse, deren er fähig ist." (Horkheimer und Adorno 2017, S. 42 f.)

Mitarbeitende, welche nicht kritisch die Sinn- und Bedeutungsfrage über das „Wie" der Arbeit stellen, sind wie die Ruderer, denen man den Takt und die Richtung ihres Tuns vorgibt, oder wie Schafe, welche dem Hirten folgen. Die Suche von Sinn und Bedeutung bringt es indes mit sich, die Augen nach vorne zu richten und nicht – wie die Ruderer – rückwärts der Zukunft entgegen zu rudern. Man muss sich der Taktfrequenz der Arbeitserledigungen hin und wieder entziehen, um darüber nachzudenken, ob das, was man so eifrig tut, auch wirklich Sinn macht. Die vermeintlichen Tatsachen, denen wir täglich begegnen, sind nicht objektiv gegeben und eherne Gesetze. Sie sind die Konstrukte des täglichen Handelns von Menschen: Tatsachen sind oftmals auch *Tat-Sachen*, und als solches haben sie sich sehr wohl einer kritischen Auseinandersetzung auszusetzen. Es bedarf deshalb Menschen, die nicht an den Gegebenheiten und den daraus resultierenden Konformitätsansprüchen resignieren, sondern immer wieder die Frage stellen, ob der eingeschlagene Weg auch wohin führt. Es braucht aber auch Führungspersönlichkeiten, die sich nicht mit Konformität, der Bequemlichkeit halber, zufriedengeben, sondern die zu kritischem

Denken anregen und einer Suche nach Bedeutung und Sinnhaftigkeit in der Arbeit Raum geben. Dadurch entsteht – bei Mitarbeitenden wie Führungskräften – die Möglichkeit, Gleichgesinnte zu finden, welche eine Werte- und Sinngemeinschaft bilden, also gleich Gesinnte sind. Diese sind wichtige Grundlagen für eine gemeinsame Kulturentwicklung. Schließlich entspricht eine als sinn- und damit wertvoll empfundene Tätigkeit nicht nur dem Zweck guter Arbeit, sondern auch den individuellen Bedürfnissen der Mitarbeitenden. In einer Studie im Jahr 2015 konnten wir nachweisen, dass zweidrittel der Mitarbeitenden über 55 Jahren einen (starken) Wunsch nach sinnvollen Aufgaben hegen (Wörwag und Cloots 2018). Die und die nachfolgenden Studien haben aber immer wieder gezeigt, dass das Sinnbedürfnis im Alter alles andere als befriedigt ist. Ohne Sinn in der Arbeit werden jene, die es sich leisten können, aus der Erwerbsarbeit austreten, um den Sinn woanders zu suchen.

Die Suche nach Deutung, nach Bedeutung und Sinn in einer komplexen und schwer verständlichen Welt ist nur über die aufmerksame und kritische Frage, mehr noch über das kritische Infragestellen stellen der Gegebenheiten möglich. Vor diesem Hintergrund ist beispielsweise die Frage einer jungen Generation nach einer nachhaltigen Ressourcennutzung, nach den sich verändernden Lebensbedingungen angesichts des Klimawandels zu deuten. Eine Kultur des kritischen Benennens fordert jene heraus, die bislang einer Kultur des Wegschauens gefolgt sind. Einer Generation wird die Frage gestellt, was sie aus der Welt gemacht hat oder im Begriff ist, aus ihr zu machen; dahinter steht wiederum die Frage, ob es das ist, was gewollt sein soll, wer überhaupt festlegt, was gewollt sein soll, woher wir überhaupt kommen, und wohin wir uns entwickeln sollen. Das sind Fragen nach existenziellem Sinn und universalen Zielen, auf die es vielleicht keine exakten Antworten gibt, auf die zu verzichten aber auch keine Option mehr ist. Ohne die Fragen ernsthaft zu beantworten, entsteht eine Widerstandskultur, wie ich das oben beschrieben habe. Ohne kritische Fragen im Betrieb zu beantworten, wird sich auch hier Widerstand gegen den Mainstream formieren. Es ist es somit auch eine Frage der Kultur, Fragen zu stellen und Fragen ernst zu nehmen, denn mit dem Gestus der Frage bringen wir jenes Entwicklungsinteresse zum Ausdruck, das allen dynamischen Kulturbegriffen innewohnt, das aber letztlich auch ein wichtiges Element des Menschseins überhaupt darstellt.

Über das Fragen hinaus schlägt uns Welsch (2017) im Rahmen einer ästhetischen Kulturentwicklung auch eine Entwicklung unserer Wahrnehmungsfähigkeit vor. Diese ist sowohl und im einfacheren Sinne eine „Sinneswahrnehmung", darüber hinaus aber auch eine reflektierte „Sinnwahrnehmung".

Denn der Mensch strebt nach Sinn (und nicht nur nach Sinneswahrnehmung) bei all seinem Tun. Auch und insbesondere in der Arbeit, welche für unsere Existenz eine so wichtige, identitätsstiftende Bedeutung einnimmt. Mit unserer Arbeit wollen wir nicht nur einen Job erledigen, sondern im besten Fall Werte schöpfen und einen Beitrag zu übergeordneten Werten leisten, deren Verdienst sich in mehr ausdrücken soll als dem, was wir Ende Monat verdienen.

Von den exemplarischen betrieblichen Diskursen wollen wir nun auf die Arbeits- und Berufswelt und ihren Einfluss auf das Arbeitsdenken und -handeln eingehen.

2.2.3 Die Arbeits- und Berufswelt als Rahmen

Die Entwicklung der Arbeitskultur eines Betriebes wie auch die Arbeitseinstellung eines Mitarbeitenden stehen in gewisser Weise in Abhängigkeit zu Normen, Kulturen und Praxen der entsprechenden Berufe und Branchen. Beide – Betriebe wie Mitarbeitende – sind in diese Systeme eingebettet: Die meisten Mitarbeitenden haben eine (Berufs-)Ausbildung absolviert, die sie nicht nur in ihrem Wissen und Können geprägt hat, sondern auch in ihrer Haltung sozialisiert haben wird. Leider gibt es wenig gesichertes Wissen darüber, wie die berufliche Sozialisation auf späteres Arbeitsdenken und -handeln wirkt, doch ist die Vermutung vorhanden, und aus Einzelfallerfahrungen auch gestützt, dass man bis zu einem gewissen Grad und oft nicht mit wenig Stolz auch das ist, zu was man sich aus- und weitergebildet hat. Gleichzeitig sind Betriebe in Berufs- und Branchenverbänden eingebettet. Das bedeutet, dass ihre Arbeitskultur nicht nur über die Mitarbeitenden der entsprechenden Berufsgruppe geprägt wird, sie selbst sind vielleicht aktiv in entsprechenden Berufs- und Branchenverbänden engagiert. Das entspricht ihrer betrieblichen Sozialisation wie auch ihrer ureigensten Interessenwahrung. Insofern, dass also mit Fug und Recht die Berufs- und Branchenverbundenheit als prägender Einflussbereich der individuellen und betrieblichen Arbeitskultur gesehen werden kann, lohnt es sich, in der Folge einen Blick auf deren Entwicklung und Wirksamkeit sowie auf die Ausgestaltung von Einstellungen, Werten und Praxen zu werfen.

2.2.3.1 Veränderungen der Arbeitswelt und ihre Wirkung auf die Arbeitskultur

Beschäftigt man sich mit der Berufs- und Arbeitswelt, so versteht man deren heutige Struktur und Verfasstheit meist besser durch einen kurzen Blick in die Geschichte. Diese kann sich natürlich von Beruf zu Beruf unterscheiden, doch lohnt es sich, das Allgemeine der Arbeits- und Berufsentwicklung, in die man als Betrieb eingebettet ist, zu verstehen. Betrachtet man zum Beispiel die Veränderung der Arbeitswelt, so konstituiert sie sich als wechselvolle Geschichte, in der sich Paradigmen der Arbeitseinstellung und der Arbeitskultur verändert haben. Ich will dies an zwei Beispielen verdeutlichen:

2.2.3.1.1 Bedeutungsverschiebung von der Nicht-Arbeit zur Arbeit

Die Arbeitswelt, und darin unsere Einstellung zur Bedeutung von Arbeit, ist keineswegs eine über die Geschichte hinweg konstante Größe. Heute konstituiert sich Menschsein, und damit Lebensstil, Sozialstatus, Partizipationschancen etc. wesentlich durch unsere Stellung in der Erwerbsarbeit; der Verlust von Erwerbsarbeit wird zumeist als Minderwertigkeit des Menschseins empfunden. Das ist nicht immer so gewesen: In frühen Gesellschaften, zum Beispiel bei den Stadtbürgern der griechischen Antike, war noch die Nicht-Arbeit ein wesentliches Privileg gegenüber jenen, welche zu arbeiten hatten. Dieses Privileg unterschied den freien Stadtbürger ebenso vom Bauer oder Sklaven, wie es im Mittelalter den Adel von der abhängigen Landbevölkerung unterschied. Bis Mitte des 19. Jahrhunderts wurde sodann auch Arbeit als unspezifische und unqualifizierte Verrichtungstätigkeit verstanden, demgegenüber das Werk als Erzeugnis eines kreativen Schaffensprozesses gelobt wurde.[6] Einfach gesagt war bis in die Mitte des 19. Jahrhunderts die Arbeit als unqualifizierte Plackerei und Schufterei, und damit als minderwertig, verpönt im Vergleich zum kreativen Erschaffen eines Werkes. Die sprachliche Differenzierung zwischen Arbeitenden und Werkschaffenden war kennzeichnend für diese Differenz, doch schliff sie sich von der Mitte des 19. Jahrhunderts bis zum Ende des 20. Jahrhunderts immer mehr ab, indem sich die moderne Gesellschaft umfassend und undifferenziert als Arbeitsgesellschaft verstand. Die damit einhergehende Verpflichtung zur Arbeit und ihr identitätsbildender Charakter in allen Klassen der Gesellschaft, lässt sich programmatisch im Ausspruch „Wir alle sind Arbeiter" der deutschen Liberalen des 19. Jahrhunderts ablesen (Welskopp 2011, S. 225). Die Nicht-Arbeit wurde als Verprassen gesellschaftlicher Güter gebrandmarkt. Derjenige, dem es trotz Nicht-Arbeit gut erging, wurde als gesellschaftlicher Parasit verunglimpft. Selbstredend ging damit auch die zunehmende politische Aufladung des Begriffs der Arbeitsgesellschaft einher, welche Gegenstand eines gesellschaftlichen Verteilkonfliktes wurde, besonders dort, wo die Arbeit knapp wurde oder durch andere Formen ersetzt werden sollte. Ohne auf die verschiedenen politischen Dimensionen der Arbeitsgesellschaft einzugehen, lässt sich in ihrer gesellschaftlichen Bedeutungsüberformung aufzeigen, wie stark sich die Einstellung zur Arbeit zwischen Verrichtungspflicht der Unfreien und einem gesellschaftlichen Recht und Pflicht auf Arbeit verändert hat.

2.2.3.1.2 Arbeitskulturen zwischen Individualisierung, Kollektiv und Solidarverantwortung

Vor der Industrialisierung und der Einführung arbeitsteiliger Prozesse war Arbeit – meist im Sinne eines Werks – maßgeblich mit einer Person, sozusagen mit ihrem Schöpfer, verbunden. Sennet liefert uns viele Beispiele, die das Individuum als Meister und Schöpfer seines Werks zeigt. Gerade das Handwerk war von der Fertigkeit des Meisters und seiner Persönlichkeit geprägt (Sennett 2009). Erst die zunehmende Arbeitsteilung hat die Grundlagen einer kollektiven Arbeitskultur geschaffen. Das bestätigt auch Durkheim, der am Ende des 19. Jahrhunderts bereits die Ausdifferenzierung von Funktionen einer arbeitsteiligen Wirtschaft beschrieb, wobei Individualisierung und Solidarität für ihn keine Widersprüche darstellten, sofern sich der Mensch seiner Verantwortung für die Gesellschaft bewusst bliebe. Abels und König (2010, S. 58) beziehen diesen Gedanken auf die modere Arbeitsgesellschaft:

> „Die Moral einer modernen, arbeitsteiligen Gesellschaft ist eine Berufsmoral. Sie fördert die Individualisierung, aber sie begrenzt sie auch."

Damit wird die gesellschaftliche Aufladung der Arbeit als solidarische Verantwortung für die Gesellschaft als eine weitere wichtige Werteverschiebung der Arbeitswelt umrissen.

---

[6] Wir sind auf die Unterscheidung des Animal Laborans zum Homo Faber in unserem Buch *Flexible Arbeitsmodelle für die Generation 50+* (Wörwag und Cloots 2018) eingegangen, weshalb ich auf eine vertiefte Beschreibung an dieser Stelle verzichte.

Doch die Betonung des Kollektivs vor dem Individuum folgt noch anderen Erklärungssträngen: Nebst der Solidarverantwortung sind es auch die Vorteile des „Teilens", welche sich im Denken der Gesellschaft verbreitet haben. Denn es ist wohl eine Grundeigenschaft des Menschen, Gleichgesinnte um sich scharen, die ähnliche Arbeitsvorstellungen, -inhalte und -wichtigkeiten teilen. Zusammen bilden sie ein Kollektiv, welches Ressourcen, Ideen, Pläne und Vorstellungen teilt und damit den Grundstein einer kollektive Arbeitskultur bildet. Indem Arbeitende ähnliches vertreten, sich in ihrer Haltung gegenseitig verstärken und ihre Fähigkeiten und Fertigkeiten austauschen, entsteht in manchen Arbeitsbelangen eine höhere Wirksamkeit, als wenn nur ein Einzelner an den Start geht. Dieses Teilen resultiert oft aus einem Denken, bei dem es nicht zuerst um den Einzelnen, sondern um ein gemeinsames Werk, eine gemeinsame Vorstellung von guter Arbeit oder gar um die Reputation eines ganzen Berufsstandes geht. Denn während die kreative Werkstätigkeit in früheren Zeiten noch das Werk eines Einzelnen oder einer von einem Werkmeister geführten Werkstätte war, dabei aber immer die Leistung des Meisters die Gestalt und Qualität des Werkes ausgemacht haben, hat sich dies mit dem Prinzip der Arbeitsteilung wesentlich verändert. Mit der Arbeitsteilung wurde die Leistung einer Gruppe, eines Kollektivs mit spezialisierten Fähigkeiten und komplementären Eigenschaften höher als die Leistung eines Einzelnen gewichtet. Damit hat der Austausch spezialisierter Kompetenz in einer Gruppe zum Wohle der Gruppeninteressen an Bedeutung gewonnen. Die kreative Einzelleistung hat sich auf wenige Felder, wie zum Beispiel jenem der Kunst, zurückgezogen. Dieser Mind-Shift entstand einerseits vor dem Hintergrund einer Solidarverantwortung und andererseits dessen, was unter anderem Matt Ridley als die kollektive Intelligenz bezeichnet und argumentiert, dass jeder Fortschritt in der Menschheitsgeschichte von der Größe der Population abhängt, die diesen teilen kann (Ridley 2010, S. 79). Wesentliches Element der Arbeitsteilung ist das gegenseitige Vertrauen (*trust-based peer organizations*), welches eine Voraussetzung für das gegenseitige Teilen von Wissen und Fertigkeiten ist. Eindrückliches Beispiel dieser arbeitsteiligen Netzwerkkultur sind die Open-Source-Bewegung aber auch Institutionen wie Wikipedia oder eBay. Wir beobachten im Zuge dessen ein zunehmendes Aufkommen von Netzwerken und Plattformmodellen, basierend auf dem Prinzip der Arbeitsteilung, der Freiwilligkeit und der nur noch vorläufigen Bindung an einen gemeinsamen Zweck, den es immer wieder neu auszuhandeln gilt. Das ist nicht ohne Folgen für die Arbeitskultur. Anders als in der Industriearbeit oder der Werkstätte, welche stark von der Person des Patrons oder des Meisters geprägt wurde, richtet sich die Arbeitskultur im Kollektiv nun an explizit oder implizit vereinbarten gemeinsamen Zwecken aus. Mitarbeitende sind Spezialisten und haben gelernt, mit anderen Spezialisten, die ihre eigene Kompetenz ergänzen, zusammenzuarbeiten. Mitarbeitende müssen heute nicht mehr alles können, sie müssen auch nicht mehr alles tun. Die Arbeitsteilung führt damit zu einer immer größeren Anzahl ausdifferenzierter Rollen und Funktionen, und diese sind aufgrund der Entwicklungsdynamik auch immer weniger stabil. Dadurch wird es immer anspruchsvoller, die dynamischen Erwartungshaltungen an die eigenen Rollen und Funktionen zu durchblicken und danach zu handeln.

2.2.3.2 Berufliche Identität und ihr Einfluss auf die Arbeitskultur

Die Entscheidung, diesen oder jenen Beruf zu erlernen, ist nicht nur eine Frage dessen, was wir einmal beruflich tun wollen, sondern wer wir einmal sein wollen. Auf die identitätskonstituierende Bedeutung der Arbeit bin ich weiter oben bereits eingegangen: Die Arbeit und das eigene Engagement darin verschaffen dem Menschen eine Grundlage, sich in der Welt zu verorten, seine Existenz zu entwickeln und etwas zu vollbringen (Lévinas 2003). Was für die Arbeit als Ganzes stimmt, trifft auch auf die Folgen der eigenen Berufswahl zu. Mit der Identifikation mit dem einen oder anderen Beruf, verorten wir uns in einer Berufswelt, Mit unserem Berufsengagement setzen wir die persönliche Existenz mit einer beruflichen Existenz in Bezug und schaffen gesellschaftliche Erwartungshaltungen, was wir in ihr durch unseren Beruf vollbringen werden. Berufsidentifikation ist also eine Selbst- und eine Fremdzuschreibung und hängt zu einem großen Teil mit der eigenen Identitätskonstruktion zusammen. Berufliche Identität ist dabei keine abstrakte Konstruktion, sondern manifestiert sich durch viele Einzelentscheide, angefangen bei der ersten Berufsorientierung, der Ausbildung, den Weiterbildungen, der eingeschlagenen Laufbahn, den Stellenentscheiden, den Berufserfahrungen und den darin weiterentwickelten Praxen, aber auch den reflektierten Haltungen, die uns zu jener Berufsperson machen, als die wir uns selbst wahrnehmen und als die wir von anderen wahrgenommen werden.

2.2.3.2.1 Berufssozialisation und Habitus

Berufliche Identität ist etwas, das wächst, sich entwickelt, deren Möglichkeitsraum durch die eigenen Präferenzen, das soziale Umfeld, kulturelle Prägungen etc. sowie die laufend gemachten Erfahrungen geprägt wird. Während die eigenen Entscheidungen bis zu einem gewissen Grad selbst gewählt sind, ist die Erfahrungswelt in hohem Maß abhängig von den sozialen Relationen, dem sozialen Raum, in dem sich ein Mensch bewegt. Der soziale Raum seiner Arbeit stellen die Vorgesetzten, die Arbeitskollegen, die Kunden und alle im Arbeitsalltag relevanten sozialen Bezugspersonen dar. Bezieht man Bourdieus Habitustheorie auf die Arbeitswelt und die Frage der Arbeitskultur, so ist es nicht abwegig davon auszugehen, dass es nicht nur einen Habitus der Klasse und des Milieus, sondern auch des Berufes gibt. Ein Berufshabitus wäre dann sowohl die Verinnerlichung aller durch einen Berufsstand vorgegebenen oder ermöglichten Handlungsformen als auch das daraus entstehende Schema, das selbst wiederum spezifische Praxisformen bzw. Berufspositionen erzeugt (Abels und König 2010, S. 214). Der Habitus ist somit auch in Bezug auf die Berufspraxis relevant, weil er Bedeutungsmuster aufnimmt und neue Bedeutungsmuster erzeugt. Gemäß Bourdieu vermittelt der Habitus eine individuelle und kollektive Sicherheit, im eigenen Umfeld kompetent zu sein und angemessen und sinnvoll zu handeln. Beruflicher Habitus ist eine unbewusste Theorie der Praxis, und damit kommt er der Arbeitskultur sehr nahe, indem er in einer eingelebten Praxis jenes Handeln fördert, welches im jeweiligen Arbeitsmilieu vernünftig und sinnvoll erscheint, und dazu hilft, „sein Metier zu verstehen“. Der Habitus leistet damit eine Grundlage, aus der sich individuelles Arbeitshandeln und in Summe eine Arbeitskultur entwickeln können.

Es liegt auf der Hand, dass Berufsleute während ihrer Berufsausbildung eine Berufssozialisation und einen Berufshabitus erlangen. Die mit der Berufsausbildung beginnende Entwicklung eines Berufsdenkens- und -handelns, die Herausbildung einer berufsspezifischen Sprache, einer durch die im Beruf erlernten Methoden geprägte Weltsicht, berufsspezifische Codes, die sich in Kleidung, Verhalten und Usanzen zeigen, bis hin zur Entwicklung eines gewissen Berufsethos mit Werten und Normen ist in der Praxis evident. Zeugnis davon liefern aus eigener Erfahrung die Starttage an Hochschulen, bei welchen Studierende aus unterschiedlichen Vorausbildungen zusammentreffen und bereits durch Sprache, Interessen, Argumentationslogik und Auftreten innerhalb ihrer Vorbildungsgruppe homogen auftreten, zu anderen Vorbildungsgruppen sich aber wesentlich unterscheiden. Es fällt beispielsweise nicht schwer, Absolventen einer kaufmännischen von jenen einer technischen Berufsbildung, oder Fachangestellte Gesundheit von jenen der Sozialen Arbeit zu unterscheiden. Es liegt damit auf der Hand, dass diese Berufssozialisation auch während dem Studium und im konkreten Praxisfeld noch weiter vertieft wird und damit eine berufsfeldorientierte Arbeitskultur beeinflusst wird.

2.2.3.2.2 Einfluss der Berufsausbildung auf die berufliche Identität

Die Berufsausbildung trägt wesentlich zur beruflichen Sozialisation bei. Der Bezug zwischen beruflicher Kompetenzentwicklung und sozialer Identität ist in der beruflichen Sozialisationsforschung verschiedentlich belegt (Heinemann und Rauner 2008). Für das Thema der Herausbildung einer Arbeitskultur steht indes die Frage im Raum, wie die berufliche Ausbildung und Sozialisation auf Werte und Normen wirken, die für eine Arbeitskultur relevant sind. Ich will diese Zusammenhänge mit kurzen historischen Bezügen am Beispiel des Berufsethos und des beruflichen Qualitätsverständnisses herstellen.

Die ersten uns bekannten Berufsausbildungsinstitutionen waren die Klöster im 9. Jahrhundert, welche Steinmetze und Baumeister für den Kirchenbau ausbildeten. Die daraus resultierenden Auftragsarbeiten waren Werke, welche den Bezug des Menschen zu Gott und damit zu übergeordneten Werten verkörperten. Werke schaffen war Werte schaffen. Ein Berufsethos war damals natürlich noch nicht in einem Codex festgeschrieben, doch es kann von einer mit dem Beruf des Steinmetzes verbundenen sozialen Identitätsbildung ausgegangen werden, welche das eigene Schaffen auf einen übergeordneten Zweck und damit wohl näher an einer „heiligen Pflicht“ ansiedelte als an der bloßen Erwerbsarbeit. Mit der beruflichen Identität verbunden war auch ein Berufsstolz, der die Steinmetze ihr eigenes Werk mit einer eigenen Signatur gravieren ließ, dem sogenannte Steinmetzzeichen. Die Steinmetzzeichen waren ein Gütezeichen guter Handwerkskunst. Das Engagement in die Güte der eigenen Tätigkeit ist ein wesentliches Element eines Berufsethos, welcher auch die Arbeitskultur in den damaligen Werkstätten prägte.

Auch Sennett (2009, S. 86) erinnert an die mittelalterlichen Handwerker, deren oberste irdische Pflicht darin bestand, einen guten Ruf zu erwerben, welcher sowohl mit der Qualität ihrer Erzeugnisse wie auch mit ihrer persönlichen Rechtschaffenheit und Sittlichkeit verbunden war. Daraus kann man ableiten: Eine starke Berufskultur basiert auf einem Arbeitsethos, einem ethischen Imperativ, welcher insbesondere dann von Bedeutung ist, wenn Transaktionen zu einem guten Teil auf persönlichem Vertrauen basieren. Denken wir beispielsweise an die Gesundheitsberufe, bei denen sich Menschen mit einer Krankheit oder einer Beeinträchtigung vertrauensvoll an Expert/innen eines Berufsstandes richten. Sie vertrauen nicht nur in Fachlichkeit, sondern auch in menschliche und professionelle Integrität und eine hohe Berufsmotivation.

Eine konkrete und niedergeschriebene *Berufsethik* – verstanden als ein berufliches Qualitätsverständnis, welches über die pflichtgetriebene *Arbeitsmoral* hinausweist – geht wiederum zurück auf die Renaissance und das städtische Zunftwesen. Hierin liegen nach Heinemann und Rauner (2008) die Wurzeln für eine Europäische Kultur persönlicher und beruflicher Identitätsbildung und die Herausbildung einer Berufsethik. Jaeger betont die Bedeutung der Berufsethik gegenüber der Arbeitsmoral mit Bezug zu den modernen Arbeitsmärkten wie folgt:

> „Die europäische Kultur, verstanden als ein umfassendes normatives Feld, hat am Ende des Mittelalters mit der Berufsethik eine neue Gestalt von sozialer Differenzierung und persönlicher Identitätsbildung entwickelt. Das Sozialsystem des europäischen Arbeitsmarktes, das sich seit einigen Jahrzehnten kristallisiert, hat dem bisher kaum Rechnung getragen und sich statt dessen mit der Arbeitsmoral auf normative Felder bezogen, die in derselben Zeit massiv an Geltung verloren haben." (Jaeger 1989, S. 570)

Die Werte der Arbeitsmoral, welche an das Gewissen eines Mitarbeitenden appellieren und ihn nach Kriterien wie Pünktlichkeit, auftragsgemäßes Handeln, Gehorsam, Effizienz, Präzision, Verlässlichkeit etc. qualifizieren, sind für die moderne Arbeitswelt vielleicht notwendig, aber nicht hinreichend. Jaeger (1989) kann unter Bezugnahme auf eine Reihe industriesoziologischer Untersuchungen sogar nachweisen, dass es in der zweiten Hälfte des 20. Jahrhunderts zu einem Verfall der Arbeitsmoral kam, weshalb er mit Blick auf die Europäische (Arbeits-)Kultur für eine Orientierung an der Berufsethik plädiert. Heinemann und Rauner (2008) stützen dieses Plädoyer, da verschiedene Studien nicht nur eine Abnahme der Arbeitsmoral sehen, sondern seit den 1970er-Jahren auch des Organizational Commitments, also des Engagements und Bindung des Mitarbeitenden an seinen Arbeitgeber. Vor diesem Hintergrund hat die Commitmentforschung ihr Interesse vom Organizational Commitment tendenziell auf das Occupational Commitment verschoben, also auf die Bindung der Mitarbeitenden an ihren Beruf, statt an ihren Arbeitgeber.

> „Die stärkere Bindung der Beschäftigten an ihren Beruf begründet ebenfalls Leistungsbereitschaft und die Bereitschaft zur Übernahme von Verantwortung im Sinne intrinsischer Motivation und emanzipiert zugleich von einer trügerischen emotionalen Bindung an ein Unternehmen, das diese Bindung und Betriebstreue eventuell nicht erwidern kann oder will." (Heinemann und Rauner 2008, S. 9)

Es zeigt sich dadurch, dass die Bindung an den Beruf in Zeiten von zunehmender Unverbindlichkeit, häufigen Stellenwechseln, disruptiven Karriereverläufen nachhaltiger und wirksamer für eine Arbeitskultur ist, als die Bindung, die ein Arbeitgeber mit seinen Mitarbeitenden aufzubauen in der Lage ist. Aus diesem Grund ist es ratsam, bei der

Entwicklung einer betrieblichen Arbeitskultur zu einem großen Anteil auch die Berufsidentität, die Berufsethik und den Berufsstolz zu adressieren.

Das Occupational Commitment ist eng mit dem Konstrukt der Berufsethik verwandt, weshalb wir deshalb noch etwas genauer in die Anfangszeit der Berufsethik, zurück zu den Zünften, blicken wollen: Berufsbildner bei den Zünften waren qualifizierte Meister, wie dies bereits im ersten Zürcher Zunftbrief aus dem Jahr 1336 verbrieft ist (Wettstein 2005). Anders als heute hatten die Lehrlinge für die Lehre ein Lehrgeld zu entrichten; wer zu arm war, verdiente es sich in einer verlängerten Lehre ab. Der Lehrling wohnte beim Meister, der den Lehrling in die Normen und Gebräuche des Handwerks einwies und auch die Elterngewalt ausübte. Die Lehre war also sowohl eine Berufs- als auch eine Lebensschule. Bereits dazumal war also eine bewusste Sozialisation in die Berufskultur und die durch Zünfte festgelegten Normen und Gebräuche üblich.

> „Ziel der Ausbildung war somit eine totale Sozialisation in den Berufsstand. In der Werkstatt und im Meisterhaushalt, bei der Arbeit und bei der Feier, überall hatte sich der Lehrling an die Regeln der Zunftgemeinschaft zu halten. Abweichungen waren nicht gestattet. Das handwerkliche Können und die sozialen Einstellungen wurden vorzugsweise imitativ (durch Nachahmung) übernommen, das berufliche Wissen aus beiläufigen Erläuterungen gesammelt." (Wettstein 2005, S. 2)

Hieraus wird klar, wie eng damals die berufliche Sozialisation mit der gesellschaftlichen Sozialisation zusammenhing. Erst die später eintretenden Individualisierung und die aktive Gestaltung der eigenen Berufsbiografie, zum Beispiel mit der Einführung der Wanderjahre, hat das Band zwischen Lehrling und Meister etwas gelockert. Die nur durch den Lehrmeister verantwortete Berufssozialisation wurde dadurch, maßgeblich ab dem 15. und 16. Jahrhundert, etwas reduziert, hingegen wurden die Zunftregeln eher verschärft, u. a. durch Festlegen der Arbeitsweise und der zu verwendenden Hilfsmittel. Die Zünfte waren damit einer Bewahrungskultur verpflichtet, was insbesondere Modernisierungstendenzen erschwerten. An Bedeutung verloren die Zünfte schrittweise durch neue „nicht-zünftige" Gewerbe, die aus der französischen Revolution entstandene Handels- und Gewerbefreiheit sowie die aufkommende Industrialisierung, welche kürzere Anlehren und Ausbildungen mit sich brachte. Die Gewerbefreiheit – in der Schweiz 1874 eingeführt – führte aber gleichzeitig zu einer beklagenswerten Qualitätsabnahme, d. h. einem Verlust der Berufsethik, was dazu führte, dass inländische Arbeitnehmende bei anspruchsvollen Arbeiten zunehmend von ausländischen Facharbeitenden verdrängt wurden. 1879 wurde dann der Schweizerische Gewerbeverein und nachfolgend einzelne Berufsverbände gegründet, deren Aufgabe unter anderem in der Regelung einer fachgemäßen und methodisch aufbauenden Lehre bestand. Später als das Gewerbe regelten die Kaufleute ihre Ausbildung. Erst mit dem Ausbau des internationalen Handels wurden Lehrlinge in befreundeten Firmen ausgebildet, bzw. später auch Handelsfächer in spezialisierten Handelsschulen (1747 Berlin, 1770 Wien, 1773 Zürich) gelehrt. 1861 entstand ein „Verein Junger Kaufleute" in Zürich und Bern, dessen Ziel es war, „die Ausbildung des jungen Kaufmanns in merkantilistischer und allgemein wissenschaftlicher Richtung durch

Sprachkurse, Vorträge, Preisfragen, Bibliothek etc." sowie „kollegialische Gesinnung und edle Geselligkeit" zu fördern (Wettstein 2005, S. 11).

Die ursprünglich auf den Meister fixierte Sozialisation der Zünfte wurde also zunehmend in ein Kollektiv eines Berufsverbandes überführt, während gleichzeitig ein höherer Organisations- und Regulierungsgrad der Berufsausbildung eingeführt wurde. Die Berufsethik wurde normiert, mitunter auch durch moralische Vorstellungen der minimalen Pflichterfüllung ersetzt.

Die Industrie deckte ihren Arbeitskräftebedarf zuerst aus Handwerkern und Kindern, die nur eine kurze Anlehre benötigten. Der Schweizerische Gewerbeverein konstatierte deshalb: „Die Fabrik erzieht eben wesentlich nur für die Fabrik." (Wettstein 2005, S. 14) Damit ist eine wesentliche Unterscheidung z. B. zum Handwerk markiert. Mit zunehmender Komplexität von Anlagen und Abläufen wurden später eigene Lehrmeister angestellt und die Lehrlinge in unterschiedlichen Abteilungen im Betrieb ausgebildet sowie die Lehre mit theoretischem Unterricht in Werkschulen ergänzt. Tayloristische Arbeitsprozesse und damit ein hohes Maß an Standardisierung, wie sie in der Industrie üblich waren, basierten primär auf dem auftragsgemäßen, pflichtbewussten, schnellen und akkuraten Ausführen der Arbeit durch die Industriearbeiter. Eine Fokussierung auf Faktoren der Arbeitsmoral – und nicht einer Berufsethik – haben damit lange Zeit die Arbeitskultur der Industrie geprägt, mitunter prägen sie sie auch heute noch. Auch die Berufsbildungsplanung hat hier einen wesentlichen Beitrag geleistet. Diese war in Deutschland bis rund 1970 durch den Taylorismus und das normative Gerüst der Arbeitsmoral durchdrungen (Heinemann und Rauner 2008). Das bedeutet, dass angelernte Industriearbeiter mit einer auf Arbeitsmoral durchtränkten beruflichen Sozialisation ausgestattet wurden, welche dem Taylorismus in der Industrie entsprach.

Auch in der schweizerischen Berufsbildung war, zwar aus anderen Gründen, eine Akzentuierung der Arbeitsmoral anstelle der Berufsethik beobachtbar: Mit der Verabschiedung des Bundesgesetzes über die berufliche Grundbildung wurde 1930 in der Schweiz die Grundlage zu einer einheitlichen Verbesserung des beruflichen Bildungswesens gelegt. Doch die Bildungspolitik und der reformpädagogische Enthusiasmus nahmen eine Wende:

> „Erziehungsziele wie Entfaltung der Persönlichkeit, Entwicklung demokratischer Gemeinschaftsfähigkeit und verantwortungsbewusste Sittlichkeit wurden abgelöst durch Pflichterfüllung, Genügsamkeit, Einfachheit im Lebenswandel und – gegen Ende des Jahrzehnts im Zusammenhang mit der geistigen Landesverteidigung – Liebe zu Heimat und Volk, Rückzug auf Hergebrachtes und Bewährtes." (Wettstein 2005, S. 55)

Die geistige Landesverteidigung beinhaltete primär eine Verteidigung tradierter Werte und Normen. Der Rückzug auf das Hergebrachte und Bewährte stellt bis in die Gegenwart eine starke politische Strömung in den Ländern Europas dar.

Moralische Werte bekommen in der Regel immer dann Aufwind, wenn es an einer Berufsethik fehlt, wenn das Engagement des Einzelnen sich nicht an ethischen Werten, zum Beispiel eines Gemeinwohls orientiert. Die Eskapaden der Finanzwirtschaft rund um die Finanzkrise 2008 riefen beispielsweise nach starken moralischen Normen und Werten, da mindestens im Einzelfall kein berufsethisches Verhalten sichtbar wurde. Auch hier wäre eine Rückbesinnung auf die Berufsethik eines Bankiers (sprachlich vom heute oft verwendeten angelsächsischen Begriff des Bankers zu unterscheiden), welche auf Ehrlichkeit und Vertrauenswürdigkeit aufbaut und sich am Gemeinwohl orientiert, sinnvoll, vielleicht auch notwendig.

2.2.3.3 Exkurs in das Berufsfeld der Kulturschaffenden

Wie wir in Abschn. 2.1.4 sehen konnten, bilden sich immer wieder Teilsysteme der Arbeitswelt mit Berufsfeldern, Branchenzugehörigkeiten und eigenen Szenen heraus. Diese entwickeln eigene Berufsidentitäten und Arbeitskulturen, welche sie als Berufsfeld auszeichnen. Als solches sollen sie sich aber nicht von der Gesellschaft, oder von anderen Berufsfeldern abspalten, sondern interprofessionell mit diesen zusammenarbeiten und einen funktionalen Beitrag zur Entwicklung der Gesellschaft leisten. Im Sinne eines Beispiels, an welchem sich die Herausbildung einer eigenen starken Identität wie aber auch das Potenzial einer interprofessionellen Zusammenarbeit sehr gut aufzeigen lässt, will ich das Berufsfeld der Kunst- und Kulturschaffenden kurz umreißen. Warum gerade sie? Einerseits lässt sich hier sehr gut zeigen, wie sich branchenspezifische Kulturmerkmale mit einer eigenen Sozialisation und Identitätsbildung, bis hin zu einer eigenen Szene in der Gesellschaft, herausgearbeitet haben. Andererseits möchte ich auf das Potenzial hinweisen, welches Kunst- und Kulturschaffende als Beiträge zu an sich fremden Branchen und Kulturen leisten können. Und schließlich sehe ich interessante methodische Herangehensweisen der Kunst- und Kulturschaffenden, die auch auf die Analyse und Entwicklung von Kultur im Allgemeinen und Arbeitskultur im Besonderen Anwendung finden. Die Wahl des Beispiels der Kulturschaffenden für die Arbeitskultur ist also nicht zufällig.

Der Kulturbereich, früher fest und inmitten der Gesellschaft verankert und vernetzt, bildet sich in der Spätmoderne immer mehr als eigener Bereich heraus, mit eigenen Berufs- und Tätigkeitsprofilen, eigenen Ausbildungsgängen, eigenen Szenen. Und trotz aller Popularisierung von Kultur, stellen wir gleichwohl fest, dass die Zugänge, Praxen, Tätigkeiten und Anerkennungsstrukturen zunehmend aus der Alltäglichkeit des Lebens entrückt und in einer spezifischen Teilsphäre der Gesellschaft praktiziert werden. Dadurch haftet Kulturschaffenden mitunter auch etwas Exklusives, Abgehobenes, teilweise auch für den Normalbürger schwer Verständliches und Entrücktes an. Kultur wird, auch in Erweiterung der vorangehenden Kulturbegriffe, in Werken, Leistungen, Schöpfungen und Kulturerzeugnissen geschaffen – es bildet sich der Begriff der „Kulturschaffenden" heraus. Kultur wird als „Kulturerbe" politisch via „Kulturpolitik" gefördert, geschützt, ausgestellt und vermittelt. Im Unterschied zum ersten und zweiten Kulturbegriff (siehe Abschn. 2.1.1 und 2.1.2), welche eine gewisse Form der Kultiviertheit bereits im Rezipieren und Assimilieren von Werken mit sich brachten, steht hier weniger das Ziel der Entwicklung einer eigenen Kultiviertheit im Vordergrund als die Produktion eigener Werke und Schöpfungen. Kulturschaffen und persönliche Kultiviertheit müssen nicht zwingend einhergehen miteinander. T.S. Eliot (1948) schrieb bereits in seinen „Notes towards the definition of culture":

„The person who contributes to culture, however important his contribution may be, is not always a ‚cultured' person." (Eliot 1948, S. 4)

Nach ihm muss ein großer Künstler, dafür, dass er große Kunst hervorbringt, nicht zwingend auch ein kultivierter Mensch sein. Umgekehrt stellt er fest, dass nicht selten Künstler unsensibel gegenüber anderen Künsten als der eigenen sind und darüber hinaus schlechte Manieren und nur geringe geistige Gaben haben (Eliot 1948). Fachliche Befähigung sagt also noch nichts über Kultiviertheit und gesellschaftlichen Umgang.

Aus einem Berufsfeld entsteht oft ein eigener Markt: Kulturschaffende bieten ihre Werke zum Kauf an, so entwickeln sich Kulturbetriebe und Kulturmärkte. Dadurch erhält Kunst und Kultur einen kommerzialisierbaren Wert, oft genau das, was Künstlerinnen und Künstler durch ihr Schaffen kritisieren. Kultur unterwirft sich dennoch vielenorts betriebswirtschaftlichen Regeln, wird gemanagt und nach marktwirtschaftlichen Gesichtspunkten vertrieben. Hier stehen viele Kunst- und Kulturschaffenden im Dilemma zwischen Kommerzialisierungszwängen einerseits und einem Kunstbegriff andererseits, der sich genau von dieser Popularisierung und Kommerzialisierung abgrenzen will. Zur Abgrenzung gegen diese Vereinnahmungstendenzen scheinen mitunter Werke zu entstehen, welche in ihrer Wirk- und Bedeutsamkeit aufgeladen werden, gleichzeitig immer konzeptioneller, provokativer, diverser und damit auch immer schwerer zu verstehen sind. Die Kunst hat sich damit von der Gesellschaft distanziert, die Künstler haben sich außerhalb der Gesellschaft verkapselt (Carbonaro 2003).

An diesem Beispiel sieht man einerseits die starke selbstkonstituierende Wirkung einer in der Arbeitsgesellschaft identifizierbaren, mitunter auch etwas abgespaltenen Szene: Man ist Teil davon, qua Zuschreibung Künstler- oder Kunstschaffender zu sein, man übernimmt einen gewissen Habitus, der die Kunst und die eigene Person nicht selten von der Alltäglichkeit entrückt und damit Gelegenheit für allerhand Mythenbildung liefert. Und es sind solche Mythen über die Denk-, Arbeits- und Lebensweise der Künstler, angefangen vom romantischen Einzelgänger à la Spitzweg, über den Bohémien bis zum gesellschaftskritischen Provokateur, welche der Szene eine gewisse Kulturzuschreibung und einen Nimbus verleihen. Umgekehrt sind solche gesellschaftlichen Abkapselungen auch zu bedauern, wenn nicht sogar zu kritisieren, da die Kunstschaffenden so an gesellschaftlicher Wirksamkeit und Verantwortung verlieren. Dabei sind es gerade die Kunstschaffenden, die ein feines Gespür für die gesellschaftliche Verfasstheit und Phänomene des Zeitgeists haben, die Perspektivenwechsel und neue Blickwinkel einnehmen können, die Werke und Bedeutsamkeiten so verbinden können, dass kulturelle Erzeugnisse resultieren. Denn Künstler haben gelernt, Bedeutung in ihren Werken zu transportieren, eine Bedeutung, die wahrgenommen wird, die mit dem Rezipienten auch etwas macht, indem sie ihn herausfordert, bewegt und zum Nachdenken anregt.

Die Verbindung zwischen Kunst und Gesellschaft, aber auch von Kunstschaffenden zu anderen Berufsgruppen, kann als fruchtbare Brücke gebaut werden, auf welcher sich unterschiedliche Berufskulturen auf halber Wegstrecke die Hand geben können. Eine, vereinfacht gesagt, strukturiert-analytische und zweckrationale Kultur, die in vielen Wirtschaftsbetrieben mit einem betriebswirtschaftlich-organisationalen Verständnis vorherrscht zu verbinden mit einer ergebnisoffenen, experimentierfreudigen, bild- und symbolaffinen Herangehensweise von Künstlern, kann zu komplett neuen Sichtweisen, Erkenntnissen und Lösungen führen.

Auch hier gibt es einen interessanten Bezug zur Arbeitskultur. Dadurch, dass nämlich die Methoden und Kompetenzen, die Perspektiven und Herangehensweisen von Kulturschaffenden sich im Wesentlichen einer analytischen Logik entziehen, sie dafür aber einen anderen Blick in eine Organisation zu werfen in der Lage sind, stellen Kulturschaffende interessante Beobachter und Gestalter auch von Arbeitskulturen dar. Denn Arbeitskulturen sind an sich offene, pluralistische und unbestimmte Sinnzusammenhänge, denen nicht mit fertigen Konzepten und Checklisten beizukommen ist. Sie sind Sinn- und Bedeutungsgeflechte, welche sich nicht mechanistisch oder technokratisch erfassen oder entwickeln lassen. Arbeitskulturen äußern sich in feinen Gesten, Sinnstrukturen, Codes und bedeutungsgeladenen Symbolen. Diese zu erfassen, zu wandeln und zu transportieren, hat viel mit Kunstschaffen zu tun. Gleichzeitig sind die Offenheit und Unbestimmtheit der Ausgangslagen und Situationen und daraus abgeleitet auch des Herangehens wiederum dem Kunstschaffenden in der Gestaltung seiner Werke oder Konzepte vertraut.

> „Es gib unglaubliche Strukturparallelen zwischen dem, was wir als künstlerischen Prozess, als Paradigma des offenen Handlungsprozesses zu beschreiben versucht haben, und dem, was wir an allen möglichen Stellen heute in der Wirtschaft, im Alltag, im Zeitgeschehen feststellen können. In der Arbeitswelt ist das mit Händen zu greifen.“ (Brater 2003, S. 23 f.)

Ein Transfer von der Herangehensweise von Kunstschaffenden auf die moderne Arbeitskultur ist sicherlich die hohe Werkorientierung der Künstler, das heißt die Ausrichtung der eigenen Arbeit auf ein Ergebnis. Dieses Ergebnis, dieses Werk ist bedeutsam, so bedeutsam, dass man die ganze Schaffenskraft in den Dienst dieses Werkes stellt. Das erinnert uns an die Berufsethik der Werkstätten des späten Mittelalters. Ein zweiter Transfer künstlerischen Handelns auf die moderne Arbeitswelt ist der eingeübte und verinnerlichte Umgang mit diffusen, offenen und unvorhersehbaren Situationen. Dies – alleine oder in einem sozialen Netzwerk – zu bewältigen, bedarf einer eigenen Offenheit, einer Bereitschaft, etwas entstehen und transformieren zu lassen und dabei auch mit nicht kontrollierbaren Situationen umzugehen, sich auf einen Prozess einzulassen, dessen Ausgang vage und unbestimmt bleibt, bei welchem sich erst das Ergebnis im Verlaufe des Schaffensprozesses „ent-wickelt“. Dieses, eher Kunstschaffenden eigene, Herangehen unterscheidet diese Menschen vereinfacht gesagt von eher strukturierten, Sicherheiten und Kontrolle suchenden und sich abgrenzenden Menschen. Gerade für die Analyse, Gestaltung und Entwicklung eines so offenen, transformierenden und unbestimmbaren Themas wie der Arbeitskultur, sind die künstlerischen Herangehensweisen von überraschender Bedeutung. Nebst der Werksorientierung und der offenen Herangehensweise an unvorhersehbare Situationen liegt ein dritter Transferbereich zwischen Kunstschaffenden und anderen Berufsgruppen in der Fähigkeit, Sinn und Bedeutung abzubilden, Metaphern, Bilder und

Codes zu formen und mit künstlerischen Mitteln zu transportieren. Kunstschaffen ist Sinnproduktion und Bedeutungstransport. Damit eignet es sich bestens, die Arbeitskultur, welche ebenfalls aus einem Sinn- und Bedeutungsgeflecht besteht, zu transformieren.

Wie eine Verbindung zwischen Kunst und anderen Branchen aussehen kann, lässt sich an diversen Beispielen darstellen, bei welchen Kunst- und Kulturschaffende in Unternehmen integriert wurden, um Kulturen aufzudecken und Kulturimpulse zu vermitteln. Der Künstler Mathis Neidhart sagt dazu:

> „Die Qualität eines Arbeits-Ergebnisses hängt entscheidend davon ab, wie der Arbeits-Prozess begonnen und wie er gestaltet wird. Wenn ein Künstler an unternehmerischen Prozessen beteiligt ist, wird im Unternehmen eine andersartige Qualität implementiert: künstlerisches Denken." (Neidhart 2003, S. 140)

Als Künstler bringt er sich in Unternehmen mit eigenständigen Positionen, Ideen und Lösungsansätzen ein, welche Bilder – insbesondere die Bilder, die in den Köpfen der Menschen sind – illustriert, hinterfragt und entwickelt. Gerade bei Identitätsfragen – zu denen ja auch das Thema der Arbeitskultur einen Beitrag liefert – können künstlerische Herangehensweisen den Sinn- und Bedeutungszusammenhang illustrieren, künstlerische Interventionen können Denkschemata aufbrechen, Bewusstseinsverschiebungen provozieren und neue Codes und Bilder hervorbringen. Als künstlerischer Berater von Daimler-Chrysler ist es Neidhart zum Beispiel gelungen, jenes Denken aufzubrechen, wonach man *für* Autos nur *mit* Autos Werbung machen könne. Darstellung ist dabei nicht nur Gestaltung, sondern Inhalt, Sinn und Bedeutung. Bei der Fusion von Daimler-Benz und Chrysler bestand angesichts der unterschiedlich ausgeprägten amerikanischen und europäischen Kulturen die Aufgabe der Kunstbegleitung darin, ein gemeinsames Bild zu erzeugen, das als kulturelle Grundlage einer gemeinsamen Kommunikation dienen konnte (Neidhart 2003). Diese Bilder waren künstlerische Dokumentationen welche qualifizierend und festlegend und nicht nur illustrierend waren.

Das zweite Beispiel von Enno Schmidt (2003) zeigt den Künstler als Unternehmensbetrachter, der in seiner spezifischen Wahrnehmungsfähigkeit die Identität des Unternehmens aufdecken soll. Schmidt hat sich dabei auf die Geschichten, Mythen und Stimmungen eines Unternehmens konzentriert, bei dem er als ‚Unternehmensbeobachter' angestellt wurde. Seiner Überzeugung nach bestimmt alles, was einmal gesagt oder getan wurde, den Umgang der Menschen, die Arbeitskultur, die Firmenkultur, die Identität. Ziel war es, das Unternehmen so zu erfassen, dass nicht in erster Linie eine imageträchtige Hochglanzbroschüre entsteht, sondern dass sich die Mitarbeitenden mit ihrer eigenen Erfahrung im Unternehmensbild wiedererkennen konnten. Es war damit das Unaussprechliche, und nicht Vermarktbare, der blinde Fleck im Unternehmen, der durch diese künstlerische Herangehensweise aufgedeckt werden sollte. Das Resümee der Wirkung einer Unternehmensbeobachtung fasst Schmidt so zusammen: „Ich bin mit meiner Arbeit bis in das Schattenreich des Unternehmens vorgedrungen. Alle Ideale, die in einem Unternehmen kursieren, leben dort als nicht erlöste, nicht erfüllte Schattenwesen und über einen massiven Druck aus.“ (Schmidt 2003, S. 171) Die spezifische Arbeitskultur aufzudecken, auch mit Blick auf ihre Ideale und Schatten, kann ein Mehrwert einer spezifisch künstlerischen Herangehensweise sein.

Aus diesem Abschnitt wird deutlich, wie wichtig die berufliche Sozialisation für die Gestaltung der Arbeitskultur ist, wie dadurch Mitarbeitende, aber auch ganze Berufsfelder, Betriebe und Branchen in ihren Sinn- und Wertstrukturen geprägt werden. Gleichfalls wird aber auch darauf aufmerksam gemacht, dass berufliche Sozialisation nicht zu einer Abgrenzung eines Berufsfeldes oder zu einer gesellschaftlichen Abkapselung führen soll, sondern wie wichtig eine berufsfeldübergreifende Zusammenarbeit ist, wie bereichernd neue und berufsfeldfremde Perspektiven und Methoden für die Weiterentwicklung der eigenen Professionalität und die Öffnung und Weiterentwicklung der Arbeitskultur sein können. Wenden wir uns jetzt den betrieblichen Werten und Normen zu.

2.2.4 Der betriebliche Rahmen der Arbeitskultur

2.2.4.1 Arbeitskultur und Unternehmenskultur

Erinnern wir uns an das hier verwendete Verständnis von Arbeitskultur in Abschn. 2.1.6: Die Arbeitskultur zeigt sich in den expliziten und impliziten symbolischen Ordnungen, kulturellen Codes sowie Sinn- und Bedeutungszusammenhängen innerhalb eines Betriebs, die wiederum in unterschiedlichen Praktiken zum Ausdruck kommen und gleichsam diese ermöglichen. Diese Praktiken basieren auf individuellen, betrieblichen, berufsspezifischen und gesellschaftlichen Normen und Werten und werden in sozialen Beziehungen ausgetauscht.

Wenn wir über die Arbeitskultur sprechen, so unterscheiden wir also zwei Bezugsebenen der Arbeitskultur: Die Arbeitskultur im weiteren Sinne sehen wir geprägt von gesellschaftlichen und berufsspezifischen Normen und Werten, einem gesellschaftlichen Kulturverständnis sowie einer berufsfeldspezifischen Sozialisierung. Auf diese Rahmenbedingungen bin ich in den vorangegangenen Abschnitten eingegangen. Ich nenne sie auch bewusst Rahmenbedingungen, da sie nur langsam wandelbar sind, für den betrieblichen Kontext meist als Gegebenheiten erscheinen. Die Arbeitskultur im engeren Sinne ist hingegen das Produkt eines Zusammenspiels arbeitgeberseitiger und damit betriebsspezifischer Normen, Werte und Handlungen mit den arbeitnehmerseitigen Erwartungen, Präferenzen, Beziehungsgeflechten und Praxen. In der Arbeitskultur im engeren Sinne befinden wir uns also an der Schnittstelle zwischen Mikro- und Mesoebene. Was arbeitgeberseitig, bewusst oder unbewusst, an Werten gelebt wird, welches Menschenbild im Betrieb und in der Führung gefördert wird, welche Erfolgsmaßstäbe beispielsweise in ein Anreizsystem Eingang finden, wie Arbeit im Allgemeinen und Kommunikation und Zusammenarbeit im Besonderen strukturiert und organisiert wird, all dies prägt die Arbeitskultur im engeren Sinne. Diese Arbeitskultur ist bestimmbar, gestaltbar und wird sich wesentlich auf das „Wie“ der Aufgabenerfüllung auswirken. Die andere Seite der Medaille sind die Mitarbeitenden in ihren unterschiedlichen Rollen und Funktionen, welche alle miteinander, durch Unterstützung, Akzeptanz oder im Widerstand zu den gewünschten Kulturwerten wirken, allenfalls im „Off" der Betriebskultur ihre eigenen Kulturinseln pflegen.

Insofern interessieren uns aus Perspektive der Arbeitskultur sowohl die expliziten wie auch impliziten symbolischen Ordnungen aus betrieblicher Sicht als auch die sich als Produkt sozialer Beziehungen ergebenden Praktiken. Insofern legen wir nachfolgend den Fokus auf jenes Arbeitskulturverständnis, welches nicht nur gesellschaftlich bestimmt ist (Arbeitskultur i. w. S.), sondern hinaus sehr wohl auch betrieblich entwickelt und ausgeprägt sein kann (Arbeitskultur i. e. S.). Aus diesem Grund wird den betrieblichen Rahmensetzungen in unserem Denkmodell Abb. 2.2 eine hohe Bedeutung beimessen. Das heißt, nicht nur unterschiedliche Kulturräume unterscheiden sich mit den Normen, Werten und Praktiken in der Arbeit, auch Institutionen, Organisationen und Betriebe, die an sich vielleicht die gleichen Leistungen oder Produkte erzeugen, können sich mit ihren Arbeitskulturen wesentlich voneinander unterscheiden und gegebenenfalls bewusst differenzieren. Mit diesem Aspekt rückt die Arbeitskultur nahe an die Unternehmenskultur heran (siehe Abb. 2.3), welche unternehmensspezifisch geprägt ist, hingegen sich auf alle unternehmerischen Praktiken, so zum Beispiel auch die Corporate Communication, das Geschäftsmodell, die Marktorientierung etc. bezieht, während eben die Arbeitskultur enger auf die Arbeit und das Arbeitshandeln fokussiert.

Selbstredend ist davon auszugehen, dass in den jeweiligen Unternehmenskontexten sich Werte, Normen und Praxen unterschiedlich und in Spannungsfeldern konstituieren. Sie sind geprägt von Menschen mit Interessen, Bedürfnissen, Vorstellungen, Prinzipien, welche mehr oder weniger bewusst und reflektiert jene Folie darstellen, vor der sie individuell die (Arbeits-)Welt wahrnehmen und in ihr handeln. Menschen finden sich

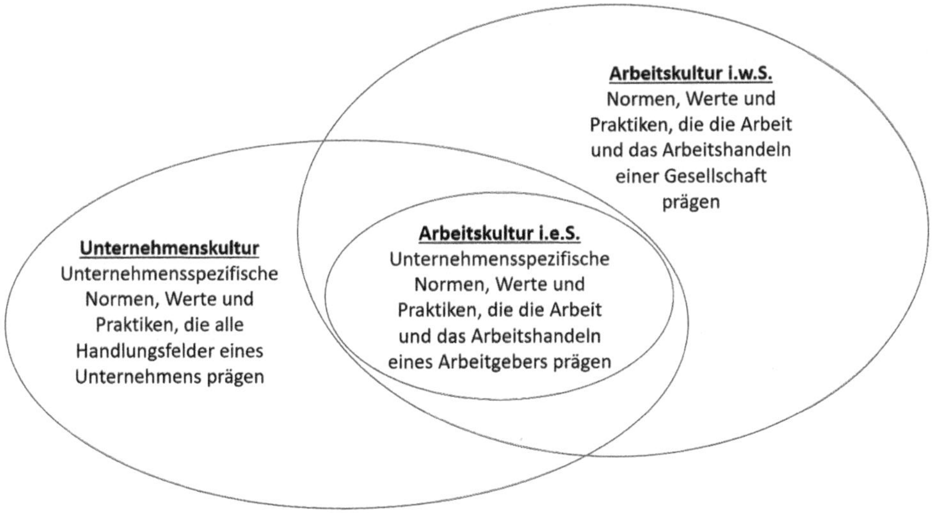

Abb. 2.3 Verhältnis zwischen Arbeitskultur und Unternehmenskultur

wiederum in Gruppen zusammen, sei es aufgrund ihrer Gleichgesinntheit, sei es aufgrund der sie verbindenden Tätigkeiten und tauschen innerhalb dieser Gruppen mehr oder weniger offenkundig ihre Praxen und Werte aus. Dies kann sowohl zu einer Konvergenz von Werten und Kulturen führen, zum Beispiel in Zusammenarbeitskonstellationen, es kann aber auch zu Spannungen und Konflikten führen, wenn Werte und Kulturen divergieren.

Arbeitskulturen können nicht nur zwischen Betrieben, sondern auch zwischen Organisationseinheiten desselben Betriebs divergieren, was wiederum mit den unterschiedlichen Funktionen für den betrieblichen Erfolg, aber auch den der jeweiligen Funktion entsprechenden Berufssozialisationen zusammenhängt. Denken wir zum Beispiel an die potenziell strukturellen Konflikte zwischen Vertrieb und Produktion, an die unterschiedlichen Perspektiven zwischen Kern- und Supportfunktionen, an unterschiedliche Interessen zwischen zentralen und dezentralen Organisationseinheiten, aber auch an die oft unterschiedlichen Perspektiven zwischen Geschäftsleitung und Mitarbeitenden. Hier kann selten von einer gemeinsam getragenen Arbeitskultur gesprochen werden. IT-Fachpersonen haben eine andere Sprache als Vertriebspersonen, Ingenieure einen anderen Dresscode als Vorstandmitglieder, HR-Personen einen anderen Auftritt als Verkäufer etc. Eine weitere Differenzierung nimmt die Arbeitskultur zwischen unterschiedlichen betrieblichen Funktionen und Strategien. Man redet hierbei zum Beispiel von Innovationskulturen, Leistungskulturen, Multi-Kulti-Kulturen, Führungskulturen, Dienstleistungskulturen usw., womit dem Spezifischen Ausdruck verliehen wird, was kultiviert und damit perfektioniert werden soll. Auch in Bezug zur Zusammenarbeit, zur Kommunikation und Kooperation gibt es unterschiedliche Kulturausprägungen, zum Beispiel eine Dialogkultur, eine Du-Kultur, eine Streitkultur, eine Nullfehlerkultur, eine Wertschätzungskultur oder auch eine Kultur des Gelingens etc. Damit wird deutlich, dass unterschiedliche Menschen, aber auch Gruppen oder Betriebe Unterschiedliches kultivieren können, was damit auch zu einem Distinktionsmerkmal zwischen diesen Menschen, Gruppen, Betrieben und Institutionen führen kann. Diese Arbeitskulturen bieten damit etwas Identifizier- und Unterscheidbares, für jene innerhalb des „Kulturkreises" ein Gefühl der Zugehörigkeit und die Möglichkeit, an einer Reputation teilzuhaben. Gleichzeitig bilden Arbeitskulturen Assimilierungsanlässe und eine ethische und soziale Verpflichtung, die Kulturmerkmale einzuhalten.

Wie sich die Kulturen heute betrieblich konstituieren, wie sie aber auch von den Mitarbeitenden wahrgenommen werden und wo diese ein Entwicklungspotenzial sehen, war Gegenstand unseres Forschungsinteresses, weshalb wir in unserer Studie 2019 (siehe hierzu Abschn. 1.2) Mitarbeitende unterschiedlicher Branchen und Funktionen über ihre individuellen Kulturerfahrungen befragt haben. Auch mit welchen Maßnahmen und Mitteln die Betriebe versuchen, die Arbeitskultur zu gestalten, und was davon glaubhaft und erfolgreich empfunden wird, war Gegenstand der Studie und wird in verschiedenen Kapiteln in diesem Buch ausgewertet und beschrieben. Aus diesem Grund konzentriere ich mich hier lediglich auf zwei Kulturphänomene, die in vielen Betrieben der Arbeitswelt zu Diskussionen Anlass geben: Es ist das Thema der (betrieblichen) Diversität und die Dynamik der Kulturerzeugung.

2.2.4.2 Betriebliche Diversität

Aus dem eingangs Beschriebenen ist auch schon gesagt, dass es mit großer Sicherheit eine Vielheit und Vielzahl von Arbeitskulturen sogar innerhalb desselben Betriebs geben kann. Ferner ist mit diesem Verständnis angelegt, dass sich die Arbeitskulturen aufgrund der wechselseitigen Interaktionen, zum Beispiel des Beobachtens, Vorlebens, Nachlebens, Diskutierens und Austauschens unterschiedlicher Arbeitspraxen und Werte, verändern werden.

Das Wissen um eine Vielzahl von Kulturen, in denen wir zum Teil auch gleichzeitig leben, die mehrschichtig und divers sind, bedeutet für die Arbeitswelt die prinzipielle Anerkennung diverser und pluralistischer Kulturausprägungen in unterschiedlichen Gruppierungen ein und desselben Betriebs. Diese können als Mainstream-Kulturen Mehrheitsverhältnisse repräsentieren, sie können als Widerstandskulturen agieren oder sich als Avantgarde-Kulturen im Feld des „noch nicht" im Betrieb bewegen. Sie können sich ergänzen, widersprechen, verstärken oder bekämpfen oder gar nichts miteinander zu tun haben. Kulturdiversität kann im einfachen Fall lediglich akzeptiert werden, im besseren Fall kann sie aber auch als Ressource nutzbar gemacht werden. Zum Beispiel, indem sich ein Betrieb als Kaleidoskop der Gesellschaft versteht, und die internen Kulturphänomene und -diskurse als Seismograf der Welt draußen versteht, besser noch, sich selbst als Teil einer Gesellschaft versteht, mit welcher man in vielfältigen Wechselwirkungen steht. Dadurch entsteht ein besseres betriebliches Verständnis von Gesellschaft, für die man in der einen oder anderen Form Leistungen erbringt oder Funktionen übernimmt. Vor diesem Hintergrund erstaunt es beispielsweise, dass in vielen Betrieben eine Generationendiversität nicht intensiver in die Diskussionen über Innovation oder Zukunftsausrichtung einbezogen wird, konkret nicht die nächste Generation am Tisch der Entscheider sitzt. Wenn eine „ergraute" Geschäftsleitung Entscheide über die Zukunftsausrichtung, über neue Produktgenerationen fällt, ohne die davon betroffenen Generation der „Jungen" einzubeziehen, plant man allenfalls an bestehenden und künftigen Märkten vorbei. Wer gleichzeitig im Personalwesen eine ausgeprägte „Jugendkultur" fördert und gleichzeitig die ältere Generation mit den ihnen eigenen Fähigkeiten und Erfahrungen zu fördern aufhört, engt ebenso den Blickwinkel ein und weiß nicht mit Kulturdiversität umzugehen. Und wer nicht die unterschiedlichen Arbeitskulturen zwischen Teams und Abteilungen produktiv zu machen weiß, läuft Gefahr, dass die Leistungserbringung uninspiriertes Stückwerk bleibt oder sich Abteilungen und Gruppen gegenseitig in ihren Logiken bekämpfen. Der Versuch, diese Diversitätskonflikte mit einer Einheitskultur einzuebnen, muss in den allermeisten Fällen scheitern. Kulturdiversität ist also auch bei der Arbeitskultur mehr als nur die Erfüllung externer Erwartungen und Regelwerke, sie ist mehr, als dem Betrieb einen Modernitätsanstrich zu verpassen, sie ist mehr, als Diversitätsbeauftragten hin und wieder ein Erfolgserlebnis zu gönnen. Kulturdiversität muss einer inneren Überzeugung entsprechen, basierend auf einem Wert, welcher Vielheit und Pluralität schätzt und fördert, welcher daraus neue Perspektiven in die Geschäftspraxis integriert und damit zu besserten Entscheiden und produktiverem Handeln führt. Kulturdiversität ist ein Imperativ in der Arbeit der Zukunft.

2.2.4.3 Dynamik der Kulturerzeugung

Arbeitskulturen entwickeln sich aus den täglich gelebten Praxen am Arbeitsplatz, der geplanten und zufälligen Begegnungen von Mitarbeitenden, der meist situationsspezifischen Wahrnehmung, Kommentierung von Einzelfallereignissen, den täglich neuen, tausenden Kontakten mit Kolleginnen und Kunden, mit Vorgesetzten und Mitarbeitenden, mit Fachpersonen unterschiedlichster Herkunft. Und jeden Tag wird sich die Arbeitskultur auf Basis all dieser Wahrnehmungen und des Wahrgenommenwerdens, der Interpretationen, Reaktionen etc. entweder selbst reproduzieren oder anfangen, sich neu zu bilden. Arbeitskultur ist keine Norm, kein Fixum, sondern ein dynamischer Prozess, der schwer lenkbar ist. Arbeitskultur ist ein dynamisches Wechselspiel von Individuen untereinander sowie dieser mit Institutionen. Selbstverständlich gibt es auf beiden Seiten Prägungen, Erfahrungen und Erwartungen, wie man sich zum Beispiel am ersten Arbeitstag vorstellt, was sich an einer Weihnachtsfeier geziemt (oder auch nicht), wie man im Konfliktfall miteinander umgeht, und doch wird sich die Kultur in jeder Situation von Neuem bewähren oder verändern. Konersmann (2003, S. 9) prägte hierfür den Satz, dass Kultur jeweils von Augenblick zu Augenblick gemacht werde. Kultur ist nicht die eherne Regel, nach dem sich die sozialen Praktiken ausrichten, sie ist das Produkt dieser Praktiken (Blumer 2013) und kann sich von Augenblick zu Augenblick durch neue Praktiken und deren Interpretationen verändern. Wobei diese Veränderungen, wenn sie rasch vollzogen werden, meist mit Irritationen einhergehen, da die Erwartung an eine Kultur, ihre Lesbarkeit und damit ihre Verlässlichkeit sich als Täuschung erweisen. Es braucht meist Jahre, bis sich zum Beispiel eine Vertrauenskultur in einem betrieblichen Kontext entwickelt – Vertrauen braucht eine ausreichend große Anzahl guter Erfahrungen – doch eine Vertrauenskultur zu zerstören, braucht meist nicht viel mehr als eine einschneidende Enttäuschung.

Wer ein Arbeitskulturprojekt startet und damit einen Endzeitpunkt anvisiert, hat bereits einen kategorialen Fehler gemacht. Denn Arbeitskultur ist nicht ein Projekt mit definiertem Anfang und Ende, sie ist die tägliche Praxis, auf die mit Umsicht und Sensibilität eingewirkt werden muss. Arbeitskultur wird damit auch nie zu einem stabilen Zustand, sondern lässt sich immer nur aus einen Gegenwartsperspektive beschreiben, aus einer Vergangenheitsperspektive verstehen und mit einer Zukunftsperspektive leben. Damit sind drei wichtige Handlungsfelder der Kulturentwicklung genannt: das Beschreiben, das Verstehen und das (Vor-)leben von Arbeitskultur. Beschreibungen können dabei immer nur vorläufig sein, sie sollten in jedem Fall aber wertungs- und vorurteilsfrei sein. Verstehen kann wiederum nur eingebettet vor dem Hintergrund der verschiedenen Kontextfaktoren erfolgen, die ich oben im Denkmodell umschrieben habe. Verstehen bemüht sich deshalb immer um den Einbezug unterschiedlicher Perspektiven, das Erklären von Phänomenen angesichts vielfältiger Bezugssysteme. Da sich aber jede Arbeitskultur immer in konkreten Praxen der Kommunikation, der Führung, der Zusammenarbeit etc. manifestiert, ist das (Vor-)Leben der Arbeitskultur die glaubwürdigste Form, Vorhaben und Praxis, Versprechen und Realität in Einklang zu bringen.

2.2.5 Die individuelle Ebene der Arbeitnehmenden

Die Mikroebene des Denkmodells nimmt nun das arbeitende Individuum mit seinen Prägungen, Präferenzen, Werten und Bedürfnissen in den Blick. Dabei will ich diese hier nicht zu erklären versuchen, als vielmehr die individuellen Motive umreissen, die uns jeden Tag dazu bewegen, zur Arbeit zu gehen. Unsere Studie 2019 ist dieser Frage nachgegangen, indem sie die Arbeitswerte und ihren Einfluss auf unterschiedliche Ebenen, von der Motivation bis hin zur Produktivität, untersucht hat. Ich werde hierauf in Kap. 4 eingehen.

Beziehen wir die individuelle Ebene der Arbeitnehmenden in unserem Denkmodell auf die eingangs im Kapitel angebotenen vier Kulturverständnisse, so lassen sich zwei zentrale Bezüge herstellen: Einerseits ist das individuelle Streben zur Gestaltung eines produktiven und harmonischen Bezugssystems zwischen dem Mitarbeitenden und seinem Umfeld (der erste Kulturbegriff) angesprochen. Es geht damit um einen Prozess der Veredelung von allen Bezügen, in denen der Mitarbeitende seine Arbeit leistet und erfüllt. Andererseits nehmen wir aus dem zweiten Kulturbegriff der Kultiviertheit das Verständnis mit, dass es auch bei der Arbeitskultur um eine subjektorientierte Entwicklung eines herausgebildeten, professionalisierten, wenn nicht sogar perfektionierten Arbeitsdenkens und -handelns geht. Gemeint sind die individuellen Einstellungen, Fähigkeiten und Fertigkeiten sowie Reflexions- und Entwicklungsvermögen der Mitarbeitenden gegenüber ihrer Arbeit.

Diese beiden Kulturbezüge eingedenk, beschränke ich mich hier lediglich auf ein übergeordnetes Phänomen, welches ich als Folie für die Analyse individueller Arbeitswerte anbieten möchte: Das Streben des Menschen nach guter Arbeit und ständiger Entwicklung. Nehmen wir beispielsweise die Entwicklung einer Dienstleistungskultur in einem Betrieb: Eine nach außen gerichtete Dienstleistungskultur bedeutet, das Dienstleistungsdenken und -handeln in allen Kundenbezügen zu professionalisieren bzw. zu perfektionieren, indem die Einstellungen der Mitarbeitenden sich am Kundennutzen ausrichten, die Fertigkeiten, gute Dienstleistungen verlässlich zu erbringen gebildet werden sowie ständig die eigene Dienstleistungsorientierung Gegenstand von Reflexion und Entwicklung ist. Eine so professionalisierte und entwickelte Arbeitskultur der Dienstleistung ist keine Pflichterfüllung, es ist die Kür der Arbeit, es ist das, was ich weiter oben als Berufsethik beschrieben habe, die natürlich vor allem für Dienstleistungsberufe ausschlaggebend ist. Daraus entsteht im positivsten Fall Hingabe und Stolz auf die eigene Arbeit, ein Sich-selbst-Konstituieren im engagierten Tun (Lévinas 2003), etwas, das die veredelte Form der Arbeitskultur aufzeigt. Diese veredelte Arbeitskultur ist etwas anderes als bloß „hart zu arbeiten". Sennett (2009) weist in seiner Beschreibung des Handwerks zu Recht auf das dem Menschen eigene Grundbestreben hin, die Arbeit um ihrer selbst willen gut zu machen. Dieses Grundbestreben geht nach ihm auf das zurück, was Platon als *arete* bezeichnete und das jedem Tun innewohnende Maß an Vollkommenheit darstellt. Das Grundbestreben des handelnden und arbeitenden Menschen ist es, seine Arbeit handelnd zu vervollkommnen. Es ist die Grundlage dessen, was wir heute intrinsische Motivation nennen und als Grundmotiv des Eigenantriebs der Arbeit bezeichnen. Konzepte der intrinsischen Arbeitsmotivation sind also keine Errungenschaft neuerer Zeit, im Grundprinzip gehen sie auf das Denken der griechischen Antike zurück, die dem Menschen das Motiv nach Vervollkommnen seines eigenen Tuns zuschreiben. Dieses Grundbestreben ist das, was wir damals wie heute als individuelle Arbeitskultur bezeichnen können, welche sich im Individuum ungeachtet äußerer Einflüsse entwickelt hat. Es ist dies ein Streben nach Qualität, eine Arbeitskultur, bei der es um das zu erzeugende Werk und weniger um die Arbeitsumstände geht. Betrachten wir beispielsweise die Arbeitsweise eines Komponisten, so sehen wir bei diesem eindrücklich die Hingabe an sein Werk, in dem er ganz aufgeht. Für ihn braucht es nicht externe Anreize oder jemanden, der ihn ständig motiviert, damit er tags wie nachts an seinem Werk in inniger Versunkenheit und Hingabe arbeitet. Nun mag man einwenden, dass wir nicht alle als Komponisten geboren sind und unsere tägliche Arbeit nicht immer eine Kunstproduktion darstellt. Doch denken wir ebenso an die Hingabe von Pflegefachpersonen in der Betreuung von Patienten, denken wir an die Begeisterung und Begeisterungsfähigkeit guter Führungskräfte, die mit Charisma ihre Mitarbeitenden zu mobilisieren vermögen. Denken wir an Personen im Facility Service, deren Berufsstolz nicht ruht, bis einwandfreie Ordnung und Sauberkeit herrscht. Denken wir an Werber, welche an dem perfekten Text arbeiten, denken wir an Architekteninnen, welche im eigenen Entwurf nach Vollendung streben, denken wir an Entwickler, welche auf der Suche nach dem Neuen nicht ruhen. Denken wir aber auch an unsere eigene Arbeit, die wir jeden Tag ein klein wenig besser machen können, in der wir Neues ständig, wenn auch in kleinen Schritten, einführen können. Das alles ist Streben nach guter Arbeit. Denn Menschen wollen gute Arbeit liefern. Ich habe noch niemanden getroffen, der absichtlich und allein von sich aus angespornt, sich für schlechte Arbeit entscheidet. Was gute Arbeit ist und wie sie beeinflusst wird, darauf sind wir im Buch *Flexible Arbeitsmodelle für die Generation 50+* (Wörwag und Cloots 2018) mit einem Wirkungssystem eingegangen. Die Hypothese aber, dass der Mensch, wenn er die entsprechenden Rahmenbedingungen erhält, sich selbst durch seine eigene gute Arbeit motiviert, habe ich in der damaligen Studie sowie in hundertfachen Erlebnissen meines eigenen Führungsalltags bestätigt bekommen.

Dieses Streben nach Entwicklung und Verbesserung, nach Professionalisierung und Perfektion ist eine wichtige Triebfeder der individuellen Arbeitskultur. Sie strebt direkt und zuerst das gute Ergebnis, die Wertigkeit eines perfekten Werkes an. Sie ist einem kritischen Geist zu eigen, der hinterfragt, ob das, was man immer wieder tut, nicht auch noch anders, besser, schneller wirkungsvoller geht. Gute Arbeit und das Streben des Menschen danach wirken sich aber auch auf den Ruf des einzelnen Arbeitenden aus. Wer beständig eine Haltung guter Arbeit vertritt, dafür einsteht und dies in seiner Praxis sichtbar wird, wer sich also über eine professionelle Arbeitskultur auszeichnet, wird auch eine gute Arbeitsreputation, einen guten Ruf in seinem Umfeld entwickeln. Diese Mitarbeitenden werden gefragt sein, weil ihnen ein Ruf einer exzellenten Arbeitskultur vorauseilt.

2.3 Fazit

In diesem Kapitel ging es darum aufzuzeigen, dass es nicht nur ein Begriffsverständnis von Kultur, sondern eine Vielzahl von Facetten und Ausprägungen gibt, welche sich nicht widersprechen, sondern im Wechselspiel miteinander, unterschiedliche Bezüge darstellen.

Aus dem ursprünglichen Begriffsverständnis der Kultur als Prozess zur Veredelung von Natur, Körper und Geist kann man mit Bezug zur heutigen Arbeitskultur ableiten, dass Kultur ein Prozess ist, bei dem sowohl das Umfeld als auch das individuelle Denken und Handeln veredelt werden sollen. Ziel ist es, für sich selbst und für das Umfeld in einem wechselseitig harmonischen Verhältnis fruchtbare und reife Ergebnisse hervorzubringen. Dieser Prozess fördert sowohl Instrumente als auch Ergebnisse der Kultur zu Tage, welche dem Zusammenspiel von Mensch und Umwelt, dienen sollen. Wichtig ist dabei der Grundsatz, dass der Mensch dabei nicht gegen die Natur und das Umfeld arbeitet, sondern mit ihnen und dabei die gegebenen Ressourcen nutzt.

Der zweite Kulturbegriff beschreibt den kultivierten Menschen mit seinen Eigenschaften und Fähigkeiten, die er bewusst gelernt, entwickelt und perfektioniert hat. Kultur wird hier als individuelle und als kollektive Leistung und Errungenschaft in Abhängigkeit des jeweiligen Bildungsstandes gesehen. Mit Bezug zur Arbeitskultur versteht sich hier Kultur als ein heraus*gebildetes*, professionalisiertes allenfalls sogar perfektioniertes Arbeitsdenken und -handeln. Gemeint sind die individuellen Einstellungen, Fähigkeiten und Fertigkeiten des Arbeitenden sowie sein Reflexions- und Entwicklungsvermögen gegenüber der Arbeit. Hier rückt die Arbeitskultur in die Nähe eines Arbeitsethos, der bestrebt ist, Arbeit um ihrer selbst willen gut zu machen bzw. zu vollenden. Das verbindet Fertigkeit mit einem ethischen Imperativ zu einer guten Arbeitsreputation, welche für Individuen gleichwohl wie für Abteilungen, Betriebe und Institutionen gilt. Eine gute Arbeitskultur kann herausgebildet werden, wobei Bildung und Professionalisierung zusammenzudenken sind.

Der dritte Kulturbegriff nimmt das Kollektiv in den Fokus und meint damit die Sammlung von kulturellen Errungenschaften wie auch das kollektive Bewusstsein darüber. Im Arbeitskontext sind dies die kulturellen Codes eines Betriebs und das reflektierte Bewusstsein sowie der reife Umgang damit. Wichtig dabei ist das Anerkennen von verschiedenen nebeneinander existierenden Arbeitskulturen, die auch nicht gegenseitig gewertet werden müssen, sondern in ihrer Kulturdiversität einen wichtigen Wert darstellen. Dies auch im Arbeitskontext, in welchem das gemeinsame Produktivmachen unterschiedlicher Arbeitskulturen, zum Beispiel über Generationen hinweg, von unschätzbarem Wert sein kann. Eine gute Arbeitskultur anerkennt die Diversität der Mitarbeitenden und macht diese produktiv, statt sie in einer Einheits- oder Leitkultur einzuebnen.

Der vierte und umfassendste Kulturbegriff – die Kultur als symbolische Ordnung – nimmt schließlich die Kulturen menschlicher Praktiken und Diskurse umfassend in den Blick und stellt die Frage, wie diese grundlegend sinnenhaft erfassbar und sinnhaft deutbar sind. Die Arbeitswelt wird dabei als bedeutungsvolle, symbolische und sinnhafte

Humanwelt gesehen, und die Kultur darin bietet uns ein Sinn- und Unterscheidungssystem für unterschiedliche soziale Praktiken. Kultur prägt unseren Alltag, unsere Präferenzen, unseren Stil, unsere sozialen Bezüge und Interaktionen etc. Fokussiert wird dabei auf das, was wirklich gewollt und intrinsisch motiviert ist, nicht also auf jenes, bei dem wir unser Arbeitsdenken und -handeln einem Regelwerk oder Mehrheitsdiktat oder dem rein rational Notwendigen unterwerfen. Kultur ist individuelles Erleben und Erfahren, ein dynamisches Wechselspiel von Individuen untereinander sowie dieser mit Institutionen. Arbeitskultur wird gemacht, indem das Kulturhandeln interpretiert wird. Sie ist das Produkt sozialer Praktiken. Gute Arbeitskultur ist also nicht eine stabile Norm, sondern entsteht als dynamisches Ergebnis sozialer Praktiken am Arbeitsort Sie ist damit nicht ein Projekt neben anderen, sie ist das Produkt unserer täglichen Arbeit.

Die Wechselseitigkeit und Interdependenz aus individuellen und kollektiven Kulturmanifestationen sowie Rahmenbedingungen in Gesellschaft und Arbeits- bzw. Berufssozialisation habe ich in einem offenen Denk- und Diskussionsmodell zusammengefasst. Dieses dient dazu, unterschiedliche Phänomene der Arbeitskultur zu verorten und nicht isoliert, sondern im Kontext ihrer Bezugssysteme zu betrachten. Einfach gesagt werden individuelle Werte und Wahrnehmungsmöglichkeiten der Mitarbeitenden (Mikroebene) im Wechselspiel mit ihrem Arbeitsumfeld (Wertekollektiv beim Arbeitgeber sowie normative Werte und Anerkennungsstrukturen des Arbeitgebers als Mesoebene) als Grundlage sozialer Interaktionen und damit Erzeugung von Arbeitskultur gesehen. Beide, Mitarbeitende wie Betriebe, sind dabei in ein Werte- und Regelsystem ihres Berufsstandes (Berufsethik) und einer Branche eingebettet (Mesoebene). Alle drei (Individuum, Betriebe, Berufs- und Arbeitswelt) sind wiederum in gesellschaftliche Kulturdiskussionen und -entwicklungen (Makroebene) eingelassen, die die Verfasstheit und den Nährboden für Kulturentwicklungen darstellen. Als Kulturtypologien auf allen Ebenen dienen eine Mainstream-, eine Widerstands- und eine Avantgarde-Kultur, die sich gegenseitig herausfordern und Fortschrittsimpulse liefern. Mainstream-Kultur, Widerstandskultur oder Avantgardekulturen können nebeneinander, auch im gleichen Betrieb, existieren, sie können sich gegenseitig beeinflussen, sie werden aber auch immer im Kontext einer gesellschaftlichen Verfasstheit zu lesen sein.

Aus den in diesem Kapitel angebotenen und vertretenen Positionen lassen sich in Kurzform aus Perspektive der Betriebe folgende Erkenntnisse zur Entwicklung Arbeitskultur ableiten:

1. **Arbeitskultur ist immer:** Die Arbeitskultur prägt den Arbeitsalltag. Sie ist das unsichtbare Band, das Betriebe zusammenhält. Eine gute Arbeitskultur schafft Resilienz gegen Krisen, eine schlechte Arbeitskultur kann Betriebe in die Krise stürzen.
2. **Arbeitskultur ist ein Wechselspiel:** Betriebliche Werte, Normen sowie implizite und explizite Anerkennungsstrukturen prägen die Arbeitskultur, mehr noch sind es aber die gelebten Praxen aller Mitarbeitenden, deren Wahrnehmung und Interpretation die Arbeitskultur prägen. Damit beeinflussen sie auch wiederum die betrieblichen Normen und Werte.

3. **Arbeitskultur kultiviert und professionalisiert:** Arbeitskultur basiert auf dem Streben des Menschen, sein Umfeld und sich selbst zu entwickeln. Sie kultiviert spezifische Fertigkeiten der Mitarbeitenden und des Betriebs. Damit entsteht ein Verständnis von Professionalisierung und Reputation, womit sich Betriebe untereinander unterscheiden.
4. **Arbeitskultur ist individuell und kollektiv:** Eine gute Arbeitskultur fördert einen Stolz auf gute Arbeit im Sinne eines sinnvollen „Werkes" mit hohem Professionalitätsanspruch. Eine gute Arbeitskultur soll zu individueller und kollektiver Meisterschaft führen. Arbeitskulturen müssen ein gutes Gleichgewicht zwischen individueller Besonderheit und kollektiver Anerkennung schaffen.
5. **Arbeitskultur fördert Sinnzusammenhänge:** Die Suche des Menschen nach Sinnzusammenhängen und Bedeutung ist eine existenzielle und schlägt sich auch in der Arbeitskultur nieder. Die Mitarbeitenden wollen nicht nur die Zweckrationalität ihres Arbeitgebers befolgen, sie wollen Sinn. Vorgesetzte sollen die Frage nach dem Sinn der Arbeit nicht scheuen, sondern mit einem kritischen Denken fördern.
6. **Arbeitskultur ist vielfältig und divers:** Jeder Betrieb wird eine Vielzahl von Kulturen aufweisen. Gute Arbeitskultur anerkennt die Pluralität und Diversität von Kulturen und macht diese produktiv. Arbeitskultur entwickelt ein neues Denken, welches pluralistische Sinnwelten anerkennt, prozesshaft bleibt und Entwicklung zulässt, ohne das Ende vorwegzunehmen. Kulturdiversität ist ein Imperativ betrieblichen Handelns.
7. **Arbeitskultur ist auch Widerstand:** Es gibt keine Einheitskultur. Auch Widerstandskulturen oder Avantgarde-Kulturen sollen im Sinne eines offenen Kulturverständnisses gefördert und produktiv gemacht werden.
8. **Arbeitskultur ist Teil der beruflichen Identität:** Berufliche Sozialisation und Identität sind Bestandteil der Arbeitskultur. Sie zu fördern ist mindestens so wichtig, wie die Identifikation mit dem Betrieb.
9. **Arbeitskultur als Kunst-Werk?** Kunst- und Kulturschaffende sind gute Kulturbeobachter: Sie sind dem Werk verpflichtet, beherrschen eine offene Herangehensweise an unvorhersehbare Situationen und sind in der Lage, Sinn und Bedeutung abzubilden, Metaphern, Bilder und Codes zu formen und mit künstlerischen Mitteln wieder zu transportieren. Wir können für die Analyse und Entwicklung von Arbeitskultur viel von ihnen lernen.
10. **Arbeitskultur, und die Arbeit daran, ist nie abgeschlossen:** Die Entwicklung einer Arbeitskultur ist ein dauerhafter Prozess, kein Projekt mit einem definierten Anfang und Ende. Arbeitskultur ist keine stabile Norm, sondern entsteht als dynamisches Ergebnis sozialer Praktiken am Arbeitsort.

Literatur

Abels, Heinz, und Alexandra König. 2010. Sozialisation. Soziologische Antworten auf die Frage, wie wir werden, was wir sind. In *wie gesellschaftliche Ordnung möglich ist und wie Theorien der Gesellschaft und der Identität ineinanderspielen*. Wiesbaden: VS Verlag für Sozialwissenschaften/GWV Fachverlage GmbH. https://doi.org/10.1007/978-3-531-92024-5.

Blumer, Herbert. 2013. *Symbolischer Interaktionismus. Aufsätze zu einer Wissenschaft der Interpretation*. 1. Aufl., neue Ausg. Hrsg. v. Heinz Bude und Michael Dellwing. Berlin: Suhrkamp.

Brater, Michael. 2003. Es gibt mehr Bereitschaft, etwas Verrücktes zu tun. In *Transfer. Kunst – Wirtschaft – Wissenschaft*, Hrsg. Klaus Heid und Ruediger John, 19–35. Baden-Baden: sic.

Busche, Hubertus. 2018. „Kultur": ein Wort, viele Begriffe. In *Kultur – Interdisziplinäre Zugänge*, Hrsg. Hubertus Busche, Thomas Heinze, Frank Hillebrandt und Franka Schäfer, 3–41. Wiesbaden: Springer VS.

Carbonaro, Simonetta. 2003. Wenn das Ethische fehlt, fehlt die Schönheit. In *Transfer. Kunst – Wirtschaft – Wissenschaft*, Hrsg. Klaus Heid und Ruediger John, 35–57. Baden-Baden: sic.

Eliot, T. S. 1948. *Notes towards the definition of culture. Main*. London: Faber & Faber.

Franck, Georg. 2010. *Ökonomie der Aufmerksamkeit. Ein Entwurf*. 9. [Nachdr.]. München: Hanser (Edition Akzente).

GRA Stiftung gegen Rassismus und Antisemitismus, Hrsg. 2015. *Diskriminierung und Verfolgung von Minderheiten – Leitkultur*. https://www.gra.ch/bildung/gra-glossar/begriffe/diskriminierung-und-verfolgung-von-minderheiten/leitkultur/. Zugegriffen am 10.01.2020.

Hackl, Benedikt, Marc Wagner, Lars Attmer, und Dominik Baumann. 2017. *New Work: Auf dem Weg zur neuen Arbeitswelt. Management-Impulse, Praxisbeispiele, Studien*. Wiesbaden: Springer Gabler. https://doi.org/10.1007/978-3-658-16266-5.

Heinemann, Lars, und Felix Rauner. 2008. *Identität und Engagement: Konstruktion eines Instruments zur Beschreibung der Entwicklung beruflichen Engagements und beruflicher Identität*. Hrsg. v. FG Berufsbildungsforschung, Universität Bremen (IBB), Institut für Berufspädagogik und Allgemeine Psychologie, Universität Karlsruhe und Pädagogische Hochschule Heidelberg. Universität Bremen.

von Herder, Johann Gottfried. 1794. *Ideen zur Philosophie und Geschichte der Menschheit*. Carlsruhe: Christian Gottlieb Schmieder.

Hoppe, Bernhard M. 2018. Kernaufgabe oder nice to have? Zur Funktion der Kultur in der Gesellschaft. In *Kultur – Interdisziplinäre Zugänge*, Hrsg. Hubertus Busche, Thomas Heinze, Frank Hillebrandt und Franka Schäfer, 251–293. Wiesbaden: Springer VS.

Horkheimer, Max und Theodor W. Adorno. 2017. *Dialektik der Aufklärung. Philosophische Fragmente*. 23. Aufl., ungekürzte Ausg. Frankfurt a. M.: Fischer Taschenbuch (Fischer-Taschenbücher Fischer Wissenschaft, 7404).

Huxley, Aldous, Hrsg. 2012. *Brave new world. Bibliogr. erg. Ausg*. Stuttgart: Reclam (Reclams Universal-Bibliothek Fremdsprachentexte, Nr. 9284).

Jaeger, Carlo. 1989. Die kulturelle Einbettung des europäischen Marktes. In *Kultur und Gesellschaft. Verhandlungen des 24. Deutschen Soziologentags, des 11. Österreichischen Soziologentags und des 8. Kongresses der Schweizerischen Gesellschaft für Soziologie in Zürich 1988*, Hrsg. Max Haller, 556–574. Frankfurt a. M.: Campus (Verhandlungen des ... Deutschen Soziologentages, 24).

Kaufmann, Stefan. 2017. *Die Lüge von der Leistungsgesellschaft*. Hrsg. v. Frankfurter Rundschau. https://www.fr.de/wirtschaft/luege-leistungsgesellschaft-11024495.html. Zugegriffen am 04.02.2020.

Kilian, Karsten. 2020. *Markenlexikon. Markenslogans*. http://www.markenlexikon.com/slogans_b.html. Zugegriffen am 28.01.2020.

Konersmann, Ralf. 2003. *Kulturphilosophie zur Einführung*, 1. Aufl. Hamburg: Junius (Zur Einführung, 282).

Lévinas, Emmanuel. 2003. *Die Zeit und der Andere. Neuausg.* Hamburg: Meiner (Philosophische Bibliothek, 546).

Neidhart, Mathis. 2003. Als Künstler kann man in anderen Systemen freier operieren. In *Transfer. Kunst – Wirtschaft – Wissenschaft*, Hrsg. Klaus Heid und Ruediger John, 139–153. Baden-Baden: sic.

Reckwitz, Andreas. 2011. Brennpunkte einer kulturwissenschaftlichen Interpretation der Kultur. Die Kontingenzperspektive der >Kultur<. Kulturbegriffe, Kulturtheorien und das kulturwissenschaftliche Forschungsprogramm. In *Handbuch der Kulturwissenschaften. Band 1: Grundlagen und Schlüsselbegriffe. Sonderausgabe*, Hrsg. Friedrich Jaeger und Burkhard Liebsch, 1–20. Stuttgart/Weimar: J.B. Metzler.

Reckwitz, Andreas. 2018. Die Gesellschaft der Singularitäten. Zur Kulturalisierung des Sozialen. In *Kultur – Interdisziplinäre Zugänge*, Hrsg. Hubertus Busche, Thomas Heinze, Frank Hillebrandt und Franka Schäfer, 45–63. Wiesbaden: Springer VS.

Ridley, Matt. 2010. *The rational optimist. How prosperity evolves.* New York/London: Harper/Fourth Estate.

Rosa, Hartmut. 2018. *Beschleunigung und Entfremdung. Entwurf einer kritischen Theorie spätmoderner Zeitlichkeit*, 6. Aufl. Berlin: Suhrkamp.

Schein, Edgar H. 2017. *Organizational culture and leadership*, 5. Aufl. Hoboken: Wiley (The Jossey-Bass Business & Management Series). http://search.ebscohost.com/login.aspx?direct=true&scope=site&db=nlebk&AN=1433117. Zugegriffen am 10.02.2020.

Schmidt, Enno. 2003. Die vornehmste Aufgabe eines Unternehmens besteht darin, sich überflüssig zu machen. In *Transfer. Kunst – Wirtschaft – Wissenschaft*, Hrsg. Klaus Heid und Ruediger John, 152–173. Baden-Baden: sic.

Seibt, Constantin. 2014. Mehr Punk, weniger Hölle! In *Tagesanzeiger*, 30.05.2014. https://www.tagesanzeiger.ch/ausland/europa/mehr-punk-weniger-hoelle/story/25977893. Zugegriffen am 10.02.2020.

Seitz, Jakob Stefan. 2002. *Hannah Arendts Kritik der politisch-philosophischen Tradition. Unter Einbeziehung der französischen Literatur zu Hannah Arendt.* Zugl.: München, Hochsch. für Philosophie, Diss., 2002. München: Utz (Münchner philosophische Beiträge, 10).

Sennett, Richard. 2009. *Handwerk*, 3. Aufl. Berlin: Berliner Taschenbuch (BvT, 632).

Welsch, Wolfgang. 2017. *Ästhetisches Denken.* 8., durchgesehene u. ergänz. Aufl. Ditzingen: Reclam (Reclams Universal-Bibliothek, 19472).

Welskopp, Thomas. 2011. Der Wandel der Arbeitsgesellschaft als Thema der Kulturwissenschaften – Klassen, Professionen und Eliten. In *Handbuch der Kulturwissenschaften. Band 1: Grundlagen und Schlüsselbegriffe. Sonderausgabe*, Hrsg. Friedrich Jaeger und Burkhard Liebsch, 225–246. Stuttgart/Weimar: J.B. Metzler.

Wettstein, Emil. 2005. *Die Entwicklung der Berufsbildung in der Schweiz.* Nachdruck basierend auf der 1. Aufl., 1987. https://ub.unibas.ch/digi/a125/sachdok/2012/BAU_1_5943309.pdf. Zugegriffen am 10.02.2020.

Wörwag, Sebastian, und Alexandra Cloots. 2018. *Flexible Arbeitsmodelle für die Generation 50+. Wirkungsvolle Maßnahmen gegen den vorzeitigen Austritt aus der späten Erwerbsphase.* Wiesbaden: Springer Gabler. https://doi.org/10.1007/978-3-658-20538-6.

Wörwag, Sebastian, und Alexandra Cloots, Hrsg. 2019. *Zukunft der Arbeit – Perspektive Mensch. Aktuelle Forschungserkenntnisse und Good Practices.* 2., akt. Aufl. Wiesbaden: Springer Gabler.

Wörwag, Sebastian, und Alexandra Cloots, Hrsg. 2020. *Human Digital Work – Eine Utopie?* Wiesbaden: Springer Gabler.

Gefangen im Dilemma der „New Work-Kultur"

Ein Denkanstoss

Petra Kugler

„Denken und Sein werden vom Widerspruch bestimmt."

Aristoteles

Zusammenfassung

Im Zusammenhang mit neuen Arbeits- und Organisationsmodellen, der sogenannten „New Work", wird häufig auch eine neue Organisationskultur gefordert. Unklar ist aber, was genau darunter verstanden wird. Der Beitrag zeigt auf, was eine solche Kultur kennzeichnet und warum sie sinnvoll sein kann. Dazu wird auf das Schichtenmodell nach Edgar Schein zurückgegriffen und „New Work" mit „traditioneller" Arbeit verglichen. Das Ergebnis zeigt, dass die Sache mit der „New Work"-Kultur nicht so einfach ist, wie es zunächst erscheint. Unternehmen ergreifen zwar Aktivitäten in Richtung „New Work", diese verbleiben jedoch oft an der Oberfläche der Organisation, ihr kultureller Kern bleibt unverändert. Eine Ping-Pong-Platte ist dann ein beispielhaftes, sichtbares Symbol, das für ein „New Work-Unternehmen" aber noch lange nicht ausreicht. Eine „New Work-Kultur" beinhaltet somit ein Dilemma und es besteht die Gefahr, dass „New Work" eine Worthülse bleibt. Die größte Hürde stellen selbstverständlich gewordene Denkstrukturen in Organisationen dar. Um eine „New Work-Kultur" nachhaltig umzusetzen, braucht es daher vor allem ein „New Work Mindset".

P. Kugler (✉)
OST – Ostschweizer Fachhochschule, St. Gallen, Schweiz
E-Mail: petra.kugler@ost.ch

S. Wörwag, A. Cloots (Hrsg.), *Arbeitskulturen im Wandel*,
https://doi.org/10.1007/978-3-658-30451-5_3

3.1 „New World" braucht „New Work"

Experten sind sich heute darüber einig, dass die voranschreitende Digitalisierung der wohl größte und stärkste Megatrend unserer Zeit ist (z. B. Brynjolfsson und McAffee 2014; Iansiti und Lakhani 2017; McAffee und Brynjolfsson 2018; Parker et al. 2017). Das heißt, im Zuge der Digitalisierung müssen wir mit grundlegenden Veränderungen rechnen, und zwar auf individueller, unternehmerischer und gesellschaftlicher Ebene. Die digitale Transformation wird daher auch als „Revolution" bezeichnet, ähnlich wie die Industrialisierung. Eigentlich sind wir auch schon mitten in der Entwicklung, die zwar „revolutionär" ist, sich aber tatsächlich schrittweise in unser Leben und in unseren Alltag einschleicht. Zahlreiche Vorboten lassen sich schon heute erkennen und die individuelle, die gesellschaftliche und die wirtschaftliche Ebene sind eng miteinander verwoben. Denn viele Veränderungen hängen wechselseitig voneinander ab. Das Beispiel eines Smartphones illustriert dies anschaulich:

Individuelle Verhaltensweisen der Nutzer definieren generell, welche Produkte oder Services wir benötigen oder glauben zu brauchen. Bedürfnisse sind oft ein Produkt ihrer Zeit und Unternehmen nehmen diese Entwicklungen idealerweise vorweg, oder sie reagieren zumindest darauf. Neue Produkte und Services wiederum verändern das individuelle Verhalten, so wie Smartphones. Die Integration hochwertiger Kameras in ein Smartphone führt dazu, dass „Selfies" immer und überall aufgenommen werden können. Diese machen erst Sinn, wenn sie auch von anderen betrachtet und bewundert („geliked") werden, zum Beispiel auf einer digitalen Plattform wie Instagram. Im Kern geht es also um den sozialen Status der „Poster" in einer Community oder Gemeinschaft. Je mehr Betrachter angezogen werden, umso eher lohnt es sich, das eigene Selbst und dessen Darstellung zu optimieren und so Bestätigung für das eigene Ich zu erhalten – unter anderem, indem die Qualität der Kameras in Mobiltelefonen verbessert wird. Unternehmen, welche dieses Spiel beherrschen und dabei erfolgreich sind, müssen dann aber auch mit neuen Gefahren auf der Ebene des Wettbewerbs rechnen, bestehende oder neue Konkurrenten ziehen nach und das Spiel beginnt von Neuem.

So braucht es heute einerseits kontinuierlich innovative Produkte und Services, damit sich Unternehmen im Wettbewerb behaupten können. Oft müssen diese in einer deutlich kürzeren Entwicklungsphase auf den Markt gebracht werden, als dies noch vor einigen Jahren der Fall war. „Traditionelle" Organisationsstrukturen können dies nicht mehr leisten, sie sind zu langsam und zu unbeweglich. Vielmehr braucht es auch Veränderungen im Inneren von Unternehmen, damit diese schneller, flexibler und agiler werden können. Schon lange sind sich Wissenschaftler darüber einig, dass formelle Organisationsstrukturen und ausgeprägte Hierarchien nur bedingt geeignet sind, solchen Anforderungen zu genügen (z. B. Burns und Stalker 1961; Cohen et al. 1972; Heydebrand 1989). Erst heute verlangt auch der Markt solche Kompetenzen, die es erlauben, diesen Anforderungen tatsächlich zu genügen. Dazu gehören unter anderem flexible (z. B. Kugler 2020a; Weichbrodt et al. 2014/2015) oder demokratische Arbeitsmodelle (z. B. Sattelberger et al. 2015).

Zudem zeigt sich zunehmend, dass sich auch die Mitarbeitenden in Unternehmen verändert haben: Sie wünschen sich mehr Sinn, mehr Wertschätzung, mehr Freiheiten im Rahmen ihrer beruflichen Tätigkeit. Mitarbeitende möchten als Menschen und nicht als „lebende Maschinen" wahrgenommen und behandelt werden. Dies gilt für die Mitarbeitenden der jungen Generationen Y und Z noch stärker als für die älteren Mitarbeitenden (z. B. Riederle 2013, 2017).

3.2 „New Work" schafft Dilemmata

Doch zu wissen, was nicht mehr funktioniert, führt noch nicht automatisch zu einer guten Lösung. Jede neue Lösung, jede Idee und jede Innovation muss erst diskutiert und ausprobiert werden und sich in der Praxis bewähren. Dies gilt für neue Produkte, Prozesse und Geschäftsmodelle ebenso wie für innovative Arbeits-, Organisations- und Managementformen. Je stärker neue Lösungen in einen sozialen Kontext eingebettet sind, umso größer sind die Auswirkungen auf die im Unternehmen beteiligten Menschen. Insofern lassen sich eine Vielzahl unterschiedlicher Ansätze und Ideen, wie eine „neue" Art von Organisation oder Management aussehen kann, unter dem Begriff „New Work" zusammenfassen. Sie decken sowohl die Sichtweise des Menschen als auch die unternehmerische Logik ab (z. B. Bormann et al. 2019; Hübler 2018; Mintzberg 2011; Wörwag und Cloots 2018).

„New Work" lässt sich anhand von verschiedenen Charakteristika beschreiben, die als wünschenswert gelten, wie zum Beispiel flache Hierarchien oder demokratische Strukturen (z. B. Laloux 2015). Selten ist aber wirklich klar, wie ein neuer Typ von Organisation tatsächlich aussehen kann und soll, oder zu welchen individuellen und unternehmerischen Konsequenzen dies führt. Denn nicht jedes Unternehmen ist gleich, und was Google oder Apple erfolgreich macht, muss nicht automatisch für ein schweizerisches, deutsches oder österreichisches KMU gelten. Zudem ist nicht alles, was machbar ist, auch wünschenswert; und nicht alles, was wir uns wünschen, ist auch machbar.

Dies wird auch dadurch deutlich, dass sich viele heute notwendige organisationale Charakteristika grundlegend widersprechen, sie bilden ein Entscheidungsdilemma (z. B. Schreyögg und Sydow 2010). Dies ist beispielsweise der Fall, wenn Organisationen gleichzeitig innovativ und effizient sein sollen. Diese Ziele erfordern unterschiedliche organisationale Strukturen, Denk- und Handlungsmuster. Dennoch kann es sich heute kaum ein Unternehmen leisten, nur eines dieser Ziele zu verfolgen, also entweder Effizienz oder Innovativität. Notwendig ist vielmehr eine Realisation des „sowohl als auch". Häufig entstehen Dilemmata auch, wenn Unternehmen neben ihrem traditionellen Geschäftsmodell ein zweites, neues (z. B. digitales) Geschäftsmodell aufbauen, welches das Etablierte zumindest teilweise kannibalisiert (z. B. Bormann et al. 2019). Dies ist häufig im Kontext von Disruptionen aufzufinden (Christensen 1997). Eine eindeutige Lösung gibt es dann nicht, sondern jede Option ist immer zugleich „richtig" und „falsch". Ein konstruktiver Umgang mit Dilemmata gelingt meist nur längerfristig.

3.3 „New Work" und „digital" brauchen Organisationskultur – warum eigentlich?

„New Work“ ist daher bislang vor allem als eine Sammlung und eine kritische Diskussion verschiedener Charakteristika zu verstehen, die „neue“ im Gegensatz zu „traditionellen“ Organisationen haben sollten. Dazu gehören unter anderem die Nutzung digitaler Technologien, Sinn, Wertschätzung, Flexibilität, demokratische Strukturen, flache oder gar keine Hierarchien, Dezentralisierung, Selbstverantwortung, Teamorganisation und eine veränderte Rolle des Managements als Coach und Sparringpartner (z. B. Hamel und Breen 2007; Laloux 2015; Moreira 2017; Robertson 2016). Kurz, solche organisationalen Elemente, die in „traditionellen“ Organisationen ehemals zu Effizienz durch Kohäsion und zu einer reibungslosen Koordination geführt haben, fallen nun ganz oder teilweise weg. Denn auf Hierarchien oder formelle Regelungen als Ordnungsmomente wird verzichtet und „Reibung“ (z. B. bei neuen Produkten) wird sogar bewusst angestrebt (Hill et al. 2015).

Ob und wie die Funktion, die Koordination und Kohäsion im Unternehmen eingenommen haben, dann neu besetzt werden muss, ist zum aktuellen Zeitpunkt noch nicht klar. Aber es zeigt sich schon heute, dass viele Ausprägungen von „New Work“ tendenziell zu einer Überforderung zumindest eines Teiles der Mitarbeitenden führen können (z. B. Stieglitz et al. 2017). Denn die traditionelle, oft formelle Organisationsstruktur und eine klare Hierarchie definieren den Kontext, das Arbeitsspektrum und das Ziel organisationaler Tätigkeiten. Sie schränken einerseits das Spektrum an möglichen Handlungen ein, wobei auch die Möglichkeit zu innovativem oder kreativem Denken und Handeln begrenzt wird. Andererseits werden Mitarbeitende dadurch auch zeitlich und emotional entlastet: Sie *müssen* nicht selbst entscheiden und Verantwortung für ihre Handlungen übernehmen. Dies wird durch die formellen Vorgaben aufgefangen. Die im Rahmen von „New Work“ diskutierten offeneren, flexibleren, auf Selbstorganisation aufbauenden und informelleren Strukturen lassen hingegen vieles unbeantwortet. So erhalten Mitarbeitende individuelle Freiheiten. Die Situation kann aber auch zu einer Belastung werden oder gegebenenfalls zur Überlastung führen. „Eindeutigkeit“ gibt es oftmals nicht. Stattdessen treten häufig Dilemmata, also Zielkonflikte ohne eindeutige Lösung, auf.

Diese neuen Arbeitsbedingungen im Rahmen von „New Work“ können ein Grund für ein deutlich gesteigertes Stressempfinden von Arbeitnehmenden sein (z. B. Chevalier und Kaluza 2015). Denn weniger formelle Regelungen gehen möglicherweise einher mit mehr Unsicherheit, mehr Unschärfe und mehr Verantwortung für jeden Mitarbeitenden. Auch dies ist eine Dilemma-Situation im Rahmen von „New Work“. „New Work“ braucht daher auch einen Mindest-Reifegrad aller Beteiligten im Umgang mit Unschärfe und mit einem Überschuss an Möglichkeiten sowie ein neues Verständnis und eine neue Kultur im Umgang damit. Insofern verwundert es nicht, dass im Kontext von „New Work“ auch häufig eine neue Art der Organisationskultur gefordert wird, die sowohl bewusste als auch unbewusste Elemente umfasst. Dies ist zum aktuellen Zeitpunkt vor allem für Unternehmen der Fall, welche die digitale Transformation durchlaufen (z. B. Deloitte 2017; Meierhofer et al. 2019; Schaefer et al. 2017). „New Work“ und „Digital“ erfordern Organisationskultur, und diese sollte sich dabei von der Kultur „traditioneller“ Organisationen unterscheiden.

3.4 „New Work"-Kultur

Hinter der „New Work“-Kultur stecken im Kern zwei Ideen, welche an den beschriebenen Defiziten ansetzen: durch ein neues Selbstverständnis und die Wirkung als informelles Koordinationsinstrument. Zum einen erfordern innovative, flexible, schnelle Unternehmen ein neues Selbstverständnis. So berichten traditionsreiche KMU, dass im Fokus der letzten Dekaden ausgereifte Technologien und makellose Perfektion standen, bevor ein neues Produkt auf den Markt präsentiert wurde. Heute ist ein solches Vorgehen nicht mehr sinnvoll. Stattdessen werden Produkte mit einer minimalen Reife (Prototypen oder sogenannte „minimum viable products“, Blank 2013; Ries 2011) schnell auf den Markt gebracht und in mehreren Zyklen gemeinsam mit den Kunden kontinuierlich verändert und verbessert. Perfektion ist dann nicht mehr erwünscht und es braucht ein neues Verständnis für ein „richtiges“ oder „falsches“ Vorgehen einzelner Mitarbeitenden und des Unternehmens (z. B. Molitor 2018).

Alte, nicht mehr hilfreiche Mechanismen müssen vor diesem Hintergrund hinterfragt und gegebenenfalls ersetzt werden. Dies kann am Kern einer Organisation ansetzen: Was bisher als selbstverständlich und als „normal“ galt, kann heute oder in Zukunft möglicherweise nicht mehr hilfreich oder sogar hinderlich sein. Was passiert also, wenn es Abweichungen von diesem „Normal“ braucht? Wie lassen sich diese Abweichungen herbeiführen, ist dies überhaupt möglich? Was das genau heißt, ist dabei oft noch unklar. Vielmehr werden einzelne Elemente beschrieben, welche eine solche Kultur beinhalten sollte, wie beispielsweise Freiheiten, Fehlertoleranz oder Lernen aus Fehlern (z. B. Deloitte 2017; Schaefer et al. 2017).

Zum anderen kann Organisationskultur als informelles Koordinationsinstrument für Organisationen gelten. Denn Organisationskultur gibt gemeinsame und geteilte Werte, Normen und Verhaltensregeln vor, welche als zeitlich stabil gelten können. Organisationskultur erzeugt daher (bewusst und unbewusst) Kohäsion, Stabilität und Orientierung innerhalb von Organisationen, sie muss nicht für jede Entscheidungssituation neu verhandelt werden (Peters und Waterman 1982; Schein 1992; Smircich 1983). Gegebenenfalls ist Organisationskultur somit ein Instrument, um formelle Strukturen und Hierarchien zu ersetzen. Weniger Hierarchie könnte dann durch eine anders ausgeprägte Kultur ersetzt werden (und möglicherweise die Überforderung von Mitarbeitenden verhindern oder zumindest reduzieren). Aus diesem Grund wird eine starke Organisationskultur insbesondere für solche Unternehmenskontexte als sinnvoll betrachtet, die durch eine große Unsicherheit, wenig Opportunismus und einen hohen Anteil an Teamwork geprägt sind. Häufig treffen solche Kriterien auf forschungsintensive oder innovationsorientierte Unternehmen zu (Ouchi 1980; Wilkins und Ouchi 1983). Was steckt dahinter?

3.5 Organisationskultur und informelle Koordinationsmechanismen

Organisationskultur gehört zu einem von vielen Begriffen, die zwar unseren unternehmerischen Alltag prägen, die aber nur schwer „greifbar" sind. In der Wissenschaft (z. B. Peters und Waterman 1982; Schein 1992; Smircich 1983) wird Organisationskultur als eine Möglichkeit gesehen, auf informelle, unstrukturierte Art und Weise Tätigkeiten in Unternehmen zu koordinieren. Sie ist eines von verschiedenen informellen Instrumenten, welche formelle Strukturen und Hierarchien zumindest teilweise (gegebenenfalls sogar vollständig) ersetzen können. Denn gerade die traditionellen, formellen Koordinationsinstrumente machen Unternehmen starr, träge und rigide und sie können zu fremdbestimmten Mitarbeitenden führen. Nicht selten ist dann die Einhaltung von Regeln wichtiger als ein gesetztes Ziel zu erreichen. Der sogenannte „Teufelskreis der Bürokratie" entsteht.

Formelle Strukturen und Hierarchien sind daher für die Bereitstellung innovativer, schneller und flexibler Lösungen eher hinderlich als unterstützend. Informelle Mechanismen hingegen, zu denen auch die Organisationskultur zählt, gelten als erheblich offener. Denn sie geben keine konkreten Handlungsweisen für bestimmte Situationen vor. Vielmehr definieren sie einen Handlungskorridor, in welchem die Mitarbeitenden selbstständig agieren dürfen und sollen. Insofern sind sie zwar handlungsleitend, aber dennoch flexibler in der Handhabung. Informelle Koordinationsmechanismen stellen damit auch Anforderungen an die Organisationsmitglieder, jedoch weniger offensichtlich als formelle Instrumente. Viele Erwartungen an Mitarbeitende bleiben unausgesprochen, aber dennoch sind sie konkret vorhanden und können dann auch zu einer Kontrolle der Tätigkeiten führen (Schein 1992).

Informelle Koordinationsmechanismen funktionieren über Ähnlichkeiten oder Gleichheit im Hinblick darauf, wie Mitarbeitende denken, handeln, kategorisieren oder bewerten. Es wird unter anderem zwischen den folgenden drei Mechanismen unterschieden:

Erstens: ähnliche *kognitive Muster* der Interpretation und Perspektiven auf einen bestimmten Sachverhalt, welche Mitarbeitende haben (z. B. Bettis und Prahalad 1994; Prahalad und Bettis 1986; Weick und Roberts 1993);

Zweitens: Routinen, also sich überlappende, und wiederholt ausgeführte Prozesse und Tätigkeiten, an welchen auch mehrere Individuen beteiligt sein können (z. B. March und Simon 1958; Nelson und Winter 1982; Pentland und Rueter 1994);

Drittens geteilte Werte, Symbole und Rituale als Elemente der *Organisationskultur* (z. B. Peters und Waterman 1982; Schein 1992; Smircich 1983).

Nicht immer kann diese Unterteilung überschneidungsfrei vorgenommen werden. Wie sind die genannten Mechanismen genau zu verstehen und wie lässt sich Organisationskultur, die im Mittelpunkt dieser Betrachtung steht, gestalten?

3.6 Elemente der Organisationskultur: Artefakte, Werte, Normen und Grundannahmen

Um Organisationskultur zu gestalten, braucht es konkrete Ansatzpunkte und Elemente, die einerseits gezielt verändert werden können und die andererseits eine informelle koordinierende Rolle in Unternehmen einnehmen. Häufig wird dazu die Metapher eines Eisberges (Hall 1976) oder einer Pyramide (Schein 1992), die sich aus mehreren Schichten zusammensetzt, herangezogen. Daraus lässt sich ablesen, dass Organisationskultur aus verschiedenen Elementen besteht, von welchen einige einen größeren Anteil (der Teil des Eisberges, der sich *unter* Wasser befindet bzw. den breiten Fuß der Pyramide darstellt) und andere einen kleineren Anteil ausmachen (der Teil des Eisberges, der sich *über* Wasser befindet bzw. die kleinere Spitze der Pyramide). Diese Idee spiegelt sich im sogenannten „Schichtenmodell“ der Organisationskultur (Schein 1992) wider, das für diesen Beitrag aufgegriffen und im Folgenden erläutert wird.

Das Schichtenmodell der Organisationskultur geht von drei unterschiedlichen Bestandteilen, d. h. „Schichten“, aus, welche die Kultur eines Unternehmens prägen:

Erstens: sichtbare Artefakte, wie ein Eckbüro, ein bestimmter Dresscode oder die Größe des Autos. Artefakte sind gut sichtbar, sie sind schnell und einfach zu verändern und zu kontrollieren. Artefakte setzen an Oberflächlichkeiten an.

Zweitens: Wertvorstellungen und Normen, die vom Unternehmen bewusst vorgegeben werden und von den Mitarbeitenden angenommen werden sollten. Dazu gehören eine kommunizierte Strategie, Unternehmenswerte oder eine Mission des Unternehmens. Sie sind teilweise (gut) sichtbar, kontrollierbar und beeinflussbar. Nicht immer jedoch gelingt es, dass sich die Mitarbeitenden tatsächlich gemäß den Vorgaben verhalten, oder die Mitarbeitenden geben ein solches Verhalten lediglich vor.

Drittens besteht Organisationskultur aus Annahmen und Grundüberzeugungen, die dem tatsächlichen Handeln zugrunde liegen. Diese sind vollständig unsichtbar oder manifestieren sich nur indirekt über Handlungen. Dennoch sind sie für Individuen stark handlungsleitend und „selbstverständlich“. Sie werden also unbewusst gelebt und selten hinterfragt. Dazu gehören beispielsweise Ansichten zur Rolle der Frau oder ein religiöses Grundverständnis. Insofern kann bei unbewussten Grundannahmen auch nicht von „richtig“ oder „falsch“, sondern nur von einer bestimmten Ausprägung gesprochen werden (Schein 1992).

3.7 Charakteristika von Organisationskultur

Organisationskultur ist vor diesem Hintergrund durch eine Anzahl von Charakteristika geprägt, welche sie für manche Situationen zu einem geeigneten Koordinationsinstrument machen. Dazu gehören die nachfolgend skizzierten Eigenschaften:

3.7.1 Organisationskultur stiftet Identität, aber sie verhindert Reflexion

Indem sich die Mitglieder einer Organisation auf eine bestimmte Organisationskultur einlassen, bekennen sie sich auch zu deren Zielen und Werten. Oder sie tun zumindest so als ob. Organisationskultur kann so eine kollektive Identität stiften, welche Orientierung und Zugehörigkeit schafft. Handlungen, die im Rahmen der Kultur stattfinden, gelten als legitim. Handlungen, auf welche dies nicht zutrifft, mangelt es an Legitimation in der Organisation. So kann es in einem Unternehmen zwar formell möglich sein, im Home-Office zu arbeiten, wenngleich dies informell in einer Abteilung nicht gerne gesehen wird. Mitarbeitende, die im Home-Office arbeiten, verhalten sich dann zwar formell korrekt, aber entgegen den informell vorherrschenden Werten in der Organisation oder Organisationseinheit. Es mangelt folglich an Legitimation, da das Verhalten den Werten der Abteilung widerspricht. Dieser Sachverhalt kann dazu führen, dass Querdenken oder das grundlegende infrage stellen und kritische Reflektieren im Unternehmen sanktioniert werden und längerfristig nicht mehr oder nur in reduzierter Weise auftauchen. Neue Ideen haben dann oft keine Chance, überhaupt erst entwickelt und diskutiert zu werden, es sei denn, eine solche Reflexion ist Teil der vorherrschenden Kultur.

3.7.2 Organisationskultur schafft Stabilität, aber auch Starre

Da diese Wirkmechanismen der Organisationskultur häufig eng mit Personen verknüpft sind, bleiben sie im Zeitverlauf auch relativ stabil. Aufgrund der unbewussten Verankerung der zugrunde liegenden Annahmen ist Organisationskultur aber auch nur sehr schwer zu verändern und damit starr. Sie unterliegt oft einem sogenannten „Lock-in"-Effekt, einer Pfadabhängigkeit (z. B. Schreyögg 2013; Sydow et al. 2009). Organisationskultur kann also auch ein Instrument sein, welches die Flexibilität und die kontinuierliche Entwicklung eines Unternehmens verhindert, statt diese zu fördern. Damit verbunden ist auch ein zweiter Nachteil der Organisationskultur: Um auf innovative Ideen zu kommen, braucht es in Organisationen Diversität in der Wissensbasis. Gleichheit oder Stabilität und der kontinuierliche Zufluss von neuem Wissen müssen in einer Balance stattfinden (z. B. March 1991). Diese Balance wird heute häufig als „Agilität" (z. B. Aghina et al. 2015), „Ambidextrie" (z. B. Tuschman und O'Reilly 1996) oder als „dynamische Fähigkeit" (Teece et al. 1997) bezeichnet. Eine starke Organisationskultur kann also nur dann den heutigen Anforderungen an Unternehmen genügen, wenn sie zugleich von Offenheit begleitet wird, sonst kann sie kontraproduktiv wirken und zu „Betriebsblindheit" oder zu unerwünschten Pfadabhängigkeiten führen.

3.7.3 Organisationskultur kann nur bedingt „gemanaged" werden

Aufgrund dieser tiefen Verankerung der Organisationskultur ist es zugleich schwierig, diese wirklich zu „managen", also bewusst zu gestalten. Während Artefakte, Normen und

Werte, also die sichtbaren oder teilweise sichtbaren Elemente der Kultur, gut verändert und zielgerichtet geformt werden können, trifft dies nur bedingt oder gar nicht auf zugrunde liegende Annahmen der Mitarbeitenden zu (Schein 1992). Die Veränderung bleibt an der Oberfläche der Organisation. In allen Fällen braucht kulturelle Veränderung Zeit, denn Organisationskultur kann ihren Mitgliedern nicht einfach „aufgestülpt" werden. Eine zentrale Rolle kommt dabei Symbolen, Mythen, Ritualen oder auch Geschichten in der Organisation zu. Das „Management" von Organisationskultur wird somit zur symbolischen Handlung. Inwieweit individuelle Grundannahmen der Mitarbeitenden aus ethischen Gesichtspunkten gestaltet werden *sollen* oder dürfen, bildet die Grundlage einer weiteren Diskussion, die hier nicht vertieft wird.

3.7.4 Organisationskultur kann eine Eigendynamik entwickeln

Die Art und Weise, wie Unternehmen ihre eigene Kultur beschreiben, liest sich immer wieder ähnlich. So finden sich beispielsweise auf den Websites von Unternehmen solche Charakterisierungen wieder, die von allen Unternehmen gleichermaßen beschrieben werden. Selten lässt sich genau sagen, ob eine beschriebene Eigenschaft dann tatsächlich in einem Unternehmen „gelebt" wird oder nicht. Häufig ist es fraglich, ob Organisationen das gezeigte Bild tatsächlich verkörpern oder sich nur auf eine bestimmte Art und Weise darstellen. Ähnliches gilt für die Mitglieder einer Organisation: Sie verhalten sich (zumindest nach außen) so, wie es die Organisation vorgibt, unabhängig davon, ob sie diese Charakteristika aufweisen oder nicht. Organisationskultur entwickelt in solchen Situationen eine Eigendynamik.

Wie sind nun „New Work"-Organisationen in diesem Verständnis von Organisationskultur einzustufen? Wo findet tatsächlich eine Veränderung im Vergleich zu den „traditionellen" Organisationen statt?

3.8 „New Work" und Organisationskultur: Wo stehen wir?

Vergleicht man eine „typisch traditionelle" Organisation mit einer „typischen New Work"-Organisation, so lassen sich auf allen drei Ebenen des Schichtenmodells nach Schein (1992) Unterschiede ausmachen. Diese werden nachfolgend aufgezeigt. Sie beziehen sich auf keine konkrete Unternehmung, sondern auf Idealtypen. Es sind zahlreiche Abstufungen und Modifikationen denkbar.

3.8.1 Artefakte

Im Rahmen der ersten sichtbaren Schicht, der *Artefakte*, zeigen sich bei einer typischen *traditionellen Organisation* Elemente, die diese allgemein beschreiben. Dazu gehören typische Büro- und Arbeitsplatzsituationen, meist unter der Annahme, dass Arbeitsplätze fix sind und einem einzelnen Mitarbeitenden zugeordnet werden. Es wird zwischen Einzel-, Team- und Großraumbüros unterschieden. Wer Zugang zu welcher Büroform hat, definiert die hierarchische Position im Unternehmen. Je höher eine Person in der Hierarchie steht, umso großzügiger fällt die Bürosituation aus. Der Status wird für alle wahrnehmbar dokumentiert. Implizit steckt dahinter die Annahme, dass Personen mit Erreichen einer hierarchisch übergeordneten Position mehr wissen, mehr Verantwortung tragen und einen größeren Beitrag zum Erfolg der Unternehmung leisten.

Ein deutlich sichtbarer Dresscode (der auch andere Statussymbole wie Uhren, Taschen, Autos, etc. einschließt) unterstreicht die jeweilige Position im Unternehmen. Mitarbeitende sind (oft unausgesprochen) angehalten, sich ihrer jeweiligen Position entsprechend zu kleiden und zu verhalten. Abweichungen nach oben oder unten werden als irritierend wahrgenommen, sie passen nicht in das etablierte Denkschema. Auch lässt sich an den Büros die Zugehörigkeit zu einer bestimmten Abteilung im Unternehmen ablesen: Ähnliche Tätigkeiten werden in räumlicher Nähe gruppiert und die betroffenen Mitarbeitenden haben auch den häufigsten Austausch untereinander.

Im Vergleich dazu grenzen sich typische *New Work-Organisationen* von dem gezeichneten Bild oft ab. Sichtbare Elemente werden hier bewusst anders gestaltet und entfremdet. Dies wird etwa deutlich an den Silicon Valley-Technologiekonzernen, die oft als Vorbild für „New Work“ gelten. Bekannt sind die Räumlichkeiten von Google oder Apple (auch außerhalb des Silicon Valley), die eher Spielzimmern als „traditionellen“ Büroräumlichkeiten gleichen (für eine allgemeine Darstellung siehe z. B. CBRE und Genesis 2014; Gebhard und Häupl 2012). Ähnlich wie bei Jugendlichen, die sich gegen ihre Eltern abgrenzen, wird damit signalisiert, dass diese Organisationen nicht mehr in das „alte Schema“ passen, sondern vieles anders und vor allem besser machen. Dazu gehören unter anderem offene Räumlichkeiten und Büros, in welchen unterschiedliche Positionen oder Funktionen im Unternehmen kaum mehr ausgemacht werden können. Zunehmend sind Arbeitsplätze flexibel, ein einzelner Stuhl kann keinem bestimmten Mitarbeitenden mehr zugeordnet werden. Denn Mitarbeitende sind gar nicht immer anwesend, sie arbeiten auch im Home-Office, beim Kunden oder an einem anderen Ort. Durch die Nutzung digitaler Medien braucht es für viele Tätigkeiten keine permanente Anwesenheit mehr im Büro.

So wird signalisiert, dass alle Organisationsmitglieder einen wertvollen Beitrag zum Unternehmensergebnis beitragen, unabhängig von ihrer hierarchischen Stellung (oder ihrem Gehalt). Gleichzeitig verlieren auch klassische materielle Statussymbole, wie beispielsweise Kleidung oder eine formelle Ansprache des Gegenübers an Bedeutung. Stattdessen etablieren sich ein informeller Dresscode und eine Du-Kultur. Oft orientieren sich diese Elemente an den sichtbaren Symbolen der Silicon Valley-Unternehmen oder an anderen Elementen, die vor allem im angelsächsischen Raum auftreten (wie z. B. die Du-Kultur, die im englischen „you“ begründet liegt). Auch eine Ping-Pong-Platte, Tischfußball oder eine gemütliche Sofaecke fallen in diese Kategorie. Häufig werden in Unternehmen einzelne dieser Elemente umgesetzt, nur wenige Organisationen decken das gesamte aufgezeigte Spektrum ab. Das heißt, sichtbare Elemente sollen auf eine moderne, informelle Organisation hindeuten.

3.8.2 Normen und Werte

In einem typischen *traditionellen Unternehmen* kommen wiederholt ähnliche Werte und Normen zum Tragen, die nach innen und außen kommuniziert werden. Diese finden sich unter anderem in Geschäftsberichten, im Mission Statement, auf der Website oder im Rahmen der kommunizierten, offiziellen Strategie. Mit „Professionalität" wird dann zum Beispiel ein profitorientiertes, ernsthaftes Arbeiten verbunden, Spiele oder gar „Spielereien", die zu einer Verschwendung von Arbeitszeit führen können, sind nicht erwünscht. Dementsprechend findet im Unternehmen das Arbeitsleben statt, das Privatleben hingegen findet außerhalb des Firmengebäudes am Feierabend oder Wochenende oder in den Ferien statt. Alles, was mit Arbeit verbunden ist, dient dem Lebensunterhalt. Im Gegenzug treten Mitarbeitende die Verfügungsmacht über ihre Lebenszeit und ihre Arbeitskraft an das Unternehmen (während der Arbeitszeit) ab. Viele traditionelle Unternehmen bieten Stabilität und Sicherheit, welche auch eine überschaubare Lebensplanung ermöglichen, wie z. B. eine Familiengründung oder der Bau eines Hauses.

Aufbauend auf der formellen Hierarchie und Struktur in der Organisation sind Wissen und Macht an der Unternehmensspitze konzentriert. Dies zeigt sich in Großunternehmen anhand eines starken CEO, im KMU anhand des klassischen „Patron", der als Vaterfigur fungiert. Mitarbeitende verfügen im Rahmen dieses Verständnisses über weniger Wissen als die Leitungsebene, sie erhalten auch während der Arbeitszeit weniger Informationen. Das ist auch nicht notwendig, denn die Entscheidungsgewalt konzentriert sich an der Unternehmensspitze.

Auch im Hinblick auf die Schicht der Normen und Werte grenzen sich typische *„New Work" Organisationen* von typischen etablierten Unternehmen ab. Profite spielen hier zwar ebenso eine wichtige Rolle, kommuniziert und betont werden stattdessen aber Arbeitsbedingungen, die von den formellen Vorgaben eines traditionellen Unternehmens abweichen. Dazu gehören ein austausch-orientiertes, innovatives, kreatives, flexibles und offenes Arbeiten, bei welchem auch mit Kollegen oder Vorgesetzten (falls vorhanden) kritisch diskutiert werden darf und soll. (Ob dies tatsächlich stattfindet, ist damit noch nicht klar). Generell sollen eher der Mensch und seine Wünsche und Bedürfnisse als eine reine Profitorientierung im Mittelpunkt stehen. Hierzu zählen nachvollziehbare Werte, mit denen sich die Mitarbeitenden identifizieren können, ebenso wie Sinn. Diese sind eine neue Währung, für welche Mitarbeitende häufig auch ein geringeres Gehalt akzeptieren. Dies war in kreativen Berufen wie in der Werbebrache oder auf dem Gebiet der Architektur auch schon vor der Diskussion von „New Work“ der Fall. Die Mitarbeitenden „erkaufen“ sich Freiheitsgrade oder Arbeitsbedingungen, die ihren Wünschen entgegenkommen, durch den Verzicht auf einen Teil ihres Gehaltes.

Zunehmend wird in „New Work-Organisationen“ auf hierarchische Positionen oder Positionsbezeichnungen verzichtet. Denn durch die heute enorm angestiegene Menge an verfügbarem Wissen ist es kaum mehr möglich, dieses an einem bestimmten Ort oder bei ausgewählten Personen im Unternehmen zu konzentrieren. Wissen und die damit verbundene Macht sind vielmehr auf viele Personen verteilt. Mit der Flexibilisierung von Arbeit und der Ablösung von definierten Bürozeiten durch Jahresarbeitszeiten können zeitliche Freiräume entstehen, die auch für Pausen oder für die spielerische Beschäftigung mit innovativen Ideen genutzt werden können. Flexibilität soll einen besseren Ausgleich von Arbeit und Leben ermöglichen. In der Realität verschwimmen Arbeit und Leben dann oft, und tendenziell wird private Zeit auch für die Erledigung von geschäftlichen Dingen genutzt. Umgekehrt nutzen Mitarbeitende auch geschäftliche Zeit zur Erledigung privater Dinge, wie z. B. das Tätigen eines Anrufs oder einer Überweisung, ein Arztbesuch, etc. Arbeitszeit und Privatleben sind folglich nicht mehr klar voneinander trennbar.

Auch diese und weitere Elemente der zweiten, zumindest teilweise sichtbaren Schicht der Organisationskultur werden zunehmend in Unternehmen in die Richtung von „New Work“ verändert. Häufig zeigt sich dabei aber schon, dass die kommunizierten Ziele, Normen und Werte nicht immer mit den tatsächlich dahintersteckenden und im Alltag „gelebten“ Werten übereinstimmen. Es kommt zu Paradoxien, die häufig auch zu einer Verwirrung der Mitarbeitenden führen können, die nicht wirklich „benennbar“ ist. Die Mitarbeitenden sind somit einem Dilemma ausgesetzt, da sie vor dem Hintergrund einer unklaren Handlungsorientierung dennoch entscheiden und handeln müssen. Solche Entscheidungen können zumindest emotional belastend sein.

3.8.3 Zugrundeliegende Annahmen

Zahlreiche Annahmen liegen den beschriebenen Artefakten, Normen und Werten in einer typischen *„traditionellen“ Organisation* zugrunde. Dazu gehört unter anderem die bereits erwähnte Trennung von Arbeit und Leben, die generell als erstrebenswert und als möglich angesehen wird. Arbeit kann also zeitlich und räumlich in einem begrenzten Raum stattfinden, sie „schwappt“ nicht in das Privatleben über. Dies kann aber auch dazu führen, dass Mitarbeitende ihre Zeit lieber im privaten Bereich als im Geschäftsleben verbringen. Sie müssen also davon überzeugt oder motiviert werden, ihre Arbeitsleistung dem Unternehmen während der Arbeitszeit vollständig zur Verfügung zu stellen, beispielsweise durch materielle Anreize. Gelingt dies einem Unternehmen, so kann es einen Zustand geben, in welchem das Unternehmen effizient und „optimal“ funktioniert. Unternehmen sind insofern geschlossene Einheiten, die klar von anderen Bereichen abgegrenzt werden können.

Die Annahmen, die dem Handeln einer typischen *„New Work"-Organisation* zugrunde liegen, sind der beschriebenen Situation in traditionellen Unternehmen oft diametral entgegengesetzt. So bringen es flexible Arbeitszeiten mit sich, dass Arbeit und Privatleben nicht klar voneinander trennbar sind. Dies ist auch nicht unbedingt erwünscht, Denn kreative Wissensarbeit richtet sich selten nach einer vorgegebenen Arbeitszeit. Häufig kommen Ideen gerade dann, wenn wir uns räumlich und gedanklich vom Arbeitsalltag entfernen. Was dann genau Arbeitszeit und Freizeit ist, lässt sich nicht mehr genau abgrenzen. Das heißt aber auch, dass private Aufgaben manchmal während der Arbeitszeit erledigt werden können, wie eine Banküberweisung oder ein Telefonat. Ebenso kann ein Unternehmen aber auch einfordern, dass am Wochenende gearbeitet wird oder die in der Freizeit generierte Idee dem Unternehmen zur Verfügung gestellt wird. Unternehmen werden somit zu offenen Gebilden, in welchen klare Grenzen häufig diffus werden (Kugler 2020b).

Dies gilt auch für Entscheidungen, denn vieles ist nicht mehr klar planbar und einen fertigen, optimalen Endzustand gibt es nicht mehr. Unternehmen werden zu Orten des „permanenten Beta", sie sind also in einen kontinuierlichen Entwicklungsprozess eingebunden. In solch einer Organisation braucht es Mitarbeitende, die eher per se und durch eine Tätigkeit, einen Prozess (intrinsisch) motiviert sind, als durch das Erreichen eines vordefinierten Zustandes. Mitarbeitende müssen Verantwortung für ihr Handeln übernehmen und Unsicherheit und Unschärfe aushalten können und darauf vertrauen, dass dennoch ein sinnvolles Ergebnis entsteht. Vorgesetzte müssen im Gegenzug darauf vertrauen, dass ihre Mitarbeitenden eine solche Arbeit leisten können. Ein solches Vertrauen beginnt im Kopf bzw. durch eine gedankliche Grundeinstellung, sie lässt sich aber nicht „befehlen". Tab. 3.1 fasst die vorausgehende Diskussion zusammen.

Die einer typischen „New Work"-Organisation zugrunde liegenden Annahmen zeigen auf, dass es auf der Ebene der dritten organisationskulturellen Schicht deutlich mehr braucht als informelle Kleidung oder ein gemütliches Sofa. Es braucht eine andere Grundeinstellung gegenüber dem, was wir unter „Arbeit" (auch im Vergleich zu Privatleben) verstehen. Diese Bereitschaft ist in Unternehmen häufig schwierig umzusetzen. So zeigte beispielsweise eine empirische Untersuchung (Kugler 2020a), dass Mitarbeitende aller Unternehmensgrößen, aller Branchen, aller hierarchischen Ebenen und aller Altersstufen gerne flexibler arbeiten möchten, als sie dies aktuell tun. Gleichzeitig sind sie aber nicht bereit, dafür auf einen Bereich ihres Privatlebens, zum Beispiel durch eine Erreichbarkeit am Wochenende oder in den Ferien, zu verzichten. Insofern ist es fraglich, ob die unterste Schicht des Kulturmodells nach Schein, die zugrunde liegenden Annahmen, schnell und einfach verändert werden kann. Da diese Schicht tief in uns verinnerlicht ist und als selbstverständlich betrachtet wird, muss sie zunächst bewusst gemacht werden. Was heißt das nun für eine „New Work"-Kultur?

Tab. 3.1 Beispiele für die Umsetzung von „New Work" aus einer organisationskulturellen Perspektive. (Quelle: eigene Darstellung anhand des Schichtenmodells nach Schein (1992))

Schicht der Organisationskultur	Charakteristika	„Traditionelle" Organisation	„New Work" Organisation
Artefakte	Sichtbar Gestaltbar	Einzel- und Teambüros, Großraumbüros Feste Arbeitsplätze Statussymbole auf allen hierarchischen Ebenen Formelle Organisationsstruktur und Hierarchie Formeller Dresscode	Offene Räume und Büros Flexible Arbeitsplätze Bewusster Verzicht auf materielle Statussymbole Zeit und Freiheitsgrade als neue Statussymbole Du-Kultur Informeller Dresscode
Normen und Werte	Teilweise sichtbar oder ausgesprochen Bedingt gestaltbar Oft ist eine Interpretation notwendig	Profitorientiertes, effizientes Arbeiten Arbeit dient als Lebensunterhalt Trennung von Arbeit und Privatleben Unternehmen bieten Stabilität und Sicherheit für Mitarbeitende und Kunden Unternehmen als ein ernsthafter Ort Wissen und Macht sind konzentriert Planbarkeit (z. B. Lebensplanung)	Innovationsorientiertes, reflektiertes, kreatives Arbeiten Mensch sollte im Mittelpunkt der Arbeit stehen Arbeit soll Sinn und Wert vermitteln, nicht nur den Lebensunterhalt sichern Work-Life Balance Unternehmen sind flexibel und innovativ Unternehmen als „Spielwiese" Wissen und Macht sind verteilt
Zugrundeliegende Annahmen	Unbewusst, oft nicht ausgesprochen, unsichtbar Nicht hinterfragt Kaum gestaltbar Bewusste Gestaltung ist aus ethischer Perspektive zu diskutieren	Klare Trennung von Arbeit und Leben ist möglich und wünschenswert Mitarbeitende müssen für die Arbeit motiviert werden (z. B. durch Anreize) Unternehmen können einen Idealzustand erreichen Geschlossenheit und Trennschärfe als Grundlage für Entscheidungen Es gibt Personen, die das Unternehmen besser leiten als andere (Vorgesetzte)	Klare Trennung von Arbeit und Leben braucht es nicht Mitarbeitende sind per se motiviert Unternehmen sind Orte des „permanenten Beta", sie sind unsicher Offenheit und Unschärfe als Grundlage für Entscheidungen Mitarbeitende brauchen keine Vorgesetzten Übernahme von Verantwortung

3.9 Organisationskultur in „New Work“-Organisationen

Organisationskultur wird häufig als eine Möglichkeit diskutiert, um Koordination und Kohäsion in „New Work“-Organisationen zu erzeugen. Diese Idee baut auf der Möglichkeit auf, dass Kultur als ein informeller Koordinationsmechanismus gelten kann, der formelle, oft starre Mechanismen zumindest teilweise zu ersetzen vermag.

Die genauere Betrachtung von Organisationskultur allgemein und spezifisch im Kontext von „New Work“-Organisationen hat gezeigt, dass eine solche Diskussion auf einer zu pauschalen Ebene geführt wird. Organisationskultur setzt sich (gemäß der Definition nach Schein (1992)) aus unterschiedlichen Schichten zusammen, die differenziert betrachtet werden müssen. Während Symbole und Artefakte sowie bedingt auch Normen und Werte bewusst gestaltet werden können, ist die Situation für grundlegende individuelle Annahmen schwieriger. Solange die Situation nicht grundsätzlich reflektiert und hinterfragt werden kann, verändern sich Organisationen nur oberflächlich. Ein Ping-Pong-Tisch, bunte Zettel oder Büromöbel führen dann noch nicht zwingend zu einem neuen Selbstverständnis von Organisationen. Es ist fraglich, ob dann tatsächlich von „New Work“ gesprochen werden kann oder ob sich Unternehmen nicht selbst etwas vormachen.

Es braucht für die Umsetzung von „New Work“ also vor allem eine Veränderung des Mindsets, also der zugrunde liegenden Annahmen, oder dessen, was als selbstverständlich und „normal“ gilt. Denn um Unternehmen tatsächlich neu aufzustellen, muss das Bewusstsein der Mitarbeitenden von Grund auf verändert werden. Der zentrale Ansatzpunkt ist die Grundüberzeugung oder die Denkweise der Mitarbeitenden. Insofern kann im engeren Sinne auch von einem „New Work Mindset“ (statt „New Work-Organisationskultur“) gesprochen werden. Es ist fraglich, ob ein solcher Wandel auf die Schnelle geschehen kann. Ein neues Selbstverständnis eines etablierten Unternehmens geht häufig nicht ohne eine Veränderung der etablierten politischen und Machtstrukturen einher. Von Führungskräften wird dann verlangt, sich selbst quasi zu „ersetzen“ – auch darin liegt ein weiteres Dilemma etablierter Organisationen begründet.

Hier liegt wohl auch der Grund, warum jungen Unternehmen und Start-ups eine „New Work“ -Kultur (und das damit verbundene Mindset) schneller und besser aufgreifen als etablierte Unternehmen. Junge Unternehmen starten häufig mit einem Selbstverständnis, das von der sicheren, formellen Struktur etablierter Unternehmen bewusst abweicht. Häufig muss es das auch, denn die knappe Ressourcensituation und die große Unsicherheit, die mit einem jungen Unternehmen verbunden sind, können die Sicherheit etablierter Unternehmen nicht bereitstellen. Bisher galt dies häufig als ein schwieriger Punkt. In einer sich schnell wandelnden Welt kann diese Eigenschaft jedoch auch zum Vorteil werden. Die Idee des Corporate Entrepreneurships greift diese Zusammenhänge auf: Die Idee dahinter ist, dass die typischen Charakteristika eines Start-ups oder eines jungen Unternehmens auch in reifen und großen Unternehmen etabliert werden. Indem in großen oder reifen Unternehmen eine Situation geschaffen wird, die Start-ups gleicht, erhofft man sich, dass auch deren Flexibilität, Agilität, Innovationskraft und motivierende Wirkung auf die Mitarbeitenden „kopiert“ werden kann (z. B. Burgelman 1985; Dess et al. 2003).

Organisationskultur ist vor diesem Hintergrund ein paradoxes Instrument für die Gestaltung von Organisationen. Das heißt nicht, dass Organisationskultur grundlegend ungeeignet ist, um in „New Work“-Organisationen eingesetzt zu werden. Vielmehr braucht es ein Bewusstsein über reelle Möglichkeiten und Grenzen der Gestaltung und des „Managements“ von Organisationskultur. Der wichtigste Aspekt ist der große Zeitbedarf, den ein tief greifender Wandel (der an den zugrunde liegenden Annahmen der Mitarbeitenden ansetzt) braucht. Grundlegende Veränderungen benötigen eben grundlegend mehr Zeit als eine oberflächliche Umgestaltung.

3.10 Fazit

Wissenschaftler und Praktiker betonen die Bedeutung der Unternehmenskultur im Kontext von „New Work“. In den vorausgehenden Abschnitten wurde anhand des Schichtenmodells nach Schein (1992) ein genauerer Blick auf das Konstrukt „Unternehmenskultur“ geworfen und die jeweils „typische“ Kultur eines traditionellen Unternehmens mit der eines „New Work“ -Unternehmens verglichen. Es wurde *erstens* deutlich, dass Unternehmen heute schon die gut sichtbaren und einfach zu verändernden Artefakte, Werte und Normen, also die ersten beiden der drei Schichten, verändern. Sie setzen damit sichtbare Zeichen, welche eine generelle Veränderungsbereitschaft signalisieren. Es wurde auch gezeigt, dass es für Unternehmen schwieriger ist, die dritte Schicht der unbewusst zugrunde liegenden Annahmen und selbstverständlichen Denkweisen der Mitarbeitenden zu entwickeln. Doch gerade hier müssen nachhaltige Veränderungen ansetzen.

Zweitens zeigt sich dadurch, dass sich viele Unternehmen zwar oberflächlich erneuern, aber im Kern, also im Rahmen der Grundüberzeugungen, nach wie vor „traditionell“ bleiben. Es besteht damit die Gefahr, dass „New Work“ nur halbherzig umgesetzt wird oder gar eine Worthülse bzw. Scheinveränderung bleibt. Veränderungen werden zwar als sinnvoll erkannt und Unternehmen beginnen, sie umzusetzen, aber sie stoßen dabei auch auf Grenzen der schnellen Veränderbarkeit: „New Work-Kultur“ findet zu einem großen Teil in den Köpfen der Mitarbeitenden statt. Sollen sich Unternehmen tatsächlich verändern, so wird es jedoch nicht ohne ein neues Mindset gehen. Das heißt, Unternehmen können „New Work“ nutzen, um sich selbst und ihre Aktivitäten kritisch zu reflektieren. Es braucht Mut und Ressourcen, selbstverständlich gewordene Denk- und Handlungsmuster im eigenen Unternehmen offenzulegen, zu hinterfragen und bei Bedarf zu verändern. Je früher dies geschieht, umso eher bleibt Unternehmen die Möglichkeit, selbst zu gestalten. Wird ein solcher Prozess unterlassen oder erfolgt er zu spät, so entscheidet oft der Markt über die Zukunft der Organisation.

Drittens zeigt sich implizit aber auch, dass „New Work“ zwar in aller Munde ist, tatsächlich aber noch zahlreiche Fragen zur konkreten Umsetzung unbeantwortet oder noch gar nicht formuliert sind, wie zum Beispiel: Lässt sich die Kultur jedes Unternehmens im

Sinne der „New Work" gestalten? Was passiert mit Unternehmen, in welchen dies nicht gelingt? Gibt es andere Instrumente, die dabei helfen können, „New Work" vor allem in reifen Unternehmen zu etablieren?

Literatur

Aghina, Wouter, Aaron De Smet, und Kirsten Weerda. 2015. Agility: It rhymes with stability. *McKinsey Quarterly*, December 2015. https://www.mckinsey.com/business-functions/organization/our-insights/agility-it-rhymes-with-stability. Zugegriffen am 08.08.2019.

Bettis, Richard A., und C. K. Prahalad. 1994. The dominant logic: Retrospective and extension. *Strategic Management Journal* 16:5–14.

Blank, Steve. 2013. Why the lean start-up changes everything. *Harvard Business Review* 91(5): 63–72

Bormann, Hans-Werner, Marcus Benfer, und Gabriela Bormann. 2019. *Change durch Co-Creation. So verdoppeln Sie den Erfolg Ihrer Transformationsprojekte*. Frankfurt a. M.: Campus.

Brynjolfsson, Erik, und Andrew McAffee. 2014. *The second machine age. Work, progress, and prosperity in a time of brilliant technologies*. New York: Norton und Company.

Burgelman, Robert A. 1985. Managing corporate entrepreneurship: New structures for implementing technological innovation. *Technology in Society* 7(2–3): 91–103.

Burns, Tom, und George M. Stalker. 1961. *The management of innovation*. London: Tavistock.

CBRE & Genesis. 2014. *Fast forward 2030 – The future of work and the workplace*. Vollständiger Forschungsbericht. https://www.cbre.com/Research-Reports/Future-of-Work. Zugegriffen am 08.08.2019.

Chevalier, Anja, und Gert Kaluza. 2015. Psychological stress at the workplace: Results-oriented management, self-detrimental behavior and the consequences for employees' health. In *Gesundheitsmonitor 2015, Bürgerorientierung im Gesundheitswesen. Kooperationsprojekt der Bertelsmann Stiftung und der Barmer GEK*, Hrsg. J. Boecken, B. Braun und R. Meierjürgen, 228–253. Gütersloh: Bertelsmann Stiftung.

Christensen, Clayton M. 1997. *The innovator's dilemma: When new technologies cause great firms to fail*. Boston: Harvard Business School Press.

Cohen, Michael D., James G. March, und Johan P. Olsen. 1972. A garbage can model of organizational choice. *Administrative Science Quarterly* 17:1–25.

Deloitte. 2017. *Digitale Zukunftsfähigkeit: Wie wappnen sich Unternehmen für die Chancen und Herausforderungen der Digitalisierung*? Forschungsbericht. Zürich.

Dess, Gregory G., R. Duane Ireland, Shaker A. Zahra, Steven W. Floyd, Jay J. Janney, und Peter J. Lane. 2003. Emerging issues in corporate entrepreneurship. *Journal of Management* 29(3): 351–378.

Gebhardt, Birgit, und Florian Häupl. 2012. *New Work Order – Aufbruch in eine neue Arbeitskultur*. Hamburg: Trendbüro und BSO. http://www.birgit-gebhardt.com/Trendstudie_New_Work_Order.pdf. Zugegriffen am 08.08.2019.

Hall, Edward T. 1976. *Beyond culture*. New York: Anchor Books.

Hamel, Gary, und Bill Breen. 2007. *The future of management*. Boston: Harvard Business School Publishing.

Heydebrand, Wolf V. 1989. New organizational forms. *Work and Occupations* 16(3): 323–357.

Hill, Linda A., Greg Brandeau, Emily Truelove, und Kent Lineback. 2015. Wecken Sie das kollektive Genie. *Harvard Business Manager*. Spezial Leadership 37:44–55.

Hübler, Michael. 2018. *New Work – Menschlich, demokratisch, agil*. Regensburg: Metropolitan.

Iansiti, Marco, und Karim R. Lakhani. 2017. Managing our hub economy. Strategy, ethics and network competition in the age of digital superpowers. *Harvard Business Review* 2017 (September–October): 84–92.

Kugler, Petra. 2020a. Arbeitsflexibilisierung für die Baby Boomer und die Generationen X und Y: Was Mitarbeiter wollen und Unternehmen bieten. In *Zukunft der Arbeit – Perspektive Mensch*, Hrsg. Sebastian Wörwag und Alexandra Cloots, 2. Aufl., 163–173. Wiesbaden: Springer.

Kugler, Petra, Richard Arnold, und Christian Meichsner. (2020b). Wenn „offen" auch „innovativ" ist: Arbeiten in einem Software Startup und in einem Open Source Projekt. In *Zukunft der Arbeit – Perspektive Mensch*, Hrsg. Sebastian Wörwag und Alexandra Cloots, 75–85. Wiesbaden: Springer.

Laloux, Frederic. 2015. *Reinventing Organizations: Ein Leitfaden zur Gestaltung sinnstiftender Formen der Zusammenarbeit.* München: Vahlen.

March, James G. 1991. Exploration and exploitation in organizational learning. *Organization Science* 2(1): 71–87.

March, James G., und Herbert A. Simon. 1958. *Organizations*. New York: Wiley.

McAffee, Andrew, und Erik Brynjolfsson. 2018. *Machine, platform, crowd. Harnessing our digital future.* New York: Norton und Company.

Meierhofer, Jürg, Petra Kugler, und Roman Etschmann. 2019. Challenges and approaches with data-driven services for SMEs: Insights from a field study. In *Proceedings of the Spring Servitization Conference „Delivering Services Growth in the Digital Era"*, SSCN19, 13.–16.05.2019, Hrsg. A. Bigdeli, C. Kowalkowski, D. Kindström und D. Baines. Linköping.

Mintzberg, Henry. 2011. *Managen*, 2. Aufl. Offenburg: Gabal.

Molitor, Andreas. 2018. „Werden wir noch die sein, die wir sind?" *Brand Eins* 09/2018, online verfügbar unter https://www.brandeins.de/magazine/brand-eins-wirtschaftsmagazin/2018/personal/familienunternehmen-werden-wir-noch-die-sein-die-wir-sind. Zugegriffen am 08.08.2019.

Moreira, Mario E. 2017. *The agile enterprise: Building and running agile organizations.* New York: Springer.

Nelson, Richard R., und Sidney G. Winter. 1982. *An evolutionary theory of economic change.* Cambridge: The Belknap Press of Harvard University Press.

Ouchi, William G. 1980. Markets, bureaucracies, and clans. *Administrative Science Quarterly* 25: 129–141.

Parker, Geoffrey G., Marshall W. Van Alstyne, und Sangeet P. Choudary. 2017. *Platform revolution: How networked markets are transforming the economy and how to make them work for you.* New York: Norton und Company.

Pentland, Brian T., und Henry H. Rueter. 1994. Organizational routines as grammars of action. *Administrative Science Quarterly* 39(3): 484–510.

Peters, Thomas J., und Robert H. Waterman. 1982. *In search of excellence: Lessons from America's best-run companies.* New York: Harper und Row.

Prahalad, C. K., und Richard A. Bettis. 1986. The dominant logic: A new linkage between diversity and performance. *Strategic Management Journal* 7(6): 485–501.

Riederle, Philipp. 2013. *Wer wir sind und was wir wollen: Ein Digital Native erklärt seine Generation.* München: Knaur.

Riederle, Philipp. 2017. *Wie wir arbeiten und was wir fordern: Die digitale Generation revolutioniert die Berufswelt.* München: Droemer.

Ries, Eric. 2011. *The lean startup: How today's entrepreneurs use continuous innovation to create radically successful businesses.* New York: Crown Business.

Robertson, Brian J. 2016. *Holacracy: Ein revolutionäres Management-System für eine volatile Welt.* München: Vahlen.

Sattelberger, Thomas, Isabell Welpe, und Andreas Boes, Hrsg. 2015. *Das demokratische Unternehmen: Neue Arbeits- und Führungskulturen im Zeitalter digitaler Wirtschaft*. Freiburg i. Br.: Haufe.
Schaefer, Dominique, Ursula Bohn, und Claudia Crummenerl. 2017. *Culture First! Von den Vorreitern des digitalen Wandels lernen*. Capgemini Consulting Change Management Studie 2017. Offenbach am Main.
Schein, Edgar H. 1992. *Organizational culture and leadership*, 2. Aufl. San Francisco: Jossey-Bass Publishers.
Schreyögg, Georg. 2013. In der Sackgasse: Organisationale Pfadabhängigkeit und ihre Folgen. *OrganisationsEntwicklung* 2013(1): 21–30.
Schreyögg, Georg, und Jörg Sydow. 2010. Organizing for fluidity? Dilemmas of new organizational forms. *Organization Science* 21(6): 1251–1262.
Smircich, Linda. 1983. Concepts of culture and organizational analysis. *Administrative Science Quarterly* 28(3): 339–358.
Stieglitz, Stefan, Tobias Potthoff, und Tobias Kißmer. 2017. Digital Nudging am Arbeitsplatz: Ein Ansatz zur Steigerung der Technologieakzeptanz. *HMD Praxis der Wirtschaftsinformatik* 54: 965–976. https://doi.org/10.1365/s40702-017-0367-5.
Sydow, Jörg, Georg Schreyögg, und Jochen Koch. 2009. Organizational path dependence: Opening the black box. *Academy of Management Review* 34(4): 689–709.
Teece, David J., Gary Pisano, und Amy Shuen. 1997. Dynamic capabilities and strategic management. *Strategic Management Journal* 18(7): 509–533.
Tushman, Michael L., und Charles A. O'Reilly. 1996. Ambidextrous organizations: Managing evolutionary and revolutionary change. *California Management Review* 38(4): 8–30.
Weichbrodt, Johann, Alexandra Tanner, Barbara Josef, und Hartmut Schulze. 2014/2015. Die Entwicklung von Arbeitsflexibilität in Organisationen anhand des FlexWork-Phasenmodells. *Wirtschaftspsychologie* 4-2014/1-2015, 11–22. https://5to9.ch/wp-content/uploads/weichbrodt-et-al.-2014-die-entwicklung-von-arbeitsflexibilitaxxt-in-organisationen-anhand-des-flexwork-phasenmodells.pdf. Zugegriffen am 08.08.2019.
Weick, Karl E., und Karlene H. Roberts. 1993. Collective mind in organizations: Heedful interrelating on flight decks. *Administrative Science Quarterly* 38(3): 357–381.
Wilkins, Alan L., und William G. Ouchi. 1983. Efficient cultures: Exploring the relationship between culture and organizational performance. *Administrative Science Quarterly* 28(3): 468–481.
Wörwag, Sebastian, und Alexandra Cloots, Hrsg. 2018. *Zukunft der Arbeit – Perspektive Mensch*. Wiesbaden: Springer.

4 Arbeitswerte – Warum wir arbeiten und was uns die Arbeit bedeutet

Ein Forschungsbeitrag

Sebastian Wörwag

> *„Das Durchschnittliche gibt der Welt ihren Bestand, das Außergewöhnliche ihren Wert."*
>
> *Oscar Wilde*

Zusammenfassung

Arbeit verschafft dem Menschen eine Grundlage, sich in der Arbeitswelt und in der Gesellschaft zu verorten und sich dabei für eigene Werte und Vorstellungen zu engagieren. Arbeit ist wichtig, und die Frage beschäftigt uns ein Leben lang, ob wir arbeiten, um zu leben, oder leben, um zu arbeiten. Grundlage unserer Arbeitseinstellung sind Werte und Vorstellungen, die uns Menschen zur Arbeit bewegen. Arbeitswerte sind auf individueller Ebene wichtige Präferenzen und Dispositionen der Mitarbeitenden, sie sind aber auch Ausdruck eines Zeitgeistes, eines gesellschaftlichen Präferenzsystems und als solches bedeutsam zur Weiterentwicklung der Arbeitswelt. In diesem Kapitel wird, gestützt auf empirischen Ergebnissen aus dem Jahr 2019, den Fragen nachgegangen, welche Werte und Vorstellungen uns zu und in der Arbeit bewegen und wie häufig und durch wen repräsentiert welche Arbeitswerte heute auftreten. Untersucht werden sieben Arbeitswerte: Sicherheit, Gemeinschaftssinn, Karriere, Leistung, Selbstverwirklichung, Balance und Sinn.

S. Wörwag (✉)
Berner Fachhochschule, Bern, Schweiz
E-Mail: sebastian.woerwag@bfh.ch

S. Wörwag, A. Cloots (Hrsg.), *Arbeitskulturen im Wandel*,
https://doi.org/10.1007/978-3-658-30451-5_4

4.1 Wie wichtig ist uns die Arbeit?

Jeden Tag geht ein Großteil der erwerbsfähigen Bevölkerung einer Erwerbsarbeit nach. Diese Arbeit haben sie mit ihrer Ausbildung einst gewählt, dafür Zeit und Kosten investiert und mit etwas Glück auch auf dem Arbeitsmarkt gefunden. Über eine normale Arbeitslebensspanne[1] von zum Beispiel 42,5 Jahren in der Schweiz (Nier 2019) und einer Normalarbeitszeit von 1665 Stunden, beispielsweise im schweizerischen Kredit- und Versicherungsgewerbe, gibt das eine Lebensarbeitszeit von über 70.000 Stunden. Das ist eine lange Zeit, um sich darüber Gedanken zu machen, warum wir eigentlich jeden Tag zu Arbeit gehen, woraus wir unsere Zufriedenheit und Anerkennung beziehen, welche Werte wir mit der Arbeit verwirklichen wollen.

Wie wichtig ist uns die Arbeit, dass wir mit ihr einen Großteil unseres Lebens verbringen, dass wir mit einzelnen Mitarbeitenden mehr Zeit verbringen als mit unseren Liebsten? Das Institut für Demoskopie Allensbach (2010) hat in einer repräsentativen Erhebung bei der deutschen Bevölkerung ab 16 Jahren nachgewiesen, dass die Familie zwar noch immer der wichtigste Lebensbereich darstellt, dass aber insbesondere für Väter von Kindern unter 18 Jahren die Arbeit deutlich wichtiger zu sein scheint als der Kontakt zu Freunden und Bekannten und ähnlich wichtig wie die eigene Gesundheit.[2] Demgegenüber geben nur halb so viele Mütter von Kindern unter 18 Jahren an, dass ihnen die Arbeit im Vergleich zur Familie Lebensmittelpunkt bedeute. Hier scheinen also noch recht traditionelle Genderbilder bei der Bedeutungszuschreibung der Arbeit zu gelten: Das Bild jener jungen Familienväter, die Freundeskreis und allenfalls auch die eigene Gesundheit für ihre Arbeit hintanstellen, scheint nicht aus der Luft gegriffen zu sein.

Stellvertretend für diese Haltung ist folgendes Zitat, welches Roederer bei Tiefeninterviews von Topmanagern in Deutschland im Jahr 2009 notiert hat:

> „Karriere ist nicht alles. Man sollte nie sein ganzes Leben für die Karriere aufgeben, sondern immer bedenken, dass es noch andere wichtige Dinge im Leben gibt. Und wenn man dies im Hinterkopf behält, tut das auch der Karriere gut." (Roederer 2011, S. 9)

Das Vorantreiben der eigenen Karriere gehört nach obiger Aussage immer noch zu den relevanten Treibern der Arbeit, mindestens in der männlichen Arbeitswelt. Karriere ist zwar nicht alles, denn obiges Zitat zeigt: Es gibt auch ein Leben neben der Karriere. Doch dieses Leben wird in vielen Fällen nur soweit „neben der Karriere" gepflegt, als dies der Karriere nicht hinderlich ist. Und doch kann die Karriere nicht für jedermann der alleinige Grund sein, jeden Tag Höchstleistungen zu erbringen. Da muss es mehr geben, als eine Karriere um der Karriere halber zu pflegen. Ist es das Geldverdienen, dem wir uns mit

---

[1] Die Lebensarbeitszeit variiert alleine in Europa stark zwischen 30,7 Jahren (Italien), 38 Jahren (Deutschland), 42,5 Jahren (Schweiz) bis 46,6 Jahren in Island. Das Mittel der Lebensarbeitszeit der 28 EU-Mitgliedsstaaten liegt bei 36,2 Jahren (Nier 2019).

[2] Mit 68 % wurde der Gesundheit lediglich 8 %-Punkte häufiger eine wichtige Lebensbedeutung zuerkannt als der Arbeit. (Institut für Demoskopie Allensbach 2010, S. 9).

unserer Erwerbsarbeit verschreiben? Natürlich auch, und für viele ganz explizit, gehört das Geldverdienen zur Erwerbsarbeit, denn „arbeiten, um zu leben“, ist notwendig und legitim. Doch reicht das Argument der Notwendigkeit der Erwerbsarbeit nicht aus. Gemäß den Forschungsergebnissen des Wissenschaftszentrums Berlin für Sozialforschung (WZB) und des Sozialforschungsinstituts infas würde nämlich eine Mehrheit der Menschen – konkret 55 % der Deutschen zwischen 14 und 80 Jahren – auch dann arbeiten, wenn sie das Geld aus der Erwerbsarbeit nicht bräuchten (Bickle et al. 2016). Auch in Österreich weist eine repräsentative Erhebung der Leitbetriebe Austria (2019) nach, dass für 79 % der 20- bis 65-jährigen Erwerbstätigen die Arbeit einen eher oder sehr hohen Stellenwert hat.[3] Auch in der Schweiz ist gemäß Aeschlimann (2016) einer deutlichen Mehrheit von 60 % der Beschäftigten die Arbeit wichtig; zusätzliche 9 % leben sogar für die Arbeit. Diesen 69 %, für die die Arbeit eine wichtige Funktion hat, stehen lediglich 20 % gegenüber, welche „arbeiten, um zu leben“. Es muss also noch andere Gründe geben, täglich zur Arbeit zu gehen, als damit den Lebensunterhalt zu sichern. Es lohnt sich deshalb, ob alt oder jung, ob Mann oder Frau, die Frage zu stellen, welche Wertehierarchie im eigenen Arbeitsleben gelten soll. Oder einfacher: Warum stehen wir jeden Morgen auf, um zur Arbeit zu gehen?

Die Arbeit hat sich aus der Bedeutung des bloßen Broterwerbs emanzipiert und einen eigenständigen Wert in der und für die Gestaltung des individuellen und gesellschaftlichen Lebens eingenommen. Bezug nehmend auf die in Abschn. 2.1.6 umrissenen gesellschaftlichen Diskurse rund um die Bedeutung der Arbeit erinnere ich nochmals an das, was Emmanuel Lévinas (2003) der Arbeit für eine Bedeutung für das Menschsein beigemessen hat. Nach ihm unterstützt uns die Arbeit darin, unsere eigene Existenz mit einem sinnvollen Engagement auszustatten, einer bedeutungsvollen Aufgabe, die ihrer Vollendung harrt. Arbeit soll damit mehr leisten, als uns ein bequemes Leben, ein bloßes „In-der Welt-Sein“ zu ermöglichen. Arbeit konstituiert beim Menschen ein „In-der-Existenz-engagiert-Sein“. Sein Arbeitsengagement verschafft dem Menschen eine Grundlage, sich in der Welt zu verorten, ein existenzielles Engagement zu entwickeln und etwas zu vollbringen. Das ist mehr als die Entwicklung einer Karriere, wie das in obigem Zitat anklingt; das ist mehr als einen guten Verdienst zu erwirtschaften; das ist mehr als lediglich Beifall für das eigene Tun zu erlangen. Ein um seine Motive reflektiertes Arbeitsengagement verschafft dem Menschen eine Bedeutung, eine Verortung in der Welt, einen Beitrag für andere, eine Veredelung des eigenen Lebens und mit alledem das Gefühl, etwas Gutes, Gelingendes getan zu haben. Das mag nicht für jeden zutreffen, denn jeder Mensch ist frei, seine eigenen guten Gründe für oder gegen die Arbeit zu finden. Doch sollten wir uns individuell, betrieblich sowie gesellschaftlich gut überlegen, für welche Arbeitswerte wir einstehen wollen.

[3] Der Anteil jener, denen die Arbeit wichtig ist, ist mit 62 % besonders hoch in der Privatwirtschaft, gefolgt von 59 % in der Öffentlichen Verwaltung und 45 % in Verbandsaufgaben.

4.2 Arbeitswerte als individuelle Prädisposition der Arbeitskultur

In Abschn. 2.1.6 habe ich den Begriff der Arbeitskultur als die Erscheinung der expliziten und impliziten symbolischen Ordnungen, kulturellen Codes sowie Sinn- und Bedeutungszusammenhänge eines Betriebs eingeführt, die in unterschiedlichen Praktiken zum Ausdruck kommen und diese produzieren und reproduzieren. Diese Praktiken basieren auf individuellen, betrieblichen, berufsspezifischen und gesellschaftlichen Normen und Werten und werden in sozialen Beziehungen ausgetauscht. Das bedeutet, dass jeder Mitarbeitende als Individuum „Träger" einer symbolischen Ordnung ist, von kulturellen Codes sowie einem spezifischen Sinn- und Bedeutungsverständnis, welches durch individuelle Präferenzen, berufsspezifische Werte, betriebliche und gesellschaftliche Normen geprägt sind. Im Denkmodell zur Arbeitskultur in Abschn. 2.2 habe ich ein offenes Orientierungsschema vorgeschlagen, welches sowohl a) die individuellen Bedürfnisse, Werte, Präferenzen und Stile als subjektorientierte Prädispositionen der Arbeitskultur als auch die kollektiven Werte, Normen und Anerkennungsstrukturen von b) Betrieben, c) Berufsfeldern und d) der Gesellschaft umfasst. Ausschlaggebend für die Arbeitskultur sind die dynamischen Wechselspiele zwischen allen vier Ebenen, die sich in den spezifischen Bedeutungszuschreibungen und den daraus entstehenden Praxen manifestieren.

In diesem Kapitel will ich nun auf die Werte- und Einstellungsebene des Individuums gegenüber der Arbeit eingehen, auf die Frage also, welche Bedeutung die Arbeit für das Individuum angesichts der eigenen Wertdispositionen haben soll. Damit befinden wir uns im Denkmodell auf der Mikroebene der Individuen und überlegen uns, welche Wertdispositionen diese mit in die Arbeitswelt bringen, auf welchen Werthaltungen, Präferenzen und Bedürfnissen somit eine betriebliche Diskussion über die Arbeitskultur aufsetzen muss.

Um diese Wertdispositionen zu erkunden, haben wir in unserer Studie 2019 Mitarbeitende u. a. auf ihre grundlegenden Arbeitswerte und -motive hin befragt und ausgewertet. Die nachfolgenden Daten und Auswertungen unserer Studie 2019 basieren also auf den Wahrnehmungen der Mitarbeitenden, z. B. auch wenn es darum geht, die vorherrschenden Arbeitswerte und -kulturen bei ihren Arbeitgebenden zu beschreiben. Es sind also subjektive Wirklichkeiten jener Akteure, welche zentral von der Arbeitskultur als Betroffene berichten können, die diese aber auch mit ihren eigenen Arbeitswerten prägen. Um die Konstrukte für die Arbeitswerte zu bilden, haben wir uns einerseits auf eine methodisch gut gesicherte Werte-Konstruktion der Studie Wertewelten 4.0 (Bundesministerium für Arbeit und Soziales Deutschland 2016) abgestützt, diese modifiziert und auch neue Erkenntnisse, vor allem die junge Generation betreffend, zum Beispiel aus der Shell-Jugendstudie (Albert et al. 2019), integriert. Hieraus sind folgende Konstrukte zu den Arbeitswerten entstanden, welche nachfolgend noch weiter ausgeführt werden:

a) *Sicherheit: Soziale Sicherung und sorgenfrei von der Arbeit leben können*
   Menschen mit dieser Wertorientierung ist es wichtig, dass ihre Familie und sie selbst ohne materielle Sorgen von der Arbeit in einem Umfeld sozialer Sicherheit leben kön-

nen. Der Arbeitgeber sollte rücksichtsvoll agieren, die Arbeit dient der Finanzierung des Lebensunterhalts, doch sie soll zu keiner Drucksituation führen.

b) *Gemeinschaftssinn: Zusammenhalt in einer Arbeitsgemeinschaft finden*
Arbeit bedeutet für Menschen mit dieser Wertorientierung Loyalität, Wertschätzung und Teilhabe in ihrem Arbeitsumfeld. Ein starkes Wir-Gefühl als Arbeitsgemeinschaft, füreinander einstehen sowie Solidarität mit Arbeitskolleginnen und -kollegen sowie ihrem Arbeitgeber sind ihnen sehr wichtig.

c) *Karriere: Zielstrebig weiterkommen und Wohlstand erarbeiten*
Menschen mit dieser Wertorientierung haben eine hohe Leistungsbereitschaft, um die eigenen Lebensverhältnisse zu verbessern. Arbeit dient ihnen dazu, Wohlstand und Lebensqualität zu entwickeln und persönlich weiterzukommen.

d) *Leistung: Höchstleistungen erbringen und Verantwortung übernehmen*
Menschen mit dieser Wertorientierung messen sich an sich selbst: Verantwortung und Herausforderungen spornen sie zu Höchstleistungen an. Daraus schöpfen sie ihren Antrieb, sich zu engagieren.

e) *Selbstverwirklichung in der Arbeit*
Spannende Arbeit spornt Menschen mit dieser Wertorientierung an. Sie sind inhaltlich motiviert und wollen selbstbestimmt die eigenen Potenziale in einem attraktiven Arbeitsumfeld verwirklichen.

f) *Balance: Ausgleich zwischen Arbeit und Leben halten*
Menschen mit dieser Wertorientierung wollen Arbeit, Familie und persönliche Interessen in Einklang bringen. Sie wollen ihr Leben kreativ und selbstbewusst gestalten und dabei individuelle Arbeitszeiten und -orte aber auch Freiräume für eigene Projekte realisieren.

g) *Sinn im Leben*
Menschen mit dieser Wertorientierung wollen ihre Persönlichkeit frei entfalten können und ihren persönlichen Lebenssinn auch jenseits von Erwerbsarbeit und Leistungsansprüchen suchen und verwirklichen.

Die ersten beiden Arbeitswerte sind als Orientierung an einem Kollektiv zu lesen, indem einmal die Orientierung am dem privaten oder familiären Umfeld und die Sicherung des sozialen Umfelds im Vordergrund steht, das andere Mal eine Orientierung am kollegialen Arbeitsumfeld angestrebt wird, was u. a. der Produktion eines Wir-Gefühls dient. Arbeit dient in beiden Fällen der Sicherung eines stabilen und guten Umfelds. In den drei folgenden Konstrukten steht das Individuum im Bestreben im Zentrum, a) aufzusteigen, b) sich Herausforderungen zu stellen und c) sich zu verwirklichen. Die letzten beiden Konstrukte begreifen Arbeit eingebettet in ein größeres Ganzes, in ein Leben, in dem es um Freiräume und Kreativität oder Sinn- und Bedeutungssuche geht. Es sei aber hier nochmals betont, dass die Arbeitswerte nicht einfach normativ gesetzt und abgefragt wurden, sondern abgestützt auf den sieben Wertewelten des (Bundesministerium für Arbeit und Soziales Deutschland 2016). Diese wurden in einer repräsentativen Stichprobe in Deutschland erhoben und über einen mehrstufigen iterativen Prozess einer Clusteranalyse zu sieben Wertewelten verdichtet. In der Überzeugung, dass es keine Trennschärfe zwischen den einzelnen Arbeitswerten gibt, dass also jeder Mensch in unterschiedlichen Ausprägungen auch mehrere Arbeitswerte als bedeutsam verfolgen kann, haben wir in unserer Studie Mehrfachnennungen zugelassen.

Eine erste Übersicht gibt Abb. 4.1: Hierin wird über alle unterschiedlichen Branchen, Funktionen und Mitarbeitendenkategorien hinweg deutlich, dass die Mitarbeitenden die Arbeitswerte Selbstverwirklichung und Zusammenhalt zu je 86 % am häufigsten verkörpern. Auch die Soziale Sicherung und der Wunsch von der Arbeit sorgenfrei leben zu können, wird von mehr als 80 % angestrebt. Einfach gesagt, schwingen die Sicherheitsbedürfnisse und jene nach Selbstverwirklichung bei den Mitarbeitenden oben aus. Demgegenüber weniger häufig von ihnen gewichtet werden traditionellere Karriere- und Wohlstandsziele sowie Arbeit als Herausforderung für persönliche Höchstleistungen. Es wäre der Hypothese nachzugehen, ob dies Anzeichen einer bereits reifen oder gesättigten Arbeitsgesellschaft darstellen, in welcher das individuelle Anstrengungsniveau zum eigenen

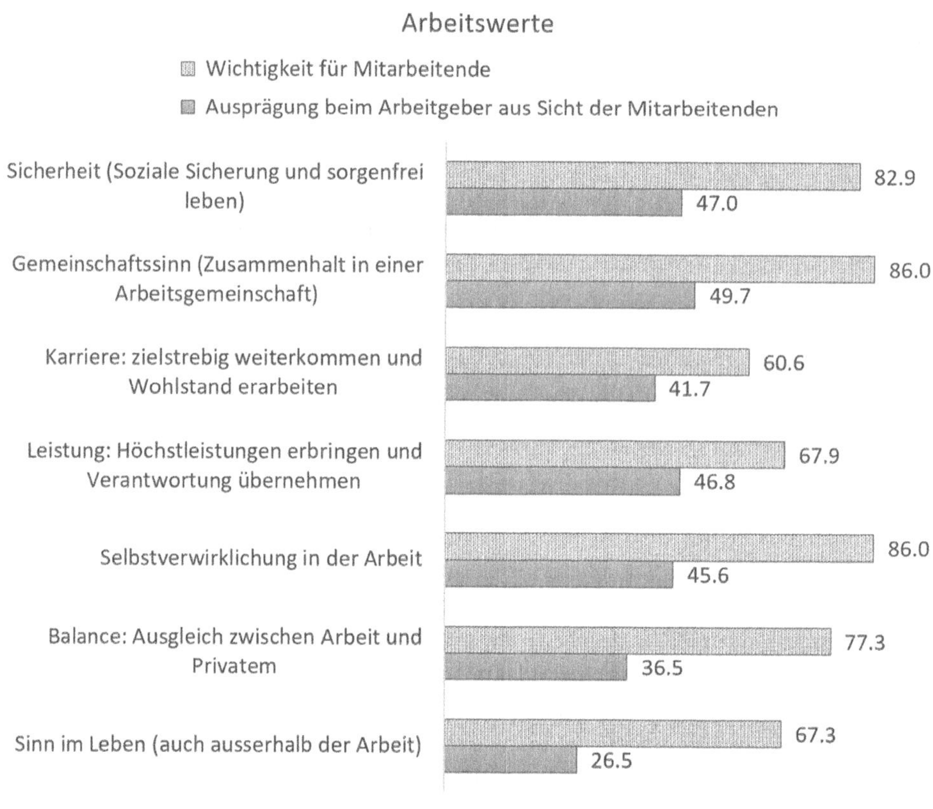

Abb. 4.1 Wichtigkeit von Arbeitswerten (überwiegend bis sehr wichtig) aus Sicht der Mitarbeitenden sowie Wahrnehmung, wie diese Werte beim Arbeitgeber (überwiegend bis sehr stark ausgeprägt) gelebt werden; n = 540, Angaben in Prozent, Mehrfachnennungen möglich. (Quelle: Studie 2019)

Fortkommen sowie die eigene Leistungsbereitschaft, sich immer wieder anzuspornen, nachgelassen haben. Die Sinnsuche in und jenseits der Arbeit nachzugehen, wird von rund 67 % der Befragten als (sehr) wichtig eingestuft. Das ist zwar weniger als die Faktoren Sicherheit, Gemeinschaftssinn und Selbstverwirklichung, zeigt aber dennoch, dass für zwei Drittel der Mitarbeitenden sich die Frage nach dem Lebenssinn in und jenseits der Arbeitswelt wichtig ist. Wie ich in Abschn. 2.2.2.4 exemplarisch aufgezeigt habe, finden zunehmend Sinn- und Bedeutungsdiskurse auch innerhalb der Arbeitswelt statt. In einer komplexen, schwer verständlichen und dynamischen Zeit sucht der arbeitende Mensch vermehrt nach Sinn und Bedeutung in seinem Leben, aber auch in seiner Arbeit.

Wir sind auch der Frage nachgegangen, wie ausgeprägt die Arbeitswerte aus Wahrnehmungsperspektive der Mitarbeitenden bei ihrem Arbeitgeber gelebt werden. Wir wechseln jetzt also von der Mikroebene auf die Wahrnehmung der Mesoebene des Betriebs. Hier zeigt sich offenkundig, dass ausnahmslos alle Arbeitswerte nur bei einem deutlich geringeren Anteil der Betriebe als (sehr) wichtige Werte wahrgenommen werden. Das bedeutet eine erhebliche durch die Mitarbeitenden wahrgenommene Differenz zwischen jenen Werten, die ihnen als Individuen (sehr) bedeutsam sind, und dem, was sie in der gelebten betrieblichen Praxis vorfinden. Betrieblich scheinen Teamwerte (starke Arbeitsgemeinschaft), sicherheitsorientierte Werte (soziale Sicherung) sowie Leistungswerte (Höchstleistungen erbringen) am häufigsten stark ausgeprägt anzutreffen zu sein.

In den folgenden Abschnitten betrachten wir die sieben Wertetypologien noch etwas genauer.

4.2.1 Sicherheit: Soziale Sicherung und sorgenfrei leben können

Die Bekämpfung von Armut und gesellschaftlichen Ausschlussrisiken gehört zu den zentralen Anliegen eines Sozialstaates. Arbeit kann und soll für Menschen eine sichere Verortung in der Gesellschaft und ein belastungs- und sorgenfreies Leben ermöglichen. Sie schafft die Voraussetzungen zur finanziellen Absicherung und zur Teilhabe an ökonomischen, sozialen und kulturellen Prozessen. Wir verfügen über gute Absicherungs- und Sozialwerke, und dennoch sind auch heute Phänomene der Prekarisierung des Arbeitsmarktes zu beobachten. Ungleiche Chancenverteilung, höhere Risiken durch atypische Arbeitsverhältnisse, „Working Poor", Sorge vor Arbeitsplatzverlust, die digitale Transformation der Arbeitswelt etc. lassen den Arbeitswert der sozialen Absicherung für ein sorgenfreies Leben bedeutsam erscheinen. Tophoven und Tisch (2016) kamen bei ihrer liDA-Befragung von über 6500 deutschen Beschäftigten zum Befund, dass 10,8 % der erwerbstätigen Frauen und 7,5 % der erwerbstätigen Männer in materiell-prekären Verhältnissen leben. Für sie ist das Bedürfnis nach sozialer Absicherung inmitten der Gesellschaft spürbar:

> „Das Ausmaß und die unterschiedlichen Formen prekärer Beschäftigung haben in den vergangenen Jahrzehnten zugenommen. Sie betreffen heute nicht mehr nur Randgruppen des

> Arbeitsmarktes, sondern sind zunehmend auch in der gesellschaftlichen Mitte zu verorten." (Tophoven und Tisch 2016, S. 105)

Dieses Bewusstsein ist nicht nur bei jenen vorhanden, welche selbst negative Erfahrungen eines unsicheren Arbeitsmarktes gemacht haben, es führt auch bei der noch jungen Generation dazu, entsprechende Sorgen zu antizipieren: Entsprechend der Shell-Jugendstudie dominiert bei den Jugendlichen hinsichtlich Erwartungen an die Berufswelt eindeutig das Bedürfnis nach Sicherheit. Für 93 % der Jugendlichen ist ein sicherer Arbeitsplatz (sehr) wichtig (Albert et al. 2019).

Betrachtet man vor diesem Hintergrund das Streben nach dem Arbeitswert Sicherheit (Soziale Sicherung und sorgenfrei von der Arbeit leben) in unserer Studie 2019, so findet man, dass dieser Arbeitswert bei Frauen stärker ausgeprägt ist als bei Männern. Hier scheinen also Kongruenzen zur liDA-Studie über das Beschäftigungsprekariat auf. Das leuchtet auch angesichts der fünfmal höheren Armutsrisiken alleinerziehender Mütter im Verhältnis zu Paarhaushalten ein (Lenze und Funcke 2016). Dass Frauen stärker diesen Arbeitswert repräsentieren, lässt sich auch mit Bezug zur Studie vom Institut für Demoskopie Allensbach (2010) erklären, wonach Mütter von Kindern unter 18 Jahren einen stärkeren Fokus auf die Familie (als Gegenstand der sozialen Absicherung) haben als Väter.

Weiter fällt in unserer Studie 2019 auf, dass der Arbeitswert Soziale Sicherung und sorgenfrei leben können eher von Mitarbeitenden mit einer nicht-akademischen Ausbildung und in tieferen Funktions- und damit Gehaltsstufen angestrebt wird. Das ist nachvollziehbar vor dem Hintergrund, dass Ausbildung, Funktion und Gehalt bereits wesentlich zur sozialen Absicherung beitragen. Im Altersverlauf fallen die Kohorten der 61- bis 65-Jährigen auf (94 %) sowie auch die 26- bis 30-Jährigen (91 %), welche stark einen absichernden Arbeitswert anstreben. Bei den vor der Pensionierung Stehenden scheint es naheliegend, sich im Hinblick auf den Ruhestand mit Fragen der sozialen Absicherung zu beschäftigen. Bei der jungen Generation kann eine hohe Familienorientierung in Kombination mit einem abnehmenden Zukunftsoptimismus Anlass sein, diesen Arbeitswert überproportional anzustreben. Gemäß der Shell-Jugendstudie (Albert et al. 2019) blicken aktuell nur 58 % der Jugendlichen optimistisch in die Zukunft – 2015 waren dies noch 61 %. Familie und soziale Beziehungen stellen mit Abstand die wichtigsten Wertorientierungen für Jugendliche dar. Das betrifft auch ihre Einstellung zur Arbeit:

> „Für fast alle Jugendlichen (93 %) dürfen Familie und Kinder neben dem Beruf nicht zu kurz kommen." (Albert et al. 2019, S. 27)

Weiter fällt in unserer Studie 2019 auf, dass die Beschäftigten in Pflege- und Betreuungsaufgaben mit über 94 % eine hohe Orientierung am Arbeitswert Sicherheit aufweisen. Das legt nahe, dass Menschen, welche bewusst eine gemeinwohlorientierte staatliche Aufgabe für sich gewählt haben, diese auch selbst als Arbeitswert verkörpern. Das unterstützt die Beziehung zwischen beruflicher Sozialisation und Identifikation mit Arbeitswerten und -kulturen, auf die ich in Abschn. 2.2.3.2 eingegangen bin.

Betrachtet man ferner in unserer Studie 2019, wie gut in der Wahrnehmung der Mitarbeitenden der Arbeitswert Sicherheit auf Arbeitgeberseite verkörpert wird, so sehen wir in Abb. 4.1, dass gerade einmal 47 % der Mitarbeitenden hier eine überwiegende oder starke Ausprägung wahrnehmen. Die Arbeitgeberbeurteilung fällt bei Mitgliedern von Geschäftsleitungen (63 %) sowie Mitarbeitenden in Personalabteilungen (62 %) höher aus als bei den übrigen Mitarbeitenden (46 %). Das ist ein Indiz dafür, dass es einen Wahrnehmungsbias je nach betrieblicher Verantwortung gibt. Mitarbeitende der Öffentlichen Verwaltung sowie in Kleinstbetrieben bis 9 Mitarbeitende sehen sichernde Arbeitswert besser realisiert als in anderen Branchen und Unternehmensgrößen. Die soziale Verantwortung scheint also sowohl durch einen öffentlichen Auftrag oder in eher auf einen Inhaber/Patron ausgerichteten Unternehmensstrukturen besser verankert zu sein. Besonders groß ist der Unterschied zwischen Gewichtung der Mitarbeitenden und Wahrnehmung beim Arbeitgeber bei Mitarbeitenden in Pflege- und Betreuungsaufgaben: 94 % der in diesem Bereich Tätigen ist der Wert der sozialen Sicherung (sehr) wichtig, doch lediglich 39 % nehmen bei ihrem Arbeitgeber hier starke Anstrengungen wahr.

Hinsichtlich Wirkung einer Kultur, in welcher dieser Arbeitswert eine große Bedeutung zugemessen wird, fällt auf, dass in diesen Betrieben der Erschöpfungsanteil der Mitarbeitenden tiefer ausfällt als bei den anderen Arbeitswerten. Daraus lässt sich im Umkehrschluss sagen, dass die Wahrnehmung mangelnder Absicherung tendenziell häufiger zu psychischem Stress und entsprechenden Belastungs- und Erschöpfungsphänomen führen wird.

4.2.2 Gemeinschaftssinn: Zusammenhalt in einer Arbeitsgemeinschaft

Unsere im Grundsatz arbeitsteilige Arbeitswelt setzt stark auf das Kollektiv, das Team und die Gruppe, welche in komplementären Kompetenzsettings gemeinsam Aufgaben besser bewältigen sollen, als dies ein Einzelner kann. Neben den Vorteilen, im Kollektiv besser und wirksamer zu arbeiten, strebt der Mensch unabhängig von der Erfüllung seiner Arbeitsaufgabe, also nicht rein zweckrational, nach Gemeinschaft und Zusammenhalt. Modelle starker Arbeitsgemeinschaften wurden bereits im 19. Jahrhundert im Rahmen paternalistischer Unternehmenskulturen als Gegenmodell zu einem Wirtschaftssystem entwickelt, das die Menschen zu individuellem Ehrgeiz und Konkurrenz trieb (Sennett 2012). Das ist heute nicht anders, wenn Teamkulturen nicht nur zur Bewältigung von komplexen Aufgaben gefördert werden, sondern auch zur Einbettung des Individuums in ein Kollektiv, zur Förderung von Solidargemeinschaften, zur Entwicklung gemeinsamer Werte oder eines Wir-Gefühls. Im Zentrum steht dabei jeweils das „Zusammen“, die soziale Interaktion und die Gemeinschaft. Und das scheint sich auch in der nächsten

Generation nicht zu ändern: Die Shell-Jugendstudie weist „sozialen Beziehungen" als Wert auch für die aktuelle Jugend einen Höchstrang zu (Albert et al. 2019).

Umgekehrt lässt sich auch sagen, dass ohne soziale Beziehungen der Mensch verkümmert: Eine repräsentative Studie von Splendid Research (2019) weist nach, dass 17 % der Deutschen sich häufig oder ständig einsam fühlen. Das sind 5 % mehr als noch 2017. Zudem geben 31 % der Befragten an, dass sie andere Menschen brauchen, um sich gut zu fühlen. Der Arbeitsort ist ein solcher Ort, an dem von Menschen mit Menschen für Menschen gearbeitet wird. Es geht nicht nur um Sachen, es geht um Menschen und die jeweiligen Interaktionserfahrungen. Arbeit ist nicht nur ein Ort, sie ist ein Sozialraum von Menschen mit ähnlich gerichteter Tätigkeit, vergleichbaren Strukturen (Arbeitszeiten, Pausen, Begegnungsmöglichkeiten) und Geschichten (Beschreibungen von Anlässen und Praxen des Arbeitshandelns). Hier kann Freud und Leid geteilt werden und in der Gemeinschaft ein starkes Wir-Gefühl und eine soziale Bindung entstehen. Auch für die Arbeitszufriedenheit spielt der Zusammenhalt in der Arbeitsgemeinschaft eine bedeutsame Rolle. Nienhaus (2015, S. 144) weist gestützt auf diverse empirische Befunde dem Gemeinschaftsgefühl bei der Arbeit eine wichtige Bedeutung als Prädiktor für die Arbeitszufriedenheit zu.

Betrachtet man die Ergebnisse unserer Studie 2019, so fällt zuerst einmal auf, dass dieser Arbeitswert mit der Selbstverwirklichung in der Arbeit von den Mitarbeitenden am höchsten gewichtet wird. Mitarbeitende suchen also in höchstem Masse nach einem Zusammenhalt in einer Arbeitsgemeinschaft. Dabei fällt die Wichtigkeit dieses Arbeitswertes wiederum leicht höher bei Frauen als bei Männern aus. Eine Altersdifferenzierung lässt sich hingegen nicht feststellen, d. h. Zusammenhalt und Gemeinschaft sind für alle Altersgruppen sehr wichtig. Bei Geschäftsleitungsmitgliedern ist das Bedürfnis nach Zusammenhalt in der Arbeitsgruppe tiefer ausgeprägt als in anderen Funktionen. Hier scheint das Kollektiv einer gleichgestellten und gleichgesinnten Arbeitsgemeinschaft nicht besonders wichtig empfunden zu werden. Auch Mitarbeitende der Öffentlichen Verwaltung weisen mit 77 % signifikant tiefere Werte bei der Wichtigkeit des Arbeitswertes aus als zum Beispiel die Industrie oder der Gesundheitssektor (beide mit rund 92 %).

Betrachten wir weiter, wie Gemeinschaftssinn aus Sicht der Mitarbeitenden beim Arbeitgeber gefördert wird, so sieht man, dass aus Perspektive Mitarbeitenden nur rund in jedem zweiten Betrieb diesem Arbeitswert Nachdruck verliehen wird. Besonders groß wird die Diskrepanz von Arbeitnehmenden zwischen 51 und 60 Jahren wahrgenommen, während jüngere Arbeitnehmende den Betrieben bessere Noten erteilen. Bei den Funktionsstufen fallen die Führungspersonen ohne unterstellte Mitarbeitende, das „Fachkader", auf: Aus ihrer Sicht herrscht in gerade einmal knapp 30 % der Betriebe ein Gemeinschaftsdenken. Im Verhältnis zu anderen Funktionen kann man beim Fachkader auf erhöhte Risiken einer wahrgenommenen Exklusion aus Gemeinschaftsstrukturen schließen, was entsprechende Integrationsbemühungen für diese Funktionen besonders wichtig erscheinen lassen. Die massivste Differenzerfahrung zwischen Bedeutung und Realisierung finden wir in den Abteilungen Produktion, Einkauf und Logistik. Nur jeder vierte sieht dies als Stärke bei seinem Arbeitgeber, während vergleichsweise hohe 56 % im Vertrieb diesen Arbeitswert ausgeprägt wahrnehmen. Dies lässt auf eine tayloristische Arbeitsfragmentierung in der Produktion schließen, welche wenig Gemeinschaftssinn fördert. Bei der Unternehmensgröße überrascht es wiederum nicht, dass es vor allem Kleinstbetriebe sind, bei denen der Arbeitswert der Arbeitsgemeinschaft besonders stark ausgeprägt ist.

Zwischen den bei einem Arbeitgeber wahrgenommenen Werten und der Arbeitsmotivation der Mitarbeitenden gibt es beim Wert Gemeinschaftssinn einen deutlichen Zusammenhang. 91 % der Mitarbeitenden, die diesen Wert (sehr) stark bei ihrem Betrieb ausgeprägt sehen, gehen jeden Tag (überwiegend) motiviert zur Arbeit – 40 % sogar vollständig motiviert. Das bestätigt oben erwähnte Studien, wonach eine Gemeinschaftskultur einen starken Impact auf die Arbeitszufriedenheit hat.

4.2.3 Karriere: Zielstrebig weiterkommen und Wohlstand erarbeiten

Bei diesem Arbeitswert steht eine hohe Zielstrebigkeit im Zentrum, die zu einem beruflichen und persönlichen Weiterkommen dienen soll. Arbeitende, die diesem Arbeitswert nachstreben, fühlen sich durch Aussagen wie „Leistung bringt Wohlstand"[4] angesprochen, wie dies unter anderem die Politik als Zukunftsversprechen transportiert. Das Versprechen lautet denkbar einfach: „Wer wirklich will, der schafft es nach oben". Das „oben" wird dabei durch Faktoren wie Prestige, Position, Macht, Einkommen und Besitz markiert, welche sich nach Maßgabe der eigenen Ziele und der dafür erbrachten Leistungen bemessen. Umgekehrt wird damit impliziert, dass diese „Güter" für jedermann über Leistung auch erreichbar sind. Sie sind kein Geburtsrecht mehr, sondern werden über Einsatz und Leistung (und natürlich einer gehörigen Portion Glück) erarbeitet. Das schafft einerseits neue Freiheiten, verlagert aber andererseits einen wesentlichen Teil der Schicksalsfügung in die Eigenverantwortung des Einzelnen.

Nach dem Zweiten Weltkrieg wurde der Zielstrebigkeit und Leistungsbereitschaft einer ganzen Generation zum Wiederaufbau der am Boden liegenden Wirtschaften ein großes Gewicht beigemessen. Das Wirtschaftswunder, wie die Prosperitätsphase der 1950er- und 1960er-Jahre bezeichnet wurde, war aufgrund eines wachstumsorientierten Ziel- und Expansionsdenkens möglich. Bereits aber in den 1980er-Jahren wurde Leistung und die Leistungsgesellschaft in einem komplett anderen Licht diskutiert, indem eine Abnahme der allgemeinen Arbeitsmoral konstatiert wurde. „Arbeitsunlust, Ausweichen von Anstrengungen, Egalitätsstreben und Statusfatalismus" würden die Zielstrebigkeit und Leistungsbereitschaft zersetzen und die Arbeitsmoral vernichten, so der damalige Befund (Hondrich et al. 1988). Der Verlust der Arbeitsmoral und des Leistungsprinzips, verbunden mit einer zunehmend hedonistischen Mentalität waren Anlass, bereits von einer allgemeinen gesellschaftlichen Krise zu sprechen. Diese Diskurse sind weitgehend verraucht oder haben sich aktuell auf die Wirkungen und Druckpunkte einer Leistungsgesellschaft verlagert. Aus dieser wechselvollen Geschichte lässt sich eine grundlegende Ambivalenz gegenüber den Begriffen der Ziel- und Leistungsstrebens und der Leistungsgesellschaft ableiten.

[4] Kaufmann (2017) zitiert hier den damaligen Deutschen Innenminister Thomas de Maizière.

> „Die Geschichte scheint eher eine ständig sich wiederholende Abfolge des zumeist langsamen Abbaus und der zumeist plötzlichen Wiedereinsetzung des Leistungsprinzips zu sein." (Hondrich et al. 1988, S. 25)

Wann immer sich in der Geschichte verfestigte Strukturen (Stände, Klassen etc.) auflösten, folgte eine Phase, in welcher das Leistungsprinzip an Bedeutung gewann und den Menschen neue Möglichkeiten eröffneten, ihre Ziele zu verfolgen, eine Karriere zu verfolgen, ihre Lebensumstände zu verändern und individuellen Wohlstand zu erarbeiten. Durch Auflösung oder Aufbrechen (geschichtlich unter anderem auch mit Revolutionen) von Bewahrungsstrukturen wurde jene Durchlässigkeit geschaffen, welche das Versprechen des Leistungsprinzips auf Wohlstand und Fortkommen einlöste. Damit wurde jeweils die Grundlage geschaffen, dass sich Karrieren zur Verbesserung der Lebenssituationen auch auszahlten. Aktuell ist die moderne Arbeitsgesellschaft durch diese Durchlässigkeit geprägt: Während früher bestehende Sozialbindungen als gegeben galten, die berufliche Stellung und gesellschaftliche Position durch soziale Milieus und Geburt determiniert waren, bestehen heute Freiheiten, sich aus dem sozialen Milieu über eine berufliche Karriere herauszuarbeiten. Das beschert dem Menschen neue Aufstiegschancen, zum Beispiel mit vielseitigen und individualisierbaren Laufbahnmodellen. Das bringt jedoch den Einzelnen in eine unabwendbare Verantwortung für seine Karriere- und Lebensgestaltung. Beruflicher Erfolg wird näher an den persönlichen Erfolg gerückt, wodurch der Mensch in der Leistungsgesellschaft auch nach leistungsorientierten Maßstäben des Erfolgs gemessen wird: Entweder er hat Erfolg, oder er hat versagt. Erfolg ist bei diesen Arbeitswerten weitgehend mit Karriereerfolgen und materiellen Maßstäben verbunden; Die Werte des Weiterkommens und des Wohlstands werden materiell bewertet. Erfolg und Versagen werden implizit auf die eigenen Zielambitionen und die individuelle Leistungsbereitschaft und Leistungsfähigkeit zurückgeführt. Wer also keinen Wohlstand und keine Karriere aufweisen kann, hat versagt. Dieses Leistungsdenken ist hart und führt zu einem existenziellen Stress, hohe Ziele anzustreben und dafür die Leistung zu erbringen, welche über den Erfolg und die Verortung in der Leistungsgesellschaft entscheidet.

Sind dies nun Arbeitswerte der Nachkriegs- und Aufbaugeneration? Nicht, wenn man bedenkt, dass heute in der Shell-Jugendstudie dem Typus des sogenannten „Durchstarters" rund 32 % der Jugendlichen zuzuordnen sind. Diesem Typus sind Möglichkeiten auf eine eigene Karriere wichtig, denn er glaubt an das Aufstiegsversprechen, durch harte Arbeit zum Erfolg zu kommen, welches diesem Arbeitswert zugrunde liegt (Albert et al. 2019).

Sind die Chancen auf Karriere, auf Weiterkommen und Wohlstand in unserer Gesellschaft wirklich gleich verteilt? Trotz gestiegener Durchlässigkeit stellt sich auch heute noch die Frage von Chancengleichheit in der Gestaltung einer nur auf Leistung basierenden Berufslaufbahn. Verheyen stellt fest, dass neben Glück und Zufall nach wie vor Familie, Hautfarbe, Geschlecht, ethische Herkunft, Alter und Erscheinungsbild die individuelle Karriere beeinflussen. Es gibt also heute noch diverse Formen sozialer Ungleichheit, welche den herkunftsunabhängigen Aufstieg mindestens erschweren (Verheyen 2018). Das wird auch durch die aktuelle Jugendstudie bestätigt, wonach es heute in Deutschland aus der unteren Schicht nur eine kleine Minderheit von 13 % der Jugendlichen an ein Gymnasium schafft, während Jugendliche aus der oberen Gesellschaftsschicht zu 71 % an die Gymnasien strömen (Albert et al. 2019). Hier werden schon früh Weichen für nicht gleichberechtigte Berufschancen gestellt.

Betrachten wir unsere Studienergebnisse 2019 weiter, so stellen wir fest, dass der Arbeitswert „Karriere: Zielstrebig weiterkommen und Wohlstand erarbeiten“ relativ zu den anderen Arbeitswerten am wenigsten häufig gewählt wurde. Gut 60 % der Mitarbeitenden ist dieser Arbeitswert überwiegend oder sehr wichtig. In der Detailauswertung fallen die Jahrgänge 1954 bis 1969 auf, welche eine tendenziell höhere Orientierung an dem Wert aufweisen. Es liegt nahe, dass diese noch von Werten ihrer Eltern geprägt sind, welche Teil der Nachkriegs-Aufbaugeneration waren. Doch auch die 21- bis 25-Jährigen weisen überdurchschnittliche Werte auf, was dem von der Shell-Jugendstudie formulierten Typus des „Durchstarters“ entsprechen würde und aufzeigt, dass mit diesem Arbeitswert auch in Zukunft in unserer Arbeitsgesellschaft zu rechnen sein wird.

Bei der Geschlechterverteilung fällt ein leichter Überhang von Männern auf, der sich aber mit 2 Prozentpunkten als wenig signifikant erweist. Zielstrebigkeit im Sinne von „Weiterkommen und Wohlstand erarbeiten“ ist also nicht eine eindeutig männlich geprägte Kultur. Matura- bzw. gymnasiale Absolventen zeigen mit gut 72 % eine überdurchschnittliche Orientierung an diesem Arbeitswert, insbesondere im Vergleich zu Akademiker/innen mit und ohne PhD (60 bzw. 59 %), welche für sich allenfalls beanspruchen können, bereits an ihrem Karriereziel angekommen zu sein und die Grundlagen für ein prosperierendes Leben bereits gelegt zu haben. Den Arbeitswert finden wir ferner ausgeprägter bei Funktionen mit Führungsverantwortung: je höher in der Führungshierarchie, desto häufiger wird dieser Arbeitswert verkörpert. Die Spannweite reicht von Mitarbeitenden mit 54 % bis zu Geschäftsleitungsmitgliedern mit 76 %. Anders als vielleicht beim Ausbildungsniveau scheint eine Führungsposition den Wert der Karriere nicht zu sättigen. Eine Führungsposition zu haben, bedeutet also nicht, die Karriere erfüllt zu haben, vielleicht geht es fortwährend nun darum, diesen Wert und den Karriereerfolg zu verteidigen, indem das Streben weiter „nach oben“ zeigt. Das kann ein Grund dafür sein, dass Führungskarrieren an Anziehungskraft wenig eingebüßt haben und es noch wenige Beispiele gibt, in welchen eine Führungskarriere freiwillig aufgegeben wurde.

Auch bei den Branchen lassen sich erhebliche Differenzen ausmachen, was auf eine gewisse Wertesozialisation in Abhängigkeit zum gewählten Beruf schließen lässt. Besonders stark (74 %) ist der Arbeitswert Karriere und Zielstrebigkeit bei Mitarbeitenden in der Finanz-, Versicherungs- und Immobilienbranche ausgeprägt, während dieser Arbeitswert bei Mitarbeitenden der Sozialen Arbeit mit 35 % weit unter dem Durchschnitt bleibt.

Eine starke Differenzerfahrung zwischen eigener Orientierung und Wahrnehmung beim Arbeitgeber haben Führungskräfte, vor allem Kadermitarbeitende mit unterstellten Führungskräften: Von ihnen sehen gerade einmal 36 % den Arbeitswert aus Karriere und Zielstrebigkeit in den Betrieben (stark) repräsentiert. Auch zwischen den Branchen differiert der Wert stark: Es mag landläufigen Zuschreibungen entsprechen, dass im Finanz-,

Versicherungs- und Immobilienbetrieben nach Wahrnehmung der Mitarbeitenden dieser Arbeitswert mit 67 % weit mehr verbreitet ist als zum Beispiel in Bildung und Forschung (26 %), Sozialer Arbeit (33 %) oder der Öffentlichen Verwaltung (33 %). Ob sich die Differenz eher auf das Ziel des Weiterkommens oder doch eher auf den erzeugbaren Wohlstandseffekt zurückführen lässt, muss an dieser Stelle offenbleiben.

4.2.4 Leistung: Höchstleistungen erbringen und Verantwortung übernehmen

In gewisser Weise mit dem vorangehenden Wert verbunden sind das Streben nach Höchstleistungen und die Bereitschaft, Verantwortung zu übernehmen. Auch hier ist die Leistung der Maßstab des Erfolgs, wobei der Zweck nicht eine Karriere, ein persönliches Fortkommen, eine berufliche oder gesellschaftliche Besserstellung oder Wohlstand sind, sondern der eigene Anspruch. Es gibt verschiedene Gründe, sich aus eigenem Anspruch zu engagieren und zu Höchstleistungen zu motivieren. Einer mag daran liegen, dass Menschen mit dieser Wertorientierung sich an sich selbst messen. Es kann ein starker innerer Antrieb sein, mehr zu leisten, sich permanent weiterzuentwickeln, Herausforderungen zu meistern und dafür Verantwortung zu tragen. Bei diesem Arbeitswert geht es also nicht um Leistung als Verteilmechanismus von Wohlstand, Macht, Besitz oder gesellschaftlichem Prestige, sondern um Leistung als individueller Antrieb. Damit kommen wir nahe an der Kulturbegriff der Kultiviertheit,[5] bei dem es um die Entwicklung und Professionalisierung einer Fertigkeit bis hin zur Meisterschaft geht. Höchstleistung ist hier eine Herausbildung einer – mindestens vom Begriff her – nicht mehr steigerbaren Expertise. Dem liegt das Streben des Menschen zugrunde, sich zu entwickeln, alles, was einer gewissen Wiederholung unterliegt, immer besser, schneller, wirkungsvoller etc. zu vollbringen. Höchstleistung ist hier auch vor dem Paradigma der Selbstoptimierung zu verstehen. Man kennt dies unter anderem aus dem Hochleistungssport: Jahr für Jahr werden von Sportlerinnen und Sportlern Bestleistungen, Rekorde etc. überboten. Es scheint schon fast keine natürlichen Grenzen in der individuellen Leistungsfähigkeit mehr zu geben. „Nichts ist unmöglich" ist das Mantra dieses Denkens. Selbstredend gibt es Dinge, die unmöglich sind oder aber den Menschen an seine individuelle Leistungsgrenze führen. Wem aber trotz natürlicher Leistungsgrenzen immer noch nichts unmöglich scheint, läuft Gefahr, sich selbst zu überfordern. Es ist deshalb anzunehmen, dass das Erschöpfungspotenzial bei diesem Arbeitswert besonders hoch ist.

Weiter gibt einen moralischen Grund, Höchstleistungen anzustreben. Sennett (2012, S. 143) formuliert unter Bezugnahme auf Max Weber, dass „Menschen schwer arbeiten (wollen), gleichgültig, welchem Druck sie ausgesetzt sind, und zwar deshalb, weil ihnen die mit der Arbeit verbundene Selbstdisziplin ein Gefühl moralischer Würde verschafft". Hier ist es also nicht die Selbstoptimierung, sondern die Selbstdisziplin, welche den Men-

[5] Siehe hierzu auch die Ausführungen in Abschn. 2.1.2.

schen antreibt, sich zu engagieren und das eigene Arbeiten laufend zu verbessern. Stillstand ist Rückschritt und wird aus Perspektive der Arbeitsmoral negativ bewertet. Arbeitsmoral als Treiber für Höchstleistung setzt ein Arbeitsdenken und -handeln voraus, das nicht ruht, bis die best(mögliche) Leistung erbracht ist. Kompromisse kommen in diesem Arbeitswert wohl nur wenige vor und wenn, dann werden sie als persönliche Niederlage gesehen. Wir kennen dies zum Beispiel bei Pflegefachpersonen, die sich selbst für ihre Patienten aufopfern, vom Servicefachpersonal, welches den Weg zum Gast in unermüdlichem Tempo zurücklegt und von all den Mitarbeitenden, die freiwillig die sogenannte „Extra-Meile" zum Kunden zu gehen bereit sind. Dieser Antrieb, eine Höchstleistung als persönliche Verpflichtung gegenüber sich selbst oder den Kunden zu verstehen, wirkt stark und kann als positive Selbstverpflichtung verstanden werden.

Ein drittes, anders gelagertes Motiv für diesen Arbeitswert kann im Streben nach „dem eigenen Werk" gesehen werden. Wir kennen dies zum Beispiel bei Kunstschaffenden: Die Entwicklung eines kreativen Werkes wird nicht im Kollektiv gelöst, sondern als Individuum. Denken wir an Kompositionen, Bilder, Innovationen, Erfindungen, überhaupt die Werke von selbstständig Schaffenden, von Kunstschaffenden und auch von Handwerkenden. Das Werk ist hier stark mit seinem Schöpfer als Person verbunden und nicht mit einer Institution oder einem Kollektiv. Sich dafür zu engagieren, bedeutet ein Arbeiten mit Leidenschaft, bedeutet, als Person für eine Einzelleistung zu stehen, selbst und oft allein, alle sich stellenden Herausforderungen zu lösen und dafür die umfassende Verantwortung zu übernehmen.

Grundlage und Ergebnis eines solch schöpferischen Schaffens ist die Leidenschaft, die dazu führt, sich komplett in den Dienst einer Sache oder eines Werkes zu stellen. Einige gehen soweit, ihr ganzes Leben in den Dienst einer Sache zu stellen. Der Künstler Auguste Rodin soll einst gesagt haben, man müsse sein ganzes Leben um das Werk zentrieren, nur dann seien wichtige Resultate möglich (Rattner und Danzer 2006). Aufopferung und Leidenschaft sind artverwandte Phänomene, wenn auch die Motive unterschiedlich sein mögen. Beiden zugehörig ist aber das Leiden und das Opfer. Und beides birgt die Gefahr von freiwilliger Selbstausbeutung in sich, weshalb hier dem Arbeitgeber in der Regel eine erhöhte Fürsorgefunktion zukommt.

Betrachten wir vor dem Hintergrund dieses komplexen Arbeitswertes unsere Studie 2019: Mit 68 % werden wir ihn in der Mitarbeitendenschaft häufiger antreffen als den vorgängig beschriebenen Arbeitswert der Karriere und Zielstrebigkeit zur Wohlstandserzeugung. Doch kommt er hinter den kollektiv ausgerichteten Arbeitswerten zu liegen. In der Detailauswertung fällt eine relativ klare Geschlechtsunterscheidung auf: Männer vertreten um rund 8 Prozentpunkte deutlich häufiger diesen Arbeitswert als Frauen. Auch sind es eher die obersten Führungsebenen, welche das Thema Herausforderungen und Verantwortung für sich entsprechend ihrer Funktion beanspruchen. Bei den Branchen fällt ein Überhang bei der Industrie (80 %) zum Beispiel im Vergleich zu den sozialen Berufen (42 %) auf. Zwischen den betrieblichen Funktionen sticht der Vertrieb mit 85 % heraus, welcher wohl über betriebliche Anreizsysteme (Individualisierung der Leistungsmessung) auf Höchstleistungen getrimmt wurde. Ihm folgt die Geschäftsleitung mit knapp 80 % und interessanterweise der Bereich HR/Personalwesen. Hier ist vielleicht eher von der moralischen Dimension der Verantwortungsübernahme für andere auszugehen.

Bei der durch die Mitarbeitenden wahrgenommenen Wirkung dieses Arbeitswertes kann auf einen vergleichsweise positiven Effekt auf die eigene Produktivität geschlossen werden. 87 % der Mitarbeitenden (und damit mehr als alle andere Arbeitswerte), bei denen dieser Arbeitswert sehr stark ausgeprägt ist, geben an, dass sie sehr produktiv einen Beitrag zum Erfolg des Betriebes leisten können. Auch scheint sich eine Hochleistungskultur positiv auf die Identifikation mit dem Arbeitgeber auszuwirken. Keine anderer Arbeitswert führt bei den Mitarbeitenden zu einer höheren Identifikation.

Wechselt man die Perspektive auf Arbeitgeberseite und fragt nach den wahrgenommenen Wirkungen einer arbeitgeberseitig gelebten Hochleistungskultur, so sieht man auch den Preis, den diese auf die Gesundheit haben kann. Bei der Frage, in wieweit der Arbeitgeber Rücksicht auf die Gesundheit der Mitarbeitenden nimmt, schneidet eine im Betrieb wahrgenommene Hochleistungskultur vergleichsweise am schlechtesten ab. Gerade einmal 21 % der Mitarbeitenden, welche eine starke (Hoch-)Leistungskultur bei ihrem Arbeitgeber vorfinden, attestieren diesem, dass er in hohem Masse auf ihre Gesundheit Rücksicht nimmt. 7 % meinen, dass keine Rücksicht genommen werde. In der Folge geben auch vergleichsweise am meisten Mitarbeitende zur Antwort, dass sie erschöpft seien: 22 % der Mitarbeitenden aus Betrieben, welche eine starke Ausrichtung an Höchstleistungen leben, klagen über eine überwiegende oder gänzliche Erschöpfung. Dieser Arbeitswert fördert zwar die Produktivität doch geht dies auf Kosten der Gesundheit, da Höchstleistungen oft nur mit einem hohen Maß an Anstrengung, bis hin zu freiwilliger Selbstausbeutung erlangt werden können.

4.2.5 Selbstverwirklichung in der Arbeit

Selbstverwirklichung gehört zu den sich selbst immunisierenden Begriffen in der Motivationslehre und der Arbeitswelt. Alle wollen wir uns vermeintlich selbst verwirklichen. Doch so einfach ist das nicht, denn dazu muss die Frage geklärt werden, wer oder was denn eigentlich unser „Selbst" ist. Hier landet man bei einem schwierigen Begriffskomplex, welcher sich einfachen Erklärungen entzieht und damit auch einem simplen Verwirklichungsdenken Steine in den Weg legt. Rattner und Danzer (2006, S. 11) kommen zum Schluss, dass das eigentliche Selbstsein die am stärksten verdrängte seelische Instanz sei. Voraussetzung für eine Selbstverwirklichung sind nach ihnen die Selbsterkenntnis, die Menschenkenntnis und die Weltkenntnis. Das ist komplex und voraussetzungsreich. Bleiben wir vorderhand bei der Selbsterkenntnis und zitieren hierzu Michel de Montaigne aus dem 16. Jahrhundert:

> „Ich bekenne mich zu keinem anderen Ziel, als mich selbst zu erkennen; dieses Suchen führt mich in so unendliche Tiefen, zu so unendlich vielen Fragestellungen, dass mein Lernen keinen anderen Erfolg hat, als dass ich fühle, wieviel mir zu lernen bleibt. Immer wieder werde

ich mir der Unvollkommenheit meiner Selbsterkenntnis bewusst; diesem Umstand verdanke ich die Hinneigung zur Bescheidenheit." (Montaigne 2005, S. 374)

Was sich im 16. Jahrhundert als Frage stellt, hat heute an Aktualität nicht eingebüßt. Greifen wir zur Frage der Selbsterkenntnis zurück auf die Ausführungen zur Identitätsbildung in Abschn. 2.2.4.3: Mead umschrieb einen Weg zur Identitätsbildung, in welchem das Selbst („self") nur über den Umweg über die Anderen entsteht, d. h. indem ich mein Ich („I") aus den Augen eines generalisierten Anderen („me") reflektiere (Abels 2010). Die Entwicklung und Wahrnehmung des eigenen Selbst beinhaltet also, dass ich mir die Haltungen und Standpunkte der Anderen bewusst mache und überlege, wie es wohl wäre, wenn ich an ihrer Stelle stünde. Dabei werden die eigene Haltung und der eigene Standpunkt deutlich:

„Das Individuum wird sich seiner Identität erst bewusst, wenn es sich mit den Augen der Anderen sieht. Der Umweg besteht in der spezifisch menschlichen Kommunikation, die in der Rollenübernahme zum Ausdruck kommt." (Abels 2010, S. 25)

Hierzu bilden die sozialen Interaktions- und Kommunikationsmöglichkeiten am Arbeitsplatz unzählige Gelegenheiten. Es sind aber nicht nur die tatsächlichen Interaktionen mit den Anderen am Arbeitsplatz, die uns zwar spezifische Erfahrungen und Reaktionen bescheren, uns sozusagen den Spiegel vorhalten; es sind auch und insbesondere die antizipierten und durchdachten Haltungen der „generalisierbaren Anderen", sozusagen das innere Gespräch mit sich selbst über die Position des Anderen, die Erkenntnisse bieten. Selbsterkenntnis entsteht also durch eine innere Reflexion über die Haltungen der Anderen (Arbeitskolleginnen, Kunden, Klientinnen etc.). Reflexion als die denkende Entwicklung von Haltungen und Positionen ist nach Mead auch

„das Ergebnis der Tatsache, dass das jeweilige Individuum die Haltung anderer sich selbst gegenüber einnimmt und dass es schließlich alle diese Haltungen zu einer einzigen Haltung oder einer einzigen Position kristallisiert, die als die des „verallgemeinerbaren Anderen" bezeichnet werden kann." (Mead 2017, S. 130)

In unserer Wertekonstruktion der Studie 2019 bezieht sich die Selbstverwirklichung auf die Verwirklichung der eigenen Persönlichkeit, ihrer Potenziale und Talente bezogen auf die Arbeit. Arbeit ist für Grünewald (2018) dann ein geeignetes Mittel zur Selbstverwirklichung, sofern das angestrebte Arbeitsergebnis dem Mitarbeitenden so wichtig ist, dass er sich auch aus eigenem Antrieb zu dessen Verrichtung entschließen würde. Arbeit als Mittel zur Selbstverwirklichung ist daher immer selbstbestimmte Arbeit. Mit dem Postulat der Selbstbestimmung gehen auch große Freiheitsgrade bei der Ausgestaltung der Arbeit einher. Um also Selbstbestimmung und Selbstverwirklichung in der Arbeit überhaupt ermöglichen zu können, bedarf es ausreichend großer Freiheitsgrade in der Organisation. Übermäßige Regelwerke, überhaupt eine überdeterminierte Organisation, stellen dafür ungeeignete Voraussetzungen dar. Es braucht aus Sicht der Arbeitsgestaltung und -organisation ein bewusstes Einplanen von Gestaltungsräumen, von Leerstellen, die durch den Mitarbeitenden selbst gefüllt und als neue Praxen verwirklicht werden können.

Nicht jede Form der Selbstverwirklichung ist aber geeignet, ein soziales System (Betrieb, Institution etc.) voranzubringen, bzw. deren Auftrag optimal zu erfüllen. Denn trotz aller Selbstverwirklichungsbestrebung kann es nie nur und vordringlich um das eigene Selbst gehen: Man arbeitet im Kollektiv mit anderen und hat seine Arbeit zum Wohle Dritter auszurichten. Selbstverwirklichung darf also nicht zu einer Ich-Bezogenheit führen, die den Zweck und das Kollektiv ausblendet. Selbstverwirklichung, welche das eigene Selbst vor jenes der anderen stellt, ist sozial unverträglich. Bei einer ausschließlichen Betonung des Aspekts des eigenen Selbst läuft der Mensch Gefahr, nur an sich selbst zu denken und das Gegenüber, das Kollektiv aus dem Blick zu verlieren und dabei Rücksicht und Umsicht vermissen zu lassen. Selbstverwirklichung findet nie losgelöst von einem Umfeld statt. Wir sind alle in betrieblichen, familiären, politischen und gesellschaftlichen Kontexten eingebunden, welche der individuellen Selbstverwirklichung auch Grenzen setzen. Insofern ist eine Selbstverwirklichung nur realisier- und förderbar, wenn die Freiheitsrechte eines anderen Selbst genauso respektiert werden wie die eigenen. Bezogen auf die Selbstverwirklichung im Arbeitskontext bedeutet dies, dass ein dreifacher Blick notwendig ist, nämlich einerseits auf den sich selbst verwirklichenden Mitarbeitenden (Arbeit für sich selbst), auf die Arbeitsgemeinschaft als Team, Gruppe, Abteilung etc. (Arbeiten mit anderen) und eine Arbeitsverrichtung, deren Ergebnis Dritten zugutekommen soll (Arbeiten für andere). Nur wenn Arbeit selbst bestimmt werden kann, aber in einem Gemeinschaftssinn „mit anderen“ verrichtet wird und „für andere“ einen Nutzen spendet, verbindet sich Selbstbestimmung und Selbstverwirklichung mit einem kollektiven Nutzen (soziale Selbstverwirklichung). Selbstverwirklichung ist also nur ein Aspekt aus mehreren und kann als Arbeitswert deshalb auch nicht verabsolutiert werden.

Betrachten wir vor diesem Hintergrund die Auswertungen unserer Studie 2019: Vielleicht liegt es daran, dass Selbstverwirklichung für viele ein Versprechen auf Selbstbestimmung darstellt, dass 86 % der Mitarbeitenden diesen Arbeitswert für sich als (sehr) wichtig betrachten. Mit dem Arbeitswert des Zusammenhalts in der Arbeitsgemeinschaft bildet dies die Spitzenposition. Interessant ist, dass im Altersverlauf die Selbstverwirklichung sowohl für die Jungen (21- bis 25-Jährigen) wie auch für die 61- bis 65-Jährigen besonders wichtig ist, während in der Berufsphase zwischen 41 und 55 Jahren die Bedeutung etwas nachlässt. Während bei älteren Mitarbeitenden ein erfahrungsgesättigter, reflektierter Umgang mit dem, was in der eigenen Anlage verwirklicht werden soll, naheliegend ist, stellt sich die Frage eher hinsichtlich Selbstverwirklichung bei Berufseinsteigern. Hier treffen wir nun auf ein verändertes Wertebewusstsein einer jungen Generation, welche unter anderem die Sinnhaftigkeit des eigenen Handelns im Erwerbsleben höher gewichtet als frühere Generationen (Albert et al. 2019).

Während zwischen den Geschlechtern keine Unterschiede in der Wichtigkeit der Selbstverwirklichung auszumachen sind, sieht man hingegen eine Abhängigkeit vom Bildungsabschluss: Personen mit einem akademischen Abschluss, insbesondere solchen mit einer Promotion, ist die Selbstverwirklichung als Arbeitswert wichtiger als Personen mit einer abgeschlossenen Berufslehre. Auch sucht das Fachkader eher nach Selbstverwirklichung als beispielsweise Geschäftsleitungsmitglieder. Bei letzterem Vergleich wird sichtbar, dass Selbstverwirklichung wohl oft durch ein inhaltliches Interesse getrieben wird und weniger durch eine allgemeine Managementaufgabe. Bei den Branchen fällt die Industrie mit Spitzenwerten auf, welche sich bis zu 16 Prozentpunkte von beispielsweise der Öffentlichen Verwaltung abhebt. Bei letzterer schränkt natürlich das Prinzip des Gesetzesvorrangs oder gar -vorbehalts die Selbstbestimmung und -verwirklichung der einzelnen Mitarbeitenden ein. Bei den unterschiedlichen Funktionen scheinen Forschende und Bildungsverantwortliche deutlich mehr an Werten der Selbstverwirklichung ausgerichtet zu sein als Mitarbeitende der Pflege. Letztere stellen ihr eigenes Schaffen primär in den Dienst anderer, hier geht es nicht um das eigene Selbst.

Bei jenen Arbeitgebern, die aus Sicht ihrer Mitarbeitenden stark den Arbeitswert der Selbstverwirklichung vorleben oder diesen ermöglichen, fällt die vergleichsweise sehr hohe Produktivitätswirkung auf. 92 % der Mitarbeitenden, die bei ihrem Arbeitgeber eine (sehr) starke Ausrichtung am Arbeitswert der Selbstverwirklichung feststellen, fühlen sich (überwiegend) produktiv in ihrer Arbeit. Immerhin noch 61 % fühlen sich sogar sehr produktiv. Vertrauen in die Selbstbestimmung der Mitarbeitenden scheint sich also in deren Produktivität auszuzahlen. Auch werden bei solchen Arbeitgebenden die Weiterentwicklungsmöglichkeiten und die Kompetenzförderung am besten beurteilt. Von besonderem Interesse ist die Frage, bei welchen vorherrschenden Arbeitswerten die Mitarbeitenden am meisten Sinnhaftigkeit in ihrer Arbeit finden. Auch hier schwingt eine durch den Arbeitgeber gelebte Selbstverwirklichungskultur obenaus: 71 % jener, die beim Arbeitgeber eine starke Selbstverwirklichungskultur wahrnehmen, erachten ihre Arbeit als sehr sinn- und wertvoll. Arbeit als Beitrag zur Sinn- und Bedeutungsproduktion für die Herausbildung eines reflektierten Selbst kann existenzielle Wirkung entfalten. Es setzt jedoch immer die hier beschriebenen Reflexionsprozesse über das Selbst im Verhältnis zum generalisierbaren Anderen voraus:

> „Im Fortgang menschlicher Reflexion über die Arbeit wurde immer deutlicher, dass in der Arbeit Menschen nach dem Sinn ihrer Existenz suchen und in ihren Arbeitsleistungen diese Suche geschichtlich jeweils eine vorläufige Antwort findet." (Berg 2013, S. 138)

4.2.6 Balance zwischen Arbeit und Leben halten

Die oben beschriebenen Arbeitswerte bergen die Gefahr in sich, den Mitarbeitenden in Konflikt zu anderen Werten des Privaten, zum Beispiel der Familie, der Freizeit etc. zu bringen. Seien es die Arbeitskolleg/innen, mit denen mehr Zeit als mit der eigenen Familie verbringt, sei es die Karriere, der wichtige Sozialkontakte geopfert werden, sei es eine aufopfernde Aufgabe, an der man sich selbst ausbeutet, sei es die Selbstverwirklichung in der Arbeit, die kaum mehr Raum für partnerschaftliche Entwicklungsprozesse lässt: die Liste möglicher Zielkonflikte ließe sich endlos verlängern. Mitarbeitende produzieren mit den ihnen wichtigen Arbeitswerten potenzielle Widersprüche mit einem Leben jenseits der Arbeit. Dieses Phänomen wird durch aktuelle Entwicklungen zur Entgrenzung von Arbeits- und Privatsphäre akzentuiert. Dies wiederum wird durch den technischen Fortschritt und veränderte gesellschaftliche Erwartungen, u. a. bei der Erreichbarkeit – mobile, anywhere, anytime –, durch die Zunahme atypischer Beschäftigungsverhältnisse[6] aber auch durch die Flexibilisierung von Arbeitsverhältnissen vorangetrieben. Durch diese Entgrenzungsphänomene entsteht bei vielen Menschen das Gefühl, ständig verfügbar sein zu müssen und kommunikativ in „Daueralarmbereitschaft" zu stehen. Zeitkonflikte werden oft zugunsten der Arbeit entschieden („Arbeit geht vor"), was zu wiederholten Störungen im Privat- und Familienleben führen kann. Insbesondere die Vorhersehbarkeit und Planbarkeit der privaten Zeit stellt vielenorts eine zunehmende Herausforderung dar. Interessens- und Rollenkonflikte belasten den Menschen und sein Umfeld. Dabei wird oft Entgrenzung einseitig wahrgenommen, indem sich das Private für berufliche Belange durchlässig zeigt, umgekehrt aber private Verpflichtungen nicht gleichermaßen selbstverständlich in den Beruf hineingetragen werden. Hierzu gibt es bereits ein kollektives Bewusstsein, das noch nicht einmal persönliche Betroffenheit oder Erfahrung voraussetzt. Das Bewusstsein über die Wichtigkeit von Vereinbarkeit zwischen zum Beispiel Beruf und Familie ist nämlich längst bei den Jugendlichen, meist noch nicht Betroffenen, angekommen und wird in der aktuellen Shell-Jugendstudie eindrücklich belegt. Hiernach dürfen für 93 % der Jugendlichen Familie und Kinder neben dem Beruf nicht zu kurz kommen (Albert et al. 2019). Hierfür sollen Teilzeitangebote wie auch eine kurzfristige Anpassung von Arbeitszeiten an die eigenen Bedürfnisse bereitgestellt werden.

In einer eigenen Studie aus dem Jahr 2017 konnten wir nachweisen, dass 36 % der Beschäftigten aktuell mit der aktuellen Vereinbarkeit zwischen Beruf und Privatleben wenig oder gar nicht zufrieden sind (Wörwag und Cloots 2018). Vor dem Hintergrund der hier beschriebenen Entgrenzungsphänomene und den daraus resultierenden Druckpunkten und Rollenkonflikten zwischen Arbeit und Privatem erstaunt es wenig, dass eine gute Balance zwischen Arbeit und Leben zu erzielen für die Arbeitswelt in Zukunft immer wichtiger wird. Paulus greift diese Entwicklung mit folgender These auf:

> „Galt es in der Industrialisierung des 20. Jahrhunderts die körperliche Unversehrtheit der Arbeitnehmenden durch Arbeitsschutzmaßnahmen zu gewährleisten, gilt es sicherlich als eine der größten Herausforderungen im Hightech-Kapitalismus des 21. Jahrhunderts, *Vereinbarkeit von Privatem und Beruflichem* herzustellen, *psychosoziale Gesundheit* der Angestellten und Arbeitgebenden zu erhalten sowie die Zeitbedarfe der Akteure aufeinander abzustimmen, um ein soziales Auseinanderdriften der Gesellschaft zu verhindern." (Paulus 2020, S. 228)

[6] Gemäß einer Studie des European Working Conditions Survey EWCS aus dem Jahr 2015 Eurofound Jahrbuch 2015 (2016) arbeiten mehr als die Hälfte der Beschäftigten an mindestens einem Samstag pro Monat, 30 % monatlich an mindestens einem Sonntag. 45 % der Beschäftigten erledigen Arbeit auch in der Freizeit, um den beruflichen Anforderungen gerecht zu werden, und 13 % mussten wegen der Arbeit mehrmals im Monat auf Freizeit verzichten.

Eine gute Balance zwischen Arbeits- und Privatsphäre zu halten, streben gemäß unserer Studie 2019 als Arbeitswert 77 % der Beschäftigten an. Doch gerade einmal 36 % sehen, dass dieser Wert auch an ihrem Arbeitsplatz überzeugend gelebt wird. Letzterer Wert stimmt überraschend genau mit dem Wert der mit Vereinbarkeitsfragen Unzufriedenen aus unserer Studie 2017 überein. Hierin allein wird schon ein betrieblicher Handlungsbedarf sichtbar, die Mitarbeitenden nicht nur als Funktionsträger, sondern als Menschen mit umfassenden, das Arbeitsleben übersteigenden Rollen, Bedürfnissen und Verantwortungen wahrzunehmen. Besonders ausgeprägt ist das Bedürfnis nach einer guten Balance gemäß unserer Studie 2019 bei den jungen Berufstätigen zwischen 21 und 30 Jahren (84 %), während der Wert entlang des Altersverlaufs bis auf 67 % bei den 61- bis 65-Jährigen absinkt. Hier scheint die oben beschriebene Wertveränderung bei der jungen Generation sichtbar zu werden, welche höheren Wert auf Vereinbarkeitsfragen legt. Überstunden und auch Arbeit am Wochenende wird zwar für eine Karriereentwicklung in Kauf genommen, doch muss es einen Ausgleich unter der Woche geben. Zudem soll das Berufsleben ausreichend Raum und Zeit für genügend Freizeit bieten (Albert et al. 2019).

Bei Frauen ist die Frage der Vereinbarkeit in unserer Studie mit sieben Prozentpunkten Differenz nach wie vor akzentuierter als bei Männern. Weniger wichtig wird die Work-Life-Balance in oberen Führungsfunktionen gesehen, während Mitarbeitende ohne Führungsverantwortung eine starke Wertorientierung an Vereinbarkeitsfragen haben. Dieser Umstand macht es mitunter auch schwierig, das Vereinbarkeitsthema betrieblich als relevant zu etablieren, denn wo das Bewusstsein auf oberster Führungsebene nicht stark ausgebildet ist, werden es entsprechende Programme und Unterstützungsmaßnahmen schwer haben.

Der Befund aus der Studie 2019 zeigt weiter, dass eine von den Mitarbeitenden wahrgenommene Vereinbarkeitsorientierung am Arbeitsplatz gute Werte auf die Motivation und Produktivität der Mitarbeitenden erzeugt. Auch kann Erschöpfung im Vergleich zu anderen Arbeitswerten reduziert werden: Lediglich 8 % der Mitarbeitenden, die eine sehr gute Balance zwischen Privat und Arbeit am Arbeitsplatz wahrnehmen, fühlen sich überwiegend oder stark erschöpft. Zum Vergleich: bei einer Hochleistungskultur sind dies ganze 22 %.

4.2.7 Sinn im Leben: Sinn auch außerhalb der Arbeit suchen

Friedrich Nietzsche wird das Zitat zugesprochen: „Wer von seinem Tag nicht zwei Drittel für sich selbst hat, ist ein Sklave“. Das Zitat bringt den Kern des siebten Arbeitswertes zum Ausdruck. Es gibt noch ein wichtiges Leben neben der Arbeit. Oder anders gesagt: Im Leben geht es primär um das Leben und nicht nur um die Arbeit. Das erinnert uns daran, dass früher – angefangen bei den Stadtbürgern der griechischen Antike bis hin zum Adel des Mittelalters – die Nicht-Arbeit als Privileg galt.[7] Heute, geprägt von einem in der

[7] Die entsprechende Bedeutungsverschiebung der Arbeit habe ich in Abschn. 2.2.3.1.1 beschrieben.

protestantischen Ethik verhafteten Arbeitsdenken, müssen sich eher jene rechtfertigen, die Nicht-Arbeit als Zentrum ihres Lebenssinnes sehen und Arbeit dazu nutzen, sich ein solches Leben zu ermöglichen. In den 1980er-Jahren wurde diese Arbeitsmoral als im Zerfall begriffen beschrieben, indem „Arbeitsunlust, Ausweichen von Anstrengungen, Egalitätsstreben und Statusfatalismus" um sich greife (Hondrich et al. 1988). Heute und vor allem auch angesichts der Werteorientierung der Jugend bekommt dieses Denken eine neue Gültigkeit:

> „Vier von fünf Jugendlichen geben an, dass sie „das Leben in vollen Zügen genießen" wollen. Diese Haltung hat seit 2002 kontinuierlich an Bedeutung gewonnen." (Albert et al. 2019, S. 20)

Jugendliche denken vermehrt in Dimensionen des Hier und Jetzt, wollen an diversen gesellschaftlichen Angeboten partizipieren und verbinden dabei ein eher hedonistisches Genussstreben mit Werten wie Familie und Gemeinschaft. Gleichzeitig ist eine starke Bedeutungszunahme, insbesondere bei den jungen Frauen, in Richtung einer bewussten und achtsamen Lebensführung festzustellen, welche zum Beispiel Themen der Gesundheit, des Klimas und der Umwelt sogar eine höhere Wertigkeit beimisst als der Erlangung eines hohen Lebensstandards (63 %). Damit gewinnen bei den Jugendlichen die eher idealistischen und sinnstiftenden Wertorientierungen gegenüber den eher materialistischen Werten an Bedeutung. Sinnstiftendes wird auch weit über die Arbeitswelt hinaus gesucht und als wichtig erachtet. Arbeit selbst muss u. a. hohe Ansprüche an die Sinnhaftigkeit des eigenen Handelns erfüllen sowie Möglichkeit bieten, sich um andere zu kümmern und etwas Nützliches für die Gesellschaft zu leisten (Albert et al. 2019).

In unserer Studie 2019 haben 67 % den Arbeitswert „Sinn im Leben: Sinn auch außerhalb der Arbeit suchen" als überwiegend oder sehr wichtig beurteilt. Eingedenk des oben beschriebenen Wertewandels, den die heutige Jugend in die Gesellschaft bringt, ist mit weiteren Zuwachsraten zu rechnen. Dafür braucht es aber auch ein arbeitgeberseitiges Umdenken, denn gerade einmal einem guten Viertel der Arbeitgebenden scheint die Sinn- und Bedeutungsproduktion am Arbeitsplatz gut zu gelingen. Betrachtet man den Arbeitswert in unserer Studie 2019 etwas genauer, so sind es die 26- bis 30-Jährigen, welche mit 83 % im Vergleich zu beispielsweise den 56- bis 60-Jährigen (63 %) diese Wertorientierung deutlich häufiger verkörpern. Hierin zeigt sich der auch in der Shell-Jugendstudie nachgewiesene Wertewandel. Frauen verkörpern diese Werte mit 10 Prozentpunkten Differenz deutlich stärker als Männer. Auch dies entspricht den Befunden aus der Shell-Studie. Ferner wird dieser Arbeitswert stärker durch Mitarbeitende ohne Führungsfunktion repräsentiert als von Führungskräften. Insbesondere obere Führungsebenen scheinen nach wie vor mehr an klassischen Arbeitswerten ausgerichtet zu sein.

Welche Wirkung erzielen Arbeitgeber, welchen es aus Sicht der Mitarbeitenden gelingt, eine starke Sinnorientierung als Arbeitswert vorzuleben? Sie schneiden überdurchschnittlich im Bereich Motivation und Produktivität ab und erzielen Bestwerte bei der Identifikation der Mitarbeitenden. Zudem sind Mitarbeitenden in solchen Kulturen unterdurchschnittlich erschöpft. Die Frage nach Sinn und Bedeutung muss also auch innerhalb der Arbeit gestellt werden, will man nicht riskieren, dass sie außerhalb der Erwerbsarbeit gesucht und gefunden wird und diese Mitarbeitenden uns im Erwerbsprozess langfristig verloren gehen.

4.3 Fazit

Arbeitswerte sind auf individueller Ebene wichtige Präferenzen und Dispositionen der Mitarbeitenden, welche gemäß unserem Denkmodell zur Arbeitskultur aus Abschn. 2.2, die betriebliche Arbeitskultur prägen. Sie sind aber auch Ausdruck eines Zeitgeistes, eines gesellschaftlichen Präferenzsystems und als solches bedeutsam zur Weiterentwicklung der Arbeitswelt. Betriebliche Arbeitskulturen als Produkte der Interaktionen von Menschen mit ihren Arbeitswerten lassen sich damit auch unter einer Wertperspektive beschreiben. Das ist noch keine Beschreibung der Kultur, als Manifestation sozialer Codes und Praxen, aber das ihnen zugrunde liegende und hier beschriebene Wertesystem wird sich in der Ausprägung der Kultur, in Sprache, Codes, Argumentationslogiken, Erfolgsmaßstäben und Anerkennungsstrukturen wiederfinden. Insofern sind Arbeitswerte individuell, betrieblich wie gesellschaftlich wichtige Grundlagen, welche unsere Wert- und Zielsysteme prägen und Basis für Normen und Werte der Arbeitskulturen darstellen.

Mit Bezug zum Denkmodell der Arbeitskultur beschreiben die Arbeitswerte die Seite des Individuums. Die in unserer Studie sichtbaren unterschiedlichen Ausprägungen von Arbeitswerten zeigt eine erhebliche Wertediversität bei den Mitarbeitenden. Gleichgesinnte, aber auch in ihren Wertstrukturen sehr unterschiedliche Menschen, werden unterschiedliche Vorstellungen von Karriere, Gemeinschaft, Sicherheit, Leistung etc. haben. Diesen muss die betriebliche Praxis versuchen gerecht zu werden.

In unserer Studie 2019 haben wir sieben Wertkomplexe untersucht. Diese Wertkomplexe können, stark vereinfacht, folgenden Grundwerten zugeordnet werden: Sicherheit (Soziale Sicherung und sorgenfrei von der Arbeit leben können), Gemeinschaftssinn (Zusammenhalt in einer Arbeitsgemeinschaft finden), Karriere (Zielstrebigkeit: Weiterkommen und Wohlstand erarbeiten), Leistung (Höchstleistungen erbringen und Verantwortung übernehmen), Selbstverwirklichung, Balance zwischen Arbeit und Leben sowie Sinn im Leben (Arbeiten, um zu leben: Sinn auch außerhalb der Arbeit suchen). Zusammenfassend kann man sagen, dass die Arbeitswerte Selbstverwirklichung und Gemeinschaftssinn am häufigsten in der Arbeitswelt anzutreffen sind. Damit lässt sich ableiten, dass die individuelle wie auch die kollektive Wertperspektive zusammen wichtig sind, es in den Betrieben ein sowohl als auch, statt ein entweder oder geben muss. Aufgrund der hohen Werte auch der übrigen Arbeitswerte kann von einer gelebten Wertediversität ausgegangen werden. Der Betrieb ist hier ein Abbild der Vielfalt unserer Gesellschaft. Vor diesen Hintergrund scheint es ratsam, auch unterschiedliche Werte in der betrieblichen Praxis zu respektieren und zu leben, statt nur einzelne zu fokussieren und andere zu negieren.

Die Studienresultate unserer Studie 2019 legen ferner eine alters- und funktionsspezifische Ausgestaltung von Erfolgs-Messgrößen, Anreizstrukturen und Karrierekriterien nahe, die auf unterschiedlichen Wertvorstellungen aufbauen. Nachfolgend gebe ich stark verkürzt einige Hinweise dafür:

Gerade bei jüngeren Berufspersonen scheinen die Arbeitswerte insgesamt ausgeprägter zu sein als bei älteren Mitarbeitenden und manifestieren sich in einem Wertebündel von Sicherheit, Leistung und Selbstverwirklichung unter Berücksichtigung der Work-Life-Balance und einer Sinnorientierung im Leben. Darauf sollten Arbeitsinhalte, -formen und -anerkennungen sowie Karrierepfade in dieser Lebensphase ausgerichtet sein. Bei den Mid-Agern fallen die 31- bis 40-Jährigen mit einer Zunahme des Gemeinschaftssinns auf. In der Altersgruppe der 36- bis 50-Jährigen nehmen Bedürfnisse an eine gute Work-Life-Balance zu, bei den 41- bis 45-Jährigen zunehmend auch Fragen zum Sinn im Leben. Ab dem Alter von 51, insbesondere aber in der Gruppe der 56- bis 60-Jährigen, zeigt sich eine starke Gewichtung der Selbstverwirklichung sowie nochmals eine starke Karriere- und Leistungsorientierung. Es scheinen hier nochmals Anlässe für späte Karrieren zu geben. Ab 61 sehen wir dann wieder eine starke Ausrichtung auf Sicherheit und Selbstverwirklichung. Der Verlauf zeigt, dass betriebliche Anerkennungsstrukturen und Entfaltungsmöglichkeiten sich im Altersverlauf anpassen müssen. Interne Laufbahnen sind auch individuelle Biografien, deren Werteverschiebungen Rechnung getragen werden muss.

Bei weiblichen Mitarbeitenden dominieren eher Werte wie Sicherheit, Gemeinschaftssinn, Work-Life-Balance und Sinn im Leben; bei Männern dagegen die Werte Karriere und Leistung. Dennoch muss von Genderstereotypen gewarnt werden. Diese sollten auch nicht durch eine Genderdifferenzierung zementiert werden. Es ist eher auf Genderneutralität der Wertediskussion aber Berücksichtigung individueller Lebenslagen zu achten.

Mit Bezug zu unterschiedlichen Führungsebenen muss von weiteren Stereotypisierungen gewarnt werden: Selbstverwirklichung sollte nicht Führungspositionen vorbehalten bleiben und Mitarbeitende sollten nicht auf heute dominante Werte wie Sicherheit, Work-Life-Balance und Sinn im Leben reduziert werden. Beispielsweise ist der Arbeitswert der Balance zwischen Arbeit und Privatem für alle Mitarbeitende aller Führungsebenen relevant und sollte auch gemeinsam diskutiert werden. Die hohe Betonung des Arbeitswerts Karriere bei Geschäftsleitungsmitgliedern sollte auch einem kritischen Diskurs zugeführt werden. Regenbogenkarrieren, bei denen also der Karrierebegriff nicht an eine formale Führungsrolle geknüpft wird, sollten gefördert und vorgelebt werden.

Auch Branchenunterschiede lassen sich in Form von auf Arbeitgeberseite unterschiedlich stark gelebten Werten aufzeigen: In der Öffentlichen Verwaltung sowie dem Dienstleistungssektor lassen sich vermehrt Werte der Sicherheit und des Gemeinschaftssinns beobachten als in anderen Branchen. Im Finanz-, Versicherungs- und Immobilienbereich werden die Arbeitgeber im Vergleich zu anderen Branchen ausgeprägt mit den Werten Karriere, Leistung und Selbstverwirklichung wahrgenommen. Entsprechende Berufs- und Branchensozialisationen sind zwar naheliegend, sollten aber durchaus auch hinterfragt werden. Insbesondere muss auf die Zielkonflikte, zum Beispiel zwischen Selbstverwirklichung und branchentypischer Regelorientierung, hingewiesen werden. Selbstverwirklichung entsteht am besten dort, wo eine gewisse strukturelle Unterdetermination und strukturelle Leerstellen vorhanden sind, welche durch die Mitarbeitenden gefüllt werden können.

Auch Funktionen differenzieren nach Werten. Es lohnt sich deshalb auch hier einen differenzierten Ansatz der Werteverankerung in Personalplanungen, Arbeits- und Anstellungsmodellen sowie Anerkennungsstrukturen zu realisieren. Während die einen Funktionen zum Beispiel auf individuelle Leistungserfassung und -honorierung sozialisiert sind, steht für andere die Gemeinschaftslösung im Vordergrund. Hier darf bewusst ein differenzierter Weg eingeschlagen werden und von einen wohlgemeinten aber schlecht funktionierenden Gleichbehandlung aller abgesehen werden.

Bei alledem nicht übersehen werden darf der Umstand, dass individuelle Wertorientierungen der Mitarbeitenden und deren Wahrnehmung der am Arbeitsplatz gelebten Werte erheblich auseinanderklaffen. Am besten scheint vergleichsweise noch das Matching bei einer Leistungskultur und Karriereorientierung zu sein, am größten ist die Differenzerfahrung der Mitarbeitenden zwischen ihrem Anspruch auf Sinn und Selbstverwirklichung und dem, wie sie ihren Arbeitgeber darin wahrnehmen. Hierin liegen erhebliche Handlungsfelder in der betrieblichen Praxis.

Literatur

Abels, Heinz. 2010. *Interaktion, Identität, Präsentation. Kleine Einführung in interpretative Theorien der Soziologie*, 5. Aufl. Wiesbaden: VS Verlag für Sozialwissenschaften/Springer Fachmedien. https://doi.org/10.1007/978-3-531-92048-1.

Aeschlimann, Barbara. 2016. EY Jobstudie 2016 – Zufriedenheit und Motivation. Ergebnisse einer Befragung von 1000 Beschäftigten in der Schweiz. Hrsg. v. EY. Zürich. http://www.alter-hat-potenzial.ch/wp-content/uploads/EY-Jobstudie-2016-Zufriedenheit.pdf. Zugegriffen am 08.02.2020.

Albert, Mathias, Klaus Hurrelmann, und Gudrun Quenzel. 2019. Jugend 2019. Eine Generation meldet sich zu Wort. Zusammenfassung. 1. Aufl. (Shell-Jugendstudie).

Berg, Ludwig. 2013. Kritik an der Leistungsgesellschaft. Jahrbuch für Christliche Sozialwissenschaften, Bd. 14 (1973). https://doi.org/10.17879/jcsw-1973-781.

Bickle, Paul, Maria Exner, Moritz Müller-Wirth, Julian Stahnke, und Sascha Venohr. 2016. Das Vermächtnis – Die ZEIT-Studie | Teil I: Was ist wichtig – heute und in der Zukunft? Unter Mitarbeit von Jutta Allmendinger. Hrsg. v. Die Zeit. Wissenschaftszentrum Berlin für Sozialforschung (WZB); Sozialforschungsinstitut infas. https://www.zeit.de/gesellschaft/2016-02/deutschland-werte-leben-vorstellungen-studie-vermaechtnis#vermaechtnis-studie-info-1-tab. Zugegriffen am 04.02.2020.

Bundesministerium für Arbeit und Soziales Deutschland, Hrsg. 2016. Wertewelten 4.0. nextpractice. Bremen.

Eurofound Jahrbuch 2015. 2016. *Leben und Arbeiten in Europa – Living and working in Europe*. Luxembourg: Publications Office (Eurofound yearbook 2015).

Grünewald, Lars. 2018. Arbeit und Selbstverwirklichung: Projektarbeit als zukünftige Arbeitsform. Norderstedt: Books on Demand. https://books.google.ch/books?id=EKhdDwAAQBAJ. Zugegriffen am 08.02.2020.

Hondrich, Karl Otto, Jürgen Schumacher, Klaus Arzberger, Frank Schlie, und Christian Stegbauer. 1988. *Krise der Leistungsgesellschaft? Empirische Analysen zum Engagement in Arbeit, Familie und Politik*. Wiesbaden: VS Verlag für Sozialwissenschaften. https://doi.org/10.1007/978-3-322-83716-5.

Institut für Demoskopie Allensbach. 2010. Monitor Familienleben 2010. Einstellungen und Lebensverhältnisse von Familien, Ergebnisse einer Repräsentativbefragung – Berichtsband. Hrsg. v. Institut für Demoskopie Allensbach. Allensbach am Bodensee.

Kaufmann, Stefan. 2017. Die Lüge von der Leistungsgesellschaft. Hrsg. v. Frankfurter Rundschau. https://www.fr.de/wirtschaft/luege-leistungsgesellschaft-11024495.html. Zugegriffen am 04.02.2020.

Leitbetriebe Austria. 2019. Mitarbeiter Magnetismus. Wien. https://leitbetriebe.at/wp-content/uploads/2019/09/Pr%C3%A4sentation_Leitbetriebe_Mitarbeiter-Magnetismus_September-2019.pdf. Zugegriffen am 08.02.2020.

Lenze, Anne, und Antje Funcke. 2016. Alleinerziehende unter Druck. Rechtliche Rahmenbedingungen, finanzielle Lage und Reformbedarf. Hrsg. v. Bertelsmann Stiftung. https://www.bertelsmann-stiftung.de/fileadmin/files/Projekte/Familie_und_Bildung/Studie_WB_Alleinerziehende_Aktualisierung_2016.pdf. Zugegriffen am 04.02.2020.

Lévinas, Emmanuel. 2003. *Die Zeit und der Andere. Neuausg.* Hamburg: Meiner (Philosophische Bibliothek, 546).

Mead, George Herbert. 2017. *Geist, Identität und Gesellschaft. Aus der Sicht des Sozialbehaviorismus.* 18. Aufl. Frankfurt a. M.: Suhrkamp (Suhrkamp Taschenbuch Wissenschaft, 28).

de Montaigne, Michel Eyquem. 2005. Essais. Köln: Anaconda.

Nienhaus, Albert, Hrsg. 2015. *RiRe – Risiken und Ressourcen in Gesundheitsdienst und Wohlfahrtspflege. ecomed Verlagsgesellschaft.* Landsberg am Lech: Ecomed Medizin.

Nier, Hedda. 2019. So lange dauert ein Arbeitsleben. Hrsg. v. Statista. https://de.statista.com/infografik/6863/so-lange-dauert-eine-arbeitsleben/. Zugegriffen am 08.02.2020.

Paulus, Stefan. 2020. Work-Life-Balance 4.0 – Zentrale Herausforderungen. In *Human Digital Work – Eine Utopie?* Hrsg. Sebastian Wörwag und Alexandra Cloots, 269–283. Wiesbaden: Springer Gabler.

Rattner, Josef, und Gerhard Danzer. 2006. *Selbstverwirklichung: seelische Hygiene und Sinnsuche im Dasein.* Würzburg: Königshausen & Neumann. https://books.google.ch/books?id=OlnQ9dzPp14C. Zugegriffen am 12.02.2020.

Roederer, Julia Dorothee. 2011. *Der Einfluss der Persönlichkeit von Topmanagern und der Unternehmenskultur auf den Unternehmenserfolg. Eine empirische Analyse zentraler Mechanismen und Rahmenbedingungen.* Zugl.: Darmstadt, Techn. Univ., Diss., 2011. 1. Aufl. Wiesbaden: Gabler /Springer Fachmedien Wiesbaden GmbH Wiesbaden (Neue Perspektiven der marktorientierten Unternehmensführung). https://doi.org/10.1007/978-3-8349-6234-8.

Sennett, Richard. 2012. *Autorität.* 2. Aufl. Berlin: Berliner Taschenbuch. (BvT, 593).

Splendid Research. 2019. Wie einsam fühlen sich die Deutschen? Eine repräsentative Umfrage unter 1.006 Deutschen zum Thema Einsamkeit. Hrsg. v. Statista. https://www.splendid-research.com/de/studie-einsamkeit.html. Zugegriffen am 14.02.2020.

Tophoven, Silke, und Anita Tisch. 2016. Dimensionen prekärer Beschäftigung und Gesundheit im mittleren Lebensalter. *WSI-Mitteilungen* 69(2): 105–112. https://doi.org/10.5771/0342-300X-2016-2-105.

Verheyen, Nina. 2018. *Die Erfindung der Leistung.* 1. Aufl. München: Hanser Berlin. http://www.hanser-literaturverlage.de/9783446256873.

Wörwag, Sebastian, und Alexandra Cloots, Hrsg. 2018. *Zukunft der Arbeit – Perspektive Mensch. Aktuelle Forschungserkenntnisse und Good Practices.* Wiesbaden: Springer Fachmedien. https://doi.org/10.1007/978-3-658-22099-0.

Identifizierung 3.0 – Warum New Work einen neuen Typus der Rollenübernahme in Organisationen erforderlich macht

5

Ein Denkanstoß

Moritz Senarclens de Grancy und Clarissa-Diana Wilke

„Ich bin nicht, was ich bin."
William Shakespeare, Othello

Zusammenfassung

Inwieweit müssen Unternehmen und Organisationen zu einem neuartigen Rollenverständnis finden, um dem Veränderungsdruck ausgehend von den digitalisierten und globalisierten Märkten zu begegnen? Ausgehend von dieser Fragestellung untersucht der Beitrag den Zusammenhang von Rollenaufnahme und Identitätsbildung im organisationalen Zusammenhang und formuliert die These, wonach sich Unternehmen zunehmend fragen müssen, welche Rolle sie im Leben von Kunden und Mitarbeitern spielen können, um eine Zukunft zu haben. Zur Untersuchung dieser Fragestellung greifen die Autoren auf Konzepte und Begriffe aus der Psychoanalyse Freuds und Lacans zurück. Sie untersuchen, inwieweit Unternehmen in einer digitalen Wirtschafts- und Arbeitswelt nicht nur der Ordnung der Wirtschaft mit ihren Regeln für die Produktion, Distribution und den Konsum von Gütern und Dienstleistungen unterliegen, sondern zusätzlich und vermehrt dem Begehren (value deficit) von Kunden, Mitarbeitern und anderer

M. Senarclens de Grancy (✉)
Berlin, Deutschland
E-Mail: kontakt@grancy.eu

C.-D. Wilke
WOMEN'S BOARDWAY – Deutsche Gesellschaft für Frauen in Führungspositionen mbH,
Berlin, Deutschland
E-Mail: cdw@womensboardway.de

S. Wörwag, A. Cloots (Hrsg.), *Arbeitskulturen im Wandel*,
https://doi.org/10.1007/978-3-658-30451-5_5

relevanter Personengruppen unterworfen sind. Die Argumentation basiert im Wesentlichen auf einer Literaturauswertung, die durch einige eigene empirische Evidenzen ergänzt wird. Methodisch hat der Beitrag daher explorativen Charakter, er zielt auf eine Analyse des Gegenstandsbereichs und die Generierung von Hypothesen für die weitere Forschung.

5.1 Identität und Identifizierungen in Organisationen

5.1.1 Mitarbeiterbindung vor neuen Aufgaben

Der Begriff *New Work* wurzelt ursprünglich in dem Bemühen um eine Veränderung von Arbeitszeitmodellen bei General Motors Mitte der 1980er-Jahre (Gelder und Bergmann 1994). Inzwischen dient er als Chiffre für den durch Digitalisierung und Globalisierung ausgelösten Paradigmenwechsel sowie die engagierte Diskussion rund um die Frage, wie Arbeit vor diesem Hintergrund organisiert werden sollte (Gelder und Bergmann 1994; Ternès und Wilke 2018; Holle et al. 2019). Doch ähnlich wie damals bei General Motors wird heute die Diversifizierung und Flexibilisierung starrer Organisations- und Hierarchiestrukturen gefordert sowie mehr Raum für die Selbstentfaltung der Mitarbeiter im Dienst von Innovation und Entwicklung der gesamten Organisation (Senarclens de Grancy 2018). Eingedenk dessen untersuchen wir in diesem Beitrag, inwieweit diese Veränderungsdynamik auch die Art der Identifikationen der Mitarbeitenden und Führungspersönlichkeiten mit ihrer Organisation verändert. Anhand des in der Psychoanalyse Freuds und Lacans verankerten Begriffs der *Identifizierung* in Koppelung mit dem Rollenbegriff argumentieren wir, dass die genannten Veränderungen die bislang gewohnte Richtung der Identifikation ins Gegenteil verkehrt. Hierunter ist zu verstehen, dass sich Organisationen zunehmend häufig fragen müssen, welche Rolle sie als Organisation im Leben ihrer Mitarbeiter und Kunden einnehmen können.

In der Tat kommt im Personalmanagement der Mitarbeiterbindung inzwischen eine zentrale Position im Unternehmen zu. Das hat auch dazu geführt, dass sich dieser Unternehmensbereich ein neues Rollenverständnis angeeignet hat (Martin et al. 2016) – und vom reinen Personalverwalter zum „kreativen Gestalter“ aufstieg (Ternès 2018, S. 9). Eine neue Herausforderung stellt hingegen die ausgeprägte Wechselwilligkeit der Millennials dar – also der Generation, die um die Jahrtausendwende geboren wurde – und der Personalverantwortliche mit emotionalen Bindungsstrategien beizukommen versuchen (Molina et al. 2018). Doch auch insgesamt scheinen die bislang gängigen Mechanismen der Mitarbeiterbindung den Anforderungen des digitalen Zeitalters nicht mehr zu entsprechen und die Leistungsanreize von *Old Work* – hohe Vergütungen, ausgeklügelte Bonus-Systeme oder fixierte Urlaubsansprüche – für *New Work* nicht mehr zu passen. Aspekte, wie der Wunsch nach Gemeinschaft, Bindung, Sinn und Spiritualität, haben für *New Workers* mehr Relevanz bekommen sowie die Frage nach einer über das reine Profitstreben hinaus gehenden ‚Berufung' einer Organisation (Holle et al. 2019) Auftrieb verliehen. Organisationen stehen mithin vor der Frage, wie die Identifikation mit dem Unternehmen nachhaltig zu gewährleisten ist. Die Continental AG etwa hat 2014 den Bereich Human Resources in „Human Relations" umbenannt und damit ein Zeichen für die hohe Bedeutung der Beziehungsebene im Verhältnis zwischen Arbeitnehmern und Unternehmen (Weilbacher 2015) gesetzt. Vor diesem Hintergrund positioniert sich unsere Untersuchung der Bindungsprozesse im Paradigma von New Work rund um die Schlüsselbegriffe Identität, Identifikation und Identifizierung.

5.1.2 Identität und Identifikation im organisationalen Kontext

Zahlreiche organisationspsychologische Forschungsbeiträge lassen sich zum Thema der Identität von Organisation und der Herstellung von Identität mit Organisationen finden (Brown 2001; Hatch und Schultz 2000, 2002; Haslam et al. 2003; Scheidemann 2009). Der Begriff der Identität wird insbesondere im Bereich der Soziologie erforscht und etwa mit dem Begriff der Zugehörigkeit assoziiert, um dem Bedürfnis von Mitarbeitern nach einem starken Wir-Gefühl Ausdruck zu verleihen (Pfaff-Czarnecka 2018). Demgegenüber assoziieren Arbeitgeber beim Thema Identität eher Aspekte wie Kooperationsbereitschaft, Engagement, Commitment und Loyalität (Herkle 2011, S. 30; Geramanis und Hutmacher 2017, S. 11). Als Vordenker in diesem Feld gilt der Soziologe Niklas Luhmann (1984), der in seiner Systemtheorie organisationale Identität innerhalb eines systemtheoretischen Bezugsrahmens als „Selbstbeschreibung der Organisation" im Sinne von auf sich selbst bezogenen Beobachtungen gefasst hatte. In seiner Nachfolge wird dies etwa unter dem Aspekt des Konstruktcharakters von Organisationsidentitäten weiter diskutiert (Herkle 2011, S. 112). Vergleichsweise weniger kursiert der Begriff der Identifikation in der Forschungsliteratur. Böhm (2008) untersucht die Entstehung organisationaler Identifikation aus wirtschaftspsychologischer Perspektive und erwähnt dabei auch den frühen Beitrag Sigmund Freuds zur Definierung der Identifikation im Sinne einer emotionalen Verbindung mit einer anderen Person (Böhm 2008, S. 29).

Auch die psychoanalytische Organisationsforschung interessierte sich zunächst vorrangig für die Frage der organisationalen Identität (Armstrong 1997; Diamond 1993; Gabriel 1999; Driver 2009). Anzieu (1975) etwa prägte den Begriff „group imaginary" und stellte dar, dass es Fantasien gibt, die von den Mitgliedern einer Gruppe kollektiv geteilt werden. Im Kontext der Identitätsfrage interessieren sich auch neuere Forschungsbeiträge für die Ebene des imaginären Erlebens und fokussieren etwa unbewusste Vorstellungen über die Beschaffenheit oder den Zweck einer Organisation, um Wünsche und Ängste beziehungsweise einen Mangel ihrer Mitglieder zu kompensieren (Driver 2009). ‚Imaginär' ist derweil ein Begriff des Psychoanalytikers Jacques Lacan; mit zwei weiteren zentralen Begriffen, dem ‚Symbolischen' und dem ‚Realen', ergibt er ein dreigliedriges Registermodell. Lacan arbeitet dieses kurz RSI genannte Modell über sein gesamtes Werk hinweg aus. Vereinfacht gesagt, dient es ihm der Untersuchung und der Veranschaulichung des menschlichen Wirklichkeitszugriffs.[1] Auch Driver (2009) rekurriert in ihrer Organisationsstudie auf die Register-Trias RSI, um das Ineinandergreifen der Vorstellungsebene mit der Ebene der sprachlichen Zeichen zu untersuchen. Zunächst erkennt sie in dem Topos der organisationalen Identität das Bemühen einer Organisation und ihrer Mitglieder, mit einem (unbewussten) Mangel umzugehen, der nicht überwunden werden kann; der Mangel treibt die imaginären Konstruktionen des organisatorischen Identitätsdiskurses gewissermaßen überhaupt erst an. Ebenso wie aus Sicht der Psychoanalyse Lacans das Freud'sche ‚Ich' als ein imaginäres Konstrukt zu gelten hat, das dem Subjekt Abhilfe schafft bei dem wiederkehrenden Versuch, mit der konstitutionellen Unvollkommenheit umzugehen (Lacan 1953–1954, 1954–1955), wird bei Driver auch die Organisation als ein imaginäres Konstrukt aufgefasst, dessen Funktion in der Kompensierung des Mangels seiner Mitglieder liegt. Zum besseren Verständnis der Konzeption des konstitutionellen Mangels sei erläutert, dass sich das Imaginäre bei Lacan auf einen Diskurs bezieht, in dem das Individuum in der Fantasie oder Illusion gefangen ist, der zufolge sein Selbst ein endgültiges und stabiles Objekt sei, eine Identität, auf die man sich beziehen kann, die eine klare Existenz hat und die einem die Macht gibt, die eigenen Umstände zu kontrollieren, das Selbst sowie auch andere.

Die Entwicklung des Diskurses des Imaginären geht ursprünglich auf Lacans Spiegeltheorie (1966) zurück: Lacan erkannte in den Versuchen des Kleinkindes, angesichts früher Erfahrungen der Hilflosigkeit, des Unzusammenhängenden und der Angst ein kohärentes Selbstverständnis zu kreieren, einen Weg, um die Allusion von Vollständigkeit und Einheit, also eine Art des primären Zustands des Ganzen und Erfüllten wiederzuerlangen. Das Spiegelbild – ob im wörtlichen Sinn verstanden als Spiegelreflex des physischen Selbst oder im übertragenen Sinn als Reflexionsleistung eines sozial konstruierten Selbst – bleibt indes zeitlebens eine Verzerrung, eine Fehlwahrnehmung. Das Selbst, das um dieses verzerrte Bild herum konstruiert wird, muss aus dieser Perspektive daher als ein illusorisches Objekt des Ichs gelten. Dieser Mangel bleibt dem Subjekt allerdings nicht verborgen – Freuds Werk ist voller Hinweise auf die Phänomene, die dem Ich die Annahme der Existenz eines anderen Selbst nahelegen, allen voran Träume (Freud 1900/1999), alltägliche Fehlleistungen (Freud 1901/1999), Kalauer und Witze (Freud 1905/1999) und natürlich die gesamte Bandbreite psychischer Symptome. Mit anderen Worten, das Subjekt begegnet wiederkehrend seinem konstitutiven Mangel und muss lernen, mit der Unvollkommenheit umzugehen. Ähnlich wie die Ich-Konstrukte haben indes auch die Organisationskonstrukte auf der imaginären Ebene die Funktion, die als unbefriedigend oder auch angstauslösend empfundene Unvollkommenheit – etwa ausgehend vom Veränderungsdruck durch die Digitalisierung und Globalisierung – zu überblenden (Arnaud und Vanheule 2007). Auch Driver (2009, S. 57) betont, dass die Diskurse, die den Glauben an die Existenz einer organisationalen Einheit bekräftigen, imaginäre Konstrukte darstellen, deren Zweck sich darin erfüllt, die Erfahrung des Mangels und der Unvollkommenheit (auf

[1] In einem Fachbeitrag habe ich darzustellen versucht, wie sich diese Register-Trias auch als Bemessungspraxis im organisationalen Kontext einsetzen lässt (Senarclens de Grancy 2017).

einer eher unbewussten Ebene der Vorstellung) zu korrigieren. Zur Illustration dieser These kann man sich die Claims bekannter Unternehmen in Erinnerung rufen, wie sie im Marketing oder in der Werbung regelmäßig eingesetzt werden. So lässt sich beispielsweise fragen, ob sich die Produkte der Marke Audi tatsächlich ausnahmslos durch einen Vorsprung durch Technik auszeichnen oder ob sich nicht eher im sogenannten „Dieselskandal" das Reale des Organisationskonstruktes offenbart hat. Wiederkehrende oder eklatante Fehlleistungen, wie im Beispiel der umfassenden Täuschung von Kunden durch eine Organisation, weisen immer auch auf etwas anderes hin, das – in Reaktion auf eine wahrgenommene Unvollkommenheit – als der Mangel dieser Organisation und seiner Führungsebenen verstanden werden kann. Im Fall Audi wird der Mangel gewissermaßen durch das Selbstkonstrukt des technischen Vorsprungs überblendet. Driver (2009) betont, dass Kämpfe mit dem Mangel für Organisationen in ihrem Streben nach identitärer Ganzheit und Vollkommenheit unvermeidlich sind und dass sie überdies auch eine Chance bereithalten:

> „When we shift our focus from denying or correcting for the imaginary character of organizational identity discourse, we may come to appreciate the importance of our struggles with this lack and the power and creativity they contain." (Driver 2009, S. 57)

Vertiefen wir uns etwas weiter in das symbolische Register aus der Lacan'schen Trias RSI: Der Mangel – die Erfahrung der Unvollkommenheit auf individueller oder kollektiver Ebene – wird sich auch nicht durch die soziale symbolische Ordnung ausfüllen lassen. So ruft ieder Versuch des Ich oder der Organisation, mit den Mitteln der Sprache Kontrolle über die eigene Position und Wahrnehmung zu gewinnen, immer auch weitere Verfremdungen und Entstellungen des Selbst hervor. Denn in der sozialen symbolischen Ordnung, in der wir versuchen können zu sagen, wer wir als Einzelne oder als Gruppe sind und was wir wollen, finden wir doch immer nur die Worte und Diskurse anderer vor (Arnaud 2002, S. 697; Fink 1995). Und da kein Individuum in der Lage ist, diese Struktur – etwa mit Hilfe einer Art von Metasprache – zu überschreiten, entfremdet sich das Subjekt ebenso wie die Gruppe in allen Versuchen einer verbalen Selbstkonstruktion immer auch von sich selbst. Zumindest aus psychoanalytischer Sicht führt nichts an der Akzeptanz vorbei, dass ein gewisser Anteil des Subjekts – oder auch der Organisation – in der sozialen symbolischen Ordnung verdrängt wird. In diesem Vorgang erkennt Lacan eine allumfassende Unterwerfung des Subjekts unter das Symbolische und seine Diskurse auf Kosten eines nicht unwesentlichen Teils der subjektiven Bestrebungen (Lacan 1954–1955, S. 42). Dieser Vorgang wiederholt sich bei allen Versuchen, Teil einer Gemeinschaft zu werden in Familie, Schule, Universität, Unternehmen und in weiteren Organisationen, wenngleich diese Verbünde zugleich tragfähige imaginäre Konstrukte bilden, die eben diesen Mangel kompensieren sollen.

Mit der Digitalisierung, so unsere Grundannahme, rückt indes eine zweite Diskursivität auf den Plan und zollt Tribut. Anknüpfend an unsere Ausführungen zur symbolischen Unterwerfung wenden wir uns daher nun diesem zweiten Diskurs bzw. der zweiten

Unterwerfung zu, der Organisationen – so unsere These – durch die Besonderheiten der digitalisierten Arbeitswelt begegnen.

5.2 Doppelte Unterwerfung und Rollenaufnahme

5.2.1 Die doppelte Unterwerfung

Die Begriffe Big Data, Social Media oder Predictive Analytics signalisieren den veränderten Wert und Umgang mit Wissen – auch mit jenem Herrschaftswissen, das Unternehmen, Verbände und Organisationen bislang für sich beanspruchen konnten. Der Hintergrund ist, dass die Wertschöpfung in digitalen Märkten wissensbasiert ist, das heißt, dass Werte durch die Bereitstellung und Vernetzung von Wissen und durch das Verstehen neuer Märkte entstehen (Kraft und Jung 2016). Mit Hilfe digitaler Techniken können heute vormals nötige Intermediäre übersprungen werden, weil inzwischen jeder mit wenigen Mausklicks zum Verkäufer, Vermieter, Dienstleister oder Produzenten werden kann (Pelzer und Burgard 2014, S. 74). In der Folge rücken Anbieter und Abnehmer von Produkten und Dienstleistungen enger zusammen. Das verändert indes auch unsere Vorstellung davon, was eine Organisation ist und wie sie zu führen sei (Boxer 2014). Besonderes Kennzeichen ist dabei der Verlust an organisationaler Souveränität:

> „Within these turbulent environments, the ability to sustain a primary task definition of the organisation with its boundaries breaks down along with the organisation's sovereignty." (Boxer 2013)

Denn die Digitalisierung führt dazu, dass Organisationen nicht mehr allein der sozial-symbolischen Ordnung unterworfen sind, sondern dem Begehren von Kunden, Mitarbeitern sowie – nimmt man etwa die diskursmächtige Fridays-for-Future-Bewegung – Bürgern, wobei Begehren als ein psychoanalytischer Grundbegriff im ökonomischen Kontext als etwas aufzufassen wäre, das immer etwas zu wünschen übrig lässt und auf diese Weise ein kontinuierliches *value deficit* erzeugt. Bei dieser Betrachtung dreht sich alles um den Mangel (um das Defizit) und um die Anstrengungen einer Person oder Gruppe, zu sagen, was sie will, ferner zu bemerken, wie der begehrte Wert nie erreicht wird, immer zu kurz kommt, fehlt oder eine Lücke offenlässt.

Der maßgebliche Unterschied zwischen der ersten und der zweiten Unterwerfung liegt dabei im Kontrollverlust: Während die sozial-symbolische Ordnung über Verträge, Absprachen, Ansprüche und weitere Reglements den Anschein des Kontrollierbaren bewahrt und im Konfliktfall auch leicht ins Juristische zu ziehen ist, entgleitet der Aspekt der Kontrolle im Register des Begehrens, das – noch anders als Wunsch, Anspruch oder Bedürfnis – nicht dem Subjekt oder einer Organisation inhärent oder gehörig ist: Das Begehren ist das Begehren des Anderen (Lacan 1966, S. 220). Aus dieser Annahme folgt indes, dass immer unklar bleiben muss, was es ist, weil wir als Einzelne oder als Gruppe niemals

Sicherheit gewinnen können, welchem Schicksal das Begehren des anderen folgt. In diesem Sinne haben etwa Unternehmen keine Kontrolle darüber, was ihre Kunden – und dies gilt ebenso für Mitarbeitende – demnächst begehren. Dies wird zum Beispiel relevant, wenn es um die Frage geht, wie vielen Unternehmen es in Zukunft gelingt, die technischen Möglichkeiten so zu nutzen, dass sie aus den Daten ihrer Kunden Informationen über deren *value deficits* generieren können. Und nur weil die Digitalisierung in den Widerständen mancher Organisation stecken bleibt, heißt dies nicht, dass sie nicht anderswo rasant und effektiv genutzt wird. Insoweit müssen Organisationen versuchen, mit den heute möglichen Innovationen so umzugehen, dass sie herausfinden, was ihre Kunden begehren. Denn nur in Kenntnis dieser Information wissen sie, welches Begehren sie bei ihren Kunden und Mitarbeitern etwa voraussetzen können.

5.2.2 Neue Anforderungen an die Rollenaufnahme

Unternehmerischer und beruflicher Erfolg hängt – so unsere These – in zunehmender Weise an der Kenntnis von oder dem Wissen um das Begehren anderer ab. Wir wollen jetzt noch untersuchen, inwieweit diese Annahme auch den für Organisationen zentralen Begriff der Rolle berührt. Auf der formalen Ebene verbindet Mitarbeiter und Führungskräfte mit der Organisation die Rolle, die sie einnehmen. Das Verständnis der Rolle in einer Organisation bestimmt ganz allgemein darüber, innerhalb welcher Grenzen jemand in oder im Namen einer Organisation verantwortlich handeln darf und was außerhalb seines Erlaubnisbereichs liegt (Hirschhorn 1988, S. 40 ff.). Die Rolle bestimmt sich formal aus der Aufgabenbeschreibung, der Stellenausschreibung oder aus Weisungen der vorgesetzten Ebene. Wie jemand seine Rolle in einem Unternehmen im weiteren Verlauf seiner Tätigkeit tatsächlich einnimmt, gestaltet oder auch überschreitet, ergibt sich unterdessen auch aus dem Zusammenwirken von Elementen, die weniger formalisiert und festgeschrieben, sondern informeller Art sind (Kesten 1998, S. 103 ff.). Mit Blick auf die These zur zweiten Unterwerfung lässt sich sagen, dass

> „[f]or organizations to be viable – in order that there be roles for individuals to take up – organizations must therefore also take up roles in the lives of their clients. That is, before capturing value for its stakeholders, every organization must create value for its clients. Thus an organization is doubly subjected: to the interests of its stakeholders who determine its structures of governance; and to those interests its clients have that are of interest to the organization. Every organization must face its double subjection periodically, when it sets its strategy, and in response to market change." (Boxer 2018, S. 1)

Was in den Bereichen Software und Design längst üblich ist, nämlich dass Entwickler mit Kunden zusammenarbeiten (Client Collaboration in Development & Design Survey Report 2016) und diese hierüber neue Rollen erhalten, wird demzufolge in weiteren Bereichen einkehren, zum Beispiel dass Kunden zu geschätzten Coaches von Produktentwicklern werden. Was unter dem Strich für den Erfolg von Produkten und Dienstleistungen wichtig wird, ist die Nähe zu den Lebens- und Arbeitsbedingungen und zu den Erfahrungen und Vorlieben der Zielgruppen der jeweiligen Organisationen und ihrer zivilgesellschaftlichen Umgebungen. Das Konzept der agilen Organisation antwortet hierauf durch die Schaffung kleiner autonomer Teams mit neuen Rollenbildern, sogenannter „Squads" (Aghina et al. 2018), die Prozesse von Anfang bis Ende flexibel und vor allem nah am Kunden planen und durchführen können und dadurch das Risiko einer Fehlplanung reduzieren. Konsequenterweise verändert sich dadurch auch die Rollenverteilung von Organisationen, Mitarbeitern und Kunden.

Im dritten und letzten Abschnitt dieser Untersuchung wollen wir das Ineinanderwirken von Identifizierung und Rolle weiter untersuchen. Wir erhoffen uns davon ein differenziertes Verständnis der psychodynamischen Bedingungen im Beziehungsgeschehen von Organisationen.

5.2.3 Rolle und Identifizierung

In *Massenpsychologie und Ich-Analyse* unterscheidet Freud (1921/1999) drei Formen der Identifizierung:

- Die präödipale Identifizierung mit dem idealisierten Vater,
- die ödipale regressive Identifizierung mit dem Liebes- bzw. Hassobjekt und
- die Identifizierung mit dem Begehren eines anderen, der kein Liebesobjekt ist.

Die Identifizierung mit dem Begehren eines anderen, der kein Liebesobjekt ist, liegt vor, wenn ein Ereignis, das einen Einzelnen betrifft, von anderen zum Anlass genommen wird, sich identisch mit dem Betroffenen zu verhalten – ohne dabei dem (unbewussten) Wunsch nachzugeben, so wie er zu sein (Identifikation des zweiten Typs) oder gar ihn ganz ‚haben' zu wollen (1. Typ der Identifikation). Lacan markiert Freuds erste zwei Formen der Identifizierung als imaginäre beziehungsweise als symbolische (Lacan 1954, S. 55): *Imaginär* ist die Identifizierung demnach, wenn jemand im anderen ein identisches (Ab-)Bild von sich selbst wiederzufinden meint. Die *symbolische* Identifizierung ist demgegenüber dadurch charakterisiert, dass ihre Funktion die menschliche Ordnung durch Sprache und Sprechen und Zeichen im weitesten Sinne in jedem Moment und auf allen Stufen bestimmt (Lacan 1954, S. 55) – zum Beispiel wie im Fall der ambivalenten Identifizierung des Schülers mit dem Meister, der gleichermaßen das Recht hat, ihn zu loben und zu tadeln. Die symbolische Identifizierung ist auch dadurch charakterisiert, dass das Subjekt die Verhaltens- und Sprechweisen jener Mitglieder einer Organisation übernimmt, denen es angehören möchte. Dieser Funktionsweise entsprechend laufen Identifizierungen in Organisationen meist ab. Von Freud können wir diesbezüglich mitnehmen, dass dafür die Entlehnung eines einzelnen Zugs oder Charaktermerkmals des Objekts ausreicht – solange sie zum Erwerb einer kleinen narzisstischen Differenz (eines Vorsprungs durch Technik beispielsweise) tauglich ist.

Um nachvollziehen zu können, warum es für Freud überhaupt einer dritten Form der Identifizierung bedurfte und warum diese für die digitalisierten Arbeitswelten und ihre Organisationen besonders aktuell zu werden scheint, kehren wir erneut zum Begriff des Mangels zurück: Die symbolische Identifikation unterwirft das Subjekt, wie schon ausgeführt, der sozialen-symbolischen Ordnung und den in ihr zur Verfügung stehenden Zeichen. Man akzeptiert das Zurückgeworfen Sein auf die soziale-symbolische Ordnung, um dazuzugehören. Im Gegenzug lasst man jedoch einen Teil vom Selbst gewissermaßen vor den Werkstoren zurück – zum Beispiel den Wunsch nach formlosen Umgangsformen, nach Widerstand gegen den Anpassungsdruck oder nach narzisstischer Zurschaustellung des eigenen Selbst. Identifizierungen der zweiten Ordnung lassen insoweit einen strukturellen Mangel aufkommen, weil vom Selbst des Subjekts immer ein Teil verdrängt wird und das Subjekt getrennt von einem Bereich seines Begehrens lebt. In einer Organisation gibt es immer etwas, was von dieser Organisation ‚ausgelassen' wird – was nicht gesagt werden kann oder was nicht gesagt werden darf oder was in Bezug auf die Erfahrung des Einzelnen nicht zu übersetzen ist. Dieser Mangel bewirkt, dass das Begehren immer wieder erneut geweckt und zur Grundlage für die dritte Identifizierung wird – die Identifizierung mit einem Mangel des anderen. Freud hatte hierzu das Beispiel eines Schülers in einem Pensionat eingebracht, der einen Brief von seiner geheimen Geliebten bekommen hat, der seine Eifersucht erregt und auf den er mit einem impulsiven Anfall reagiert. Daraufhin übernehmen einige seiner Freunde, die darum wissen, diesen Anfall – wie Freud sagt, „auf dem Weg der psychischen Infektion". In der Tat handelt es sich Freud zufolge um einen „Mechanismus der Identifizierung aufgrund des sich in dieselbe Lage Versetzenkönnens oder Versetzenwollens" (Freud 1921/1999, S. 117 f.).

Freuds Rede vom „Versetzenwollen" verweist auf das Begehren der Freunde, an der Stelle des anderen zu sein, um den am eigenen Sein empfundenen Mangel zu kompensieren. Die Situation mit dem Brief erzeugt das Symptom als einen verschobenen Ausdruck für das, was den Freunden fehlt – nämlich ein Objekt für ihre Gefühlsbereitschaft. Das Symptom in Gestalt des Affektausbruchs vereinigt die Schüler also im Anknüpfungspunkt eines gemeinsam empfundenen Mangels. Über die Wahrnehmung dieses Mangels ergibt sich indes die Chance, eine Rolle einzunehmen im Verhältnis zu dem, was es zu ergänzen, zu reparieren, zu vervollkommnen, zu erledigen oder irgendwie zu tun gibt. Ohne dass es zunächst der Anspruch gewesen ist, formiert sich auf diesem Weg der (dritten) Identifizierung plötzlich ganz von selbst ein Team.

5.2.4 Warum *New Work* ein neues Verständnis von Rolle und Identifizierung verlangt

Unsere Untersuchung rund um die Frage, wie sich Identifizierungen und Rollen ergeben, zeigt im Fall der dritten Form der Identifizierung einen Modus der Rollenübernahme, der zur Bewältigung der digitalen Herausforderungen essenziell sein kann. Weil letztere vor allem durch ein hohes Maß an Komplexität, Dynamik, Unsicherheit und Unvorhersehbarkeit gekennzeichnet sind, ist es für Organisationen in wachsendem Maß wichtig, Rollenaufnahmen des dritten Typs zu ermöglichen. Denn nur diese Form der Identifikation bringt aufgrund ihrer vom Begehren angeleiteten Ausrichtung am Mangel eines anderen das erforderliche Maß an beweglicher Libido mit. Bedenkt man, dass der Veränderungsdruck nicht zuerst von den neuen mächtigen Unternehmen wie Uber, Ebay, Amazon, Tesla, Spotify oder Google ausgeht, sondern vom Begehren der digitalaffinen Kunden, wird evident, dass sich in Organisationen ein Rollenverständnis durchsetzen wird, welches flexibel am Begehren dieser Kunden anknüpfen kann. In ganz ähnlichem Sinne gilt das auch für die Beziehung der Unternehmen zu den Mitarbeitern, von deren spezifischer Expertise ihr geschäftlicher Erfolg abhängt. Allerdings werden auch etablierte Branchen von diesem Wandel nicht unberührt bleiben (Boxer 2019).

5.3 Schlussbetrachtungen

Warum erfordert *New Work* einen neuen Typus der Unternehmensbindung? Ausgehend von dieser Frage untersuchte der Beitrag die veränderten Voraussetzungen für die Bindung von Mitarbeitern und Kunden im Kontext organisationaler Identität, Identifikationen und Identifizierungen. Der Rollenaufnahme und der Identifizierung kommt unter den dynamischen und komplexen Bedingungen der digitalen Ära besondere Relevanz zu, sofern sich klassische Identifikationen im Register der symbolischen Ordnung als zu statisch erweisen. Die Untersuchung fokussierte den Aspekt des Mangels – psychoanalytisch verstanden als Begehren von Mitarbeitern, Kunden und Bürgern – der aufgrund des Wegfalls vormals bestehender Intermediäre zur neuen Richtschnur der Märkte geworden ist. Deren spezifische Herausforderungen, so die zentrale These der Untersuchung, machen in Organisationen Identifikationen des dritten Typs erforderlich, also Identifikationen mit dem situativen Mangel eines anderen. Eine Öffnung hin zu neuen Rollentypen erleichtert den Umgang mit komplexen Dynamiken, die eine statische Rollenverteilung nach klassischen Vorstellungsmustern in Kunden, Mitarbeitern und Bürgern kaum noch zeitgemäß erscheinen lassen. Führung wird in diesem Blickwinkel mehr denn je zu einer Dienstleistung, deren Prioritäten darin liegen, die Entfremdungen durch die etablierten Identifizierungen des zweiten Grades abzumildern und Organisationen zu schaffen, die Identifizierungen des dritten Grades ermöglichen. Anders gesagt, im Paradigma von *New Work* kommt es weniger darauf an zu sagen, was eine Organisation *ist* (2. Typ Identifizierung), als vielmehr sich als Organisation auf die Lücken und Unvollständigkeiten im Leben der Kunden-Mitarbeiter zu konzentrieren.

Literatur

Aghina, Wouter, Karin Ahlback, Lackey De Smet Aaron, Lurie Gerald, Murarka Michael und Handscomb Christopher Monica. 2018. The five trademarks of agile organizations. https://www.mckinsey.com/business-functions/organization/our-insights/the-five-trademarks-of-agile-organizations. Zugegriffen am 01.09.2020.

Anzieu, Didier. 1975/1984. *The Group and the Unconscious*. London: Routledge.

Armstrong, David. 1997. The institution-in-the-mind: Reflections on the relation of psychoanalysis to work with institutions. *Free Associations* 7(1): 1–14.

Arnaud, Gilles. 2002. The organization and the symbolic: Organizational dynamics viewed from a Lacanian perspective. *Human Relations* 55(6): 691–716.

Arnaud, Gilles, und Stijn Vanheule. 2007. The division of the subject and the organization: A Lacanian approach to subjectivity at work. *Journal of Organizational Change Management* 20(3): 359–369.

Böhm, Stephan. 2008. *Organisationale Identifikation als Voraussetzung für eine erfolgreiche Unternehmensentwicklung: Eine wissenschaftliche Analyse mit Ansatzpunkten für das Management.* Wiesbaden: Springer.

Boxer Philip J. 2013. *Anxiety and innovation: Working with the beyond of our double subjection. Colloquium on Revisiting ‚Unconscious Defences against Anxiety‘* (Armstrong D, Rustin M). Oxford: Independent Social Research Foundation and Tavistock Consulting.

Boxer, Philip J. 2014. Leading organisations without boundaries: ‚quantum‘ organisation and the work of making meaning. *Organisational & Social Dynamics* 14(1): 130–153.

Boxer Philip J. 2018. On becoming edge-driven – working with the Double Subjection of Organizations. Commons Copyright © P Boxer 2017 – Attribution-ShareAlike.

Boxer, Philip J. 2019. *Vive la différence: when a choice is not about choosing. in ISPSO Annual Conference*. New York.

Brown, Andrew D. 2001. Organization studies and identity: Towards a research agenda. *Human Relations* 54(1): 113–121.

Diamond, Michael A. 1993. *The unconscious life of organizations: Interpreting organizational identity*. Westport: Quorum Books.

Driver, Michaela. 2009. Struggling with Lack: A Lacanian Perspective on Organizational Identity. *Organization Studies* 30(01): 55–72.

Fink, Bruce. 1995. *The Lacanian Subject*. Princeton: Princeton University Press.

Freud, Sigmund. 1900/1999. Die Traumdeutung. In *Gesammelte Werke*, Hrsg. Sigmund Freund. Frankfurt a. M.: Fischer.

Freud, Sigmund. 1901/1999. Zur Psychopathologie des Alltagslebens. In *Gesammelte Werk*, Hrsg. Sigmund Freund. Frankfurt a. M.: Fischer.

Freud, Sigmund. 1905/1999. Der Witz und seine Beziehung zum Unbewussten. In *Gesammelte Werke*, Hrsg. Sigmund Freund. Frankfurt a. M.: Fischer.

Freud, Sigmund. 1921/1999. Massenpsychologie und Ich-Analyse. In *Gesammelte Werke*, Hrsg. Sigmund Freund. Frankfurt a. M.: Fischer.

Gabriel, Yiannis. 1999. *Organizations in depth*. London: Sage.

van Gelder, Sarah. 1994. New Work, New culture. An interview with Frithjof Bergmann. In Context, Winter 1994 (37). https://www.context.org/iclib/ic37/.

Geramanis, Olaf, und Stefan Hutmacher. 2017. *Identität in der modernen Arbeitswelt: Neue Konzepte für Zugehörigkeit, Zusammenarbeit und Führung*. Wiesbaden: Springer Gabler.

Haslam, S. Alexander, Tom Postmes, und Naomi Ellemers. 2003. More than a metaphor: Organizational identity makes organizational life possible. *British Journal of Management* 14(4): 357–369.

Hatch, Mary Jo, und Majken Schultz. 2000. Scaling the tower of Babel: Relational differences between identity, image, and culture in organizations. In *The expressive organization*, Hrsg. M. J. Hatch und M. Schultz, 11–35. Oxford: Oxford University Press.

Hatch, Mary Jo, und Majken Schultz. 2002. The dynamics of organizational identity. *Human Relations* 55(8): 989–1018.

Herkle, Holger. 2011. *Die Identität der Organisation und die Organisation der Identität.* Wiesbaden: VS Verlag für Sozialwissenschaften.

Hirschhorn, Larry. 1988. *The Workplace Within. Psychodynamics of Organizational Life.* Cambridge: MIT Press.

Holle, Martin, Mathias Lohmer, und Markus Zimmermann. 2019. Von Old Work über New Work zu Real Work. Eine psychodynamische Beratungsperspektive. *Organisationsberatung, Supervision, Coaching* 26:193–213. https://doi.org/10.1007/s11613-019-00600-3.

Kesten, Ulrike. 1998. *Informale Organisation und Mitarbeiter-Lebenszyklus: Der Einfluß sozialer Beziehungen auf Teilnahme und Leistung.* Wiesbaden: Springer.

Kraft, Patricia, und Hans H. Jung. 2016. *Digital vernetzt. Transformation der Wertschöpfung: Szenarien, Optionen und Erfolgsmodelle für smarte Geschäftsmodelle, Produkte und Services.* Berlin: Hanser.

Lacan, Jacques. 1953–1954/2015. *Das Seminar, Buch I: Freuds technische Schriften.* Wien: Turia + Kant

Lacan, Jacques. 1954–1955/1980. *Das Seminar, Buch II: Das Ich in der Theorie Freuds und in der Technik der Psychoanalyse.* Olten/Freiburg i. Br.: Walter.

Lacan, Jacques. 1966/2016. *Schriften, Band I.* Wien: Turia + Kant.

Luhmann, Niklas. 1984. *Soziale Systeme: Grundriß einer allgemeinen Theorie.* Frankfurt a. M.: Suhrkamp.

Martin, Roger, Abdullah Redzepi, und Sibylle Olbert-Bock. 2016. Das neue Rollenverständnis des Personalmanagements. *KMU-Magazin* 7–8:119–123.

de Molina, Karl-Maria, Stephan Kaiser, und Werner Widuckel. 2018. *Kompetenzen der Zukunft – Arbeit 2030: Als lernende Organisation wettbewerbsfähig bleiben.* Freiburg i. Br.: Haufe.

Pelzer, Claudia, und Nora Burgard. 2014. *Co-Economy: Wertschöpfung im digitalen Zeitalter: Netzwerke und agile Organisationsstrukturen erfolgreich nutzen.* Wiesbaden: Springer Gabler.

Pfaff-Czarnecka, Joanna. 2018. Zugehörigkeit neu denken. Herausforderungen der Arbeitswelt von heute und morgen. In *Identität in der modernen Arbeitswelt: Neue Konzepte für Zugehörigkeit, Zusammenarbeit und Führung*, Hrsg. Germanis Olaf und Hutmacher Stefan, 3–19. Wiesbaden: Springer Gabler.

Scheidemann, Heike. 2009. *Zwischen zwei Welten?: Eine organisationssoziologische Analyse der (Re-)Konstruktion kommunaler Selbstbeschreibungen.* Wiesbaden: Springer.

Senarclens de Grancy, Moritz. 2017. Stimmen die Werte? Lacans Registertrias RSI als Bemessungspraxis in Organisationen. *Wirtschaftspsychologie* 4:60–66.

Senarclens de Grancy, Moritz. 2018. Dreaming Diversity. In *Agenda HR – Digitalisierung, Arbeit 4.0, New Leadership. Was Personalverantwortliche und Management jetzt nicht verpassen sollten*, Hrsg. Anabel Ternès und Clarissa-Diana Wilke, 3–12. Wiesbaden: Springer Gabler.

Ternès Anabel. 2018. Digitale Transformation – HR vor enormen Herausforderungen. In *Agenda HR – Digitalisierung, Arbeit 4.0, New Leadership. Was Personalverantwortliche und Management jetzt nicht verpassen sollten*, Hrsg. Anabel Ternès und Wilke Clarissa-Diana, 3–12. Wiesbaden: Springer Gabler.

Ternès, Anabel, und Clarissa-Diana Wilke. 2018. *Agenda HR – Digitalisierung, Arbeit 4.0, New Leadership. Was Personalverantwortliche und Management jetzt nicht verpassen sollten.* Wiesbaden: Springer Gabler.

Usersnap Assembla. 2016. The State of Client Collaboration in Development & Design. 2016 Survey Report.

Weilbacher, Jan C. 2015. Was hat HR mit der verdammten digitalen Transformation zu tun, verdammt nochmal?! https://www.humanresourcesmanager.de/news/was-hat-hr-mit-der-verdammten-digitalen-transformation-zu-tun-verdammt-nochmal.html. Zugegriffen am 29.04.2019.

Teil II

Arbeits- und Führungskultur im Wandel

Arbeitskultur heute und morgen – was Mitarbeitende wahrnehmen und was sie sich wünschen

6

Ein Forschungsbeitrag

Sebastian Wörwag

„Kultur ist nicht sichtbar, sondern das unsichtbare Band, das die Dinge zusammenhält.“

Joseph Joubert (1754–1824)

Zusammenfassung

In diesem Kapitel wird, gestützt auf empirische Daten unserer Studie 2019, beschrieben, wie die Arbeitskulturen heute in den Betrieben aus Sicht der Mitarbeitenden wahrgenommen werden, ob sie sich entlang der Erwartungshaltung der Mitarbeitenden selbst reproduzieren und damit eine große Übereinstimmung zwischen Kulturerwartung und Kulturwahrnehmung vorliegt, oder ob es wesentliche Differenzen zwischen Anspruch und Wirklichkeit gibt. Das Kapitel geht konkret der Frage nach, welche Kulturmerkmale Mitarbeitende heute bei ihrem Arbeitgeber wahrnehmen und welche sie sich wünschen. Es zeigen sich in unserer Studie 2019 grundlegende Differenzen zwischen Wünschen und Wahrnehmungen bei den Mitarbeitenden, welche die Betriebe in Zukunft herausfordern werden und an einen normativen Scheideweg zu führen scheinen. Im Rahmen unterschiedlicher Kulturprofile wird ferner die Frage geklärt, ob es verallgemeinerbare, sozusagen universelle, Kulturausprägungen gibt, oder ob Kultur divers und in hohem Masse branchen-, funktions-, gender- oder allenfalls altersabhängig ist. Und schließlich gehe ich der Frage nach, wer die Treiber einer neuen Arbeitskultur

S. Wörwag (✉)
Berner Fachhochschule, Bern, Schweiz
E-Mail: sebastian.woerwag@bfh.ch

S. Wörwag, A. Cloots (Hrsg.), *Arbeitskulturen im Wandel*,
https://doi.org/10.1007/978-3-658-30451-5_6

sind, ob es sozusagen eine Kulturavantgarde gibt, und für welche Kulturausprägungen diese steht.

6.1 Arbeitskultur ist nicht alles, doch ohne sie ist vieles nichts

Arbeit ist eine Tätigkeit, der wir für gewöhnlich einen Großteil unseres Lebens widmen. Sie ist ein Teil unserer Kultur, sie wird durch unsere Kultur geprägt und sie prägt unsere Kultur. Ich bin im Denkmodell in Abschn. 2.2 darauf eingegangen. Arbeit im Allgemeinen und die Arbeitskultur im Besonderen ist weder für alle gleich, noch unterliegt sie objektiven und verallgemeinerbaren Kriterien. Sie ist ein begriffliches Phänomen, welches individuellen und kollektiven Zuschreibungen unterliegt. Was wir unter Arbeit verstehen und was wir davon halten, unterscheidet sich von Mensch zu Mensch. Arbeit wird im Kopf vorausgedacht, dann als Wirklichkeit erlebt und schließlich als Erfahrung rückblickend reflektiert. Dieser Dreiklang zeigt, dass Arbeit aus (1) Erwartungen, (2) konkretem Erleben sowie (3) erfahrungsgestützten Reflexionen besteht. Sie ist ein Konstrukt aus individuellen und kollektiven Erwartungen, Erleben und Erfahrung.

(1) *Erwartungen* basieren dabei unter anderem auf Vorannahmen, Werten, Einstellungen und Präferenzen. Sie sind die Folie, vor der wir Arbeit überhaupt wahrnehmen können. Selbstverständlich ist diese Wahrnehmungs- und Interpretationsfolie in hohem Masse individuell, kontext-, zeit- und (kultur-)abhängig: Unsere heutigen Vorstellungen von Arbeit lassen sich weder mit jenen unserer Eltern, noch mit jenen unserer Kolleginnen in Australien, noch nicht einmal mit jenen unserer Kollegen in anderen Betrieben vergleichen.

(2) Das *Erleben* einer gegenwärtigen Arbeitswirklichkeit ist kein neutrales Erleben, sondern das Aufeinandertreffen von Erwartungen mit den konkreten Praxen des Arbeitsalltags. Im direkten, persönlichen und nicht voraunnahmefreien Erleben, Wahrnehmen und Interpretieren der Arbeitspraxen im Umfeld, erhält Arbeit eine reale Wirklichkeit. Dieses Erleben wird unsere Erwartungen bestätigen oder modifizieren. Die Summe dieser sinn- und bedeutungshaft aufgeladenen Wahrnehmungen, aber auch das Reflektieren unserer Haltungen und Erwartungen anhand eines konkreten oder gedachten Gegenübers helfen uns, unsere eigene Haltung zu überprüfen. Mead beschreibt den Weg zur eigenen reflektierten Haltung über das Nachdenken über die Haltung des generalisierbaren Anderen (Mead 2017). Im Bewusstmachen, wie die Position und Haltung des Anderen wäre, wie es wohl wäre, wenn man an seiner Stelle stünde, entsteht gedanklich eine dritte Instanz und Klarheit über die eigene Haltung.

(3) *Erfahrungen* sind Anlass, unsere Haltungen und Einstellungen in der Retrospektive zu reflektieren, uns zu vergewissern oder Anpassungen vorzunehmen. In diesem Bedeutungsgeflecht aus Vorannahmen, Wahrnehmungen und Erfahrungen entstehen Bedeutungszuschreibungen zum Arbeitshandeln. Diese Bedeutungszuschreibungen evozie-

ren Praxen, Sprache, Codes, Bilder etc. All dies zusammen sind Manifestationen der Arbeitskultur.

Arbeitskultur entsteht also, wenn sich Erwartungen, Erleben und Erfahrungen in der Interaktion mit unseren Arbeitskolleg/innen zu gewissen Praxen, Codes, Narrativen etc. verdichten und verstetigen. Arbeitskultur schafft Erwartbarkeit und damit Orientierung: Wir müssen uns nicht mehr jeden Morgen auf ein absolut unbekanntes Terrain von Arbeitspraxis begeben. Diese Erwartbarkeit schafft Vorhersehbarkeit, lenkt Einstellung und Verhalten und reproduziert damit Elemente der Arbeitskultur. Wir verhalten uns oft so, wie wir meinen, dass dies in der jeweiligen Arbeitskultur von uns erwartet wird. Und gleiches erwarten wir auch von unserem Umfeld. Damit wird Arbeitskultur reproduziert und kann durch Vorfertigung von Erwartungen den Wahrnehmungs- und damit Handlungsraum einschränken. Indem beispielsweise aus der Erwartung, wie der Dresscode bei einem offiziellen Firmenanlass ist, die eigene Kleiderwahl beeinflusst wird, reproduzieren wir genau diesen Dresscode, denn kaum jemand will under- oder overdressed sein. Und eben gleiches erwarten wir von unserem Umfeld. Das schafft Vorhersehbarkeit und gibt Orientierung. Erscheint der Firmenchef nun aber, statt wie erwartet im formalen Anzug, im Hawaiihemd, dann wird jeder am Anlass Anwesende über den Sinn- und Bedeutungsgehalt der überraschenden Kleiderwahl des Chefs nachdenken. Jedes weitere Reden und Handeln dieses Chefs an diesem Abend wird man vor dem Hintergrund der möglichen Bedeutungszusammenhänge eines Hawaiihemdes interpretieren. Allenfalls werden sich Gespräche und Verhalten an diesem Anlass neu gestalten. Hier wird also nicht die (erwartbare) Kultur reproduziert, sondern über ein starkes Mittel der Irritation werden neue Codes eingeführt. Das Erleben des Abends im Sinne, war er locker, entspannter, allenfalls nur peinlich, geben uns Anlass, neue Erwartungen zu formulieren, allenfalls auch unsere eigene Haltung zu reflektieren und zu modifizieren. Am Beispiel dieses einen Hawaiihemdes lässt sich exemplarisch die Vielfalt der Erwartungen, Reflexionen, Interpretationen usw. herauslesen, welche in Summe und für gewöhnlich mit stärkerem Bezug zu Arbeitsdenken und -handeln unsere Arbeitskultur prägen.

Doch nicht nur der Prozess der Entwicklung und Stabilisierung von Aspekten der Arbeitskultur ist vielschichtig, sondern auch die diversen Facetten, die der Begriff der Kultur mit sich bringt. In Kap. 2 habe ich eine vielschichtige begriffliche Annäherung an das Thema der Kultur im Allgemeinen und der Arbeitskultur im Besonderen angeboten. Aus vier Kulturbegriffen, die zwar historisch in unterschiedlichen Zeiten und Kontexten verortbar sind, hat sich ein mehrdimensionales Kulturverständnis entwickelt, welches alle vier Kulturzugänge als unterscheidbare und gleichwohl gültige Facetten ein und desselben Phänomens umfasst: Ein modernes Kulturverständnis umgreift damit eine Kultur (a) als Gestaltung unserer In- und Umwelt, (b) als Prozess zur Herausbildung individueller Kultiviertheit und Fertigkeiten, (c) als Zustand bzw. als Summe von kulturellen Errungenschaften und als Herausbildung eines kollektiven Bewusstseins und (d) als eine symbolische Ordnung, anhand derer wir unterschiedliche soziale Praxen deuten und verstehen können.

Abgeleitet daraus und in Abgrenzung zur Unternehmenskultur möchte ich folgendes Verständnis für die Arbeitskultur verwenden:

Arbeitskultur ist die Erscheinung der expliziten und impliziten symbolischen Ordnungen, kulturellen Codes sowie Sinn- und Bedeutungszusammenhänge innerhalb eines Betriebs, die in unterschiedlichen Praktiken zum Ausdruck kommen und diese ermöglichen. Diese basieren auf individuellen, betrieblichen, berufsspezifischen und gesellschaftlichen Normen und Werten und werden in sozialen Beziehungen ausgetauscht.

Die Bedeutung der Arbeitskultur hat in der betrieblichen Praxis über die vergangenen Jahre und Jahrzehnte zugenommen. Von einer „Orchideendisziplin" hat sich die Kulturdiskussion zu einer zentralen und erfolgsrelevanten Diskussion entwickelt, was May (1997) unter anderen auf eine Bewusstseinsveränderung in der betrieblichen Praxis zurückgeführt:

1. Strategien müssen auf dem Selbstverständnis einer Organisation oder einer Institution aufbauen, und können nicht ungeachtet von dieser oder sogar gegen diese erfolgreich eingeführt werden. Strategien versprechen nicht schon Erfolg, wenn sie bei anderen erfolgreich waren, sondern nur dann, wenn sie zur Kultur einer Organisation passen.
2. Die Ausdifferenzierung von Organisationen hat zu einer Verselbstständigung und Aufteilung von Selbstverständnissen zwischen ihren Teilen (zum Beispiel ihren Abteilungen) geführt. Das Bewusstsein ist gestiegen, dass es nicht nur eine (Arbeits-)Kultur, sondern viele gibt, die einen sensiblen und differenzierten Kulturzugang erfordern.
3. Mitarbeitende werden als wichtigste Erfolgsquelle für Organisationen gesehen. Dabei setzt sich ein differenziertes Menschenbild durch, d. h. Mitarbeitende sind nicht Funktionsträger, sondern individuelle Persönlichkeiten mit differenten Werten und Anschauungen, die nicht am Firmeneingang abgestreift werden. Eine Werte- und Kulturübereinstimmung von Mitarbeitenden und Organisation wird zunehmend als Erfolgsfaktor betrachtet. Die Frage lautet, wie man gute Übereinstimmungen bei der Rekrutierung bis hin zur Sozialisation erzeugen kann, ohne die Eigenständigkeit und Individualität der Menschen zu beschneiden.
4. Viele Fusionen und Akquisition erfüllen im Ergebnis die Erwartungen nicht, denn Kulturdifferenzen der zusammenzuführenden Teile führen oft zu Widerständen. Gelingende Kulturintegration statt Gleichmacherei wird zum Erfolgsfaktor für gelingende Fusionsprozesse.
5. Neue Technologien, wie zum Beispiel die Digitalisierung, fordern bestehende Ansichten, Haltungen und Weltbilder bis hin zum kulturellen Selbstverständnis einer Organisation heraus. Bestehende Arbeitskulturen müssen sich mit den Möglichkeiten und Herausforderungen der neuen Technologien weiterentwickeln. Organisationsentwicklungen und Technologieeinführungen sind immer auch kulturelle Veränderungsprozesse.

Ein bewusster und umsichtiger Umgang mit Fragen der Arbeitskultur kann in der Praxis helfen, Strategien besser zu verankern, Integrationsprozesse zu beschleunigen und grundlegende Entwicklungsprozesse, die das Selbstbild der Mitarbeitenden und des Betriebs tangieren, erfolgreicher zu gestalten. Ein bewusster Umgang mit Unternehmenskultur im Allgemeinen und Arbeitskultur im Besonderen steigert die Veränderungsfähigkeit von Betrieben. Unbedacht hervorgerufene Kulturwiderstände und negativ belastete Kulturinterpretationen können diese behindern oder sogar den Betrieb in eine existenzielle Krise führen. Einfach gesagt ist Arbeitskultur nicht alles, aber ohne eine gute Arbeitskultur ist vieles nichts.

In diesem Kapitel möchte ich nun, gestützt auf unsere Studie 2019 beschreiben, wie die Arbeitskulturen heute in den Betrieben aus Sicht der Mitarbeitenden wahrgenommen werden, ob sie sich entlang der Erwartungshaltung der Mitarbeitenden selbst reproduzieren und damit eine große Übereinstimmung zwischen Kulturerwartung und Kulturwahrnehmung vorliegt, oder ob es wesentliche Differenzen zwischen Anspruch und Wirklichkeit gibt. Ich gehe konkret der Frage nach, welche Kulturmerkmale Mitarbeitende heute bei ihrem Arbeitgeber wahrnehmen und welche sie sich wünschen. Eine zentrale Leitfrage dabei ist, ob es auf der Ebene von Anspruch und Wirklichkeit verallgemeinerbare, sozusagen universelle, Kulturausprägungen gibt, die für alle aktuell in Mitteleuropa Arbeitenden einen gewissen Vorrang haben, oder ob Kultur divers und in hohem Masse branchen-, funktions-, gender- oder allenfalls altersabhängig ist. Zudem gehe ich der Frage nach, wer die Treiber einer neuen Arbeitskultur sind, ob es sozusagen eine Kulturavantgarde gibt, die neue Kulturen mehr als andere einfordern.

6.2 Arbeitskultur zwischen Wunsch und Wirklichkeit

Mitarbeitende haben ein gutes Gespür für Arbeitskulturen. Sie sind es, die Arbeitskulturen wahrnehmen, die Alltagspraxis auf ihre Bedeutungszusammenhänge für das Arbeitsdenken und -handeln hin interpretieren und selbst durch ihr eigenes Arbeitsdenken und -handeln die Arbeitskultur prägen. Vor diesem Hintergrund macht es Sinn, diese Mitarbeitenden auch bei einer Befragung zum Thema der Arbeitskultur zu Wort kommen zu lassen, und zwar einerseits hinsichtlich ihrer Wünsche betreffend einer künftigen Arbeitskultur und andererseits ihrer Wahrnehmung bezüglich der heute vorherrschenden Arbeitskultur bei ihrem Arbeitgeber. Genau das haben wir in unserer Studie 2019 (zum Studiendesign siehe Abschn. 1.2) gemacht und den Befragten 13 Eigenschaftspaare auf einer bipolaren Skala vorgelegt. Abb. 6.1 zeigt das Ergebnis als Wortwolke der dominant genannten Kulturattribute, bei welcher die Größe des Attributs einen Hinweis über die gemittelte Ausprägungsstärke (Abweichung von der Mitte) auf einer bipolaren Skala gibt. Ein erster Überblick zeigt augenfällig, dass sich Mitarbeitende sowohl andere Attribute bei ihrem Arbeitgeber wünschen als sie heute wahrnehmen, als auch, dass sie bestehenden Attributen eine andere Gewichtung beimessen. Die Differenz zwischen Wunsch und subjektiv erlebter Wirklichkeit ist demnach erheblich. Somit überrascht es auch wenig, wenn gerade einmal 48 % der Mitarbeitenden in unserer Studie mit der aktuell herrschenden Arbeitskultur (überwiegend) zufrieden sind. Das zeigt den aktuellen Handlungsbedarf auf.

Abb. 6.1 Mitarbeiterseitige Wahrnehmung der heutigen Kulturmerkmale beim Arbeitgeber und Wunsch der Mitarbeitenden, welche Kulturmerkmale künftig die Arbeitskultur prägen sollen; n = 540. (Quelle: Studie 2019)

Betrachtet man die aktuell herrschenden Arbeitskulturen, so sehen wir eine von Mitarbeitenden wahrgenommene Rangierung von Arbeitskulturen, welche primär top-down, ergebnisorientiert sowie sicherheitsorientiert ausgerichtet sind. Sekundär verkörpern sie ein Zentralisierungsdenken gefolgt von einer hohen Regelorientierung, einem starken Marktfokus und dem Anstrich von Innovativität und Dynamik. Es sind Arbeitskulturen, welche einem eher klassisch hierarchischen, nach markt- und betriebswirtschaftlichen Logiken zentral gesteuerten und geregelten Organisationsbild folgen. Diese Organisationskulturen werden mehrheitlich von einer instrumentalen Ausrichtung geprägt sein, deren Fokus auf der Erzeugung definierter Marktergebnisse liegt, in welcher aber auch Sicherheit vor Innovation gewichtet wird. Man wird zwangsläufig an das Bürokratiemodell von Max Weber erinnert, welches Organisationen als rational konstruierte Systeme beschreibt, deren Effizienz u. a. auf der Zuteilung von Zuständigkeiten, Hierarchie und fixierten Regeln der Zusammenarbeit basieren. Die Verselbstständigung von Rationalität und die Instrumentalisierung von Zielen und Zwecken einer Organisation vermag zwar deren Funktionsstabilität zu gewährleisten, dies jedoch zum Preis einer Beschneidung von schöpferischer Freiheit und Begeisterung an der Arbeit (May 1997). Was würden nun aber Mitarbeitende für eine Arbeitskultur wählen? Auf die Frage, wie sich Mitarbeitende eine Arbeitskultur bei ihrem Arbeitgeber wünschen, werden in der rechten Wortwolke in Abb. 6.1 mehrheitlich andere Kulturmerkmale gewichtet: Mitarbeitende wünschen sich, dass eine innovative Fehlerkultur gelebt wird, ein modernes (im Gegensatz zu traditionsbewusstem) Arbeitssystem, in welchem sie partizipativ einbezogen werden, eine menschenorientierte Kultur mit starkem bottom-up-Ansatz, welche sich offen und ermöglichend sowie flexibel gestaltet. Hier wird stärker der Mensch ins Zentrum eines innovativen und partizipativen Systems gesetzt, welches nicht über eine Nullfehlertoleranz oder eine

Rückbindung an traditionelle Werte funktioniert, sondern offen, flexibel und ermöglichend den Menschen zur Gestaltung marktgerichteter und eher dezentral erbrachter Ergebnisse einbezieht.

Beide Kulturbilder unterscheiden sich voneinander fundamental. Das bestehende Kulturmodell kann als rationales Kulturmodell gelesen werden, während der Zukunftsentwurf als subjektorientiertes Kulturmodell verstanden werden kann.

> „Rationale Modelle von Organisationen beinhalten eine Trennung von Subjektivem und Objektivem bei gleichzeitiger Unterbewertung subjektiver bzw. kollektiver Bedeutungen, die an emotionale Erlebnisinhalte gekoppelt sind. Mit ihrer Hilfe werden formale und instrumentelle Aspekte der Problemlösung bei gleichzeitiger Rationalisierung technischer Herrschaft überbetont und Fakten von Werten getrennt, wobei nur der technische Wert der Effizienz betont und menschliche Subjektivität in den Hintergrund gedrängt wird." (May 1997, S. 21)

Die Betonung einer gewissen Subjektorientierung als Kulturgrundlage des Zukunftsentwurfs der Mitarbeitenden, welche sie selbst, als handelnde Akteure der Arbeit ins Zentrum derselben setzt, kann sowohl die subjektive Zufriedenheit der Mitarbeitenden mit der herrschenden Arbeitskultur steigern als auch ein neues Arbeits- und Problemlösungsbewusstsein in komplexen Entwicklungssituationen schaffen, denen rationale Organisationen mit ihren technischen oder ökonomischen Zweckrationalitäten nicht (mehr) gewachsen sind. Dieses subjektorientierte Kulturverständnis wird weniger auf die Aufrechterhaltung von Systemzuständen und hierarchischen Ordnungen Wert legen als vielmehr auf die Entwicklungsfähigkeit eines Systems durch Flexibilisierung und Schaffung von Durchlässigkeit. Insofern brauchen Organisationen auch Aspekte der organisationalen Unterdeterminiertheit und Leerstellen, in welchen motivierte Menschen Selbstbestimmung, Einbindung und Selbstwirksamkeit erfahren können.

Abb. 6.2 zeigt die beiden Kulturbilder als semantisches Profil. Dabei wird auf der linken Profilseite das Bild einer eher traditionellen, durchstrukturierten Organisation mit hohem Sicherheitsanspruch gezeichnet, während auf der linken Profilausprägung ein eher modernes, menschenzentriertes, flexibles und innovatives System beschrieben ist. Es fällt auf den ersten Blick auf, dass die Differenzerfahrung der Mitarbeitenden zwischen einem eher links gelagerten Ist-Profil und dem eher mitte-rechts gelagerten Wunschbild zur Arbeitskultur erheblich ist.

Anstelle von traditionsgeprägten Kulturen bevorzugen die Mitarbeitenden moderne Kulturen. Was heißt das? Traditionelle Weltbilder wurden bereits durch die Industrialisierung durch neue Rationalitäten einer modernen Welt ersetzt. Heute ist indes mit Modernität nicht mehr der mit der Industrialisierung eingeführte Begriff einer rationalen Steuerung und eines technisch-systemischen Weltverständnisses verbunden. Heute beinhaltet ein aktueller, spätmoderner Modernitätsbegriff Faktoren von Pluralität, Ausdifferenzierung von Rationalitätsaspekten bis hin zur Heterogenität von Maßstäben und Ansprüchen sowie eine gelebte Diversität in der individuellen Wirklichkeitsgestaltung. Der aus der Industrialisierung stammende technologisch-technokratische Rationalitätsbegriff – in der früheren Moderne selbstverständliches Sinnbild für Rationalität überhaupt – wurde und wird nunmehr

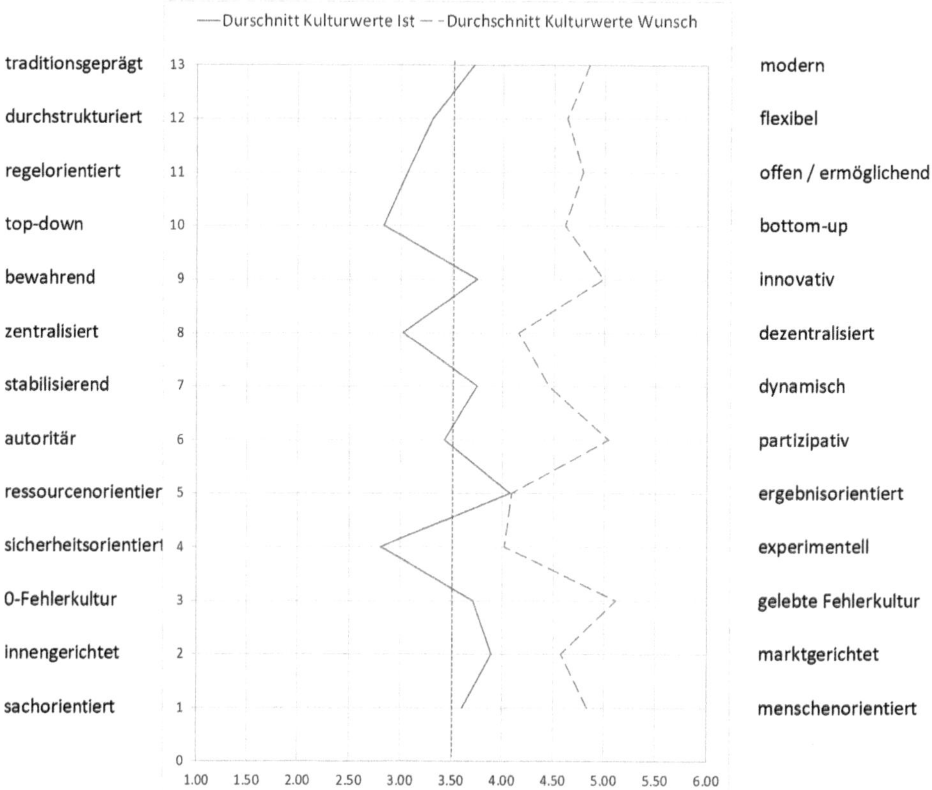

Abb. 6.2 Durchschnitte der heute durch die Mitarbeitenden wahrgenommenen Arbeitskulturen und deren Wunschbild für die Zukunft, n = 540. (Quelle: Studie 2019)

von einer Pluralität von Rationalitäten, Wertsystemen und Gesellschaftsorientierungen ersetzt (Welsch 2008).

Neben der Abkehr von der Bindung an Traditionen fällt eine starke Kulturorientierung in Richtung Flexibilisierung, Öffnung und Dezentralität auf. Das heißt, Mitarbeitende wünschen sich, dass der Organisations- und Regelungsgrad, der ihre Arbeit beschränkt, aufgebrochen wird. Stark spürbar sind auch vermehrt menschliche Werte, die sich die Mitarbeitenden in einer Arbeitskultur der Zukunft wünschen. Das sind insbesondere eine bottom-up-orientierte, partizipative und menschengerichtete Arbeitskultur. Und weiter lässt sich ein starkes Bedürfnis an einer gelebten Fehlerkultur, Innovativität und – etwas geringer – einer Kultur des Experimentellen ausmachen. Vereinfacht gesagt, sind das Werte der Öffnung, der Subjektorientierung und der Innovativität. Auffällig ist schließlich, dass lediglich sich in der Balance zwischen Ergebnisorientierung und Ressourcenorientierung Anspruch und Wirklichkeit in der Summe aller Branchen zu decken scheinen.

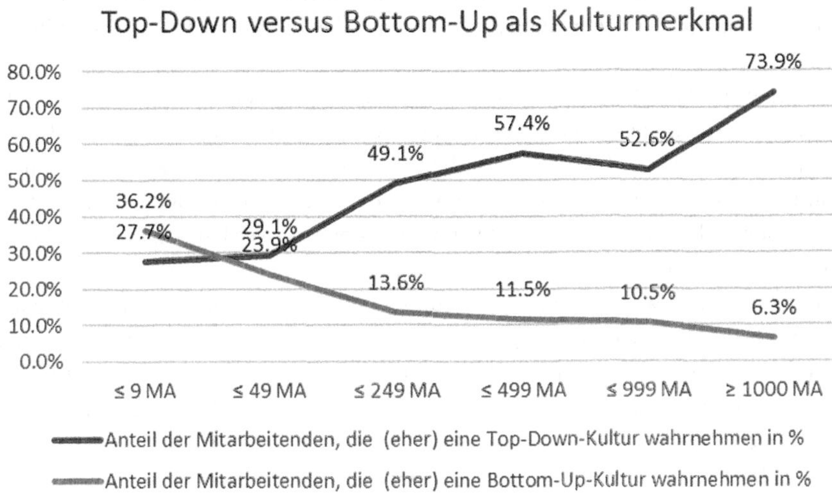

Abb. 6.3 Anteil Mitarbeitende, die (eher) ausgeprägt eine Top-Down- bzw. eine Bottom-Up-Kultur beim Arbeitgeber wahrnehmen, in Abhängigkeit von der Unternehmensgröße; n = 530. (Quelle: Studie 2019)

Arbeitskulturen legen eine Verbindung der Unternehmensgröße nahe. Diesen findet man in unserer Studie 2019 stark in der Dimension Regelorientierung belegt: Aus Perspektive der Mitarbeitenden nimmt die Regelorientierung mit der Unternehmensgröße deutlich zu, und zwar von 28 % bei den Kleinstunternehmen bis auf 70 % bei den Unternehmen mit mehr als 1000 Mitarbeitenden. Umgekehrt wird eine offene und ermöglichende Arbeitskultur bei 38 % der Kleinstunternehmen wahrgenommen, während dieser Wert kontinuierlich mit der Unternehmensgröße bis auf 14 % bei Großunternehmen sinkt. Auch eine Top-Down- versus einer Bottom-Up-Kultur weist gemäß Abb. 6.3 einen klaren Verlauf entlang der Unternehmensgröße auf. Der Anteil Mitarbeitender, welche einen Bottom-Up Führungsstil im Unternehmen wahrnehmen, der sie als Kompetenzträger wertschätzt und zum Beispiel Selbstorganisation im System zulässt, sinkt demnach von knapp 28 % bei Kleinstunternehmen auf unter 10 % bei Großunternehmen. Diese werden zu 74 % mit einer Top-Down-Kultur in Verbindung gebracht, bei welcher die Macht und Autorität bei der obersten Führung liegt. Bei knapp 49 % der Großunternehmen wird auch eine autoritäre Arbeitskultur festgestellt, während dies nur bei 15 % der Kleinstunternehmen der Fall ist. In diesen Befunden liegt ein erhebliches Reflexionspotenzial für größere Unternehmen: Wie kann es gelingen, Elemente der New Work, wie zum Beispiel Abbau hierarchischer Verstarrung, Stärkung der Selbstorganisation im Unternehmen, Umsetzung von Agilitätskonzepten etc. angesichts der nach wie vor starken hierarchischen Machtkonzentration auf Führungsebene zum Erfolg zu führen? Braucht es diese hierarchischen Führungskonzepte, und welchem Zweck sollen sie dienen? Die Antworten müssen im

Selbstverständnis und in der Führungskultur gesucht werden, wie das aktuelle Beispiel des Hierarchieabbaus in der Finanzindustrie zeigt, auf das ich im nächsten Abschnitt eingehen werde.

Die Studie 2019 zeigt ferner, dass Zentralisierungstendenzen aus Sicht der Mitarbeitenden mit der Unternehmensgröße zunehmen: Diese werden bei Klein- und Kleinstbetrieben noch unter 44 %, bei über 60 % der Mitarbeitenden wahrgenommen. Zentralisierung oder Dezentralisierung für sich selbst genommen sind weder positiv noch negativ besetzte Werte, jedoch sollten sie – um positiv wahrgenommen zu werden – nachvollziehbar und transparent sein hinsichtlich der Erreichung von Unternehmenszielen.

Großunternehmen werden ferner viel häufiger mit einer ausgeprägten Sicherheitskultur (66 %) und Nullfehlertoleranz wahrgenommen. Der Preis ist aus Sicht der Mitarbeitenden eine deutlich geringere Dynamik (29 %) im Vergleich zu Kleinstunternehmen (49 %). Und schließlich – der Befund vermag nicht zu überraschen – weisen Kleinstunternehmen eine deutlich höhere Menschenorientierung (40 %) in ihrer Kultur aus, die mit der Unternehmensgröße bis auf 16 % sinkt und von einer deutlichen Sachorientierung (49 %) abgelöst wird. Kleinheit schafft persönliche Nähe und eine höhere Gewichtung der oben beschriebenen Subjektorientierung. Die gleichen Prinzipien ließen sich aber auch auf Großunternehmen anwenden.

Nach dem allgemeinen Befund über die Differenzen zwischen Wahrnehmung bestehender Arbeitskulturen und Wunsch nach zukünftigen Arbeitskulturen will ich nun der Frage nachgehen, inwieweit Branchen- und damit auch Berufssozialisationen zu unterschiedlichen Kulturprofilen führen können.

6.3 Branchenvergleiche in den Kulturprofilen

6.3.1 Arbeitskulturen in der Finanz-, Versicherungs- und Immobilienbetrieben, Dienstleistungen sowie Industrie

In einem ersten Vergleich sollen die zumeist privatwirtschaftlich organisierten Sektoren der Finanz-, Versicherungs- und Immobilienbranchen, der Dienstleistungen sowie der Industrie miteinander verglichen werden.[1] Zentral ist die Frage, in wieweit durch die Mitarbeitenden in ihren unterschiedlichen Branchen übereinstimmende oder divergierende Kulturprofile wahrgenommen werden. Abb. 6.4 zeigt auf den ersten Blick, dass es sehr wohl Unterschiede in den jeweiligen Kulturprofilen der drei Branchen gibt: Einzelne Kulturdimensionen kippen von einem Pol zum anderen, andere Kulturdimensionen unterscheiden sich in ihrer Ausprägung. So unterscheidet sich die Finanz-, Versicherungs- und Immobilienbranche von den eher flexiblen, offenen und ermöglichenden und partizipati-

[1] Hierzu habe ich die Aussagen von 122 Mitarbeitenden aus Finanz-/Versicherungs- und Immobilienbereich (nachfolgend kurz Finanzen) mit 65 Mitarbeitenden aus dem Dienstleistungssektor und 51 Mitarbeitenden aus der Industrie verglichen.

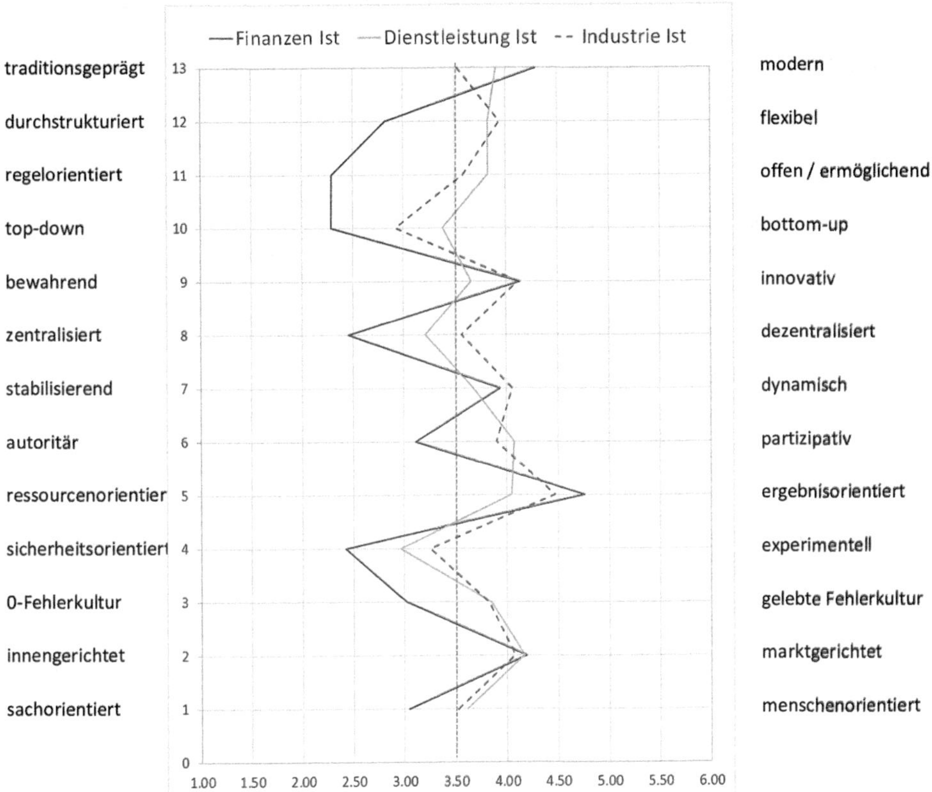

Abb. 6.4 Semantisches Profil der Wahrnehmung von Mitarbeitenden aus Finanzen, Dienstleistung und Industrie zu bestehenden Arbeitskulturen ihrer Arbeitgebenden; n = 238. (Quelle: Studie 2019)

ven Arbeitskulturen der Industrie- und Dienstleistungsbereiche mit ihrer stärkeren Ausrichtung an einer Kultur der Regeln und Strukturen, an einer Sicherheitsorientierung sowie autoritären Kulturen. Gerade die Regelorientierung überrascht angesichts der Diskussionen um den Regulierungsbedarf in dieser Branche nicht weiter: der Finanzsektor gehört zu den am stärksten regulierten Bereichen der Wirtschaft, wobei die Regulierung in erster Linie dem Schutz der Bankkunden und der Stabilität des Finanzsystems dienen soll. Vor diesem Hintergrund ist auch die eher als in anderen Branchen angestrebte Nullfehlerkultur zu lesen. Nicht zwingend mit branchenspezifischem Regulierungsdruck zu erklären ist indes die höhere Ausrichtung an Top-Down gelebten und autoritär wahrgenommenen Führungskulturen.

Im Verhältnis zur Finanz-, Versicherungs- und Immobilienbranche zeigen sich Dienstleistungs- und Industriebetriebe aus Sicht ihrer Mitarbeitenden tendenziell etwas flexibler, offener und partizipativer. Hier ist die Regulierungsdichte nicht im gleichen Masse spürbar. Innovativität scheint mehr noch über Mitarbeitendenbeteiligung und eine in Ansätzen gelebte Fehlerkultur wahrgenommen zu werden.

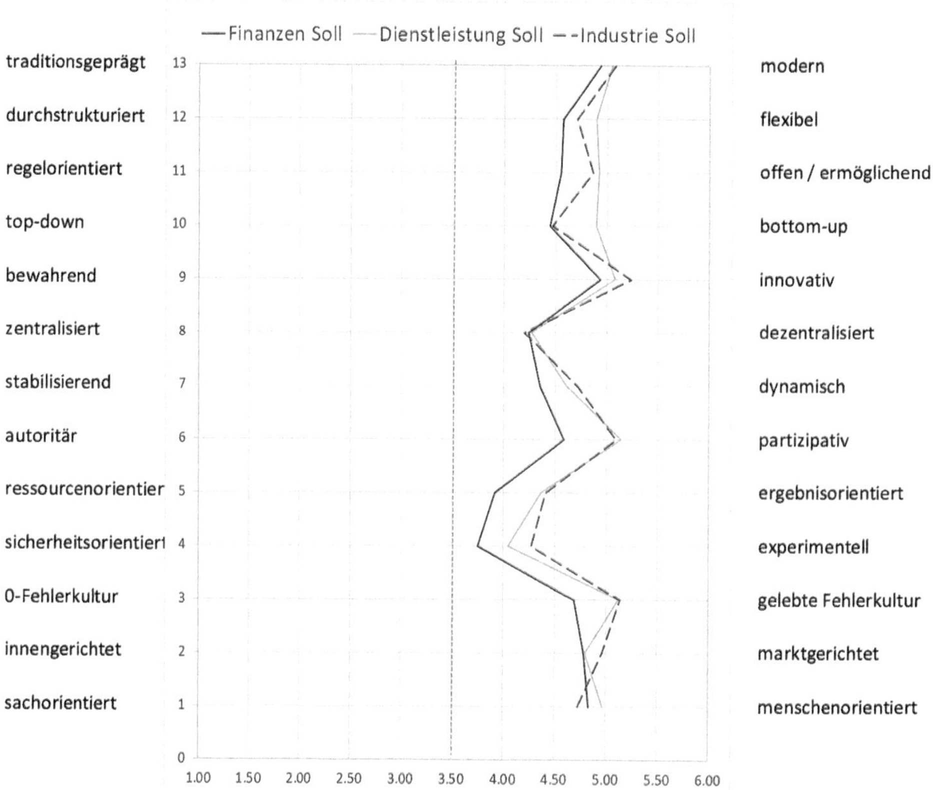

Abb. 6.5 Semantisches Profil der Wunschvorstellung von Mitarbeitenden aus Finanzen, Dienstleistung und Industrie zu künftigen Arbeitskulturen ihrer Arbeitgebenden; n = 238. (Quelle: Studie 2019)

Wechseln wir die Perspektive auf die Kulturmerkmale, die sich Mitarbeitende in Finanz-, Versicherungs- und Immobilienbetrieben, in Dienstleistungsbetrieben sowie in der Industrie in Zukunft wünschen würden, so sieht man in Abb. 6.5 ein deutlich nach rechts verschobenes Profil: Alle Kulturmerkmale, mit Ausnahme der Ergebnisorientierung, sind auf der Skala nachts rechts in Richtung eines moderneren, offeneren, flexibleren und innovativeren Kulturbildes gerutscht, welches den Faktor Mensch im Allgemeinen, die Mitarbeitenden im Besonderen stärker einbezieht, dezentraler und marktorientierter agiert und eine höhere Experimentierfreude und Fehlertoleranz aufweist. Dabei liegen die drei Wunschprofile der Mitarbeitenden aus unterschiedlichen Branchen auch auffällig nahe beieinander und zeigen weniger Differenz als die Wahrnehmung der Ist-Situation. Es herrscht eine höhere Einigkeit über die Wunschkulturen als bei der Wahrnehmung der bestehenden Kulturen. Oder anders formuliert: Die „Wunschkulturen" scheinen weniger von Branchenspezifika geprägt zu sein. Der Umstand, dass gerade in der Finanz-, Versicherungs- und Immobilienbranche die Werte bei der Regel- und Sicherheitsorientierung tiefer ausfallen als in der Industrie und den Dienstleistungen, lässt auf eine sensibles Bewusstsein bei den Mitarbeitenden schließen, die um die Branchengegebenheiten wissen und die „Bäume nicht in den Himmel wachsen sehen". Gleichwohl sollen aus Mitarbeitendensicht in der Finanz-, Versicherungs- und Immobilienbranche die starken Ausschläge vor allem beim Hierarchiebewusstsein (Top-Down-Denken) und der autoritären Führungskultur korrigiert werden. Und genau das scheint aktuell gemacht zu werden, zeichnen sich doch in der Finanzindustrie grundlegende Veränderungen betreffend dem Hierarchieverständnis ab. So streicht beispielsweise die Asset-Managementtochter der Deutschen Bank DWS per 2020 die meisten Jobtitel. Bestehende Hierarchien und Stellentitel verlieren damit weitgehend an Bedeutung. Ziel der DWS ist es, eine kollaborative Arbeitsumgebung mit flachen Hierarchien zu schaffen, die auf funktionalen Rollen, Fähigkeiten und Kompetenzen basiert statt auf hierarchisch verortbaren Stellenbezeichnungen (finews.ch 2019). Hier sieht man ein Umdenken von den durchstrukturierten und hierarchisch gegliederten Bürokratiemodellen hin zu kompetenzorientierten und agilen Systemen. Das ist in hohem Masse kulturprägend und dient der Innovativität im Bankenwettbewerb, denn bürokratische Hierarchiestufen führten zu Verschleppung von Entscheidungen, die gerne einmal die Hierarchieleiter hinauf und hinab gereicht werden. Ferner verspricht man sich von der Abschaffung der Hierarchieebene eine höhere Arbeitgeberattraktivität für talentierte Fachkräfte, die sich nicht mehr in einem endlos erscheinenden Stufensystem in der Hierarchie langsam hinaufarbeiten müssen. Auch in der Schweiz schafft beispielsweise die Thurgauer Kantonalbank per Januar 2020 alle internen Rangstufen ab. Damit soll ein Zeichen für eine Kultur der flachen Hierarchien und der teamorientierten Zusammenarbeit gesetzt werden (finews.ch 2020).

6.3.2 Arbeitskulturen in der Öffentlichen Verwaltung, der Bildung, der Gesundheit und der Sozialen Arbeit

Betrachten wir nun die Ergebnisse der Studie 2019 in den Berufen und Branchen, welche maßgeblich durch die öffentliche Hand finanziert werden: Auch hier steht zuerst die Frage im Zentrum, wie die Mitarbeitenden die Arbeitskultur heute bei ihrem jeweiligen Arbeitgeber wahrnehmen (Abb. 6.6). Zum einen können wir feststellen, dass die Kulturprofile in diesen Berufsfeldern und Branchen nicht im Wesentlichen von jenen der Privatwirtschaft abweichen. Es ist also beispielsweise keine grundlegende Rechts- oder Linksverschiebung der Profile zu beobachten, was darauf schließen lässt, dass sich die Arbeitskulturen zwischen Privatwirtschaft und Öffentlicher Hand nicht wesentlich unterscheiden. Und dennoch gibt es auch hier bemerkenswerte Unterschiede zwischen den untersuchten Bereichen. Bei der Öffentlichen Verwaltung fällt die vergleichsweise hohe Regel- und Sicherheitsorientierung auf, was schon damit begründet werden kann, dass der Gesetzesvorbehalt das Verwaltungshandeln stark regelt und dazu führt, dass im Prinzip eine Verwaltung nur dann tätig werden darf, wenn sie dazu durch ein Gesetz ermächtigt ist (Wittern und Baßlsperger 2007). Das schlägt sich auf das alltägliche Arbeitsdenken und -handeln nie-

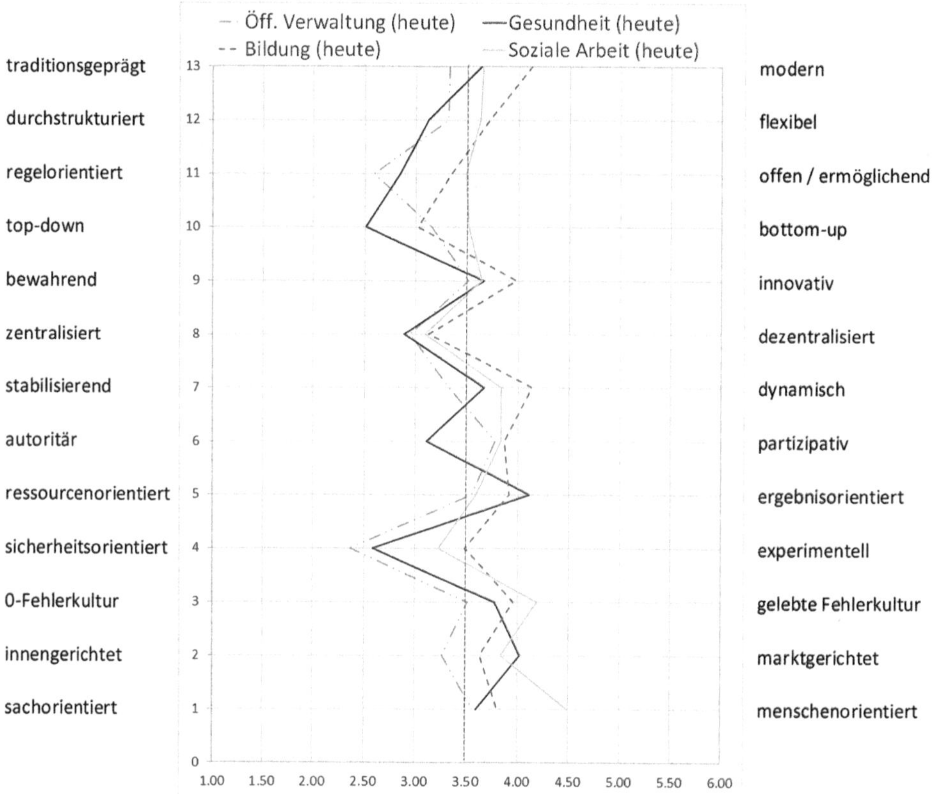

Abb. 6.6 Semantisches Profil der Wahrnehmung von Mitarbeitenden aus der Öffentlichen Verwaltung, der Bildung, der Gesundheit und der Sozialen Arbeit zu bestehenden Arbeitskulturen ihrer Arbeitgebenden; n = 245. (Quelle: Studie 2019)

der. Auch die vergleichsweise starke Prägung der Arbeitskulturen der Öffentlichen Verwaltung durch Traditionen, einem Bewahrungsdenken und einer eher innengerichteten Optik überraschen weniger, geben aber vor dem Hintergrund der Diskussionen um ein New Public Management Anlass zu Reflexionen.

Im Gesundheitswesen sticht der starke Top-Down-Ansatz ins Auge. Der autoritäre Führungsstil in Krankenhäusern steht dabei in Kritik. Seffner und Oberschelp kommen unter anderem zum Schluss:

> „Der autoritäre Führungsstil hat ausgedient. Denn das klassische Hierarchiedenken ist oftmals der Grund, warum talentierte junge Ärztinnen und Ärzte einer Klinik den Rücken kehren." (Seffner und Oberschelp 2013, S. 2)

Aktuelle Bestrebungen laufen denn auch in die Richtung, die mitunter starre Hierarchie der Berufsbilder im Sinne eines optimierten Skills- und Grade-Mixes aufzubrechen, welcher aufeinander abgestimmte Fachverantwortlichkeiten in der Organisation besser einbetten soll.

Beim Berufsbild der Sozialen Arbeit überrascht die vergleichsweise hohe Menschenorientierung in der Arbeitskultur wenig, mehr aber der Umstand, dass die Klientenzentrierung höher ausfällt als die Patientenzentrierung in den Gesundheitsberufen. Hierfür wird auch eine vergleichsweise ermöglichende und offenere Arbeitskultur wahrgenommen, welche eine gewisse Fehlerkultur beinhaltet. Es mag ein Zeichen der Sozialen Arbeit sein, dass in ihrem Arbeitsdenken und -handeln mit Klientinnen und Klienten die Abweichung von der Normalität nicht als Deviation und Fehler, sondern als andere Normalität betrachtet wird. Daraus sollten wir uns anregen lassen, über die eigenen Normalitätskonstrukte und -erwartungen nachzudenken.

Das Bildungssystem (inklusive Forschung) wird durch die Mitarbeitenden relativ häufig als modern, flexibel, innovativ und dynamisch wahrgenommen. Hier flexible und individualisierte Arbeitsmodelle sowie vielfältige Portfoliomöglichkeiten mit einer gewissen Selbstverständlichkeit angeboten und umgesetzt. Auch die Partizipationskultur ist in Expertensystemen, zu denen Schulen auf allen Stufen zu rechnen sind, weiter verbreitet als in anderen Branchen (mit Ausnahme des Dienstleistungssektors). Bei allen vier Berufsfeldern überrascht der von den Mitarbeitenden wahrgenommene hohe Zentralisierungsgrad und, mit Ausnahme der Sozialen Arbeit, die hohe Ausprägung einer Top-Down-Arbeitskultur. Mit diesen Antworten zu den Ähnlichkeiten und Unterschieden branchensozialisierter Arbeitskulturen drängen sich neue Fragen auf, wie beispielsweise, wie diese Unterschiede konstruiert werden, wann, von der Grundausbildung bis zur Berufserfahrung sich die Bilder zu Berufen und den in ihnen herrschenden Arbeitskulturen bilden und verfestigen. Dies muss aber Gegenstand weiterer Untersuchungen sein, wozu die hier herausgebildeten Profile eine Grundlage sein können.

Wechseln wir wieder die Perspektive in Abb. 6.7 auf die Frage, welche Arbeitskulturen sich die Mitarbeitenden in den hier untersuchten Berufsfeldern in Zukunft wünschen, fällt auch wieder die starke Rechtsverschiebung des Wunschprofils ins Auge. Mitarbeitende wünschen sich über alles gesehen eine moderne, flexible, ermöglichende, innovative Bottom-Up-Kultur, welche partizipativ den Menschen als Mitarbeitenden mehr ins Zentrum rückt. Eher wenig Veränderung wird bei der Dynamik gewünscht; dies kann mit der allgemeinen Tendenz zur Beschleunigung (Rosa 2018), und den damit zunehmenden Ansprüchen „mithalten" zu müssen, zusammenhängen. Viel mehr Dynamik wird demzufolge nicht gewünscht. Weiter ist eine Tendenz nach „links" bei der Ressourcenorientierung zu lesen, d. h. bestehende ergebnisorientierte Kulturen sollen sich nach dem Wunsch der Mitarbeitenden eher in Richtung einer leicht verstärkten Ressourcenorientierung entwickeln.

Betrachtet man nun wieder über alle Branchen hinweg das Ausmaß der gewünschten Kulturveränderung, so kann man angesichts der Profilverschiebung nicht von einer graduellen Verschiebung einzelner Kulturwerte sprechen oder von einer leichten Zunahme oder Abnahme einzelner Werte. Es ist eine tief greifende Neuorientierung von Arbeitskulturen, welche die Mitarbeitenden in Zukunft erwarten. Man kann hier schon von einem veränderten Grundverständnis sprechen, welcher von einem rationalen Organisationsverständnis

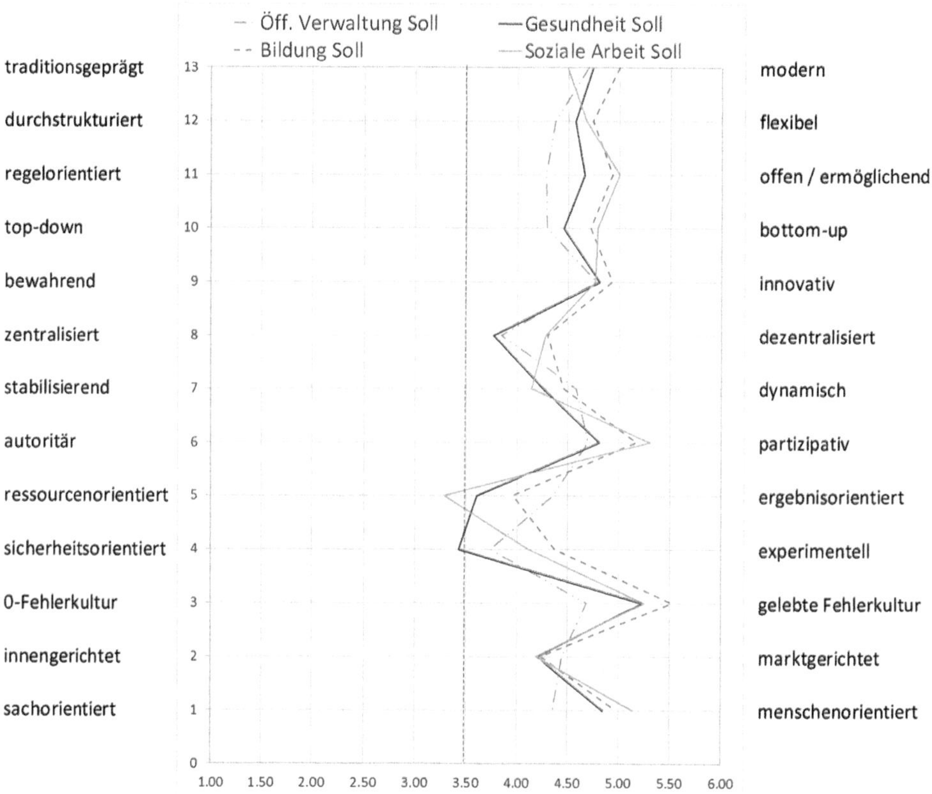

Abb. 6.7 Semantisches Profil der Wunschvorstellungen von Mitarbeitenden aus der Öffentlichen Verwaltung, der Bildung, der Gesundheit und der Sozialen Arbeit zu künftigen Arbeitskulturen ihrer Arbeitgebenden; n = 245. (Quelle: Studie 2019)

mit eher technischen oder ökonomischen Zweckrationalitäten hin zu einem subjektorientierten Kulturverständnis führt, bei dem es weniger um die Aufrechterhaltung von Systemzuständen und hierarchischen Ordnungen geht als vielmehr um die Entwicklungsfähigkeit eines Systems durch Flexibilisierung und Schaffung von Durchlässigkeit. Dieses subjektorientierte Kulturverständnis nimmt den Mitarbeitenden als handelnden Menschen in den Fokus im Bewusstsein, dass er sowohl von den Geschicken der Organisation betroffen ist als auch diese herstellt. Insofern sind arbeitskulturell die in unseren Profilen eher rechtsgerichteten Arbeitsfaktoren zu gewichten, wie: modern, flexibel, ermöglichend, bottom-up, partizipativ, dezentralisiert, dynamisch, experimentell, fehlertolerant und menschengerichtet.

Ob dies betrieblich und im jeweiligen Arbeitssetting auch möglich ist, ob es dem Menschenbild heutiger Entscheidungsträger auch glaubhaft und authentisch entspricht, ist eine andere Frage, doch lässt der Befund mindestens auf einen grundlegenden Diskussionsbedarf in den Betrieben schließen. Das heißt, es lohnt sich, konkret und spezifisch mögliche

Differenzerfahrungen von Mitarbeitenden hinsichtlich wahrgenommener und gewünschter Arbeitskultur zum Thema zu machen.

6.3.3 Treiber der Kulturveränderung und die Gefahr der Stereotypisierung

Die Frage mag interessieren, wer denn am ehesten die Treiber der neuen Kulturausprägung sind. Ist es die nächste Generation der Berufstätigen, stechen einzelne Funktionen heraus? Der Befund aus unserer Studie 2019 mag überraschen: Im Altersverlauf fallen Mitarbeitende ab 56 Jahren auf, teilweise auch spezifisch ab 61 Jahren, welche sich zum Beispiel häufiger als manch jüngere Kolleg/innen eine *moderne, offene und ermöglichende, dezentrale, dynamische und ergebnisorientierte Arbeitskultur* wünschen. Hierin liest man den Wunsch nach Selbstverwirklichung. Ich habe über Selbstbestimmung und Selbstverwirklichung als einen der aktuell dominanten Arbeitswerte bereits in Kap. 4 geschrieben. Hier waren es unter anderem die 61- bis 65-Jährigen, die besonders häufig nach dem Arbeitswert der Selbstverwirklichung streben. Ein Bezug zwischen Arbeitswerten und gewünschter Arbeitskultur liegt also nicht nur auf der Hand, er zeigt sich auch empirisch.

Die Altersgruppe, welche als Treiber einer *modernen, bottom-up- und menschenorientierten Arbeitskultur* ins Auge sticht, sind die 21- bis 25-Jährigen, also die nächste Berufsgeneration. Dies entspricht auch den Befunden aus der Shell-Jugendstudie (Albert et al. 2019). Als Treiber einer *Partizipationskultur* zeigen sich Tendenzen bei der Altersgruppe der 41- bis 45-Jährigen, welche hier vergleichsweise hohe Ansprüche aufweisen. Einfach gesagt, stehen junge Mitarbeitende für moderne Formen, den Menschen ins Zentrum der Arbeitskultur zu stellen, in der Mitte der Berufsphase wollen Mitarbeitende eine partizipative Arbeitskultur und ältere Mitarbeitende stehen für moderne, dynamische, offene und ermöglichende Arbeitskulturen. Der Befund, und hier vor allem jener zu den älteren Mitarbeitenden, zeigt, dass bei Alterszuschreibungen vor Stereotypisierung und Fehlzuschreibungen zu warnen ist. Ältere Mitarbeitende wollen nicht in Ruhe gelassen werden, aus dem Berufsleben ausfransen und nicht mehr gefordert werden. Sie wollen vielmehr starke Impulse für eine moderne, offene und dynamische Arbeitskultur setzen.

Eine weitere Altersstereotypisierung betrifft das Sicherheitsbedürfnis. So mag es für viele wohl naheliegend sein, dass das individuelle Sicherheitsbedürfnis mit zunehmendem Alter zunimmt, dass ältere Mitarbeitende eine stärkere Sicherheitskultur bei ihrer Arbeit schätzen. Doch weit gefehlt: Unsere Studie 2019 weist in Abb. 6.8 eine abnehmende Sicherheitsorientierung im Altersverlauf nach. Demnach sind die älteren Mitarbeitenden nicht die Sicherheitsbedürftigen und die jungen Berufsleute nicht die risikofreudigen „jungen Wilden“, wie man dies meinen könnte. Die „Jungen“ scheinen mit erstaunlich hohen Sicherheitsbedürfnissen ausgestattet, während das Sicherheitsbedürfnis entlang des Altersverlaufs abnimmt. Das wird auch von der Shell-Jugendstudie bestätigt, welche der jungen Generation ein hohes Maß an klassischen Werten, unter anderem ein starkes

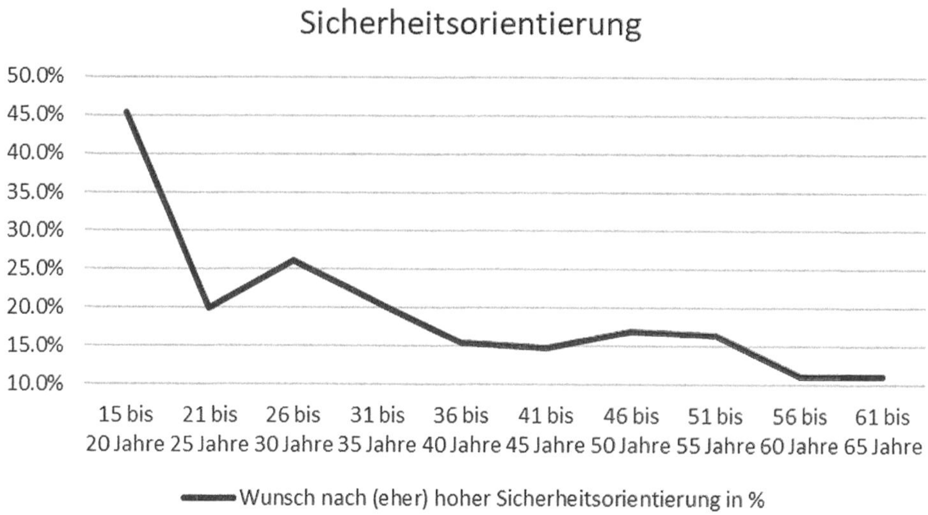

Abb. 6.8 Wunsch nach einer sicherheitsorientierten Arbeitskultur in Abhängigkeit vom Alter; n = 484. (Quelle: Studie 2019)

Sicherheitsstreben (77 %), attestiert (Albert et al. 2019). Umgekehrt wollen ältere Mitarbeitende nicht nur Sicherheitserfahrungen machen und als solches stigmatisiert werden. Gemäß unserer Studie 2019 streben gerade 61- bis 65-Jährige mit im Altersvergleich höchsten Anteilen eine experimentelle und fehlertolerante Arbeitskultur an. Das klingt nicht nach „rostigem, altem Eisen“, wie der Volksmund die Älteren gerne qualifiziert. Das klingt nach einem erheblichen Energie- und Entwicklungspotenzial, das aber wahrgenommen und einbezogen werden will. Dieser Befund wird auch gestützt von unserer Studie 2017, bei welcher wir die gewünschten Aufgabenprofile der New Work, u. a. mit Bezug zu unterschiedlichen Altersgruppen, untersucht haben. Hierbei wurde deutlich, dass insbesondere bei den 51- bis 55-Jährigen sowie bei den 61- bis 65-Jährigen der Wunsch nach „einer Steigerung der Projektarbeit in Verbindung mit Entwicklungstätigkeiten bei gleichzeitigem Abbau von Arbeitsroutinen“ anzutreffen ist (Wörwag und Cloots 2019, S. 113). Bei dieser Altersgruppe dürfen wir uns nicht durch falsche Zuschreibungen leiten lassen und ihr Potenzial zur Entwicklung einer modernen, dynamischen und innovationsfreudigen Arbeitskultur unterschätzen. Das Beispiel zeigt, wie gefährlich in vielen Fällen altersbezogene Stereotypisierungen sind.

Kehren wir zurück zu den Treibern der Arbeitskulturen, so fallen hinsichtlich Ausbildungsniveau vor allem Akademikerinnen und Akademiker auf, welche in Summe häufiger die rechtslastigen Kulturausprägungen einfordern als Inhaber anderer Vorbildungen. Auch die Verortung in der Hierarchie spielt eine Rolle: Mitarbeitende ohne Führungsaufgaben wünschen sich häufiger eine bottom-up-orientierte und menschenzentrierte Kultur, während sich beispielsweise die Geschäftsleitungsebene eher Modernität, Flexibilität und Marktgerichtetheit als Kulturmerkmale wünschen. Auch scheint es funktionale Präferenzen zu geben, welche mit einer gewissen Berufs- und Stellensozialisation zusammenhängen: Moderne, dynamische sowie offene und ermöglichende Arbeitskulturen werden von Marketingmitarbeitenden häufiger gewünscht als von anderen Funktionen, während Vertriebsmitarbeitende auf eine hohe Marktorientierung setzen. Flexible, dezentralisierte und experimentierfreudige bottom-up-Kulturen werden prioritär von Bildungsverantwortlichen und Forschenden gewünscht. Hierin zeigen sich Kulturpräferenzen von Mitarbeitenden aus Expertensystemen. IT-Fachkräfte setzen auf Innovativität und Ergebnisorientierung; Mitarbeitende in Produktion, Einkauf und Logistik primär auf Partizipation. Die Ergebnisse zeigen, dass Kulturbedürfnisse nach Funktionen differenzieren, bzw. dass Menschen mit diesen Kulturbedürfnissen auch wieder Impulse für die Kulturentwicklung geben werden.

Die unterschiedlich ausdifferenzierten Arbeitskulturpräferenzen zeigen vor allem eines: Wir müssen von einer „One-fits-all-Arbeitskultur" Abschied nehmen. Sie ist eine Überforderung und – wie Robert Bosch schon gesagt haben soll – allen recht getan, ist eine Kunst, die niemand kann. Insbesondere sollte den unterschiedlichen Lebenslagen entlang der Altersspanne Rechnung getragen werden. Gerade die Ressourcen Persönlichkeit, Reife, Erfahrung und Reflexionsvermögen älterer Mitarbeitenden können produktiv als Impulsgeber der Arbeitskultur integriert werden. Dabei sind die Manifestationen der Arbeitskultur, wie zum Beispiel die Strukturen, der Organisationsgrad, die Praxen sowie Anerkennungs- und Wertschätzungssysteme so auszurichten, dass die entsprechenden Mitarbeitenden sich mit ihrer auf ihren spezifischen Arbeitswerten basierenden Arbeitskultur optimal wiederfinden. Das betrifft neben dem jeweiligen Alter auch die Funktion bzw. den Berufsauftrag: Pekuniäre und marktgerichtete Leistungsbelohnungssysteme sollten beispielsweise eher im Verkauf eingeführt werden, in der Produktion soll dafür mehr auf Teilhabe und Partizipation gesetzt werden. In Expertensystemen stellen große Freiheitsgrade und eine Fehlertoleranz bessere Rahmenbedingungen für gelingende Arbeitskulturen dar als in der Finanzbranche etc. Selbstverständlich lassen sich Arbeitskulturen und individuelle Präferenzen auch modifizieren, doch muss dies kultursensibel und über den Diskurs der jeweiligen Arbeitswerte erfolgen, die der Arbeitskultur zugrundeliegen. Wie dies gemacht werden kann, wird in den Kap. 3 und 13 beschrieben.

6.4 Fazit

In einer ersten Analyse der von den Mitarbeitenden einerseits wahrgenommenen und andererseits gewünschten Arbeitskultur stellen wir in unserer Studie grundlegende Differenzen fest. Bestehende Arbeitskulturen werden durch die Mitarbeitenden mehrheitlich topdown, ergebnisorientiert sowie sicherheitsorientiert beschrieben. Sie verkörpern ein Zentralisierungsdenken und eine hohe Regelorientierung, eine starke Marktorientierung mit dem Anstrich von Innovativität und Dynamik. Diese Arbeitskultur fördert Organisationen als rational konstruierte Systeme, deren Funktionieren u. a. auf der Zuteilung von Zuständigkeiten, Hierarchie und fixierten Regeln der Zusammenarbeit basieren. Mitarbeitende wünschen sich aber im Wesentlichen eine andere Arbeitskultur: eine moderne, innovative und fehlertolerante Arbeitskultur, in welcher sie partizipativ einbezogen werden, eine menschenorientierte Kultur mit starkem bottom-up-Ansatz, welche sich offen und ermöglichend sowie flexibel präsentiert. Hier stehen nun Betriebe an einem Scheideweg, ob mit der Arbeitskultur eher organisationale und zweckrationale Funktionsstabilität gefördert werden soll oder ein subjektorientiertes Kulturverständnis gewagt werden kann, das weniger auf die Aufrechterhaltung von Systemzuständen und hierarchischen Ordnungen Wert legen wird, als vielmehr auf die Entwicklungsfähigkeit eines Systems durch Berücksichtigung des Menschen als wichtigsten Leistungsträger in der Organisation. Letzteres erfordert nicht abgeschlossene und ausdefinierte Organisationen, sondern organisationale Unterdeterminiertheit und Leerstellen, in welchen motivierte Menschen Selbstbestimmung, Einbindung und Selbstwirksamkeit erfahren können.

Die in diesem Kapitel gestellte Frage, ob es universelle Kulturausprägungen gibt, oder ob Kultur divers und in hohem Masse branchen-, funktions-, gender- oder allenfalls altersabhängig ist, kann man mit einem „sowohl-als-auch" beantworten. Die starke Orientierung an subjektorientierten Arbeitskulturen, also einer Positionierung im rechten Feld des semantischen Profils, kann verallgemeinernd für alle Branchen und mehrheitlich auch für alle Funktionen Gültigkeit beanspruchen. Neben den universalen Kulturausprägungen wirken Arbeitskulturen aber immer auch relativ zum Kontext eines Betriebes, der wiederum über seine Branchenzugehörigkeit oder seiner größenabhängigen Organisations- und Differenzierungsgrad bestimmt wird. Die Studie 2019 weist nach, dass große Unternehmen eine Tendenz zu regel- und sicherheitsorientierten, zentralistischen sowie autoritären Arbeitskulturen aufweisen. Das mag ein Phänomen der organisationalen Ausdifferenzierung sein, ist aber angesichts der Forderung nach zunehmend agilerer Strukturen und Kulturen auch zu hinterfragen. Kleine Unternehmen pflegen häufiger eine offene und ermöglichende sowie bottom-up-orientiertere Arbeitskultur. Sie weisen in der Wahrnehmung der Mitarbeitenden eine höhere Dynamik auf und pflegen eine ausgeprägtere Subjektorientierung als Großunternehmen.

Auch Branchen stehen für unterschiedliche Kulturprofile, was den spezifischen Anforderungen und Rahmenbedingungen und einer gewissen Branchen- und Berufssozialisation geschuldet ist (bzw. sich gegenseitig bedingen). Im Finanz-, Versicherungs- und Immobilienbereich zeigt sich eine starke Ausrichtung an einer Kultur der Regeln und Strukturen, an einer Sicherheitsorientierung sowie an top-down-geprägten und autoritären Kulturen. Im Verhältnis zum Finanzsektor zeigen sich Dienstleistungs- und Industriebetriebe aus Sicht ihrer Mitarbeitenden tendenziell flexibler, offener und partizipativer. Es herrscht vermehrt eine Kultur der Beteiligung und eine in Ansätzen gelebte Fehlerkultur. Beachtlich ist ferner, dass sich die Arbeitskulturen zwischen Privatwirtschaft und Öffentlicher Hand nicht wesentlich unterscheiden. Die Öffentliche Verwaltung charakterisiert sich mit einer vergleichsweise hohen Regel- und Sicherheitsorientierung und einer Ausrichtung an Traditionen, einem Bewahrungsdenken und einer eher innengerichteten Optik. Diese Arbeitskulturen sollten vor dem Hintergrund des New Public Managements überprüft werden. Im Gesundheitswesen sticht der starke Top-Down-Ansatz und der eher autoritäre Führungsstil ins Auge. Hier sollten Diskussionen rund um einen optimierten Skills- und Grade-Mix geführt werden, welcher Fachverantwortlichkeiten vor Funktionshierarchien setzt. Die Soziale Arbeit weist eine vergleichsweise hohe Menschenorientierung sowie eine ermöglichende und offene Arbeitskultur auf. Von der erhöhten Fehlertoleranz lässt sich allgemein lernen, Deviation von der Normalität nicht zwingend als Fehler anzusehen, sondern allenfalls die eigene Normalitätskonstruktion zu hinterfragen. Das Bildungs- und Forschungssystem wird durch die Mitarbeitenden häufig als modern, flexibel, innovativ und dynamisch wahrgenommen. Partizipationskulturen sind in Expertensystemen, zu denen Schulen auf allen Stufen zu rechnen sind, weiter verbreitet als in vielen anderen Branchen.

Betrachtet man über alle Branchen das Ausmaß der gewünschten Kulturveränderung, so kann man angesichts der Profilverschiebung zwischen Ansprüchen der Mitarbeitenden und der von ihnen wahrgenommenen Wirklichkeit nicht von einer graduellen Verschiebung einzelner Kulturwerte sprechen, sondern von einer sich abzeichnenden tief greifenden Neuorientierung der Arbeitskultur. Es lohnt sich, konkret und spezifisch diese Differenzerfahrung von Mitarbeitenden hinsichtlich wahrgenommener und gewünschter Arbeitskultur innerbetrieblich zum Thema zu machen. Die Ergebnisse unserer Studie 2019 zeigen, dass es sowohl universale Bedürfnisse an die Arbeitskultur gibt, welche viele Mitarbeitende heute in unserem Kulturkreis teilen, gleichzeitig sehen wir aber auch, dass es eine Ausdifferenzierung der Kulturbedürfnisse nach Alter, Ausbildung, Hierarchiestufe und Funktionen gibt. Damit können wir davon ausgehen, dass sich nicht alle Mitarbeitende die gleichen Arbeitskulturen wünschen: Zu unterschiedlich sind die Lebenslagen, die Sozialisationen und Interessenlagen. Aus diesem Grund ist ein zweistufiges Verfahren zur Entwicklung der gewünschten Arbeitskultur anzuraten.

1. Zuerst und normativ grundlegend soll die Frage beantwortet werden, ob mit der Arbeitskultur eher ein strukturelles Stabilitätsdenken oder ein subjektorientiertes Entwicklungsdenken angestrebt werden soll. Im ersten Fall wird Organisationen als rational konstruiertes System gefördert, dessen Funktionieren u. a. auf der Zuteilung von Zuständigkeiten, Hierarchie und fixierten Regeln der Zusammenarbeit basiert. Im zweiten Fall wird ein subjekt-/menschenorientiertes Kulturverständnis geprägt, welches weniger auf die Aufrechterhaltung von Systemzuständen und hierarchischen Ordnungen Wert legt, als vielmehr auf die Entwicklungsfähigkeit des Systems durch Berücksichtigung des Menschen als wichtigster Leistungsträger. Einfach gesagt geht es also um die Frage, ob es eher eine Ausprägung links oder rechts in unserem Kulturprofil geben soll.
2. In zweiter Linie und inhaltlich natürlich kohärent mit dem Grundsatzentscheid ist zu einem differenzierten Kulturansatz zu raten, welcher sich von den Vorstellungen einer großen, gleichschaltenden Einheitskultur verabschiedet und unterschiedliche Kulturprofile anerkennt, z. B. je nach betrieblicher Funktion aber auch entlang des Lebensalters. Dies bedeutet, die kulturprägenden Mechanismen – z. B. die Erfolgsmaßstäbe, die Wertschätzungs- und Anerkennungsmechanismen, Beförderungsrichtlinien und

Karrieremodelle, die Entwicklungskonzepte, die Informations- und Kommunikationspolitik, die Führungsstile, etc. – den unterschiedlichen hier im Kapitel beschriebenen Kulturprofilen anzupassen.

Mit diesen Antworten zu den Ähnlichkeiten und Unterschieden branchensozialisierter Arbeitskulturen drängen sich neue Fragen auf, wie beispielsweise, wie diese Unterschiede konstruiert werden, wann sich – von der Grundausbildung bis zur reifen Berufserfahrung – die Bilder zu Berufen und den in ihnen herrschenden Arbeitskulturen bilden und verfestigen. Dies muss aber Gegenstand weiterer Untersuchungen sein, wozu die hier herausgebildeten Profile eine Grundlage sein können.

Literatur

Albert, Mathias, Klaus, Hurrelmann, und Gudrun Quenzel. 2019. *Jugend 2019. Eine Generation meldet sich zu Wort. Zusammenfassung*, 1. Aufl. (Shell-Jugendstudie).

finews.ch. 2019. Banking: Kooperation statt Karriere? Hrsg. v. finews.ch. https://www.finews.ch/news/banken/38817-deutsche-bank-dws-jobtitel-streichen-befoerderung. Zuletzt aktualisiert am 13.11.2019, Zugegriffen am 22.02.2020.

finews.ch. 2020. Thurgauer Kantonalbank schafft die Ränge ab. Hrsg. v. finews.ch. https://www.finews.ch/news/banken/39397-thurgauer-kantonalbank-tkb-rang-abgeschafft. Zuletzt aktualisiert am 03.01.2019, Zugegriffen am 22.02.2020.

May, Thomas. 1997. *Organisationskultur: Zur Rekonstruktion und Evaluation heterogener Ansätze in der Organisationstheorie*. Opladen: Westdeutscher. https://books.google.ch/books?id=dsh8BwAAQBAJ. Zugegriffen am 22.02.2020.

Mead, George Herbert. 2017. *Geist, Identität und Gesellschaft. Aus der Sicht des Sozialbehaviorismus*, 18. Aufl. Frankfurt a. M.: Suhrkamp (Suhrkamp Taschenbuch Wissenschaft, 28).

Rosa, Hartmut. 2018. *Beschleunigung und Entfremdung. Entwurf einer kritischen Theorie spätmoderner Zeitlichkeit*, 6. Aufl. Berlin: Suhrkamp.

Seffner, Susanne, und Katharina Oberschelp. 2013. Krankenhäuser: Führung kann man lernen. Hrsg. v. *Deutsches Ärzteblatt* (Heft 46). https://www.aerzteblatt.de/archiv/149196/Krankenhaeuser-Fuehrung-kann-man-lernen. Zuletzt aktualisiert am 13.11.2013, Zugegriffen am 23.02.2020.

Welsch, Wolfgang. 2008. *Unsere postmoderne Moderne*. 7. Aufl. Berlin: Akademischer. (Acta humaniora).

Wittern, Andreas, und Maximilian Baßlsperger. 2007. *Verwaltungs- und Verwaltungsprozessrecht. Grundriss für Ausbildung und Praxis*, 19., überarb. u. erw. Aufl. Stuttgart: Kohlhammer (Recht und Verwaltung).

Wörwag, Sebastian, und Alexandra Cloots, Hrsg. 2019. *Zukunft der Arbeit – Perspektive Mensch. Aktuelle Forschungserkenntnisse und Good Practices*, 2. Aufl. Wiesbaden: Springer Gabler.

7 Selbstorganisation – Ein Managementmodell am Puls der Zeit?

Ein Praxisbeitrag

Andreas Laib, Nicole Lieberherr und Viktoria Schachinger

„Verantwortlich ist man nicht nur für das, was man tut, sondern manchmal viel mehr für das, was man nicht tut.“

Laotse

Zusammenfassung

Um Potenziale und Motivation der Mitarbeitenden zu stärken und in die Organisation einzubinden, werden vermehrt Selbstorganisation und Selbstführung über Modelle wie Soziokratie oder Holakratie in Organisationen implementiert. Modelle von Selbstorganisation werden dabei kontrovers diskutiert, und es bestehen irrtümliche Annahmen, dass Arbeiten ohne Regeln und Führung implementiert wird oder Führung gänzlich abgeschafft wird. Das Gegenteil ist der Fall. Die oberste Führungsebene bleibt bestehen und die Erfüllung der Aufgaben sowie Kommunikationsabläufe sind viel strukturierter als in herkömmlichen Organisationsmodellen. Am Beispiel vom Buurtzorg-Modell aus den Niederlanden zeigt sich eindrücklich, wie erfolgreich autonom gesteuerte Pflegeteams ihre Klientinnen und Klienten betreuen, wobei das Back Office und Coach-System maßgeblich für den Erfolg mitverantwortlich sind. In der Schweiz führt die Spitex Zürich Limmattal seit dem 1. Januar 2018 ein Pilotprojekt nach dem Vorbild von Buurtzorg durch, in welchem rund 100 Mitarbeitende in autonomen Teams die

A. Laib · N. Lieberherr · V. Schachinger (✉)
OST – Ostschweizer Fachhochschule, St. Gallen, Schweiz
E-Mail: andreas.laib@ost.ch; nicole_lieberherr@bluewin.ch; viktoria.schachinger@ost.ch

S. Wörwag, A. Cloots (Hrsg.), *Arbeitskulturen im Wandel*,
https://doi.org/10.1007/978-3-658-30451-5_7

anfallenden Aufgaben erledigen. Dieser Beitrag diskutiert Selbstorganisation mit Blick auf die Schweiz und zeigt mögliche Chancen und Risiken für agile Organisationen auf.

7.1 Ausgangslage und Problemstellung

Die neusten Zahlen des Bundesamts für Statistik zum Bildungsstand in der Schweiz belegen, dass 2018 bereits 44 % der Berufstätigen in der Schweiz entweder ein Hochschulstudium oder eine höhere Berufsbildung in die Arbeitswelt mitbringen. Damit sind jene 38 %, die über eine Berufsausbildung verfügen, bereits deutlich überflügelt worden (BFS 2019). Daraus lässt sich schlussfolgern, dass die Zahl von Arbeitnehmenden, die viele verschiedene Kompetenzen und komplexe Fertigkeiten in Organisationen einbringen können, beständig wächst. Trotzdem kann in der Praxis oft nur ein Teil der eigenen Fähigkeiten zum Einsatz kommen und die Art und Weise, wie die zu lösende Aufgabe zu bewältigen ist, wird traditionell eher tayloristisch vorgegeben und mit Qualitätssicherung und der Steuerbarkeit der Unternehmungen begründet.[1] Wird diese Art der Prozessstrukturierung bzw. der Führung den immensen Potenzialen der Mitarbeitenden gerecht, die sich bereits heute und in Zukunft immer mehr in die Unternehmungen einbringen könnten?

Für viele Arbeitnehmerinnen und Arbeitnehmer ist eine hierarchisch bestimmte Prozessorganisation zu einer Selbstverständlichkeit geworden (siehe hierzu auch Kap. 6). Prozesse sind aber im Zeitalter der Digitalisierung alles andere als stetig und schon gar nicht auf längere Zeit fixierbar. Gut ausgebildete Mitarbeitende sind bei innovativen Ansätzen zur Problemlösung oft mit ihren Ideen schneller als die trägen, hierarchisch getakteten Strategieentwicklungsprojekte der Leitung. Gerade in Zeiten rasanter Entwicklung von Automatisierung und künstlicher Intelligenz sind Organisationen gefordert, einerseits technologisch mit den digitalen Entwicklungen Schritt zu halten, um ihre Wettbewerbsfähigkeit im Markt zu sichern. Andererseits dürfen sie den menschlichen Faktor und ihre Verantwortlichkeit als Arbeitgeber gegenüber ihren Mitarbeitenden nicht vernachlässigen. Die gegenwärtige digitale Transformation zeigt, dass der Einbezug von Maschinen in organisationale Abläufe auch Berufsbilder und berufliche Anforderungen verändert. Dass dies sowohl Chancen als auch Risiken in sich birgt, liegt auf der Hand. Mitarbeitende müssen darauf vorbereitet werden und Schulungen sowie Gelegenheiten im Umgang mit agilen Arbeitsbedingungen erhalten, um ihr Potenzial zur Entfaltung bringen zu können. Wird eine Anpassung der Strukturen und Prozesse von Organisationen, sowie des Personalmanagements, an die digitale Transformation der Gesellschaft verpasst, so lässt sich die berechtigte Frage stellen, ob wir auf eine Welt von intelligenten digitalen Assistenten zusteuern, die die menschliche Arbeitskraft substituieren und zu einer hohen Anzahl an

[1] Frederic W. Taylor gestaltete die einzelnen Arbeitsschritte durch die hohe Detaillierung und Zerlegung der Arbeitsaufgaben für eine rational gesteuerte Ablauforganisation. (Glasl und Lievegoed 2016, S. 17 ff.).

Arbeitslosen führen wird. Agile digitale Prozesse sollten sich in agilen personalen Prozessen widerspiegeln, um Risiken von Jobverlusten zu minimieren und bislang ungenutztes Potenzial von Mitarbeitenden zur Entfaltung zu bringen. Selbstorganisation mit Einbezug moderner digitaler Unterstützung könnte eine der möglichen Antworten auf diese Herausforderung sein.

Organisationen verbinden Menschen, deren Handlungen dazu dienen, den Zweck und die Ziele der Organisationen umzusetzen. Für den Gestaltungsprozess des Organisierens bilden sich durch Entscheidungen Strukturen von Regelsystemen aus, die zu einer festgelegten Arbeitsteilung führen. Das Einhalten von Erwartungen, sprich Regeln, wird als Mitgliedschaftsbedingung formal abgesichert. Diese Regelungs- beziehungsweise Erwartungsmuster werden als Organisationsstruktur bezeichnet.

Neue Ansätze beziehungsweise Modelle verfolgen das Ziel, den Mitarbeitenden mehr Sinnhaftigkeit zu vermitteln und Selbstverantwortung in ihren Tätigkeiten zu ermöglichen. Damit soll bislang brachliegendes Potenzial in den organisationalen Abläufen genutzt werden. Selbstorganisation in Organisationen ist nicht neu, hat aber in den letzten Jahren wieder vermehrt Aufmerksamkeit erlangt. Einen großen Einfluss hat die Publikation von Frederick Laloux, „Reinventing Organizations" (2015). Darin beschreibt er einen Paradigmenwechsel von traditionellen über moderne und postmoderne Organisationen hin zu „evolutionären Organisationen". Andere Autoren und Autorinnen, wie z. B. Brian Robertson mit „Holacracy" (2015), sprechen von „agilen" Organisationen, die sich dadurch auszeichnen, eine große Beweglichkeit und Wendigkeit zu besitzen.

7.2 Annahmen und Fragestellungen

Selbstorganisation und agile Organisation liegen im Trend der Zeit. In Management-Sitzungen wird dies immer öfter zum Thema und auch die Basis der Mitarbeitenden von Organisationen zeigen Interesse an neuartigen Modellen. Das Wissen um die unterschiedlichen Möglichkeiten aber auch Bedingungen der Selbstorganisation ist allerdings noch nicht genügend bekannt. Daher existieren Missverständnisse und Halb-Wissen, die einer umfassenderen Aufklärung bedürfen. Finden erste Auseinandersetzungen mit Selbstorganisation oder agiler Organisation statt, werden häufig Annahmen formuliert, die gegen eine Veränderung von klassisch strukturierten Organisationen sprechen. (Lieberherr und Schachinger 2018)

Erste Annahme: Selbstorganisation bedeutet, ohne Regeln und Führung zu arbeiten.
Zweite Annahme: In Organisationen mit selbstgesteuerten Teams wird die Führung abgeschafft.

Um diesen Annahmen aufklärend zu begegnen, werden nachfolgende Fragestellungen abgeleitet und in diesem Text diskutiert:

Ebene Organisation
Wie kann sich ein Organisationssystem kontinuierlich erneuern und agil bleiben?
Bereich Führung
Wie gestaltet sich Führung in selbstgesteuerten Teams?
Ebene Mitarbeitende
Was heißt es für Mitarbeitende, in einem selbstgesteuerten Team zu arbeiten?

Zur Beantwortung der Fragen erfolgt in einem ersten Schritt die allgemeine Darstellung von Organisationen im Verständnis der soziologischen Systemtheorie, gefolgt von der Auseinandersetzung mit den bekanntesten Modellen von Selbstorganisation. Das Praxisbeispiel aus den Niederlanden „Buurtzoorg" erlaubt die anschließende Betrachtung von Bedingungen für eine gelingende Praxis. Buurtzoorg ist ein äußerst erfolgreiches Praxisbeispiel für eine gelungene Umsetzung von Selbstorganisation. „Buurtzorg" bedeutet sinngemäß übersetzt „Betreuung in der Nachbarschaft" oder „Nachbarschaftshilfe". Die im Jahr 2006 von Jos de Blok initiierte neue und völlig anders organisierte Pflege im ambulanten Bereich revolutionierte den Pflegebereich nachhaltig. De Blok's Vision „Menschlichkeit vor Bürokratie" wird mittels selbstgesteuerten Teams, einem zentralen Dienst, dem sogenannten Backoffice, und digital unterstütztem Coaching-System umgesetzt (Buurtzorg o. J.).

7.3 Systemtheoretischer Blick auf Organisationen

Wird Organisation anhand der Theorie sozialer Systeme nach Niklas Luhmann (2012) beobachtet, so stellt sie einen operativ geschlossenen und umweltoffenen Regelkreislauf dar, dessen Strukturen sich aus Prozessen von kommunikativen Entscheidungen bilden, die zueinander anschlussfähig sind und die Organisationen ein Bestehen über die Zeit ermöglichen. Ein dynamisches „Gefüge" eines in sich veränderbaren aber gegenüber der Umwelt in seinen Außengrenzen stabilen Netzwerkes aus Entscheidungsabfolgen definiert, welche Themen, Regeln, Personen und Verhaltensmuster für die Organisation Relevanz besitzen, und welche als nicht zugehörig betrachtet werden. Der Regelmechanismus der Mitgliedschaft reguliert dabei Inklusion und Exklusion. Die Strukturbildungen von Entscheidungsabfolgen dienen der Reduktion von Komplexität und Kontingenz. Letztere beschreibt den Umstand der vielfachen Möglichkeiten, dass etwas so oder auch anders sein kann, nicht zu verwechseln mit Beliebigkeit, sondern immer im Zusammenhang mit bestimmten (Organisations-)Themen. Mittels dieser Reduktion durch Entscheidungen legen Organisationen ihre Abläufe, Prozesse, Kultur und die Relevanzen von Umwelt fest.

Organisationen sind soziale Systeme, die dem historischen Wandel unterliegen. Das Bild der modernen Organisation stellt hohe Anforderungen an die Verfügbarkeit von Entscheidungsprämissen, um einer immer stärker vernetzten Welt Rechnung tragen zu können.

Dirk Baecker (2016) beschreibt in einem Interview zum Thema „Organisationen in Bewegung", die evolutionäre Veränderung von Organisation von „mechanisch" auf „organisch":

> „Mechanisch" sollte heißen, dass man Organisationen bis in die letzten Details der Arbeitsteilung, Arbeitsprozesse und Kontrollstrukturen am grünen Tisch entwerfen konnte, um sie auf der ebenfalls grünen Wiese dann nur noch umzusetzen. „Organisch" hieß, dass man vorab nur wusste, dass man nicht wusste, mit welchen Aufgaben und Anforderungen, Kompetenzen und Kooperationsmustern eine Organisation arbeiten würde, so dass man die Organisation von vorneherein dazu befähigen musste, sich „selbstorganisiert" in der Interaktion zwischen allen Mitarbeitern auf die jeweiligen Möglichkeiten einzustellen. (Baecker 2016)

Die systemtheoretischen Prämissen von Organisation lassen sich sowohl in Unternehmen als auch in einzelnen Abteilungen oder Teams beobachten. Es handelt sich bei allen Ausformungen um sach- bzw. aufgabenorientierte soziale Systeme, in denen „... Personen sowie die spezifische, sich in der Interaktion miteinander selbstorganisiert entwickelnde (Gruppen-)Kultur als Entscheidungsprämissen fungieren." (Simon 2018)

Der Soziologe und Psychoanalytiker Fritz B. Simon (2018) beschreibt in seinen neuesten Untersuchungen „*Formen. Zur Kopplung von Organismus, Psyche und sozialen Systemen*", dass Innovation und kreative Lösungsoptionen in organisationalen Prozessen nur möglich werden, wenn Personen als unverwechselbare Individuen ihre Ideen und ihr Potenzial frei in die Kommunikation einbringen können, was bedingt, dass letztere nicht hierarchisch strukturiert ist. Es bedarf der interpersonell symmetrischen Beziehungen, die nur in Abhängigkeit von Funktionsbedarf und Aufgabe kurzfristig benötigte Asymmetrien entwickeln, die aber rasch wieder aufgelöst werden. Zentraler Zusammenhalt der Mitglieder bildet sich über das geteilte Einverständnis zum Existenzgrund der Gruppe, welches im sozialen System kommunikativ abgebildet wird (Simon 2018, S. 189).

Legt man den täglichen Anforderungen an Organisationen eine systemtheoretische Betrachtung zugrunde, so wird deutlich, dass eine hohe Beweglichkeit in den Teams und Prozessen erforderlich ist, um personale und strukturelle Ressourcen möglichst optimal ausschöpfen zu können. Darauf bieten „agile" Organisationen eine Antwort, da Selbststeuerung ermöglicht wird, ohne großen Zeitverlust durch hierarchische Prozesse, Entscheidungen zu treffen und auf Situationen zu reagieren.

7.4 Modelle von Selbstorganisation

Nachfolgend werden die wichtigsten Merkmale der Soziokratie und deren Weiterentwicklung Soziokratie 3.0 (S3), Holakratie nach Brian J. Robertson und Frederick Laloux' „Reinventing Organizations" vorgestellt, um danach ausgewählte Aspekte vergleichen zu können.

7.4.1 Soziokratie

Gerard Endenburg, der Ende der 1960er-Jahre den Elektrobetrieb seines Vaters übernommen hatte, ist der Begründer der Soziokratie. Basierend auf den Handlungsweisen des niederländischen Erziehungsreformers Kees Boeke entwickelte Endenburg eine einfache, logische Struktur für den Betrieb. (Buck und Endenburg 2005, S. 4) definiert es folgendermaßen:

> „Die Methode der soziokratischen Zirkelorganisation löst das Problem, wie man eine tragfähige und ganzheitliche Einbindung der Belegschaft, des Managements und der Investoren organisieren kann."

Für ihn kann ein Team als selbstorganisiert bezeichnet werden, wenn die Mitarbeitenden in einem Team arbeiten und „sich irgendwie ohne Anordnung von außen verstehen" (Buck und Endenburg 2005, S. 3).

Organisationen sind mit der Soziokratie Methode einfacher zu leiten und haben mit ihr eine hohe Fähigkeit für Intitative, Selbstregeneration und Problemlösung. Gemäss Endenburgs Erfahrungen funtkioniert Soziokratie in Organisationen mit bis zu 1500 Personen sehr gut. Soziokratie ist in den Niederlanden am fortgeschrittensten entwickelt, doch haben auch andere Länder in Europa, Lateinamerika, in einigen arabischen Ländern und in den Vereinigten Staaten ein Interesse daran. Endenburg waren zur Zeit der Entwicklung von Soziokratie die Arbeiten von Likert nicht bekannt, doch Buck und Endenburg (2005) verweisen auf bemerkenswerte Ähnlichkeiten mit dem von Likert entwickelten „System 4". Likert stützte sich auf sozialpsychologische Theorien, währenddessen sich Endenburg auf die angewandte Systemtheorie abstützt (Buck und Endenburg 2005, S. 5).

Die vier Führungsgrundsätze der Soziokratie sind nach Buck und Endenburg (2005, S. 5–6) folgend:

1. Konsent
2. Wahl von Personen
3. Kreise
4. Doppelte Verbindung

Der Grundsatz des **Konsents** beherrscht die Entscheidungsfindung und bedeutet, dass kein begründeter und wesentlicher Einwand besteht. Eine Grundsatzentscheidung muss für alle Mitglieder des Zirkels tolerierbar sein.

Die **Wahl von Personen** für Funktionen und/oder bestimmte Aufgaben findet nach offener Diskussion und nach dem Grundsatz des Konsents statt.

Die **Kreise** sind die Struktur für die Entscheidungsfindung in der Organisation. Jeder Kreis hat seine eigenen Ziele und organisiert die drei Funktionen des Führens, Ausführens und Messens bzw. Rückkoppelns.

Die **doppelte Verbindung** bedeutet, dass jeder Kreis sich mit dem nächsthöheren Kreis durch eine doppelte Verknüpfung verbindet. Mindestens zwei Personen, die Leiterin, der Leiter des Kreises und eine Delegierte bzw. ein Delegierter, sind Vollmitglieder des nächsthöheren Kreises.

Die Soziokratie nach Gerard Endenburg hat sich seitdem weiterentwickelt (vgl. Abb. 7.1).[2] Mit der Soziokratie 3.0 (im Folgenden abgekürzt als S3) haben Bernard Bockelbrink und James Priest Elemente aus agilen Methoden und Holakratie ergänzt (Rüther 2018, S. 137).

7.4.2 Holakratie

Holakratie beschreibt eine neue soziale Methodik für die Führung und Arbeitsweise einer Organisation. Es handelt sich dabei um eine Form von agilem Management, wie sie auch von anderen Unternehmensberatern und Organisationsentwicklern, wie zum Beispiel von Frederic Laloux (2015), beschrieben worden ist. Der Begründer Brian Robertson erzählt in einem Interview aus dem Jahre 2006, dass er auf das Modell Soziokratie gestoßen sei, es mit anderen Schlüssel-Modellen ergänzt habe und das neu geschaffene System den Namen Holakratie erhielt (Rüther 2018, S. 165).

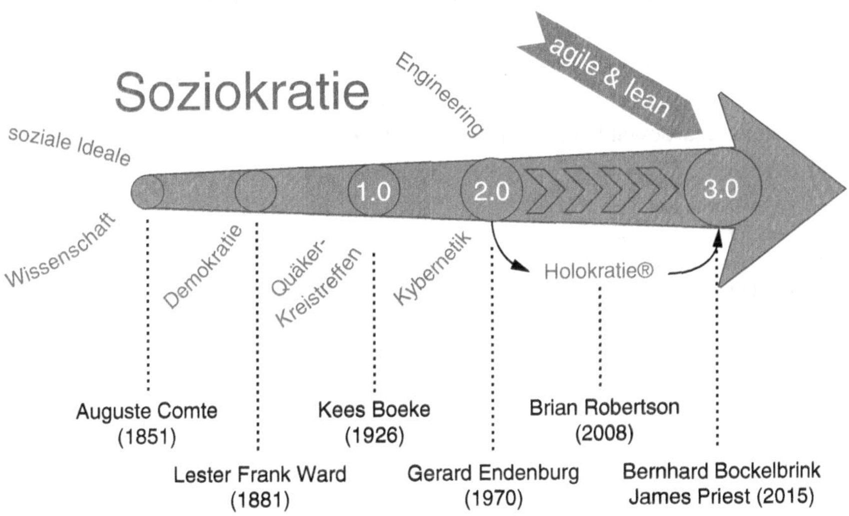

Abb. 7.1 Geschichte der Soziokratie. (Quelle: Rüther 2018, S. 137)

[2] Anstelle der vier Führungsgrundsätze wie in der Soziokratie stehen in S3 sieben Kern-Prinzipien (Rüther 2018, S. 138) im Mittelpunkt: Empirismus, Konsent, Effektivität, Gleichstellung, Transparenz, Verantwortung und kontinuierliche Verbesserung. Das Modell S3 muss nicht vollständig implementiert werden, wie dies bei der Soziokratie und Holakratie der Fall ist. Eine Organisation nimmt diejenigen Muster (Patterns) in den Betrieb auf, die sie aktuell gebrauchen kann.

Unternehmen, die nach Holakratie arbeiten, organisieren sich nicht mehr anhand einer hierarchischen Führungsstruktur, sondern über Prozesse in selbstgesteuerten Teams. Durch das Wegfallen von einschränkenden hierarchischen Strukturen kann das Potenzial der Mitarbeitenden besser genutzt werden und Kreativität und Innovationsgeist kommen zur Wirkung. Führungsautorität wird dabei auf die sogenannte „Verfassung" übertragen, ein schriftliches Regelwerk, das bindend ist. Dabei geht Führungsautorität nicht verloren, und es entwickelt sich auch keine flache Hierarchie, sondern sie wird in eine andere, von Personen unabhängige Form überführt. Mitarbeitende übernehmen bestimmte Rollen mit klar definierten Aufgaben und Verantwortlichkeiten auf Zeit (Robertson 2015). Abb. 7.2 zeigt die Struktur der neuen Organisationsform, durch welche maximale Agilität und Flexibilität erreicht werden kann (Robertson 2015, S. 44–52).

Der große Kreis stellt eine Organisation oder Organisationseinheit dar, einen spezifischen Zusammenhang von Aufgaben. Die Subkreise entsprechen selbstorganisierten Teams. Rollen sind ein Bündel an Aufgabenbereichen, die flexibel vereinbart und innerhalb der Teams selbstorganisiert ausgehandelt werden. Die Rollen besitzen eine Autorität, die nicht an bestimmte Menschen gebunden ist, sondern stellen die Autorität dar, jegliche Handlung auszuführen, um die Aufgabe der Rolle zu erfüllen. Das große Ganze ist durch zwei spezifische Rollen miteinander verbunden: 1) Der Lead Link behält die Perspektive und Funktion des Subkreises im Fokus, um diesen mit dem Kreis zu verbinden. Als Aufgabe vertritt der Lead-Link den übergeordneten Sinn des gesamten Kreises, weist die Rollen innerhalb des Kreises zu und strukturiert die Governance. Der Lead-Link führt *nicht* die Mitglieder des Kreises. 2) Der Rep-Link bringt die Perspektiven des Subkreises, der selbstorganisierten Teams, in den Kreis ein. Ferner ist die Aufgabe des Rep-Links, die in den Kreisen zu bearbeitenden Spannungen weiterzugeben und zu lösen. In Governance-

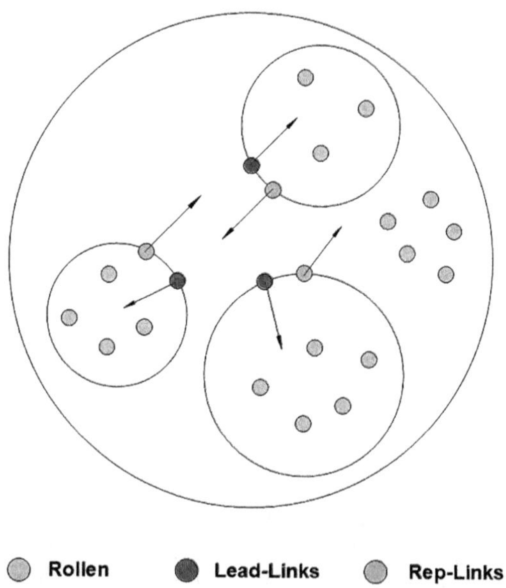

Abb. 7.2 Struktur der Organisation. (Quelle: eigene Darstellung in Anlehnung an Robertson 2015)

Meetings werden Prozesse ausgehandelt und Krisen gelöst. Dabei ist die Integration von verschiedenen Perspektiven, um Klarheit zu erlangen, zentral. Gemeinsam wird die Festlegung der Autoritäten und der Regeln verhandelt.

7.4.3 Frédéric Laloux'„Reinventing Organizations"

Frédéric Laloux (2015) beschreibt in seinem Buch „Reinventing Organizations – Ein Leitfaden zur Gestaltung sinnstiftender Formen der Zusammenarbeit" den Paradigmenwechsel von bestehenden Organisationsmodellen zu einem neuen Verständnis von Organisationen als lebendige Systeme. Für ihn zeichnen sich evolutionäre Organisationen durch die Attribute der Selbstführung, der Ganzheit und durch den evolutionären Sinn aus. Mit Selbstführung wird ein Funktionieren ohne Hierarchie bezeichnet. Die Ganzheit verweist darauf, dass sich der Mensch mit allen seinen Aspekten und Fähigkeiten in eine Organisation einbringen kann und der evolutionäre Sinn bedeutet, dass Organisationen sich lebendig aus sich heraus entwickeln. Ganzheit beschreibt Laloux anhand des Vier-Quadranten-Modells von Ken Wilber, dem Begründer der Integralen Theorie, indem er dieses auf Organisationen überträgt (vgl. Abb. 7.3).

Laloux (2015) nennt als die zwei einzigen entscheidenden Bedingungen, um eine Organisation nach den integralen evolutionären Bedingungen zu führen, dass erstens das leitende Management bzw. die Geschäftsführung über die entsprechende Weltsicht und psychologischen Entwicklungen zu verfügen hat, „die mit der integralen evolutionären Bewusstseinsstufe übereinstimm[en]" (Laloux 2015, S. 236) und zweitens, dass der Inhaber einer Organisation die integrale evolutionäre Weltsicht verstehen und leben müsse.

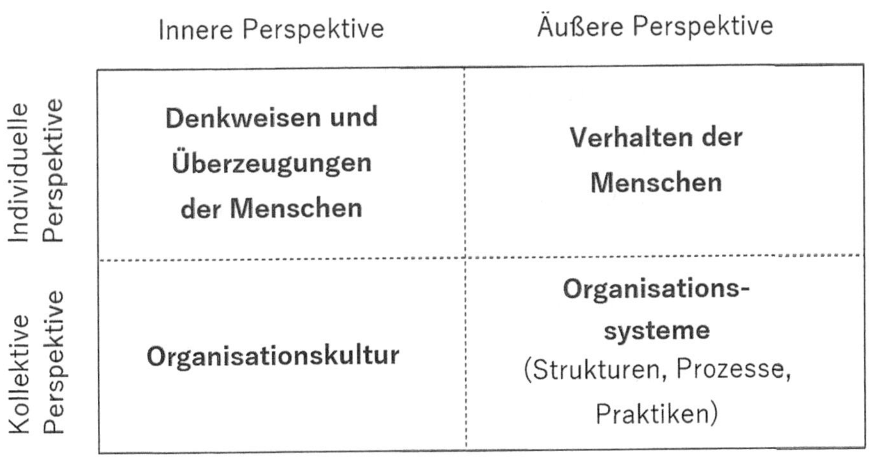

Abb. 7.3 Ken Wilbers Vier-Quadranten-Modell auf Organisationen angewendet. (Quelle: Laloux 2015, S. 227)

Ansonsten besteht bei Schwierigkeiten die Gefahr des Rückgriffs auf hierarchische Mechanismen, um die Kontrolle wieder zu erlangen.

Als Beispiel für die Selbstführung und selbstführende Teams, die ohne Vorgesetzte ihre Aufgaben erledigen, beschreibt Laloux neben anderen Organisationen ausführlich die in der ambulanten Krankenpflege tätige gemeinnützige Organisation „Buurtzorg", die in diesem Beitrag als Praxisbeispiel angeführt wird.

7.4.4 Vergleich der Modelle

Unter den verschiedenen Modellen der Selbstorganisation und Selbstführung nimmt Laloux eine Sonderstellung ein. Ausgehend aus der Untersuchung von elf Organisationen, darunter Buurtzorg aus den Niederlanden, und dem Organisationsmodell der Holakratie beschreibt er generelle Strukturen und Prämissen, die für die Selbstorganisation grundlegend sind. Daher können seine Ergebnisse nur bedingt mit den anderen Modellen verglichen werden.

Die Implementierung von Selbstorganisation und Selbstführung geschieht bei der Soziokratie auf das gesamte System bezogen, während mit S3 die Möglichkeit besteht, situativ diejenigen Muster (*patterns*) einzuführen, die als sinnvoll erscheinen. Auch Holakratie wird als Ganzes implementiert, indem die für alle geltende Verfassung unterzeichnet wird. Ein Ergebnis der Untersuchung von Laloux (2015) war, dass die Reaktionen auf die Einführung von Selbstorganisation beim mittleren Management ganz andere als diejenigen der Mitarbeitenden sind (Laloux 2015, S. 266). Die meisten Mitarbeitenden, die zuvor wenig Macht hatten, schätzen es, den Zuwachs an Macht und den Raum bzw. die Freiheit für die eigenen Entscheidungen zu erhalten. Hingegen können sich auf der Ebene des mittleren Managements Widerstände bilden, wenn die Umstellung zu einem Verlust der bisherigen Machtstellung und gewohnten Arbeitsrollen führt.

Die verschiedenen Modelle verwenden spezifische Begrifflichkeiten, die wie eine Sprache zuerst erlernt werden müssen. Die Einführung eines neuen Organisationsmodells wie es Holakratie darstellt, bedarf einer umfassenden Schulung aller Mitarbeitenden (Rüther 2018, S. 245 ff.) und Robertson (2015, S. 141) empfiehlt für den Übergang einen qualifizierten externen Berater miteinzubeziehen.

Für den Menschen als Mitarbeiterin bzw. Mitarbeiter in einem Betrieb besteht zwischen Holakratie und Laloux' Ansatz ein großer Unterschied. In Holakratie besteht eine deutliche Trennung der Person von der Rolle. Mitarbeitende konzentrieren sich auf ihre Funktionen gemäß ihrer Rolle und haben ihre persönlichen Befindlichkeiten auszuklammern. Dies steht im Gegensatz zu Laloux, der als ein wesentlicher Bestandteil einer agilen Organisation die Ganzheit betont und den ganzen Menschen miteinbezieht.

7.5 Buurtzorg

Im Jahr 2006 begann Jos de Blok in den Niederlanden seine Idee einer neuen, völlig anders organisierten Pflege im ambulanten Bereich, welcher er den Namen „Buurtzorg" gab, gemeinsam mit drei anderen Pflegefachpersonen in die Tat umzusetzen (Buurtzorg o. J.). Ins Deutsche übersetzt bedeutet Buurtzorg sinngemäss „Betreuung in der Nachbarschaft" oder „Nachbarschaftshilfe". De Bloks Motto lautete „Menschlichkeit vor Bürokratie" zu schützen, und seine Vision war, den Pflegefachpersonen Rahmenbedingungen zu bieten, die es ihnen ermöglichen, ihre Berufung zu leben und die Klientinnen und Klienten wieder in den Mittelpunkt zu stellen. Buurtzorg beinhaltet zum einen den Rückgriff auf das frühere Modell der Gemeindekrankenschwestern und zum anderen die größtmögliche Vernetzung der einzelnen Pflegenden mittels technischer Unterstützung (Intranet, Apps etc.).

Dabei verfolgte de Blok die Absicht, die zahlreichen, vom aufgeblähten Verwaltungsapparat blockierten Ressourcen, wieder freizusetzen und den Pflegefachpersonen die Verantwortung für ihre Tätigkeit in die eigenen Hände zu legen. Dafür wurde das „mittlere Management" mit all seinen Koordinationskompetenzen und rein verwaltungstechnischen Aufgaben abgeschafft.

Heute genießt Buurtzorg das Vertrauen der Krankenkassen und kann frei ihren Leistungsauftrag erfüllen. Im Sinne der Bezugspflege sind in der Pflege und Betreuung anstelle von vielen verschiedenen Fachkräften so wenige Fachkräfte wie möglich involviert. Das erlaubt eine ganzheitliche Pflege, die vorher nicht mehr umsetzbar war.

Der Erfolg gibt de Blok Recht. Innerhalb von nur 13 Jahren umfasst Buurtzorg in den Niederlanden inzwischen rund 15.000 Mitarbeitende, die in selbstgesteuerten Teams von 4–12 Personen tätig sind und sich je um 50 bis 60 Personen kümmern. Dabei werden jährlich ca. 80.000 Patientinnen und Patienten betreut. Der Marktanteil von Buurtzorg im gemeinnützigen ambulanten Pflegebereich der Niederlande beträgt bereits 80 %.

Der Erfolg von Buurtzorg stützt sich auf drei Säulen ab: 1) Die zuvor beschriebenen selbstgesteuerten Teams, 2) das Backoffice (ca. 50 Mitarbeitende im Bereich „zentrale Funktionen") und 3) das Coach-System. Neben der jederzeit möglichen Beratung eines Coaches steht das Intranet zur Verfügung, in dem schwierige Fälle diskutiert werden. Jos de Blok hat damit nicht nur die ambulante Pflege in den Niederlanden revolutioniert. Seine Idee wurde weit über die Landesgrenzen hinaus bekannt: Länder wie Belgien, Deutschland, Österreich, Japan, China, Singapur, Thailand, Australien, USA und Großbritannien starteten Projekte zur Umsetzung des Buurtzorg Modells innerhalb der regionalen Gegebenheiten (vgl. Cavedon et al. 2018; Greuter 2018; Lieberherr und Schachinger 2018; Lüthi 2015).

In der Schweiz befassen sich unter anderem die Spitex Region Olten, Spitex Bern und Spitex Zürich Limmat mit der Übertragbarkeit des Buurtzorg Modells. Nicht alles kann übernommen werden, doch mit dem Systemwechsel sollen die Verantwortung, Aufgaben und Kompetenzen zurück an die Basis, also zurück an die Pflegefachpersonen, gebracht werden (Lieberherr und Schachinger 2018).

7.6 Bedingungen für eine gelingende Selbstorganisation

Die in Abschn. 7.4 dargestellten Modelle für Selbstorganisation und Selbstführung mögen sich wohl im Detail unterscheiden, weisen aber zugleich auch Gemeinsamkeiten und grundlegende Prämissen auf, die als Bedingungen für eine gelingende Selbstorganisation betrachtet werden können.

Die erste Fragestellung, „Wie kann sich ein Organisationssystem kontinuierlich erneuern und agil bleiben?“ kann mit einer Neuimplementierung von Selbstorganisation und Selbstführung anhand eines der vorgestellten Modelle beantwortet werden. Damit können Organisationen befähigt werden „am Puls der Zeit“ zu sein und flexibel, effizient und effektiv auf Anforderungen und Herausforderungen zu reagieren.

Die beiden anderen Fragestellungen, „Wie gestaltet sich Führung in selbstgesteuerten Teams?“ und „Was heißt es für Mitarbeitende, in einem selbstgesteuerten Team zu arbeiten?“ werden nachfolgend, mit Bezug zur Implementierung, zu neuen Formen der Führung und zu den Mitarbeitenden in selbstgesteuerten Teams, beantwortet.

7.6.1 Die Implementierung

Die Begründer der Modelle zur Selbstorganisation machten sich auf die Suche nach neuen Ansätzen der Betriebsführung, weil sie sich mit ungelösten Fragen auseinandersetzten. Gemäß Rüther (2018, S. 9) dominieren unter anderem folgende Probleme und Themen in Organisationen:

- Ständige Change-Prozesse
- Machtkämpfe
- Bürokratie
- Unklare Entscheidungswege
- Ineffiziente Meetings
- Geringe Motivation und fehlendes Engagement der Mitarbeitenden

Organisationen zeichnen sich durch formale und informelle Strukturen aus. Die formale Struktur entspricht dem klassischen linear-hierarchischen Aufbau mit einer Geschäftsführung an der Spitze und den darunter liegenden Bereichs-, Abteilungs- und Teamleitungen. Im Sinne von „Macht, die von oben nach unten delegiert und verteilt wird“ entscheidet die Geschäftsleitung über alle wesentlichen Themen. Dem gegenüber steht die informelle Struktur, die alle Beziehungen und Verstrickungen von Personen beinhaltet (Rüther 2018, S. 9).

Gerard Endenburg (Soziokratie) und Brian Robertson (Holakratie) bezeichnen die formale Struktur als „soziale Technologie", die „meistens unreflektiert installiert und selten hinterfragt wird, als ob es keine Alternative gäbe" (Rüther 2018, S. 10). Dabei haben in den letzten fünfzig Jahren viele mutige Unternehmerinnen und Unternehmer sowie Geschäftsleitungen Neues ausprobiert und Alternativen gefunden.

Einer von ihnen ist Jos de Blok (2018), der Begründer von Buurtzorg und er verweist auf drei Aspekte, die bei der Implementierung von Selbstorganisation zu berücksichtigen sind:

1. Bewusstsein über die Konsequenzen, wenn eine Organisation sich umstellt. Eine solche grundlegende Veränderung birgt große Risiken.
2. Ist der Zweck (*purpose*) für jede und jeden klar? Was bringt die Umstellung?
3. Es muss über die Strategie nachgedacht werden. Eine solche Implementierung kann nicht einfach als eine Organisationsentwicklung betrachtet werden, sondern es geht darum, den richtigen Dialog zu finden und die Umsetzung „Schritt um Schritt" zu gestalten.

De Blok geht es um eine konsequente Reduktion von bürokratischer Komplexität im Pflegealltag. Maßgebend für den Erfolg ist auch die eigens für Buurtzorg entwickelte agile Software. Sie umfasst für alle Mitarbeitenden die digitale Mediennutzung (Intranet/Informationstechnologie), Tutorials, das eigene Fernsehstudio und den eigenen Kanal (Lieberherr und Schachinger 2018, S. 15).

Ausgangspunkt für die Spitex Zürich Limmat, die ihre Organisation nach dem Vorbild von Buurtzorg umgestellt und an Schweizer Rahmenbedingungen angepasst hat, war das strategische Ziel, die Kunden gut zu betreuen und dafür die richtigen Mitarbeitenden zu haben. Dafür sollte die Basis, die Mitarbeitenden mit ihren Fachkompetenzen und ihrem pflegerischen Wissen, gestärkt werden (Lieberherr und Schachinger 2018). Über Buurtzorg seien sie zufällig gestolpert, meint CEO Christina Brunnschweiler in einem Interview des Spitex Reports (Radtke 2018). Man wollte das Pilotprojekt mit zwei selbstorganisierten Teams starten, doch fast alle der rund 100 Mitarbeitenden wollten mitwirken, und so sind seit dem 1. Januar 2018 sieben selbstorganisierte Teams selbstverantwortlich am Arbeiten. Weiter führt Brunnschweiler aus, dass am Anfang die Reorganisation Geld kostet und es viel Vertrauen sowie Risikobereitschaft braucht. Letztendlich trägt die Geschäftsleitung die Verantwortung, egal, wie ein Unternehmen organisiert ist. Es zeichnet sich ab, dass sich Kosten aufgrund weniger Krankheitsausfälle der Mitarbeitenden und tieferer Rekrutierungskosten reduzieren. Zudem führt die steigende Zufriedenheit der Mitarbeitenden zu sinkenden Fluktuationsraten. (Radtke 2018)

7.6.2 Neue Formen der Führung

Grundsätzlich bedingt Selbstorganisation ein anderes Verständnis von Führung und Management. Gelingt es dem Management beziehungsweise den Führungskräften nicht, sich zu verändern und im Besitz einer „reifen" Persönlichkeit zu sein, misslingt die Umstellung. Laloux (2015) spricht davon, dass die höchste Führungskraft über die entsprechende Weitsicht und psychologische Entwicklung verfügen muss. Vorgesetzte müssen loslassen und Vertrauen in die Fähigkeiten ihrer Mitarbeitenden haben. Dazu gehört, deren Mitbestimmung und Selbstständigkeit auszuhalten. Die Führungskräfte sind herausgefordert, weniger zu kontrollieren und dafür umso mehr den Mitarbeitenden beratend zur Seite zu stehen. Das bedeutet, sie werden zu Coaches der Teams, was dadurch völlig andere Anforderungen an die eigene berufliche Rolle bedingt.

Während in der Soziokratie die vier Führungsgrundsätze Konsent, Wahl von Personen, Kreise und doppelte Verbindung bestimmend sind, ist es in der Holakratie die generelle, nicht individuell angepasste Verfassung. Sie wird von einer Organisation bei der Implementierung ratifiziert und ist das elementare, schriftliche Regelwerk. Die Verfassung definiert unter anderem die sinnhaften Strukturen wie Rollen, Kreise und Richtlinien sowie die Prozesse der selbstgesteuerten Teams. Die Macht liegt bei den „Spielregeln" und ist nicht mehr an Personen gebunden.

Soziokratie 3.0 (S3) favorisiert eine dezentrale Verteilung von Macht, damit sie nicht in einer Person gebündelt ist. Es stehen Muster (*patterns*) und bestimmte Rollen zur Verfügung, die Aspekte von „Führung" beinhalten. Das Besondere bei S3 ist, dass Führung im Sinne von Selbstführung und Ausführung von gemeinsamen Entscheidungen weiterhin vorhanden ist. (Rüther 2018, S. 153)

Im Praxisbeispiel Spitex Zürich Limmat führte die Umstellung zu selbstgesteuerten Teams dazu, dass zwei Führungsebenen verschwunden sind: die Zentrumsleitung und die Teamleitungen (Radtke 2018). Die 50 bis 60 betroffenen Kaderpersonen müssen bereit sein, ihre Funktionen zu ändern und sich anzupassen.

Die erste Annahme, dass Selbstorganisation bedeutet, ohne Regeln und Führung zu arbeiten, kann demzufolge widerlegt werden. Das Gegenteil ist der Fall: Die Erfüllung der Aufgaben und Kommunikationsabläufe sind viel strukturierter als in herkömmlichen Modellen. Die Transparenz in Organisationen erhöht sich und ein klares System von Verantwortlichkeiten leitet die Handlungen. Auch die zweite Annahme, dass in Organisationen mit selbstgesteuerten Teams die Führung abgeschafft wird, bewahrheitet sich nicht. Die oberste Führungsebene bleibt bestehen, Jos de Bloks Idee bei Buurtzorg war die Abschaffung des „mittleren Managements" mit all seinen Koordinationskompetenzen und den rein verwaltungstechnischen Aufgaben (Greuter 2018, S. 153).

7.6.3 Mitarbeitende in selbstgesteuerten Teams

Einer der Gründe, warum die Selbstorganisation von Vorteil ist, sieht Laloux (2015, S. 183) darin, dem weitverbreiteten Mangel an Motivation, der in vielen Organisationen vorzufinden ist, zu begegnen. Sowohl für die Führungskräfte als auch die Mitarbeitenden bedeutet Selbstorganisation ein grundlegender Kulturwandel. Patrick Scheuerer von der Firma Xpreneurs in Basel, die sich als Laboratorium für neue Formen der Arbeit versteht und auch schon große Unternehmen, wie z. B. Swisscom, in der Umsetzung von Selbstorganisation begleitet hat, weiß aus Erfahrung, dass der Prozess der Umstellung für die Mitarbeitenden hoch individuell ist: „Die Trennung von denjenigen, die denken und denjenigen, die machen, also die klassische tayloristische Arbeitsteilung, wird ganz klar aufgehoben. Jeder einzelne ist dafür verantwortlich, Spannung zu bearbeiten“ (Lieberherr und Schachinger 2018).

Im Arbeitsalltag zeigt sich deutlich, inwiefern eine Organisation mit selbststeuernden Teams die Umstellung unter Berücksichtigung aller dafür erforderlichen Prämissen auch wirklich konsequent durchgeführt hat, oder ob Teams nur mit dem Etikett „autonom“ ausgestattet wurden, ohne dass ein grundlegendes Regelwerk durchdacht und erarbeitet wurde, an welchem sie sich orientieren können. Letztere Situation öffnet zwar ebenfalls einen kreativen und möglicherweise auch innovativen Denkraum, birgt jedoch ein enorm hohes Risiko der Ressourcenverschwendung und Selbstausbeutung von Teammitgliedern.

Wird das Ganze hingegen auf ein theoretisch gestütztes Modell mit allen dafür erforderlichen Detailplanungen und Strukturen als Basis gestellt – und hierfür bieten die verschiedenen Modelle genaue Anleitung – so wird es möglich, auch bislang brachliegende vorhandene Ressourcen zu mobilisieren und innovatives Potenzial auszuschöpfen.

Die selbstorganisierten Teams der Spitex Zürich Limmat handeln inzwischen selbstverantwortlich in der Erfüllung ihrer Aufgaben, tätigen die verschiedenen Planungsaufgaben, wie beispielsweise Ferienplanung, Dienstplanung und bei zwei Teams Einsatzplanungen, und nutzen das vorgegebene IT-System. Das Team rekrutiert selbstständig neue Mitarbeitende und wird dabei von der Abteilung Human Resources unterstützt. Gemäß den Aussagen von Christina Brunnschweiler beginnt sich ferner eine neue Form der Feedback-Kultur zu entwickeln (Radtke 2018).

7.7 Fazit

Wenn sich eine klassisch geführte Organisation dazu entscheidet, mithilfe von Selbstorganisation zu einer agilen Organisation zu werden, bedeutet dies einen grundlegenden Kulturwandel, wie die erläuterten Beispiele sichtbar machen. Ein solcher Prozess der Implementierung hat mit großer Achtsamkeit und Vorbereitung zu erfolgen, anderenfalls kann er zum Scheitern verurteilt sein. Einmal angestoßene Veränderungen können nur schwer rückgängig gemacht werden und bergen auch die Gefahr, Mitarbeitende auf lange Sicht zu demotivieren.

Daher ist es unabdingbar bei der Umstellung auf eine neue agile Organisationsform auf ein theoretisch gestütztes Modell zurückzugreifen. So wird es möglich, auch bislang brachliegende vorhandene Ressourcen zu mobilisieren und innovatives Potenzial auszuschöpfen.

Damit einhergehende persönliche Veränderungen der Mitarbeitenden sind hochindividuell und beinhalten Lern- sowie Entwicklungschancen. Die Verantwortung für die Bearbeitung von anstehenden Problemen und deren Lösungen liegt bei jeder Mitarbeiterin und jedem Mitarbeiter. Dies bedeutet vor allem in der Umstellungsphase einen hohen Energieaufwand für alle Beteiligten, der jedoch mit mehr Zufriedenheit und Sinnhaftigkeit für die zu erledigenden Arbeiten belohnt wird.

Abschließend gilt es mit Jos de Bloks Worten den Weg für Organisationen und Mitarbeitende zu benennen, der Raum schafft für Neues und Agilität möglich macht: „Menschlichkeit vor Bürokratie“

Literatur

Baecker, Dirk. 2016. *Dirk Baecker beobachtet die Organisation im Wandel. Organisationen in Bewegung.* https://www.zoe-online.org/meldungen/dirk-baecker-beobachtet-die-organisation-im-wandel/. Zugegriffen am 11.06.2019.

de Blok, Jos. 25.09.2018. *What are the three things organizaiton should think about when they want to implement selforganization or agility?* https://www.youtube.com/watch?v=dOJr5oQfHIc. Zugegriffen am 06.09.2019.

Buck, John A., und Gerard Endenburg. 2005. *Die kreativen Kräfte der Selbstorganisation.* Rotterdam: Sociocratisch Centrum.

Bundesamt für Statistik. 2019. Studierende und Abschlüsse der Hochschulen. https://www.bfs.admin.ch/bfs/de/home/statistiken/bildung-wissenschaft/bildungsabschluesse.html. Zugegriffen am 06.09.2019.

Buurtzorg. o. J. *Welcome to Buurtzorg.* https://www.buurtzorg.com/. Zugegriffen am 06.09.2019.

Cavedon, Enrico, Christoph, Minning, und Peter Zängl. Buurtzorg in der Schweiz: Kann das funktionieren? *Spitex Magazin, 3/2018 Juni/Juli,* 13–15.

Glasl, Friederich, und Bernard Lievegoed. 2016. *Dynamische Unternehmensentwicklung. Grundlagen für nachhaltiges Change Management*, 5., erw. u. akt. Aufl. Bern/Stuttgart: Haupt/ Freies Geistesleben.

Greuter, Susy. 2018. Buurtzorg: Ganzheitliche Pflege, made in the Netherlands. In *Gutes Alter. Eine Gesellschaft des guten langen Lebens für alle*, Hrsg. Ruth Gurny, Beat Ringer und Seifert, 152–159. Zürich: edition 8.

Laloux, Frédéric. 2015. *Reinventing Organizations. Ein Leitfaden zur Gestaltung sinnstiftender Formen der Zusammenarbeit.* München: Vahlen.

Lieberherr, Nicole, und Viktoria Schachinger. 2018. *Das Buurtzorg Modell – Durch horizontale Teams zu mehr Autonomie im Beruf.* St. Gallen: Fachhochschule St. Gallen/Fachbereich Soziale Arbeit.

Luhmann, Niklas. 2012. *Soziale Systeme. Grundriss einer allgemeinen Theorie* (15. Ausg.). Frankfurt a. M.: Suhrkamp.

Lüthi, Daniel. 2015. *Revolution in der ambulanten Pflege. Schweizerische Ärztezeitung* 96(47): 1732–1733.

Radtke, Martin. 6. August 2018. *Spitex Report. Unabhängige Übersicht für Entscheider. „ir sind über Buurtzorg gestolpert“.* https://spitex-report.ch/2018/08/06/wir-sind-ueber-buurtzorg-gestolpert/. Zugegriffen am 06.09.2019.

Robertson, Brian J. 2015. *Holacracy: Ein revolutionäres Management-System für eine volatile Welt.* München: Franz Vahlen.

Rüther, Christian. 2018. *Soziokratie, S3, Holokratie, Frederic Laloux' „Reinventing Organisations“ und New Work*, 2., überarb. u. stark erw. Aufl. Norderstedt: Books on demand.

Simon, Fritz B. 2018. *Formen. Zur Kopplung von Organismus, Psyche und sozialen Systemen.* Heidelberg: Carl-Auer.

Förderung einer Arbeitskultur der Selbstorganisation und Partizipation – Fallbeispiele zu einem spielerisch-experimentellen Ansatz

8

Ein Praxisbeitrag

Sascha Demarmels, Reto Kessler und Vera Calenbuhr

„Nur ein Narr macht keine Experimente."

Charles Darwin

Zusammenfassung

Wie lassen sich Prozesse gestalten, in denen Organisationen ihre Werte und ihre Kultur der Zusammenarbeit von innen heraus verändern? Dieses Kapitel beschreibt anhand von drei Fallbeispielen von Workshops zu Soziokratie 3.0 einen spielerisch-experimentellen und partizipativen Ansatz, der vielversprechend scheint.

8.1 Einleitung

Studien zeigen, dass die Zufriedenheit der Mitarbeitenden am Arbeitsplatz weltweit sinkt (vgl. z. B. The Global Happiness Council 2018 und Gallup 2017). Folgen davon sind unter anderem eine geringere Produktivität und mehr Fehlzeiten am Arbeitsplatz (vgl. z. B. PwC Research 2013; Edmans 2011; Edmans 2012; Böckerman und Ilmakunnas 2012; Tay und Harter 2013; Oswald et al. 2015).

S. Demarmels (✉) · R. Kessler · V. Calenbuhr
Now.New.Next, Zürich, Schweiz
E-Mail: sascha.demarmels@now-new-next.ch; reto.kessler@now-new-next.ch; vera.calenbuhr@now-new-next.ch

S. Wörwag, A. Cloots (Hrsg.), *Arbeitskulturen im Wandel*,
https://doi.org/10.1007/978-3-658-30451-5_8

Viele Unternehmen setzen heute auf mehr Selbstorganisation, zum Beispiel durch die Einführung agiler Frameworks und Methoden oder durch Strukturveränderungen (z. B. flachere Hierarchien). Hintergrund und Erwartungen dieser Maßnahmen sind vielfältig. Die Eigentümer und die Führung von Unternehmen erhoffen sich zum Beispiel mehr Effizienz in den Prozessen, bessere Effektivität in den Entscheidungen, mehr Kreativität und Innovation und dadurch bessere Chancen, sich am Markt behaupten zu können. Für die Mitarbeitenden stehen Themen wie Sinnstiftung, Arbeitsatmosphäre, Flexibilität und Selbstverwirklichung im Vordergrund (Väth 2016).

Selbstorganisation wird daher auch als Möglichkeit gesehen, attraktive Arbeitsbedingungen zu schaffen, sich gut im Arbeitsmarkt zu positionieren und so qualifizierte sowie motivierte Fachleute einzustellen und halten zu können. Die Personalverantwortlichen gehen zunehmend davon aus, dass sich die Arbeitnehmenden weniger durch Boni und Zusatzleistungen als vielmehr durch eine moderne Arbeitskultur, Freiheiten in der Gestaltung von Arbeitsraum und -zeit sowie Selbstbestimmung und Selbstorganisation anziehen lassen (vgl. Kaduk und Osmetz 2016, S. 197 f. und Jennifer Heyman in Cappelli und Tavis 2018).

Tatsächlich kann Selbstorganisation die Zufriedenheit und das Engagement der Mitarbeitenden fördern: Wenn die Entscheidungskompetenz aus hierarchisch übergeordneten Funktionen in funktional untergeordnete Einheiten verlagert wird, wenn Teams und Mitarbeitende selbstbestimmter arbeiten wollen und können (Vermeidung von „Mikromanagement"), wenn sie aufgrund ihrer intrinsischen Motivation handeln und für sich den Sinn ihrer Arbeit erfahren (vgl. z. B. Oswald et al. 2015; Yuan 2015).

Auch scheint es einen Zusammenhang zwischen der Innovationskraft von Unternehmen und der Zufriedenheit ihrer Mitarbeitenden zu geben: Zum einen sind zufriedene Mitarbeitende innovativer (vgl. z. B. Studie von Stock 2001), zum anderen sind Selbstorganisation und ein agiles Arbeitsumfeld wichtige Grundvoraussetzungen für das Durchführen von Experimenten und damit für Innovation (vgl. z. B. Lean Startup, Ries 2011). Selbstorganisation und ein agiler Kontext sind auch Basis für einen besseren Umgang mit Komplexität: Hierbei spielen das empirische Setting und die Prinzipien „Inspect & Adapt" eine wichtige Rolle, um in kleinen Schritten kontinuierliche Verbesserungen zu ermöglichen (Schwaber und Sutherland 2016).

Selbstorganisation verspricht, gerade in zunehmend komplexen Fragestellungen, einige Vorteile gegenüber vorwiegend formal-hierarchisch geprägten Strukturen. Die Praxis zeigt allerdings, dass nicht alle Vorstöße in Organisationen zu mehr Selbstorganisation als wirksam und erfolgreich wahrgenommen werden. Selbstorganisation ist „Lösung" und Herausforderung zugleich. Ein wesentlicher Aspekt dabei scheint uns die Tatsache zu sein, dass Selbstorganisation (scheinbar) widersprüchliche Bedürfnisse befriedigen soll:

- die Bedürfnisse der Mitarbeitenden, ihre Arbeit selbstverantwortlich, mit den eigenen Kompetenzen, frei von Vorgaben und Kontrolle zu gestalten

- das Bedürfnis von Führung und Organisation nach Stabilität, Verbindlichkeit, Effizienz sowie greifbaren und kommerziell verwertbaren Ergebnissen um, Wirtschaftlichkeit und Überlebensfähigkeit der Organisation zu sichern

Dieses Paradox führt zu Spannung und Unsicherheit bei den Beteiligten. Eigene Beobachtungen zeigen: In Transformationsprozessen hin zu mehr Selbstorganisation wächst die Anzahl der Konflikte exponentiell an. Während sich Mitarbeitende mit den Anforderungen an Selbst- und Sozialkompetenzen mitunter überfordert fühlen, wissen die Führungspersonen nicht, wie sie ihre Führungsrolle neu verorten, ihre Führungsverantwortung wahrnehmen, wann und wie sie eingreifen sollen. Bei den Beteiligten entsteht Frustration.

Hinzu kommt, dass gerade in Organisationen, die lange eher machtbetont-hierarchisch geführt wurden, Mitarbeitende oft nicht bereit sind, Verantwortung zu übernehmen – beispielsweise aufgrund von Erfahrungen, Ängsten und ungeeigneten Rahmenbedingungen. Sie fühlen sich zu Beginn überfordert mit den neuen Freiheiten und Pflichten.

Weiter sind viele Mitarbeitende der ständigen Reorganisationen müde. Sie erarbeiten in regelmäßig wiederkehrenden Initiativen immer neue Visionen und Missionen, die sich meist nicht auf Dauer in der Organisation verankern. Mitarbeitende haben oftmals wenig Lust, sich schon wieder auf ein neues Veränderungsvorhaben einzulassen.

Das führt nicht selten dazu, dass Organisationen Selbstorganisation als „nicht anwendbar" oder „nicht hilfreich" wahrnehmen und daher wieder stark formalisierte Strukturen und Prozesse etablieren. Es besteht damit die Gefahr, dass sie die genannten Chancen der Selbstorganisation nicht nutzen und damit Nachteile bezüglich der Überlebensfähigkeit der Organisation entstehen.

In unserer Arbeit beschäftigen wir uns daher mit folgenden Fragen: Wie können Prozesse aussehen, in denen Organisationen (in einem weiten Sinne) eine eigene „Kultur der Selbstorganisation" entwickeln? Wie gelingt es, im Übergang und darüber hinaus ein Gleichgewicht der Bedürfnisse zu schaffen? Es stellt sich die Frage, was es braucht, damit die Mitarbeitenden bereit sind, Verantwortung zu übernehmen, zu gestalten und zu experimentieren und so die vorhandenen Potenziale der Organisation genutzt werden.

Unsere Hypothese lautet: Ein nachhaltiger Wandel muss von innen heraus entstehen. Führt man Mitarbeitende spielerisch an neue Praktiken heran, lässt man sie also Instrumente außerhalb ihres eigenen beruflichen Kontextes, losgelöst von Zwängen ihres eigenen Systems erfahren, bindet man sie in die Entwicklung von Anfang an ein und bietet Raum, auszuprobieren und zu lernen, eigene Erfahrungen zu machen und vor allem eigene funktionierende Praktiken zu entwickeln, haben sie mehr Lust, diese neuen Angebote zu nutzen. Wenn sie Gefallen daran finden, werden sie diese Praktiken auch in ihrem Berufsalltag übernehmen und daraus neue Bedürfnisse ableiten, beispielsweise Bedürfnisse an bestehende Werte und die eingesessene Unternehmenskultur. Wandel findet dann bedürfnisorientiert und eben von innen heraus statt.

Spielerische Herangehensweisen sind darum sehr gut geeignet, um den Rahmen für eine experimentelle und partizipative Entwicklung zu schaffen, indem neue Muster und Praktiken erlernt, entwickelt und reflektiert werden. Mitarbeitende können so Neues ausprobieren, Freude daran finden, und unter geeigneten Bedingungen entwickeln sie die Voraussetzungen, solche neuen Ansätze auch in der Praxis einzusetzen.

Der Beitrag geht zunächst auf die theoretischen Hintergründe von Selbstorganisation in Systemen und auf die Transformation zur Selbstorganisation in Unternehmen ein. Danach folgen Grundlagen zu Soziokratie 3.0. Nach kurzer Erläuterung des methodischen Hintergrundes folgen drei Fallbeispiele und Gedanken zur Reflexion.

8.2 Selbstorganisation

8.2.1 Selbstorganisation in Systemen

Selbstorganisation bezeichnet in der Systemtheorie das spontane Auftreten neuer, stabiler, effizienter und zielgerichtet erscheinender Strukturen und Verhaltensweisen (Musterbildung) in offenen Systemen, d. h. Systemen, die neben Energie und Materie auch Informationen mit der Außenwelt austauschen (Nicolis und Prigogine 1977).

Selbstorganisation findet man in Systemen unterschiedlichster Natur von der molekularen bis hin zur sozialen Ebene (Mikhailov und Calenbuhr 2006). Charakteristisch für diese Systeme ist, dass das Auftreten geordneter Strukturen weder von außen noch durch eine zentrale Kontrolle geschieht, sondern aus der Wechselwirkung zwischen den einzelnen Systemkomponenten oder Untersystemen entsteht. Diese interagierenden Komponenten verhalten sich dabei nach einfachen Regeln und ohne eine Vision von der gesamten Entwicklung haben zu müssen (Nicolis und Prigogine 1977; Mikhailov und Calenbuhr 2006).

Für eine Organisation oder ein Unternehmen sind dabei folgende Aspekte wichtig:

- das Anerkennen von Selbstorganisation als komplementäre Organisationsform zur hierarchischen Ordnung
- das Erkennen, welche kollektiven Verhaltensweisen auf Selbstorganisation beruhen
- das Auffinden von konstruktiven und organisatorischen Attributen, die Selbstorganisation fördern bzw. behindern können

Da selbstorganisiertes Verhalten, wenn überhaupt, nur zu einem gewissen Grade steuerbar ist, stellt sich für Unternehmen die Frage, ob und inwieweit Kongruenz mit Strategie, Prozeduren und Compliance erreicht werden kann – oder, ob man die Selbstorganisation speziell als kreatives Instrument nutzt. Beim Auffinden von Attributen, die Selbstorganisation fördern, ist es wichtig anzuerkennen, dass positive – also verstärkende – Rückkopplungsmechanismen notwendige aber nicht hinreichende Kriterien darstellen (Nicolis und Prigogine 1977).

8.2.2 Transformation zur Selbstorganisation

Auf dem Weg hin zu mehr Selbstorganisation liegt der Fokus in vielen Initiativen vorwiegend auf Struktur und Methoden. Das sind zweifellos wichtige Elemente. Um mit den Herausforderungen auf dem Weg zu mehr Selbstorganisation nachhaltig umgehen zu können, braucht es zusätzlich eine geeignete Haltung bei Führung und Mitarbeitenden sowie funktionierende Beziehungen (dazu unten mehr). In unserer Arbeit teilen wir die zu bearbeitenden Themen in drei Ebenen:

1. Werte, Prämissen, Motive, Sinn (implizit und explizit)
2. Rahmen, Struktur, Prinzipien, Vereinbarungen und Freiraum
3. Handlung und Reflexion

All das lässt sich nicht durch die einfache Übernahme vorgefertigter Konzepte, durch „Implementieren" von Blaupausen realisieren (siehe z. B. zahlreiche gescheiterte Einführungen von Holacracy, z. B. Brien 2016; Wildi 2018). Organisationen erarbeiten und entwickeln stets ihre eigene Kultur mit spezifischen Werten, Entscheidungsprämissen, Vereinbarungen und Mustern. Allerdings können sich die Verantwortlichen an Vorhandenem orientieren und von der Erfahrung anderer profitieren. Als Beispiel dafür und als Basis nutzen wir in diesem Artikel Prinzipien und Praktiken von Soziokratie 3.0.

Eine besondere Rolle fällt in der Transformation der Führung zu. Selbstorganisation bedeutet nicht, dass es keine Führung mehr braucht (siehe hierzu auch Kap. 7). In der Regel bleibt die formale Macht von Führungskräften bestehen und muss mitgedacht werden. Zudem agieren Führungskräfte weiterhin im Auftrag der Organisation. Sie tragen die Verantwortung für Erfolg und Misserfolg und agieren daher weiterhin ziel-, ergebnis- und bedarfsorientiert im Sinne des Unternehmens. Führungskräfte müssen per Definition dafür sorgen, dass sich Mitarbeitende zu einem hohen Grad mit den Zielen der Organisation identifizieren und für deren Erreichung zusammenarbeiten.

Mehr Selbstorganisation heißt vor allem mehr Autonomie für Mitarbeitende und Teams. Sie können zum Beispiel selbst festlegen, wie sie sich intern organisieren (Verteilung der Rollen, Form und Anzahl der Meetings). Selbstorganisation setzt zu einem hohen Grad auf das Prinzip der Freiwilligkeit. Für die Führungskräfte bedeutet dies eine Reduzierung der Möglichkeiten, durch formale Macht einzugreifen. Die Führungsbeziehung (Führen ist Führen und Folgen) und die Handlungsoptionen verändern sich. Wir bezeichnen diese Herausforderung als „Neuverortung der Führung". Dieser Prozess der Neuverortung ist für Führungskräfte mitunter schwierig. Die Vorstellung, Kontrolle an Mitarbeitende und Teams abzugeben, ist oft mit Unsicherheit und Ängsten verbunden. Führungspersonen tendieren dazu, in Muster von Steuerung und Kontrolle („Mikromanagement") zurückzufallen und damit die Autonomie in selbstorganisierten Teams zu stören.

In selbstorganisierten Umgebungen kommt der Führungskraft eine Rolle zu, die sich am besten mit der von Gastgebern beschreiben lässt: Eine Führungskraft lädt ein, gemeinsam (z. B. als Team) ein Ziel (das in Verbindung mit dem Unternehmensziel steht) zu verfolgen (Freiwilligkeitsprinzip). Sie muss vermitteln können, was die Idee ist und welchen Wert das Vorhaben für die Organisation liefern soll, so dass Mitarbeitende dem Vorhaben einen Sinn geben, sich damit identifizieren und eine Vereinbarung zu Art und Umfang ihres Beitrags sowie der Form der Zusammenarbeit treffen können. Des Weiteren sorgt eine Führungskraft dafür, dass das Team gemeinsam seine Arbeit gemäß Vereinbarung erledigen kann. Sie unterstützt Produktivität und hält den Zielfokus, schützt die Ressourcen, lenkt die Aufmerksamkeit auf das Gelingen und fördert dieses, sorgt für Verbundenheit und dafür, dass das Team einen geeigneten Umgang mit Statusfragen und Konflikten findet.

Selbstorganisation entsteht und funktioniert somit in geteilter Verantwortung. Lern- und Wirkungsorte für Selbstorganisation gibt es im ganzen System: auf individueller Ebene, im Team, in der Abteilung, in übergreifenden (Projekt-)Gruppen und in der gesamten Organisation. Sie prägen das System. Selbstorganisation ist somit auf verschiedenen Ebenen erkenn- und eruierbar. Somit müssen auch das Lernen, die Entwicklung und das Verankern auf verschiedenen Ebenen stattfinden. Die Erfahrung aus verschiedenen Vorhaben in Organisationen zeigt beispielsweise, dass individuelle Bildungsmaßnahmen von Teilnehmenden sehr häufig als persönlich bereichernd und nützlich wahrgenommen werden. Gleichzeitig sind die Effekte in der Organisation oft unbefriedigend, weil die Umgebung der Programm-Teilnehmenden zu wenig involviert wird und der Transfer der individuellen Erkenntnisse deshalb nur in Teilen erfolgen kann. Das erzeugt Frust bei den Programm-Teilnehmenden und hinterlässt die Frage, wie wirkungsvoll die Investition in individuelle Weiterbildung zu Führungs- und Kulturthemen aus Sicht der Organisation ist.

Selbstverantwortung bedeutet eine Veränderung der Führungskultur und eine Neuverortung der Führung. Solche Veränderungen gelingen am besten, wenn alle Beteiligten in diesen Prozess eingebunden werden (vgl. z. B. Vacek 2016, S. 301).

8.3 Selbstorganisation durch Soziokratie 3.0

8.3.1 Grundlagen von Soziokratie 3.0

Selbstorganisation in Unternehmen wird heute mittels verschiedener Konzepte, Frameworks und Methoden realisiert. Manche dieser Frameworks sind relativ geschlossen und bestehen aus ganz klaren Regeln (z. B. Scrum), andere sind offener und lassen sich eher nach Baukastensystem zusammensetzen – je nach Bedarf werden weitere Instrumente eingeführt und genutzt. Eine solche Praxis bietet Soziokratie 3.0 (Sociocracy 3.0 2019a).

Soziokratie 3.0 (S3) ist eine Erweiterung des Soziokratie-Konzepts von Auguste Compte aus dem 19. Jahrhundert, das Strömungen aus der Agile- und Lean-Bewegung aufnimmt, bzw. sehr gut in agilen Kontexten eingesetzt werden kann. S3 basiert auf sieben Prinzipien und zahlreichen Mustern, die nach Bedarf hinzugezogen werden können. Die Prinzipien sind (Sociocracy 3.0 2019b):

- Konsent
- Gleichstellung
- Verantwortung
- kontinuierliche Verbesserung
- Transparenz
- Effektivität
- Empirismus

Neben den grundlegenden Mustern für agile Kontexte (Empirismus, Transparenz und kontinuierliche Verbesserung, vgl. z. B. auch den Scrum-Guide, Schwaber und Sutherland 2016) ist „Konsent" das entscheidende Prinzip, welches den Ansatz der Soziokratie 3.0 von anderen Ansätzen unterscheidet. Konsent bedeutet, dass ein Vorschlag oder eine Entscheidung gültig ist, solange niemand einen schwerwiegenden Einwand dagegen hat. Anders als beim Konsens müssen nicht alle einverstanden sein. Die Konsent-Entscheidung ist ein wichtiger Baustein für ein experimentelles Umfeld. Leitsatz dazu ist: „Gut genug für jetzt, sicher genug, um es auszuprobieren." Einwände gegen einen Vorschlag sind demnach nicht bedingt dadurch, dass die Person mit dem Einwand es anders machen würde, sondern dass sie ernsthafte Probleme (Risiken, dass Schaden entsteht; Chancen, die nicht genutzt werden können) für die gesamte Organisation sieht, wenn der Vorschlag in der vorgebrachten Form umgesetzt wird.

In den Fallbeispielen weiter unten steht das Muster der „Konsent-Entscheidung" (siehe Abb. 8.1 links) im Fokus. Es handelt sich dabei um einen definierten Prozess, in den alle betroffenen Personen einbezogen werden. Nach der Präsentation des Vorschlags haben alle die Möglichkeit, Fragen zu stellen und Einwände einzubringen. Einwände werden im Anschluss aufgelöst. Der Prozess folgt außerdem dem Muster „Sprechen in Runden" (siehe Abb. 8.1 rechts): Die Teilnehmenden kommen der Reihe nach zum Sprechen, wobei die Sprechzeiten mit einer Timebox (maximale Dauer) beschränkt werden können. Die Reihenfolge kann dabei variiert werden (z. B. Uhrzeiger-/Gegenuhrzeigersinn).

8.3.2 Soziokratie 3.0 unter dem Blickwinkel der Selbstorganisation

Darauf aufbauend ist es sinnvoll, die notwendigen Kriterien von S3 im Kontext von Selbstorganisation auf der abstrakten Ebene systemtheoretischer Beschreibung zu betrachten. Auf diese Weise werden die grundlegendsten Mechanismen unabhängig von ihrer konkreten Umsetzung beleuchtet. Ein bedeutender Teil der empirischen Evidenz stammt dabei aus der Biologie. Die Übertragung dieser Konzepte auf die Arbeitswelt ist möglich, bedarf aber der Berücksichtigung weiterer Faktoren wie z. B. psychologischer; was aber im Rahmen dieses Textes zu weit führen würde. Somit ergibt sich für die S3-Kriterien die folgende Analyse:

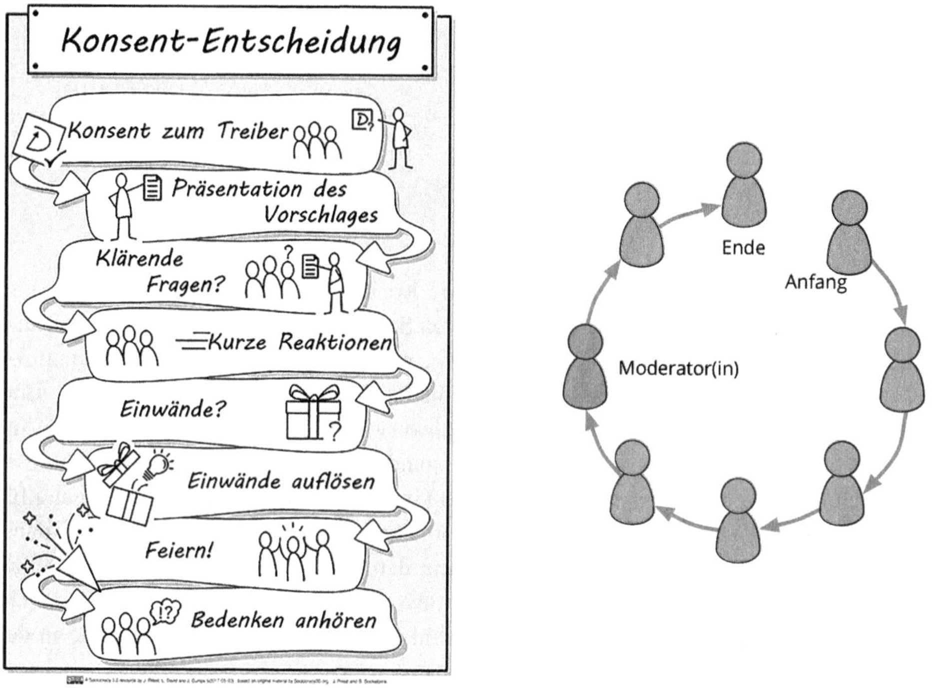

Abb. 8.1 Visualisierungen aus S3. (Quelle: Sociocracy 3.0 (2019c))

- ***Konsent:*** Verstärkende Rückkopplung – oder positives Feedback – bedeutet ganz allgemein Affirmation und Verstärkung eines Signals, und speziell die Verstärkung eines Verhaltens oder auch einer Meinung (Haken 1990). Somit ist es möglich, im Konzept „Konsent" einen Mechanismus verstärkender Rückkopplung zu erkennen. Konsent erfüllt damit nicht nur eine wichtige Bedingung für S3, sondern ist auch kompatibel mit den Grundmechanismen von Selbstorganisation.
- ***Gleichstellung:*** Aus der Biologie, z. B. von Sozial-Insekten, ist bekannt, dass Selbstorganisation oft im Zusammenhang mit Kasten und ähnlichen Strukturen gefunden wird, die eine gewisse „Einheitlichkeit" repräsentieren (Deneubourg et al. 1999). Es ist aber nicht bekannt, ob das eine notwendige Voraussetzung ist. Klar ist, dass es umso schwieriger wird, das erste Kriterium (Konsent – Rückkopplung) zu erfüllen, je grösser die Komplexität das Individualverhalten beeinflusst (Deneubourg et al., ditto; Calenbuhr und Deneubourg 1992).
- ***Verantwortung:*** Es ist nicht trivial, die bewusste Übernahme von Verantwortung mit einem Selbstorganisationsbeispiel aus der Biologie zu untermauern. Empirische Studien zeigen, dass lebens- und überlebenswichtige Aufgaben durch die in einem Selbstorganisationsprozess beteiligten Individuen übernommen werden (Futtersuche, Nest-

bau, Temperaturregelung im Nest etc.). Das heißt, die Gemeinschaft stützt sich (unbewusst) auf die kollektiven Leistungen einiger weniger (Camazine et al. 2001).

- ***Kontinuierliche Verbesserung:*** Selbstorganisation beinhaltet sowohl das spontane Auftreten einzelner geordneter Strukturen als auch deren Evolution (Kauffman 1993). Die Forderung der kontinuierlichen Verbesserung im Rahmen von S3 ist somit also kompatibel mit Selbstorganisationsphänomenen.
- ***Transparenz:*** Im Fall von sozialer Organisation in der Biologie ist Transparenz gegeben, z. B. bei Insekten, Vogel- und Fischschwärmen (Camazine et al. 2001; Mikhailov und Calenbuhr 2006).
- ***Effektivität:*** Die aus der Biologie bekannten Beispiele von Selbstorganisation sind notwendigerweise effektiv, denn die dafür nötigen Bedingungen haben sich im Laufe der Evolution herausgebildet. Nicht-effektive selbstorganisierte Lösungen wurden im Laufe der Evolution nicht selektiert (Kauffman 1993). Die Forderung nach Effektivität ist somit kompatibel mit Selbstorganisationsphänomenen.
- ***Empirismus:*** Im Sinne von S3 setzt Empirismus Reflexivität voraus, also das bewusste Nachdenken und Überprüfen. In diesem Sinne ist Empirismus nicht kompatibel mit Selbstorganisation und deren Mechanismen auf grundlegender Ebene. Strukturbildung und kollektive Intelligenz als Resultat von Selbstorganisation beruhen aber auf Rückkopplungsmechanismen, die zu einer kontinuierlichen Verbesserung, ja Optimierung dieser Strukturen führen (Camazine et al. 2001). Aus dieser Perspektive ist das S3-Kriterium ‚Empirismus' mit Selbstorganisation kompatibel.

Es ist bekannt, dass sich Konzepte der Selbstorganisation theoretisch auch auf den Menschen anwenden lassen (Haken, ditto; Mikhailov und Calenbuhr 2006; Weidlich und Haag 1983). Weniger bekannt ist, welche Auswirkungen sich aus dem Zusammenspiel von Faktoren systemischer, reflexiver bzw. bewusster sowie externer Faktoren ergeben. Somit stellt die Idee der Anwendung von Selbstorganisationsprinzipien auf das menschliche Gruppenverhalten so etwas wie den Idealfall dar. Gerade das aber hilft, die Grenzen des Selbstorganisationskonzeptes im Kontext von S3 theoretisch auszuloten und zu diskutieren.

8.4 Methode

In unserer Arbeit als TrainerInnen und BeraterInnen begleiten wir Organisationen im Wandel und moderieren Workshops mit Mitarbeitenden. Dabei beobachten wir ständig, was für Erfahrungen Teams in Trainings und im Alltag machen und wie sie sich dadurch weiterentwickeln. Soziokratie 3.0 ist eine Praxis. Anhand von Fallbeispielen zeigt dieses Kapitel auf, wie S3 die oben genannten Ebenen bedient, wie sie zum Gelingen beiträgt und wo die Herausforderungen in der Praxis liegen. Aus den Fallbeispielen leiten wir qualitative Aspekte in Bezug auf die dargelegte Hypothese ab.

8.5 Fallbeispiele

In unserer Arbeit als BeraterInnen und ModeratorInnen von Workshops und in der Begleitung von Organisationen verfolgen wir immer wieder den Ansatz, Teams und Einzelpersonen in gemischten Gruppen mit Mustern aus Soziokratie 3.0 zu konfrontieren und sie spielerisch an diese Art der Zusammenarbeit heranzuführen. Spielerisch bedeutet hier, dass die Teilnehmenden sich nicht in ihrem eigenen Arbeitskontext befinden und auch nicht den Vorgaben und Restriktionen ihres Systems folgen müssen, sondern dass sie – „auf der grünen Wiese" – Neues kennenlernen und ausprobieren können. Die folgenden ausgewählten Fallbeispiele zeigen auf, wie Muster aus S3 zum Einsatz kommen und was sie bei den Teilnehmenden auslösen können.

8.5.1 Fallbeispiel 1: Konflikte im agilen Kontext mit „Sprechen in Runden" (S3)

In einem Workshop zu Konflikten im agilen Kontext hatten die Teilnehmenden die Aufgabe, mit einem Konflikt umzugehen und dabei Instrumente der agilen Kommunikation (vgl. Demarmels 2019) anzuwenden, d. h. auf Augenhöhe zu kommunizieren. Gefragt war nicht eine Schlichtung des Konfliktes „von oben herab", sondern die Lösung in Form einer Einigung aller Beteiligten. Unter anderem wurde den Teilnehmenden hierzu das Muster „Sprechen in Runden" an die Hand gelegt.

Die Teilnehmenden analysierten zunächst das Konflikt-Beispiel (massive Lohnunterschiede in einem Unternehmen zwischen neuen und alten Mitarbeitenden). Sie versuchten sich in jede der Parteien hineinzuversetzen und sowohl sachliche wie auch mögliche emotionale Argumente und Stimmungen festzuhalten. Danach verteilten sie die Rollen und spielten das klärende Gespräch zwischen Mitarbeitenden, HR und Geschäftsleitung. Dieses führten sie in Runden durch: Alle kamen der Reihe nach zu Wort, wobei jede Person zuerst maximal zwei Minuten Zeit hatte.

In den ersten Runden sprach sich jede Person nur für ihre Sichtweise aus. Der Effekt entsprach einer Aneinanderreihung verschiedener Monologe, d. h. die Teilnehmenden gingen nicht aufeinander ein, sondern vertraten jeweils nur ihren eigenen Standpunkt. Schnell merkten sie, dass sie auf diese Weise nicht weiterkommen würden. Um einander zu verstehen, muss man den anderen auch zuhören können. Dabei hilft einerseits „aktives Zuhören", bei dem man wertschätzende Hörersignale gibt (z. B. „Mhm", „Ja") und andererseits, wenn man versucht, sich in die anderen hineinzuversetzen, das heißt, einen Perspektivenwechsel zu vollziehen und dadurch Faktenlage und emotionale Bedürfnisse antizipiert. Die Teilnehmenden arbeiteten darum in den weiteren Runden mit „gewaltfreier Kommunikation" (Rosenberg 2016) oder mit Ich-Botschaften (vgl. z. B. Demarmels 2019, S. 104 f.). Dadurch gelang es ihnen, sich von der eigenen Perspektive und von der eigenen Position zu lösen. Dialog löste die einzelnen Monologe ab, wobei das Sprechen in Runden weiterhin für eine ausgewogene Beteiligung aller Teilnehmenden sorgte.

Erkenntnis aus dieser Übung für die Teilnehmenden war zum einen, dass Konflikte nur dann gelöst werden können, wenn alle Parteien angehört werden und wenn man selber die anderen nicht nur auf der Sachebene, sondern auch in Bezug auf emotionale Bedürfnisse anerkennt („Gleichwertigkeit" durch S3-Praktik Sprechen in Runden). Zum anderen erkannten die Teilnehmenden in der Technik des Sprechens in Runden das Potenzial, Beteiligte gleichmäßig zu Wort kommen zu lassen. Sie nahmen aus dem Workshop mit, dass aktives Zuhören, mehr Austausch und Reflexion Werte sind, die einer Kultur auf Augenhöhe entsprechen. Das Sprechen in Runden hat dabei für sie erlebbar gemacht, wie frustrierend es sein kann, wenn man selbst nicht gehört wird, wie einfach es aber auch ist, andere Perspektiven einzunehmen.

8.5.2 Fallbeispiel 2: Konsent-Entscheidung als Spiel

Ein Meetup (Vernetzungsevent, meist zu spezifischen Themen) zu Soziokratie 3.0 hatte einerseits zum Ziel, den Teilnehmenden Muster aus S3 näher zu bringen, andererseits widmete es sich explizit dem Thema der Kommunikation: Wie können wir Muster als Kommunikationsinstrumente einsetzen? Hierzu haben die Moderierenden erst kurz erklärt, wie das Muster von „Sprechen in Runden" und das der „Konsent-Entscheidung" funktionieren. Anschließend haben die Gruppen verschiedene Entscheidungen treffen müssen (siehe Abb. 8.2).

Die Entscheidungen gingen dabei von ganz einfach („Wollen wir mit dem Experiment hier [in diesem Meetup] weitermachen?") zu relativ komplexen Fragen über („Wie wollen wir unsere künftigen Meetups im Hinblick auf Termine, Themen, Orte, Moderation durchführen? Was haben wir hierzu für Erfahrungen?"). Die Teilnehmenden erlebten anhand eines Beispiels außerhalb ihres Arbeitskontextes, wie Muster von S3 wirken. Sie haben dabei auch erleben können, wie sich gängige Werte (z. B. die Haltung „Das bessere Argument gewinnt.") auswirken und was der Unterschied zu S3 ist (Konsent-Einwände als Warnung vor erheblichen Risiken, statt Diskussion von anderen Möglichkeiten). Sie erkannten das Potenzial im Muster der Konsent-Entscheidung und reflektierten darüber, was für Werte und Haltungen die Einzelnen mitbringen müssen, damit die Praktik fruchtbar wird.

8.5.3 Fallbeispiel 3: Konsent-Entscheidung zur Innovationsförderung

In einem Workshop zu agilen Arbeitsweisen im Team beklagten die Teilnehmenden die Schwierigkeit, im praktischen Alltag Experimente für Innovationen durchzuführen. Zu viele Personen konnten bei Entscheidungen mitreden, sodass einerseits der Prozess lange dauert und die Entscheidungsfindung viel Zeit in Anspruch nimmt. Andererseits sind die bewilligten Projekte im Anschluss an den Prozess derart verwässert, dass von innovativen Experimenten kaum mehr die Rede sein kann.

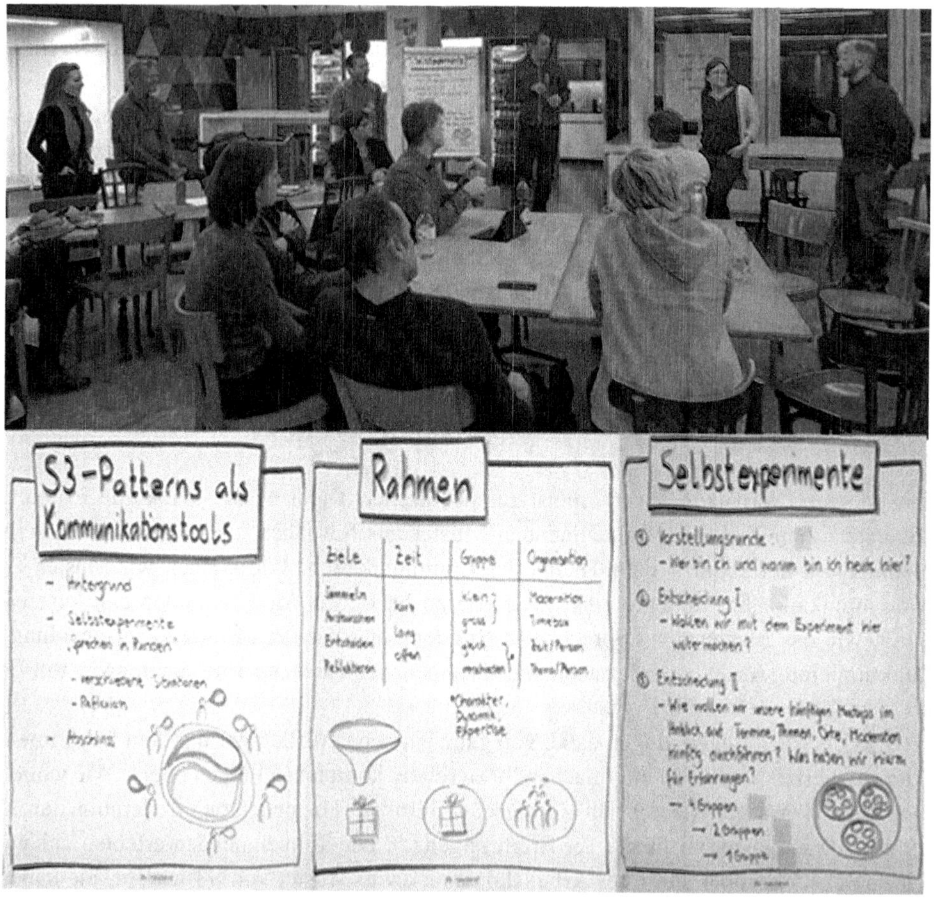

Abb. 8.2 S3 Meetup zum Thema Konsent-Entscheidung. (Quelle: eigene Darstellung)

Den Teilnehmenden wurde darum das Konzept der Konsent-Entscheidung an die Hand gegeben. Auch sie lösten sich von ihrem realen Arbeitskontext und arbeiteten mit einem fiktiven Fallbeispiel (neue Produkte erfinden für ein Eiscafé). Die Verlockung war groß, möglichst viele Einwände zu den Vorschlägen zu bringen, weil jeder von sich selbst glaubte, dass er eine noch bessere Idee habe. Dies führt automatisch zu Verwässerung von Vorschlägen. Im Konsent-Verfahren geht es nicht um das Abwägen verschiedener Vorschläge, sondern um den einen Vorschlag, der im Augenblick zur Diskussion steht. Einwände beziehen sich auf Risiken, welche die ganze Organisation gefährden.

Zwei Muster haben den Teilnehmenden im Prozess geholfen, zu mutigen Entscheidungen zu kommen: Die bereits oben beschriebene Leitlinie „Gut genug für jetzt, sicher genug, um es auszuprobieren“ und die „Kunstvolle Teilnahme“. Letztere besteht darin, dass alle zu jeder Zeit ihr Verhalten daran ausrichten, den besten Beitrag zur Zusammenarbeit zu leisten. Das bedeutet im Kontext von Konsent-Entscheidungen, sich nicht selbst profilieren zu wollen, sondern sich auf den Inhalt des Vorschlags von jemand anderem zu fokussieren. In der Reflexion haben die Teilnehmenden gemerkt, an welchen Werten sie bisherige Entscheidungen ausgerichtet hatten und wie diese Werte Experimente verhindert haben.

8.6 Reflexion

Für die Lern- und Entwicklungsprozesse ist es wichtig, folgende Pole gleichermaßen zu berücksichtigen:

- ***Handlung:*** Mitarbeitende und Teams erledigen Arbeit mit dem Ziel, Wert zu generieren und gleichzeitig Erfahrung zu sammeln.
- ***Reflexion:*** Die Beteiligten nehmen sich Zeit, Ideen und Konzepte (vorab) sowie Erfahrungen (im Nachhinein) zu reflektieren und dadurch zu lernen.

Der Vorteil von Praktiken wie den Mustern aus S3 oder Methoden aus dem agilen Projektmanagement ist, dass sie niederschwellig sind. Sie sind frei verfügbar und oft gut durch schriftliche Anleitungen und Videos dokumentiert. Sie laden dazu ein, „einfach einmal auszuprobieren“. Das unterstützt Veränderungsprozesse. In Anwendung und Umsetzung erkennen die Teilnehmenden oft, dass vieles meist nicht auf Anhieb so gelingt, wie man sich das wünscht. Es braucht Zeit und Übung die Praktiken so umsetzen zu können, dass sie als wirksam und nützlich wahrgenommen werden. Für das Lernen sowie für das Entwickeln der eigenen Fähigkeiten, Vorgehensmodelle und Details spielt darum die Reflexion eine wichtige Rolle.

Ein weiterer wichtiger Aspekt ist, dass neue Formen der Zusammenarbeit zum einen häufig andere Grundlagen erfordern als etablierte Vorgehensweisen, zum anderen können sie Auswirkungen auf Kultur und Werte in Organisationen haben. Oder anders formuliert: Das Geschehen auf der Vorderbühne (der sichtbare Bereich, das Vorgehen) hat Einfluss auf die Hinterbühne (den unsichtbaren Bereich der Kultur). Die Konsent-Entscheidung erfordert zum Beispiel, dass sich die an einer Entscheidung Beteiligten grundsätzlich als gleichwertig ansehen. Alle Beteiligten dürfen sich einbringen, werden angehört und unabhängig vom formalen Status berücksichtigt. Eine Konsequenz von Entscheidungen im Konsent kann sein, dass ein Team es als gefährlich erachtet, wenn Teammitglieder relevante Einwände nicht einbringen. Es ist wichtig, in der Reflexion Erfahrungen der Beteiligten auszutauschen und die für die Umsetzung relevanten gemeinsamen Grundlagen zu erarbeiten.

8.7 Fazit

Bisherige Erfahrungen haben die Hypothese immer wieder bestätigt: Wenn Teilnehmende sich aus ihrem beruflichen Kontext und von den Zwängen ihrer Systeme lösen und spielerisch in Muster von S3 eintauchen können, werden sie neugierig und erkennen für sich das Potenzial dieser Praktiken. Ein spielerisches Setting erlaubt es den Teilnehmenden, zu experimentieren, Neues auszuprobieren, Erfahrungen zu sammeln, die eigenen Fertigkeiten zu entdecken und zu entwickeln. In der Reflexion ist es ihnen möglich, ihre bisherigen Werte und Handlungen und deren Konsequenzen auf die Zusammenarbeit herauszuarbeiten. Zugleich erkennen sie auch, welche neuen Werte und Praktiken in ihrem spezifischen Arbeitskontext nötig sind.

Dies darf nicht darüber hinwegtäuschen, dass die Umsetzung im Arbeitsalltag schwierig und Kulturwandel in Richtung mehr Selbstorganisation ein Prozess ist, der immer auch mit Rückschlägen verbunden ist. Durch die Entwicklung einer offenen Haltung und durch die unvoreingenommene Zusammenarbeit können Hindernisse aber oft leichter überwunden werden. Organisationen werden resilienter und stärker, je länger sie an sich arbeiten.

Literatur

Böckerman, Petri, und Pekka Ilmakunnas. 2012. The job satisfaction-productivity Nexus. A study using matched survey and register data. *Industrial and Labor Relations Review* 65(2): S. 244–S. 262.

Brien, Jörn. 2016. Online. Keine Chefs und keine Hierarchien: Medium erklärt Holacracy für gescheitert. In. t3n. digital pioneers. 8. März 2016. https://t3n.de/news/medium-holacracy-686964/. Zugegriffen am 30.09.2019.

Calenbuhr, Vera, und Jean-Louis Deneubourg. 1992. Pattern formation via chemical communication: collective and individual strategies. In *Biology and evolution of social insects*, Hrsg. Johan Billen, 343–349. Leuven: Leuven University Press.

Camazine, Scott, Jean-Louis Deneubourg, Nigel R. Franks, James Sneyd, Eric Bonabeau, und Guy Theraulaz. 2001. *Self-organization in biological systems*. Princeton: Princeton University Press.

Cappelli, Peter, und Anna Tavis 2018. HR goes Agile. In: Harvard Business Review, March – April 2018 Issue: The New Rules of Talent management. https://hbr.org/2018/03/the-new-rules-of-talent-management. Zugegriffen am 15.07.2019.

Demarmels, Sascha. 2019. *Agilität & Kommunikation. Agile kommunikation und Kommunikation im agilen Kontext*. Zürich/Baden-Baden: Versus/Nomos.

Deneubourg, Jean-Louis, Scott Camazine, und Claire Detrain. 1999. Self-organization or individual complexity: a false dilemma or a true complementarity. In *Information processing in social insects*, Hrsg. Claire Detrain, Jean-Louis Deneubourg und Jacques M. Pasteels, 401–408. Besel: Birkhäuser.

Edmans, Alex. 2011. Does the stock market fully value intangibles? Employee satisfaction and equity prices. *Journal of Financial Economics* 101(3): 621–640.

Edmans, Alex. 2012. The link between job satisfaction and firm value. With implications for corporate social responsibility. *Academy of Management Perspectives* 26(4): 1–19.

Gallup. 2017. *State of the global workplace*. New York: Gallup Press.

Haken, Hermann. 1990. *Synergetik. Eine Einführung. Nichtgleichgewichts-Phasenübergänge und Selbstorganisation in Physik, Chemie und Biologie*, 3. Aufl. Berlin/Heidelberg: Springer.

Kaduk, Stefan, und Dirk Osmetz. 2016. Musterbrecher® – Die Kunst, das Spiel zu drehen. In *Wirksame und nachhaltige Führungsansätze. System, Beziehung, Haltung und Individualität*, Hrsg. Corinna von Au, 198–203. Wiesbaden: Springer.

Kauffman, Stuart A. 1993. *The origins of order: Self-organization and selection in evolution*. New York: Oxford University Press.

Mikhailov, Alexander S., und Vera Calenbuhr. 2006. *From cells to societies – Models of complex coherent action*. Heidelberg: Springer.

Nicolis, Gregoire, und Ilya Prigogine. 1977. *Self-organization in nonequilibrium systems: From dissipative structures to order through fluctuations*, 1. Aufl. New York: Wiley & Sons.

Oswald, Andrew J., Eugenio Proto, und Daniel Sgroi. 2015. Happiness and productivity. *Journal of Labor Economics* 33(4): 789–822.

PwC Research (2013). The rising cost of absence.

Ries, Eric. 2011. *The lean startup. How today's entrepreneurs use continuous innovation to create radically successful businesses*. New York: Random House.

Rosenberg, Marshall B. 2016. *Gewaltfreie Kommunikation. Eine Sprache des Lebens*, 12. Aufl. Paderborn: Junfermann.

Schwaber, Ken, und Jeff Sutherland. 2016. The scrum guide. The definitive guide to scrum. The rules of the game. https://www.scrum.org/resources/scrum-guide. Zugegriffen am 24.04.2019.

Sociocracy 3.0. 2019a. https://sociocracy30.org/. Zugegriffen am 17.04.2019.

Sociocracy 3.0. 2019b. https://sociocracy30.org/guide/. Zugegriffen am 17.04.2019.

Sociocracy 3.0. 2019c. https://sociocracy30.org/resources. Zugegriffen am 17.04.2019.

Stock, Ruth. 2001. *Der Zusammenhang zwischen Mitarbeiter- und Kundenzufriedenheit – Direkte, indirekte und moderierende Effekte*. Wiesbaden: Deutscher Universitätsverlag.

Tay, Louis, und James K. Harter. 2013. Economic and labor market forces matter for worker well-being. *Applied Psychology. Health and Well-Being* 5(2): 193–208.

The Global Happiness Council. 2018. *Global happiness policy report 2018*. New York: Sustainable Development Solutions Network.

Vacek, Edelgard. 2016. Agile Kommunikation in Veränderungsprozessen – ein Beitrag aus diskursanalytischer Perspektive. In *Handbuch Wirtschaftskommunikation. Interdisziplinäre Zugänge zur Unternehmenskommunikation*, Hrsg. Inga Ellen Kastens und Albert Busch, 294–329. Tübingen: Francke.

Väth, Markus. 2016. *Arbeit – die schönste Nebensache der Welt. Wie New Work unsere Arbeitswelt revolutioniert*. Offenbach: Gabal.

Weidlich, Wolfgang, und Günter Haag. 1983. *Concepts and models of a quantitative sociology – The dynamics of interacting populations*. Heidelberg: Springer.

Wildi, Robert. 2018. Online. Lernphase für neue Rollenspiele. In Leader. Das Magazin für Führungskräfte. Dezember 2018. https://sko-leader.ch/de/article/4007830. Zugegriffen am 30.07.2019.

Yuan, Leo. 2015. The happier one is, the more creative one becomes. An investigation on inspirational positive emotions from both subjective well-being and satisfaction at work. *Psychology* 6: 201–209.

Führungskultur zwischen Anspruch und Wirklichkeit

9

Ein Forschungsbeitrag

Sebastian Wörwag und Alexandra Cloots

> *„Behandle die Menschen so, als wären sie, was sie sein sollten, und du hilfst ihnen zu werden, was sie sein können."*
>
> *Johann Wolfgang von Goethe (1749–1832)*

Zusammenfassung

Führungspersonen haben einen erheblichen Einfluss auf die Gestaltung und Umsetzung von Transformationsprozessen. Auch die Arbeitskultur prägen sie über ihre Haltung, ihre Entscheide und ihr Vorleben sehr direkt. Doch Führung ist anspruchsvoll und gelingt nicht immer. In diesem Kapitel haben wir, gestützt auf eigenes empirisches Datenmaterial aus der Studie 2019, die Ausprägung gegenwärtiger Führungsstile und -verhalten in unterschiedlichen Branchen erhoben. Unsere Ergebnisse zeigen, dass sich Führungskulturen berufs- und branchenspezifisch divergent charakterisieren lassen. Weiter können wir nachweisen, dass unterschiedliche Führungskulturen auch unterschiedliche Wirkungen hinsichtlich Motivation, Produktivität, Identifikation etc. haben. Zusammenhänge zwischen einer guten Arbeitsmotivation und einem fördernden, vorbildhaften, kompetenzorientierten sowie inspirierenden Führungsstil sind evident. Die Produktivität der einzelnen Mitarbeitenden wird insbesondere dann positiv beeinflusst,

---

S. Wörwag (✉)
Berner Fachhochschule, Bern, Schweiz
E-Mail: sebastian.woerwag@bfh.ch

A. Cloots (✉)
OST – Ostschweizer Fachhochschule, St. Gallen, Schweiz
E-Mail: alexandra.cloots@ost.ch

S. Wörwag, A. Cloots (Hrsg.), *Arbeitskulturen im Wandel*,
https://doi.org/10.1007/978-3-658-30451-5_9

wenn Führungskräfte einen inspirierenden, ziel- und leistungsorientierten bzw. marktorientierten oder delegativen Führungsstil leben nehmen oder sich als Coach verstehen. Mit Bezug zum betrieblichen Gesundheitsmanagement kommt der Führung eine wichtige Rolle zu, lebenslagen- und situationsspezifische Lösungen zur Verbesserung von Vereinbarkeitsfragen zu entwickeln und im täglichen Führungsalltag auch umzusetzen.

9.1 Die Rolle der Führung zur Entwicklung von Arbeitskulturen

9.1.1 Führung ist vielfältig und gelingt nicht jedermann

Die Bedeutung der Führung für die Entwicklung von Arbeitskulturen wird in diesem Sammelband ausführlich in Kap. 13 diskutiert. Wie wir dort, anhand eigener Studienergebnisse sehen, haben Führungspersonen eine große Bedeutung bei der Gestaltung von Transformationsprozessen, gleichzeitig wird aber Führungsunterstützung durch die Mitarbeitenden als nicht ausgeprägt wahrgenommen. Dass Führung anspruchsvoll ist und nicht immer gelingt, zeigt auch der Gallup Engagement Index: Er verdeutlicht, dass rund drei Viertel der ungewollten Fluktuationen durch die Führungskraft beeinflusst waren. Und darüber hinaus: rund 17 % der Mitarbeitenden fühlen sich nicht emotional an ihren Arbeitgeber gebunden (Nink 2015, S. 63). Das liegt nicht vorwiegend an einem allgemeinen gesellschaftlichen Wandel hin zu gesteigerter Unverbindlichkeit, welche sich auch in einer größeren Unverbindlichkeit von Arbeitsbeziehungen niederschlägt, das liegt gemäß den Autoren der Gallup-Studie schlicht daran, dass sich nicht jeder für eine Führungsaufgabe eignet: Nur jede fünfte Führungskraft scheint gemäß der Gallup-Studie über ein ausgeprägtes Führungstalent zu verfügen.

> „Die meisten Führungskräfte werden also zu Führungskräften, weil sie es sich verdienen und nicht, weil sie dafür geeignet sind. Erfahrung und fachliche Kompetenz sind zwar wichtig, ersetzen aber niemals Führungstalent." (Nink 2015, S. 64)

Führungstalente können als persönliche Dispositionen bezeichnet werden, anhand derer es diesen Führungstalenten besser als anderen gelingen kann, andere zu einer außerordentlichen Leistung zu motivieren, ohne dass dies zu einer Erosion ihrer Arbeitsbefähigung geht (zum Beispiel durch Negativwirkung auf Gesundheit, Motivation, Zufriedenheit etc). Einfacher gesagt: Führungstalenten gelingt Führung, ohne dass sie sich hierfür besonders anstrengen müssen. Talentierte Führungskräfte sind der Schlüssel zu begeisterten Mitarbeitenden und damit zum unternehmerischen Erfolg, denn sie prägen die DNA einer Organisation. Sie sorgen dafür, dass sich Systeme und Leistungen immer wieder den Umfeldbedingungen anpassen oder besser noch diese prägen. Olesch (2015) steht stellvertretend für jene Personalverantwortliche, die daran glauben, dass der Wettbewerb auf den Märkten mit talentierten Menschen und nicht mit guten Produkten entschieden wird.

Führungsverhalten kann bis zu einem gewissen Grad erlernt werden, doch auch das hat Grenzen, so wie ein Langstreckensportler nie zu einem Sprinter wird vice versa (Blessin und Wick 2014). Führung ist nur glaubhaft, wenn sie authentisch ist. Man kann nicht vorgeben, jemand zu sein, der man nicht ist, nur weil aktuelle Führungstheorien oder betriebliche Diskurse den einen oder anderen Führungsstil als sozial erwünschter erachten. Da Führungspersönlichkeiten unterschiedlich geprägte Individuen sind, welche selbst durch ein eigenes Set an Arbeitswerten[1] geprägt sind, sind auch unterschiedliche Dispositionen für Führungsstil und Führungsverhalten zu erwarten.

9.1.2 Wahrnehmung von Führung heute

In unserer Studie 2019 haben wir die Mitarbeitenden unterschiedlicher Branchen befragt, wie sie das Führungsverhalten in ihrem Betrieb wahrnehmen, bzw. wie stark einzelne Aussagen zum Führungsverhalten in ihrem Betrieb die Arbeitspraxis prägen. Abb. 9.1 zeigt im Überblick einer 5er-Skala (wobei 1 gar nicht zutrifft, 5 voll und ganz zutrifft), dass die aktuelle Führung im Schnitt nur „teilweise" inspirierend wahrgenommen wird (Mittelwert

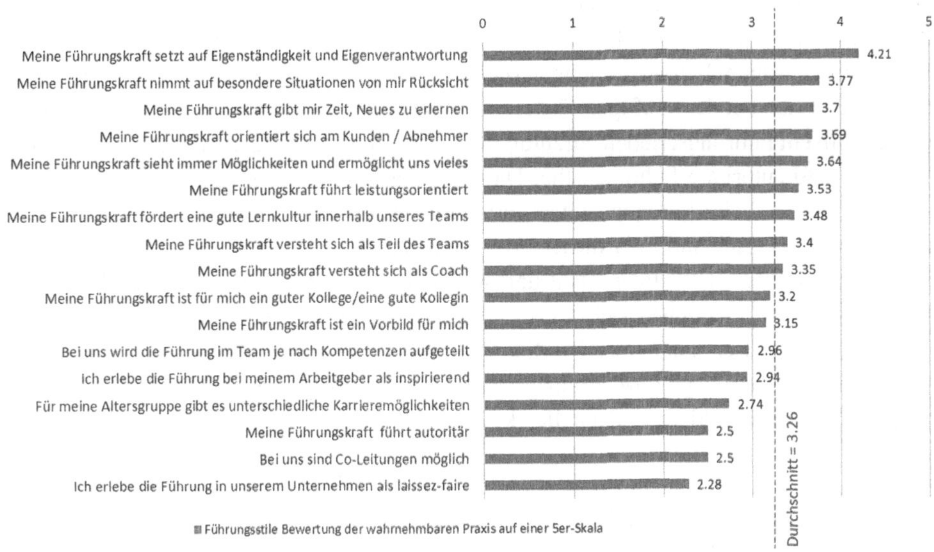

Abb. 9.1 Wahrnehmung einzelner Führungseigenschaften aus Sicht der Mitarbeitenden; n = 517. (Quelle: Studie 2019)

[1] In Kap. 4 wurde auf sieben unterschiedliche Arbeitswerte und ihre empirische Begründung eingegangen.

von 2,94). Das ist nicht gerade hoch, wenn man die Bedeutung in Betracht zieht, welche Führung auch für die Arbeitskultur einnimmt (siehe hierzu auch Kap. 13).

Zur Beschreibung des, gemäß unserer Studie 2019, heute am häufigsten anzutreffenden Führungsstils in der Praxis findet man in Abb. 9.1 auf den ersten sechs Rängen einen überwiegend auf Eigenverantwortung und Eigenständigkeit ausgerichteten, delegativen Führungsstil, der teilweise auf besondere Lebenslagen und Situationen Rücksicht nimmt, entwicklungsorientiert auch Zeit und Ressourcen vermittelt, markt- bzw. opportunitätsgetrieben ist sowie Leistungen ins Zentrum rückt. Damit stehen Arbeitswerte wie Selbstverwirklichung und Leistung unter Berücksichtigung der Lebenslage im Zentrum der aktuellen Führungspraxis (siehe hierzu auch Kap. 4). Im Mittelfeld der Werte zwischen 3,0 und 3,5 rangieren dagegen teamorientierte, weniger auf Hierarchie setzende Führungsstile und -rollen, welche die Führungsperson als Coach, als Teammitglied, als Kollegin oder Kollege, seltener auch als Vorbild darstellen. Damit sind die eher auf Arbeitsgemeinschaft ausgerichteten Arbeitswerte angesprochen. Gefolgt werden sie von eher kompetenzorientierten und inspirierenden Führungsstilen, welche modernere Führungsprinzipien, wie kompetenzorientierte Rollenverteilung oder transformationale Führungsmodelle anklingen lassen. Diese sind aber entsprechend den Studienergebnissen in der betrieblichen Praxis eher weniger anzutreffen, obschon sie, insbesondere für eine jüngere Generation eine hohe Anziehungskraft aufweisen. Deuer (2019) hat in einer Studie bei 5677 Studierenden der DHBW nachgewiesen, dass transformales Führungsverhalten, wie zum Beispiel visionäre Führung und Begeisterungsfähigkeit, am ehesten ein gewünschtes Führungsverhalten für duale Studierende darstellt. Dass diese aber (noch) nicht weit verbreitet sind, zeigt der Umstand, dass beide Werte bei rund einem Fünftel der jungen Menschen auch enttäuschte Erwartungen auslösen. Hier scheint sich bei der künftigen Generation eine Schere zwischen Führungserwartungen und effektivem Führungserleben aufzutun. In unserer Studie weniger ausgeprägt sind Laissez-Faire und autoritäre Führungsstile. Das mag damit zusammenhängen, dass zum Beispiel der Laissez-Faire-Stil heute etwas verpönt ist. Auch in der Stichprobe der dualen Studierenden befürworten nur 27 % diesen, 51 % sind gegen eine Laissez-Faire-Führungskultur im Betrieb (Deuer 2019). Interessant und weit unter den Erwartungen bleiben kollegiale Führungsmodelle, bei denen sich zwei Personen die Führung einer Organisationseinheit teilen. Solche Co-Leitungen oder Top-Sharing-Modelle sind offensichtlich noch nicht weit verbreitet, obschon sie gute Möglichkeiten für die Umsetzung des Arbeitswertes Balance zwischen Arbeit und Privatem darstellen könnten.

9.2 Unterschiedliche Führungskulturen in ihrem Branchenkontext

Wie im Modell der Arbeitskultur in Kap. 2 umrissen, gibt es neben individuellen Präferenzen, betrieblichen Normen und gesellschaftlichen Wertdiskursen auch branchen- und berufsspezifische Werte und Sozialisationen, welche auf eine Prägung der Arbeitskultur als auch auf eine Prägung der Führungskultur schließen lassen. Abb. 9.2 gibt einen Überblick,

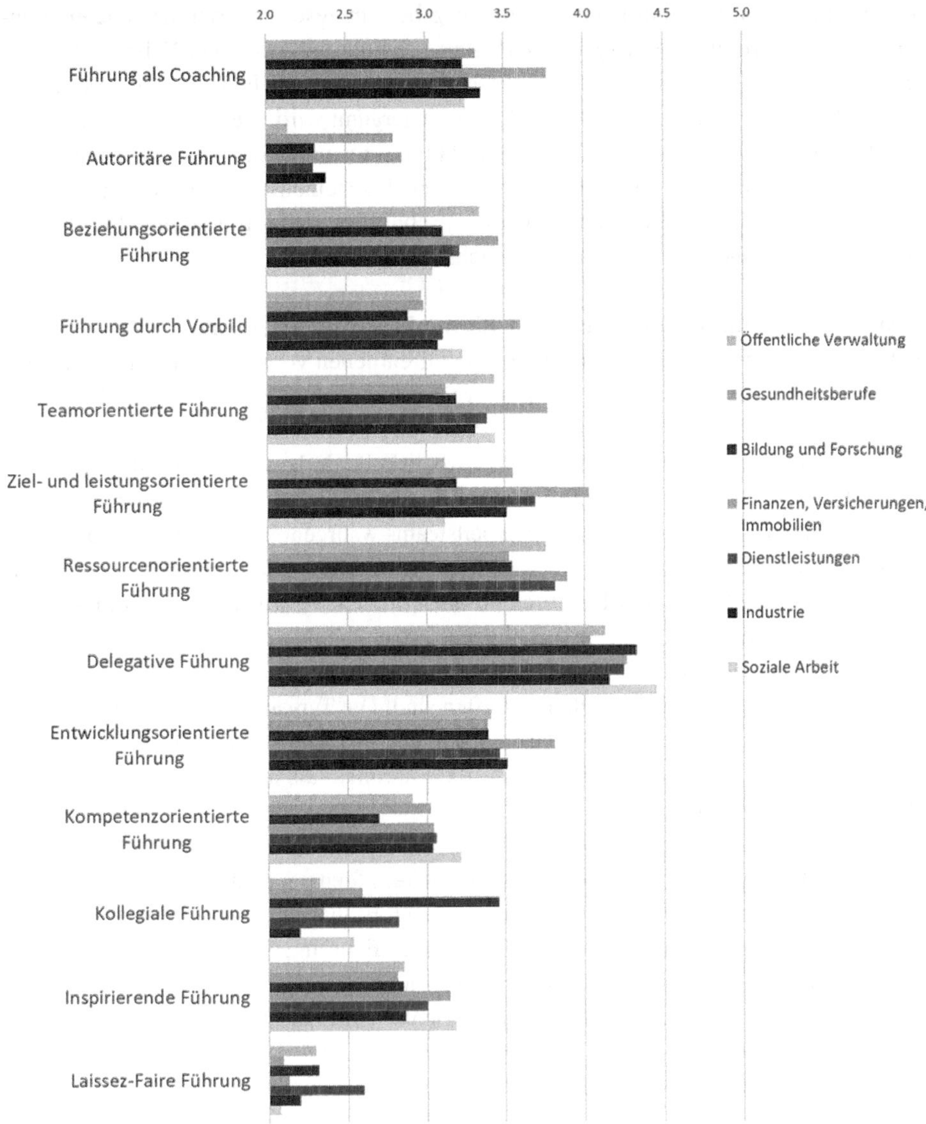

Abb. 9.2 Wahrnehmung unterschiedlicher Führungsstile und -prinzipien in diversen Branchen, n = 529. (Quelle: Studie 2019)

wie stark, aus Perspektive der Mitarbeitenden, unterschiedliche Führungsstile und -verständnisse in einzelnen Branchen ausgeprägt sind.

Führung in der Öffentlichen Verwaltung: „beziehungsorientiert und wenig autoritär"

In der Öffentlichen Verwaltung fällt im Branchenvergleich der kleinste Anteil autoritärer Führung auf. Gerade einmal 7 % der Mitarbeitenden sehen eine autoritäre Führungskultur bei ihrem Arbeitgeber (überwiegend) stark ausgeprägt. Dieses Ergebnis geht einher mit einer leicht überdurchschnittlichen Ausprägung beziehungsorientierter sowie teamorientierter Führungskulturen (kollegiales Verhältnis zur Führungskraft oder Führungskraft ist Teil des Teams). Auch scheint eine stärker ressourcenorientierte Führungskultur gelebt zu werden, bei der den Mitarbeitenden auch Zeit eingeräumt wird, Neues zu lernen und sich zu entwickeln. Das spricht für eine Führungskultur, in welcher der Mensch als Teil einer Arbeitsgemeinschaft hoch gewichtet wird. Dennoch scheinen Führungspersönlichkeiten in der öffentlichen Verwaltung eher unterdurchschnittlich Vorbildfunktionen (35 %) inne zu haben und nehmen auch eher selten Coachingaufgaben wahr.

Führung im Gesundheitswesen: „autoritär und leistungsorientiert“
In den Gesundheitsberufen fällt gegenüber der Öffentlichen Verwaltung der eher hohe Anteil ziel- und leistungsorientierter sowie autoritär wahrgenommener Führungskulturen auf. Dieses Ergebnis wurde bereits in Kap. 6 diskutiert. Entsprechend tief fällt in der Folge die Wahrnehmung der vorgesetzten Person als Arbeitskollegin bzw. Arbeitskollege aus. Ein klassisch hierarchisches Führungsverständnis liest man auch darin, dass Führungspersonen unterdurchschnittlich als Teil eines Arbeitsteams wahrgenommen werden. Auch hinkt die Rücksichtnahme der Führung auf spezifische Situationen und Lebenslagen der Mitarbeitenden deutlich hinter dem Durchschnitt aller Branchen zurück. Letzteres mag einerseits einem traditionell geprägten Arbeitgeber-Arbeitnehmerverhältnis geschuldet sein, andererseits aber auch mit den meist eher atypischen Arbeitszeitregelungen zusammenhängen, die im Gesundheitsbereich anzutreffen sind. Die Typisierung von Arbeitsverhältnissen, Strukturen und das darunterliegende Berufsverständnis wirken sich am Beispiel der Gesundheitsberufe deutlich sowohl auf die Führungs- als auch auf die Arbeitskultur aus.

Finanz-, Versicherungs- und Immobilienbranche: „fordernd und fördernd“
Ähnlich der Gesundheitsbranche wird auch in diesen Branchen ein eher überdurchschnittlich ziel- und leistungsorientiertes sowie autoritäres Führungsverhalten wahrgenommen, wobei – anders als bei den Gesundheitsberufen – sich dieses dennoch mit einer überdurchschnittlichen beziehungs-, vorbild- und teamorientierten Führungskultur verbinden lässt. Das zeigt, dass Leistungsorientierung und Beziehungs- bzw. Teamorientierung kein Gegensatz sein müssen. Zudem fallen in Unternehmen dieser Branche eine weit überdurchschnittliche Entwicklungsorientierung und Förderung einer Lernkultur auf. Deutlich mehr als in anderen Branchen wird hier die Lernorientierung und Kompetenzentwicklung durch die Mitarbeitenden wahrgenommen. Auch Führungspersonen in Coachingrollen sind nach Meinung der Mitarbeitenden mit 68 % weit häufiger als in anderen Branchen vertreten. Die Kombination aus hierarchischem Organisationsaufbau mit einer starken Entwicklungsperspektive legt den Schluss nach einer überdurchschnittlichen Vorgesetztenorientierung nahe. Dies lässt sich wiederum in der Studie 2019 darin ablesen, dass in diesen Branchen Führungspersonen häufiger als anderswo als Vorbilder wahrgenommen werden. Sehr vereinfacht gesagt kann man zum Schluss einer stimmigen Kombination aus fordernder und fördernder Führungskultur kommen.

Bildung und Forschung: „Eigenständigkeit in einem Expertensystem ermöglichen"
In Bildung und Forschung fällt eine chancen- bzw. möglichkeitsorientierte Führungskultur auf. Führungspersonen haben hier die Rolle, Opportunitäten auszuloten und deren Realisierung zu ermöglichen. Gerade in offenen und nur schwach determinierten Situationen, wie dem Forschungsfeld, ist ein solches Denken konstituierend für die eigene Tätigkeit und jene der Mitarbeitenden. Expertenkulturen, zu welchen der Bildungs- und Forschungsbereich zählen, charakterisieren sich unter anderem darin, dass Leistungen von Fachpersonen meist dezentral erbracht werden und sich einem alltäglichen Führungskontakt entziehen. Die Anforderungen einer dezentral erbrachten und nur schwer standardisierbaren Leistungserbringung erklären, warum die Führungskultur weniger auf einheitlich definierten Leistungsvorgaben sowie Standards aufbauen wird, sondern sich eine eher chancenorientierte und vertrauensbasierte Führungskultur anbietet. In Bildung und Forschung scheint zudem die Ausrichtung der Führung am Kunden- und Marktnutzen schwächer zu sein als bei anderen Berufsgruppen. Gerade im Bildungsumfeld grenzt sich der Begriff des Lernenden, Schülers, Studierenden vom klassischen Kundenbegriff ab. Lernerfolge und Kundenzufriedenheit müssen – dies wissen wir aus eigener Lernerfahrung – nicht identisch sein. Lernen ist nach wie vor ein anstrengendes Unterfangen, das nicht immer und in erster Linie zu zufriedener Behaglichkeit führt. Auch Forschung lässt sich nicht im simplen Sinne nachfragen und rein auf bestehende Kundenbedürfnisse ausrichten, ansonsten sie wenig neues hervorbringen würde. Die Expertenkultur der dezentralen und eigenverantwortlichen Leistungserbringung führt deshalb dazu, dass auf Eigenständigkeit und Eigenverantwortung hoher Wert gelegt wird und beziehungsorientierte Führungskulturen schwächer als in anderen Branchen wahrgenommen werden. Das bestätigen die Studienergebnisse eindrücklich.

Dienstleistungen: „Inspiration, Leistung und Selbstorganisation"
Dienstleistungsbetriebe fallen durch eine prägnante leistungsorientierte Führungskultur auf, welche nur noch von der Finanz-, Versicherungs- und Immobilienbranche übertroffen wird. Leicht überdurchschnittlich sind auch kompetenzorientierte Führungskulturen, bei welchen die Führung im Team entsprechend der Kompetenzen aufgeteilt wird. Überdurchschnittlich häufig ist im Dienstleistungssektor ein inspirierender Führungsstil anzutreffen, welcher zudem auf die Eigenverantwortung und Eigenständigkeit der Mitarbeitenden aufbaut. Gleichzeitig fällt aber auch auf, dass im Dienstleistungssektor der mit Abstand höchste Anteil Laissez-Faire-Kultur wahrgenommen wird. Es wäre ein interessanter Gegenstand weitergehender Forschung, inwieweit mit einem ausgeprägten branchensozialisierten Dienstleistungsverständnis auch die Eigenverantwortung der Mitarbeitenden zusammenhängt, und sich diese in Formen der Selbstorganisation widerspiegelt, in welchen der Führungsrolle eine neue Bedeutung beigemessen wird.

Industrie: „Standard vor Individualität"
In der Industrie fällt auf, dass die Ausprägungen der einzelnen Führungskulturen nahe am branchenübergreifenden Durchschnitt liegen und kaum Ausreißer oder besondere Auffäl-

ligkeiten in den Führungskulturen im Vergleich zum Branchenmittel gefunden werden können. Leicht unterdurchschnittlich schneiden teamorientierte Führungskulturen ab. Im Vergleich zu den übrigen Branchen zeigt die Industriebranche die geringste Ausprägung von delegativen Führungskulturen, welche die Eigenständigkeit und Eigenverantwortung fördern. Es macht den Anschein, dass Standardisierungs- und Automatisierungsprojekte, welche in den vergangenen vier Industrialisierungswellen zu beobachten waren, nicht die Individualität und Eigenverantwortung der Mitarbeitenden im Führungsalltag gefördert haben.

Soziale Arbeit: „Ressourcenorientierte Förderung von Eigenständigkeit"
Eng mit dem Berufsauftrag der Sozialen Arbeit verbunden, ist ein Menschenbild, das die Förderung und Unterstützung von Eigenständigkeit ins Blickfeld nimmt. Das mag sich als normatives Menschenbild auch auf die wahrgenommene Führungskultur auswirken, denn wie kein anderes Berufsbild wird in der Sozialen Arbeit ein die Eigenverantwortung und Eigenständigkeit förderndes Führungsverständnis wahrgenommen. Führung nimmt zudem in hohem Maß Rücksicht auf spezifische Situationen und Lebenslagen der Mitarbeitenden. Tiefer als man vielleicht erwarten würde, fällt eine beziehungsorientierte Führungskultur aus. Führungspersonen werden weniger als Kollegin oder Kollege wahrgenommen als in den meisten anderen Branchen. Dafür vermögen sie überdurchschnittlich als inspirierende Führungspersönlichkeit auch Vorbildfunktion wahrzunehmen. Zwar ist eine deutlich geringere leistungsorientierte Führungskultur zu erwarten, doch damit geht alles andere als eine Laissez-Faire Führungskultur einher. Diese ist im Branchenvergleich in der Sozialen Arbeit am seltensten anzutreffen.

9.3 Wirkung unterschiedlicher Führungskulturen auf zentrale Arbeitsfaktoren

9.3.1 Führungskultur und Motivation, Produktivität und Identifikation

Um die Wirkung unterschiedlicher Führungskulturen auf Arbeitsfaktoren, wie Motivation, Produktivität und Identifikation, zu untersuchen, haben wir die starken Ausprägungen der jeweiligen Führungskultur mit den überwiegend oder stark wahrgenommenen Arbeitsfaktoren (z. B. Ich gehe jeden Tag überwiegend bis sehr motiviert zur Arbeit) kreuztabelliert. Abb. 9.3 listet die Führungskulturen in der Reihenfolge ihrer Wirkung auf die Arbeitsmotivation auf. Daraus erkennt man schnell, dass Mitarbeitende (überwiegend) motiviert sind, wenn sie eine starke Entwicklungsorientierung in der Führungskultur wahrnehmen, d. h. wenn eine starke Lernkultur als Führungsgrundsatz gelebt wird. Die Führungskraft als inspirierendes Vorbild hat einen fast ebenso hohen Zusammenhang mit der Arbeitsmotivation, wie eine Führungskultur, bei welcher die Führung im Team nach jeweiligen Kompetenzen aufgeteilt wird. Es bestehen also deutliche Zusammenhänge zwischen Arbeitsmotivation und einer fördernden, kompetenzorientierten und inspirierenden Füh-

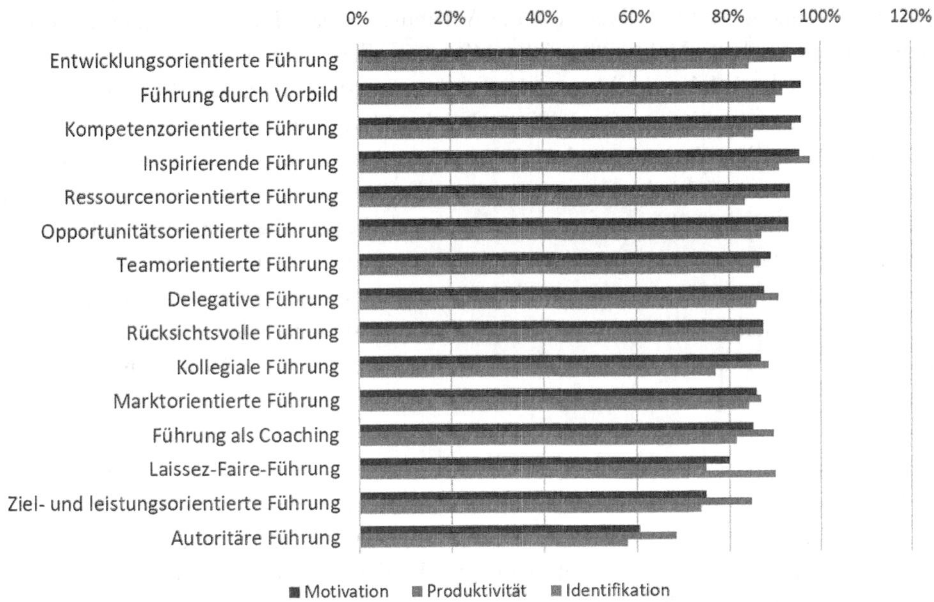

Abb. 9.3 Zusammenhang zwischen Führungsstilen und den Arbeitsfaktoren Motivation, Produktivität und Identifikation; n = 537. (Quelle: Studie 2019)

rungsperson als Vorbild. Dies muss vor allem jene Branchen, in denen diese Führungskulturen eher selten anzutreffen sind, zum Nachdenken und zur Reflexion ihrer bestehenden Führungskultur anregen.

Alle vier erstgenannten Führungskulturen schneiden auch gut hinsichtlich Produktivität ab, wobei ein inspirierender Führungsstil mit 0,413 hoch mit der Produktivität korreliert. Für die Produktivität der Mitarbeitenden besser als für die Motivation scheinen zudem delegative Führungskulturen, coachingorientierte Führungskulturen sowie ziel- und leistungsorientierte Führungskulturen zu sein. Produktivität gedeiht demnach in einem Umfeld gut, bei dem Führung für Inspiration, Eigenverantwortung, Coaching und Leistungsorientierung steht. Führungskräfte sollten demnach ihre Mitarbeitenden inspirieren, fordern, unterstützen und machen lassen. Doch muss in diesem Zusammenhang auch auf die Risikoseite einer einseitigen Förderung von Eigenverantwortung hingewiesen werden. Eigenverantwortung beinhaltet Freiheitsgrade wie auch Verantwortung und kann in Kombination bei Mitarbeitenden zu Belastungssituationen führen. Es zeigt sich in unserer Studie 2019, dass ein Eigenständigkeit und Eigenverantwortung delegierender Führungsstil mit 14 % leicht erhöhte Erschöpfungswerte bei den Mitarbeitenden aufweist. Ein ähnliches Phänomen kann man auch bei leistungsorientierten Führungskulturen beobachten: In leistungsorientierten Führungskulturen wird zwar die Produktivität von 75 % als sehr hoch beurteilt, doch der Preis ist eine Erschöpfungsquote von 28 %, und nur gut die Hälfte der Mitarbeitenden in diesen Kulturen (55 %) meinen, dass ihr Arbeitgeber stark Rücksicht auf ihre Gesundheit nimmt. Dies lässt die Annahme zu, dass Führungsqualität mehr bedeutet, als eine hohe Produktivität bei den Mitarbeitenden einzufordern. Es geht insbesondere auch darum, sie leistungsfähig, gesund und motiviert zu führen, um dann im Umkehrschluss auch eine nachhaltige Produktivität bei den Mitarbeitenden zu erhalten.

Hinsichtlich Identifikation mit dem Arbeitgeber, was im Sinne einer emotionalen Bindung ein wichtiges Ziel jeder Führung sein muss, schneiden eine inspirierende Führung, Führungsvorbilder und überraschenderweise auch ein Laissez-Faire-Führungsstil am besten ab. Dass man sich mit Vorbildern und inspirierenden Führungskräften identifiziert, liegt ja noch auf der Hand, doch womit identifiziert man sich bei einem Laissez-Faire-Führungsstil? Vielleicht klingt da ein entkrampftes Verständnis von Führung an, bei welchem die Führungskraft nicht um jeden Preis die Dinge (und die Menschen) zu lenken beabsichtigt. Als hypothetischen Erklärungsversuch kann man die von Baecker (2015) postulierte Unterscheidung zwischen dem Modell der „Heroischen Führung" und jenem der „Postheroischen Führung" anführen. Erstere stellt ein konkretes Ziel, eine Idee der Führungsperson ins Zentrum der Führung, um damit entweder im Erfolgsfall zu triumphieren oder im Misserfolgsfall triumphal unterzugehen. In der heroischen Führung geht es um Gewinnen oder Verlieren – der Erfolg gibt der Führungsperson recht, der Misserfolg wird vergemeinschaftet. Postheroische Führung verzichtet demgegenüber auf die großen Ziele und Heldentaten und setzt nicht die Führungsperson ins Zentrum. Postheroische Führung versteht sich situativ und prozessorientiert, sie improvisiert und überprüft ständig, mit welchen Zielen und Ideen unter welchen Umständen welche Erfahrungen gemacht werden können, um diese als Grundlage für die Zukunft wieder zu reflektieren. Mit solchen Führungskräften, die zwar nicht den heroischen Plan verkörpern, aber ein feines Gespür entwickelt haben, welche Lösungen zu welchen Problemlagen passen und ihr eigenes Verhalten den Umständen und Anforderungen reif anzupassen verstehen, vermögen sich viele Mitarbeitenden zu identifizieren. Solch ein reifes und reflektiertes postheroisches Führungsverständnis mag eine positive Konnotation des „Laissez-Faire" begründen – nicht indem solche Führungskräfte die Dinge und die Mitarbeitenden interessenlos sich selbst überlassen, sondern indem sie Rollenorientierung vor Funktionsmacht gewichten und reflektiertes Loslassen, Kompetenzübertragung, Kreisorganisationen und eine Vertrauenskultur vor den auf die Führungspersonen zugeschnittenen heroischen Sieg oder Untergang setzen. Dieses Denken ist auch die Grundlage vieler soziokratischer bzw. holokratischer Modelle, was die Attraktivität und Aktualität im Bewusstsein vieler Mitarbeitenden begründen kann (siehe hierzu auch Kap. 8).

Die Wirkung der Führung auf die erwähnten drei Arbeitsfaktoren kann nicht losgelöst von situativen Faktoren der Mitarbeitendenschaft betrachtet werden. Ein wesentlicher Einflussfaktor stellen unterschiedliche Lebenslagen sowie sich mit dem Alter verändernde Präferenzsysteme dar. Selbstredend sind diese höchst individuell, so wie sich Familiensituationen, Gesundheit und Lebenslagen höchst individuell entwickeln. Dennoch gibt es klassische Alterszuschreibungen, gerade auch betreffend zentraler Arbeitsfaktoren, welche durchaus auch kritisch hinterfragt werden dürfen. Geht man beispielsweise von einem Altersbild der abnehmenden physischen und kognitiven Leistungsfähigkeit im Alter aus, so kommt man insbesondere auch bei neuen Entwicklungs- und Leistungsanforderungen fast zwangsläufig zu einem Bild abnehmender Produktivität und Leistungsfähigkeit älterer Mitarbeitender (siehe hierzu auch Kap. 11). Solch gesellschaftlich verfestigte Altersbilder können aber individuellen Altersentwicklungen nicht gerecht werden. Morschhäuser (2002) schreibt beispielsweise dem individuellen Gesundheitszustand die ausschlaggebende Rolle für die Entwicklung der Leistungsfähigkeit im Alter zu. Altern ist kein gleichförmiger Prozess, sondern hoch individuell. Das verfestigte Bild allgemein abnehmender Leistungsfähigkeit im Alter wird auch in Abb. 9.4 widerlegt. Demnach nimmt die Produktivität in Summe zwischen 36 und 60 Jahren zu und reduziert sich lediglich in den Phasen 51 bis 55 Jahren und 61 bis 65 Jahren. Daraus nun aber für alle Mitarbeitenden verallgemeinernde Aussagen zu treffen, würde der oben beschriebenen Individualität nicht entsprechen – es kann in jedem Moment im Leben eine Krankheit oder eine spezifische Lebenslage die Produktivität nachvollziehbar beeinträchtigen. Und doch zeigt der dargestellt Kurvenverlauf, dass das Bild kontinuierlich abnehmender Produktivität revidiert werden muss. Motivation und Identifikation nehmen einen fast parallelen Verlauf über die einzelnen Altersspannen mit Ausnahme der letzten fünf Berufsjahre. Hier sind es vielleicht andere Motivationslagen, wie eine zunehmende Sinnorientierung, welche sich auf die Arbeitsmotivation mehr auswirken als die Identifikation mit dem Arbeitgeber. Dieses Phänomen kann man in Abb. 9.4 ablesen.

9.3.2 Führungskultur und Arbeitsklima, Arbeitskultur und Sinnorientierung

Betrachtet man den Zusammenhang zwischen Führungskultur und den Arbeitsfaktoren Arbeitsklima, Arbeitskultur und Sinnhaftigkeit der Arbeit, so zeigt sich bei einer nach der Zufriedenheit mit der Arbeitskultur geordneten Liste in Abb. 9.5, dass am häufigsten Mitarbeitenden dann zufrieden mit der Arbeitskultur sind, wenn sie eine inspirierende Führungskultur antreffen. Diese wird dicht gefolgt von Führungskulturen, die Führung vorleben und entsprechend den Kompetenzen im Team aufteilen. Hingegen sind autoritäre Führung sowie ein Laissez-Faire-Stil, aber auch leistungsorientierte Führungskulturen deutlich weniger in Betrieben anzutreffen, in welchen die Mitarbeitenden zufrieden mit ihrer Arbeitskultur sind. Ein entsprechender Wirkungszusammenhang liegt auf der Hand.

Vergleicht man die Arbeitskultur mit dem Arbeitsklima, so schneidet letzteres bei der Zufriedenheit im Durchschnitt besser ab. Das mag daran liegen, dass das Arbeitsklima näher und unmittelbarer den einzelnen Mitarbeitenden betrifft, kleinzelliger und situationsgebundener funktioniert, schneller und volatiler sich verändert und mindestens in der Alltagserwartung und -erfahrung durch den Beitrag des Einzelnen besser zu beeinflussen ist als eine eher auf Präferenzen, Normen und Wertschätzungsordnungen beruhende Arbeitskultur. Was direkt beeinflussbar ist, wird meist nachgiebiger beurteilt und vielleicht auch eher an gute Erfahrungswerte geknüpft. Insgesamt zeigt sich eine recht stabile Parallelität zwischen den Werten der Arbeitskultur und des Arbeitsklimas. Lediglich bei der

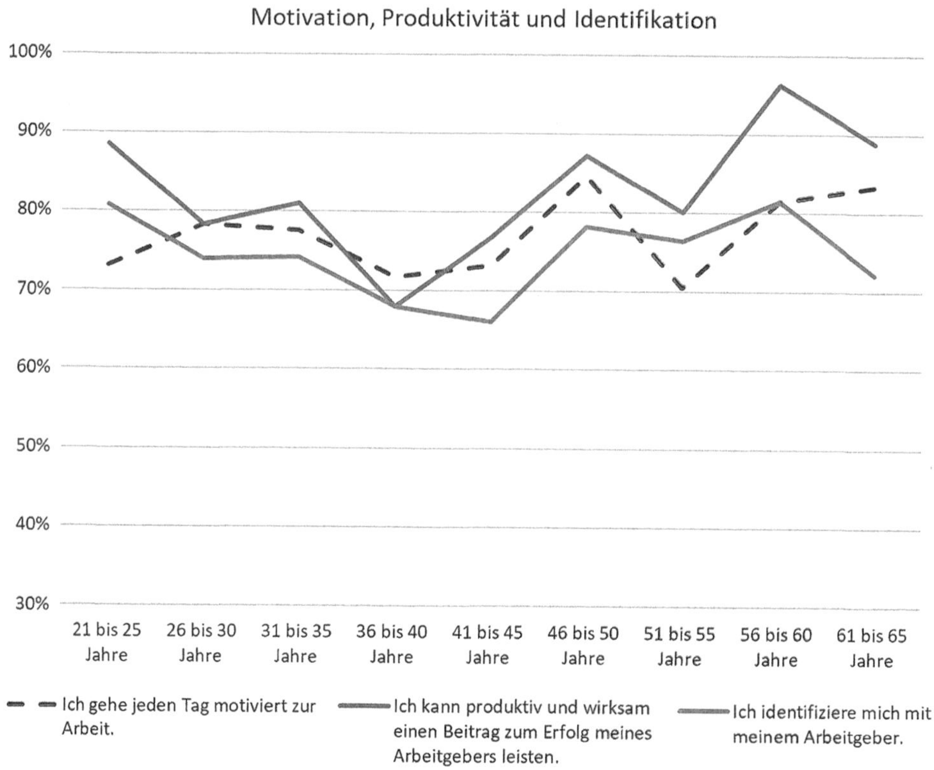

Abb. 9.4 Entwicklung der Arbeitsfaktoren Motivation, Produktivität und Identifikation im Altersverlauf; n = 486. (Quelle: eigene Studie 2019)

kompetenzorientierten und der kollegialen Führung ist der Abstand des Arbeitsklimas zur Arbeitskultur noch grösser. Auf der eher negativen Seite rangiert eine autoritäre Führung: In Organisationen, die hiervon maßgeblich geprägt sind, finden sich gerade noch ein Viertel der Mitarbeitenden, die mit der Arbeitskultur zufrieden sind.

Auch hier gilt wieder, dass die Wahrnehmung der Arbeitskultur und des Arbeitsklimas abhängig von diversen Umstandsfaktoren, unter anderem von altersbedingten Lebenslagen, zu betrachten ist. Abb. 9.6 zeigt, dass sich beide Faktoren ziemlich parallel zueinander über die Altersspanne hin entwickeln, wenn auch auf unterschiedlichen Niveaus. Insbesondere jüngere Berufstätige bis 30 Jahre haben eine positivere Sichtweise auf das Arbeitsklima und die Arbeitskultur als Mitarbeitende zwischen 36 und 45 Jahren. Mag sein, dass hier die Erfahrung, allenfalls auch mit unterschiedlichen und nicht immer nur positiv wahrgenommenen Arbeitskulturen, einen Einfluss hat. Zudem scheint die Zufriedenheit mit der Arbeitskultur für Berufsleute ab 55 Jahren bis zur Pensionierung in einem kontinuierlichen Sinkflug zu sein, was mit der abnehmenden Identifikation mit dem Arbeitgeber in Abb. 9.5 einhergeht. Dies sind Indizien, dass sich Berufspersonen gegen Ende ihrer Berufsphase vom Arbeitgeber ablösen, was zu einem steigenden Anteil von

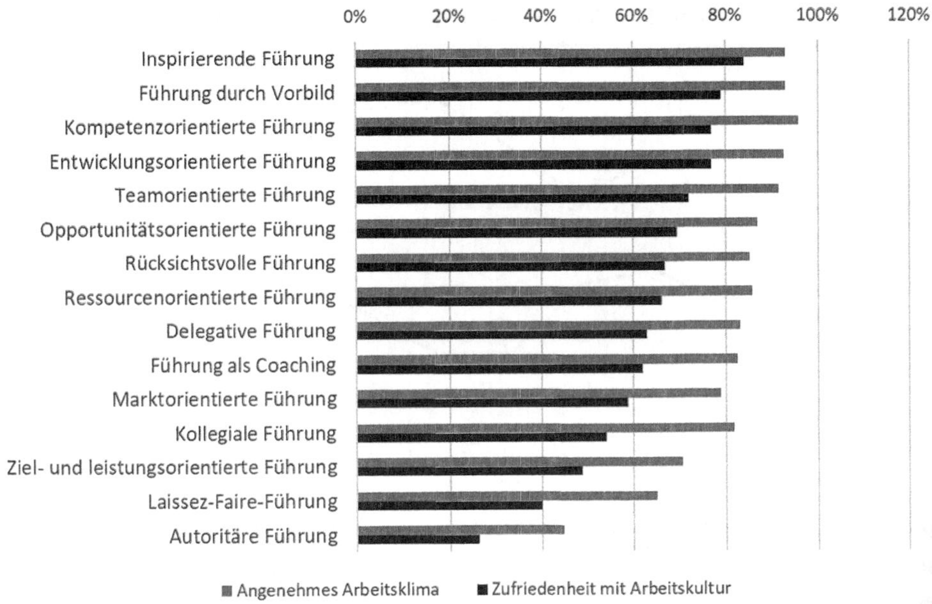

Abb. 9.5 Zusammenhang zwischen Führungsstilen und den Arbeitsfaktoren Arbeitsklima und Arbeitskultur; n = 537. (Quelle: Studie 2019)

Frühpensionierungen führen kann. Tragesser et al. (2012) untersuchte die Gründe, welche Berufstätige zu einer Frühpensionierung bewegen. Nebst gesundheitlichen Gründen – diese werden bei 34 % der Männer und 36 % der Frauen als Grund für einen verfrühten Erwerbsaustritt angegeben –, sind es auch betriebliche Faktoren, wie beispielsweise die Unzufriedenheit mit unbefriedigenden Arbeitsbedingungen, welche einen vorzeitigen Ruhestand begünstigen. Unbefriedigende Arbeitsbedingungen werden bei 27 % der Frauen und 12 % der Männer als Gründe für den frühen Erwerbsaustritt genannt. Angesichts des herrschenden Fachkräftemangels stellt sich ebenso die Frage, was trotz Leistungen aus der Altersvorsorge die Menschen motiviert, weiterhin erwerbstätig zu sein. Tragesser et al. (2012, S. 16) identifiziert hier ein gutes Arbeitsklima als den (nach einer guten Gesundheit) zweitwichtigsten Grund, im Arbeitsprozess zu verbleiben. Für immerhin 82 % der Männer und ganze 90 % der Frauen sind das Gründe, in einer Erwerbstätigkeit, trotz Leistungen der Altersvorsorge, zu verbleiben.

Auffällig ist die mit zunehmendem Lebensalter auch steigende Sinnwahrnehmung der Arbeit. Gegen Ende der Berufstätigkeit erreicht diese ihr Maximum: 96 % der über 56-Jährigen empfinden ihre Arbeit als überwiegend sinnvoll. Sinnhaftigkeit kann sich dabei sowohl auf die Arbeitsinhalte und Aufgaben beziehen („sich für einen guten Zweck einsetzen"), als auch in der Gestalt der Arbeitsbedingungen („der Beitrag der eigenen Arbeit macht im betrieblichen Kontext Sinn"). Denkbar ist, dass auch der im Alter steigende Anteil ehrenamtlicher Engagements unter „Arbeit" mitgedeutet wurde.

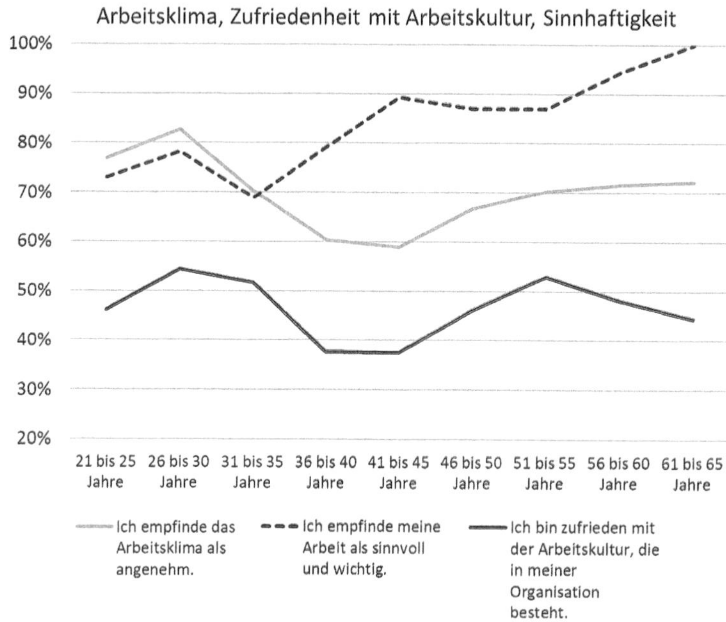

Abb. 9.6 Entwicklung der Zufriedenheit mit dem Arbeitsklima und der Arbeitskultur sowie der Sinnhaftigkeit der eigenen Arbeit im Altersverlauf; n = 486. (Quelle: eigene Studie 2019)

> „Der Mensch will bei der Arbeit Teil von etwas sein, Teil von etwas Großem, das über die sonst beschränkt wahrgenommene Einflusssphäre hinausreicht. Im Erleben der eigenen Schaffenskraft erfährt der Mensch eine Bedeutsamkeit, einen Beitrag zu etwas Wichtigem zu leisten." (Wörwag und Cloots 2018, S. 75)

Bedeutsamkeit und Sinnwahrnehmung ergeben sich aus der Organisation der Arbeit, aus ihren Zwecken und aus den Zwecken und Werten, die der Arbeitgeber als Organisation verfolgt. Die Wirkung einer sinnvoll wahrgenommenen Arbeit auf die Arbeitsmotivation konnten wir in unserer Studie 2015 mit einer Korrelation von 0,58 nachweisen sowie einen negativen Zusammenhang von −0,26 zwischen sinnvoll empfundener Arbeit und dem Wunsch, sich frühpensionieren zu lassen. Um dieses Motivations- und Retentionspotenzial auch wirklich nutzen zu können, bedarf es eines betrieblichen Bewusstseins im Führungsalltag, dass Anreiz- und Motivationsstrukturen sich mit dem Alter verändern und flexibel angepasst werden müssen.

9.3.3 Führungskultur und Gesundheit sowie Vereinbarkeit

Betrachtet man in Abb. 9.7, wie sich verschiedene Führungsstile auf das Wohlergehen der Mitarbeitenden auswirken, so stellen Mitarbeitende fest, dass insbesondere kompetenzorientierte Führungsstile Rücksicht auf die Gesundheit nehmen, indem die Mitarbeitenden entsprechend ihrer Kompetenzen eingesetzt werden und dadurch nicht in Überforderungssituationen gelangen. Inspirierende Führungspersonen zeichnen sich in der Zuschreibung der Mitarbeitenden dadurch aus, dass sie den Faktor Gesundheit gewichten und darauf Rücksicht nehmen. Selbstredend scheint ein Führungsstil, welcher Rücksicht auf unterschiedliche Situationen und Lebenslagen nimmt, auch positive Auswirkungen auf die wahrgenommene Gesundheit zu haben. Eine lebenslagenspezifische Rücksichtnahme rückt auch die Frage der Vereinbarkeit zwischen Arbeit und Privatsphäre in ein bedeutsames Licht. Erst durch bewusste Rücksichtnahme auf individuelle und spezifische Lebenslagen sowie Situationen im täglichen Führungsdenken und -handeln können Vereinbarkeitsthemen aktiv angesprochen werden. Dies ist aber aktuell in der betrieblichen Praxis noch keine Selbstverständlichkeit. Hier werden Vereinbarkeitsdiskussionen meist nicht lebenslagenspezifisch, sondern allgemein geführt, Lösungsmodelle sind damit oft zu wenig spezifisch. Paulus sieht in diesem Punkt eine der zentralen Herausforderungen der Vereinbarkeitsdiskussion:

> „In der Arbeitswelt 4.0 bilden lebenslagenspezifische Arbeitsorganisationsmodelle eine Leerstelle in der Diskussion um Vereinbarkeit und Gleichstellung sowie einen unumgänglichen und großteils noch zu vollziehenden Schritt in der Personal- und Standortentwicklung." (Paulus 2020, S. 281)

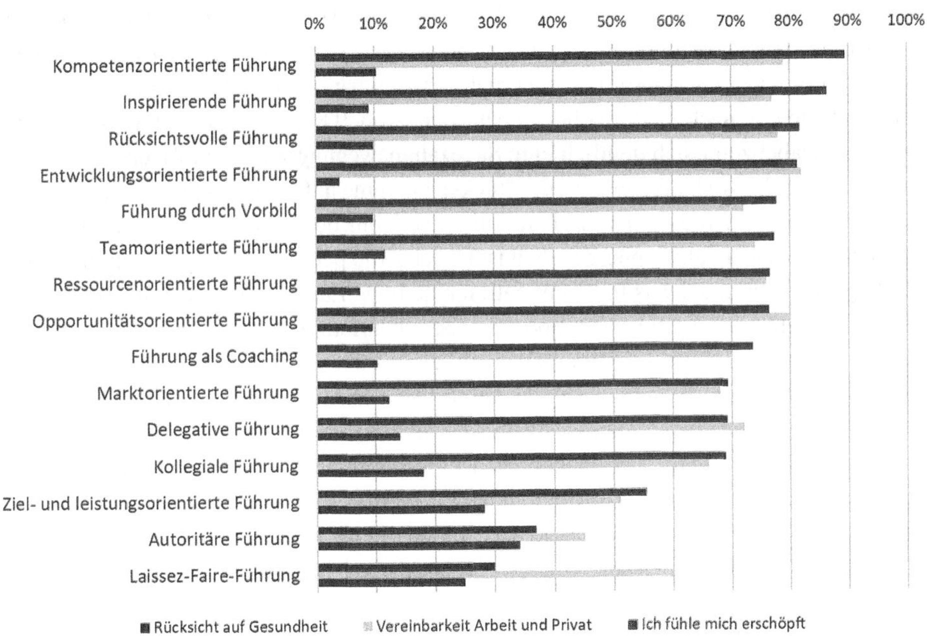

Abb. 9.7 Zusammenhang zwischen Führungsstilen und den Arbeitsfaktoren Gesundheit, Vereinbarkeit und Erschöpfung; n = 537. (Quelle: Studie 2019)

Am geringsten scheint die Rücksichtnahme auf die Gesundheit in leistungsorientierten, autoritären und Laissez-Faire-Führungskulturen. Hier schnellt dann auch die Erschöpfungsrate auf bis zu 34 % der Mitarbeitenden, welche sich z. B. bei einer stark ausgeprägten autoritären Führung überwiegend oder vollständig erschöpft fühlen. Und der Anteil der Mitarbeitenden, die wahrnehmen, dass auf ihre Gesundheit (überwiegend) Rücksicht genommen wird, sinkt bei vorherrschenden autoritären Kulturen auf gerade noch 37 %.

Interessant ist der Umstand, dass sich bei diesen Führungskulturen die Frage nach der Gesundheit oder Erschöpfung von der Vereinbarkeitsfrage zu lösen scheint. Immer noch 45 % der Mitarbeitenden in autoritären Führungskulturen und 60 % der Mitarbeitenden in Laissez-Faire-Kulturen scheinen Lösungen für die Vereinbarkeit von Arbeit und Privatem zu finden. Während beim „Laissez-Faire" die hohen individuellen Freiheitsgrade die Vereinbarkeit begünstigen, könnten bei autoritären Systemen eine gewisse Form paternalistischer, vielleicht auch traditionell geprägter Kulturen, eine klassische Trennung von Arbeit und Privatleben bevorteilen.

Der wahrgenommene Erschöpfungsgrad ist dann am geringsten, wenn die vorgesetzte Person eine entwicklungsorientierte Lernkultur lebt und für das Erlernen ausreichend Zeit zur Verfügung stellt. Beides, wahrscheinlich am besten in Kombination, scheint eine zukunftsgewandte Entwicklungskultur mit ausreichender Ressourcenausstattung darzustellen.

Naheliegenderweise verändert sich auch das Gesundheitsempfinden von Mitarbeitenden entlang ihrer Lebensspanne. Gesundheitsfördernde bzw. -erhaltende Maßnahmen der Arbeitgebenden werden vor dem Hintergrund einer Veränderung der Relevanz des Themas beurteilt und interpretiert. Ebenso erhalten Vereinbarkeitsfragen unterschiedliche Bedeutsamkeiten, je nach individueller Lebenslage. Abb. 9.8 zeigt diese Verläufe exemplarisch auf. Dabei zeigt sich deutlich eine Sägezahnbewegung zwischen 21 und 40 Jahren. Zu Beginn der Berufslaufbahn wird die Rücksichtnahme auf die Gesundheit aber auch auf Vereinbarungsthemen als sehr gut beurteilt, was daran liegen mag, dass sowohl die betriebliche Rücksichtnahme hier gegeben ist als auch die persönliche Exposition im Thema geringer ausfallen mag, was in Kombination eine hohe Zufriedenheit auslöst. Beide Faktoren scheinen indes zwischen 26 und 30 anders beurteilt zu werden, was vielleicht mit einer Überlagerung von Karrieremodellen und einer frühen Familienphase zusammenhängen kann. Geht man von einem Durchschnittsalter der Mutter bei der Geburt des ersten Kindes von 31,1 Jahren aus (Statista 2018), so scheint mit den guten Werten in dieser Altersspanne, der Familienfreundlichkeit der Betriebe ein gutes Zeugnis ausgestellt werden zu können. Die Zufriedenheit mit Vereinbarkeitsthemen durchläuft aber in der Wahrnehmung der Mitarbeitenden zwischen 36 und 56 Jahren eine Baisse, wobei die Vereinbarkeit von Beruf und Betreuungszeit von pflegebedürftigen Angehörigen am schlechtesten beurteilt wird. Die Pflege von Angehörigen hat sich in der betrieblichen Praxis in vielen Fällen als noch nicht offen diskutiertes Thema etabliert. Dabei nehmen die Anzahl Fälle, welche zu Hause versorgt werden, kontinuierlich zu. In Deutschland wurden beispielsweise im Jahr 2017 knapp 2,6 Mio. Menschen zu Hause betreut, wohingegen in Heimen vollstationär 0,8 Mio. Menschen versorgt wurden. Die Zahlen der zu Hause betreuten

Menschen stieg in Deutschland von gut 1,7 Mio. im Jahr 2011 auf knapp 2,6 Mio. im Jahr 2017 (Destatis 2019). Die Zahlen belegen eindrücklich, dass ein betriebliches Bewusstsein nicht nur in Richtung Elternfreundlichkeit, sondern auch in Richtung pflegender Angehöriger entwickelt werden muss. In Abb. 9.8 sieht man weiter, dass die Rücksichtnahme auf die Gesundheit ab 56 Jahren stark rückläufig wahrgenommen wird. Auch hier sind lebenslagenspezifische Rücksichtnahmen und Maßnahmen angebracht, gerade auch um gesundheitsbedingte vorzeitige Austritte aus dem Erwerbsleben zu vermeiden (Tragesser et al. 2012). Ein möglicher frühzeitiger Rücktritt oder Kürzer-Treten im Erwerbsleben lässt sich auch daran ablesen, dass in dieser Altersgruppe die Trennung von Arbeit und Freizeit besser gelingt. In unserer Studie 2015 konnten wir diesen Trend bereits sehen: Ein Viertel der Männer und 15 % der Frauen im Alter ab 55 Jahren hegen den starken Wunsch, sich beruflich zu entlasten (Wörwag und Cloots 2018, S. 150). Mit Bezug auf die wahrgenommene Gesundheit sowie Vereinbarkeitsfragen kommen auf Arbeitgeber und Führungskräfte neue und prononcierte Anforderungen zu: Die gesellschaftlichen Realitäten, wie zum Beispiel die starke Zunahme häuslich gepflegter Angehöriger, aber auch die starke Bedeutung, welche Gesundheitsfragen heute allgemein in der Gesellschaft aber

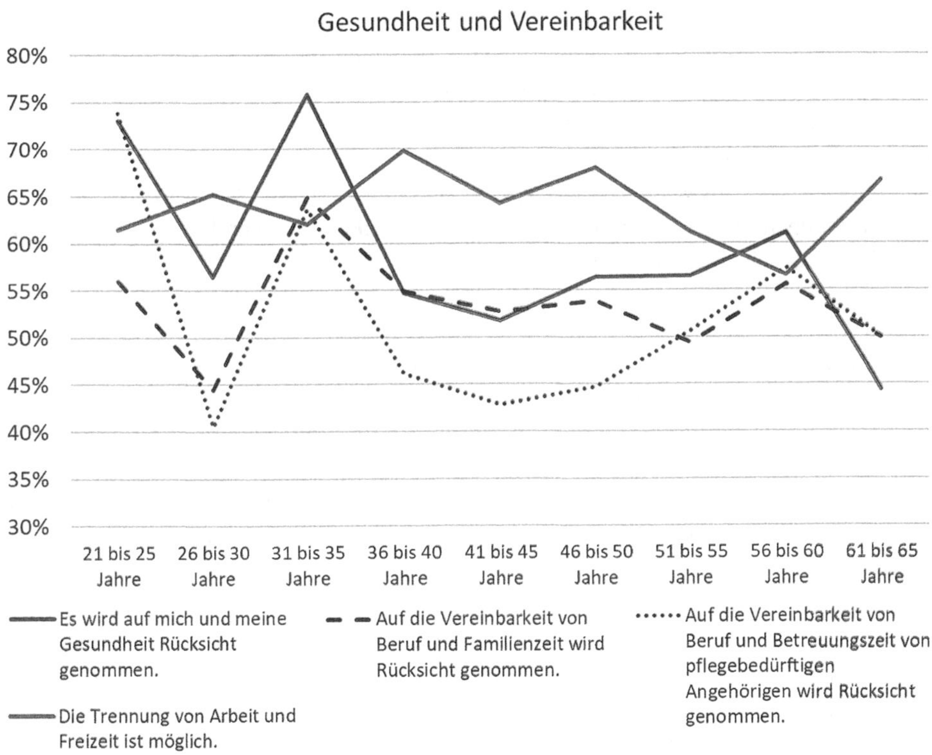

Abb. 9.8 Entwicklung der wahrgenommenen Rücksichtnahme auf die Mitarbeitenden-Gesundheit sowie Vereinbarungsfragen im Altersverlauf; n = 486. (Quelle: eigene Studie 2019)

auch im betrieblichen Kontext einnehmen, sprechen dafür, lebenslagen- und situationsspezifische Lösungen zur Verbesserung der Vereinbarkeit zu entwickeln und im Führungsalltag auch umzusetzen. Das fängt an, indem ein Bewusstsein auch bei den selbst nicht betroffenen Führungskräften geschaffen wird, dem Thema eine Wichtigkeit zu geben und ein offenes Kommunikationsklima zu schaffen, in welchem auch über solche Vereinbarkeitsfragen gesprochen werden kann, ohne nachteilige Zuschreibungen auf die eigene Leistungsfähigkeit, Karrieremöglichkeit etc. gewärtigen zu müssen.

9.4 Fazit

Führungspersonen haben einen erheblichen Einfluss auf die Gestaltung und Umsetzung von Transformationsprozessen. Auch die Arbeitskultur prägen sie über ihre Haltung, ihre Entscheide und ihr Vorleben sehr direkt. Doch verschiedene Studien zeigen: Führung ist anspruchsvoll und gelingt nicht immer. In diesem Kapitel haben wir, gestützt auf eigenes empirisches Datenmaterial aus der Studie 2019 auch die Ausprägung gegenwärtiger Führungskulturen erhoben. Es zeigt sich, dass die heutige Führungspraxis am stärksten von einem auf Eigenverantwortung und Eigenständigkeit ausgerichteten, delegativen Führungsstil geprägt ist, der teilweise auf besondere Lebenslagen und Situationen Rücksicht nimmt, entwicklungsorientiert auch Zeit und Ressourcen vermittelt, dafür aber auch leistungs-, markt- und opportunitätsgetrieben ist. Im Mittelfeld rangieren teamorientierte, weniger auf Hierarchie setzende Führungsstile und -rollen, welche die Führungsperson als Coach, als Teammitglied, als Kollegin oder Kollege, seltener auch als Vorbild darstellen. Nur teilweise oder sogar weniger ausgeprägt, sind Laissez-Faire und autoritäre Führungsstile. Vereinfacht gesagt, kann man in Summe von einem liberalen Führungsverständnis sprechen, das dem Mitarbeitenden als Leistungsträger Freiheiten einräumt, wohingegen moderne Führungsprinzipien einer kompetenz- oder teamorientierten Führung in weitgehend selbstorganisierten Teams weniger anzutreffen sind.

Die herrschenden Führungskulturen werden multipel beeinflusst: Zum einen durch die Persönlichkeit, welche authentisch nur vorleben kann, was sie selbst ist, zum anderen durch unternehmerische Normen und Werte, die gewisse Führungsstile fördern, andere sanktionieren, aber drittens auch durch eine branchen- und berufsspezifische Sozialisation. Wir sind der Vermutung nachgegangen, dass es typische berufs- und branchenspezifische Prägungen der Arbeitskultur im Allgemeinen, aber auch der Führungskultur im Besonderen, gibt. In unserer Studie 2019 konnten wir erhärten, dass sich Führungskulturen berufs- und branchenspezifisch divergent charakterisieren lassen. Beziehungsorientiert und wenig autoritär begegnet einem die Führungskultur in der Öffentlichen Verwaltung. Das Gegenteil, nämlich autoritär und leistungsgeprägte Führungskulturen, findet man dagegen eher im Gesundheitsbereich. Auch autoritär, aber mit gleichzeitig hoher Team- und Beziehungsorientierung und mit hohem Förderanspruch zeigt sich der Führungsstil der Finanz-, Immobilen und Versicherungsbranche. Führungspersonen in Expertensystemen, wie Bildung und Forschung, werden eher die Eigenständigkeit und Eigenverantwortung ihrer Mitarbeitenden fördern. Analoges finden wir auch in der Sozialen Arbeit. Im Dienstleistungssektor ist ein zurückhaltendes Führungsverständnis sichtbar, was die Vermutung auf moderne Strukturmodelle von kompetenzorientierter Selbstorganisationen nährt. Die Industrie hat demgegenüber einen hohen Anteil Standardisierung, welche in der Führung nur in geringem Maß die Eigenverantwortung fördern wird. Das sind reduzierte und vereinfachte Typologien, die in der Praxis noch weiter untersucht werden könnten. Dabei ist das Verhältnis zwischen der Herausbildung einer beruflichen Identität und der gelebten Führungskultur ein möglicher Fragekomplex für weiterführende Studien.

Unterschiedliche Führungskulturen haben auch unterschiedliche Wirkungen hinsichtlich Motivation, Produktivität, Identifikation etc. In unserer Studie 2019 konnten wir Zusammenhänge zwischen einer guten Arbeitsmotivation und einem fördernden, vorbildhaften, kompetenzorientierten sowie inspirierenden Führungsstil beobachten. Für die Produktivität scheinen zudem Inspiration und Delegation von Eigenverantwortung wichtig. Führungskräfte sollten demnach ihre Mitarbeitenden inspirieren, fordern, unterstützen und einfach machen lassen. Doch muss in diesem Zusammenhang auch auf die Belastungsseite der Eigenverantwortung hingewiesen werden. Auf Eigenverantwortung ausgerichtete sowie leistungsorientierte Führungsstile weisen einen erhöhten Erschöpfungsanteil bei den Mitarbeitenden auf. Vor diesem Hintergrund ist es wichtig, Mitarbeitende nicht nur produktiv, sondern auch langfristig leistungsfähig, gesund und motiviert zu erhalten.

Hinsichtlich Identifikation mit dem Arbeitgeber kristallisieren sich inspirierende Führungsstile, Führungsvorbilder und überraschenderweise auch ein Laissez-Faire-Führungsstil als möglich Führungsstile heraus. „Laissez-Faire" bedeutet aber nicht, die Mitarbeitenden interessenlos sich selbst zu überlassen, sondern ein reflektiertes Loslassen, eine gezielte Kompetenzübertragung und Vertrauenskultur zu etablieren. Auf die Zufriedenheit mit der bestehenden Arbeitskultur scheinen eine inspirierende Führung, welche Werte vorlebt und Führung entsprechend den Kompetenzen gliedert und aufteilt, einen positiven Einfluss zu haben, während autoritäre Führung bei den Mitarbeitenden weniger Zufriedenheit bewirkt.

Gesundheits- und Vereinbarkeitsfragen haben auch im betrieblichen Kontext an Bedeutung zugelegt. Mit Bezug auf die wahrgenommene Gesundheit sowie Vereinbarkeitsfragen kommen auf Arbeitgeber und Führungskräfte neue und prononcierte Anforderungen zu. Die gesellschaftlichen Realitäten, wie zum Beispiel die starke Zunahme häuslich gepflegter Angehöriger, aber auch die starke Bedeutung, welche Gesundheitsfragen heute allgemein in der Gesellschaft aber auch im betrieblichen Kontext einnehmen, sprechen dafür, lebenslagen- und situationsspezifische Lösungen zur Verbesserung der Vereinbarkeit zu entwickeln und im täglichen Führungsalltag auch umzusetzen. Zur Berücksichtigung der Gesundheit der Mitarbeitenden scheinen sich kompetenzorientierte Führungsstile besonders zu eignen, welche die Mitarbeitenden entsprechend ihrer Kompetenzen einsetzen und dadurch nicht in Überforderungssituationen führen.

Die offene Diskussion von anspruchsvollen Lebenslagen im täglichen Führungsdenken ist heute noch keine Selbstverständlichkeit. Vereinbarkeitsdiskussionen werden, wenn überhaupt, nicht lebenslagenspezifisch, sondern allgemein geführt und bieten damit kaum spezifische Lösungsmodelle an.

Jenseits konkreter und spezifischer Lebenslagen ist die Arbeitskultur immer wieder auch Gegenstand klassischer Alterszuschreibungen. Geht man beispielsweise von einem Altersbild der abnehmenden physischen und kognitiven Leistungsfähigkeit aus, so entsteht ein defizitäres Altersbild mit abnehmender Produktivität und Leistungsfähigkeit. Solch gesellschaftlich verfestigte Altersbilder können individuellen Altersentwicklungen nicht gerecht werden und wurden auch durch unsere Studie 2019 nicht bestätigt. Das Wissen um evidente Altersverläufe zu zentralen Arbeitsfaktoren gehört heute in jeden Führungsalltag, der sich von unhinterfragten Altersbildern schützen muss. Gerade unter dem Aspekt, frühzeitige und ungewollte Frühpensionierungen zu vermeiden, ist zum Beispiel ein Wissen um die Motivlagen älterer Mitarbeitenden ausschlaggebend. Wir stellen heute eine Entwicklung fest, welche als Indiz dafür gelesen werden kann, dass sich Berufspersonen gegen Ende ihrer Berufsphase vom Arbeitgeber ablösen. Es bedarf eines betrieblichen Bewusstseins im Führungsalltag, dass Anreiz- und Motivationsstrukturen sich mit dem Alter verändern und flexibel angepasst werden müssen. Die Notwendigkeit von lebenslagenspezifischen Führungskonzepten zeigt sich auch bei Vereinbarungsfragen, insbesondere bei der Vereinbarkeit des Berufs mit der Pflege von Angehörigen. Diese werden in der Wahrnehmung der Mitarbeitenden durch Führungskräfte heute zu wenig berücksichtigt. Dabei nehmen die Anzahl Fälle, welche zu Hause versorgt werden, kontinuierlich zu. Es muss sich also ein Führungsbewusstsein nicht nur in Richtung Familienfreundlichkeit, sondern auch in Richtung pflegender Angehöriger entwickeln. Das fängt an, ein Bewusstsein auch bei den selbst nicht betroffenen Führungskräften zu entwickeln, dem Thema eine Wichtigkeit und einen offenen Kommunikationsrahmen zu geben.

Literatur

Baecker, Dirk. 2015. Einleitung. In *Postheroische Führung*, Hrsg. Dirk Baecker, 1–2. Wiesbaden: Springer Fachmedien (essentials).

Blessin, Bernd, und Alexander Wick. 2014. Führen und führen lassen. Ansätze, Ergebnisse und Kritik der Führungsforschung, 7., vollst. überarb. Aufl. Konstanz: UVK-Verl.-Ges (utb-studi-e-book, 8532). http://www.utb-studi-e-book.de/9783838585321. Zugegriffen am 11.03.2020.

Destatis. Hrsg. 2019. Pflegestatistik 2017. Statistisches Bundesamt Deutschland. https://de.statista.com/statistik/daten/studie/36438/umfrage/anzahl-der-zu-hause-sowie-in-heimen-versorgten-pflegebeduerftigen-seit-1999/. Zugegriffen am 11.03.2020.

Deuer, Ernst. 2019. Nachwuchskräfte zeitgemäß führen. In *Zukunft der Arbeit – Perspektive Mensch. Aktuelle Forschungserkenntnisse und Good Practices*, Hrsg. Sebastian Wörwag und Alexandra Cloots, 2. Aufl., 177–188. Wiesbaden: Springer Gabler.

Morschhäuser, Martina, Hrsg. 2002. *Gesund bis zur Rente. Konzepte gesundheits- und alternsgerechter Arbeits- und Personalpolitik*. Stuttgart: Fraunhofer-IRB-Verlag (Broschürenreihe).

Nink, Marco. 2015. Der Mensch bleibt Mensch. Gallup Engagement Index. In *Arbeitskultur 2020. Herausforderungen und Best Practices der Arbeitswelt der Zukunft*, Hrsg. Werner Widuckel, 59–71. Wiesbaden: Springer Gabler.

Olesch, Günther. 2015. Unternehmenskultur als „Marke“ zum wirtschaftlichen Erfolg. In *Arbeitskultur 2020. Herausforderungen und Best Practices der Arbeitswelt der Zukunft*, Hrsg. Werner Widuckel. Wiesbaden: Springer Gabler.

Paulus, Stefan. 2020. Work-Life-Balance 4.0 – Zentrale Herausforderungen. In *Human Digital Work – Eine Utopie?* Hrsg. Sebastian Wörwag und Alexandra Cloots, 269–283. Wiesbaden: Springer Gabler.

Statista. Hrsg. 2018. Familie in der Schweiz. Statista-Dossier zu Familie in der Schweiz. https://de.statista.com/statistik/studie/id/54647/dokument/familie-in-der-schweiz/. Zugegriffen am 11.03.2020.

Tragesser, Judith, Stephan Hammer, und Juliane Fliedner. 2012. Altersrücktritt im Kontext der demografischen Entwicklung. Hrsg. v. Bundesamt für Sozialversicherungen. Bern (Beiträge zur Sozialen Sicherheit).

Wörwag, Sebastian, und Alexandra Cloots. 2018. Flexible Arbeitsmodelle für die Generation 50+. In *Wirkungsvolle Maßnahmen gegen den vorzeitigen Austritt aus der späten Erwerbsphase*. Wiesbaden: Springer Gabler.

Führung in der digitalisierten Arbeitswelt 10

Ein Forschungsbeitrag

Katrin Winkler und Sandra Niedermeier

> *Es braucht Interaktion und Kommunikation zwischen Führungskraft und Mitarbeitenden, um eine Grundlage für eine vertrauensvolle Beziehung in einer vernetzten, digitalisierten Welt zu schaffen.*

Zusammenfassung

Die Digitalisierung der Arbeitswelt stellt neue Anforderungen an Führungskräfte. Alles muss möglichst flexibel, vernetzt und digital sein. Daher stehen auch etablierte Führungsmodelle auf dem Prüfstand. Führungskompetenzen im digitalen Zeitalter fokussieren besonders die Interaktion und Kommunikation zwischen Führungskraft und Mitarbeiter, um damit eine Grundlage für eine vertrauensvolle Beziehung in einer vernetzten, digitalisierten Welt zu schaffen. Etablierte Modelle müssen daher ergänzt werden. Dieser Beitrag stellt das Modell der transformationalen Führung in den Vordergrund und legt einen klaren Fokus auf den Faktor Mensch. Das Modell betont die Wichtigkeit, dass Führungskräfte ihre Mitarbeitenden individuell kennenlernen müssen, um sie zu motivieren, fördern und zu entwickeln. Das Modell wird durch die Dimension der integrativen Unterstützung ergänzt und in einer Studie untersucht.

K. Winkler · S. Niedermeier (✉)
Hochschule Kempten, Kempten, Deutschland
E-Mail: katrin.winkler@hs-kempten.de; sandra.niedermeier@hs-kempten.de

S. Wörwag, A. Cloots (Hrsg.), *Arbeitskulturen im Wandel*,
https://doi.org/10.1007/978-3-658-30451-5_10

10.1 Studie zur Führung in einer digitalisierten Arbeitswelt

10.1.1 Gegenstand der vorliegenden Studie

Die fortschreitende Digitalisierung beeinflusst maßgeblich unsere Arbeitswelt, die Rahmenbedingungen der Arbeit sowie die Ansprüche der Menschen an ihre Arbeit. Technisch getriebener Wandel und gesellschaftliche Veränderungen tragen zum Bedeutungswechsel der Arbeit bei: Diese soll möglichst flexibel, vernetzt und digital sein. Ganz im Sinne des New Work-Konzepts. Die Digitalisierung bringt letztlich Veränderungen in der Arbeitskultur und somit ein neues Verständnis von Arbeit mit sich. New Work widmet sich dieser Thematik seit den 1980er-Jahren (Bergmann 2004) und der damit einhergehenden Abkehr von der traditionellen Arbeitskultur mit vorgegebenen Karrierepfaden, (unbefristeten) Vollzeitstellen und vielem weiteren (Väth 2016). Menschen fordern nun mehr Selbstentfaltung in der Arbeit. Charakteristisch ist die Flexibilisierung von Arbeitszeit, die Unabhängigkeit vom Arbeitsort, die Integration digitaler Technologien und neuer Medien in den Arbeitsalltag sowie eine Entgrenzung von Berufs- und Privatleben. Darüber hinaus ist in unserer digitalen Welt ein deutlicher Wandel der Anforderungen an Führung und dem Verständnis von Führung zu erkennen. Angesichts veränderter Rahmenbedingungen durch den technischen und gesellschaftlichen Bedeutungswandel in der Arbeitswelt stehen etablierte Führungsmodelle auf dem Prüfstand. Führungskompetenzen im digitalen Zeitalter fokussieren besonders die Interaktion und Kommunikation zwischen Führungskraft und Mitarbeiter, um damit eine Grundlage für eine vertrauensvolle Beziehung in einer vernetzten, digitalisierten Welt zu schaffen. Genau hier setzt auch das Konzept der transformationalen Führung an. Im Kern geht es darum, eine vertrauensvolle Basis für die Zusammenarbeit zu schaffen, die zugleich aber auch neue Impulse setzen kann.

In der vorliegenden Studie soll auf Basis des Konzepts der transformationalen Führung überprüft werden, wie Unternehmen aktuell die vorherrschenden Führungsansätze einschätzen und was sich im digitalen Zeitalter in Bezug auf Führung verändert. Zunächst wird der Ansatz der transformationalen Führung in seinen Grundsätzen vorgestellt.

10.1.2 Anforderung an Führung und Bedeutung transformationaler Führung

Bis heute gilt das Konzept der transformationalen Führung nach Bass (1990) als eines der populärsten und wissenschaftlich gut untersuchten Führungsmodelle (vgl. u. a. Podsakoff et al. 1996; Felfe 2005; Wang et al. 2018), die sich mit Verhaltensveränderung beschäftigen. Nach Weinert (2004) wird transformationale Führung der veränderungsorientierten Führung zugeordnet. Modelle effektiver Führung, wie das Modell der transformationalen Führung, legen einen klaren Fokus auf den Faktor Mensch und betonen die Wichtigkeit, dass Führungskräfte ihre Mitarbeitenden individuell kennenlernen, um sie zu motivieren, fördern und zu entwickeln. Durch entsprechendes Führungsverhalten kann dies erreicht werden. Transformationale Führungspersonen motivieren ihre Mitarbeitenden, indem sie Visionen entwickeln und überzeugend kommunizieren, aufzeigen, wie Ziele gemeinsam erreicht werden können, selber als Vorbild wahrgenommen werden und die Entwicklung der Mitarbeitenden unterstützen (vgl. Bass 1990). Nach Bass und Avolio (1990) setzt sich der transformationale Führungsstil im Kern aus vier Dimensionen zusammen (den 4 I's): *idealisierter Einfluss (Idealized Influence), inspirierende Motivation (Inspirational Motivation), intellektuelle Stimulierung (Intellectual stimulation) und individualisierte Berücksichtigung (Individualized Consideration).*

Die Effektivität der transformationalen Führung zeigt sich in zahlreichen Studien (vgl. Dumdum et al. 2013). Sie gilt heute wie damals als vertrauensförderndes Konzept und ist in der Lage Veränderungsprozesse erfolgreich zu gestalten und Commitment der Mitarbeitenden zu erzeugen (vgl. u. a. Podsakoff et al. 1996; Felfe 2005; Wang et al. 2018). Jedoch verweisen Experten auch auf Hindernisse in der Umsetzung transformationaler Führung (vgl. Pundt und Nerdinger 2011). Das größte Umsetzungshindernis ist demnach die Führungsdistanz, welche durch die Digitalisierung der Arbeitswelt noch verstärkt werden könnte.

Transformationale Führung, die empirischen Untersuchungen zufolge (vgl. u. a. Podsakoff et al. 1996; Felfe 2005; Wang et al. 2018) in der bisherigen Umsetzung viele Vorteile bietet, wird auch in einer digitalisierten Arbeitswelt von hoher Bedeutung sein und kann als Führungsmodell der Moderne verstanden werden. Denn eine vertrauensvolle Beziehung zwischen Führungskraft und Mitarbeitenden ist, auch im digitalen Zeitalter, überaus wichtig und wird angesichts der zunehmenden Führungsdistanz sogar an Bedeutung zunehmen (vgl. Schwarzmüller et al. 2016; Braun et al. 2013).

Neben dem transformationalen Führungsstil sei der transaktionale Führungsstil erwähnt. Der transaktionale Führungsstil, legt den Fokus auf die Transaktion zwischen Mitarbeitenden und Führungskraft. Die transaktionale Führung baut also auf einem Austausch von Beiträgen zwischen Mitarbeitenden und Führungskraft auf, deren Grundlage die Leistung und die daraus resultierende Belohnung ist. Eine Zielvereinbarung regelt, welche Erwartungen an Mitarbeitende gestellt werden und welche Vor- bzw. Nachteile sie zu erwarten haben. Kurz gesagt, es handelt sich um eine Art Tauschgeschäft: Belohnung gegen Zielerreichung. Daher beruft sich der transaktionale Führungsstil auf Kontrolle, Messbarkeit, Beurteilbarkeit, Ziel- und Ergebnisorientierung, die Strukturierung von Arbeitsabläufen und die Motivation nach dem Belohnungsprinzip. Doch ist ein solcher Führungsstil noch zeitgemäß in Unternehmen? Braucht es beide Führungsstile? Wir gehen von einer Balance beider Führungsstile aus.

Zudem stellt die Digitalisierung der Arbeitswelt neue Anforderungen an Führungskräfte. Flexibilisierung und Dezentralisierung werfen die Frage auf, ob der digitale Wandel auch Veränderungen in der Führung hervorruft. Laut der Studie von Hammermann und Stettes (2017) sollten sich Führungskräfte in Zukunft auf ihre Rolle als „Befähiger und Motivator" vorbereiten, da diese im digitalen Wandel deutlich bedeutender wird. In einer Expertenbefragung (Schwarzmüller et al. 2016 zitiert nach Schwarzmüller et al. 2017) wird deutlich, dass es durch die mit der Digitalisierung einhergehende Komplexitätserhöhung für Führungskräfte zunehmend schwerer ist, das für eine Aufgabenstellung relevante Wissen zu besitzen, um Mitarbeitende im Detail anleiten und kontrollieren zu können. Daher müssen Mitarbeitende stärker denn je von Führungskräften dazu befähigt werden, selbstständig zu arbeiten. Digitalisierung verändert die für Führungsaufgaben nötigen Kompetenzen (Schwarzmüller et al. 2017). Neben einem effektiven und menschenorientierten Führungsverhalten sei laut einer Studie von StepStone GmbH und dem Kienbaum Institut (2018) auch eine digitale Führungskompetenz für langfristigen Erfolg entscheidend.

Führungskräfte benötigen daher zunehmend ein „digitales Mindset" und ein Verständnis, wie Technologien und Medien zielführend genutzt werden können. Dies beinhaltet Kompetenzen im Bereich der Vernetzungsfähigkeit von Führungskräften, die das Konzept der transformationalen Führung nach Bass bislang nicht ausreichend abdecken kann. Vor dem Hintergrund der Digitalisierung bedarf es daher einer Ergänzung des etablierten Modells. Jenes „digitale Mindset" ist notwendig, um die räumliche Distanz zwischen Führungskraft und Mitarbeitenden zu überbrücken.

Das digitale Mindset fördert die notwendige Denkweise in der aktuellen Arbeitswelt, hilft digitale Zusammenhänge zu erkennen und virtuelle Teams durch eine offene Haltung der Führung gegenüber Technologien und Medien zu unterstützen. Diese Denkweise schließt die im bisherigen Konzept der transformationalen Führung noch nicht mitbedachte Vernetzungsfähigkeit mit ein, die im Zuge der Digitalisierung mehr und mehr an Bedeutung gewinnt. Diese Erkenntnis führte zu einer theoretischen Ergänzung des etablierten Modells der Transformationalen Führung um ein weiteres *I – Integrative Unterstützung (integrative support)*. Die integrative Unterstützung ergänzt das ursprüngliche Modell und kann auch als das 5te „I" bezeichnet werden. Abb. 10.1 gibt einen Überblick über die fünf Dimensionen zur transformationalen Führung, den 5 Is.

Wie aus der Darstellung ersichtlich wird, ist das digitale Mindset für alle Bereiche der transformationalen Führung wichtig und schließt daher alle 5 „I" mit ein. Im Zentrum des Modells steht der Mensch, die Fokussierung auf den Menschen und den Aufbau einer vertrauensvollen wechselseitigen Beziehung ist der Kern des Modells.

Der Beitrag setzt an der vorgeschlagenen theoretischen Modellergänzung an und überprüft die Forschungserkenntnisse in der Praxis. Dazu wird im Folgenden eine Studie vorgestellt, die sich auf die vorgestellten Führungsansätze bezieht.

10.2 Methodische Aspekte der Studie

Die vorliegende Studie[1] hat das vorrangige Ziel, den Status quo in Unternehmen sowohl bezüglich des vorherrschenden Führungsstils als auch bezüglich des Themas Veränderung von Führung im digitalen Zeitalter zu erfassen. Um herauszufinden welche Führungs-

[1] Den Stichproberahmen bilden Mitarbeitende ohne Führungsverantwortung und Mitarbeitende mit Führungsverantwortung (Führungskräfte) in Unternehmen in Deutschland. Die Umfrage wurde an über 1000 Personen bzw. Unternehmen verschickt.

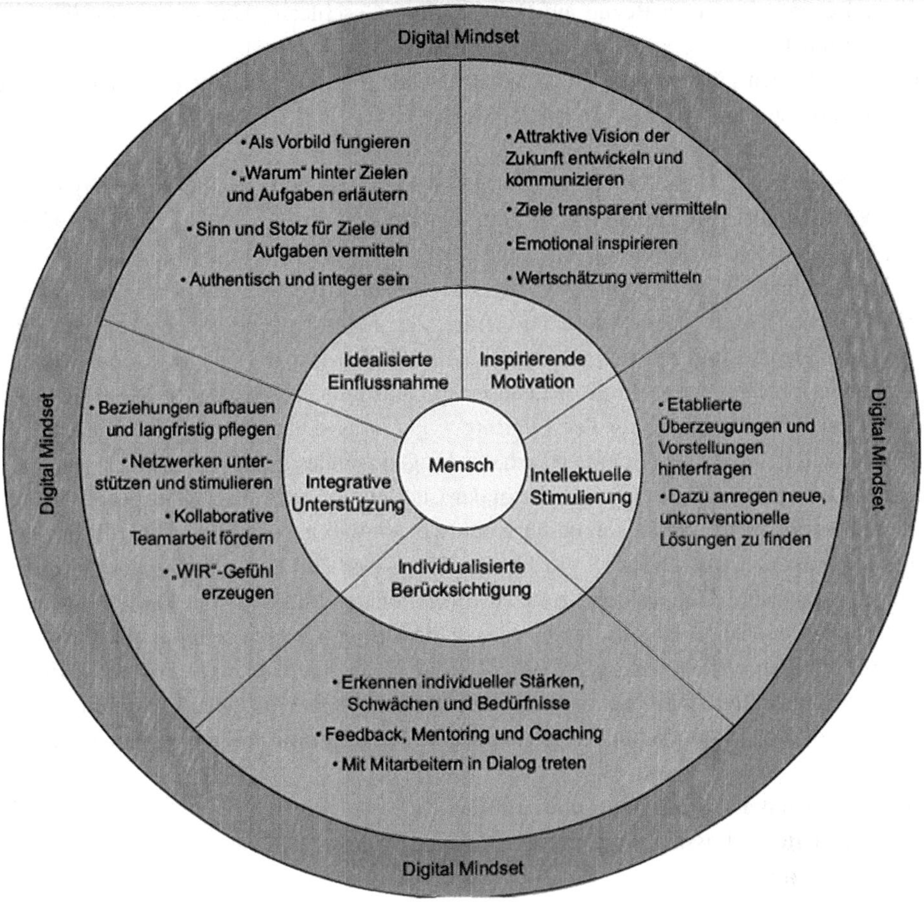

Abb. 10.1 Die 5 Is: fünf Dimensionen zur transformationalen Führung. (Quelle: eigene Darstellung)

kultur in Unternehmen gelebt wird, wurde ein Onlinefragebogen entworfen, der den Status quo zum Thema Führungskultur in deutschen Unternehmen aufzeigen soll. Hierzu wurden die Dimensionen der transaktionalen Führung und der transformationalen Führung, ergänzt mit dem 5. „I" der *integrativen Unterstützung*, herangezogen und subjektiv von den Studienteilnehmenden bewertet. Weitere Variablen beziehen sich auf unterschiedliche Arbeitsweisen und Wahrnehmung von Freiräumen.

Dabei werden folgende übergeordnete Fragestellungen beleuchtet:

I. Wird in Unternehmen eher transformational oder transaktional geführt?
   a. Allgemeine Befunde zum Führungsstil
   b. Unterschiede in der Einschätzung der Mitarbeitenden und Führungskräfte in Bezug auf die 5 Is

c. Besonderheiten in Bezug auf Status, Alter, Geschlecht, Unternehmensgröße und Branche

II. Wie schätzen Führungskräfte und Mitarbeitende ihre Möglichkeiten im Unternehmen in Bezug auf das digitale Mindset ein?

Ein besonderer Fokus der Studie liegt auf der Untersuchung des 5. I – der Ergänzung des Modells der transformationalen Führung um den Aspekt der integrativen Unterstützung.

Im Einzelnen ist der Fragebogen folgendermaßen aufgebaut: Zu Beginn werden die stichprobenbeschreibenden Merkmale erfragt. Zur Messung einer Bandbreite von Führungsverhaltensweisen existieren unterschiedliche Messinstrumente. Das wohl bekannteste unter ihnen ist der Multifactor Leadership Questionnaire (MLQ) zur Messung transformationaler und transaktionaler Führung (vgl. Bass und Avolio 2000; Heinitz und Rowold 2007). An diesem orientiert sich das Fragebogendesign der Autorinnen. Sie identifizierten diejenigen Dimensionen, die in der Literatur als zentrale transformationale und transaktionale Verhaltensweisen beschrieben werden und nahmen zusätzlich die integrative Unterstützung als fünftes I – zur Überprüfung – mit auf. Somit umfasst der Fragebogen insgesamt fünf Dimensionen zur transformationalen Führung, vier Dimensionen zur transaktionalen Führung, sowie eine ergänzende Dimension, die sich vor allem auf das digitale Mindset bezieht. Dieser Aspekt, also der Themenbereich eines digitalen Mindset von Führungskräften, wird in einer weiteren Dimension abgebildet, die die Gestaltung von Vernetzung, Kollaboration und Möglichkeiten des Beziehungsaufbau operationalisieren:

Dimensionen der transformationalen Führung

a) Idealisierte Einflussnahme (Persönliche Ausstrahlung)
   - Authentizität
   - Vorbildfunktion
   - Identifikation
   - Fehler eingestehen
   - Vertrauen
b) Integrative Unterstützung
   - Kollegiale Zusammenarbeit
   - digitale Kommunikation
   - Aufbau Netzwerke
   - Wir-Gefühl
   - positive Beziehungen
c) Intellektuelle Stimulierung
   - Perspektive überdenken
   - Status Quo hinterfragen
   - neue Lösungsansätze
   - Problemlösung
   - offener Austausch

d) Inspirierende Motivierung
   - Visionsvermittlung
   - Sinnvermittlung
   - Zukunftspläne
   - Wertschätzung
   - Motivation zu Hochleistungen
e) Individualisierte Berücksichtigung
   - Stärken kennen
   - Zeit für Dialog
   - Umgang in schwierigen Situationen
   - Weiterbildung
   - Talentförderung

Dimensionen der transaktionalen Führung

a) Kontrollieren, messen und beurteilen
   - Ergebniskontrolle
   - Leistungsfeedback
   - Qualitätskontrolle
   - Mitarbeitergespräche
   - Mitarbeiterzufriedenheit
b) Ziel- und Ergebnisorientierung
   - Zielklarheit
   - Information über wichtige Vorgänge
   - Kostenbewusstsein
   - Erwartungen kommunizieren
   - Kundenorientierung
c) Strukturierung von Arbeitsabläufen
   - Verantwortlichkeiten klar definiert
   - klare Prioritäten
   - reibungsloser Arbeitsablauf
   - gut organisiert
   - Strukturierung von Prozessen
d) Motivation nach dem Belohnungsprinzip
   - Bonus/Gehalt
   - Beförderung
   - Lob für gute Ergebnisse
   - Leistungsanerkennung
   - Externe Fortbildungsmöglichkeiten

Dimension digitales Mindset (in Ansätzen einer praktischen Umsetzung)
- Selbstständige Arbeitsweise (Home-Office, Gleitzeit, Desk Sharing).
- Freiraum (wenige Regeln) im Umgang mit unternehmensinternen Messenger-Diensten.
- Freiraum (wenige Regeln) im Umgang mit Social Media
- Aspekte und Beeinflussungsfaktoren in der Arbeit durch Digitalisierung
- Gestaltungsmöglichkeit in der Arbeit

Der Großteil der Befragung erfolgte anhand von geschlossenen Fragestellungen. Operationalisiert wurden die Items mit einer fünfpoligen, aufsteigenden Likert-Skala mit Antwortmöglichkeiten von 1 (überhaupt nicht zutreffend) bis 5 (voll zutreffend). Anhand von Likert-Skalen wird das Ausmaß der Zustimmung oder Ablehnung zu vorgegebenen Aussagen erfasst (vgl. Kirchhoff et al. 2010).

10.3 Ergebnisse der Studie und Interpretation

Die Studie wurde online im Frühjahr 2019 in deutscher Sprache durchgeführt. Die Daten wurden sowohl deskriptiv als auch mithilfe von Strukturgleichungsmodellierungen ausgewertet. Im ersten Schritt wurde der erzielte Rücklauf auf demografische Merkmale hin untersucht. Im zweiten Schritt wurde auf deskriptiver Basis analysiert, wie die einzelnen Dimensionen transformationaler und transaktionaler Führung von Mitarbeitenden und Führungskräften wahrgenommen werden. Anhand einer Strukturgleichungsmodellierung wurde der Zusammenhang zwischen verschiedenen Dimensionen der transformationalen Führung mit Status, Alter, Geschlecht und Branche sowie zwischen verschiedenen Dimensionen der transaktionalen Führung mit Status, Alter, Geschlecht und Branche analysiert.

10.3.1 Durchführung und Stichprobe

Die Rücklaufquote lag bei etwas über 20 %. Die Basis für die empirische Untersuchung bildet somit eine Stichprobe von 102 Führungskräften und 156 Mitarbeitenden in Unternehmen. Diese Unternehmen gehören der Automobilbranche (4,6 %), der Branche der Banken und Versicherungen (2,7 %), Chemieunternehmen (7,7 %), dem Handel (4,6 %), der Logistikbranche (17,7 %), dem Maschinenbau (5,00 %), der IT (6,2 %), der Metall- und Elektroindustrie (7,3 %), dem Dienstleistungssektor (10,0 %), der Bau und Immobilienbranche (6,9) sowie dem Tourismus (2,3 %) an. 25,0 % machten keine Branchenangabe. Rund 63,8 % der Befragten arbeiten für Großunternehmen ab 300 Mitarbeitenden. Weitere 13,9 % der Teilnehmenden sind in mittleren Unternehmen (50–299 Mitarbeitende) und 22,3 % in kleinen und Kleinstunternehmen tätig. Mit 30,4 % jüngere Arbeitnehmer (20–29 Jahre), mit 46,2 % Arbeitnehmer im mittleren Alter (30–49 Jahre) und mit 22,7 % ältere Arbeitnehmer (50–69 Jahre) zeigt sich auch eine gute Altersverteilung. 60 % der Studienteilnehmenden sind Mitarbeitende ohne Führungsverantwortung und mit 40,0 % nimmt ein geringerer Teil der Studienteilnehmenden eine Führungsrolle in den Unternehmen ein. Die Geschlechterverteilung der Studienteilnehmenden ist ausgeglichen: So sind 43,8 % männlich und 56,2 % weiblich.

10.3.2 Dimensionen der Führung

Die fünf Dimensionen zur transformationalen Führung, die vier Dimensionen zur transaktionalen Führung sowie die ergänzenden Dimensionen zur integrativen Unterstützung sind stets mit mehreren positiv formulierten und allgemein verständlichen Aussagen konkretisiert worden. Der besseren Lesbarkeit wegen wird in den folgenden Abbildungen jedoch die jeweilige Kategorie genannt (z. B. Authentizität: „Meine Führungskraft ist authentisch. / Ich würde mich als authentische Führungskraft beschreiben“).

10.3.2.1 Transformationale und transaktionale Führung in Unternehmen

Unterschiedliche Wahrnehmung von Mitarbeitenden und Führungskräften

Allgemein herrscht in den befragten Unternehmen eine Mischung aus beiden Führungsstilen vor. Es kann nicht eindeutig ein vorherrschender Stil auf Basis der Ergebnisse identifiziert werden. Von besonderem Interesse ist indes, ob sich die Einschätzung der Mitarbeitenden von denen der Führungskräfte unterscheiden. Abb. 10.2 (Abbildung links) zeigt die Mittelwerte im Vergleich der Einschätzung von Mitarbeitenden und Führungskräften, in wieweit in Unternehmen transformational geführt wird. In derselben Abbildung rechts sind die 4 Dimensionen der transaktionalen Führung im Vergleich zwischen Mitarbeitenden und Führungskräften.

Tendenziell kann anhand der Mittelwertvergleiche festgestellt werden, dass die Führungskräfte sich sowohl bei der transformationalen, als auch bei der transaktionalen Führung besser einschätzen als es die Mitarbeitenden tun.

Besonderheiten in Bezug auf Status, Alter, Geschlecht, Unternehmensgröße und Branche

Es konnten zahlreiche Zusammenhänge zwischen verschiedenen Dimensionen der transformationalen und transaktionalen Führung in Bezug auf Status, Alter, Geschlecht, Unternehmensgröße und Branche gefunden werden (siehe Abb. 10.3, L1 ist die latente Variable z. B. die Dimension „integrative Unterstützung“).

Die Einschätzung der *integrativen Unterstützung* fällt im Banken- und Versicherungssektor und in der IT-Branche im Vergleich zu anderen Branchen (z. B. Handel, Dienstleistung) signifikant positiv aus. Die integrative Unterstützung, also die Themen rund um kollegiale Zusammenarbeit und digitale Kommunikation, dem Aufbau von Netzwerken und der Schaffung eines Wir-Gefühls sowie positiver Beziehungen scheint also in diesen Branchen offenbar besser zu funktionieren.

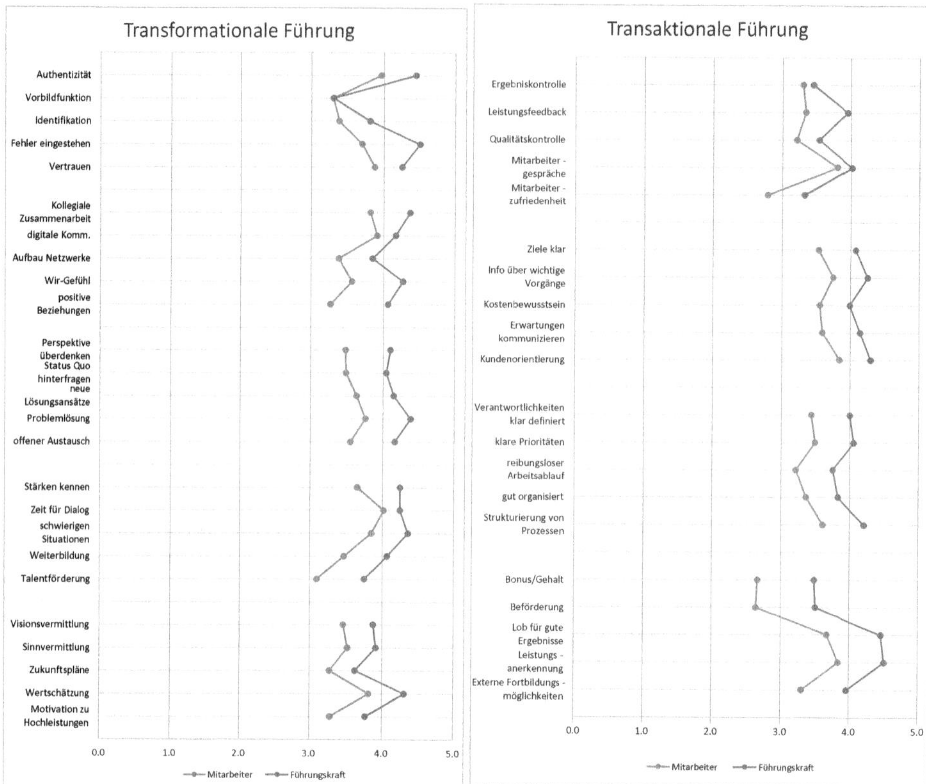

Abb. 10.2 Wahrnehmung, inwieweit im Unternehmen eine transformationale Führung (links) oder eine transaktionale Führung (rechts) vorliegt; Vergleich zwischen Mitarbeitenden und Führungskräften. (Quelle: eigene Studie)

Außerdem scheinen ältere Mitarbeitende im Vergleich zur jüngsten Gruppe die integrative Unterstützung tendenziell schlechter einzuschätzen. In der Gruppe der 60–69 Jahre ist der Effekt zwar nicht mehr signifikant, aber deutlich negativ.

Auch zeigt sich, dass im Vergleich zur kleinsten Unternehmensgröße die Unterstützung in den größeren Unternehmen schlechter bewertet wird. Das erscheint logisch, nachdem es auch mehr Anstrengung bedeutet, Kollaboration und Wir-Gefühl in Unternehmen mit vielen Mitarbeitenden zu erzeugen.

10.3.2.2 Digitales Mindset

Führungskräfte benötigen ein „digitales Mindset" und ein Verständnis, wie Technologien und Medien zielführend genutzt werden können (Abb. 10.4). Dies bedeutet auch, den Mitarbeitenden den nötigen Freiraum zur Nutzung von Technologien und auch zur Entscheidung der Arbeitsweise zu geben. Daher erscheint eine erste Einschätzung in den befragten Unternehmen nur logisch: 66 % der Führungskräfte lassen ihre Mitarbeitenden über ihre

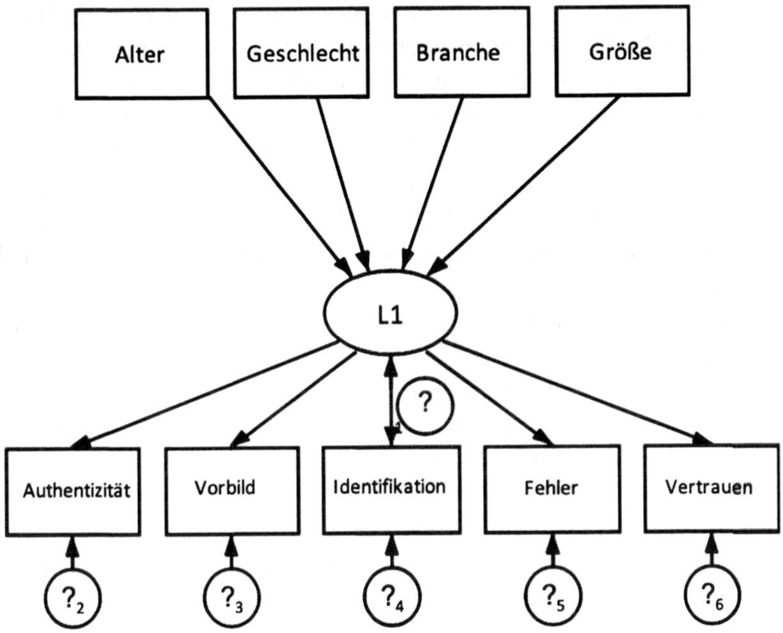

Abb. 10.3 Beispiel idealisierte Einflussnahme und Einflussgrößen

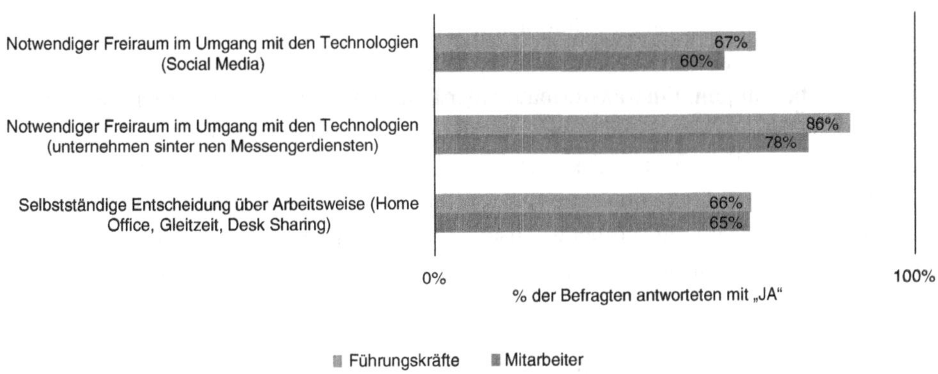

Abb. 10.4 Einschätzung zur selbstständigen Entscheidung zur Arbeitsweise und der Freiräume im Sinne eines digitalen Mindsets. (Quelle: eigene Studie)

Arbeitsweise selbstständig entscheiden und geben ihnen laut eigenen Aussagen in 67 % den notwendigen Freiraum im Umgang mit Social Media und zu 86 % mit unternehmensinternen Messengern. Die Mitarbeitenden schätzen die selbstständige Entscheidung über ihre Arbeitsweise ähnlich ein (65 %), den Freiraum, der im Unternehmen gegeben ist, jedoch geringer. Diese Ergebnisse zeigen jedoch, dass gerade das Thema Freiraum und selbstständige Entscheidungen über die Arbeitsweise noch Potential hat in Hinblick auf die transformationale Führung und insbesondere der integrativen Unterstützung.

Bei der Frage, auf welche Arbeitsfaktoren die Digitalisierung einen besonderen Einfluss hat, zeigt sich, dass vor allem die Arbeitsorganisation und der Arbeitsablauf von allen Teilnehmenden hoch betroffen zu sein scheinen (73 %). Auch der Arbeitsinhalt (50 %), der Arbeitsplatz (42 %) und die Arbeitsmittel (41 %) werden durch die Digitalisierung beeinflusst; tendenziell weniger die Arbeitsumgebung (38 %) und die Arbeitszeit (33 %). Vor allem Letzteres ist interessant, da gemeinhin von der Digitalisierung eine Flexibilisierung der Arbeitszeit erwartet wird.

Zu den Gestaltungsmöglichkeit in der Arbeit, genauer gesagt welche Möglichkeiten das Unternehmen bietet, wurden folgende Angaben gemacht: Selbstorganisation (80 %), Eigenverantwortung (78 %), flexible Arbeitszeiten (75 %), Mobiles Arbeiten (50 %), Virtuelle Mobile Devices (55 %), „Demokratisierung" (Zusammenarbeit auf Augenhöhe zwischen Mitarbeitenden und Führungskräften, 43 %), Teamarbeit (40 %), Flexibler Arbeitsort (39 %), Work/Life-Balance (38 %), Ergonomie (37 %), Kollaboratives Arbeiten (31 %) und Multispace-Office (16 %). Nur 5 % machten keine Angaben.

Es zeigt sich bereits, dass es erste Ansätze in den Unternehmen gibt, sich den Ansprüchen eines digitalen Mindsets zu nähern.

10.4 Fazit und Ausblick

Das Verständnis von Führung in Unternehmen ist aktuell augenscheinlich im Wandel begriffen. Führungskräfte stehen jeden Tag vor neuen Herausforderungen und müssen Veränderungen bewältigen. Ein transformationaler Führungsstil scheint in der Digitalisierung der Arbeitswelt geeigneter denn je, ausgehend davon, dass die Führungskraft die Digitalisierung als etwas Erstrebenswertes sieht. Die Führungskraft sollte durch diese Haltung Visionen für die von der Digitalisierung betroffenen Mitarbeitenden formulieren, für digitale Themen begeistern, für (virtuelle) Zusammenarbeit motivieren und gemeinsame Ziele in Hinblick auf die veränderte Arbeitswelt mit den Mitarbeitenden diskutieren. Dies ist die Anforderung in einer digitalisierten Welt. In der Realität herrscht jedoch nicht ein Führungsstil vor. Aus Sicht der Autorinnen sollte der Führungsstil ausbalanciert sein. Auch die Einschätzungen von Führungskräften und Mitarbeitenden über alle verschiedenen Dimensionen transformationaler wie auch transaktionaler Führung hinweg gehen auseinandergehen. Die Führungskräfte schätzen sich bei der Erfüllung der transformationalen wie auch transaktionalen Führungsdimensionen tendenziell besser ein. Es zeigt sich aber dabei, dass die integrative Unterstützung wie auch ein digitales Mindset bei den Führungskräften der befragten Unternehmen noch gefördert werden kann. Nur dann kann Vernetzungsfähigkeit entstehen.

In Zukunft sollte darauf fokussiert werden, die tatsächlichen Führungsanforderungen, wie sie in vielen Studien erwähnt werden, besser mit der Realität in Unternehmen zu verknüpfen. Die Studie zeigt aktuell eine Tendenz zugunsten der transformationalen Führung und des digitalen Mindsets, welche noch um den Punkt der integrativen Unterstützung ergänzt werden müsste. Die zugrunde liegende Haltung würde zu einer zukunftsfähigen Ausrichtung von Führung in der Arbeitswelt führen. Das angepasste Modell kann als passendes Führungsmodell der Moderne betrachtet werden und wird aufgrund seiner vertrauensfördernden Wirkung auch weiterhin von hoher Bedeutung sein.

Bemerkenswert ist, dass die Erweiterung des Modells um das 5te I, die integrative Unterstützung, besonders in der IT und Banken/Versicherungs-Branche positiv bewertet wird. Für ältere Arbeitnehmende scheint jedoch die integrative Unterstützung weniger wahrnehmbar. Interessant ist daher, woher diese Branchen- und Alterseffekte kommen. Daran schließen sich weiterführende Fragen an, beispielsweise, wie Führungskräfte den Wandel authentisch implementieren und vorleben können. Diese werden in zukünftigen Beiträgen und Untersuchungen noch zu beantworten sein.

Literatur

Bass, Bernard M. 1990. *Bass & Stogdill's handbook of leadership: Theory, research and managerial applications*, 3. Aufl. New York/London/Toronto/Sydney: The Free Press.

Bass, Bernard M, Avolio, Bruce J. 1990. The Implications of Transactional and Transformational Leadership for Individual, Team, and Organizational Development. In:Pasmore, William A./ Woodman, Richard W. (Hrsg.): Research in organizational change and development: An annual series featuring advances in theory, methodology and research, Vol. 4., Greenwich: Emerald Group Publishing Limited, S. 231–272.

Bass, Bernard M., und Bruce J. Avolio. 2000. *MLQ Multifactor leadership questionnaire: Sampler set, Technical Report, Leader Form, Rater Form, and Scoring Key for MLQ Form 5x-Short*, 2. Aufl. Redwood City: Mind Garden.

Bergmann, Frithjof. 2004. *Neue Arbeit, Neue Kultur*. Freiamt: Arbor.

Braun, Susanne, Claudia Peus, Silke Weisweiler, und Dieter Frey. 2013. Transformational leadership, job satisfaction, and team performance: A multilevel mediation model of trust. *The Leadership Quarterly* 24(1): 270–283.

Dumdum, Uldarico Rex, Kevin B. Lowe, und Bruce J. Avolio. 2013. A meta-analysis of transformational and transactional leadership correlates of effectiveness and satisfaction: An update and extension. In *Transformational and charismatic leadership: The road ahead 10th anniversary edition. Monographs in Leadership and Management, Volume 5*, Hrsg. Bruce J. Avolio und Francis J. Yammarino, 39–70. Bingley: Emerald Group Publishing Limited.

Felfe, Jörg. 2005. *Charisma, transformationale Führung und Commitment*. Köln: Kölner Studien.

Hammermann, Andrea, Oliver Stettes. 2017. Stellt die Digitalisierung neue Anforderungen an Führung und Leistungsmanagement? IW-Trends, Nr. 4. Köln: Institut der deutschen Wirtschaft Köln Medien GmbH.

Heinitz, Kathrin, und Jens Rowold. 2007. Gütekriterien einer deutschen Adaptation des Transformational Leadership Inventory (TLI) von Podsakoff. *Zeitschrift für Arbeits- und Organisationspsychologie A&O* 51:1–15.

Kienbaum und StepStone Leadership Survey: „Die Kunst des Führens in der Digitalen Revolution". 2018. https://www.stepstone.de/ueber-stepstone/wp-content/uploads/2018/08/Kienbaum-StepStone_Die-Kunst-des-F%C3%BChrens-in-der-digitalen-Revolution_Webversion.pdf. Zugegriffen am 18.09.2019.

Kirchhoff, Sabine, Sonja Kuhnt, Peter Lipp, und Siegfried Schlawin. 2010. *Der Fragebogen. Datenbasis, Konstruktion und Auswertung*, 5. Aufl. Wiesbaden: Springer.
Podsakoff, Philip M., Scott B. MacKenzie, und William H. Bommer. 1996. Transformational leader behaviors and substitutes for leadership as determinants of employee satisfaction, commitment, trust and organizational citizenship behaviours. *Journal of Management* 22:259–298.
Pundt, Alexander, Friedemann W Nerdinger. 2011. Transformationale Führung als Treiber einer Servicekultur. Marketing Review St. Gallen, Heft 2011/01, S. 48–53. http://www.wiso-net.de/document/THEX__mr-010-0403-7_1, Stand: 2011. Zugegriffen am 20.07.2018.
Schwarzmüller, Tanja, Prisca Brosi, und Isabell M. Welpe. 2017. Führung 4.0 – Wie die Digitalisierung Führung verändert. In *CSR und Digitalisierung – Der digitale Wandel als Chance und Herausforderung für Wirtschaft und Gesellschaft*, Hrsg. Alexandra Hildebrandt und Werner Landhäußer, 617–628. Berlin: Springer-Gabler.
Schwarzmüller, Tanja, Prisca Brosi, und Isabell M. Welpe. 2016. *Digital Work Design – Wie die Digitalisierung Geschäftsmodelle, Arbeit und Führung verändert.* München: Technische Universität München.
Väth, Markus. 2016. *Arbeit – Die schönste Nebensache der Welt.* Offenbach: GABAL.
Wang, Yanfei, Yangliu Zheng, und Yu Zhu. 2018. How transformational leadership influences employee voice behaviour: The roles of psychological capital and organizational identification. *Social Behavior and Personality* 46(2): 313–322. https://www.sbp-journal.com/index.php/sbp/article/view/6619, Stand: n.d. Zugegriffen am 25.04.2019.
Weinert, Ansfried B. 2004. *Organisations- und Personalpsychologie*, 5. Aufl. Weinheim: Beltz.

11 Digitale Kluft zwischen älteren und jüngeren Arbeitnehmenden – ein kompetenzbedingtes oder sozial konstruiertes Phänomen der Arbeitskultur?

Ein Forschungsbeitrag

Julia Reiner, Alexandra Cloots und Sabina Misoch

> *„Ageist stereotypes are powerful and prevalent in our society. They not only impact the way seniors are treated but also partly shape the way they perceive themselves."*
>
> *Legacé et al. (2015)*

Zusammenfassung

Die digitale Transformation und der demografische Wandel gehören zu den zentralen Herausforderungen der Arbeitskultur der Gegenwart. In diesem Kontext wird immer wieder von einem „digital divide" gesprochen, einer Kluft, die sich zwischen jüngeren und älteren Arbeitnehmenden im Hinblick auf die Kompetenzen und Nutzung von Informations- und Kommunikationstechnologien (ICT) abzeichnet. In diesem Beitrag wird der Frage nach dem „digital divide" in Unternehmen anhand von zwei empirischen Erhebungen nachgegangen: in Form einer Online-Befragung von 110 Arbeitnehmenden und einer Fokusgruppendiskussion von drei Führungskräften verschiedener Branchen. Die Ergebnisse zeigen dabei mit großer Deutlichkeit, dass in den Unternehmen altersbezogene Unterschiede im Umgang mit ICT im beruflichen Kontext wahrgenommen werden. Auch Vorurteile hinsichtlich der ICT-Kompetenzen werden wahrgenommen, so dass ältere Arbeitnehmende im Hinblick auf digitale Transformation als

---

J. Reiner · A. Cloots (✉) · S. Misoch
OST – Ostschweizer Fachhochschule, St. Gallen, Schweiz
E-Mail: julia.reiner@ost.ch; alexandra.cloots@ost.ch; sabina.misoch@ost.ch

S. Wörwag, A. Cloots (Hrsg.), *Arbeitskulturen im Wandel*,
https://doi.org/10.1007/978-3-658-30451-5_11

weniger kompetent eingeschätzt werden. So könnte der „digital divide“ ein sozial konstruiertes Phänomen sein, welches durch eine aktive und diversitätsunterstützende Arbeitskultur überwunden werden könnte.

11.1 Ausgangslage

Die digitale Transformation in Unternehmen und der demographische Wandel stellen zwei der zentralen Herausforderungen der Arbeitskultur der Gegenwart dar (Abb. 11.1, Widuckel 2015; Widuckel et al. 2015). In wissenschaftlichen, öffentlichen und innerbetrieblichen Diskursen wird diesbezüglich zunehmend der Umgang mit der digitalen Transformation und hier auch der vermeintliche „digital divide“ zwischen den Generationen thematisiert. Unter dem Begriff des digital divide (digitale Kluft) werden Unterschiede im Zugang und der Nutzung von Informations- und Kommunikationsmedien verstanden. Vor dem Hintergrund der digitalen Transformation in Unternehmen rücken diese Kompetenzen und der vermeintliche „digital divide“ zunehmend in den Blick.

So heißt es aus Sicht von Unternehmen häufig, ältere Arbeitnehmende[1] würden sich nicht mit der digitalen Transformation arrangieren wollen oder können, insbesondere im Hinblick auf die Verwendung neuer Technologien oder der Adaption an neue Arbeitsprozesse. Solche Annahmen können allerdings dazu führen, dass sich ältere Arbeitnehmende nicht mehr zu einer Organisation zugehörig fühlen,– dies hat dann einschneidende Folgen auf die Arbeitskultur der betroffenen Individuen, so dass diese „innerlich kündigen“ und/oder eine pessimistische Haltung einnehmen (Rudert und Greifeneder 2018).

Diese Problemstellung verschärft sich insofern, als Unternehmen oftmals ratlos im Umgang mit der vermeintlichen Digitalen Kluft zwischen jüngeren und älteren Arbeitnehmenden sind (vgl. auch Krueger et al. 2018; Haas et al. 2007): zum einen besteht tatsächlich die Annahme, dass ältere Arbeitnehmende Mühe mit der Digitalisierung haben.

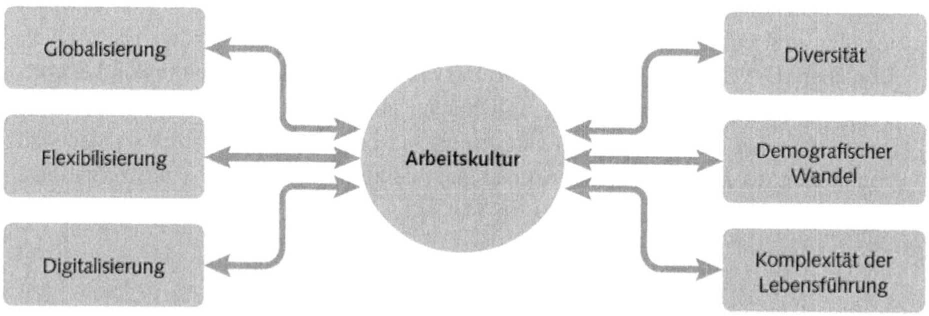

Abb. 11.1 Einflussfaktoren auf die Arbeitskultur. (Quelle: Widuckel 2015, S. 31)

[1] Die Definition älterer Arbeitnehmender variiert in einschlägigen Fachpublikationen, wird jedoch häufig bei der Altersgrenze 50plus oder 55plus angesetzt (z. B. SECO, 2019a, b).

Zum anderen sind sich Unternehmen bewusst, dass die Fokussierung auf eine Generation zur Vernachlässigung anderer Generationen führen kann, wodurch ein Ungleichgewicht in der gemeinsamen Arbeitskultur entsteht. Dies stellt Unternehmen vor eine große Herausforderung, da sie sowohl auf junge Talente als auch auf den Erfahrungswertschatz älterer Arbeitnehmender angewiesen sind – dies mit zunehmender Relevanz auf Grund der sinkenden Zahlen potenzieller jüngerer Mitarbeitender (Froese et al. 2015). Hinzu kommt, dass Skepsis und mögliche Fehlannahmen über die Kompetenzen resp. Schwächen der verschiedenen Altersgruppen innerhalb einer Belegschaft die intergenerationale Zusammenarbeit erschweren und zu Konflikten führen können, was sich ebenfalls negativ auf die Arbeitskultur auswirkt (Deutsche Gesellschaft für Personalführung e.V. und Das Demografie Netzwerk e.V. 2016). Studien zeigen, dass diverse und altersdurchmischte Teams ohne entsprechende unterstützende Rahmenbedingungen im Unternehmen weniger leistungsfähig sind als homogene Gruppen (Ely und Thomas 2001; Ely et al. 2012). Ist dies jedoch gegeben, so haben heterogene Teams ein erhöhtes Innovationspotenzial und verfügen über eine bessere Problemlösungskompetenz (Holvino et al. 2004).

Das Phänomen der sogenannten Digitalen Kluft erweist sich als komplex – nicht nur mit Blick auf die Gestaltung der Arbeitskultur. Grundsätzlich lassen sich zwei zentrale Formen unterscheiden: Zum einen eine Digitale Kluft in Bezug auf den Zugang zu Informations- und Kommunikationstechnologien (im Folgenden kurz ICT) („digital divide on the first resp. primary level"), zum anderen in Bezug auf Kompetenzunterschiede hinsichtlich der Nutzung von ICT („digital divide on the second level") (Friemel 2016, S. 314). Darüber hinaus ist zu differenzieren, welche Merkmale in Bezug auf die Entstehung einer Digitalen Kluft betrachtet werden. So werden neben dem Alter häufig auch das Geschlecht oder Bildungsniveau als ursächliche Faktoren für Kompetenz- und Nutzungsunterschiede bei digitalen Anwendungen diskutiert (z. B. Korupp et al. 2006). Der vorliegende Beitrag fokussiert auf altersbedingte Unterschiede im Umgang mit der digitalen Transformation innerhalb von Unternehmen. Daher wird der Ausdruck „Digitale Kluft" nachstehend auch ohne weitere Spezifizierung in erster Linie auf altersbedingte Unterschiede der Nutzung von ICT im betrieblichen Kontext bezogen.

Bisherigen Studienergebnissen zufolge stellt das Alter einen zentralen Faktor für die Digitale Kluft dar (van Dijk und Hacker 2003), was zumeist auf die mangelnde Erfahrung älterer Personen in der Nutzung von Computern oder des Internets zurückgeführt wird und für die Betroffenen mit weitreichenden Auswirkungen einhergeht:

> „(...) Organisationen nehmen sich nicht immer Zeit, um ältere Arbeitnehmende in der Nutzung neuer Systeme zu schulen. Die Folge ist, dass ältere Arbeitnehmende häufig geringere computerbezogene Fähigkeiten und eine geringere computerbezogene Selbstwirksamkeit (computer self-efficacy, CSE) als jüngere Arbeitnehmende haben, was es schwierig für diese macht, Jobs zu bekommen oder auf einem hohen Level zu performen, wenn sie einmal eingestellt sind." (Krueger et al. 2018, S. 76)[2]

[2] Eigene Übersetzung des englischen Originalzitats.

Wie eine Studie von Fiske et al. (2007) zeigt, werden Älteren mehr Integrität und Wärme zugesprochen, dafür aber generell weniger Fähigkeiten. Zu einem ähnlichen Ergebnis gelangten jüngst auch Meyer und Asbrock (2018). Älteren Personen werde demnach aufgrund ihres fortgeschrittenen Alters weniger Kompetenz attestiert. Solche und ähnliche Forschungserkenntnisse sind nicht zuletzt im Kontext von „Ageism“ zu reflektieren. Der Ausdruck „Ageism“ bezieht sich auf Stereotype, Vorurteile und eine damit einhergehende Diskriminierung älterer Menschen aufgrund ihres Alters (WHO 2019).

> „Ageism … ist weitverbreitet, allgemein akzeptiert und wird weitgehend ignoriert. Stereotypen, die der Allgegenwart von Ageism unterliegen, wurden so in unsere Vorstellungen menschlichen Lebens eingebettet, dass diese für selbstverständlich gehalten werden und zu ungeprüften, unausgesprochenen Annahmen wurden.“ (Angus und Reeve 2006, S. 138)[3]

Im Hinblick auf die Auswirkungen auf eine gemeinsame, generationenübergreifende und konstruktive Arbeitskultur stellt sich die Frage, ob die vermeintliche altersbezogene Digitale Kluft in Unternehmen tatsächlich auf Kompetenz- und Erfahrungsunterschiede zwischen jüngeren und älteren Arbeitnehmenden beruht oder eher die Folge von Altersstereotypen darstellt und insofern primär sozial konstruiert ist.

Ausgehend von der dargestellten Problemstellung wurde in 2019 eine Pilotstudie mit 110 Angestellten zu der Fragestellung durchgeführt, inwieweit eine altersspezifische Digitale Kluft in Unternehmen wahrgenommen wird und welche Bedeutung in diesem Zusammenhang altersdiskriminierenden Vorurteilen zugeschrieben werden kann. Die Ergebnisse dieser Pilotstudie werden im vorliegenden Beitrag vorgestellt. In Abschn. 11.2 erfolgt zunächst ein kurzer Abriss zum Forschungsstand zum Thema Altersdiskriminierung und Digitale Kluft. Im Anschluss daran werden in Abschn. 11.3 das Erkenntnisinteresse und die Methodik der Pilotstudie erläutert. Die folgenden Kapitel umfassen schließlich die Darstellung der wichtigsten Untersuchungsergebnisse, welche in Abschn. 11.7 abschließend resümiert sowie entsprechende Handlungsempfehlungen abgeleitet werden.

11.2 Studienlage: Altersdiskriminierung und Digitale Kluft

Bislang hat sich eine breite Forschungsliteratur mit dem Thema Ageism bzw. Altersdiskriminierung und deren Auswirkungen auf die Betroffenen innerhalb und außerhalb des Arbeitskontextes beschäftigt (überblicksartig z. B. Brauer und Clemens 2009; Rothermund und Mayer 2009). Die bisherigen Erkenntnisse aus diesem Forschungsschwerpunkt zeigen deutlich, dass Altersdiskriminierung mit verschiedensten negativen Konsequenzen für ältere Menschen, resp. für ältere Arbeitnehmende, einhergeht (z. B. Brownell und Kelly 2013; Posthuma und Campion 2009; s. auch Lagacé et al. 2016) und unter anderem zu Unzufriedenheit, einem geringerem Selbstvertrauen und weniger Engagement führen

[3] Eigene Übersetzung des englischen Originalzitats.

kann (z. B. Lagacé et al. 2008, 2010, 2015). Außerdem konnten Lagacé et al. (2015) in ihrer Studie nachweisen, dass ein deutlicher Zusammenhang zwischen jenem Ausmaß besteht, in welchem ältere Personen altersdiskriminierenden Aussagen zustimmen, und ihrem Interesse, ICT zu verwenden und zu erlernen. So zeigte sich in der Studie von Lagecé et al., dass sich Stereotype als relevanter Faktor von ICT-Kompetenz erwiesen: es zeigte sich, dass Ältere, die altersbezogenen Stereotypen zustimmten, eine deutlich geringere Kompetenz in der Nutzung von Informations- und Kommunikationstechnologien aufwiesen als jene, die diesen Stereotypen nicht zustimmten. Dieser Befund zeigte sich auch dann, wenn Unterschiede im ICT-Zugang statistisch kontrolliert wurden. Studienergebnisse wie diese verdeutlichen die Problematik, dass Stereotype zu einer selbsterfüllenden Prophezeiung hinsichtlich der Nutzung von ICT werden können (Lagacé et al. 2016).

Allerdings sollte dieser Zusammenhang zwischen der Verwendung von ICT auf der einen Seite und Altersdiskriminierung auf der anderen Seite noch differenzierter betrachtet werden. Altersdiskriminierende Stereotype haben nicht nur direkte negative Auswirkungen für ältere Arbeitnehmende, sondern auch indirekt problematische Folgen. Posthuma und Campion (2009) kommen in ihrer Studie beispielsweise zu dem Ergebnis, dass Manager/innen mit altersdiskriminierenden Stereotypen dazu neigen, älteren Arbeitnehmenden auch weniger (einschlägige) Schulungsmöglichkeiten anzubieten. Befunde wie diese unterstreichen die komplexen Wechselwirkungen zwischen Altersstereotypen und der Nutzung einerseits resp. der Kompetenzförderung zur Nutzung von ICT andererseits. In der Konsequenz werfen sie die Frage auf, ob solche Wechselbeziehungen auch zwischen altersdiskriminierenden Einstellungen und der Wahrnehmung einer Digitalen Kluft in Unternehmen identifiziert werden können. Trotz des breiten Wissens über Altersdiskriminierung ist bislang noch wenig über deren Bedeutung resp. Einfluss speziell in Bezug auf die Digitale Kluft zwischen älteren und jüngeren Arbeitnehmenden bekannt.

11.3 Erkenntnisinteresse und Methodik der Pilotstudie

Vor dem Hintergrund der soeben dargestellten Ausgangslage resp. Problemstellung wurde von den Autorinnen dieses Beitrages an der Fachhochschule St.Gallen in 2019 eine Pilotstudie (Online-Erhebung) durchgeführt, welche auf die folgenden Fragestellungen fokussierte: Inwieweit wird in Unternehmen eine altersbezogene Digitale Kluft wahrgenommen, an welchen Faktoren wird diese festgemacht und welche Rolle spielen in diesem Zusammenhang altersdiskriminierende Vorurteile? Ausgehend von diesem Erkenntnisinteresse sollten zum einen neue Befunde über die altersbedingte Digitale Kluft in Unternehmen und der Bedeutung von Altersdiskriminierung gewonnen werden. Zum anderen sollten auf Basis der Untersuchungsergebnisse erste Empfehlungen zur Gestaltung der digitalen Transformation und einer nicht-diskriminierenden generationenübergreifenden Arbeitskultur in Unternehmen formuliert werden.

Die Pilotstudie wurde in Form eines Mixed-Methods-Designs durchgeführt. Dies beinhaltete eine Online-Befragung von 110 Angestellten aus unterschiedlichen Unternehmen. Der Link zur Online-Befragung wurde primär in beruflichen Netzwerken des beteiligten Projektteams geteilt. Obwohl auf diesem Weg keine Zufallsstichprobe erlangt wurde, wurde die Vorgehensweise als legitim für eine Pilotstudie betrachtet. Die Online-Befragung umfasste vier offene Fragestellungen sowie eine Reihe soziodemografischer Angaben. Die Antworten der Befragten wurden zunächst inhaltsanalytisch und die daraus gewonnenen Kategorien statistisch ausgewertet. Neben der Online-Befragung umfasste das Pilotprojekt auch eine Fokusgruppe mit Führungskräften im Alter von 50+. Auch diese Teilnehmenden wurden aus beruflichen Netzwerken des beteiligten Projektteams rekrutiert und kamen aus den Bereichen Gesundheitsberufe, Öffentliche Verwaltung und Dienstleistungen. Als Einstieg wurde den Fokusgruppen-Teilnehmenden die Aufgabe gestellt, die eigene subjektiv wahrgenommene Rolle in der digitalen Transformation zu visualisieren, ehe im nächsten Schritt zu einer leitfadengestützten Fokusgruppendiskussion übergegangen wurde. Den zentralen Gegenstand des Leitfadens bildeten unter anderem jene Dimensionen, welche auch Grundlage für die Online-Befragung waren. Da die Ergebnisse der Fokusgruppe lediglich als Ergänzung zur Online-Befragung fungierten, wurde auf eine systematische Auswertung des Gesprächsprotokolls verzichtet. Stattdessen wurden die zentralen Erkenntnisse zusammenfassend in die Ergebnisauswertung aufgenommen.

11.4 Ergebnisse der Online-Befragung

11.4.1 Stichprobenbeschreibung

Insgesamt nahmen 110 Personen an der Online-Studie teil. Die Mehrheit der Befragungsteilnehmenden stellten Männer (66 %) dar. Das Durchschnittsalter lag bei 28 Jahren, wobei die jüngste Person zum Befragungszeitpunkt 16 Jahre alt war und die älteste Person 62 Jahre. Unter der ältesten Befragungsgruppe (56 bis 62 Jahre) war der Männeranteil mit 80 % im Vergleich zu jüngeren Befragungsgruppen besonders hoch. Unter jenen Befragten, die Angaben zu ihrem Branchenhintergrund machten, kamen mehr als drei Viertel (78 %) aus dem Bereich Finanzen, Versicherungen und Immobilien. Die übrigen Befragten verteilten sich auf die Bereiche Dienstleistungen, Öffentliche Verwaltung, IKT/Elektro, Gesundheitsberufe, Soziales und Sonstiges. Mit 47 % war fast die Hälfte der Befragten in der Kundenberatung tätig; weitere 31 % arbeiteten im Bereich Finanzen und Dienste. Zu den Arbeitsbereichen der übrigen Befragten zählten die Geschäftsleitung, Human Resources resp. Personaldienst, Vertrieb, IT, Marketing und Kommunikation, Einkauf resp. Logistik, Pflege und Betreuung und Sonstiges.

Der Großteil der Befragungsteilnehmenden waren Mitarbeitende (41 %) oder Kader ohne Unterstelle (25 %). Die übrigen Befragten verteilten sich auf Kader mit unterstellten Mitarbeitenden (13 %), Direktion/Geschäftsleitungs-Mitglieder (12 %) oder Kader mit unterstellten Führungskräften (9 %). Wie zu erwarten, war der Anteil an Arbeitnehmenden

50+ in höheren Positionen (z. B. Direktion/Geschäftsleitung) deutlich ausgeprägter als in anderen Positionen (z. B. Mitarbeitende).

11.4.2 Einstellungen zur Digitalisierung

Als Einstieg in die Online-Befragung wurde nach den persönlichen Einstellungen zur Digitalisierung gefragt. Aus den Ergebnissen geht hervor, dass positive Einstellungen unter den Befragten deutlich überwiegen. Konkret zeigten sich rund zwei Drittel (67 %) der Befragten positiv gegenüber der Digitalisierung eingestellt, während 31 % eine ambivalente Haltung und rund 2 % eine negativ-skeptische Einstellung zum Ausdruck brachten.

11.4.2.1 Positive Einstellungen

Positive Einstellungen äußerten sich unter anderem in Offenheit, Neugierde und Interesse an Technik und digitalen Anwendungen; diese zeigten sich vor allem bei den Alterssegmenten 26–55 Jahre. Zudem wurde in den Statements beispielsweise von einem 22 jährigen Mitarbeitenden die Ansicht vertreten, die Digitalisierung würde Erleichterung im Arbeitsalltag bringen: „(…), ich bin der Meinung, dass uns die Digitalisierung in Zukunft die Arbeit etwas erleichtern wird." Neben einer allgemeinen Entlastung und Unterstützung wurde unter anderem auch auf eine mögliche Effizienzsteigerung und Ökonomisierung als Potenziale der digitalen Transformation verwiesen: „Ich stehe der Digitalisierung grundsätzlich positiv gegenüber. Ich finde die Idee, Prozesse zu automatisieren und damit Ressourcen einzusparen, sehr gut und ich hoffe, dass sich das auch bewähren wird." (Mitarbeitender, 32 Jahre)

Neben positiven Implikationen erwähnten positiv-eingestellte Befragte die Notwendigkeit, mit der Zeit zu gehen und mit den laufenden Entwicklungen mitzuhalten.

11.4.2.2 Ambivalente Einstellungen

Personen mit einer ambivalenten Haltung brachten neben einer grundsätzlichen Offenheit auch Skepsis zum Ausdruck, wie beispielsweise im folgenden Statement eines 48-jährigen Fachkadermitarbeiters ohne Unterstellte: „Positiv, wenn es um Erledigung von Routineaufgaben geht. Skeptisch, wenn es um persönliche Beratung geht." Einige ambivalent-eingestellte Befragte wägten auch konkrete Vor- und Nachteile bzw. Chancen und Gefahren der digitalen Transformation ab, wie zum Beispiel jener 41-jährige Mitarbeiter: „Im Geschäftlichen grundsätzlich positiv, im Privaten eher negativ. Geschäft: Effizienzsteigerung, Vereinfachung. Privat: viele bewegen sich viel zu viel in der digitalen Welt und verpassen die reale Welt. In Bezug auf Kinder sehe ich viele Gefahren."

Während weitere zitierte Vorteile unter anderem in Zeitersparnissen, schnellerer Kommunikation, erleichtertem Informationszugang oder verbesserten Kundenleistungen bestehen, zählen zu den wahrgenommenen Gefahren etwa die Themen Datenschutz, Big Data, Cyber-Kriminalität oder generell auch die unkritische oder übersteigerte Verwendung digitaler Tools. Vor diesem Hintergrund betonten einige Befragte, wie sie selbst mit Vorsicht und Bedacht, wenngleich interessiert, digitale Anwendungen nutzen.

11.4.2.3 Negativ-skeptische Einstellungen

Im Gegensatz zu den soeben beschriebenen Gruppen von Befragten begegnen negativ eingestellte Personen der digitalen Transformation in erster Linie kritisch: Meine Einstellung ist „verhalten, da ich mich teilweise gezwungen fühle mitzumachen, da der Zugang zu Informationen nur digital möglich ist – und mir ein Bedürfnis aufgezwungen wird." (Mitarbeitender, 51 Jahre) Skeptisch werden unter anderem auch die Gefahren sowie zukünftigen Folgen der Digitalisierung betrachtet, wie etwa im folgenden Statement eines 18-jährigen Mitarbeitenden: Meine Einstellung ist „skeptisch. Man weiß nie, welche Horizonte das Ganze annehmen wird."

11.4.2.4 Gruppenspezifische Unterschiede

Während sich im Rahmen weiterführender Analysen keine geschlechter-, funktions- oder branchenspezifische Unterschiede in den Einstellungen der Befragten zeigten, ergaben sich bei der Analyse der Einstellung zur digitalen Transformation signifikante altersspezifische Unterschiede ($p < 0,05$). Wie Abb. 11.2 veranschaulicht, befinden sich in der ältesten Altersgruppe (56 bis 62 Jahre) mit rund 65 % deutlich mehr ambivalent-eingestellte Personen als in den übrigen, jüngeren Altersgruppen. Der Anteil positiv-eingestellter Personen ist wiederum in den mittleren Altersgruppen am höchsten. Negativ-skeptisch eingestellte Personen finden sich hingegen ausschließlich in den beiden jüngsten Altersgrup-

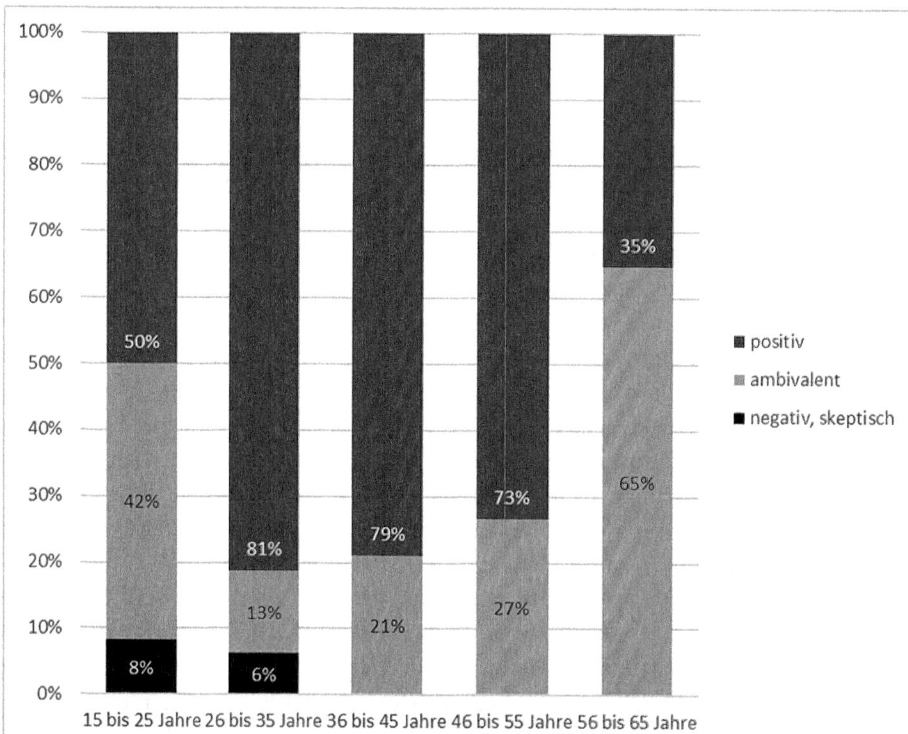

Abb. 11.2 Einstellung zur Digitalisierung nach Altersgruppen; n = 110. (Quelle: eigene Studie)

pen. Wenn sich die größte Ambivalenz und der geringste Grad an Optimismus hinsichtlich Digitalisierung in der Gruppe der älteren Arbeitnehmenden findet, so stellt sich die Frage, ob wir es hier eventuell mit einer Folge von verinnerlichten Altersstereotypen zu tun haben.

11.4.3 Subjektives Rollenverständnis in der digitalen Transformation

Wie aus den Statements der Befragten hervorgeht, sieht sich die Mehrheit in einer *anwendenden Rolle* im Rahmen der digitalen Transformation (27 %). Diese kann bei weiteren 25 % der Befragten als eher zurückhaltend-passiv („Bin sicher kein First Mover (…)") und bei 16 % als aktiv-fortschrittlich („Offen für alles, nutze diese in vollen Zügen") spezifiziert werden. Demnach berichten insgesamt rund zwei Drittel von einer, wenn auch unterschiedlich ausgerichteten, anwendenden Rolle im Rahmen der digitalen Transformation. Von den übrigen Befragten sehen sich 15 % in einer *treibend-gestaltenden Rolle*, wie sie beispielsweise folgendermaßen von einer 50-jährigen Führungsperson beschrieben wird: „Mein Part ist es, gegenüber Veränderungen offen zu sein und dies an meine Mitarbeiter weiter zu geben." Teilweise heben Befragte auch die eigene Motivationsleistung in dieser Rolle hervor, wie jener 51-jährige Kadermitarbeitende ohne Unterstellte: „Da ich der technikaffinste Mitarbeiter in unserem Team bin, bin ich auch der, der zuerst alles ausprobieren will. Bin ich dann von einem Produkt überzeugt, dann setze ich vieles daran, auch die anderen vom Nutzen zu überzeugen." Eng an dieses Verständnis anknüpfend, erweist sich die *vermittelnde Rolle*, welche sich 13 % der Befragungsteilnehmenden zuschreiben. Auch dieses Rollenverständnis basiert auf der Weitergabe von Knowhow und dem Heranführen bestimmter Zielgruppen an digitale Innovationen: „Ich schätze meine Rolle in der Digitalisierung als Vermittler für meine Eltern und auch als Vermittler für Kunden." (Mitarbeitender im Alter von 23 Jahren)

Im Unterschied zu den soeben beschriebenen Rollenverständnissen berichten rund 4 % der Befragten von einer *unbedeutenden Rolle* im Rahmen der digitalen Transformation. Diese wird beispielsweise durch einen 18-jährigen Mitarbeitenden folgendermaßen erlebt: „Meine Handlungen beeinflussen die Digitalisierung nicht im Geringsten. Obwohl ich tagtäglich damit zu tun habe, kann ich nichts am Ablauf und der Entwicklung der Digitalisierung ändern."

Im Zuge der vertieften Datenauswertung ergaben sich keine geschlechter- oder altersspezifischen Unterschiede hinsichtlich des Rollenverständnisses im Rahmen der digitalen Transformation. Signifikante Unterschiede konnten allerdings mit Blick auf die Funktion der Befragten festgestellt werden ($p < 0{,}05$). Wie aus Abb. 11.3 hervorgeht, ist der Anteil an Personen mit einer anwendenden Rolle in der Funktion „Kader mit unterstellten Mitarbeitenden" im Vergleich zu den übrigen Funktionen mit rund 58 % besonders hoch ausgeprägt. Eine eher zurückhaltend-anwendende Rolle findet sich demgegenüber verstärkt bei Kadern ohne Unterstellte (36 %). Auffällig erweist sich zudem der hohe Anteil an Befragten mit einer subjektiv wahrgenommenen treibend-gestaltenden Rolle unter Personen aus der Direktion resp. Geschäftsleitung (55 %) sowie die Wahrnehmung einer unbedeutenden Rolle ausschließlich unter Mitarbeitenden (11 %).

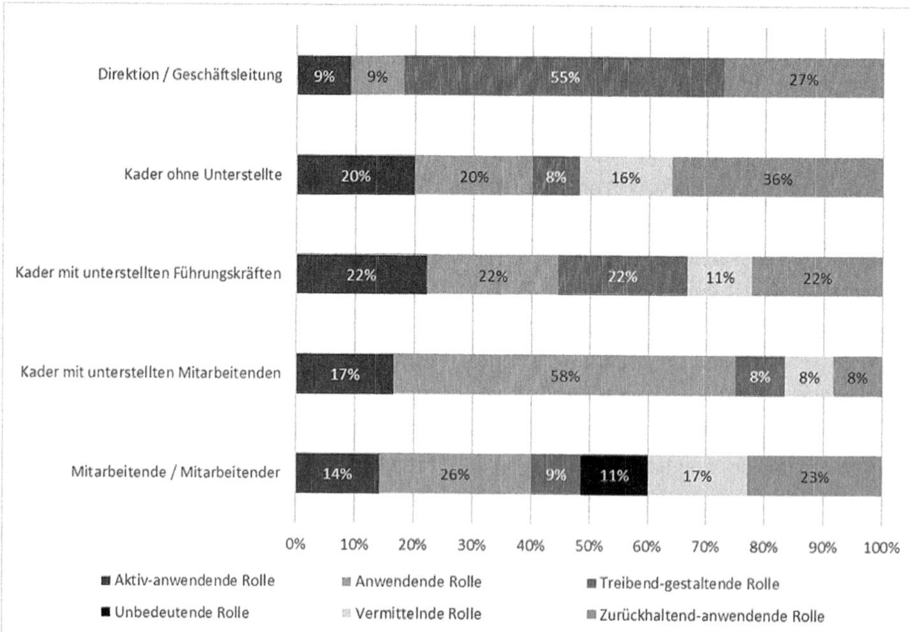

Abb. 11.3 Wahrgenommene Rolle in der digitalen Transformation nach Funktion der Befragten; n = 110. (Quelle: Pilotstudie)

11.5 Wahrnehmung einer altersbedingten Digitalen Kluft

Im Weiteren wurden die Teilnehmenden der Online-Befragung gefragt, inwieweit sie intergenerationale Unterschiede im Umgang mit der digitalen Transformation wahrnehmen. Über die Hälfte der Befragten (56 %) bejaht, entsprechende Unterschiede in ihrem Unternehmen festzustellen. Weitere 15 % räumen teilweise Unterschiede ein, während rund 29 % keine intergenerationalen Unterschiede im Umgang mit der digitalen Transformation in ihrem Unternehmen sehen.

11.5.1 Intergenerationale Unterschiede im Umgang mit der digitalen Transformation

Von jenen Befragten, welche intergenerationale Unterschiede in ihrem Unternehmen bestätigen, wird mehrfach angeführt, dass ältere Mitarbeitende langsamer und zurückhaltender im Umgang mit digitalen Anwendungen seien und sich dabei generell schwerer tun würden. So wird beispielsweise von einem 50-jährigen Vorgesetzten festgehalten: „Alte Mitarbeiter haben oft Mühe mit den neuen und digitalen Hilfsmitteln und bleiben bei ihren alten Strategien, wenn möglich. Dies ist aber nicht gut, da sie so nur andere behindern. Wir Jungen kennen es ja fast nicht anders.“

Die Unterschiede in der Affinität und Offenheit gegenüber den Möglichkeiten der digitalen Transformation wird von einigen Befragten auf einen unterschiedlichen Erfahrungsschatz und eine andere Sozialisierung zurückgeführt. Ein 34-jähriger Mitarbeitender sagt: „Viele [ältere Personen] sind nicht damit aufgewachsen – deshalb ist es für diejenigen schwierig, sich daran zu gewöhnen.“ Neben dem Erfahrungsschatz werden auch die individuelle Lernfähigkeit und Offenheit als Ursachen für altersspezifische Unterschiede angeführt. Neben den beschriebenen Unterschieden werden umgekehrt allerdings auch intergenerationale Unterschiede zu Ungunsten jüngerer Mitarbeitender von den Befragten wahrgenommen. So wird beispielsweise die älteren Mitarbeitenden zugeschriebene Zurückhaltung der eher unkritischen Offenheit jüngerer Mitarbeitender gegenübergestellt: „Die Jungen sehen vielfach nur das Positive und haben gar keine Bedenken. Alles Neue ist „cool“ … Ältere sind eher kritisch und hinterfragen die Sache. Brauchen auch eine Begründung.“ (51-jähriger Mitarbeitender)

Befragungsteilnehmende, welche nur leichte, respektive vereinzelte intergenerationale Unterschiede im Umgang mit der digitalen Transformation erleben, berichten zwar auch von Kompetenz- und Affinitätsunterschieden zwischen den Generationen, beziehen diese aber nicht per se auf alle älteren Mitarbeitenden und räumen interindividuelle Unterschiede ein: „Bei der älteren Generation ist es sehr unterschiedlich – es gibt solche, die sich generell mit Neuerungen schwer tun, und andere, die den Zeitgeist erkennen.“ (59-jähriger Kadermitarbeitender ohne Unterstellte)

11.5.2 Alternative Faktoren für Unterschiede im Umgang mit der digitalen Transformation

Gegensätzlich zu den vorangegangenen Einschätzungen berichtet ein Gutteil der Befragten, keine intergenerationalen Unterschiede im Umgang mit der digitalen Transformation wahrzunehmen. Stattdessen sei die Digitale Kluft auf andere Faktoren zurückzuführen, wobei in diesem Zusammenhang häufig auf die zentrale Bedeutung der persönlichen Einstellung verwiesen wird, wie von jenem 50-jährigen Mitarbeitenden: „Das Alter spielt keine entscheidende Rolle, die Einstellung ist maßgebend.“ Neben bzw. zusätzlich zu der persönlichen Einstellung wird quer zu den verschiedenen Altersgruppen auch der individuelle Erfahrungsschatz als relevanter Faktor betrachtet: „Für mich ist es keine Altersfrage, sondern eine Einstellungsfrage sowie auch eine Erfahrungsfrage (…).“ (35-jährige Führungskraft mit unterstellten Mitarbeitenden)

Im Rahmen der weiterführenden statistischen Analysen konnten keine Unterschiede zwischen den Geschlechtern, Branchenzugehörigkeiten, Altersgruppen oder den verschiedenen Funktionen der Befragten festgestellt werden.

11.6 Wahrnehmung von altersspezifischen Vorurteilen

Schließlich wurden die Befragten danach gefragt, inwieweit sie in ihrem Unternehmen altersspezifische Vorurteile wahrnehmen. Die Mehrheit der Befragten (47 %) verneint das Vorliegen altersdiskriminierender Vorurteile, während allerdings fast ebenso viele Befragte (42 %) dies bejahen. Die übrigen 11 % der Befragten räumen ein, dass in ihrem Betrieb nur teilweise oder in einem geringen Ausmaß entsprechende Vorurteile vorhanden seien.

11.6.1 Gegenstand altersspezifischer Vorurteile

Nach Aussagen jener Befragten, die das Vorliegen altersspezifischer Vorurteile in ihrem Unternehmen bejahen, werde jüngeren resp. älteren Mitarbeitenden eine jeweils unterschiedliche Affinität für digitale Anwendungen attestiert. Ein 56-jähriger Direktor berichtet: „Es begegnen mir immer wieder Vorurteile, dass jüngere Mitarbeitende digital affiner sind und ältere Mitarbeitende nicht." Neben der Affinität zu digitalen Anwendungen beziehen sich Vorurteile auf Kompetenz- und Wissensunterschiede zwischen Jüngeren und Älteren, was sowohl Mitarbeitende als auch Kundinnen und Kunden betreffen kann. Ein 22-jähriger Mitarbeitender hält beispielsweise fest: „Die ältere Generation weigert sich, die digitalen Produkte zu nutzen. Vielfach entsteht auch das Vorurteil, dass ältere Mitarbeitende sich nicht so gut mit den digitalen Lösungen auskennen." Schließlich werden auch Vorurteile hinsichtlich der Lernfähigkeit und Schnelligkeit in der Auseinandersetzung respektive Adaption an digitale Neuerungen in Unternehmen dokumentiert. Ein 61-jähriger Kadermitarbeitender ohne Unterstellte meint: „Ab und zu erhalte ich den Eindruck, dass die jüngeren Mitarbeiter davon ausgehen, dass ältere Mitarbeiter zur Erledigung einer Aufgabe mehr Zeit beanspruchen." Von den Befragten werden allerdings nicht nur Vorurteile zu Ungunsten älterer Personen notiert, sondern auch solche, welche eine Bevorzugung dieser Zielgruppe postulieren. Ein Beispiel hierfür bildet etwa das folgende Mitarbeitenden-Statement: „Ältere haben einen sichereren Job wie die Jungen." Vorurteile dieser Art finden sich in den Antworten der Befragungsteilnehmenden nicht nur in Bezug auf ältere Arbeitnehmende, sondern auch in Bezug auf jüngere Mitarbeitende resp. Kunden/innen und deren Offenheit gegenüber digitalen Neuerungen. Eine Führungskraft mit unterstellten Kadermitarbeitenden meint: „Wir glauben, dass unsere jüngeren Bankkunden voll digital sind. Gerade bei der Umstellung auf ‚digital banking' haben wir von den jungen Bankkunden am wenigsten erreicht."

11.6.2 Zentrale Ergebnisse der Fokusgruppe

Wie in Abschn. 11.3 dargelegt, wurde in Ergänzung zur Online-Befragung eine Fokusgruppe mit Führungskräften im Alter von 50+ durchgeführt. Korrespondierend mit den Ergebnissen der Online-Befragung (Abschn. 11.4.3), ging aus den Visualisierungen der Befragten hervor, dass sich diese überwiegend in einer vermittelnden Rolle in der digitalen Transformation wahrnehmen. Diese umfasse nicht zuletzt eine Steuerungs- und Koordinationsfunktion innerhalb der digitalen Transformation – sowohl zugunsten der eigenen Mitarbeitenden als auch der eigenen Klientel. Wie sich in der Darstellung einer Person zeigte, kann die berichtete Koordinationsaufgabe auch primär den eigenen Arbeitsbereich betreffen. Ein Beispiel hierfür bildete das Handling der „Mailflut" im eigenen Arbeitsalltag.

Als entscheidender Faktor für Unterschiede im Umgang mit der digitalen Transformation wurde von den Fokusgruppenteilnehmenden unter anderem das Bildungsniveau der Mitarbeitenden angeführt, auch wenn dieses, für sich allein betrachtet, nicht alle Unterschiede in der Nutzung digitaler Anwendungen erkläre. Ferner wurde auch das Alter und in diesem Zusammenhang die persönliche Flexibilität und Einstellung als maßgebende Einflussfaktoren für die Entstehung einer Digitalen Kluft diskutiert. Altersbedingte Unterschiede bestünden konkret auch in der Offenheit und Kreativität im Umgang mit digitalen Innovationen. Ältere Mitarbeitende hätten demnach eher Hemmungen und bräuchten mehr Hinführung, wie es in ähnlicher Weise auch in der Online-Befragung (sowohl als Vorurteil als auch als Einflussfaktor für die Entstehung einer Digitalen Kluft) berichtet wird.

Allerdings wurde in der Fokusgruppe auch die Meinung vertreten, dass die individuelle Flexibilität entscheidender sei als das Alter der Betroffenen für den Umgang mit der digitalen Transformation. Insgesamt waren sich die Fokusgruppenteilnehmenden einig darüber, dass das persönliche Interesse und die eigene Einstellung zentrale Einflussfaktoren für den Umgang mit der digitalen Transformation darstellen. Ihrer Ansicht nach können und sollen Unternehmen interne Schulungen und andere Begleitmaßnahmen als Unterstützung für die Bewältigung der digitalen Transformation anbieten; diese seien allerdings nur dann erfolgsversprechend und sinnvoll, wenn auf Seiten der Mitarbeitenden die entsprechende Bereitschaft und Offenheit vorhanden sei. Eine kritisch-verhaltende Einstellung und fehlende Motivation auf Mitarbeiterebene setzen demnach den betrieblichen Unterstützungsmaßnahmen auch Grenzen.

11.7 Zusammenfassung und Ausblick

Die vorliegende Pilotstudie untersuchte, inwieweit in Unternehmen eine Digitale Kluft wahrgenommen wird, woran diese festgemacht wird und inwieweit in diesem Zusammenhang auch altersdiskriminierende Vorstellungen und Stereotype eine Rolle spielen. Die Ergebnisse verdeutlichen zunächst, dass die Mehrheit der Befragten über alle Altersgruppen hinweg durchaus positive Einstellungen zur Digitalisierung aufweist. Lediglich an den Randgruppen, d. h. unter den jüngsten und ältesten Befragten, finden sich vermehrt auch ambivalente Sichtweisen und ein geringerer Grad an optimistischen Aussagen zur Digitalisierung.

Die Statements zu den Einstellungen der Befragten fallen insgesamt sehr unterschiedlich aus und beziehen sich dabei auch auf jeweils unterschiedliche Ebenen (z. B. auf die allgemeine, gesamtgesellschaftliche versus persönliche Bedeutung der digitalen Transformation). Aufgrund dieser Diversität lassen sich die Nennungen nur schwer im Einzelnen vergleichen. Der höher ausgeprägte Anteil an ambivalenten und kritischen Perspektiven speziell unter den jüngsten sowie ältesten Befragten stellt ein interessantes Ergebnis dar, welches in weiterführenden Studien, beispielsweise mithilfe qualitativer Interviews, vertiefend untersucht werden sollte.

Wird von den Befragten eine Digitale Kluft im jeweiligen Unternehmen wahrgenommen, so wird diese überwiegend auf Erfahrungs-, Affinitäts- und Kompetenzunterschiede zwischen den Generationen zurückgeführt. Gerade diese Merkmale sind weiteren

Ergebnissen zufolge allerdings auch häufig Gegenstand von altersspezifischen Vorurteilen. Dass solche Vorurteile in Unternehmen vorliegen, wird immerhin von 42 % der Befragten bejaht und von 11 % teilweise eingeräumt. Aufgrund der sensiblen Fragestellung lässt sich mutmaßen, dass der Anteil unter den bejahenden Befragten noch höher liegen könnte, da ein Teil der Befragten aufgrund von „Sozialer Erwünschtheit" das Vorliegen von Vorurteilen möglicherweise verneint hat.

Weiteren Ergebnissen zufolge kommt den persönlichen Einstellungen der Mitarbeitenden eine zentrale Bedeutung im Umgang mit der digitalen Transformation zu. Dies sollte von Unternehmen in der Planung und Implementierung etwaiger Unterstützungs- und Schulungsmaßnahmen Berücksichtigung finden. Wie auf Basis der Pilotstudie allerdings auch deutlich wird, reichen Schulungsmaßnahmen für die Bewältigung intergenerationaler Unterschiede im Umgang mit der digitalen Transformation nicht zwangsläufig aus. Vielmehr bedarf es auch passender Sensibilisierungsmaßnahmen, welche die Themen Altersdiskriminierung und Stereotypenbildung aufgreifen und einen Raum schaffen, persönliche Haltungen zu reflektieren und an diesen zu arbeiten. Dies kommt nicht nur älteren Mitarbeitenden zugute, sondern auch jüngeren Arbeitnehmenden, die den Befunden zufolge auch von altersdiskriminierenden Vorurteilen betroffen sind.

Insgesamt verdeutlichen die Ergebnisse, dass die Themen Altersdiskriminierung und intergenerationale Unterschiede im Umgang mit der digitalen Transformation in der Gestaltung der Arbeitskultur in Organisationen nicht außen vorgelassen, sondern vielmehr proaktiv angegangen werden müssen. Neben den bereits zitierten Sensibilisierungsmaßnahmen zu den Themen Altersdiskriminierung und Stereotypenbildung können Unternehmen beispielsweise auch intergenerationale Austausch- und Lernplattplattformen initiieren, um den Dialog und ein konstruktives Miteinander zwischen den Generationen – als Basis für eine positive Arbeitskultur – zu fördern. Durch Maßnahmen wie diese lässt sich nicht nur diskriminierenden Einstellungen entgegenwirken, sondern auch die Wertschätzung und Akzeptanz der Kompetenzen der unterschiedlichen Generationen erhöhen. Brühl (2018) spricht in diesem Zusammenhang von der Entwicklung einer „Wir-Kultur", die in Unternehmen zukünftig noch viel stärker gefordert werden soll. Zentrale Voraussetzung für diese „Wir-Kultur" bildet ein wertschätzendes Miteinander, welches nicht zuletzt durch Möglichkeiten des Voneinander-Lernens angestoßen und gefördert werden kann und dessen Basis nur die Heterogenität (auch hinsichtlich Alter) sein kann. Neben gezielten Maßnahmen, wie der Implementierung intergenerationaler Austausch- und Lernplattformen, können solche Möglichkeiten des gegenseitigen Lernens auch direkt im Unternehmensalltag verankert werden, indem etwa die intergenerationale Zusammenarbeit im Sinne von altersgemischten Teams bewusst gefördert wird. Auch wenn die Arbeit in altersgemischten Teams in der Praxis mit verschiedenen Herausforderungen einhergehen kann (wie beispielsweise Gruppenkonflikten), so birgt sie auch vielfältige Chancen (Deutsche Gesellschaft für Personalführung e.V. und Das Demografie Netzwerk e.V. 2016; Bruch et al. 2010), da Studien zeigen konnten, dass das Innovationspotenzial zunimmt, wenn heterogene Teams entsprechend unterstützende Rahmenbedingungen vorfinden (Froese et al. 2015). Diese betreffen nicht nur die Effizienz, Produktivität und die Problemlösungskompetenz auf Team- und Arbeitsebene, sondern auch die gemeinsame Arbeitskultur, indem durch den gegenseitigen, intergenerationalen Wissens- und Erfahrungsaustausch das Wir-Gefühl und eine Wir-Kultur im Sinne von Brühl (2018) gefördert und gestärkt wird. Hier sind Unternehmen aktiv gefordert, eine diversitätsunterstützende Arbeitskultur mit entsprechendem „Wir-Gefühl" zu fördern, da die Ergebnisse dieser Studie deutlich zeigen, dass der „digital divide" auch „auf bewusst oder unbewusst entstandenen (...) Wertvorstellungen, Verhaltensvorschriften, Überzeugungen und Einstellungen" (Vahs 2012, S. 128) beruht, die unternehmerisch beeinflusst werden können. Im Zuge des demografischen Wandels wird eine Arbeitskultur mit einem aktiven Diversitäts- und Inklusionsmanagement zunehmende Relevanz bekommen und unverzichtbar werden.

Literatur

Angus, Jocelyn, und Patricia Reeve. 2006. Ageism: A threat to „aging well" in the 21st century. *Journal of Applied Gerontology* 25(2): 137–152.

Brauer, Kai, und Wolfgang Clemens, Hrsg. 2009. *Zu alt? „Ageism" und Altersdiskriminierung auf Arbeitsmärkten*. Wiesbaden: VS.

Bruch, Heike, Florian Kunze, und Stephan Böhm. 2010. *Generationen erfolgreich führen. Konzepte und Praxiserfahrungen zum Management des demographischen Wandels*. Wiesbaden: Gabler.

Brühl, Kirsten. 2018. Organisationen der Zukunft: Warum wir mehr Wir-Kultur brauchen. In *Identität in der modernen Arbeitswelt*, Hrsg. Olaf Geramanis und Stefan Hutmacher, 147–158. Wiesbaden: Gabler.

Brownell, Patricia, und James J. Kelly. 2013. *Ageism and mistreatment of older workers, current reality, future solutions*. New York: Springer.

Deutsche Gesellschaft für Personalführung e.V., & Das Demographie Netzwerk e.V, Hrsg. 2016. *Altersgemischte Teams managen*. Bielefeld: wbv Media.

van Dijk, Jan, und Kenneth Hacker. 2003. The digital divide as a complex and dynamic phenomenon. *The Information Society* 19(4): 315–326.

Ely, Robin J., und David A. Thomas. 2001. Cultural diversity at work: The effects of diversity perspectives on work group processes and outcomes. *Administrative Science Quarterly* 46(2): 229–273.

Ely, Robin J., Irene Padavic, und David A. Thomas. 2012. Racial diversity, racial asymmetries, and team learning environment: Effects on performance. *Organization Studies* 33(3): 341–362.

Fiske, Susan T., Amy J. C. Cuddy, und Peter Glick. 2007. Universal dimension of social cognition: Warmth and competence. *Trends in Cognitive Sciences* 11:77–83.

Friemel, Thomas N. 2016. The digital divide has grown old: Determinants of a digital divide among seniors. *New Media & Society* 18(2): 313–331.

Froese, Fabian Jintae, Anna Katharina Hildisch, und Lena E. Kemper. 2015. Von Vielfältigkeit profitieren–wie eine inklusive Arbeitskultur den Unternehmenserfolg steigert. In *Arbeitskultur 2020. Herausforderungen und Best Practices der Arbeitswelt der Zukunft*, Hrsg. Werner Widuckel, Karl de Molina, Max J. Ringlstetter und Dieter Frey, 383–398. Wiesbaden: Springer Gabler.

Haas, Sabine, Thilo Trump, Maria Gerhards, und Walter Klingler. 2007. Web 2.0: Nutzung und Nutzertypen. *Media Perspektiven* 4:215–222.

Holvino, Evangelina, Bernardo M. Ferdman, und Deborah Merrill-Sands. 2004. Creating and sustaining diversity and inclusion in organizations: Strategies and approaches. In *The psychology and management of workplace diversity*, Hrsg. Margaret S. Stockdale und Faye J. Crosby, 245–276. Malden, MA: Blackwell.

Korupp, Sylvia E., Harald Künemund, und Jürgen Schupp. 2006. Digitale Spaltung in Deutschland: geringere Bildung-seltener am PC. DIW Wochenbericht. *Deutsches Institut für Wirtschaftsforschung (DIW).*, Berlin 73(19): 289–294.

Krueger, Dianna Contreras, Dianna L. Stone, und Kimberly W. Lukaszewski. 2018. Age and the digital divide. *Journal of Strategic Innovation and Sustainability* 13(3): 75–84.

Lagacé, Martine, Francine Tougas, Joëlle Laplante, und Jean-François Neveu. 2008. La santé en péril: répercussions de la communication âgiste sur le désengagement psychologique et l'estime de soi des infirmiers de 45 ans et plus. *La Revue canadienne du vieillissement* 27(3): 285–299.

Lagacé, Martine, Francine Tougas, Joëlle Laplante, und Jean-François Neveu. 2010. Communication âgiste au travail: une voie vers le désengagement psychologique et la retraite des infirmières d'expérience? *International Review of Social Psychology* 23(4): 91–121.

Lagacé, Martine, Houssein Charmarkeh, Joelle Laplante, und Annick Tanguay. 2015. How ageism contributes to the second-level digital divide: The case of Canadian seniors. *Journal of Technologies and Human Usability* 11(4): 1–13.

Lagacé, Martine, Houssein Charmarkeh, Radamis Zaky, und Najat Firzly. 2016. From psychological to digital disengagement: exploring the link between ageism and the „Grey digital divide". *Journal of Communication and Public Relations* 18(19): 65–75.

Meyer, Bertolt, und Frank Asbrock. 2018. Disabled or cyborg? How bionics affect stereotypes toward people with physical disabilities. *Frontiers in Psychology* 9:1–13.

Posthuma, Richard A., und Michael A. Campion. 2009. Age stereotypes in the workplace: Common stereotypes, moderators, and future research directions. *Journal of Management* 35(1): 158–188.

Rothermund, Klaus, und Anne-Kathrin Mayer. 2009. *Alterdiskriminierung. Erscheinungsformen, Erklärungen und Interventionsansätze*. Stuttgart: Kohlhammer.

Rudert, Selma Carolin, und Rainer Greifeneder. 2018. Bedrohung der Zugehörigkeit: Soziale Ausgrenzung in Organisationen. In *Identität in der modernen Arbeitswelt*, Hrsg. Olaf Geramanis und Stefan Hutmacher, 49–66. Wiesbaden: Springer Gabler.

Staatssekretariat für Wirtschaft (SECO). 2019a. Bericht Ältere Arbeitslose (50+). Bern: SECO. https://www.seco.admin.ch/dam/seco/de/dokumente/Arbeit/ALV/Arbeitslosigkeit/Aeltere_Arbeitslose/Bericht%20Arbeitslose%2050plus%202019.pdf.download.pdf/Bericht_Arbeitslose_50plus_2019.pdf. Zugegriffen am 10.02.2020.

Staatssekretariat für Wirtschaft (SECO). 2019b. *Indikatoren zur Situation älterer Arbeitnehmerinnen und Arbeitnehmer auf dem Schweizer Arbeitsmarkt. Grundlagen für die nationale Konferenz vom 3. Mai 2019.* Bern: SECO. https://www.seco.admin.ch/seco/de/home/Publikationen_Dienstleistungen/Publikationen_und_Formulare/Arbeit/Arbeitsmarkt/aeltere_Arbeitnehmende/Grundlagen_nationale_Konferenz_2019.html. Zugegriffen am 10.02.2020.

Vahs, Dietmar. 2012. *Organisation–Ein Lehr-und Arbeitsbuch.* Stuttgart: Schaeffer-Poeschel.

Widuckel, Werner. 2015. Arbeitskultur 2020–Herausforderungen für die Zukunft der Arbeit. In *Arbeitskultur 2020. Herausforderungen und Best Practices der Arbeitswelt der Zukunft*, Hrsg. Werner Widuckel, Karl de Molina, Max J. Ringlstetter und Dieter Frey, 27–44. Wiesbaden: Springer Gabler.

Widuckel, Werner, Karl De Molina, Max J. Ringlstetter, und Dieter Frey. 2015. *Arbeitskultur 2020. Herausforderungen und Best Practices der Arbeitswelt der Zukunft.* Wiesbaden: Springer Gabler.

World Health Organization (WHO). 2019. Ageing and life-course. https://www.who.int/ageing/ageism/en/. Zugegriffen am 08.10.2019.

Sechs Führungsperspektiven für die digitale Transformation – Welche Dashboards das Veränderungsmanagement in digitalen Zeiten unterstützen können

12

Ein Praxisbericht

Andreas Müller und Thomas Falter

„Jedes Schreckbild verschwindet, wenn man es fest ins Auge fasst."

Johann Gottlieb Fichte

Zusammenfassung

Während KPIs und Dashboards in großer Zahl für den Betrieb eines Unternehmens im eingeschwungenen Zustand zur Verfügung stehen, scheint es insbesondere in der digitalen Transformation besonders schwierig zu sein, Orientierung zu behalten und zu vermitteln. Welche Aspekte sind dabei wichtig? Was ist der Einfluss der Unternehmenskultur? In welcher Reihenfolge sollen wir vorgehen? Wie können wir die wichtigen Parameter messen und visualisieren? Auf diese Fragen geben wir unter Berücksichtigung unterschiedlicher Modelle und Perspektiven Antworten und zeigen am hypothetischen Beispiel eines Autohauses mögliche konkrete Aktionen exemplarisch auf.

A. Müller
Hochschule Kempten, Kempten, Deutschland
E-Mail: andreas.mueller@hs-kempten.de

T. Falter (✉)
Ostbayerische Technische Hochschule Regensburg, Regensburg, Deutschland
E-Mail: thomas.falter@oth-regensburg.de

S. Wörwag, A. Cloots (Hrsg.), *Arbeitskulturen im Wandel*,
https://doi.org/10.1007/978-3-658-30451-5_12

12.1 Digitale Transformation – eine Hinführung

Schon mit dem Abakus der Chinesen hat der Mensch begonnen, Teile seiner kognitiven Kapazität an Hilfsmittel zu delegieren. Dadurch ist es uns gelungen, größere und komplexere Herausforderungen zu meistern. Während diese Hilfsmittel in der Frühzeit einzelnen und sehr besonderen Anwendungen dienten, ist es spätestens mit der Idee eines universellen von-Neumann'schen Computers gelungen, ein und dieselbe Rechenmaschine für unterschiedlichste Anwendungen zu verwenden (von Neumann 1945; Turing 1950). Es hat allerdings noch Jahrzehnte gedauert, bis dieses Hilfsmittel in jedermanns Hosentasche, Handtasche oder ans Handgelenk passte (Apple 2007). Mit dieser nun nutzbaren Infrastruktur hat eine Technologie in unser (Wirtschafts-)Leben Einzug gehalten, welche zahlreiche Aspekte unseres bisherigen Alltags berührt und für immer verändert, was den Kern der digitalen Transformation darstellt (Rifkin 2011).

Veränderungsmanagement setzt sich zum Ziel, anstehende Veränderungen mit geringeren Frustrationen und in kürzerer Zeit zu bewerkstelligen, als dies ohne ein begleitendes Eingreifen der Fall wäre (Rafaelli 2017). Dabei sind kulturelle Veränderungen besonders interessant, also solche, die das Verhalten einer Organisation ebenso wie die zugrunde liegenden Werte und Einstellungen betreffen (Schein 1985). Unter Kultur verstehen wir hier nach E. Schein ein Muster gemeinsamer Grundprämissen, das die Gruppe bei der Bewältigung ihrer Probleme externer Anpassung und interner Integration erlernt hat, das sich bewährt hat und somit als bindend gilt. Dieses Muster wird an neue Mitglieder als rational und emotional korrekter Ansatz für den Umgang mit Problemen weitergegeben. Kultur wird häufig als Unternehmenskultur verstanden, die alle Mitglieder des Unternehmens verbindet. In der Praxis sind aber sowohl Subkulturen und Grundprämissen, die in einem Team gelten, für die Handlungen mindestens ebenso entscheidend wie auch die persönlichen Werte, d. h. die Bewertungskriterien eines einzelnen Mitarbeitenden gegenüber diesen Handlungen.

Wir können heute nicht vorhersagen, was der neue Zustand nach einer erfolgreichen digitalen Transformation im Sinne einer digitalen Metamorphose sein wird (Beck 2017), da sich auch das Umfeld durch die Transformation kontinuierlich verändert. Wir stellen daher im Folgenden zehn Bilder (Visualisierungen) aus sechs Perspektiven (siehe Abb. 12.1) vor, die die digitale Transformation eines Unternehmens, basierend auf der Praxiserfahrungen der Autoren, wesentlich beeinflussen. Sie können zumindest eine Orientierung in der Unsicherheit geben, immer mit Blick auf den Einfluss der kulturellen Aspekte. Die sechs Perspektiven umfassen a) die Klärung des Business Modells, b) die Klärung der Aufgaben und die Frage, welche von Menschen und welche von Maschinen erledigt werden sollen. Anschließend wird der Einfluss der nach der erfolgreichen Transformation benötigten c) Skills aber auch d) Werte betrachtet, die e) die Performance des Unternehmens beeinflussen. Als letztes Bild wird f) die Reward-Effizienz als Beispiel für die Veränderung der Personalinstrumente durch die digitale Transformation beschrieben und ein Ausblick auf weitere Instrumente gegeben.

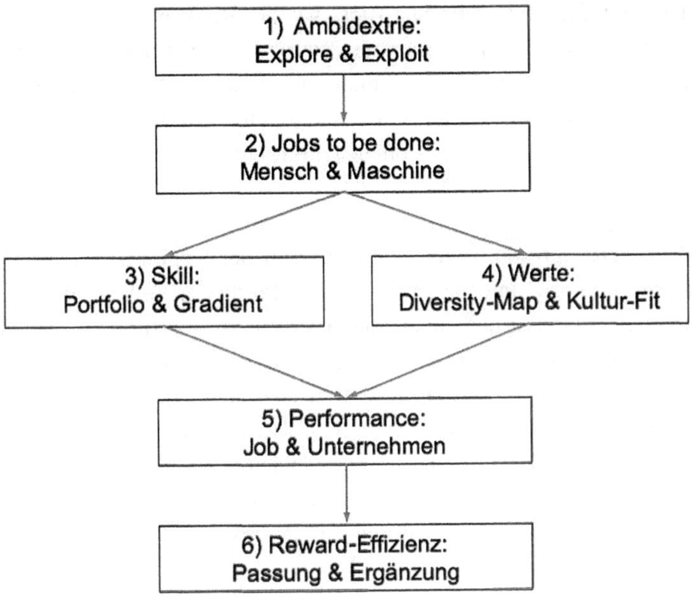

Abb. 12.1 Übersicht der sechs Perspektiven für die digitale Transformation. (Quelle: eigene Darstellung)

Um die für die digitale Transformation nötigen Schritte in möglichst einfacher Weise für Unternehmen gestaltbar zu machen, zeigen wir am hypothetischen Beispiel eines Autohauses mögliche konkrete Aktionen exemplarisch auf. Das Beispiel des Autohauses inkl. Verkauf und Reparatur von Autos wurde gewählt, da dies den meisten Lesern vertraut ist. Die Beispiele werden graphisch hervorgehoben.

Beispiel

Das Autohaus hat in der Vergangenheit schon so manche Herausforderung bewältigt, zuletzt durch die Veränderungen im Mehrmarkenhandel und in der Ausrichtung auf Mechatronik. Durch die Veränderung des Marktes, der Umweltanforderungen und der Möglichkeit des Einsatzes neuer Technologien und neuer möglicher Geschäftsmodelle steht jetzt eine digitale Transformation bevor. ◄

12.2 Ambidextrie: Explore & Exploit

Auf oberer Strategie-Ebene stellt sich die Frage nach dem zukünftigen Geschäftsmodell. Ziel eines gut etablierten Geschäftes ist die Maximierung der Erträge, was meist mit einer Optimierung des Geschäftsmodells einhergeht: Risiken werden vermieden, Effizienzen gehoben. Im fortschreitenden Status geht dies zu Lasten von Flexibilität und Motivation.

Invers hierzu ist der Zustand eines Start-ups, wo die Risiken (gewollt) hoch sind und zugunsten von Innovationen eine bürokratiearme und motivationsstarke Atmosphäre erreicht werden soll. Diese schon von Tushman und O'Reilly (1996) beschriebene Ambidextrie lässt sich in einem strategischen Chart darstellen (siehe Abb. 12.2), in welchem wir zwei Übergänge aufgrund ihrer unternehmenskulturellen Bedeutung besonders hervorheben möchten:

1. „Bürokratische Disruption": Beim Übergang von der Explore- in die Exploit-Phase geht es darum, die kostenintensive und kreative Produktentstehung in eine Phase von Vorhersehbarkeit, Planung und finanziellem Erfolg zu überführen, letztlich auch um die Erstinvestitionen zur Rendite zu führen. Dabei ist es wichtig, die experimentellen Prototypen nicht bis zur Perfektion reifen zu lassen, bevor sie industriell produziert werden. Vielmehr bedarf es einer bewussten Vorbereitung und Umstellung auf das Exploit-Paradigma der Prozess-Optimierung, während noch Teile der Organisation kreativ neue Facetten am Markt erproben. Die kulturelle Herausforderung besteht darin, dass eine höhere Ausdifferenzierung der Prozesse und Verstärkung von Regeln

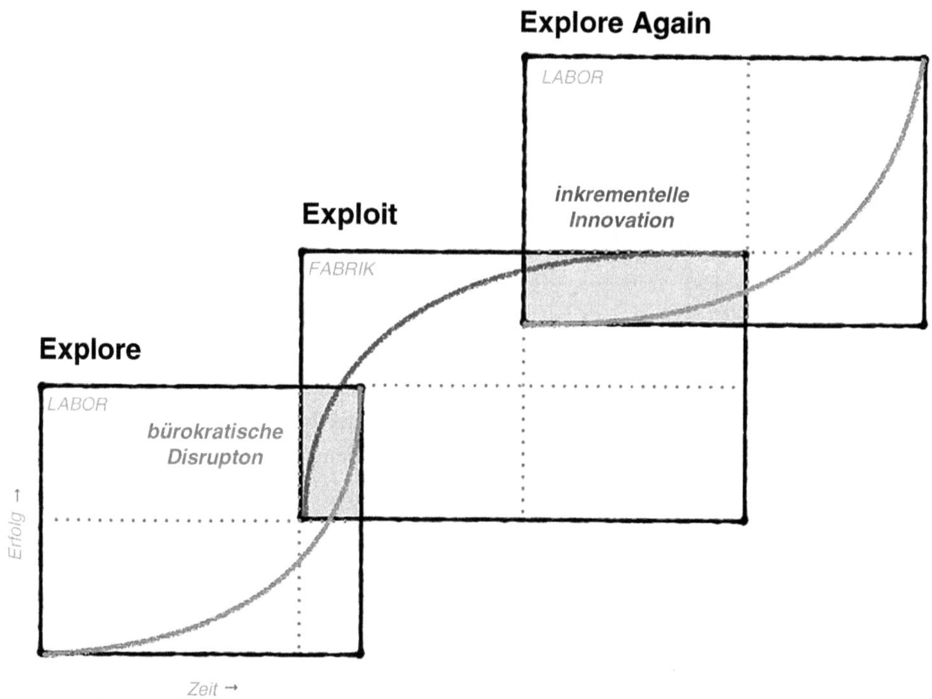

Abb. 12.2 Explore & Exploit Portfolio, in Anlehnung an Osterwalder und Pigneur (2017)

(exploit) die kreativ-disruptiven Akteure (explore) ablösen, was häufig als ein Verlust wahrgenommen wird.

2. „Inkrementelle Innovation“: Der Übergang eines erfolgreichen Exploit-Geschäftsmodells in die Explore-Phase sollte zeitig beginnen, um noch genügend Ressourcen für die kreativ-innovativen Aktivitäten bereitstellen zu können. Gleichzeitig wird dieser gewünschte Anstieg an Risikopotenzial allerdings häufig als bedrohlich wahrgenommen, vor allem wenn das Exploit-Geschäftsmodell noch nicht in Not ist.

In beiden Übergangsphasen wird deutlich, wie vorteilhaft ein Unternehmen aufgestellt ist, dessen Unternehmenskultur im Umgang mit Ambidextrie, dem „sowohl als auch“, geübt ist, da es schnell von einem Modus in den anderen wechseln kann. Typische Beispiele finden sich in den Giganten des Silicon Valley (Google/Alphabet, Apple, Facebook, Amazon).

Beispiel

Nach der letzten Explore-Phase ist das Autohaus jetzt in der Exploit-Phase. Es stellt aber fest, dass es trotz einer Steigerung von Marketing-Konzepten (Rabatt-Aktionen, spezifisches Gender-Marketing) keine wesentlichen Erfolgszuwächse mehr verzeichnen kann. Dem Fachkräftemangel versucht die Firma mit mehr Ausbildungsplätzen zu begegnen, aber auch deren Ansprache über die Kammer oder Tageszeitungen ist nur mit mäßigem Erfolg verbunden.

Der Geschäftsführer ist in Sorge, dass sein Geschäftsmodell so nicht überleben wird, noch dazu in einer Zeit, die den Verbrennungsmotor nicht als Antwort auf den Klimawandel sieht. Es scheint ein Mind-Shift nötig, ein größerer Wandel, damit sich die Firma halten kann. Dies wird allerdings nicht von allen Mitarbeitenden geteilt. Es wirken zwei Kräfte gegeneinander: die Kollegen, die im bisherigen Modell glücklich und erfolgreich waren, bleiben zurückhaltend gegenüber jenen Kollegen, die andere und neue Ideen für die Zukunft äußern und ausprobieren wollen (Explore Again). Wie wird sich das Geschäft verändern? Was passiert mit der (bisherigen) Unternehmenskultur? Diese Fragen werden vorerst unbeantwortet bleiben, sollten aber kontinuierlich unter Beobachtung sein, um die Chancen, die sich auftun, schnell ergreifen zu können. Im Rahmen eines Mitarbeitenden-Workshops entstehen einige Ideen, die mithilfe einer Ansoff-Matrix sortiert werden (Abb. 12.3). ◀

Schon Peter Drucker erkannte als den primären Zweck eines Unternehmens den Kunden bzw. die Erfüllung der Kundenbedürfnisse: „There is only one valid definition of business purpose: to create a satisfied customer“ (Drucker 1954). Den Unternehmenszweck (purpose) herauszufinden ist kein einfacher Prozess. Während in stabilen Zeiten die Absatzzahlen verkaufter Produkte den Ton angeben, geht in agilen Zeiten die Frage um, was die Kunden wirklich wollen. Ein beliebtes Vorgehen, um entlang der Kundenwünsche

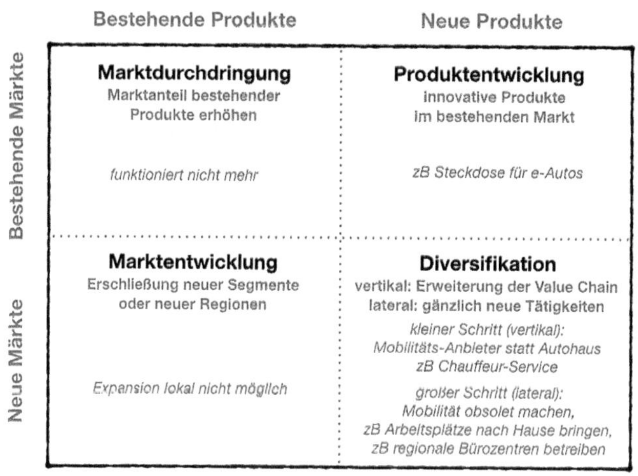

Abb. 12.3 Ansoff-Matrix im Autohaus. (Quelle: eigene Darstellung)

kreativ zu passenden Produkten und Dienstleistungen zu gelangen, ist etwa das in Stanford entstandene Konzept des Design Thinking (Meinel und Leifer 2011).

Beispiel

Sowohl Marktdurchdringung als auch Marktentwicklung haben nicht mehr genügend Potenzial. Im Quadranten Produktentwicklung entsteht die Idee, der wachsenden Elektromobilität etwa durch ein Angebot frei verfügbarer Ladestationen zu begegnen. Das größte Potenzial wird in der Diversifikation gesehen: Als vertikale Diversifikation will die Firma künftig als Mobilitäts-Anbieter auftreten und Dienste wie CarSharing, Chauffeur-Dienste, e-Scooter-Verleih, Oldtimerfahrten o.ä. anbieten. Eine laterale Diversifikation wäre ein großer Schritt für die Firma, könnte allerdings eine abnehmende Mobilität beim heutigen Kunden unterstützen, etwa in dem die vorhandenen Kompetenzen (Handwerk, Verwaltung) in den Betrieb von lokalen Bürozentren wandern. Dadurch könnten zudem gänzlich neue Kundensegmente angesprochen werden.

Der Geschäftsführer fragt sich allerdings, wie er dies mit seinen Mitarbeitenden umsetzen kann, wie etwaige Umschulungen aussehen könnten und ob er Neueinstellungen benötigt. Kann das neue Geschäftsmodell überhaupt innerhalb des Autohauses entstehen oder muss es separat aufgebaut werden? ◀

12.3 Jobs to be done: Mensch und Maschine

Oftmals stehen hinter dem Erwerb von Produkten oder Dienstleistungen tiefergehende Bedürfnisse, die erfüllt werden und die Christensen als „*jobs to be done*“ darstellt (2016). Kennt man die Bedarfe seiner Kunden, können für dieselben Kunden auch weitere Angebote formuliert werden und der Geschäftserfolg kann sich vergrößern.

	Mensch	Algorithmus	Roboter
Beratung	Persönliche Ansprache	App Optimierte Auswahl in Bezug auf Fahrzeit, Komfort, Gepäck, Führerschein, Umwelt, Preis, etc.	Chatbot
Beförderung	Chauffeur	Routenberechnung	Automatisiertes Fahren
Buchhaltung	Abnahme, Kontrolle Spezifische Fragestellungen	Automatische Abrechnung	Sensor-Datenerfassung Datenübergabe an Algorithmen
Betrieb / Werkstatt	Wartung	Berechnung von Wartungsintervallen Preventive Maintenance	Waschstraße Tankautomat Exoskelett Intelligent Engine Inspection

Abb. 12.4 „*Jobs*" to be done, am Beispiel eines Mobilitäts-Anbieters

Übertragen wir diesen Gedanken in die Welt der Mitarbeitenden, müssen sich Unternehmen zunächst die Frage stellen, welche Aktivitäten notwendig sind, um diese „*jobs*" in den neuen Geschäftsmodellen zum Nutzen der Kunden zu erbringen (siehe Abb. 12.4, y-Achse). Diese Aufgaben werden typischerweise in Jobprofilen mit den erforderlichen Skills beschrieben.

Insbesondere in Zeiten des digitalen Wandels werden diese Jobs nicht allein von Menschen erbracht, sondern ebenso von Robotern und Algorithmen. Daher ist in einem zweiten Schritt festzulegen, welche der Aufgaben vom Menschen, von Algorithmen (Berechnung) oder von Robotern (Ausführung) am besten ausgeführt werden können (x-Achse).

Neben Skills spielen auch andere Eigenschaften der Mitarbeitenden eine wichtige Rolle im Unternehmen. Die Passung der individuellen Werte der Mitarbeitenden mit den Anforderungen der Aufgaben bestimmt etwa, ob ein Mitarbeitender mit Freude an der Aufgabe arbeitet oder nicht. So hat ein Mitarbeitende mit einem hohen Streben nach dem Wert *Verstehen* und einem hohen Vermeidungstendenz beim Wert *Gewissheit* sicher wenig Freude bei repetitiven Aufgaben, wie z. B. einer Steuererklärung. Algorithmen und Roboter haben zwar bestenfalls Skills, aber keine klassischen Werte. Sie folgen von außen programmierten Verhaltensvorschriften in Form von Parametersätzen, kennen aber keine Emotionalität. Bei der Entscheidung, welche Ressourcen welche *jobs* umsetzen sollen, tritt eine weitere *jobs* Perspektive zutage: Neben der Befriedung der Kundenbedürfnisse ist es auch entscheidend, wie die tiefergehenden Bedürfnisse der Mitarbeitenden befriedigt werden – zumal diese einen wesentlichen Einfluss auf die gemeinsame Unternehmenskultur nehmen. Diese Perspektive werden wir im übernächsten Kapitel betrachten.

12.4 Skill: Portfolio und Gradient

Nachdem das Geschäftsmodell, die dafür erforderlichen *„Jobs to be done"* und die Aufteilung zwischen Menschen und Maschinen festgelegt wurden, wird es im nächsten Schritt wichtig, im Skill-Portfolio (siehe Abb. 12.5) zu identifizieren, welche Skills aktuell von Bedeutung sind (x-Achse), und einen Ausblick zu wagen, welche künftig wichtig sein werden (y-Achse). In Abb. 12.5 ist zu sehen, wie sich die Bedeutung bestimmter Skills verändern. Unternehmen, aber auch Mitarbeitende können dabei konkrete Maßnahmen ableiten.

Beispiel

Skills, die aktuell und in Zukunft Schlüssel-Skills (Kernkompetenzen) für das Autohaus sind, sind z. B. „Kfz-Mechanik-Skills", die für die Wartung erforderlich sind und sein werden, sowie „Online-Handeln". Hier ist es wichtig, die Mitarbeitenden mit den Skills zu halten und ihnen Zeit einzuräumen, diese an die Mitarbeitenden weiterzugeben, die sie ebenfalls benötigen.

Skills, die an Bedeutung verlieren werden, sind z. B. „Motoren reparieren", da durch die Verwendung von Elektromotoren diese weniger zum Tragen kommen. Bei steigender Elektromobilität werden weniger Ölwechsel abgerufen, Reifenwechsel werden

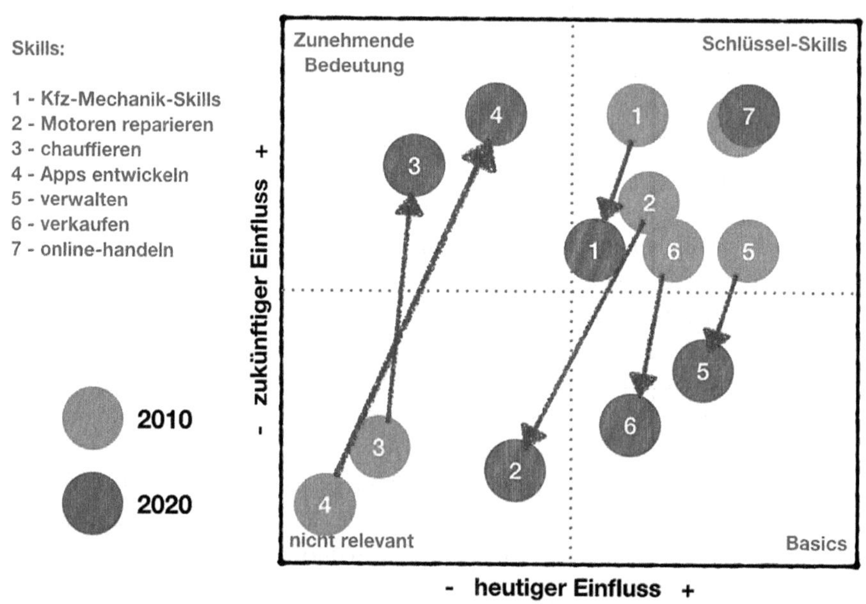

Abb. 12.5 Skill-Portfolio. (Quelle: Siemens AG interne Unterlagen, eigene Darstellung)

künftig stärker robotisiert. Die Mitarbeitenden sind rechtzeitig auf neue Aufgaben vorzubereiten, z. B. „chauffieren“. Einige wie „verwalten“ und „verkaufen“ werden ebenfalls langsam an Bedeutung verlieren.

Beim hypothetischen Mobiltäts-Anbieter werden einige Skills künftig an Bedeutung zunehmen. So muss ein anderes Wissen über Apps vorhanden sein: Welche Mobilitäts-Apps gibt es? Wie sieht es mit Sicherheit an Bord aus? Sind verwendete Daten geschützt? Und welche Funktionalitäten müssen ggf. in eigener Verantwortung erstellt werden? Im CarSharing werden mehr Servicekräfte benötigt, die den Kunden ein gereinigtes Fahrzeug zur Verfügung stellen. Im Beförderungs-Geschäft müssen Chauffeur-Fertigkeiten vorhanden sein.

Der Zukauf der Firma Moia ridesharing durch VW kann dem Leiter des VW-Autohauses neue Möglichkeiten eröffnen, die Plattform zu nutzen oder zumindest Moia als Netzwerkpartner zu gewinnen, um nicht selbst die Skills aufbauen zu müssen. Als weiteres Beispiel aus der Automotive Branche ist hier die Schaeffler AG zu erwähnen, die bewusst nicht nur Skills in the frame sondern auch beyond the frame betrachtet hat. Durch den Zukauf von Anteilen des Automotive-Bereichs der Continental AG haben sie sich den Zugang zu Skills im Bereich Elektronik zusätzlich zu den vorhandenen Skills im Bereich Mechanik erworben. ◀

Zusätzlich zum Skill-Portfolio ist natürlich zu eruieren, in welcher Ausprägung diese Skills vorhanden sind (Skill-Level) und wie sie im Unternehmen verteilt sind bzw. sein sollten. Gerade auf der disruptions-orientierten Seite der Exploration interessiert uns, wie dynamisch die Werterzeugung im Unternehmen geschieht. Für Mitarbeitende ist es also nicht mehr hinreichend, statische Qualifikationen vorzulegen, sondern die Lerndynamik deutlich zu machen. Umgekehrt müssen Führende unter anderem die Neugier ihrer Mitarbeitenden einschätzen können, um ihnen passende Herausforderungen im Unternehmen (oder außerhalb) empfehlen zu können. Hier hilft der Skill-Gradient (siehe Abb. 12.6) mit

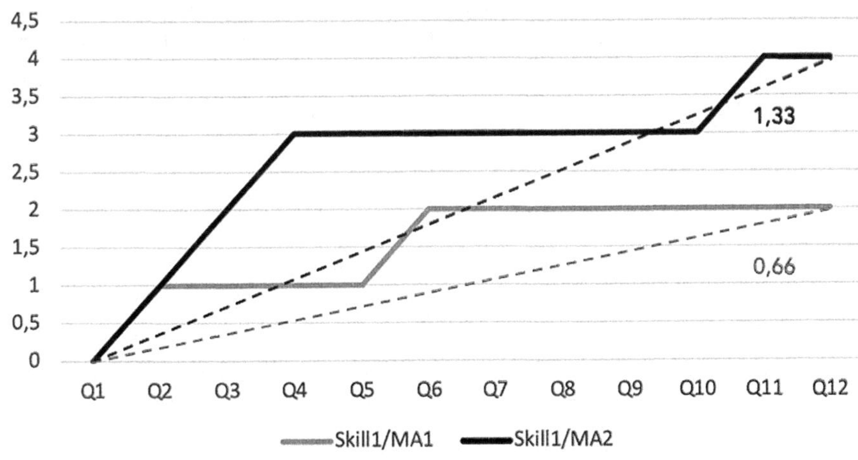

Abb. 12.6 Skill-Gradient. (Quelle: eigene Darstellung)

Blick auf Einzelne oder Teams: In welchen Abständen haben sich Mitarbeitende neuen Herausforderungen gestellt und ihre Skills in dem Maße erweitert, wie es für die Jobs erforderlich ist? Der Gradient beschreibt die in der Vergangenheit bewiesene Lerngeschwindigkeit und wird berechnet durch die Division des Skill-Zuwachses mit der Zeitdauer, die für den Skill-Zuwachs benötigt wurde. Der Skill-Gradient wurde in Praxisprojekten der Autoren verwendet, um die Lerngeschwindigkeit von Personen und Organisationen bezüglich einzelner Skills zu bestimmen. Die Bestimmung des Skill-Zuwachses wird aus der Selbsteinschätzung der Person und durch Feedback der Führungskraft bzw. der Kollegen ermittelt.

In der Abb. 12.6 ist auf der x-Achse die Zeit in Quartalen, auf der y-Achse der Skill-Level dargstellt. Bezogen auf Skill1 startet der Mitarbeitende MA2 auf Skill-Level 0 (Skill nicht vorhanden) und hat

- das Level 1 (Beginner, der noch Hilfe benötigt) in nur einem Quartal,
- das Level 2 (Profi, der selbstständig in bekannten Situationen agieren kann) in einem weiteren Quartal,
- das Level 3 (Experte, der auch in unbekannten Situationen handlungsfähig ist und auch anderen weiterhelfen kann) in einem weiteren Quartal und
- das Level 4 (Innovator, der disruptiv Neues entwickelt) bereits nach 11 Quartalen erreicht.

Er hat damit für dieses Skill einen Skill-Gradienten von 1,33 gezeigt. Der Mitarbeitende MA1 braucht hingegen doppelt so lange bis er das Level 2 erreicht und bei dem er bleibt. Sein Skill-Gradient liegt bei 0,66, damit ist seine Lerngeschwindigkeit nur halb so groß wie der von Mitarbeitende MA2. Wenn man mehrere Skills und deren Skill-Gradienten aufsummiert, kann man daraus die bisher gezeigte mittlere Lerngeschwindigkeit bestimmen und auch Vorhersagen für den zukünftigen Skillerwerb, aber auch Potentialaussagen tätigen.

Der Skill-Gradient hängt natürlich nicht nur von dem Mitarbeitenden, seinen Lernskills, Vorerfahrungen, Werten und seinem Interesse gegeüber dem Thema ab, sondern auch sehr stark vom Schwierigkeitsgrad des aufzubauenden Skills. Die Unternehmenskultur bestimmt ganz massgeblich, z. B. ob sich das Unternehmen mit bestimmten Skill-Leveln, mit der Lerngeschwindigkeit eines Mitarbeitenden zufrieden gibt, ob eine Fehler- und Lernkultur den Skill-Aufbau unterstützt oder bremst.

Beispiel

Durch die Kenntnis der Skill-Gradienten ist es für den Leiter des Autohauses leichter abzuschätzen, ob die zusätzlichen erforderlichen neuen Skills, z. B. „chauffieren" und „Apps entwickeln", in der benötigten Zeit durch Umschulung erworben werden können oder eine Neueinstellung von Profis erforderlich ist. ◄

12.5 Werte: Diversity-Map und Kultur-Fit

Neben den Skills spielen in der digitalen Transformation aber auch im eingeschwungenen Zustand des Unternehmens sowohl die individuellen Werte der Mitarbeitenden (Graves 2004), als auch die kollektiven Werte (Team-, Unternehmenskultur) eine gravierende Rolle.

Gerade in Veränderungen ist es wichtig, dass Unternehmen ihre Mitarbeitenden mitnehmen und nicht nur deren Skills nutzen, sondern auch wissen, welche Aufgaben den Mitarbeitenden Spaß machen, so dass sie in den Flow kommen. Die Unterschiedlichkeit der Jobs in den jeweiligen Teams erfordert aber auch die Unterschiedlichkeit von Werteprofilen der Teammitarbeitenden. Zur Quantifizierung lässt sich etwa der auf dem Graves'schen Wertemodell basierende MCSQ-Test nutzen (Merk et al. 2017), dessen Auswertung erkennen lässt, welche Werte verstärkend oder schwächend wirken, also eher Energie bringen oder eher Energie kosten.

So werden z. B. Jobs im Controlling häufig von Menschen erledigt, die sich durch die Wertesysteme *Absicherung* auszeichnen, die versuchen Fehler zu vermeiden, während Aufgaben in der Forschung eher von Menschen mit den Wertesystemen *Verstehen* gesucht werden, die gerne Fehler machen, um daraus zu lernen. Durch die Unterschiedlichkeit der Werteprofile der Mitarbeitenden können Konflikte, z. B. zwischen den Controllern und Forschern, entstehen. Diese Konflikte sind gewünscht, da durch die unterschiedlichen Werte und Betrachtungsweisen der Teammitglieder in Summe bessere Lösungen erzielt werden. Das setzt aber voraus, dass man die Unterschiede sichtbar machen kann und auch weiß, wie man professionell damit umgeht.

Die Diversity Map in Abb. 12.7 zeigt auf, wie groß die Ähnlichkeiten der Werteprofile zwischen den Teammitgliedern sind. Bei geringen Ähnlichkeiten der Werteprofile (zwischen 0–30 %) ist die Wahrscheinlichkeit groß, dass Konflikte zu erwarten sind, aber auch,

DIVERSITY MAP

	TF	JF	MF	TP	TF
TF	57	28	49	58	
TP	66	17	41		58
MF	66	42		41	49
JF	9		42	17	28
TF		9	66	66	57

Abb. 12.7 Werte-Diversity-Map, am Beispiel des Autohauses. (Quelle: flowspace)

dass sich die Kollegen ergänzen. Sind die Gemeinsamkeiten der Werteprofile sehr groß (zwischen 70–100 %) besteht Gefahr, dass bei der Zusammenarbeit der Teammitglieder Aufgaben liegen bleiben, da sie sich gemeinsam nur ihren Vorlieben widmen. Es gibt keinen Idealwert für die Ähnlichkeit oder die Diversität. Entscheidender ist eine gute Werteprofil-Passung zwischen dem Mitarbeitenden und dem Job. Das Team sollte sich aber der Gemeinsamkeiten und Unterschiede bewusst sein, um damit professionell umgehen zu können.

In der in Abb. 12.7 gezeigten Diversity Map eines Transformationsteams sieht man, dass die Ähnlichkeit zwischen der Mitarbeiterin JF in der zweiten Spalte mit den Kollegen sehr gering ist (28 %, 17 % und 9 %). Nur mit dem Kollegen MF hat sie eine Werteprofil-Ähnlichkeit von 42 %. Das kann dazu führen, dass sich diese Person im Team nicht besonders wohl fühlt, es leichter zu Konflikten kommt und daher erhöhte Unterstützung durch die Führungskraft braucht. Dies ist dann besonders wichtig, wenn diese Mitarbeiterin diejenige ist, die für die Zukunft benötigten Skills und gleichzeitig noch einen hohen Skill-Gradienten hat. Häufig versuchen Führungskräfte diese Werte-Diversity zu umgehen und holen sich Mitarbeitende ins Team, die gut zu ihnen als Chef passen, nach dem Motto: „Hans sucht Hänschen". Dies resultiert darin, dass zwar die Konflikte, verursacht durch die Unterschiedlichkeit, reduziert sind und dadurch ein höherer Wohlfühleffekt entsteht. Es ist aber auch die Chance eingeschränkt, zu einem echten High-Performance-Team zu werden, da die Komplementarität fehlt, die zu besseren Lösungen führt. In bestehenden Teams arrangieren sich Teammitglieder im Laufe der Zeit mit den Unterschiedlichkeiten. Aber gerade bei Veränderungsprozessen wirken die Konflikte noch stärker, da sie die individuelle Unsicherheit mit der Veränderung noch weiter verstärken, was meist eine deutliche Reduzierung der Gesamtperformance bewirkt.

Neben der Passung der Teammitglieder untereinander im Team und der Passung der individuellen Werte eines Mitarbeitenden zum erforderlichen Werteprofil der Aufgaben, ist aber auch noch die Passung der einzelnen Mitglieder zur übergeordneten Unternehmenskultur wichtig. So würde z. B. die neue Markenchefin, die optimal auf ihren Job und zum Team passt, von der restlichen Organisation nicht akzeptiert oder sogar boykottiert werden, wenn diese ganz andere Werte als die gemeinsame Unternehmenskultur hat. Das Ziel kann nicht sein, einen kleinsten gemeinsamen Nenner zu finden, da dadurch die Performance der einzelnen Personen und damit der Organisation leidet. Hier braucht es eher ein gemeinsames Verständnis, dass Diversity eine hohe Performance unterstützt, was aber auch Akzeptanz und Toleranz der Andersartigkeit voraussetzt. Die Kunst ist, die Balance zwischen Werte-Diversität der Individuen, den gemeinsamen Werten im Unternehmen und bereichsspezifischen Subkulturen zu finden.

Beispiel

Die Führungskraft im Autohaus sollte bei der Transformation gerade besonders achtsam umgehen, da seine bisherigen und zukünftigen Mitarbeitenden mit hoher Wahrscheinlichkeit sehr unterschiedliche Wertesysteme haben und daher Konflikte vorbestimmt sind. Holzschnittartig lebt etwa der Oldtimer-Spezialist in der Vergangenheit, liebt Traditionen, ölige Finger und heiße Motoren. Der Elektronik-Spezialist denkt in Elektronen und bewegt sich in der Gegenwart. Der IT-Guru versucht mit Modellen und trial & error die Zukunft zu gestalten. Die Sales-Mannschaft orientiert sich an Kunden und an ihren Erfolgen.

Die Führungsmannschaft des Autohauses hat ihre Unternehmenskultur mit dem Slogan „wir bringen Sie zum Ziel" und den übergreifenden Unternehmenswerten „wir sind zuverlässig, innovativ und herzlich" beschrieben. ◄

12.6 Performance: Job und Unternehmen

Es gibt viele unterschiedliche Definitionen, aber auch Bewertungen von Performance von Menschen und Organisationen. Unter Performance verstehen einige den Soll-Ist-Vergleich zum heutigen Zeitpunkt auf Basis der erreichten Ergebnisse in der Vergangenheit. Andere die Performance, die in der Zukunft möglich ist: das Potential (Drucker 1954; Fitz-Enz 2010). Ein Weg ist, Performance auf Basis von Skills, ein anderer auf Basis von erreichten Zielen zu messen. In Abb. 12.8 ist eine andere Denkweise beschrieben. Hier wird die Sichtweise eingeführt, wie gut der Mitarbeitende auf den Job passt. Auf der x-Achse ist der Skill-Fit und auf der y-Achse der Energie/Werte-Fit zwischen dem Mitarbeitenden und dem Job aus Sicht des Jobs dargestellt. Der Skill-Fit wird berechnet aus der Differenz der vorhandenen Skills des Mitarbeitenden, die durch Selbst- und/oder Fremdeinschätzung erfolgt, und den erforderlichen Skills für den Job, festgelegt durch die Führungskraft. Der Energie-Fit wird berechnet aus dem Quotienten des Werteprofils des Mitarbeitenden,

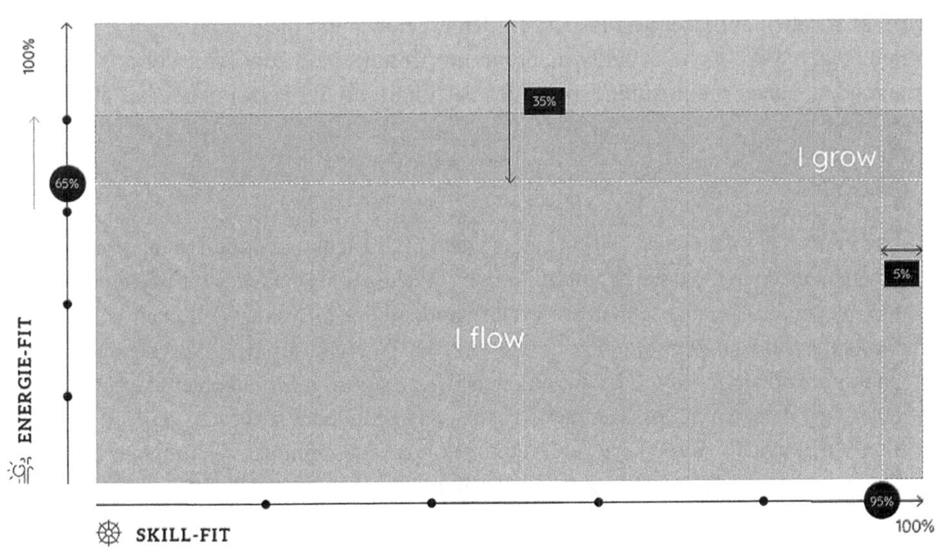

Abb. 12.8 Job-Performance. (Quelle: flowspace)

bezogen auf das Werteprofil des Jobs. Dies wird durch die Führungskraft dadurch erstellt, dass für die Aufgaben, die im Job erledigt werden müssen, die Wertesysteme ermittelt werden, die zur optimalen Erfüllung der Aufgaben erforderlich sind. Der Job-Fit wird hier ermittelt in Anlehnung an von Rosenstiel (1972) als Produkt aus dem Skill-Fit und dem Energie-Fit. Um einen Job-Fit vollständig zu beschreiben, müssten viele weitere Einflussgrößen wie Interessen, Ressourcen, etc. erfasst werden, aber die Betrachtung erlaubt herauszufinden, ob eine fehlende Job-Passung eher auf das Können oder Wollen zurückzuführen ist.

Der Mitarbeitende hat hier zwar einen hohen Skill-Fit von 95 %, aber nur einen passablen Energie-Fit von 65 %, was einen Job-Fit von 95 %x65 %=62 % ergibt. Das heißt die erforderlichen Skills erfüllt er zu großen Teilen und er kann die Aufgaben damit gut bewältigen, aber einige der Aufgaben machen ihm nicht besonders viel Spaß. Entweder er quält sich jeden Tag, um die erforderlichen Aufgaben vollständig und gut zu bewältigen oder er wird sie nicht so gut bewältigen. Als Konsequenz bleibt entweder, dass der Mitarbeitende immer mehr Dienst nach Vorschrift macht oder er wird versuchen, bestimmte Aufgaben liegenzulassen oder loszuwerden oder sich einen Job suchen, der besser zu ihm passt. Der Job-Fit kann als Job-Performance aus Sicht des Unternehmens oder aus Sicht des Mitarbeitenden als Flow-Wert bezeichnet werden. Der Mitarbeitende zeigt dann, was er „wirklich, wirklich" (Bergmann 2004) will und kann. Der restliche Bereich bietet aus Sicht des Jobs noch genug Potenzial für den Mitarbeitenden, um zu wachsen. Entweder dadurch, dass er sich noch Skills aneignet, um einen Skill-Fit von 100 % zu erlangen oder auch Aufgaben wegzugeben, die nicht zu ihm passen, damit er einen Energie-Fit von 80 % erreicht. Sowohl zu niedrige (<40 %) als auch zu hohe Energie-Fit Zahlenwerte (>80 %) sind problematisch, da sie Burnout bewirken können. An dieser Stelle wollen wir feststellen, dass nach unseren Erfahrungen in Unternehmen häufig nur auf Skill-Fits geachtet wird, aber selten auf Energie-Fits. Ob ein Unternehmen auf die persönlichen Befindlichkeiten eingeht oder nicht ist daher nicht nur ein Kulturaspekt zum Wertschätzen der Mitarbeitenden, sondern ein Kulturaspekt, der bestimmt, ob die Performance bei 40 % oder 80 % liegt.

Beispiel

Der Inhaber des Autohauses strebt einen hohen Skill-Fit und Energie-Fit an, da seine Mitarbeitenden dann maximalen Einsatz zeigen. Wichtiger als der Skill-Fit ist ihm der Energie-Fit, da Skills meist schnell erworben werden können, wenn Menschen wollen. Ein Verkäufer mit dem Wert *Kundenorientierung*, der Probleme mit dem Wert *Gewissheit* hat, da ihn dies Energie kostet, kann zum Beispiel diese Aufgaben an einen Algorithmus in einer App delegieren, um Gespräche nachzuverfolgen, oder seine ungenügenden Skills, sich Preismodelle zu merken, durch eine automatische Optimierungsfunktion ergänzen. Damit ändert sich die Human-Job-Beschreibung durch neue Helfer. ◄

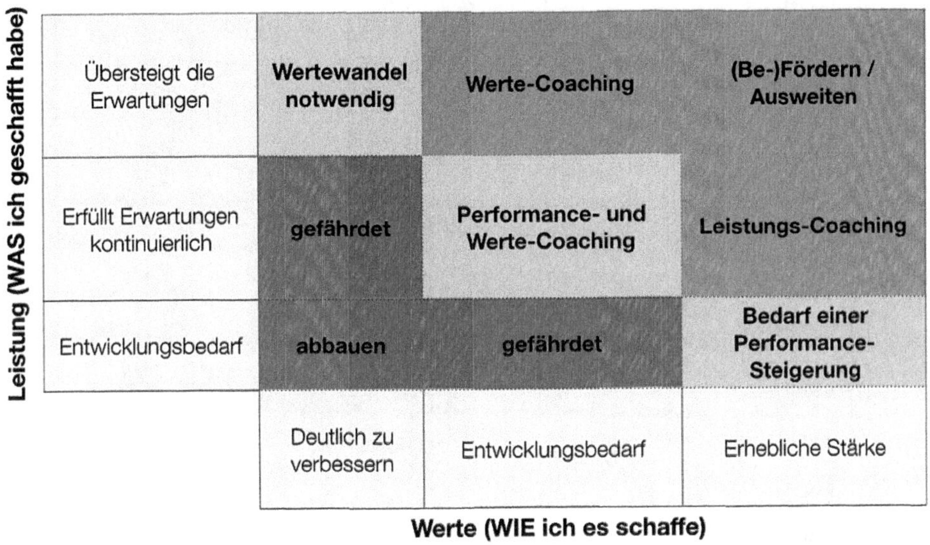

Abb. 12.9 Performance und Unternehmenswerte. (Quelle: eigene Darstellung in Anlehnung an Barnes 2011)

General Electric hat bereits vor Jahren ein sehr hilfreiches Bild (siehe Abb. 12.9) geprägt, das den Zusammenhang zwischen Job-Performance/Leistung (y-Achse) und der Passung zu den kollektiven Unternehmenswerten (x-Achse) beschreibt.

Da Kultur dem Unternehmenszweck dienen soll und individuelle Bewertungsmaßstäbe nicht finanziell bewertet werden sollen, um glaubwürdig zu bleiben, sollte nach den Erfahrungen der Autoren die Einhaltung der gemeinsamen Werte finanziell weder belohnt noch bestraft werden. In Abb. 12.9 ist in Bezug auf General Electric dargestellt, dass die Einhaltung entweder den Ausschluss aus der Gemeinschaft bedeutet oder karrierefördernd bei der Führungskräfteentwicklung ist. Jede Organisation ist also aufgefordert, nicht nur ihre Strategien, Jobs to be done und die erforderlichen Skills, sondern auch ihre kollektiven Werte/Spielregeln für sich selbst zu definieren sowie den Umgang mit Abweichungen davon – sonst wären sie Algorithmen und Robotern gleich.

12.7 Reward-Effizienz: Passung und Ergänzung

Als Beispiel für die Anpassung der Personalinstrumente in der digitalen Transformation soll folgendes Beispiel dienen: die Zielerreichung. Eine klassische Analyse der Unternehmens- und Mitarbeiterperformance fragt danach, ob das Erreichen von vereinbarten Zielen mit entsprechenden Rewards einhergeht.

In Abb. 12.10 ist zunächst die Sicht des Reward-Managements von Einzelnen dargestellt. Dieses Performance/Compensation-Diagramm müssen wir heute schon um vier

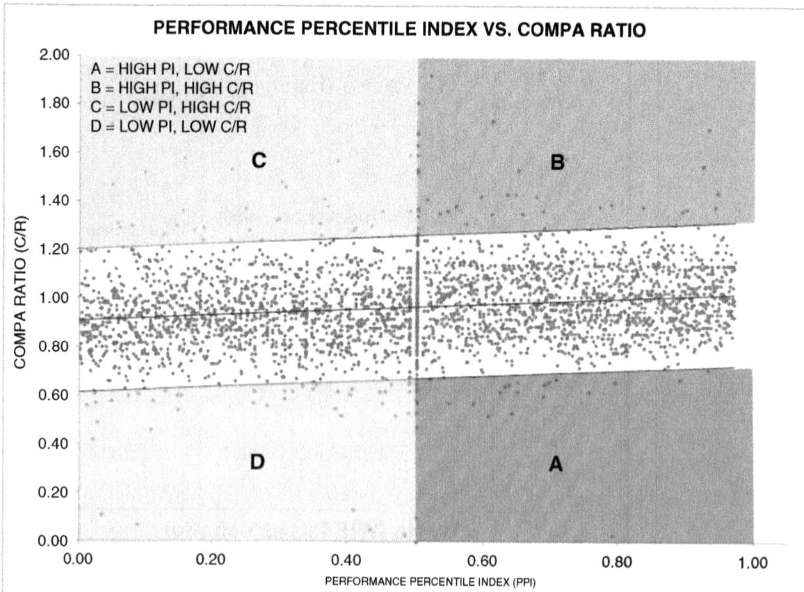

Abb. 12.10 Reward-Effizienz; Gruppe C wird über die Maßen belohnt, Gruppe A wird nicht leistungsgerecht belohnt. (Quelle: nach Beatty 2016)

Perspektiven ergänzen: Zum einen um die an Abb. 12.6 (Lerngradient) angeknüpfte Frage, inwieweit die zukünftigen Ziele auch zu den Mitarbeitenden passen, was wiederum den Lerngradienten beeinflussen kann. Zum anderen können wir aus Abb. 12.7 (Diversity Map) sehen, dass die Unterschiedlichkeit einen wesentlichen Einfluss auf die Team-Performance hat. Entsprechend sollten Belohnungssysteme nicht nur Einzelne, sondern auch Teams in den Mittelpunkt stellen können. Zum dritten muss der aus Abb. 12.9 (Performance und Unternehmenswerte) ersichtliche Einfluss der kollektiven Werte berücksichtigt werden: Hier kann ein Reward für gute Passung zu den Unternehmenswerten gestaltet werden, wonach ein Mitarbeitender Perspektiven im Unternehmen erhält, mehr Mitsprache zu nehmen, mehr Einfluss zu bekommen, womit nicht zuletzt die gewünschte Unternehmenskultur verstärkt wird.

Schließlich ist der Einfluss der Zielerreichung durch Algorithmen und Roboter abzuschätzen (vgl. Abb. 12.11), etwa in Form von sinkenden Grenzkosten bei Algorithmen oder Kosten-Optimierung bei Robotern. Bei der Erweiterung des Fokus stoßen wir allerdings auch an Grenzen: sowohl die Skills, als auch die Lerngeschwindigkeit von Maschinen und Algorithmen lassen sich heute gut einschätzen. Die durch Entscheidungen und Handlungen sichtbaren „Werte" künstlicher Intelligenzen bedürfen allerdings noch einer breiten gesellschaftlichen Diskussion.

Durch diese Erweiterung der Perspektive ergibt sich auch ein erweiterter Blick auf die Unternehmenskultur: Nicht allein die individuellen und kollektiven (humanen) Werte

Zielerreichung	Mensch	Algorithmen & Roboter
Skills: *(wie) wurden die Ziele der Organisation erreicht?*	Reward-Matrix etc. Human Effizienz	Künstliche Effizienz (Machine Learning)
Individuelle Werte: *habe ich hier meine Ziele erreicht?*	Job-Effektivität (Deutero Learning)	Künstliche Effektivität: *(Achtung Ethik!) Welche Werte hat eine Maschine?*
Kollektive Werte: *wurden die Ziele der Organisation erreicht?*	Organisations-Effektivität	Kollektive künstliche Effektivität: *(Achtung Ethik!) Welche Werte hat eine kollektive Intelligenz?*

Abb. 12.11 Beispielhafte ethische Bewertung der Zielerreichung bei Mensch und Maschine. (Quelle: eigene Darstellung)

machen die Kultur aus, sondern auch die von Maschinen und Algorithmen erzeugten Handlungen und Entscheidungen.

12.8 Zusammenfassung

Die als reißender Fluss gefürchtete (digitale) Transformation braucht temporäre Stabilität, etwa in Form von Flößen oder Booten, bevor der neue Hafen sichtbar wird. Wir haben sechs Perspektiven gezeigt, die diese temporäre Stabilität anbieten und Orientierung auf der Reise geben. Der Kulturforscher Bridges bezeichnet diesen Zwischen-Zustand als die „neutrale Zone“ (2009), in die Organisationen geraten, wenn sie sich von dem vertrauten Alltag lösen und sich in einen noch unbekannten neuartigen Zustand bewegen. Er empfiehlt, in dieser Phase Abschied vom Bisherigen zu nehmen, neue temporäre Rollen zu definieren, mit Zuversicht zu experimentieren und sich bietende Chancen zu nutzen.

Aus Sicht der Verfasser haben sich die beschriebenen Bilder und Perspektiven in verschiedenen Unternehmenskontexten bewährt, ein subjektives Sicherheitsgefühl in der kollektiven Unsicherheit zu vermitteln. Sie ermutigen daher insbesondere dazu, erste Schritte der digitalen Transformation zu gehen. Sie bauen Brücken zwischen den Polaritäten Explore – Exploit, Skills – Werte, Individuum – Unternehmen, Mensch – Maschine, Performance – Reward und erlauben damit einen ganzheitlichen Blick auf die Gestaltung der digitalen Transformation (Abb. 12.12).

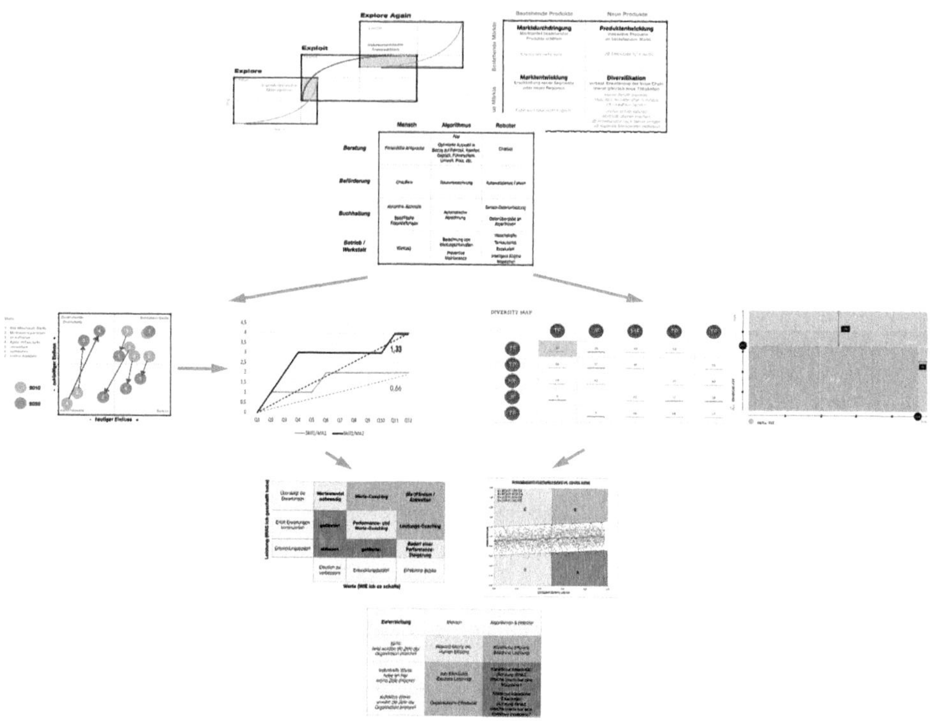

Abb. 12.12 Gesamtbild (schematisch)

Literatur

Apple. 2007. Apple reinvents the phone with iPhone. https://www.apple.com/newsroom/2007/01/09Apple-Reinvents-the-Phone-with-iPhone/. Zugegriffen am 13.08.2020.

Barnes, Jeff. 2011. *Leadership development at GE.* Presentation at leadership roundtable conference: Generating bold ideas for senior executive development. Washington, DC: Center for Human Capital Innovaion.

Beatty, Richard W. 2016. *HR/workforce metrics: Concepts, challenges, and examples.* Baltimore: HRPS.

Beck, Ulrich. 2017. *The metamorphosis of the world.* Cambridge: Polity Press.

Bergmann, Frithjof. 2004. *Neue Arbeit, Neue Kultur.* Freiburg: Arbor.

Bridges, William. 2009. *Managing transitions: Making the most out of change.* Philadelphia: Perseus.

Christensen, Clayton M. 2016. *Competing against luck.* New York: HarperCollins.

Drucker, Peter F. 1954. *The practice of management.* London/New York: Routledge Taylor & Francis.

Fitz-Enz, Jac. 2010. *The New HR analytics: Predicting the economic value of your company's human capital investments.* New York: AMACOM.

flowspace. (2019). Meine persönliche Entwicklungsplattform. https://www.flowspace.de. Zugegriffen am 13.08.2020.
Graves, Clare W. 2004. *Levels of human existence*. Santa Barbara: ECLET Publishing.
Meinel, Christoph, und Larry Leifer. 2011. Design thinking research. In *Design thinking: Understand – Improve – Apply*, Hrsg. Hasso Plattner, Christoph Meinel und Larry Leifer, xiii–xxi. Berlin/Heidelberg: Springer.
Merk, Josef, Wolff Schlotz, und Thomas Falter. 2017. The Motivational Value Systems Questionnaire (MVSQ): Psychometric analysis using a forced choice thurstonian IRT model. *Frontiers in Psychology* 8:1626. https://doi.org/10.3389/fpsyg.2017.01626.
Osterwalder, A., und Y. Pigneur (2017, September 04) Business model portfolio part 3: The business portfolio map. Strategyzer Blog. https://www.strategyzer.com/blog/posts/2017/9/4/business-model-portfolio-part-3-the-business-portfolio-map?rq=the+portfolio+map. Zugegriffen am 13.08.2020.
von Neumann, John. 1945. First draft of a report on the EDVAC. Reprinted in *IEEE Annals of the History of Computing* 15(4): 27–43.
Rafaelli, Ryan L. 2017. *Leading organizational change*. Boston: HBS Publishing.
Rifkin, Jeremy. 2011. *The third industrial revolution*. New York: Palgrave Macmillan.
von Rosenstiel, Lutz. 1972. *Motivation im Betrieb*. München: Wilhelm Goldmann.
Schein, Edgar H. 1985. *Organizational culture and leadership. A dynamic view*. San Francisco: Jossey-Bass.
Turing, Alan M. 1950. Computing machinery and intelligence. *Mind* 49:433–460.
Tushman, Michael L., und Charles A. O'Reilly III. 1996. Ambidextrous organizations: Managing evolutionary and revolutionary change. *California Management Review* 38(4): 8–30.

Teil III

Human Work Culture – den Wandel meistern

13 Ein kultursensibles Vorgehen zur Entwicklung von Arbeitskulturen

Ein Forschungsbeitrag

Sebastian Wörwag

> *„Je planmäßiger die Menschen vorgehen, desto wirksamer vermag sie der Zufall zu treffen."*
>
> *Friedrich Dürrenmatt*

Zusammenfassung

Die Arbeitskultur ist als unsichtbares Band des Zusammenhalts, als implizites Zusammenspiel der Mitarbeitenden, als Grundlage der erwartbaren Praxen am Arbeitsplatz von höchster Wichtigkeit. Diese Arbeitskultur zu entwickeln, steht im Zentrum dieses Kapitels. Dabei stellten wir die grundlegende Frage, ob und wie Arbeitskulturen lenk- und beeinflussbar sind. Die in diesem Kapitel aus einer eigenen empirischen Studie abgeleitete Antwort lautet: Arbeitskulturen sind beeinflussbar, wobei bei der Wahl der Instrumente einerseits bestehende Usanzen und Vorannahmen sowie Selbstverständlichkeiten hinterfragt werden müssen, denn manches, was heute gemacht wird, erweist sich nicht als geeignet. Andererseits haben wir starke Evidenz, dass sensibel mit Branchenidentitäten, funktionaler Ausdifferenzierung und bestehenden Kultursettings umgegangen werden muss, mitunter auch im gleichen Betrieb. Das Kapitel gibt Hinweise, auf was es bei der Weiterentwicklung der Arbeitskultur ankommt, wie wichtig die Führung ist, und welche Risiken eine Ungleichverteilung der Führungsaufmerksamkeit mit sich bringt.

S. Wörwag (✉)
Berner Fachhochschule, Bern, Schweiz
E-Mail: sebastian.woerwag@bfh.ch

S. Wörwag, A. Cloots (Hrsg.), *Arbeitskulturen im Wandel*,
https://doi.org/10.1007/978-3-658-30451-5_13

13.1 Entwicklung der Arbeitskultur – Maßnahmen und ihre Wirksamkeit

Kulturrelevantes Arbeitsdenken und -handeln entsteht in den Betrieben aus dem Zusammentreffen individueller Dispositionen und Präferenzen der Mitarbeitenden mit den in den Betrieben latenten oder offenkundigen Normen und Werten. Wir haben die Zusammenhänge im Modell zur Arbeitskultur in Kap. 2 umrissen. Hierbei gibt es natürlich diverse und vielfältige Beeinflussungslinien, einerseits durch die Mitarbeitenden mit ihren Interaktionen untereinander, andererseits durch die Betriebe in der Gestaltung von Strukturen, Führungsverhalten, Anreiz- und Wertschätzungsordnungen. Dabei sind alle individuellen Interaktionen sowie betrieblichen Maßnahmen Gegenstand von Interpretationen, Deutungen, Umdeutungen und deren Umwandlung wieder hin zu neuen Praxen und Maßnahmen. All das findet statt vor Branchen- und Berufsnormen und -werten und im Rahmen übergeordneter gesellschaftlicher Diskurse. Eine zentrale Frage dabei ist, ob, wie und bis zu welchem Grad sich Kultur beeinflussen lässt. Vorliegendes Kapitel geht der Frage nach, welche Maßnahmen und Interventionen auf betrieblicher Seite heute angewendet werden und welche für die Gestaltung von Arbeitskulturen aus Perspektive der Mitarbeitenden als geeignet erscheinen. Hierbei wird die Passung der Maßnahmen einerseits auf Branchenspezifika, andererseits auf zugrunde liegende Kulturannahmen hin untersucht. Schließlich soll der Aufgabe der Führungsperson in der direkten Unterstützung der Mitarbeitenden, vor allem unter dem Aspekt alterskorrelierender Ausgrenzungsrisiken, eingegangen werden.

13.1.1 Ist Arbeitskultur steuerbar?

Eine zentrale Frage ist, ob Kultur steuer- und beeinflussbar ist, oder ob sie lediglich das Produkt nicht lenkbarer Interaktionen und Praxen der Mitarbeitenden ist. Hierzu gibt es verschiedene Positionen. Auf der einen Seite geht der Autonomieansatz davon aus, dass sich Kultur einer gezielten Beeinflussung durch die Führungskräfte entzieht und sich autonom als Ergebnis der Interaktion der Mitarbeitenden ergibt. Dziarnowski (2007) sieht für diesen Erklärungsansatz zwar keine ausreichende empirische Evidenz, aber eine mitunter in der Praxis weit verbreitete Politik eines „eyes-wide-shut", welche sich gegen die eigene Kulturverantwortung zu immunisieren sucht. Auch Herget (2018) verweist auf ein in der Praxis noch immer vorherrschendes Narrativ, wonach Kulturen, wenn überhaupt nur sehr langsam, d.h. über Jahre und Jahrzehnte, zu verändern seien. Dem hält er entgegen, dass Kulturen von Menschen gemacht wurden und deshalb auch wieder durch Menschen verändert werden können. Für ihn ist die Kultur etwas Fluides, welches sich anhand von Ritualanpassungen, Veränderung der Raumkonzeption, der Systeme, Regeln und Prozesse bis hin zu Leitbildarbeiten durchaus verändern lässt.

Anhand der Komplexität der im Modell zur Arbeitskultur Abschn. 2.2 beschriebenen Beeinflussungslage und der grundsätzlich nicht steuerbaren Interpretationen sozialer Interaktionen, tendiere ich zu einer Mitteposition, wonach Arbeitskulturen durch betriebliche Maßnahmen zwar beeinflusst werden können, als Prozess aber immer dynamisch bleiben und nicht im einfachen Sinne auf ein definiertes Ergebnis hin steuerbar sind. Das zeigt sich auch daran, dass Arbeitskulturen nicht einmal und für alle gleich „gemacht" werden und dann stabil bleiben, sondern sich permanent als symbolische Bedeutungsordnungen wandeln und verändern, spalten und neukonstituieren, Subkulturen und Widerstandskulturen bilden, die sich mitunter von dem betrieblich Gewollten unbeeindruckt zeigen oder dieses verändern. Insofern vertrete ich auch bei der Frage der betrieblichen Maßnahmen zur Kulturentwicklung eher ein prozedurales Kulturverständnis, bei dem Einzelmaßnahmen als Erscheinungen der expliziten und impliziten symbolischen Ordnung eines Betriebs gelesen werden, die Sinn und Bedeutung des Arbeitsdenkens und -handelns beeinflussen bzw. von diesen beeinflusst werden. Arbeit an der Kultur ist also nie ein Projekt mit einem klaren Abschlusstermin, sondern immer ein fortdauernder Prozess. Die Wirkung der die Arbeitskultur entwickelnden Maßnahmen ist immer vorläufig, nie abgeschlossen. Somit werden alle betrieblichen Maßnahmen aus Sicht der Mitarbeitenden und mit Bezug zu ihrem Arbeitskontext als symbolische Akte interpretiert und auf das eigene Arbeitsdenken und -handeln hin gedeutet. Solche Maßnahmen können Führungsentscheide und Führungsverhalten sein, interne und externe Kommunikationsformen und -inhalte, Geschichten und Gerüchte, Rekrutierungsentscheide und Anerkennungsstrukturen, Haltung und Auftreten von Personen, Gesten und Symbole, Technologien und Arbeitshilfsmittel, Räumlichkeiten und Infrastrukturen, Regelwerke und Ordnungen, Schulungen und Feierabenddiskussionen, Vorannahmen und Erwartungen, etc. Man sieht daraus, dass eigentlich alles Arbeitshandeln, jede Praxis und jede darüber geführte Reflexion und Interpretation die Arbeitskultur beeinflussen können. Je konvergenter sich aus all den einzelnen Elementen ein Gesamtbild ergibt, desto schneller wird es gefestigte Interpretationen und daraus Vorannahmen zur Arbeitskultur geben, desto eher wird eine Arbeitskultur Erwartbarkeit und Orientierung liefern und als solches sich auch selbst reproduzieren.

Doch zu meinen, dass, wenn man nur lange genug das gleiche denkt, sagt, tut und entscheidet, sich daraus eine gute Arbeitskultur ergeben wird, kann fehl gehen. Die Versuchung, eine spezifische Kultur der Innovation, der Kundenorientierung, der Wettbewerbsfähigkeit zu schmieden, mag zwar naheliegen, doch werden kulturelle Vereinnahmungstendenzen genauso aufgedeckt wie nicht authentisches, aufgesetztes Verhalten als unecht und nicht glaubhaft entlarvt wird. Das bedeutet, dass die Grundlage und Basis jeder Kulturentwicklung auf allgemeinen Gütekriterien aufsetzt wie Kohärenz, Offenheit, Verlässlichkeit, Vielfalt, Vertrauen, Toleranz, Wertschätzung, Authentizität, Optimismus etc. Damit und nicht mit einer Verzwecklichung der Kultur zu reinen ökonomischen Unternehmenszwecken fängt die Kulturarbeit an. Oder einfach gesagt, wer das Vertrauen und die Glaubwürdigkeit nicht zuerst gewinnt, wird mit der Entwicklung der Arbeitskultur nicht weit kommen. Und wie die Begriffe es ausdrücken: Vertrauens- und Glaubwürdigkeit lassen sich nicht mit plumpen Anreizen gewinnen, sondern sind nur für jene erreichbar, die sich dessen als würdig erweisen. Diese Würde muss erarbeitet werden.

13.1.2 Überblick über die eingesetzten und die geeigneten Maßnahmen zur Entwicklung von Arbeitskulturen

Vor dem oben geschilderten Hintergrund sind auch die von uns in der Studie 2019 untersuchten Maßnahmen nicht Rezepte, die blind angewendet schon Erfolg versprechen. Sie zeigen eher, über welche Mittel und Kanäle man die Mitarbeitenden zum Thema der Arbeitskultur überhaupt erreicht, was akzeptiert wird, wie und wo gute Diskurse entstehen können und was zur Förderung der allgemeinen Gütekriterien dienen kann. Hierzu haben wir den Befragten in unserer Studie 2019 die Frage gestellt, welche Maßnahmen sie geeignet finden, um eine Arbeitskultur zu entwickeln, und in wieweit diese Maßnahmen bei ihren Arbeitgebenden auch überzeugend umgesetzt werden. Abb. 13.1 gibt einen branchenübergreifenden Überblick, geordnet nach dem von den Mitarbeitenden beurteilten Eignungsgrad. Demnach meinen 69 % der Mitarbeitenden, dass das **Vorleben der Arbeitskultur** durch die Führungskräfte überwiegend bis sehr gut geeignet ist, die Arbeitskultur zu beeinflussen. Das ist uns nicht neu, denn bereits in unserer Studie 2017 haben wir das Vorleben der Unternehmensleitung als wichtigster Erfolgsfaktor für die Einführung flexibler Arbeitsportfolios gefunden (Wörwag und Cloots 2019). Jost (2003) hat auch eine überragende Bedeutung der Vorbildwirkung Vorgesetzter auf die Veränderung der Unternehmenskultur nachgewiesen. Verallgemeinernd kann man ableiten, dass die Überzeugungskraft und Glaubwürdigkeit interner Transformationsprozesse, die sich auf das Arbeitshandeln der Mitarbeitenden beziehen, zentral davon abhängen, ob die Unternehmensspitze sie auch umsetzt und als Vorbild voranschreitet. Ohne die Überzeugung der

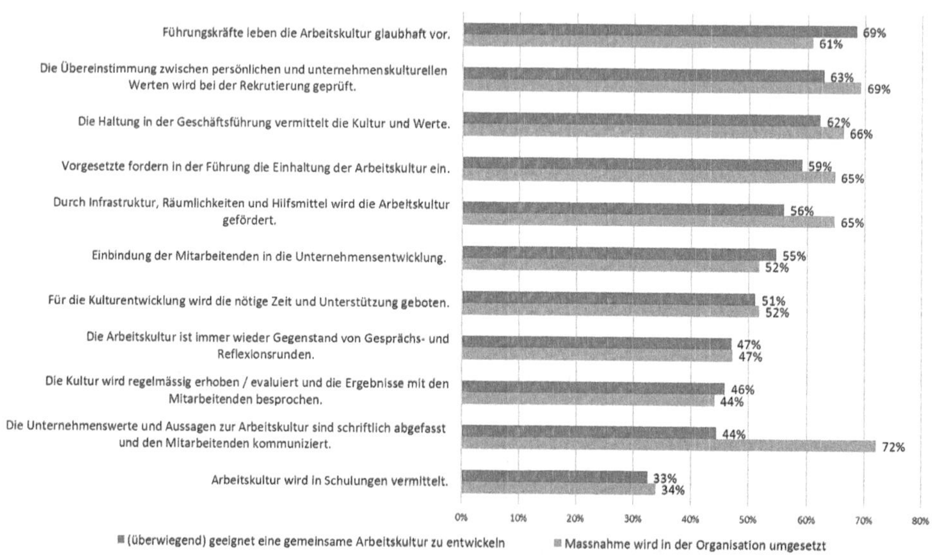

Abb. 13.1 Branchenübergreifende Übersicht der zur Kulturentwicklung eingesetzten Maßnahmen und deren Eignung aus Sicht der Mitarbeitenden; n = 518. (Quelle: Studie 2019)

obersten Verantwortlichen, ohne deren Vertrauens- und Glaubwürdigkeit wird keine Überzeugung auf die Mitarbeitenden übergehen – Maßnahmen, über die nur geredet wird, die aber nicht auch vorgelebt werden, mangelt es an Glaubwürdigkeit. Glaubwürdigkeit zeigt sich, wenn Reden und Handeln übereinstimmen, und hierfür steht die Leitungsspitze in der Verantwortung. Wer Schafe hütet, soll sich auch für Schafe interessieren und nicht nur für ihr Fell: Eine Führungsweisheit, welche viel über glaubhaften Umgang mit Mitarbeitenden besagt.

Der am zweithäufigsten genannte Ansatzpunkt zu einer wirkungsvollen Kulturentwicklung fängt bereits bei der **Rekrutierung von Mitarbeitenden** an, indem hierbei die Übereinstimmung zwischen individuellen Werten, Dispositionen und Präferenzen des künftigen Mitarbeitenden mit den arbeitskulturellen Werten des Unternehmens geprüft wird. Nicht selten liest man bereits in Inseraten, dass eine Persönlichkeit gesucht wird, „die zum Betrieb passt". Diese Passung zu postulieren, ist einfacher als sie operationalisiert zu konkretisieren oder gar zu überprüfen. Es bedarf eines reflektierten Menschenbildes und einer Offenheit, das Gegenüber als das zu sehen, was es ist und nicht sich lediglich selbst im Gegenüber zu suchen. Grundlegende Arbeitswerte, wie ich sie in Kap. 4 kategorisiert habe, können helfen, einen Diskurs über gegenseitige Wertvorstellungen und Erwartungen zu führen, somit einen fundamentalen Wertedissens frühzeitig zu erkennen. Gleichzeitig muss aber vor dem Einfordern eines bedingungslosen Wertekonsenses gewarnt werden: Vereinheitlichungsdenken, Wertungen, wer passt und wer nicht, werden gegen die Grundlagen jeder offenen Arbeitskultur verstoßen und müssen als Übergriffe in die Werteintegrität der Mitarbeitenden vermieden werden.

Der dritte Aspekt auf der Wirksamkeitsliste ist eigentlich Voraussetzung für die ersten beiden Punkte: Es ist die **Haltung der Geschäftsführung**, welche Kultur und Werte vermittelt. Haltung ergibt sich aus den Werten einer Person und bestimmt ihre Ziele, Urteile, Entscheide und Handlungen. Sie ist die Perspektive, aus der die Welt gesehen wird. Von Haltungen spricht man nicht selten im politischen Kontext und zu übergeordneten Gesellschaftsfragen. Sie sind nicht einzelfallspezifisch wie Meinungen. Meinungen kann man viele haben, doch sie sollten sich auf eine grundsätzliche Haltung zurückführen lassen. Haltungen machen Menschen einschätzbar. Eine Haltung, welche Kultur und Werte vermittelt, ist in einer nach sofortiger Verwertbarkeit strebenden Arbeitswelt keine Selbstverständlichkeit. Wer zu Werten und Kulturen eine Haltung hat, rührt an Grundüberzeugungen der Menschen. Wer „für etwas steht" und dies zu vermitteln vermag, vermittelt Bedeutung. Bereits der Umstand, die eigene Haltung zu zeigen, sich damit auch zu exponieren, vermittelt bereits eine Kultur der Offenheit, der Transparenz und der Authentizität. Selbst wenn die Werte und Kulturvorstellungen nicht bei allen gut ankommen, so ist bereits der Umstand, dies zum Thema zu machen, in hohem Masse kulturbildend.

Für ein Thema zu stehen, eine Haltung zu einer Kultur zu haben, verpflichtet auch zum Handeln, sei dies als Vorleben, sei dies bei (Personal-)Entscheiden, sei dies in der Kommunikation oder sei dies durch konsequentes **Einfordern der kulturellen Werte,** bzw. dass diese eingehalten werden. 59 % erachten dies als wichtiges Element zur Gestaltung einer Arbeitskultur. Das mag ein zweischneidiges Schwert sein. Einerseits erhalten arbeitskulturelle Werte Nachdruck, Relevanz und Überzeugungskraft, wenn man sie auch einfordert. Andererseits ist vor einer Verabsolutierung zu warnen, denn das Einfordern muss auch mit der Verweigerung umgehen können, will man nicht seine Mitarbeitenden zu einem Heer von „Ja-Sagern" machen. Die Anerkennung von Kulturvielfalt setzt dem Einfordern seine Grenzen. Die Lösung mag darin liegen, die generischen Gütekriterien, wie Offenheit, Toleranz, Wertschätzung, Vertrauen etc. einzufordern, nicht aber vereinnahmende Kulturelemente, wie zum Beispiel „one team – one spirit".

Auf Platz fünf der geeigneten Mittel zur Kulturentwicklung steht die **Infrastruktur der Arbeit** und damit die erste physisch-materielle Maßnahme. Räume sind sowohl physisch zu verstehen, als unterschiedliche Büroräume, Arbeitsplatzgestaltungen etc., als auch funktional als Arbeitsräume, Denkräume, Kommunikationsräume, Handlungsräume und Möglichkeitsräume. Raum und Ausstattung haben einen örtlichen, einen funktionalen, einen atmosphärischen und einen ideellen Einfluss auf das, was in ihnen als Interaktionen, Handlungen und Praxen möglich wird. Räume und Infrastrukturen sind in ihrer Bedeutung nicht schlicht gegeben, sondern ihre Bedeutung entwickelt sich mit ihrer Nutzung. Sinnbildlich ist der Platz beim Kopiergerät oftmals Raum für spontane Begegnungen und Besprechungen. Nicht selten passiert dort mehr als in den offiziellen Sitzungszimmern. Die Menschen definieren durch die Art der Nutzung auch die Bedeutung und machen aus einem Ort einen Raum. Räume sind immer auch Bedeutungszusammenhänge und damit Ermöglichungsstrukturen für Kulturen. Räume können gestaltet werden, von der Büroplanung bis hin zur Alltagsregelung der Büronutzung. Hinzukommen aber auch Räume, die sich nicht am definierten Arbeitsort befinden. Das Home-Office, Co-Working-Spaces, Digital Hubs, Cafés und der öffentliche Verkehr, überall ist Arbeit möglich. Jurecic (2019) kommt mit eigenen Studien am Fraunhofer Institut für Arbeitswissenschaften und Organisation in Stuttgart zum Schluss, dass trotz der Verbreiterung von zeitlich und räumlich flexiblen Arbeitsweisen, der Arbeitsplatz, bzw. das Büro für die Wissensarbeit keineswegs an Bedeutung verloren haben. Eine gute Büroplanung kann viel zur Produktivität und zum Wohlbefinden beitragen, wenn sie aus Perspektive der Nutzer geplant ist. Hierfür braucht es vorgängig eine systematische Analyse der Tätigkeitsfelder und Arbeitsanforderungen sowie Arbeitsweisen der Mitarbeitenden.

Betrachtet man die Mittel, Kanäle und Maßnahmen, welche von den Mitarbeitenden als weniger geeignet zur Gestaltung einer Arbeitskultur erwogen wurden, so fällt zuerst der Aspekt der Schulung auf. Arbeitskultur scheint sich nicht beschulen zu lassen, denn es geht weder um einen Kompetenzerwerb noch scheint eine einheitliche Ausrichtung auf ein gemeinsames Schulungs- und damit Kulturziel goutiert zu werden. Auch das schriftliche Abfassen von Unternehmenswerten und Kulturaussagen kann man sich nach mehrheitlicher Meinung der Mitarbeitenden eher schenken. Ein Fünftel meint sogar, dass Schriftstücke wenig bis gar nicht geeignet sind, eine Arbeitskultur zu beeinflussen. Interessant ist, dass dennoch 72 % der Befragten sagen, dass bei ihnen im Betrieb die Kultur verschriftlicht worden sei. Keine andere Maßnahme wird so häufig umgesetzt, und kaum eine Maßnahme wirkt so wenig. Das Geld scheint man sparen zu können. Auch regelmäßige Kulturevaluationen scheinen die Mitarbeitenden nicht zu überzeugen. Vereinfacht kann man schließen, die Mitarbeitenden wollen lieber Taten (Vorleben, Führung, Entscheide) als Evaluationen. Kultur muss im Arbeitsalltag gelebt, erfahren und diskutiert werden. Alles was nebst dem Arbeitsalltag an Kulturmaßnahmen einmaligen Charakter hat, wie Papiere, Schulungen, Evaluationen etc. überzeugt zu wenig. Arbeitskultur wird während der Arbeit gemacht, und hierbei ist glaubhaftes Vorleben, Vermittlung von Werten und Haltungen, die Auswahl der richtigen (passenden) Persönlichkeiten und die alltäglich erfahrene Infrastruktur ausschlaggebend.

13.2 Unterschiedliche Vorgehenskonzepte in Branchen und Funktionen

13.2.1 Auf welche Kulturmaßnahmen setzt heute welche Branche?

Beim Branchenvergleich in Abb. 13.2 fällt eine Maßnahme zuerst ins Auge: Das Bewusstsein, dass Haltung Kultur prägt, scheint sich in allen Branchen in etwa gleichermaßen durchgesetzt zu haben. Doch es gibt auch Unterschiede zwischen den Branchen: Der Hang zum Papier, d. h. schriftliche Dokumente zur Verankerung der Kultur, findet man heute am verbreitetsten in der Finanz-, Versicherungs- und Immobilienbranche und in der Sozialen Arbeit. Letztere bindet aber stark die Mitarbeitenden in Kulturprozesse mit ein. Zudem achten die Betriebe der Sozialen Arbeit bei der Rekrutierung darauf, ob ein Mitarbeitender kulturell ins Team passt, sie bieten Unterstützung und Zeit zur Kulturentwicklung und machen Kultur auch zum Reflexions- und Diskussionsthema. Dieser partizipative und diskursive Ansatz ist Teil der kulturellen DNA der Sozialen Arbeit. Die Finanz-, Versicherungs- und Immobilienbranche setzt demgegenüber nebst Schriftdokumenten am häufigsten auf regelmäßige Kulturevaluationen, auf das Vorleben aber auch Einfordern von Arbeitskultur. Hierin zeigt sich ein sowohl autoritär forderndes Kulturverständnis als auch ein Bewusstsein der eigenen Vorbildfunktion. In dieser Branche wird auch vergleichsweise viel auf Schulungen wert gelegt, was aber wohl eher Branchenusanz ist und weniger eine Besonderheit der Arbeitskultur darstellt.

Bei der Öffentlichen Verwaltung fällt auf, dass sie Arbeitskulturen aktuell am häufigsten durch Vermittlung und Vorleben ihrer Führungskräfte und durch Infrastrukturmaßnahmen gestalten. Dafür sind ihnen Schulungen und Kulturreflexionen sowie -evaluationen eher fremd. Der Gesundheitsbereich kennt schriftliche Dokumente zur Kulturvermittlung, was einer Kultur der Leitlinien entspricht. Ferner zeigt sich die in Abschn. 6.3.2 beschriebene eher autoritäre Kultur der Gesundheitsberufe auch darin, dass Arbeitskultur eher durch die Führungskräfte eingefordert wird, als dass sie unterstützend und mit Zeitressourcen gefördert wird. Im Bildungs- und Forschungsbereich wird heute am ehesten die Haltung der Geschäftsleitung als kulturprägend erachtet, während Schulungen oder auch die Infrastruktur vergleichsweise unbedeutend sind. Im Dienstleistungssektor sind für die Arbeitskultur Infrastruktur, Räume und Hilfsmittel am ehesten von Relevanz. Das legt Parallelen zur Kreativwirtschaft nahe, bei der auch der Ort, das Atelier, die Werkstatt einen

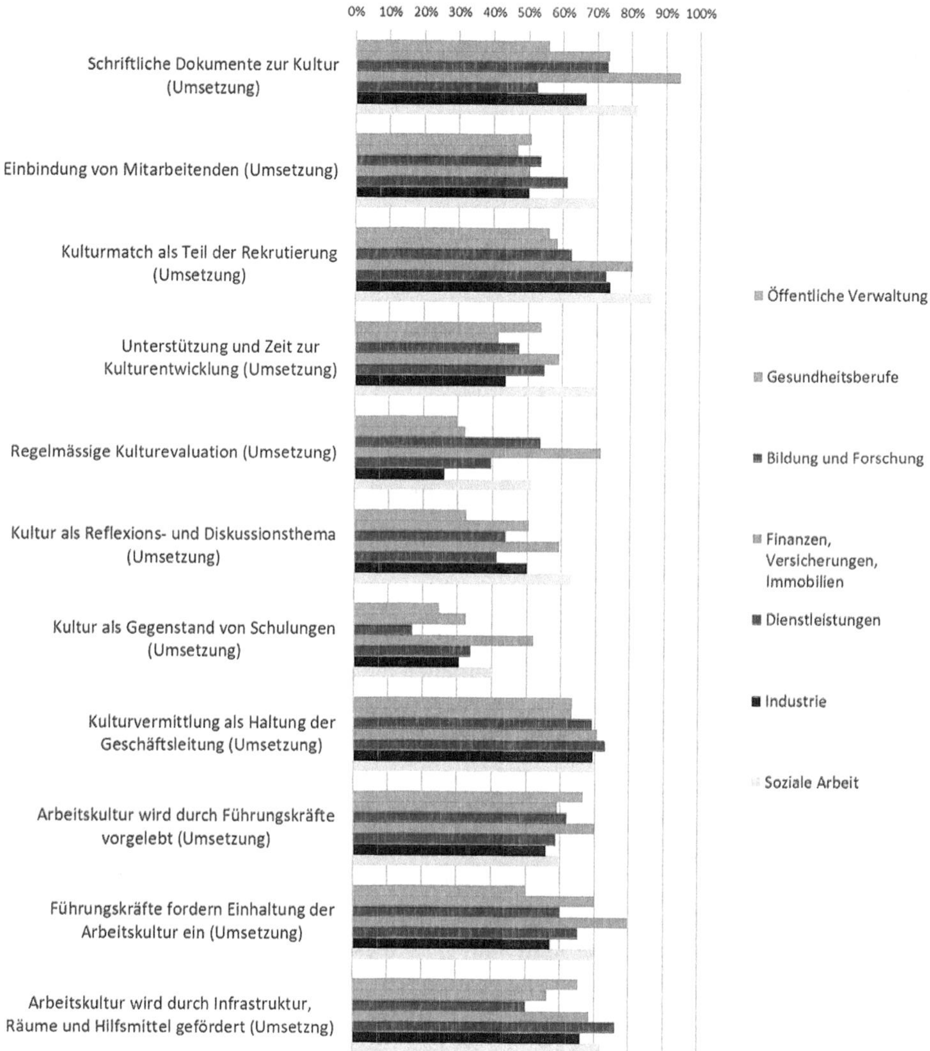

Abb. 13.2 Häufigkeit der umgesetzten Maßnahmen zur Kulturentwicklung nach Branchen; n = 514. (Quelle: Studie 2019)

wesentlichen Einfluss auf die Leistungserstellung einnimmt. In der Industrie scheint heute die Überprüfung des Kulturmatches bei der Rekrutierung dominant zu sein, während auf Schulungen und Evaluationen nur geringes Gewicht gelegt wird.

Im Branchenvergleich zeigen sich bei der Herangehensweise an die Kulturentwicklungen durchaus branchenspezifische Usanzen. Diese sind Ausdruck einer Branchenkultur, sie sind aber selbst wieder kulturprägend und reproduzieren Kulturzuschreibungen. Man kann bei den Herangehensweisen eher führungsbezogene (Vorleben, Haltung, Einfordern etc.) und eher systembezogene (Rekrutierung, Weisungen, Infrastruktur etc.), eher autoritäre (z. B. Kultur einfordern) und eher partizipative (Einbindung von Mitarbeitenden) Maßnahmen unterscheiden. Die Wahl der geeigneten Herangehensweisen zur Entwicklung der Arbeitskultur hängt sehr stark von beruflichen und branchenspezifischen Sozialisationen, Identitäten und Selbstverständnissen ab.

13.2.2 Welche Maßnahmen sich für die Kulturentwicklung eignen

Was heute umgesetzt wird, muss nicht der Maßstab für die Zukunft sein. Mitarbeitende beurteilten in unserer Studie 2019 deshalb, welche Maßnahmen sie als weitgehend bzw. besonders geeignet erachten, eine gemeinsame Kulturentwicklung zu befördern (Abb. 13.3).

Bei den Altersgruppen fällt zuerst auf, dass jüngere Berufspersonen grundsätzlich gegenüber den Maßnahmen positiver eingestellt sind als ältere Mitarbeitende. Hier mag ein gewisser Erfahrungseffekt bei älteren Mitarbeitenden spielen. Sie haben schon vieles gesehen und vieles nicht nur einmal. Sie haben dadurch ein gutes und vielleicht etwas pragmatischeres Gefühl dessen entwickelt, was funktioniert und was nicht. Es zeigt sich beispielsweise, dass schriftliche Dokumente bei 21- bis 25-Jährigen zu 76 % als geeignet erachtet werden, während über 60-Jährige hieran nur noch zu 28 % glauben. Papier ist geduldig. Doch das zu wissen, braucht eine Menge Erfahrung, während jüngere Mitarbeitende noch bereitwilliger und beeindruckbarer der intern verfassten Leitlinie folgen, haben ältere Mitarbeitende einen etwas pragmatischeren Umgang im Lesen interner Papiere entwickelt. Beides ist nicht zu werten, doch mit diesen Realitäten müssen auch Kulturentwicklungen umgehen können. Schauen wir also noch etwas genauer, was jüngere und ältere Mitarbeitende für eine Kulturentwicklung anspricht: Für junge Mitarbeitende zwischen 21 und 30 Jahren stehen das Vorleben (80 %), das Einfordern kultureller Werte (81 %), die Haltung der Geschäftsleitung (74 %) sowie ihre Unterstützung (71 %) im Vordergrund der von ihnen als geeignet erachteten Maßnahmen. Für eine Mehrheit der Mitarbeitenden ab 56 Jahren gelten Faktoren wie die Haltung der Geschäftsleitung (63 %), Rekrutierungsentscheide (62 %), das Vorleben der Führungskräfte (59 %) als geeignet, darüber hinaus sind die Einbindung der Mitarbeitenden (56 %) und Infrastrukturfragen (54 %) von hoher Bedeutung. Es zeigen sich also generalisierbare Maßnahmen und durchaus Altersunterschiede bei der Akzeptanz und Wirksamkeit der Maßnahmen. Vereinfacht gesagt, liegt die Vermutung nahe, dass jüngere Mitarbeitende die Entwicklung der Arbeitskultur mehr noch in der Verantwortung der Führung sehen, während ältere Mitarbeitende zusätzlich dazu selbst auch eingebunden werden wollen und auf Umfeldfaktoren (Räume und Infrastruktur) ansprechen.

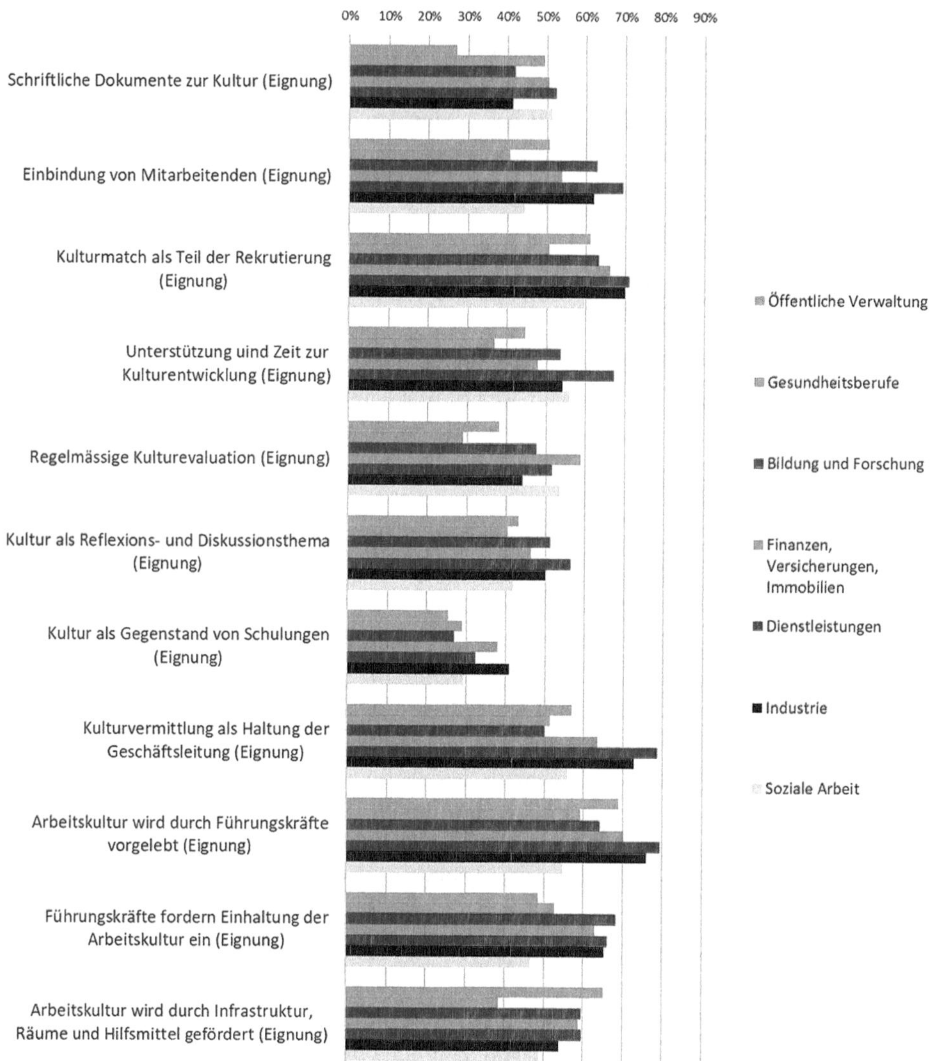

Abb. 13.3 Eignung der Maßnahmen zur Kulturentwicklung (nach Branchen) nach Meinung der Mitarbeitenden; n = 514. (Quelle: Studie 2019)

Männern scheint das glaubhafte Vorleben der Kultur durch die Führung sowie Infrastrukturmaßnahmen erfolgsversprechender als Frauen zu sein; Frauen würden hingegen eher auf eine Gesprächskultur sowie auf Unterstützung und Zeit setzen.[1]

Alle Branchen weisen punkto Eignung den schriftlichen Dokumenten zur Wert- und Kulturvermittlung eine geringere Bedeutung zu – insbesondere der Finanz-, Versicherungs-

[1] Betrachtet wurden nur Abweichungen von mindestens 5 Prozentpunkten.

und Immobilienbereich scheint hier vor einem Umdenken zu stehen. Am wenigsten Schriftlichkeit wünschen sich die Mitarbeitenden der Öffentlichen Verwaltung. Mitarbeitereinbindung scheint besonders in Dienstleistungsbetrieben geeignet zu sein, am wenigsten bei den Gesundheitsberufen. Hier wäre der Frage nachzugehen, ob dies vor dem Hintergrund des sinnvoll Gewünschten oder des realistisch Erwartbaren beurteilt wurde. Auf Rekrutierungsmaßnahmen scheinen auch in Zukunft die Industrie- und Dienstleistungssektoren zu vertrauen, die Soziale Arbeit und die Finanz-, Versicherungs- und Immobilienbranche scheint dies in Zukunft geringer zu gewichten. Kulturentwickelnde Unterstützung und das Zurverfügungstellen von Zeit wird in den Dienstleistungsbetrieben, der Industrie und im Bildungs- und Forschungsbereich eher höher gewichtet. In der Sozialen Arbeit und im Finanz-, Versicherungs- und Immobilienbereich wird die Eignung von Unterstützung durch Zeit eher angezweifelt. Kulturevaluationen sollten nach Meinung der Mitarbeitenden in der Industrie, der Öffentlichen Verwaltung und im Dienstleistungssektor ausgebaut werden. Kultur diskutieren und zum Thema zu machen zeigt keine erheblichen Branchenunterschiede, wird aber am ehesten im Dienstleistungsbereich als geeignet erachtet, jener Bereich, der auch am ehesten Mitarbeitenden einbinden will. Hier wird auch die Haltung der Geschäftsleitung sowie das Vorleben von Arbeitskultur deutlich am häufigsten als geeignete Kulturmaßnahme beschrieben. Nicht gleichermaßen geeignet werden diese Maßnahmen in der Sozialen Arbeit beurteilt; hier sind Führungskulturen, die die Eigenständigkeit und Eigenverantwortung vermitteln, wichtiger als eine Kulturorientierung an der Geschäftsleitung. Infrastruktur und Räumlichkeiten werden über alle Branchen hinweg in etwa gleich geeignet für die Kulturentwicklung beurteilt – einzig in der Sozialen Arbeit sieht man, dass heute der Infrastruktur mehr Gewicht gegeben wird als man dies für die Zukunft als notwendig bzw. geeignet erachten würde. Schulungen zur Entwicklung der Arbeitskultur sehen am ehesten Industriemitarbeitende als geeignet.

13.3 Kulturmaßnahmen zur Erzielung spezifischer Kulturausprägungen

13.3.1 Kulturtypologien

Maßnahmen zur Kulturentwicklung beeinflussen die künftige Kultur, sie wirken aber immer in Abhängigkeit von bereits bestehenden Arbeitskulturen. Eine top-down-Kommunikation von arbeitskulturellen Werten und geforderten Praxen wird in einer bottom-up gewöhnten Partizipationskultur schlecht ankommen und wohl Irritation und Widerstand hervorrufen. Das Geheimnis erfolgreicher Veränderung besteht oftmals in der Kunst der kleinen Schritte – sofern nicht in einer Krisensituation –, wobei die Kulturentwicklung verständlich und nachvollziehbar gestaltet werden sollte, sodass sie nicht vom bestehenden System abgestoßen wird. Ich habe in Kap. 6 verschiedene Kulturausprägungen in einem semantischen Profil aufgezeigt und die Differenzerfahrung der Mitarbeitenden zwischen Anspruch und Wirklichkeit entlang diverser Branchenkulturen beschrieben. Dabei zeigen sich Branchentypologien in Abhängigkeit zu ihren Berufssozialisationen, branchentypischen Aufgabensettings und einer Selbstselektion von Berufspersonen entsprechend ihrer Präferenzen, Dispositionen und Arbeitswerten. Gleichzeitig sind die unternehmensspezifischen Arbeitskulturen unterschiedlich, mehr noch, sie können von Abteilung zu Abteilung im Rahmen der betrieblichen Normen variieren, was am Ende zu einer Vielzahl unterschiedlicher Kulturausprägungen führen kann. Im Sinne einer Reduktion der damit einhergehenden Komplexität macht es Sinn, gewissen Kulturtypologien zu fokussieren. Quinn und Rohrbaugh haben ein einfaches Modell eines Competing Values Frameworks für die kulturelle Positionierung entwickelt, welches sich nach vier Dimensionen ausrichtet. Abb. 13.4 zeigt die Ausrichtung zwischen Flexibilität und Stabilität sowie internem und externem Fokus. Hierin lassen sich die vier Kulturtypologien verorten, welche nach den vier Grundprinzipien Collaborate (Zusammenarbeit), Create (Innovation), Compete (Wettbewerb) und Control (Struktur) funktionieren.

Hartnell, Ou und Kinicki haben das Competing Values Framework von Quinn und Rohrbaugh um den Bezug zu Erfolgsdimensionen (siehe Tab. 13.1) erweitert und untersucht. Auch in unserer Studie 2019 nehmen wir Bezug auf diese Typologie, u. a. zur Analyse der Kulturaffinität der Maßnahmen. Auf der Hand liegen dann auch die Bezüge zwischen der Kulturtypologie und den von uns erhobenen Arbeitswerten: Die Clan-Kultur nimmt Bezug auf den Arbeitswert Gemeinschaft, die Adhocracy auf die Werte Selbstver-

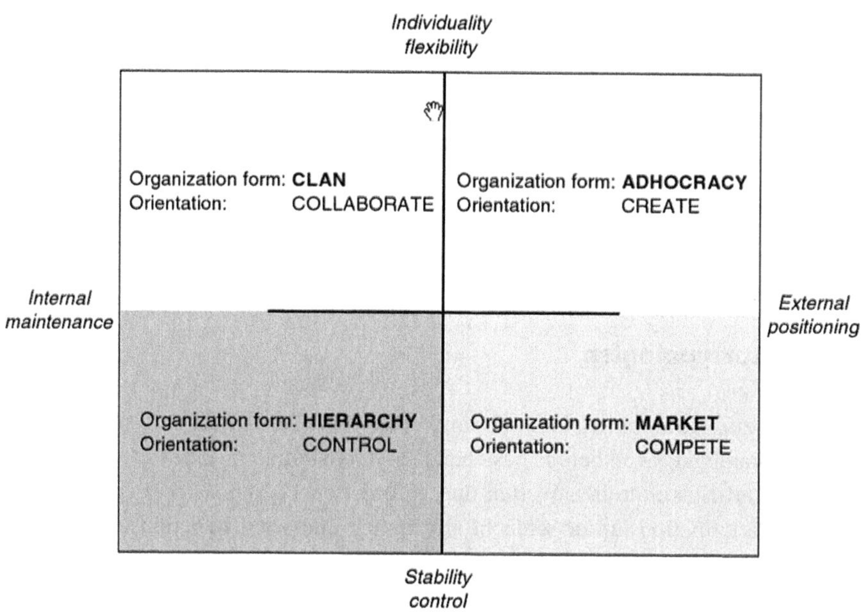

Abb. 13.4 Competing Values Framework gemäß Quinn und Rohrbaugh. (Quelle: Hartnell et. al. 2011, S. 679)

Tab. 13.1 Kulturtypologie nach Hartnell, Ou und Kinicki. (Quelle: Hartnell et al. 2011)

Kultur	Annahme	Fokus/Werte	Ergebnisse
Clan-Kultur	Mitarbeiter arbeiten am besten, wenn sie der Organisation vertrauen und sich ihr zugehörig fühlen.	Innengerichtet, Zusammenarbeit, Wir-Gefühl, Partizipation Zugehörigkeit, Vertrauen, Unterstützung	Arbeitszufriedenheit und Identifikation, Mitarbeiterförderung, Commitment
Hierarchie-Kultur	Mitarbeiter arbeiten am besten mit klaren Rollen und Regeln sowie definierten Arbeitsabläufen	Innengerichtet, Stabilität, Prozessbeherrschung, Evaluationen, Konsistenz, Beständigkeit.	Effizientes Funktionieren, Geschwindigkeit
Adhocracy-Kultur	Mitarbeiter arbeiten am besten, wenn sie Sinn und Zweck ihrer Aufgaben verstehen.	Außengerichtet, Kreativität, Flexibilität, Anpassungsfähigkeit, Risikobereitschaft, Vielseitigkeit, Selbstständigkeit,	Innovation und Vorsprung
Markt-Kultur	Mitarbeiter arbeiten am besten, wenn sie klare Ziele haben und nach ihrem Erfolg bezahlt werden	Außengerichtet, Wettbewerb, Kundenfokus, Produktivität, Kompetenz, Leistung, Ziele und Pläne	Marktanteile, Zielerreichung und Rentabilität.

wirklichung und Sinn, die Hierarchiekultur auf die Werte Sicherheit und Karriere und die Marktkultur auf den Arbeitswert Leistung.[2]

In der Überzeugung, dass wohl nie eine Kultur in Reinform vorzufinden ist, gehen wir von unterschiedlichen „Mischverhältnissen" der vier Kulturtypen aus, welche in Abb. 13.5 sichtbar werden. Dennoch lassen sich gewisse Dominanzen feststellen: Clan-Kulturen und Markt-Kulturen sind am weitesten verbreitet und kommen in mehr als der Hälfte der erhobenen Arbeitskulturen überwiegend bis dominant vor. Hierarchiekulturen werden immerhin noch von 45 % als mehrheitlich vorherrschende Arbeitskultur beschrieben, während Adhocracy-Kulturen von 38 % bestätigt werden.

13.3.2 Branchenspezifische Kulturen

Blickt man etwas tiefer in die Verteilung nach Branchen, so sieht man *Clan-Kulturen* als dominante Kulturausprägung[3] im Dienstleistungssektor: Bei jedem vierten Dienstleistungsunternehmen trifft die Clan-Kultur vollständig zu. Hier haben wir weiter oben auch gesehen,

[2] Für weitere Ausführungen dazu verweise ich auf Abschn. 4.2.

[3] Referenziert werden auf Aussagen, wonach die Kultur „voll und ganz" im Betrieb auftritt.

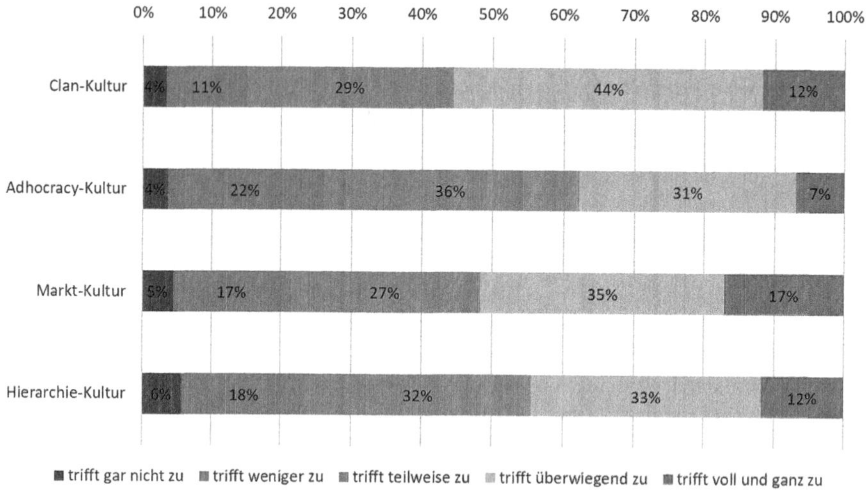

Abb. 13.5 Ausprägung der Kulturtypologie nach Quinn und Rohrbaugh deutschsprachigen Unternehmen; n = 518. (Quelle: Studie 2019)

dass eine kulturelle Einbindungsstrategie der Mitarbeitenden am besten auf Akzeptanz stößt, was dem Denken und Handeln in der Clan-Kultur entspricht. Mit nur 4 % sehr schwach ist die Clan-Kultur im Bildungs- und Forschungsbereich etabliert. Hier vorherrschende Expertensysteme scheinen eher die Individualität zu befördern. Im Bildungsumfeld ist dafür die *Adhocracy-Kultur* vergleichsweise am stärksten ausgeprägt. Innovativität, Außenorientierung und Selbstständigkeit sind Merkmale, die zum Forschungsbetrieb gehören, aber auch die Lehre in den Schulen prägen (sollte). Umgekehrt überrascht es weniger, dass im Finanz-, Versicherungs- und Immobilienwesen die Adhocracy-Kultur am schwächsten ausgeprägt ist. Hier und im Gesundheitsbereich finden wir am stärksten die *Hierarchie-Kultur* vorherrschend, wie ich dies auch bereits in Kap. 6 habe belegen können. Prozessbeherrschung, klare und funktionierende Strukturen sowie effiziente Abläufe prägen diese Branchen mehr als andere. Am wenigsten von Hierarchie-Kultur wird man in Betrieben der Sozialen Arbeit spüren. Keiner der 43 in diesem Segment befragten Mitarbeitenden bestätigte, dass eine Hierarchiekultur bei ihnen stark ausgeprägt sei. Bei der *Markt-Kultur* fallen wieder und signifikant die Betriebe aus dem Finanz-, Versicherungs- und Immobilienwesen auf: Ganze 46 % nennen diese als in ihrem Unternehmen voll und ganz ausgeprägt. Das ist ein starkes Zeichen für das die Kultur prägende Ringen um Marktanteile und Rentabilität dieser Betriebe. Keine Markt-Kultur, da auf den gesellschaftlichen Nutzen ausgerichtet, findet man wiederum in den Betrieben der Sozialen Arbeit.

Wir gehen aufgrund unserer bisherigen Befunde ferner davon aus, dass unterschiedliche Kulturen in den diversen betrieblichen Funktionen anzutreffen sein werden. Unsere betriebliche Alltagserfahrung lehrt uns bereits, dass Mitarbeitende unterschiedlicher Abteilungen unterschiedlich „ticken" und unterschiedliche Kulturträger repräsentieren.

Die Gefahr der voreiligen und kurzgreifenden Stereotypisierung im Sinne von beispielsweise der „klassische Verkäufer", der „typische Informatiker" etc. ist natürlich vorhanden und darf nicht Menschen oder Gruppen in ihrer Vielfalt auf die typische Berufsfunktion reduzieren. Dennoch sind funktionale Differenzen auszumachen, welche beschreibend Aufschluss über ein mögliches funktionales Abteilungsdenken geben können. In unserer Studie 2019 finden wir beispielsweise, dass Clan-Kulturen häufig von Marketingmitarbeitenden sowie von HR-Mitarbeitenden bestätigt wurden. Gerade bei Letzteren liegt nahe, dass Personalmotivation, -identifikation und -bindung im Grundauftrag dieser Funktion stehen, was einer Clan-Kultur stark entspricht. Am geringsten scheint die Clan-Kultur in IT-Funktionen ausgeprägt zu sein. Adhocracy-Kulturen wurde am stärksten von Geschäftsleitungsmitgliedern und von Mitarbeitenden in Produktion, Einkauf und Logistik bestätigt. Markt-Kulturen und Hierarchie-Kulturen treten am ehesten in Vertriebsfunktionen auf. Die Unterschiedlichkeit der Kulturprofile in betrieblichen Funktionen belegt den bereits mehrfach gezogenen Schluss, dass Arbeitskultur im Unternehmen keinem „one-fits-all"-Ansatz folgen kann, sondern als pluralistisches, diverses und manchmal auch widersprüchliches Sinngebilde im Unternehmen verstanden werden muss. Ansätze zur Kulturveränderung müssen diesem Umstand Rechnung tragen, indem spezifische Abteilungskulturen aber auch querliegende Subkulturen erkannt, erfasst und anerkannt werden. Eine Kulturschablone wird wenig Akzeptanz und Wirkung entfalten können, da sie nicht bei den unterschiedlichen Sozialisationen und Praxen der betroffenen Mitarbeitenden ansetzt. Differenzierte Kulturansätze dürfen durchaus auch zu unterschiedlichen Kommunikationsgewohnheiten, Alltagsroutinen, Interessenlagen, Strukturen, Regeln und Praxen führen. Diese sollten eine eigene Identität bilden dürfen, ohne sich von anderen abzugrenzen oder diese zu werten. Diese Einstellung muss durch die Führung einer Unternehmung glaubhaft vorgelebt werden.

Kommen wir noch zu unterschiedlichen Ausprägungen der Kulturtypologien je nach Unternehmensgröße. Es entspricht der Erwartung, dass Clan-Kulturen eher in kleineren Unternehmen vorkommen als in großen. Auch Adhocracy-Kulturen findet man überdurchschnittlich in Kleinstunternehmen bis 9 Mitarbeitenden, wozu wohl auch einige Start-Ups zählen dürften. Im umgekehrten Fall finden wir Hierarchie-Kulturen wiederum bei großen Unternehmen deutlich häufiger. Hierarchie-Kulturen werden mitunter gewählt, um mit der Unternehmensgröße und der damit zunehmenden Komplexität umzugehen. Markt-Kulturen sind am häufigsten bei Großunternehmen zu beobachten, am wenigsten im Segment der mittelgroßen Unternehmen.

Tab. 13.2 fasst nochmals die unterschiedlichen Branchen- und Funktionsausprägungen der Kulturtypologien sowie deren Zuordenbarkeit zu Unternehmensgrößen zusammen.

Tab. 13.2 Verbreitung der Kulturen in Branchen, Funktionen und Unternehmensgrößen

Kultur	Fokus/Werte	Stark verbreitet in	Selten anzutreffen in
Clan-Kultur	Innengerichtet, Zusammenarbeit, Wir-Gefühl, Partizipation Zugehörigkeit, Vertrauen, Unterstützung	Dienstleistungsbetrieben	Bildung und Forschung
		Marketingfunktionen und Personalfunktionen	IT- und Vertriebsfunktionen
		Unternehmen bis 50 Mitarbeitende	Unternehmen ab 499 Mitarbeitende
Hierarchie-Kultur	Innengerichtet, Stabilität, Prozessbeherrschung, Evaluationen, Konsistenz, Beständigkeit.	Gesundheitsbetrieben	Soziale Arbeit
		Vertriebs- und Entwicklungsfunktionen	IT- und Personalfunktionen
		Unternehmen ab 1000 Mitarbeitende	Unternehmen zwischen 250–499 Mitarbeitende
Adhocracy-Kultur	Außengerichtet, Kreativität, Flexibilität, Anpassungsfähigkeit, Risikobereitschaft, Vielseitigkeit, Selbstständigkeit,	Bildung und Forschung	Finanzen, Versicherungen, Immobilien
		Produktion, Einkauf und Logistikfunktionen sowie Geschäftsleitungen	Vertriebs- und Finanzfunktionen
		Kleinstunternehmen bis 9 Mitarbeitende	Unternehmen ab 1000 Mitarbeitende
Markt-Kultur	Außengerichtet, Wettbewerb, Kundenfokus, Produktivität, Kompetenz, Leistung, Ziele und Pläne	Finanzen, Versicherungen, Immobilien	Soziale Arbeit
		Vertriebs- und Finanzfunktionen	Produktion, Einkauf und Logistik- sowie IT-Funktionen
		Unternehmen ab 1000 Mitarbeitende	Unternehmen zwischen 50 und 249 Mitarbeitende

Zuordnung der Kulturtypologie nach Hartnell et al. (2011) zu Branchen, Funktionen und Unternehmensgrößen

13.3.3 Kultursensible Maßnahmen zur Entwicklung der Arbeitskultur

Die Auswahl des Vorgehens, der Mittel und Kanäle, deren man sich zur Entwicklung einer Arbeitskultur bedient, sollten selbst anschlussfähig zur bereits vorherrschenden Arbeitskultur sein. Betrachtet man, welche Maßnahmen aus Sicht der Mitarbeitenden in ihrer jeweiligen Arbeitskultur als geeignet betrachtet werden, so sieht man in Abb. 13.6 kulturunabhängige Maßnahmen und solche, welche kulturspezifische Differenzen aufweisen: Kulturvermittlung über Schriftstücke und regelmäßige Kulturevaluationen scheinen unabhängig von der herrschenden Kultur als nicht sonderlich geeignet beurteilt zu werden. Hingegen werden in Clan-Kulturen die richtige Personalauswahl, die Haltung der Geschäftsleitung, Personalentscheide, das Vorleben von Leitungspersonen sowie die Einbindung von Mitarbeitenden als besonders günstig erachtet. Kulturentwicklung in Clan-Kulturen bauen auf einer starken Wir-Kultur auf, die bei der Auswahl der Mitglieder

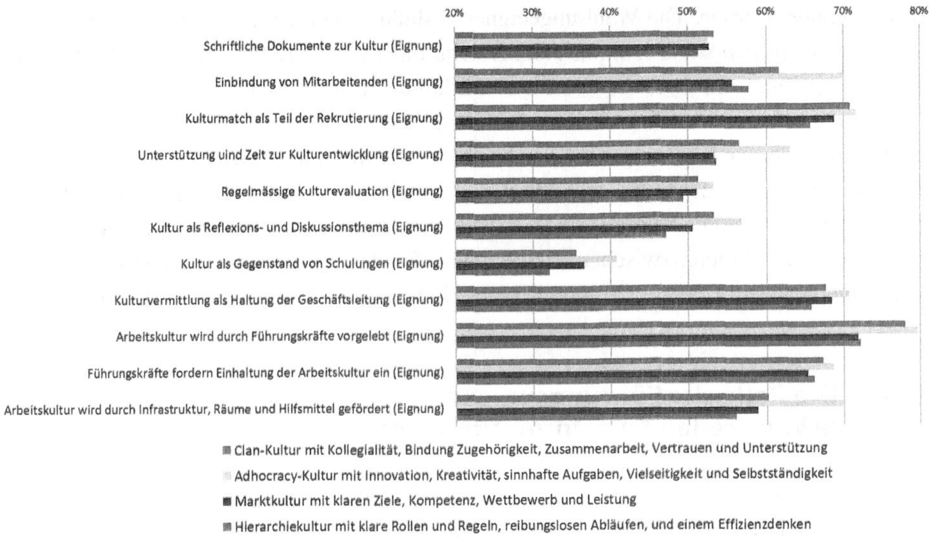

Abb. 13.6 Zusammenhang zwischen Maßnahmen und spezifischen Kulturmodellen; n = 518. (Quelle: Studie 2019)

anfängt, einen gemeinsamen Rahmen setzt und sich an starken Werten eines „Leaders“ ausrichtet. Sie lässt sich somit am besten mit denselben Mitteln erreichen, für die sie steht.

Auch Adhocracy-Kulturen erreicht man mit der richtigen Personalselektion, glaubhaftem Vorleben und echter Einbindung. Deutlich wichtiger als bei anderen Kulturen scheinen hier aber zusätzlich die Infrastruktur und Hilfsmittel als wichtige Kulturträger auf: Kreativität, Flexibilität, Anpassungsfähigkeit, Risikobereitschaft und Vielseitigkeit sind Faktoren, welche durch eine entsprechende Arbeitsumgebung gefördert werden können. Hierbei spielen physische Bedingungen (Raumordnung, Platz, Variationsmöglichkeiten des Arbeitsplatzes, Hilfsmittel etc.) wie auch atmosphärische Aspekte eine wichtige Rolle. Kreativität wird nicht durch einen sauberen, durchorganisierten und effizienten Standardarbeitsplatz gefördert. Hier braucht es Raum zur Entfaltung, Gestaltung und Normabweichung. Bei der Adhocracy-Kultur fällt ferner der hohe Anteil als geeignet empfundener Unterstützungsangebote auf. Es scheint hier mehr als bei anderen Kulturen die Überzeugung zu herrschen, dass Kulturentwicklung auch Zeit und Unterstützung braucht, und dass sie auch zu einem bewussten Reflexionsthema gemacht werden soll.

Die Beurteilung geeigneter Maßnahmen für Markt- und Hierarchie-Kulturen verlaufen recht parallel, d. h. was für die eine Kultur gilt, scheint auch für die andere geeignet zu sein. Bei beiden vorherrschend ist die Rolle der Führungskraft, einer Leitfigur, die Kultur vorlebt, und als Entscheidungsperson die richtigen Personen anstellt. Unterstützungsangebote oder Infrastrukturmaßnahmen hinken in der beurteilten Eignung in diesen Kulturen eher hinter den anderen her.

Zusammenfassend kann man sagen, dass Entwicklungsprozesse einer Arbeitskultur vor dem Hintergrund der herrschenden Arbeitskultur interpretiert und bewertet werden. Das erfordert einen kultursensiblen Umgang mit Maßnahmen, die von den Mitarbeitenden erwartet und akzeptiert werden. Die Wahl ungeeigneter Maßnahmen kann bestenfalls wirkungslos, im schlechteren Fall sogar kontraproduktiv sein, indem sie Irritationen, allenfalls auch Widerstand auslösen. So wichtig, wie die Wahl kultursensibler Maßnahmen, ist auch deren Umsetzung mit ebenso kultursensiblen Inhalten, Werten und Botschaften. Oft ist es die Tonalität einer internen Regelung, die Sprachwahl bei der Kommunikation, die Erläuterung von Entscheiden, die Transparenz im Führungsverhalten, die Offenheit interner Mitteilungen etc., die wahrgenommen werden und über die faktische Überzeugungskraft einer Maßnahme entscheiden. Kongruenz zwischen Zielsetzung, Mitteln und Botschaft, zwischen Denken, Reden und Handeln sind zur Gestaltung einer Human Work Culture ausschlaggebend.

13.4 Die Rolle der Führungsperson in kulturellen Transformationsprozessen

In dem oben Gesagten wird immer wieder die Wichtigkeit der Führungsperson hervorgehoben. Neben der mittelbaren Funktion, in welcher die Führungsperson eine eigene Führungskultur prägt (siehe hierzu Kap. 9), ihren symbolischen Akten (Vorleben, Haltung vermitteln etc.) oder mittels Entscheiden (über zum Beispiel die Einstellung neuer Mitarbeitenden) kulturprägend wirkt, gibt es auch eine ganz direkte, unmittelbare Führungsfunktion, welche eine Führungskraft gegenüber den von ihr geführten Mitarbeitenden einnimmt. Hier geht es darum, Orientierung zu geben, eine Feedbackkultur zu leben, gute Arbeitsbedingungen zu schaffen, Unterstützung zu bieten, zu fordern und zu fördern, Sparringpartner zu sein aber auch den Menschen als Ganzes und nicht nur als arbeitender Funktionsträger wahrzunehmen etc. Die Bedeutung aber auch die Güte dieser direkten Unterstützung der Mitarbeitenden durch ihre vorgesetzte Stelle ist u. a. im Gallup Engagementindex untersucht worden: Es besteht bei der Unterstützung der Mitarbeitenden noch sehr wohl ‚Luft nach oben' (Nink 2015). Auch in unserer Studie 2015 haben Mitarbeitende das Maß, in wieweit sie von ihrer vorgesetzten Stelle unterstützt werden, lediglich mit einer Note 4,7 auf einer aufsteigenden 6er-Skala und einer Standardabweichung von 1,1 bewertet. Bei Mitarbeitenden in unteren Hierarchieebenen fällt die Beurteilung mit 4,5 noch schlechter aus (Wörwag und Cloots 2018, S. 58). Zudem zeigt Nink (2015), dass sich die Aufmerksamkeit der Führungsunterstützung uneinheitlich über die Altersspanne verteilt: Viele Führungskräfte scheinen ihre Führungsaufmerksamkeit eher den jüngeren Mitarbeitenden zu schenken in der Meinung, dass diese einen höheren Bedarf an Unterstützung und Orientierung hätten. Darüber rückt die Führungsaufmerksamkeit gegenüber älteren Mitarbeitenden – beispielsweise gegenüber den sogenannten Baby-Boomers (geboren zwischen 1946 und 1964) – eher in den Hintergrund. Nink kommt in seinem Gallup-Index deshalb zu Schluss:

> „Bei zentralen Faktoren, die über die emotionale Mitarbeiterbindung entscheiden – das Feedback von Vorgesetzten, das Gefühl unterstützt und gefördert zu werden beziehungsweise zu lernen und sich weiterzuentwickeln sowie das Gefühl als Mensch gesehen werden – weisen die Baby-Boomer wesentlich schlechtere Werte auf als die Generation Y. Man könnte sie als vergessene Generation am Arbeitsplatz bezeichnen." (Nink 2015, S. 67)

Altersabhängige Ungleichbehandlungen sind explizite oder implizite Formen der Altersdiskriminierung. Sie können die Arbeitskultur belasten, indem sie gegen grundsätzliche Wertvorstellungen, wie Gerechtigkeit und Wertschätzung, verstoßen und indem sie unzweckmäßige Stereotype bedienen, die eine Zusammenarbeit erschweren. Damit werden auch technologische, strategische, strukturelle oder kulturelle Transformationsprozesse erschwert oder sogar behindert. Rainer, Misoch und Cloots führen dies in diesem Band in Kap. 11 am Beispiel des „Digital Divide" aus, der digitalen Kluft zwischen jungen und älteren Mitarbeitenden. Sie kommen dabei zum Schluss, dass ein gewisser Teil der Alterszuschreibung sozial konstruiert ist und als solches die Arbeitskultur belastet.

Auch in unserer Studie 2019 haben wir verschiedene führungsrelevante Faktoren auf einen möglichen Altersverlauf hin untersucht. Betrachtet man Abb. 13.7, so wird deutlich, dass Unterstützung, so wie sie von Mitarbeitenden wahrgenommen wird, mit zunehmendem Alter und insbesondere ab 50 deutlich abnimmt. Insbesondere wird bei älteren Mitarbeitenden nach ihrer Wahrnehmung weniger Rücksicht auf die Besonderheiten ihrer Lebensphase gelegt, sie profitieren weniger von einer Lernkultur und der Zurverfügungstellen von Zeit, um Neues lernen zu können. Dies ist ein für die Arbeitskultur relevantes Phänomen: Die in der betrieblichen Praxis vielenorts anzutreffenden negativen Einstellungen

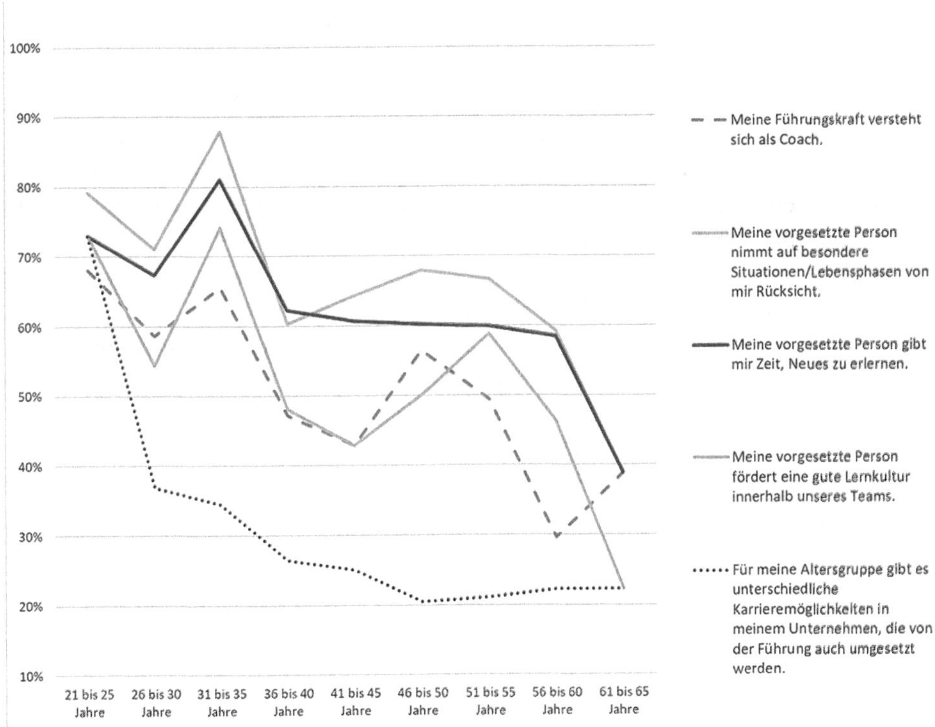

Abb. 13.7 Wahrgenommene Führungsunterstützung im Altersverlauf; n = 484. (Quelle: Studie 2019)

gegenüber der Lernbereitschaft und Lernfähigkeit älterer Mitarbeitenden können zu einer alterskorrelierten Ausgrenzung von Förder- und Entwicklungsmöglichkeiten führen, welche wiederum zu einer verfrühten Ausstiegsbereitschaft aus der Arbeitswelt führen kann (Widuckel 2015, S. 38). Das gilt umso mehr, wenn finanzielle Möglichkeiten zu einem verfrühten Berufsausstieg bestehen.

In einer früheren Studie sind wir 2015 dem Phänomen des vorzeitigen Berufsausstiegs unter anderem vor dem Hintergrund des herrschenden Fachkräftemangels nachgegangen und konnten Arbeitsfaktoren aufzeigen, welche für einen Verbleib erfahrener Mitarbeitender in der Erwerbsarbeit sprechen. Dabei kommen der Förderung und Unterstützung durch die vorgesetzte Stelle eine wichtige Rolle zu (Wörwag und Cloots 2018). In einer Folgestudie 2017 sind wir unter anderem spezifisch der Frage der Arbeitsgestaltung – auch für ältere Mitarbeitende – nachgegangen und konnten feststellen, dass ältere Mitarbeitenden stark den Wunsch hegen, etwas Neues anzugehen und einer entwicklungsorientierten Aufgabe nachgehen zu können. Gemäß dieser Studie aus dem Jahr 2017 wünschen sich knapp 80 % der 61- bis 65-Jährigen eine stark entwicklungsorientierte Aufgabe. Die Realität sieht aber anders aus: Mit einer starken Entwicklungsorientierung werden gerade einmal 36 % der älteren Mitarbeitenden betraut und damit weniger als jedes andere Alterssegment (Wörwag und Cloots 2019).

Wie ich oben ausgeführt habe, ist die Möglichkeit, Neues zu lernen und unter Berücksichtigung der spezifischen Lebenslage Entwicklungen voranzutreiben für die Arbeitszufriedenheit und damit auch für den Verbleib älterer Mitarbeitende im Arbeitsleben von hoher Bedeutung. Gleichzeitig muss man aber feststellen, dass älteren Mitarbeitenden hierfür oft schlicht zu wenig zugetraut wird, was als eine implizite Altersdiskriminierung gelesen werden kann. Diese betrifft auch die Förderung älterer Mitarbeitende durch Weiterbildung. Bellmann et al. (2007, S. 88) zeichnen in einer Studie hinsichtlich der betrieblichen Weiterbildungsförderung für ältere Mitarbeitende in Deutschland ein düsteres Bild: Während gut 60 % der Betriebe ältere Mitarbeitende beschäftigen, haben lediglich 6 % ältere Mitarbeitende in Weiterbildungsaktivitäten einbezogen. Weiterbildungsmaßnahmen, welche sich spezifisch an ältere Mitarbeitende richten, gab es demgegenüber sogar nur bei einem Prozent der Betriebe mit älteren Mitarbeitenden. Grund für die abnehmende Förderbereitschaft von Betrieben gegenüber ihren älteren Mitarbeitenden sieht unter anderem Ebner (2015) in Rentabilitätsüberlegungen, bei denen die höheren Kosten älterer Mitarbeitender in Verbindung mit einer unterstellten geringeren Lern- und Leistungsfähigkeit gewichtet werden. Daneben sind sicher auch individuelle Einstellungen relevant, wie zum Beispiel das persönliche Zutrauen von Weiterbildung, eine auf junge Mitarbeitende ausgerichtete Personalentwicklungspolitik oder eine gut gemeinte „Schonung" älterer Mitarbeitenden. Trotz oder angesichts all dieser Erklärungsansätze ist von einer Ungleichbehandlung und von einem eher defizitorientierten Altersbild auszugehen. Gleichbehandlung soll nicht bedeuten, Gleiches über alle Alters- und Lebenslagen hinweg zu fordern und zu fördern, sondern sensibel altersspezifische Kompetenzen mit dafür geeigneten Methoden und Instrumenten zu entwickeln. So nimmt beispielsweise die Bedeutung formaler Abschlüsse mit zunehmendem Alter ab, und gerade dort, wo die eigene Berufsbildung und

Berufsweiterbildung schon einige Jahre zurückliegen, kann das Verfassen zum Beispiel einer Masterarbeit in einem Weiterbildungsprogramm als belastend empfunden werden. Umgekehrt sollte sich die Förderung der älteren Mitarbeitenden auch nicht auf die informellen und damit weniger anerkannten Lernarrangements beschränken. Ernstgemeinte Anerkennung, persönlich sowie im Rahmen von betrieblicher Wertschätzung, ist für alle Mitarbeitenden sehr wichtig. Das gilt auch und gleichermaßen für ältere Mitarbeitende.

13.5 Fazit

Die Arbeitskultur ist als unsichtbares Band des Zusammenhalts, als implizites Zusammenspiel der Mitarbeitenden, als Grundlage der erwartbaren Praxen von höchster Wichtigkeit. Diese Arbeitskultur zu entwickeln, stand im Zentrum dieses Kapitels. Dabei stellten wir die grundlegende Frage, ob und inwieweit Arbeitskultur lenk- und beeinflussbar sei. Die in diesem Kapitel nahegelegte Antwort lautet: Arbeitskulturen sind nicht steuerbar aber beeinflussbar, wobei einerseits bestehende Usanzen hinterfragt werden dürfen, andererseits sensibel mit Branchenidentitäten, funktionaler Ausdifferenzierung und bestehenden Kultursettings umgegangen werden muss. In diesem Kapitel haben wir evidenzgestützt Hinweise erarbeitet, wie diese Arbeitskultur entwickelt werden kann. Das ist voraussetzungsreich. Deshalb können für jeden, der sich mit der Entwicklung von Arbeitskulturen beschäftigt, folgende grundlegende Hinweise gegeben werden:

1. Arbeit an der Kultur ist kein Projekt mit einem Anfang und einem Ende, sondern immer ein fortdauernder Prozess. Die Wirkung der die Arbeitskultur entwickelnden Maßnahmen ist immer vorläufig, nie abgeschlossen.
2. Es gibt kein spezifisches Set an Maßnahmen, welches zur Entwicklung der Arbeitskultur ausgepackt werden kann. Alles Arbeitshandeln, jede Praxis und jede darüber geführte Reflexion und Interpretation wird die Arbeitskultur beeinflussen. Aus diesem Grund müssen wir auch alles Arbeitshandeln und alle Praxen in den Blick zur Gestaltung der Arbeitskultur nehmen. Denken wir dabei nur schon an Führungsentscheide und Führungsverhalten, interne und externe Kommunikationsformen und -inhalte, Geschichten und Gerüchte, Haltung und Auftreten von Personen, Gesten und Symbole etc. Alles ist kulturwirksam und muss damit in das Repertoire des Kulturhandelns aufgenommen werden.
3. Arbeitskultur zu entwickeln, beginnt nicht damit, eine als wünschbar gedachte spezifische Kultur zu proklamieren. Die Grundlage und Basis jeder Kulturentwicklung setzt auf allgemeinen Gütekriterien wie Kohärenz, Offenheit, Verlässlichkeit, Vielfalt, Vertrauen, Toleranz, Wertschätzung, Authentizität und Optimismus etc. auf.
4. Was an Werten nicht zur Unternehmung bzw. zur Unternehmensleitung passt, wird nicht von dieser vertreten werden können. Man kann für nichts einstehen, was man nicht ist, ohne damit entlarvt zu werden. Authentizität und Ehrlichkeit sind Voraussetzungen für Glaubwürdigkeit. Arbeitskultur baut darauf auf.

5. Arbeitskultur muss im Arbeitsalltag gelebt, erfahren und entwickelt werden. Alles was neben dem Arbeitsalltag an Kulturmaßnahmen einmaligen Charakter hat, wie verschriftlichte Werte, Dokumente, Schulungen, Evaluationen etc. überzeugt die Mitarbeitenden wenig.
6. Für die Entwicklung der Arbeitskultur sind insbesondere glaubhaftes Vorleben durch Führungskräfte, die Auswahl der richtigen (passenden) Persönlichkeiten, die Vermittlung von Werten und Haltungen durch die Geschäftsleitung, klares Einfordern und die alltäglich erfahrene Infrastruktur ausschlaggebend.
7. Die Überzeugungskraft und Glaubwürdigkeit interner Transformationsprozesse, die sich auf das Arbeitshandeln der Mitarbeitenden beziehen, hängt sehr stark vom Führungshandeln und -entscheiden der Unternehmensspitze ab.

Im Branchenvergleich unserer Studie 2019 zeigen sich branchenspezifische Differenzen, um die Arbeitskultur zu entwickeln. Diese sind Ausdruck einer Branchenkultur, sie sind aber selbst wieder kulturprägend und reproduzieren Kulturzuschreibungen. Man kann bei den Herangehensweisen eher führungsbezogene (Vorleben, Haltung, Einfordern etc.) und eher systembezogene (Rekrutierung, Weisungen, Infrastruktur etc.), eher autoritäre (z. B. Kultur einfordern) und eher partizipative (Einbindung von Mitarbeitenden) Maßnahmen unterscheiden. Die Wahl der geeigneten Herangehensweisen zur Entwicklung der Arbeitskultur hängt sehr stark von beruflichen (funktionalen) und branchenspezifischen Sozialisationen, Identitäten und Selbstverständnissen ab. Diese sollte man profund kennen, bevor man deren Arbeitskultur zu verändern gedenkt.

Maßnahmen zur Kulturentwicklung müssen zudem kultursensibel gewählt und ausgestaltet werden. Um wirksam zu sein, müssen sie die Mitarbeitenden in ihren vorherrschenden Kulturwahrnehmungsmustern erreichen. Veränderungen der Arbeitskultur sind immer nur vor dem Hintergrund der vorherrschenden Arbeitskultur möglich. In unserer Studie 2019 haben wir die unterschiedlichen „Mischverhältnisse" von vier Kulturtypen, basierend auf dem Competing Value Framework, untersucht: *Clan-Kulturen* sind am weitesten verbreitet im Dienstleistungssektor, selten hingegen im Bildungs- und Forschungsbereich. Im Bildungsumfeld ist dafür die *Adhocracy-Kultur* vergleichsweise am stärksten ausgeprägt, am wenigsten im Finanz-, Versicherungs- und Immobilienwesen. Hier und im Gesundheitsbereich finden wir am stärksten die *Hierarchie-Kultur* vorherrschend: Prozessbeherrschung, klare und funktionierende Strukturen sowie effiziente Abläufe prägen diese Branchen mehr als andere. Am wenigsten Hierarchie-Kultur wird man in Betrieben der Sozialen Arbeit finden. Die *Markt-Kultur* ist am häufigsten in Betrieben aus dem Finanz-, Versicherungs- und Immobilienwesen vorzufinden.

Eine kultursensible Weiterentwicklung von Arbeitskulturen bedeutet, differenzierte Herangehensweisen auf Basis der vorherrschenden Kulturmuster zu wählen und sensibel umzusetzen. Bei der Clan-Kultur muss eine starke Wir-Kultur berücksichtigt werden, d. h. ein Vorgehen, das bei der Auswahl der „passenden" Mitglieder anfängt, über das Setzen eines gemeinsamen Rahmens geht und eine gemeinsame Haltung über eine starke „Leaderfunktion" fördert. In Adhocracy-Kulturen sind zusätzlich Unterstützungsangebote,

Zeit, eine bewusste Kulturreflexion, eine glaubhafte Einbindungsstrategie sowie Infrastrukturmaßnahmen erfolgsversprechend. Bei Markt- und Hierarchie-Kulturen ist die Rolle der Führungskraft, die Kultur vorlebt und als Entscheidungsperson die richtigen Personen anstellt, sehr wichtig. Unterstützungsangebote oder Infrastrukturmaßnahmen werden dafür weniger wichtig eingestuft.

Die Entwicklung einer guten Arbeitskultur erfordert einen kultursensiblen Umgang mit Maßnahmen, die von den Mitarbeitenden erwartet und akzeptiert werden. Die Wahl ungeeigneter Maßnahmen kann bestenfalls wirkungslos, im schlechteren Fall sogar kontraproduktiv sein. Über die geeigneten Maßnahmen sind aber auch die richtigen Inhalte, Werte und Botschaften zu vermitteln. Kongruenz zwischen Zielsetzung, Mitteln und Botschaften, zwischen Denken, Reden und Handeln bleiben in der Welt der Human Work Culture oberstes Gebot.

Angesichts der hohen Bedeutung der Führung für die Arbeitskultur im Allgemeinen und für deren Transformationsprozesse im Besonderen, haben wir diese vor dem Hintergrund unterschiedlicher Generationenzusammensetzungen der Mitarbeitenden untersucht. Hierbei haben wir eine altersabhängige Ungleichbehandlung sowie altersdifferente Wahrnehmung und Wertschätzung festgestellt. Das sind explizite oder implizite Formen der Altersdiskriminierung. Sie können die Arbeitskultur belasten, indem sie gegen grundsätzliche Wertvorstellungen, wie Gerechtigkeit und Wertschätzung, verstoßen und indem sie unzweckmäßige Stereotype bedienen, die eine Zusammenarbeit erschweren. Damit werden auch technologische, strategische, strukturelle oder kulturelle Transformationsprozesse erschwert oder sogar behindert. Insbesondere wird bei älteren Mitarbeitenden (nach ihrer Wahrnehmung) weniger Rücksicht auf die Besonderheiten ihrer Lebensphase gelegt, sie profitieren weniger von einer Lernkultur und der Zurverfügungstellen von Zeit, um Neues lernen zu können. Die in der betrieblichen Praxis vielenorts anzutreffenden negativen Einstellungen gegenüber der Lernbereitschaft und Lernfähigkeit älterer Mitarbeitenden können zu einer alterskorrelierten Ausgrenzung von Förder- und Entwicklungsmöglichkeiten führen. Dabei ist es für die Arbeitskultur unerlässlich, allen Mitarbeitenden die gleichen Voraussetzungen für eine altersspezifische Entwicklung und Performanz zu geben und hierfür auch altersunabhängig Förderung und Wertschätzung zu vermitteln. Das trifft auf alle Alterssegmente zu. Bei älteren Mitarbeitenden scheinen wir dies manchmal zu vergessen.

Literatur

Bellmann, Lutz, Ute Leber, und Jens Stegmeier. 2007. Betriebliche Personalpolitik und Weiterbildungsmanagement gegenüber älteren Beschäftigten – Ein Überblick mit Daten des IAB-Betriebspanels. In *Demografischer Wandel und Weiterbildung*, Hrsg. Loebe Herbert und Severing Eckart, 1. Aufl., 81–99. Bielefeld: Bertelsmann.

Dziarnowski, Lutz, Hrsg. 2007. *Erfolgsfaktor Arbeitsklima. Vergleichende Analysen und empirische Ansätze*, 1. Aufl. Lohmar: Eul.

Ebner, Franz. 2015. *Von der Entdeckung älterer Mitarbeitender. Beschäftigungsfähigkeit und Weiterbildung im mittleren und späteren Erwerbsalter*. Männedorf: publications.ch.
Hartnell, Chad A., Amy Yi Ou, und Angelo Kinicki. 2011. Organizational culture and organizational effectiveness: A meta-analytic investigation of the competing values framework's theoretical suppositions. *The Journal of Applied Psychology* 96(4): 677–694. https://doi.org/10.1037/a0021987.
Herget, Josef. 2018. Agile Methoden zur Gestaltung der Unternehmenskultur: Dynamiken der Veränderungsfähigkeit für einen Kulturwandel nutzen. In *Unternehmenskultur in der Praxis. Grundlagen – Methoden – Best practices*, Hrsg. Josef Herget und Herbert Strobl, 243–256. Wiesbaden: Springer Gabler.
Jost, Hans Rudolf. 2003. *Unternehmenskultur. Wie weiche Faktoren zu harten Fakten werden*. Zürich: Orell-Füssli.
Jurecic, Mitja. 2019. Gut zu wissen: die Wirkung von Büroumgebungen auf unterschiedliche Arbeitstypen. In *Zukunft der Arbeit – Perspektive Mensch. Aktuelle Forschungserkenntnisse und Good Practices*, Hrsg. Sebastian Wörwag und Alexandra Cloots, 2., ak. Aufl., 331–340. Wiesbaden: Springer Gabler.
Nink, Marco. 2015. Der Mensch bleibt Mensch. Gallup Engagement Index. In *Arbeitskultur 2020. Herausforderungen und Best Practices der Arbeitswelt der Zukunft*, Hrsg. Werner Widuckel, 59–71. Wiesbaden: Springer Gabler.
Widuckel, Werner. 2015. Arbeitskultur 2020 – Herausforderungen für die Zukunft der Arbeit. In *Arbeitskultur 2020. Herausforderungen und Best Practices der Arbeitswelt der Zukunft*, Hrsg. Werner Widuckel, 27–43. Wiesbaden: Springer Gabler.
Wörwag, Sebastian, und Alexandra Cloots. 2018. *Flexible Arbeitsmodelle für die Generation 50+. Wirkungsvolle Maßnahmen gegen den vorzeitigen Austritt aus der späten Erwerbsphase*. Wiesbaden: Springer Gabler.
Wörwag, Sebastian, und Alexandra Cloots, Hrsg. 2019. *Zukunft der Arbeit – Perspektive Mensch. Aktuelle Forschungserkenntnisse und Good Practices*, 2., ak. Aufl. Wiesbaden: Springer Gabler.

14 Kulturwandel – ein reflektiertes Praxisbeispiel

Ein Praxisbeispiel

Alexia Böniger

„Lehre bildet Geister; doch Übung macht den Meister."
Deutsches Sprichwort

Zusammenfassung

Dieses Kapitel zeigt an einem Praxisfall auf, wie sich ein Verlag mit 50 Mitarbeitenden mit dem Thema Kultur während einer umfassenden Transformation auseinandergesetzt hat. Dabei werden für die Reflexion theoretische Modelle herangezogen und es wird anhand praktischer Beispiele aufgezeigt, wie die Kulturentwicklung mit bewussten Interventionen beeinflusst worden ist. Die Transformation hat sämtliche Managementdimensionen umspannt, angefangen bei der Neudefinition der Strategie und des Geschäftsmodells über die strukturelle Aufstellung bis zur Anpassung der Führungsphilosophie und der Führungsinstrumente. Dem Thema Kulturentwicklung ist angesichts der herausfordernden Transformationsdimensionen viel Aufmerksamkeit gewidmet worden. Insbesondere auch weil das Loslassen von alten Gewohnheiten und das Einlassen auf Neues ein Anspruch ist, der sich aus der strategischen Neuausrichtung ableitet. Das Kapitel zeigt unterschiedliche Aspekte des Kulturwandels beim Verlag auf.

A. Böniger (✉)
i opener AG, Zürich, Schweiz
E-Mail: alexia.boeniger@i-opener.consulting

S. Wörwag, A. Cloots (Hrsg.), *Arbeitskulturen im Wandel*,
https://doi.org/10.1007/978-3-658-30451-5_14

14.1 Einleitung

Beim Verlag Z strebten wir die Transformation von einer traditionell hierarchisch aufgestellten Organisationsstruktur zu einem Kreismodell (Variante einer Netzwerkstruktur) an. Dabei haben wir uns gefragt, ob wir über den geforderten kulturellen Reifegrad verfügen, um diese Strukturanpassung vorzunehmen.

Der Verlag Z umfasst gut 50 Mitarbeitende unterschiedlichsten Dienstalters, aber auch unterschiedlichster Generationen. Das Umfeld ist eher klassisch traditionell aufgestellt: In der Geschäftsleitung und im Verwaltungsrat sitzen Menschen, die mehrheitlich mit traditionellen Methoden und nach klassischem Verständnis sehr erfolgreich wirtschaften und gewirtschaftet haben. Im Bereich Geschäftsmodell standen wir vor größeren Veränderungen, die der Digitalisierung im Verlagswesen geschuldet waren. Nachdem wir die Dimensionen von Kultur einigermaßen greifen konnten, verspürten wir großen Respekt vor dieser Transformation. Wir haben uns von den beiden Modellen „Unilateral Control Model" und „Mutual Learning Model" von Roger Schwarz (2002) und vom Kulturmodell nach William Schneider (Caimito Agile Life S.L. 2019) inspirieren lassen. Roger Schwarz hat untersucht, welchen Einfluss der kulturelle Kontext auf das Scheitern beziehungsweise Gelingen von Organisationsentwicklungen hat.

14.2 Kulturmodelle von Roger Schwarz

In der in Tab. 14.1 dargestellten Zusammenfassung werden die beiden Modelle von Schwarz (2002) einander gegenübergestellt.

14.3 Kulturmodell von William Schneider

Als zweites haben wir das Kulturmodell von William Schneider (Caimito Agile Life S.L. 2019) betrachtet und realisiert, dass die aus der Taylorzeit stammenden kulturbildenden Denkhaltungen und Strukturen zu einer Kontroll- und allenfalls auch einer Kompetenzkultur führten (Abb. 14.1).

Die Denkhaltungen gemäß New Work kommen im Modell von Schneider genau gegenüber zu liegen und manifestieren sich in einer Zusammenarbeits- und Kultivierungskultur (Scheller 2017). Gemäß Modellaussagen des Autors entstehen Konflikte insbesondere dann, wenn es sich um diagonal gegenüberliegende Kulturen handelt. Wir haben die Erkenntnis gewonnen, dass wir im Modell nach Schneider eine Zusammenarbeits- und Kultivierungskultur, respektive einen kulturellen Kontext gemäß dem „Mutual Learning Model" von Roger Schwarz, brauchen, um die Transformation erfolgreich umsetzen zu können.

Tab. 14.1 Vergleich der Kulturmodelle von Roger Schwarz (2002)

Kultureller Kontext, in dem Organisationsentwicklungen höchst wahrscheinlich scheitern: „Unilateral Control Model“	Kultureller Kontext, in dem Organisationsentwicklungen höchst wahrscheinlich gelingen: „Mutual Learning Model“
Denkhaltung der Menschen	
- Ich verstehe die Situation, Leute mit abweichender Meinung verstehen die Situation nicht - Ich habe recht, Leute mit abweichender Meinung sind im Unrecht - Ich habe reine Motive, Leute mit abweichender Meinung haben fragwürdige Motive - Meine Gefühle sind gerechtfertigt	- Ich habe Informationen, andere haben andere Informationen - Jeder von uns sieht etwas, was der andere eventuell nicht sieht - Differenzen sind eine Gelegenheit, um zu lernen - Leute versuchen, mit Integrität zu handeln, ausgehend von ihrer Situation
Charakteristika	
- Erreichen seiner Ziele durch einseitige Kontrolle - Gewinnen, nicht verlieren - Negative Gefühle in einem Minimum ausdrucken, rational handeln	- Man teilt Informationen, Informationen sind valid - Innerliches Commitment - Leidenschaft
Angewendete Strategien	
- Seine Position rechtfertigen/verteidigen - Seine Beweggründe bedeckt halten/die anderen nicht nach ihren Beweggründen fragen - Sich vorsichtig einfügen/sein Gesicht wahren	- Alle wichtigen Informationen teilen - Beweggründe und Absichten sichtbar machen - Annahmen testen und Folgerungen daraus ziehen - Gemeinsames Design des Vorgehens - Auch das Undiskutierbare diskutieren
Daraus resultierende Konsequenzen	
- Missverständnisse, Misstrauen, Konflikte und Verteidigungshaltung - Isolierende Prozesse und limitiertes Lernen - Reduzierte Effektivität - Reduziertes Qualitätsbefinden des Berufslebens	- Gewachsenes Verständnis, reduzierte Konflikte und Verteidigungshaltung - Gewachsenes Vertrauen - Weniger isolierende Prozesse und erhöhtes Lernen - Erhöhte Effektivität - Erhöhtes Qualitätsbefinden des Berufslebens

14.4 Ausgangspunkt festmachen

Als ersten Schritt im Transformationsprozess haben wir eruiert, wo unser kultureller Ausgangspunkt im Modell nach Schneider verortet werden kann. Mittels Einschätzungen aller Mitarbeitenden haben wir festgestellt, dass wir uns im Modell nach Schneider hauptsächlich in einer Kompetenzkultur bewegen und Elemente aus der Kontrollkultur aufweisen. Ausgewiesene Expertise und in definierten Fachthemen „die Besten“ zu sein, das waren

Abb. 14.1 Kulturmodell nach Schneider. (Quelle: Caimito Agile Life S.L. 2019)

über Jahre die Markenzeichen des Verlags. Durch die Eigenreflexion der Mitarbeitenden und den Austausch darüber ist die Erkenntnis gewachsen, dass ein großer Teil unseres Berufsstolzes aus der Kompetenzkultur gewachsen ist. Damit verknüpft ist jedoch eine traditionelle Vorgehensweise, die wenig Raum für spontane Zusammenarbeit oder das Ausprobieren von neuen Elementen lässt. Doch eben diese neuen Prinzipien (iteratives Vorgehen, gemeinsames Experimentieren mit dem Kunden, etc.) hat sich der Verlag als Enabler zur Erreichung der neuen strategischen Stoßrichtungen auf die Fahne geschrieben. Dies hat uns zur Erkenntnis geführt, dass wir unsere Herangehensweisen an neue Projekte und unsere Art der Zusammenarbeit respektive unsere Organisation anders gestalten möchten. Und dass wir auch auf der kulturellen Ebene einen Rahmen schaffen möchten, der Experimentieren und iteratives Vorgehen unterstützt. Zum Beispiel braucht es dazu eine Vertrauenskultur und eine Fehlerkultur. Das Festlegen des kulturellen Ausgangspunkts und das Definieren von Zielkulturen waren unsere ersten Schritte in der Kulturentwicklung.

Gemäß Modell von Roger Schwarz haben wir uns näher am „Mutual Learning Model" als am „Unilateral Control Model" verortet. Diese Einschätzung ist dadurch entstanden, dass wir einen „Regler" zwischen den beiden Modellen als jeweilige Pole gesetzt und anhand von geschilderten Beispielen aus dem erlebten Alltag hin und her verschoben haben, bis wir uns auf einen Punkt, auf dem der Regler zu stehen gekommen ist, geeinigt haben. Bereits diese Diskussionen hatten einen kulturstiftenden Charakter. Es ging nicht nur darum, sich der Dimension des Kulturwandels bewusst zu werden, sondern auch darum, Werte zu identifizieren, die während des Prozesses des Wandels gelebt worden sind, nämlich: selbstkritisches Denken, Offenheit und wertfreies Zuhören, weil jede Denkhaltung ihre Berechtigung hat. Die bewusste Reflexion mit allen Mitarbeitenden über unseren kulturellen Ausgangspunkt hat das System „mobilisiert", sich auf den Weg zu machen. Zu realisieren, dass wir eine Zusammenarbeitskultur mit Elementen der Kultivierungskultur brauchen, selber aber noch in der Kompetenzkultur, respektive Kontrollkultur steckten, war der erste Schritt und legte die Basis zum Kreieren von kulturstiftenden Maßnahmen.

14.5 Transformation ist das neue Tagesgeschäft – Alte Wunden

Abb. 14.2 zeigt auf, worum es gemäß unserem Verständnis bei der Agilisierung im Kern geht. Die Abbildung links zeigt das bisherige Reagieren von Unternehmen auf veränderte Umweltanforderungen. Change-Schritte erfolgen stufenweise. Das heißt, dass eine Unternehmung eine Anpassung vornimmt und dann in der neuen Aufstellung einige Jahre verharrt bis ein nächster Anpassungsschritt notwendig ist. Im Rahmen der Agilisierung hingegen geht es darum, ein Unternehmen so agil aufzustellen, dass es über eine permanente Veränderungsbereitschaft und -fähigkeit verfügt, dass Veränderung ein stetiger Prozess ist (Abbildung rechts).

Uns ist bewusst geworden, dass uns die bisherigen klassischen Umstrukturierungsvorgehen (Top-Down-Ansatz: das Management definiert die neue Strategie, das neue Geschäftsmodell, neue Strukturen und Prozesse) geprägt haben. Die folgenden Rollenbilder respektive Verhaltensweisen haben sich dadurch manifestiert: Das Management ist aktiv und bildet die alleinige Entscheidungsinstanz, die Mitarbeitenden sind passiv, es wird über sie verfügt. Da Umstrukturierungen häufig mit Personalabbau verbunden sind, löste der Gedanke daran bei einigen Mitarbeitenden Verunsicherung und Existenzangst aus. Mit

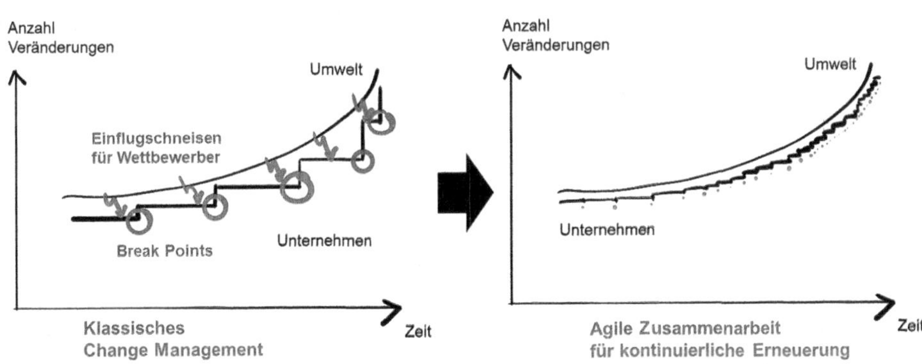

Abb. 14.2 Transformation ist das neue Tagesgeschäft. (Quelle: eigene Aufbereitung)

dem Change konfrontiert, haben einige Mitarbeitende ausgesagt, ein Gefühl des Ausgeliefertseins und der Angst um ihre Zukunft zu haben.

Mit der neuen Organisationsstruktur nach agilen Prinzipien verfolgten wir das Ziel, in einem komplexen, dynamischen Umfeld so aufgestellt zu sein, dass wir uns durch die Flexibilisierung von Strukturen und Prozessen sowie die Erhöhung des Grades an Selbstorganisation permanent an neue Gegebenheiten anpassen können. Und wir hatten die Absicht, die Ausgestaltung der neuen Organisationsstruktur aus unserer Mitte heraus zu gestalten, orientiert am Kundenbedürfnis, aufgebaut auf unseren Stärken. Wir wollten gemeinsam mit allen Mitarbeitenden einen Weg mit lehrreichen, kreativen und prozessorientierten Etappen beschreiten. Und dennoch waren am Anfang viele Mitarbeitende kritisch, geprägt von bisherigen negativen Umstrukturierungserfahrungen. Das Ansprechen dessen (Diskurs auf der Metaebene) und das Schaffen von echten Mitgestaltungsgefäßen (glaubwürdige Umsetzung auf der operativen Ebene) haben geholfen, auch kritische Mitarbeitende zunehmend von der positiven Energie der Kreativität und Mitgestaltung zu überzeugen.

14.6 Kulturstiftend wirksam sein

Prof. Peter Kruse (2008) hatte sehr treffend formuliert, dass man Kultur nicht managen, man aber einen Diskurs anregen kann, der eine kulturstiftende Wirkung zu entfalten vermag.

14.6.1 Diskurse auf der Metaebene

Die Methodik Heldenreise (Lindemann 2015) schien uns probat, um unseren Veränderungsprozess und die damit einhergehende Kulturentwicklung zu diskutieren und zu verorten. Lindemann beschreibt die Heldenreise als ein auf Metaphern gestütztes Arbeiten an Problemlösungen. Sie besteht aus verschiedenen Stationen, ausgehend von „Die gewohnte Welt", über den „Ruf des Abenteuers", die „Weigerung", das „Überschreiten der ersten Schwelle" bis zu weiteren Stationen. Stationsspezifische Fragestellungen wie zum Beispiel „Warum soll der Held das Abenteuer auf sich nehmen?", „Welche Ängste könnten den Held zurückhalten?", „Was wäre der erste kleine Schritt der Veränderung?" und „Wie wird es sein, die Herausforderung gemeistert zu haben?" sind wertvolle Hilfsmittel, um den Veränderungsprozess anzustoßen. Die Heldenreise war für uns eine passende Methodik, um die verschiedenen Phasen, die man während einer Transformation durchläuft, auf der Metaebene zu begleiten. Es wirkte motivierend, gemeinschaftlich die Energie von gut wirkenden Maßnahmen zu spüren. Es wirkte entlastend, Stolpersteine gemeinschaftlich anzusprechen. Wenn man für die Reflexionen eine klare Methodik anwendet, erhält sie einen strukturierenden Ritual-Charakter und bereits beim zweiten Austausch (Prozessreview) hat sich eine Atmosphäre des „sicheren Hafens" eingestellt. Es wurden unbeschwert Punkte angesprochen, die nicht gut gelaufen sind, dadurch entstand Raum für neue Ideen.

14.6.2 Neue Machart der Organisationsentwicklung

Nebst dem Diskurs haben wir auch eine neue „Machart" der Organisationsentwicklung angewendet. Wir (Projektteam und Management) mussten uns neue Methoden ausdenken, wie Mitarbeitende echt mitgestalten können. Wir kannten nur die bisherigen Top-Down-Ansätze, die allesamt von einem Menschenbild des mündigen Managements und des unmündigen Mitarbeitenden ausgingen. Natürlich können nicht alle Entscheide demokratisch getroffen werden, sonst droht man im Transformationsprozess stecken zu bleiben. Deshalb haben wir Entscheidungskompetenzen zum einen delegiert, zum anderen klar zugeordnet. Beispielsweise lag es in der Kompetenz der Geschäftsleitung, die Kreisstruktur als Darstellungsform der Organisation festzulegen, wie sich jedoch ein Kreis organisiert, ob man eine Person bestimmen will, die den Kreis koordiniert oder ob man komplett selbstorganisiert sein will, war den Rolleninhabern in einem Kreis überlassen. Das hat auf unser Zielbild, nämlich eine Kultur zu schaffen, in der sich alle Mitarbeitenden auf Augenhöhe begegnen, bereits mit der Prozessgestaltung einbezahlt. Durch das Übertragen von Verantwortung und Entscheidungsbefugnissen haben die Mitarbeitenden bereits während dem Entwicklungsprozess die Rolle des mitgestaltenden Mitarbeitenden eingenommen und dabei Selbstwirksamkeit erfahren.

14.6.3 Prozessorientiertes Entwickeln

Eine weitere kulturstiftende Stoßrichtung stellte die prozessorientierte Vorgehensweise dar. Wir haben am Anfang eines Prozesses eine Maßnahme definiert und während deren Umsetzung ihre Wirkung evaluiert. Sobald eine Irritation im System auftauchte, haben wir diese sichtbar gemacht und die Mitarbeitenden in die Lösungsfindung integriert. Mit der Zeit ist Vertrauen in die Reaktionsgüte auf Irritationen entstanden, sozusagen eine „safety-Kultur" entstanden, die sich durch eine Atmosphäre der Verlässlichkeit beschreiben lässt.

14.6.4 Authentische Instrumente und Gefäße

Eine weitere Stoßrichtung zielte darauf ab, alle Instrumente und Gefäße authentisch mit der Zusammenarbeits- respektive der Kultivierungskultur in Einklang zu bringen. Ein aussagekräftiges Beispiel hierzu ist die Gestaltung unseres Mitarbeiterformulars/-gesprächs. In unserer Welt vor der Transformation war das Mitarbeitergespräch Zeuge der traditionellen Führungskultur. Ein Vorgesetzter gab die Ziele vor. Natürlich durfte der Mitarbeitende auch eigene Ziele definieren, aber wie gut konnten die sein, wenn ihm der Stoff, aus dem das Unternehmen gewoben ist, nicht genug bekannt war? Wenn Mitarbeitende nicht in strategische Überlegungen involviert werden und ihnen der Orientierungsrahmen fehlt, ist es schwierig für sie, gute Ziele zu formulieren. Zusätzlich zum Mitarbeitergespräch führten Vorgesetzte einmal pro Jahr ein Standortgespräch, in denen sie als alleiniger Referenzrahmen die Leistungen ihrer Mitarbeitenden beurteilten. In der New Work-Welt haben wir mittels Workshops sichergestellt, dass die Mitarbeitenden das Herzstück jedes Unternehmens, die Strategie, als Orientierungsrahmen verinnerlichen. So waren die Mitarbeitenden befähigt Ziele zu formulieren und definierten damit, welchen Beitrag sie zur Erreichung der Unternehmensziele beisteuern konnten. Zusätzlich haben die einzelnen Teams gemeinschaftliche Teamziele definiert und zur Unterstützung einer Zusammenarbeitskultur eine Feedbackkultur eingeführt.

14.6.5 Alle miteinbeziehen

Wir haben ein aktives Stakeholdermanagement betrieben. Nebst den Mitarbeitenden haben wir sowohl die Kunden und Kundinnen als auch die Mitglieder des Verwaltungsrates, die Autoren und Autorinnen des Verlags, die strategischen Partner, etc. über unsere Zielbilder, das Vorgehen und die Zwischenetappen informiert und uns mit den Rückmeldungen auseinandergesetzt.

Die Kunden und Kundinnen haben wir aktiv einbezogen, in Gesprächen und Workshops ihre Bedürfnisse abgeholt und versucht, zukünftige Trends zu erkennen und gemeinsam Lösungen zu skizzieren. Wir entwickelten damit auch eine Zusammenarbeitskultur zwischen den Mitarbeitenden und den Kunden und Kundinnen.

Festzustellen, dass sich alle anzustrebenden Glaubenssätze in den Transformationsmaßnahmen widerspiegelten, war schlicht und ergreifend DIE Kulturstiftung.

14.7 Delegationstafel – Austesten

Bezüglich unseres Vorgehens haben wir uns mehrheitlich am Vorschlag aus dem Buch „Das kollegial geführte Unternehmen“ (Oestereich und Schröder 2017) orientiert.

Wir haben zuerst mit dem Management eine sogenannte Delegationstafel erstellt. Auf dieser wird aufgeführt, welche Führungsaufgaben, die bis anhin vom Management wahrgenommen wurden, neu in die kollegiale Führung übergeben werden können. In einem zweiten Schritt haben wir ein Kernteam gegründet, das die Ausarbeitung der Organisationsstruktur, die Definition der Rollen unter Berücksichtigung der Delegationstafel und die Instrumente (zum Beispiel neues Formular für Teamziele) und Gefäße (zum Beispiel Praktikergruppen, die sich zwecks Austausches zu Learnings regelmäßig treffen) festgelegt hat. Das Kernteam hat sich aufgrund einer Ausschreibung aus Freiwilligen konstelliert. Es hat die definierten Instrumente und Gefäße selbst getestet, Feedbacks der Mitarbeitenden eingebaut und Verbesserungen vorgenommen. Zum Beispiel hat der Bereich Marketing den Nutzen eines Management Boards ausprobiert. Mit Fingerfarben ist die Glaswand im Büro zum Board geworden mit den Etappen „Idee“, „in Arbeit“, „Erledigt“.

Dieses Board ist für alle Mitarbeitenden einsehbar, so war es auch möglich, dass Mitarbeitende aus anderen Bereichen als Marketing Ideen anbringen konnten.

14.8 Befähigung

Parallel dazu haben wir die Mitarbeitenden laufend befähigt, sich in den Prozess einzubringen. Dazu gehörten das Studium von Literatur sowie Schulungen zu Organisationsformen und möglichen Instrumenten der Zusammenarbeit. Zum Beispiel wie man in einem Kreismodell mit Selbstorganisationsprinzipien Entscheidungen treffen kann.

Wir haben mit den Führungskräften ausgelotet, wie sie den Wandel wirkungsvoll begleiten können, in unserem Fall wurde ein Training zum Thema Coaching in der Transformation gewünscht. Auch bei den Mitarbeitenden haben wir erfragt, was sie brauchen, um den Wandel mit einem guten Gefühl angehen zu können. Sie haben sich ein Training zum Thema Selbstführung gewünscht.

14.9 Genügend Ressourcen einsetzen

Eine gelingende Transformation von der traditionellen Führungswelt in die New Work-Welt braucht viel Ressourcen, weil alle Mitarbeitenden in den Prozess involviert werden. Die Veränderungen aber greifen dadurch nachhaltig und es können qualitativ bessere Lösungen erarbeitet werden. Durch die Prozessorientierung ist der Aufwand im Vorfeld schwer abschätzbar. Wir haben Entwicklungsgefäße (Rahmen) geschaffen und einen Aufwand dafür budgetiert. Innerhalb der Entwicklungsgefäße haben wir unser Vorankommen dokumentiert und inhaltlich laufend angepasst. Dass man Ressourcen spricht und zwar in einem genügend guten Umfang, ist auch kulturstiftend. Es zeigt, dass die Transformation wichtig ist und man den Worten Taten folgen lässt.

14.10 Psychologisches Empowerment

Carsten Schermuly beschreibt in seinem Buch „New Work – Gute Arbeit gestalten" (Schermuly 2016) das psychologische Empowerment als Summe aus vier Elementen. Dies sind das Kompetenzempfinden (Mitarbeitende sollten sich befähigt fühlen, die an sie gestellten Aufgaben gut bewältigen zu können), die Sinnhaftigkeit der Aufgabe, die Wirksamkeit (die Wahrnehmung, dass man selbst Wirkung entfalten kann, zum Beispiel die Möglichkeit haben, eigene Ideen einzubringen und umzusetzen) und die Selbstorganisation. Dieses Modell hat uns auf den ersten Blick angesprochen, weil es einige Prinzipien von New Work erfüllt. Wir haben eine individuelle Befragung durchgeführt, bei der sich die Mitarbeitenden zu jedem Element äußern konnten. Und gleichzeitig haben wir danach gefragt, was es braucht, damit die einzelnen Elemente ihren Idealvorstellungen entsprechen. Interessant war, dass das Empfinden pro Mitarbeitende individuell ist und sich der eine einen größeren Grad an Selbstorganisation wünschte als ein anderer. Dies stellte dann für die Mitarbeitenden ein Kriterium dar für die Auswahl ihrer Rollen.

14.11 Integraler Ansatz

Im Rahmen der Transformation sollte man alle Bereiche, die ein Unternehmen ausmachen, weiterentwickeln (Pfyffer und Schmid 2019). Wenn man eine Geschäftsmodellentwicklung durchläuft, zum Beispiel von einem Schlüsselhersteller zu einem Schliesssystemdienstleister, sollte man nicht auf Digitalisierung und Innovation setzen, ohne gleichzeitig einen Wandel in Mindset und Verhalten anzustoßen. Und es braucht auch gleichzeitig ein angepasstes Führungsverständnis und strukturelle Anpassungen.

Das integrale Transformationsmodell (Pfyffer und Schmid 2019) strukturiert die Transformationshebel nach drei Themenfeldern (siehe Abb. 14.3). Im Themenfeld „Lernen" geht es darum, die Bereitschaft, die Mobilisierung und die Befähigung für den Wandel herzustellen. Aber auch das organisationale Lernen sicherzustellen, indem man den Wandel auf der Metaebene begleitet, beobachtet und Learnings herausschält. Das Themenfeld „Führung" beinhaltet alle Aktivitäten rund um die Anpassung von Strukturen, Prozessen, Strategie, Definition von Gefäßen, Führungsinstrumenten und wie man zusammenarbeitet. Das Themenfeld „Geschäft" beinhaltet alle Aktivitäten und Anpassungen in Bezug auf das Geschäftsmodell.

Die Kernaussage hier ist, dass man alle Themenfelder, sprich alle Transformationshebel gemeinsam betätigen sollte, sonst entstehen Irritationen im System. Und diese Irritationen triggern in einem hohen Maß die Hinterbühne des Unternehmens, also die unausge-

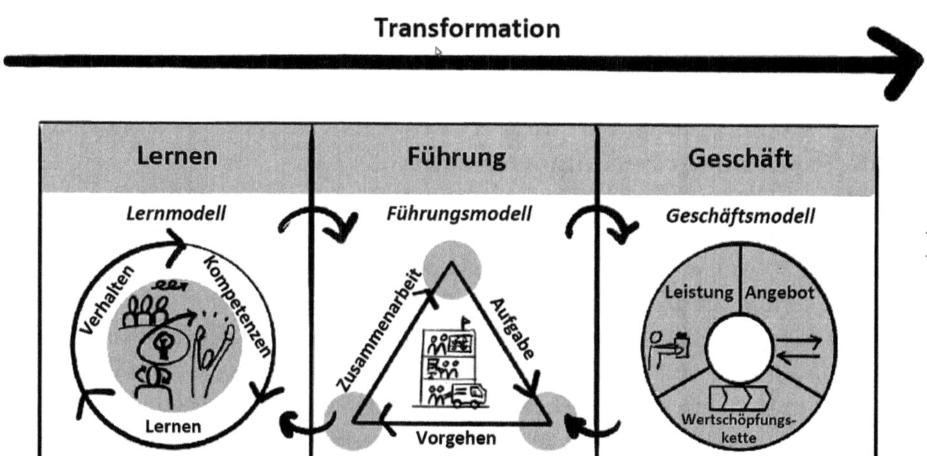

Abb. 14.3 Integrales Transformationsmodell nach Pfyffer Schmid. (Quelle: Pfyffer und Schmid 2019)

sprochenen Gepflogen- und Gewohnheiten, die grundsätzlich versuchen, das System zu stabilisieren (Scheller 2017), was dem beabsichtigten Wandel entgegen läuft.

Beispiele aus unserer Verlagspraxis sind: Im Themenfeld „Lernen" haben wir fixe Austauschmeetings durchgeführt, unsere Learnings aus dem Einsatz von neuen Führungsinstrumenten gezogen und Anpassungen vorgenommen (organisationales Lernen). Wir haben evaluiert, welche neuen Kompetenzen es braucht, um in einem Kreismodell wirkungsvoll zu arbeiten, zum Beispiel erhöhte Kommunikations- und Konfliktkompetenz, weil man zum einen enger zusammenarbeitet und zum anderen exponierter ist gegenüber anderen Rolleninhabern. Aus diesen Erkenntnissen haben wir Trainings abgeleitet und durchgeführt.

Im Themenfeld „Führung" haben wir zum Beispiel die Kreisorganisation eingeführt, Entscheidungskompetenzen delegiert und das Konzept des Mitarbeitergesprächs angepasst.

Im Themenfeld „Geschäft" haben wir als Beispiel einen Business Canvas unseres bestehenden Geschäftsmodells erstellt und in dasselbe Dokument farblich abgehoben das neue Geschäftsmodell eingetragen. So waren die anzugehenden Veränderungen für alle Mitarbeitenden nachvollziehbar, was wiederum zu einer Mobilisierung geführt hat.

14.12 Organisationales Lernen

Es leuchtete uns ein, dass wir unseren Mitarbeitenden einen Rahmen bieten sollten, damit sie sich von den Bedingungen aus dem „Unilateral Control Model" hin zum „Mutual Learning Model" (Schwarz 2002) entwickeln. Dazu brauchte es Prozesstransparenz, authentisches Verhalten der Vorbilder, Reflexionsschlaufen, also das Beobachten des Wandelprozesses auf der Metaebene, das Ansprechen von Verhalten, das von definierten Spielregeln abweicht, das Sichtbarmachen von Störfaktoren und Irritationen und das positiv-konsequente Reagieren darauf.

Als sehr wirkungsvolles Instrument haben wir die Schaffung der Rolle eines Kulturbotschafters erlebt, der speziell auf den Aspekt der Kongruenz zwischen Wort und Handlung achtet, der nahe an den Menschen ist und entsprechende kulturstiftende Maßnahmen anregt und begleitet.

14.13 Wechselspiel Struktur und Kultur

Es gibt sehr eindrückliche Beispiele davon, dass sich Menschen gemäß Kontext verhalten, in dem sie sich befinden. Zur Verdeutlichung hierzu dient das Beispiel von Kurt, der sich an einem Tag ein Fußballspiel ansieht und am nächsten die Oper besucht. Derselbe Mensch wird sich für beide Events unterschiedlich kleiden und unterschiedlich verhalten, angepasst an den Kontext (Zuschauertribüne Fußball/Oper), in dem er sich befindet. Das bedeutet, der Kontext, der einen umgibt, ist verknüpft mit Verhaltensspielregeln, die es einzuhalten gilt. an die sich alle halten. Wenn jemand Kurt sagt, er soll während der Oper dem Helden auf der Bühne laut zurufen (als ob sein Fußballheld eine gute Flanke spielt), dann wird er es nicht tun.

Übertragen auf die Arbeitswelt liefert das die Erklärung dafür, weshalb man Verhaltensweisen von Menschen weder per Apell vorgeben noch einen nachhaltigen Transfer in den Alltag feststellen kann, selbst wenn man zum Beispiel Werte gemeinsam definiert, solange es keine strukturellen Anpassungen gibt. Wenn das Arbeitsumfeld nach dem Workshop dasselbe ist wie vor dem Workshop, wird es zu keiner Verhaltensänderung kommen.

Wenn man verlangt, dass Mitarbeitende mehr Verantwortung übernehmen sollen, dann sollte man sie in Strategie- und Positionierungsarbeiten einbinden, Zugang gewähren zu unternehmensspezifischen Informationen und echte Entscheidungskompetenzen übertragen. Das bedeutet, dass es eine strukturelle Anpassung braucht, damit kulturstiftende Maßnahmen greifen können (siehe dazu auch „Integraler Ansatz").

Wir haben die positive Dynamik, die sich aus dem Zusammenspiel zwischen Strukturanpassung und Kulturdiskurs ergibt, am eigenen Leib erfahren und wir freuen uns darauf, unser neues Geschäftsmodell weiter zu entwickeln.

14.14 Take away

Aufgrund unserer Erfahrungen mit unserer eigenen Transformation und im Austausch mit Kollegen und Kolleginnen aus anderen Organisationen können wir hier „6 Dinge auflisten, die zu tun sind", damit eine Organisationsentwicklung gelingen kann:

1. Kulturelles Empowerment: Kulturellen Ausgangspunkt festlegen auf der Basis von Kulturmodellen, Zielkulturen festlegen, Diskurse auf der Metaebene führen, Kulturbotschafter einsetzen, eine Atmosphäre der Verlässlichkeit schaffen und kulturstiftende Maßnahmen aktiv planen und umsetzen
2. Psychologisches Empowerment: (Kompetenzaufbau, Mitarbeitende entlang der neuen Anforderungen befähigen, Sinnstiftung und empfundene Wirksamkeit sicherstellen, Selbstorganisation erhöhen) (Schermuly 2016)
3. Strukturelles Empowerment: Zum Beispiel Anpassung von Organisationsform und Führungsinstrumenten, Schaffen von Rollen, die mit Entscheidungskompetenzen verknüpft sind, Ressourcen für die Transformation planen
4. Soziales Feingespür in der Prozessorientierung haben, Irritationen konsequent in den Diskurs aufnehmen
5. Neue Machart: Der Weg zum Ziel ist das Ziel, alle einbeziehen, alle Maßnahmen zahlen konsequent auf die Zielbilder ein

6. Neue Tools einsetzen, um das Neue sichtbar zu machen und den Mitarbeitenden konkrete Hilfsmittel an die Hand geben (zum Beispiel: Entscheidungsverfahren, Management Board, Teamziele, Heldenreise, etc.)

Literatur

Caimito Agile Life S.L. 2019. *Unternehmenskultur nach Schneider.* http://www.caimito.net/de/kbase/culture-schneider.html. Zugegriffen am 19.04.2019.

Kruse, Peter.2008. Meilensteine der Kulturentwicklung. *Youtube.* https://www.youtube.com/watch?v=qjG0XACuMUE. Zugegriffen am 19.04.2019.

Lindemann, Holger. 2015. *Die grosse Metaphern-Schatzkiste.* Göttingen: Vandenhoeck & Ruprecht GmbH.

Oestereich, Bernd, und Claudia Schröder. 2017. *Das kollegial geführte Unternehmen.* München: Franz Vahlen.

Pfyffer, Marc, und Dieter Schmid. 2019. *In der Transformation über sich hinauswachsen.* Büttenhardt: üsh.

Scheller, Torsten. 2017. *Auf dem Weg zur agilen Organisation.* München: Franz Vahlen.

Schermuly, Carsten C. 2016. *New Work – Gute Arbeit gestalten.* Freiburg: Haufe-Lexware GmbH.

Schwarz, Roger. 2002. *The skilled facilitator.* San Francisco: Jossey-Bass.

15 New Meeting Culture – New Work Culture – New Company Culture

Ein Praxisbeispiel

Roman A. Huber, Reto Kaelli und Ronald Ivancic

> *„Der durch verletzte Gefühle von Besprechungsteilnehmern angerichtete Schaden für das künftige Arbeitsklima ist oft größer als der durch die erzielten Sachergebnisse gestiftete Nutzen."*
>
> *Hartmut Laufer*

Zusammenfassung

Aufgaben im Arbeitsalltag werden zunehmend komplexer und vieldeutiger. Aufgrund von veränderten Bedürfnissen und infolge eines steigenden Wettbewerbsdrucks gewinnen für Unternehmen Transfor, mationsprozesse in der Organisation, aber auch der Kultur zunehmend an Relevanz. Letztere gilt es zu einer agilen, flexiblen, Sicherheit gebenden und offenen New Work Culture zu entwickeln. Kulturtransformationen sind nicht direkt möglich, sondern können allenfalls über indirekte Stellschrauben, die die Struktur des Unternehmens und das Verhalten der Mitarbeitenden beeinflussen, bewerkstelligt werden. Feedbackprozessen kommt dabei eine entscheidende Rolle in der Vergegenwärtigung der Unternehmenskultur und Aufdeckung von „blinden Flecken" zu. Diese können gewinnbringend in Meetings integriert werden. Über Meetings werden nicht nur Mitarbeitende sozialisiert, es findet ebenso eine nachhaltige Kulturförderung statt. Auch

R. A. Huber (✉) · R. Kaelli
ALL CONSULTING AG, St. Gallen, Schweiz
E-Mail: roman.huber@all-consulting.ch; reto.kaelli@all-consulting.ch

R. Ivancic
OST – Ostschweizer Fachhochschule, St. Gallen, Schweiz
E-Mail: ronald.ivancic@ost.ch

S. Wörwag, A. Cloots (Hrsg.), *Arbeitskulturen im Wandel*,
https://doi.org/10.1007/978-3-658-30451-5_15

können effiziente Meetings Zeit und Ressourcen zurückgewinnen helfen, die in andere Projekte investiert werden. So wird einer höheren Geschwindigkeit und einer stärkeren Umsetzungskraft in Bezug auf die Veränderungen von Unternehmens- und Arbeitskultur Rechnung getragen. Die Einbindung von Feedback-Fragen nach jedem Meeting fördert den Cultural Change, indem nicht nur eine Selbstreflexion, sondern auch eine Reflexion innerhalb der Gruppe möglich wird. Das so entstehende Bewusstsein schafft einen ersten, rasch umzusetzenden Ansatzpunkt für kulturellen Wandel.

15.1 Kultur – Unternehmenskultur

Der Kulturbegriff hat seinen Ursprung im Fachbereich Anthropologie, die sich mit der Entwicklung des Menschen und der Herausbildung von Sozietäten beschäftigt. Damit einhergehend arbeiten verwandte Disziplinen, wie die Soziologie und Psychologie, ebenso intensiv am Themenbereich. In den 1980er-Jahren fand der Kulturbegriff dann Einzug in die Organisations- und Managementlehre. Peters und Waterman bezeichnen 1984 die Unternehmenskultur als den wesentlichsten Erfolgsfaktor des Unternehmens. Aufgrund dieser Entwicklungen erstaunt es nicht, dass Anthropologen, Soziologen und auch Management- und Organisationsforscher den Begriff Kultur sehr ähnlich definieren. Die kleinen Unterschiede basieren auf den verschiedenen Perspektiven in den Bedeutungsinhalten (Sackmann 2017, S. 35 f.).

Schein beschreibt Kultur als komplexes und dynamisches System, welches sich laufend verändert und entwickelt. Des Weiteren unterteilt er die verschiedenen Betrachtungsweisen von Kultur in Makrokulturen (Nationen, ethische und religiöse Gruppierungen, Volkswirtschaften), Organisationskulturen (private, öffentliche, Non-Profit- und Non-Governmental-Organisationen), Subkulturen (Beschäftigungsgruppen innerhalb der Organisation) und Mikrokulturen (Mikrosysteme innerhalb und außerhalb der Organisation) (Schein 2010, S. 2 ff.). Aus organisationstheoretischer Perspektive kann Unternehmenskultur als „Gesamtheit aller Normen, Werte, die den Geist und die Persönlichkeit des Unternehmens ausmachen“ (Doppler und Lauterburg 1996, S. 390) definiert werden.

Da die Kultur eines Unternehmens in Zusammenhang mit der Struktur, den vorherrschenden Regeln, dem Leitbild, der wirtschaftlichen Lage, dem Branchenumfeld und der Entwicklung des Unternehmens selbst steht, ist sie sehr komplex (siehe hierzu auch Kap. 2). Sie wird von Menschen und deren Werten, Ansichten, Haltungen, Einstellungen, Kompetenzen und Verhalten innerhalb eines Unternehmens beeinflusst und ist daher vielschichtig. Durch verschiedene Betrachtungsperspektiven, wie zum Beispiel Betriebswirtschaft, Psychologie, Kulturanthropologie und Systemtheorie versucht Ilic den Begriff der Unternehmenskultur klarer zu erläutern. Dabei nimmt das Verhalten der Menschen, bzw. deren Verhaltensmuster, eine wesentliche Rolle in der Unternehmenskultur ein (Ilic 2018, S. 19 ff.).

Eine häufig verwendete Metapher ist jene von der Unternehmenskultur als Eisberg (z. B. Schein 1992). Über der Wasseroberfläche sind sichtbare Organisationsstrukturen, Prozesse und Symbole, Mission, Vision, Strategie sowie Ziele als Teil der Unternehmenskultur zu verorten. Von besonderer Relevanz sind allerdings die unter dem Meeresspiegel verborgenen, unbewussten und selbstverständlichen Überzeugungen, Wahrnehmungen und Grundannahmen – die sogenannten „Hidden Rules und Agendas" denen sich einzelne Führungskräfte und Mitarbeitende nicht explizit bewusst sind (Maak und Ulrich 2007, S. 344). Wie auch beim Eisberg machen diese Tiefenstrukturen 80 % des Gesamtgebildes aus und beinhalten das „organisationskulturelle Identitätswissen" (Geißler 1994 zit. nach Neumann 2000, S. 166) des Unternehmens. Für eine starke Unternehmenskultur ist es wichtig, dass die Verhaltensmuster und Werte über das gesamte Unternehmen verbreitet und stark verankert sind. Essenziell ist auch, dass die Kultur von jedem Mitarbeitenden der Unternehmung gelebt und von der Geschäftsführung im Rahmen einer Vorbildfunktion vorgelebt wird (Doetsch 2014, S. 13).

Eine etablierte Unternehmenskultur und dabei insbesondere deren Tiefenstruktur zu transformieren, ist eine der schwierigsten Herausforderungen des Change-Managements. Zwei wesentliche Strategien einer kulturellen Transformation sind ein revolutionärer und ein evolutionärer Veränderungsprozess. Beim revolutionären Ansatz findet eine Entwicklung aufgrund einer Krise statt, wohingegen beim evolutionären Ansatz ein Bedürfnis für eine Verbesserung ausschlaggebend ist (Sackmann 2017, S. 252 f.).

Die Arbeitskultur ist eine Art Subkultur der Unternehmenskultur und wird im engeren Sinne mit den organisatorischen Regeln des Arbeitens aus Sicht der Angestellten beschrieben (Wien und Franzke 2014, S. 38 ff.). Diese Arbeitskultur emergiert aus der permanenten Interaktion von Mitarbeitenden und prägt im besonderen Masse die Unternehmenskultur. Dieser emergente Charakter der Kultur zeigt, dass sie nicht direkt und per Anordnung verändert werden kann.

15.2 Wirkungsvolle Instrumente

Zur Einflussnahme auf eine Unternehmens- und Arbeitskultur existieren verschiedene Ansätze, Methoden und Instrumente. Einigkeit besteht darin, dass Kultur nicht direkt, sondern vielmehr durch die Gestaltung des Dualismus von Strukturen und Verhalten einerseits sowie den Kontextbedingungen andererseits entwickelt werden kann (Ivancic und Huber 2018, S. 149). Letzteres setzt dabei an folgenden Designelementen an: (a) Funktionen, Aufgaben, Rollen, (b) Techniksystem, (c) Ressourcen, (d) Prozess- und Strukturorganisation, e) Forschungs-, Entwicklungs- und Erneuerungssystem, (f) Informations- und Kommunikationssystem, (g) Entscheidungssystem, (h) Kontroll-, Belohnungs- und Bestrafungssystem sowie (i) dem Menschen (Rieckmann 2005, S. 74 ff.).

Der evolutionäre Veränderungsprozess bedingt Maßnahmen zur bewussten Kulturentwicklung und -veränderung in den drei Bereichen Kulturträger, Kontextbedingungen und Führungskräfte. Eine Entwicklung findet dabei, wie bereits erwähnt, nicht als Folge einer Krise, sondern aufgrund des Bedürfnisses zur Verbesserung statt. Aufgrund der fokalen Ausrichtung vorliegenden Beitrags soll im Folgenden vornehmlich der Faktor Mensch ins Zentrum rücken.

Eines der wirkungsvollsten Instrumente ist die Entwicklung der Organisationskultur als Führungsaufgabe. Dabei gelten Führungspersonen als Vorbilder, die gewünschte Verhaltensweisen vorleben. Ein partizipativer oder auch ein mitarbeiterorientierter Führungsstil kann je nach Kulturtyp förderlich sein. Bereits Schein (1992) hat den Führungskräften eine größere Einflussmöglichkeit auf die Unternehmenskulturgestaltung und -entwicklung beigemessen als anderen Organisationsmitgliedern (Eberhardt 2013, S. 17). Auch Herget (2018) beurteilt die Vorbildfunktion Vorgesetzter und die Selbstorganisation als wichtigste Treiber von Veränderungen einer Unternehmens- und Arbeitskultur (Herget 2018, S. 254).

Instrumente aus dem Personalmanagement (z. B. Führen mit Zielen, Führungsgrundsätze bzw. Führungsleitlinien, Vorgesetzten-Feedback, Mitarbeitergespräch und -befragung, Laufbahn- und Karriereplanung, Austrittsgespräch) sind ebenso geeignet, die Unternehmenskultur intendiert zu entwickeln, da sie auf das Verhalten der Führungskräfte und der Mitarbeitenden abzielen, um gewünschte Verhaltens- und Denkmuster sowie Einstellungen (Normen und Werte) zu prägen (Sackmann 2017, S. 279).

Diese beiden „Cultural Change Enabler" Führungskraft und Instrumente des Personalmanagements kumulieren unter anderem in einem seit vermutlich Jahrhunderten eingesetzten Instrument: dem Meeting. Meetings können, auch wenn eigene Erfahrungen im Arbeitskontext dem entgegenstehen mögen, als Werkzeug genutzt werden, um gezielt Werte vorzuleben, effizient und effektiv zu Entscheidungen zu kommen, eine Feedbackkultur zu etablieren und damit intendierte Kulturveränderungen herbeizuführen.

15.3 Meeting und Feedback-Fragen

Meetings helfen, angesichts zunehmender Komplexität und Dynamik im Wirtschaftsalltag, das Verhalten der Mitarbeitenden zu kanalisieren, Ressourcen zu bündeln und effektiv sowie effizient zu allozieren und mit vereinten Kräften unübersichtlichen Umweltbedingungen entgegenzuwirken. Andererseits dienen sie aber auch der Sozialisierung neuer Mitarbeitenden und sind unter anderem für die Arbeitskultur in einem Unternehmen verantwortlich. Sie sind ein sehr wirksames Management-Werkzeug, da Entscheidungen gemeinsam getroffen sowie Probleme und Fragen diskutiert werden können. Somit sind sie in beinahe sämtlichen Unternehmen und Organisationen ein fester Bestandteil des Arbeitsalltages (Rausch 2008, S. 376).

Gemäß einer aktuellen Studie der Harvard Business School nehmen Top Manager durchschnittlich 37 Mal pro Woche an Meetings teil und verbringen somit rund 72 % ihrer Arbeitszeit in Meetings. Neben der Arbeitsbelastung sind Führungskräfte dadurch auch einer hohen Informationsflut ausgesetzt. Durchschnittlich dauert jedes dritte Meeting länger als eine Stunde. Die befragten Top Manager gaben bei dieser Untersuchung an, dass stündige Meetings oftmals auf bis zu 15 Minuten hätten gekürzt werden können (Porter und Nohria 2018).

Aufgrund dieser Zahlen und auch vor dem Hintergrund der Erfahrungen vieler Erwerbstätiger verwundert es nicht, dass Meetings häufig als Zeitverschwendung und als ineffizient betrachtet werden. Eine Studie mit 182 Führungskräften kommt dabei zu folgenden Ergebnissen (Perlow et al. 2017, S. 63 ff.):

- Meetings halten von der Arbeit ab (65 % der Befragten)
- Meetings werden für unproduktiv und ineffizient gehalten (71 % der Befragten)
- Meetings beeinträchtigen das konzentrierte Arbeiten (64 % der Befragten)
- Meetings erreichen es nicht, den Zusammenhalt innerhalb von Teams zu stärken (62 % der Befragten)

Physische aber immer mehr auch virtuelle Meetings gewinnen gerade im Zeitalter der Digitalisierung an Wichtigkeit. Die gewohnte Form und Häufigkeiten werden sich in Zukunft allerdings grundlegend ändern. Bei der Entwicklung von Unternehmens- und Arbeitskulturen sollte darauf geachtet werden, wie Meetings vorbereitet, durchgeführt und nachbearbeitet werden. Ziel sollte es sein, Meetings so effizient wie möglich abzuhalten, diese nur so oft wie wirklich notwendig durchzuführen und nur die wirklich betroffenen Personen einzuladen (Hofert und Thonet 2019, S. 201 ff.).

Dabei kommt der Feedbackkultur ein entscheidender Stellenwert zu: Ein Arbeitsklima, welches durch Offenheit, Vertrauen und wertschätzende Kommunikation geprägt ist, schafft Orientierung und die Möglichkeit zur Weiterentwicklung des Individuums, des Teams und der gesamten Unternehmung. In diesem Bewusstsein wird ein Teilnehmender sich selbst anhand von Feedback-Fragen reflektieren. In einem zweiten Schritt kann eine Reflexion in der Gruppe erfolgen, in welcher über Kultur gesprochen wird. Dies führt zu einer Veränderung im Verhalten, was zu einer Verbesserung der Effizienz und Effektivität sowie des Zusammenwirkens führt. Somit zeitigt insbesondere Feedback verschiedene

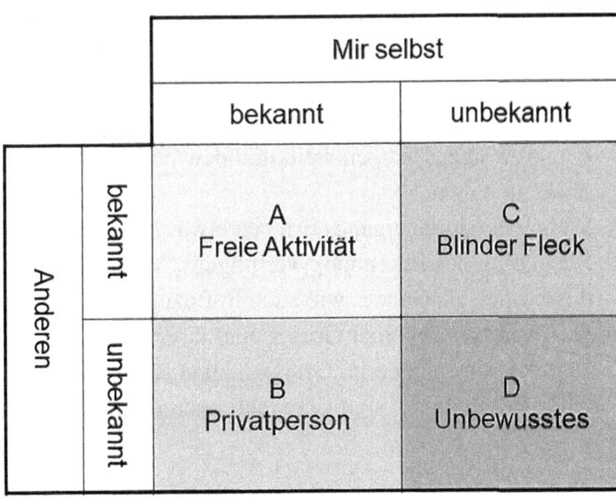

Abb. 15.1 Verhaltensbereiche des Johari-Fensters. (Quelle: Luft 1977, S. 22)

Verbesserungen. Eine Feedbackkultur hilft, „to further define your objectives, refine your strategies, and manage your actions“ (McNally und Speak 2006, S. 87).

Die Reduktion eines Blinden Flecks im Persönlichen als auch in der Gruppe resultiert in offenerem, toleranterem und so erfolgreicherem Umgang miteinander. Dies veranschaulicht das in Abb. 15.1 visualisierte Modell des „Johari-Fensters“ (Luft 1977, S. 22).

Im Modell des Johari-Fensters symbolisiert das A-Segment den Bereich freier Aktivität, der einem Individuum selbst, aber auch anderen Personen bekannt ist – es handelt sich um öffentliches Verhalten. Das B-Segment umreißt Privates, dass im Gegensatz zur fokalen Person anderen nicht bekannt ist, während das Unbewusste D-Segment als unzugänglich für jedermann tituliert werden kann (Luft 1977, S. 23 ff.).

Der sogenannte Blinde Fleck im C-Segment kann nun mittels Feedbackprozessen optimiert und so das eigene Verhalten zum Positiven verändert werden, wobei es folgende Grundsätze der Veränderung zu berücksichtigen gilt (Luft 1977, S. 24):

- Eine Veränderung in irgendeinem Quadranten berührt auch alle anderen Quadranten.
- Es erfordert Energie, ein Verhalten, das in der Interkation zutage tritt, zu verbergen, zu leugnen oder auch nicht zu sehen.
- Bedrohung vermindert für gewöhnlich das Erkennungsvermögen, während gegenseitiges Vertrauen es in der Regel vermehrt.
- Erzwungenes Erkennen durch beispielsweise Bloßstellung ist unerwünscht und meist unwirksam.
- Interpersonales Erlernen bedeutet, dass eine Veränderung eingetreten ist. Quadrant A ist grösser und einer oder mehrere der anderen Quadranten sind kleiner geworden.
- Die Zusammenarbeit mit anderen wird durch einen genügend großen Bereich freier Aktivität erleichtert. Wenn dieser vorhanden ist, können mehr der in der Gruppe vorhandenen Hilfsmittel und Fertigkeiten zur Lösung der aktuellen Aufgabe eingesetzt werden.
- Je kleiner Quadrant A ist, desto schlechter ist auch die Kommunikation.
- Jedermann ist neugierig in Bezug auf den unbekannten Bereich, wobei diese Neugier jedoch durch Sitte, soziales Training und unterschiedliche Ängste in Schach gehalten wird.
- Sensitivität bedeutet, dass man die verdeckten Verhaltensaspekte in den Quadranten B, C und D einzuschätzen weiß und den Wunsch der anderen achtet, diese Bereiche verdeckt zu halten.
- Wenn man durch eigenes Erleben etwas über Gruppenprozesse lernt, trägt das zu einer Steigerung des Erkennungsvermögens, Vergrößerung des Quadranten A, in Bezug auf die Gruppe als Ganzes wie auch in Bezug auf einzelne Gruppenmitglieder bei.
- Das Wertesystem einer Gruppe und ihrer Mitglieder lässt sich an der Art, wie man sich zu den Unbekannten im Gruppenleben stellt, ablesen.
- Ohne Erkenntnisse sind Entwicklungen unmöglich.

Wie in obigen Ausführungen bereits implizit ersichtlich, kann das Johari-Fenster nicht nur auf Personen, sondern ebenso auf Gruppen angewandt werden. Diese besitzen desgleichen einen öffentlichen, privaten und unbewussten Gruppenbereich sowie einen „Blinden Fleck", der durch externes Feedback ersichtlich wird. Schlägt man die Brücke zu Arbeits- und Unternehmenskultur zeichnet sich eine Parallele zwischen „Blindem Fleck" und den „Hidden Rules und Agendas" des „Eisbergs Unternehmenskultur" ab (vgl. das einleitende Kapitel zu Kultur – Unternehmenskultur), womit offene Feedbackprozesse bei der Exploration des Verdeckten helfen und so auch Ansatzpunkt kultureller Transformation sein können. Diese Feedbackprozesse in ohnehin abzuhaltende Meetings zu integrieren und somit diese Meetings und die Kultur zu optimieren, bietet sich als eine erste kleine Maßnahme der Etablierung einer schlagkräftigen, fehlertoleranten und einen Möglichkeitsraum entfaltenden New Work Culture an.

15.4 Professionalisierung und Kulturentwicklung durch IT-unterstützte Meetings

Folgende Ausführungen zeigen, gestützt auf Praxiserfahrungen der Autoren in Workshops und in der Beratung auf, wie die aktuelle Einstellung zu Meetings ist und wie mithilfe der Digitalisierung, Meetings effektiver und effizienter gestaltet und mittels implementierter Feedback-Fragen professionalisiert werden können sowie die Unternehmenskultur intendiert weiterentwickelt werden kann.

15.4.1 Häufige Ausgangssituation in der Unternehmenspraxis

Siegmar Nesch, Vorstandsmitglied der AOK Baden-Württemberg, einer großen Krankenversicherung in Deutschland, äußert sich dahingehend, dass er pro Woche rund 2000 Meeting-Protokolle erhält und diese oftmals unstrukturiert seien. Top-Manager zahlreicher anderer Unternehmen bestätigen in Führungsworkshops beim Management-Berater und langjährigen Geschäftsführer vom Malik Managementzentrum Dr. Thomas Pöck, dass sie mehr als 50 % ihrer Arbeitszeit in Meetings verbringen. Dementsprechend ist die Notwendigkeit evident, weniger und effizientere Meetings durchzuführen, um die hohe Arbeitsbelastung zu reduzieren und Gewinnbringenderes für das Unternehmen umsetzen zu können. Konkret lassen sich daraus auf Ebene Top-Management und Mitarbeitende aller Hierarchiestufen folgende Druckpunkte eruieren. Meetings sind oftmals:

- unstrukturiert
- verfügen über keine Agenda
- Teilnehmer bereiten sich nicht vor/können sich nicht vorbereiten/wissen nicht wie sie sich vorbereiten sollen

- dauern zu lange
- haben zu viele Teilnehmer
- es werden wenige/keine Entscheide gefällt

Obwohl die meisten in den oben erwähnten Workshops teilnehmenden Unternehmen Trainings zur Erhöhung der Wirksamkeit einzelner Meetings durchführen, hat sich gezeigt, dass Mitarbeitende schnell wieder in alte Muster zurückfallen und das Erlernte vergessen. Dadurch stellt sich die Frage, ob Trainings alleine ein zielführender Ansatz sind.

Vielversprechender erscheint, das bereits in jedem Unternehmen vorhandene Instrument Meeting individuell zu analysieren und auf Basis optimierter Abläufe ein unterstützendes Tool einzusetzen, mit welchem Meetings besser vorbereitet, strukturierter durchgeführt und effizienter nachbearbeitet werden können. Der besseren Verdeutlichung sollen unten stehende Beispiele aus dem Arbeitsalltag der Mitautoren dieses Beitrags dienen. Diese setzen in ihren Beratungen eine spezielle Meetingsoftware ein, die neben einer Professionalisierung von Meetings mittels implementierter Feedbackprozesse auch zu einer nachhaltigen Kulturentwicklung des Unternehmens beiträgt.

15.4.2 Professionalisierung von Meetings mit IT-Unterstützung

Seit Anfang 2018 setzt die ALL CONSULTING AG, ein mittelgroßer IT-Dienstleister, IT-unterstützte Meetings flächendeckend ein. Sie verspricht sich dadurch a) eine neue Reflexions- und Arbeitsplattform, b) die Rückgewinnung von Zeit, c) ein leichteres Erreichen von Resultaten und d) eine nachhaltige kulturelle Entwicklung.

Das Unternehmen mit rund 60 Mitarbeitenden hat im letzten Jahr 209 Meetings mit IT-Unterstützung durchgeführt, an welchen insgesamt 1006 Teilnehmer präsent waren – was einer durchschnittlichen Anzahl von 4,8 Teilnehmenden pro Meeting entspricht. Die qualitativen Effekte, die seit der Professionalisierung von Meetings mittels Software erzielt werden konnten, sind:

- Meetings werden konsequenter und professioneller vor- und nachbearbeitet
- erhöhte Aufmerksamkeit bei Meeting-Teilnehmenden
- in Meetings werden wesentlich mehr Entscheidungen getroffen und dokumentiert
- es finden weniger rein informative Meetings statt
- Meetings sind kürzer und werden von den Teilnehmenden effizienter beurteilt
- weniger Mitarbeitende verbringen Zeit in Meetings
- ständiger und ortsunabhängiger Zugriff auf Meeting-Unterlagen und Protokolle, da sich alle Dokumente zentral an einem Ort befinden, eine Volltextsuche erleichtert das Auffinden
- Feedback-Fragen nach den Meetings fördern die Feedback-Kultur der Mitarbeitenden und damit die nachhaltige kulturelle Entwicklung des Unternehmens – sie stärken die Sensibilisierung für wichtige Themen

- die Reflexions-Plattform ermöglicht es Teams, die Erneuerungskraft von innen heraus zu stärken
- Auswertungen (Einzel- und Gesamtsichten) auf Knopfdruck

Durch den Einsatz des IT-Tools hat sich das Format des Meetings bei diesem beispielhaften KMU also zum Unternehmenssteuerungs-Instrument entwickelt. Das schlägt sich auch in der Unternehmenskultur nieder. So wissen alle Mitarbeitenden, dass sie mit einer gezielten Vorbereitung für ein Meeting einen wichtigen unternehmerischen Beitrag leisten und ein offener, ehrlicher, angstfreier Austausch willkommen und gewünscht ist. Ein IT-Tool kann dabei verschiedenste Hilfestellungen zur Vorbereitung vorgeben, die grundsätzlich dabei helfen, Meetings effizient zu organisieren. Dies lässt sich differenziert nach drei wesentlichen Phasen erfolgreicher Meetings folgendermaßen darstellen, wobei grundsätzlich Vorbereitung und Nacharbeit erfolgsentscheidend sind (teilweise in Anlehnung an Malik 2019, S. 274 ff.):

- Meeting-Vorbereitung – Effizienz (*Die Dinge richtig tun*)
  - kein Meeting ohne Tagesordnung
  - die Tagesordnung ist Aufgabe, Pflicht und Recht des Meetingleiters
  - Daten aus Outlook-Terminen werden direkt in die Meetingsoftware übernommen, synchronisiert und Agenden automatisch abgespeichert
  - Vorlagen für Teilnehmende und Tagesordnungen können gespeichert werden
  - jeder Tagesordnungspunkt hat einen Typen (Information, Diskussion, Entscheid), somit wissen die Teilnehmenden wie sie sich vorzubereiten haben
- Meeting-Durchführung – Effektivität (*Die richtigen Dinge tun*)
  - für jeden Tagesordnungspunkt gibt es einen Verantwortlichen
  - klare Festlegung, Zuteilung und Terminierung der Aufgaben aus dem Meeting
  - online Protokollierung während des Meetings, bei Bedarf durch mehrere Protokollanten
  - flexible Zeitanpassungen und Veränderung der Tagesordnung falls notwendig
  - Diskussionen führen und Entscheidungen treffen
- Meeting-Nachbereitung – nachhaltige Kulturentwicklung (*Die Dinge im Richtigen tun*)
  - Feedback-Fragen (wie zum Beispiel: Habe ich mich gut für das Meeting vorbereitet? Haben wir mit diesem Meeting einen Beitrag zur Verbesserung des Kundennutzens geleistet? War meine Teilnahme erforderlich?) werden automatisch nach Beendigung des Meetings versendet. Diese Fragen sind anonymisiert und können nicht personalisiert ausgewertet werden. Im Fokus der Analysen stehen vielmehr Mustererkennungen die Hinweise auf Verbesserungen geben. Wenn beispielsweise 50 % der Mitwirkenden die Notwendigkeit ihrer Teilnahme hinterfragen, sollte der Meetingleiter seine Einladungspolitik überdenken.
  - Meetings als wiederkehrendes Instrument unterstützen Transformationsprozesse
  - Versand des Protokolls erfolgt direkt aus dem IT-Tool

– Auswertungen der Feedback-Fragen geben Auskunft über Effizienzverbesserungen (notwendige Teilnahme der Teilnehmer, Erreichung Mehrwert, individuelle Fragen etc.)

Diese organisatorischen Optimierungsmaßnahmen, welche im Idealfall durch softwarebasierte Tools und Instrumente unterstützt werden, helfen nachhaltig dabei, Zeit und somit Ressourcen zu sparen, tragen in positivem Sinne zur Mitarbeiterzufriedenheit und Work Life Balance bei und sind als erste Ansatzpunkte einer vielversprechenden Kulturgestaltung und -entwicklung in Richtung einer New Work Culture bestens geeignet.

15.4.3 Nachhaltige Kulturveränderung durch Meetings mit IT-Unterstützung

Kultur ist ein emergenter Faktor, d. h. sie entsteht durch die Art und Weise wie man Dinge tut. Mit Anordnungen, Regeln etc. können oberflächliche Veränderungen initiiert werden, unter der Wasseroberfläche des „Eisbergs Unternehmenskultur" wird allerdings nicht viel erreicht.[1] Selbst Trainings bringen nur einen zeitlich begrenzten Impuls. Menschen tendieren dazu, immer wieder in ihre alten (für sie vermeintlich einfacheren) Verhaltensmuster zurückzufallen. Die größte Chance liegt in der kritischen (Selbst-)Reflexion. Mitarbeitende müssen beginnen, über ihr Verhalten nachzudenken. So beginnt sich der tägliche Habitus langsam zu verändern. Vollziehen sich diese Entwicklungen bei einer kritischen Masse der Mitarbeitenden wird auch eine Transformation der Kultur eingeleitet. Themen, die bisher tabu waren, werden adressiert. Verhaltensweisen, die bisher vermeintlich nicht zulässig waren, werden erwünscht. Diskussion verlagern sich von den Gängen zurück in die Gesprächsrunden. Sachverhalte und Gefühlslagen werden adressier- und bearbeitbar.

Dieser Wandel muss von innen und aus eigener Kraft angestoßen werden. Dazu eignen sich unter anderem die bereits bestehenden Meetings im Unternehmen, die mit entsprechenden Tools Orientierung und Sicherheit geben, die Effizienz und Effektivität steigern und auch noch eine Feedbackkultur mitfördern und damit zum Instrument des Kulturwandels werden können.

Gestaltung und Entwicklung von Kultur kann Top-Down und Bottom-Up stattfinden. Ein erfolgsversprechender Weg zieht beide Ansatzmöglichkeiten konsequent mit ein – wofür sich wiederum Meetings, als Ort des institutionalisierten Zusammentreffens von Führungskräften und Mitarbeitenden gut eignen. Sowohl das Top-Management als auch jeder einzelne Mitarbeiter können und müssen ihren Teil dazu beitragen, dass sich Kultur und Organisation weiterentwickeln und so Anforderungen der heutigen Zeit und eines modernen New Work entsprechen. Erste sensibilisierende Schritte innerhalb von Meetings dabei sind:

[1] Zur Wirksamkeit einzelner Maßnahmen der Kulturentwicklung siehe auch Kap. 13.

Abb. 15.2 Wirkungskreislauf zur Steigerung von Effizienz und Effektivität bzw. nachhaltigen Veränderung der Kultur. (Quelle: eigene Darstellung)

1. Bewusstsein – Menschen sollen zum Denken angeregt werden
2. Selbstreflexion – über sich selbst nachdenken
3. Reflexion – in der Gruppe die gesamten Feedbacks reflektieren
4. Über Kultur sprechen – im Gang und nicht nur im Meeting
5. Verhalten verändern – Kultur vorleben und selbst mitprägen

Als Folge davon werden die Effizienz und Effektivität gesteigert und mit der „gewonnenen Zeit" wird u. a. die Kultur nachhaltig verändert. Erste Ansatzpunkte zur nachhaltigen, positiven Entwicklung der Unternehmenskultur zeigt Abb. 15.2 zusammenfassend auf.

15.5 Zusammenfassung

Eine offene, angstbefreite, fehlertolerante Unternehmenskultur wird in Zeiten radikaler Umbrüche für hoch entwickelte Volkswirtschaften ein entscheidender Faktor zum Bestehen im digitalisierten, zunehmend durch Künstliche Intelligenz geprägten Wettbewerb sein, in dessen Zentrum Know-how und Innovation stehen. Folglich wird sich Führung verstärkt mit der Gestaltung von New Work Culture beschäftigen müssen, denn „the role of top management is not to spot and solve problems as to create an organization that can spot and solve its own problems" (Hayes 1985 zit. nach Bleicher 2005, S. 86). Feedbackprozessen, welche Kultur prägen, aber auch durch die bestehende Kultur geprägt sind (Watling et al. 2013, S. 586 ff.), kommt dabei eine entscheidende Rolle zu.

Wie oben gezeigt, kann das simpel anmutende und vermutlich seit Jahrhunderten etablierte Instrument Meeting bereits erste Beiträge zu einer positiven Kulturveränderung leisten. Es handelt sich folglich bei der Thematik nicht um Mikromanagement, sondern vielmehr um ein gutes Management und Leadership (Ivanovic et al. 2010, S. 18). Als Voraussetzungen sind folgende Erfolgsfaktoren zu berücksichtigen:

- Bewusstsein der Notwendigkeit von effizienten Meetings und der damit verbundenen kulturellen Entwicklungsmöglichkeit fördern
- Potenzial von Meetings mit Einbezug von Feedbacks als Top-Management Werkzeug für kulturelle Entwicklung nutzen
- strukturierte Gestaltung von Meetings begünstigen
- Steigerung der Professionalität von Meetings aufgrund von Reflexion
- Vorleben und Vorbildfunktion als wichtigste Ansätze für eine kulturelle Entwicklung erkennen

Es versteht sich von selbst, dass professionelle, IT-gestützte Meetings als singuläre Maßnahme nicht dazu in der Lage sind, eine New Work Culture zu etablieren – doch stellen sie eine wichtige Stellschraube im Gesamtgefüge der Struktur- und Prozessorganisation des Unternehmens dar. Ein kleines Rädchen, das dazu geeignet scheint, eine Kulturtransformation zu initiieren und für deren Notwendigkeit zu sensibilisieren. In diesem Zusammenhang oftmals unterschätzt wird, dass Optimierungen von Meetings diese Rädchen in der ganzen Organisation zum Rotieren bringen können. Meetings finden auf verschiedensten Hierarchiestufen und in unterschiedlichen Organisationsbereichen permanent statt. Somit greifen Verbesserungsmaßnahmen multilateral und setzen Zahnräder an unterschiedlichsten Stellen der Organisation in Bewegung. Kulturtransformationen können so, von verschiedensten Punkten ausgehend, ins Rollen gebracht werden und profitieren daher von einem nicht zu unterschätzenden Multiplikatoreffekt.

Die Minimierung von Blinden Flecken der Selbstwahrnehmung auf Ebene von Individuen und Gruppen ist ein erster Schritt in die richtige Richtung. „Wahre Leader innovieren nicht Produkte, sondern Organisationen" (Huber et al. 2017, S. 7), wobei oftmals ein kleiner Schritt, wie die Neugestaltung von Meetings mit Feedbackprozessen einen entscheidenden Ausschlag geben kann, denn: „alles Große, beginnt im Kleinen" und

> *„Feedback is Good, Feedback-Friendly Culture is Better" (Baker et al. 2013, S. 260).*

Literatur

Baker, Amanda, Dominique Perreault, Alain Reid, und Céline M. Blanchard. 2013. Feedback and organizations. feedback is good, feedback-friendly culture is better. *Canadian Psychology* 54(4): 260–268.

Bleicher, Knut. 2005. Betriebswirtschaftslehre als Management- und Führungslehre. In *Meilensteine der Entwicklung eines Integrierten Managements. Gesammelte Schriften in 6 Bänden. Bd 1: Management im Wandel*, Hrsg. Knut Bleicher, 193–219. Künzelsau: Swiridoff.

Doetsch, Peter A. 2014. *Mitarbeiterführung. Fair + Erfolgreich. Mehr Motivation und Lebensqualität für sich und andere*. Wiesbaden: Gabler.

Doppler, Klaus, und Christoph Lauterburg. 1996. *Change Management. Den Unternehmenswandel gestalten*, 5. Aufl. München: Campus.

Eberhardt, Daniela. 2013. Culture matters – aber wie? Impulse zum Phänomen Organisationskultur. In *Unternehmenskultur aktiv gestalten. Praxisfälle aus Wirtschaft, öffentlichem Dienst, Kultur & Sport*, Hrsg. Daniela Eberhardt, 5–32. Heidelberg: Springer.

Herget, Josef. 2018. Agile Methoden zur Gestaltung der Unternehmenskultur. Dynamiken der Veränderungsfähigkeit für einen Kulturwandel nutzen. In *Unternehmenskultur in der Praxis. Grundlagen – Methoden – Best Practices*, Hrsg. Josef Herget und Herbert Strobl, 243–256. Wiesbaden: Gabler.

Hofert, Svenja, und Claudia Thonet. 2019. *Der agile Kulturwandel. 33 Lösungen für Veränderungen in Organisationen*. Wiesbaden: Gabler.

Huber, Roman, Claudia Nussberger, Sandro Rüegger, und Raymond Hofmann. 2017. *8. Hitchman Executive-Panel in Zusammenarbeit mit Raymond Hofmann Management. Ergebnispräsentation „Innovation"*. Zürich: o.V.

Ilic, Petra. 2018. Perspektiven auf die Unternehmenskultur. In *Unternehmenskultur in der Praxis. Grundlagen – Methoden – Best Practices*, Hrsg. Josef Herget und Herbert Strobl, 19–37. Wiesbaden: Gabler.

Ivancic, Ronald, und Roman Huber. 2018. Normative Unternehmensführung 4.0. Grundsatzkonzeptionen zur Meisterung Digitaler Disruptionen mittels Industrie 4.0-Fitness. In *Mit Innovationsmanagement zur Industrie 4.0. Grundlagen, Strategien, Erfolgsfaktoren und Praxisbeispiele*, Hrsg. Peter Granig, Erich Hartlieb und Bernhard Heiden, 139–154. Wiesbaden: Gabler.

Ivanovic, Slobodan, Vlado Galicic, und Nikola Susnjar. 2010. Leading effective meetings in a hospitality organization. *UTMS Journal of Economics* 1(1): 13–18.

Luft, Joseph. 1977. *Einführung in die Gruppendynamik*. Stuttgart: Ernst Klett.

Maak, Thomas, und Peter Ulrich. 2007. *Integre Unternehmensführung. Ethisches Orientierungswissen für die Wirtschaftspraxis*. Stuttgart: Schäffer-Poeschel.

Malik, Fredmund. 2019. *Führen, Leisten, Leben. Wirksames Management für eine neue Welt*. Frankfurt: Campus.

McNally, David, und Karl D. Speak. 2006. *Be your own brand. A breakthrough formula for standing out of the crowd*. San Francisco: Berrett-Koehler.

Neumann, Robert. 2000. *Die Organisation als Ordnung des Wissens. Wissensmanagement im Spannungsfeld von Anspruch und Realisierbarkeit*. Wiesbaden: Gabler.

Perlow, Leslie A., Constance Noonan Hadley, und Eunice Eun. 2017. Stop the meeting madness. *Harvard Business Review* 95(4): 62–69.

Peters, Thomas J., und Robert H. Waterman. 1984. *In search of excellence. Lessons from America's best-run companies*. New York: Warner.

Porter, Michael E., und Nitin Nohria. 2018. The leader's calendar. How CEOs manage time. *Harvard Business Review* 96(7): 41–51.

Rausch, Alexandra. 2008. Steigerung der Meeting Performance als Managementaufgabe. *Controlling & Management* 53(6): 376–383.

Rieckmann, Heijo. 2005. *Managen und Führen am Rande des 3. Jahrtausends. Praktisches, Theoretisches, Bedenkliches*, 3. Aufl. Frankfurt: Peter Lang.

Sackmann, Sonja. 2017. *Unternehmenskultur. Erkennen – Entwickeln – Verändern. Erfolgreich durch kulturbewusstes Management*, 2. Aufl. Wiesbaden: Gabler.

Schein, Edgar H. 1992. *Organizational culture and leadership*. San Francisco: Jossey-Bass.
Schein, Edgar H. 2010. *Organizational culture and leadership*, 4. Aufl. San Francisco: Willey.
Watling, Christopher, Erik Driessen, Cees P. M. van der Vleuten, Meredith Vanstone, und Lorelei Lingard. 2013. Beyond individualism. Professional culture and its influence on feedback. *Medical Education* 47:585–594.
Wien, Andreas, und Normen Franzke. 2014. *Unternehmenskultur. Zielorientierte Unternehmensethik als entscheidender Erfolgsfaktor*. Wiesbaden: Gabler.

16 Die Gestaltung der Arbeitswelt – Erwartungen aus der Perspektive verschiedener Digitalisierungstypen und potenzielle Handlungsfelder

Ein Forschungsbeitrag

Ernst Deuer

„Für Wunder muss man beten, für Veränderungen aber arbeiten"
Thomas von Aquin

Zusammenfassung

Aufgrund der demografischen Entwicklung werden künftig nicht nur die Bewerber um die beliebtesten Stellen konkurrieren, sondern auch die Unternehmen geraten in einen Wettbewerb um Nachwuchskräfte, insbesondere solche mit hoher Fach- oder Führungsqualifikation. Gleichzeitig erfordert die Digitalisierung ein hohes fachliches Niveau der Mitarbeitenden – und dies in zunehmendem Maße. Betrieblichen Qualifizierungsmaßnahmen (ob Aus- oder Weiterbildung) kommt somit eine besondere Bedeutung zu. In diesem Kontext – aber auch darüber hinaus – nimmt die lern- und motivationsförderliche Gestaltung der Arbeitsaufgaben eine besondere Rolle ein.

16.1 Aktuelle Herausforderungen in der Personalarbeit

Die Globalisierung und der technologische Fortschritt sind einschneidende Trends für die Unternehmen, hinzu kommt die demografische Entwicklung. Durch abnehmende Geburtenraten wird die Zahl der Einwohner schrumpfen, was eine quantitative Reduktion der potenziell verfügbaren Fachkräfte mit sich bringt. Somit werden künftig nicht nur die Be-

E. Deuer (✉)
Duale Hochschule Baden-Württemberg, Ravensburg, Deutschland
E-Mail: deuer@dhbw-ravensburg.de

S. Wörwag, A. Cloots (Hrsg.), *Arbeitskulturen im Wandel*,
https://doi.org/10.1007/978-3-658-30451-5_16

werber um die beliebtesten Stellen konkurrieren, sondern auch die Unternehmen geraten in einen Wettbewerb um Nachwuchskräfte, insbesondere solche mit hoher Fach- oder Führungsqualifikation. Bereits jetzt bekommen einige Branchen diese Entwicklung zu spüren und suchen händeringend nach Ansätzen, dieser Problematik entgegenzuwirken.

Die betriebliche Personalarbeit wird damit immer häufiger zum Engpassfaktor, zumal auch die Halbwertszeit des Wissens sinkt. Schließlich befindet sich die Arbeitswelt „in einer tief greifenden digitalen Transformation" und die Betriebe „stehen vor einem umfassenden Wandel der Arbeit mit vielfältigen Chancen und Gefahren, der eine hohe Lern- und Innovationsbereitschaft erfordert" (Baumann et al. 2018, S. 3). Gleichzeitig werden die Zyklen kürzer, in denen sich Organisationen und Individuen neue Fähigkeiten erarbeiten müssen (Mucic 2019, S. 22).

Betrieblichen Qualifizierungsmaßnahmen (ob Aus- oder Weiterbildung) kommt somit eine besondere Bedeutung zu. Schließlich hängt „der Erfolg der Digitalisierung" davon ab, „ob die Menschen die digitale Transformation mittragen" (Franken und Cutmore-Beinlich 2018, S. 63).

16.1.1 Herausforderungen auf allen Ebenen

Personalarbeit ist eine marktorientierte betriebliche Funktion und erfolgt somit in direkter Abhängigkeit von Märkten und konjunkturellen Entwicklungen. Der **wirtschaftliche Wandel** betrifft zunächst einmal den Arbeitsmarkt, differenziert nach Branchen, Regionen und Zielgruppen. Je nach Branche und geografischer Ausrichtung gilt es, den Veränderungen an den relevanten Absatz- und Arbeitsmärkten entsprechende Beachtung zu schenken, weil dies den qualitativen und quantitativen Personalbedarf determiniert.

Der **technologische Wandel** bringt es mit sich, dass sich die Anforderungen an die Beschäftigten verändert haben und dies noch weiter tun werden: Einfach-Arbeitsplätze mit geringen Qualifikationsanforderungen verlieren weiter an Bedeutung während Fachkräfte auf allen Ebenen an Bedeutung gewinnen (Placke und Schleiermacher 2018, S. 30 f.). Mit dem Schlagwort „Industrie 4.0" werden die Herausforderungen der Digitalisierung besonders deutlich postuliert, denn der bereits bekannte Prozess der Rationalisierung von Arbeitsplätzen dürfte dramatisch an Bedeutung gewinnen und den quantitativen und qualitativen Arbeitskräftebedarf in vielen Fällen fundamental verändern. „Innovationshandeln kann sich dabei keineswegs allein auf die Bewältigung technischer Herausforderungen konzentrieren, sondern muss den Fokus konsequent auf eine intelligente Organisation der Arbeit und die Fähigkeiten der Beschäftigten erweitern." (Kagermann et al. 2013, S. 56) Daneben geht es auch um eine hinreichende Akzeptanz der Beschäftigten gegenüber technischen Neuerungen und deren Herausforderungen.

Der **gesellschaftliche Wandel** ist kein neues Phänomen, die Herausforderungen stellen sich jedoch aktuell mit besonderer Wucht. Denn aufgrund der demografisch bedingten Knappheit, die in verschiedenen Arbeitsmarktsegmenten bereits spürbar ist oder zumindest droht, kommt den heute (nicht nur von den Vertretern der Generation Y) postulierten

Werten (bspw. im Sinne einer Work-Life-Balance etc.) zwangsläufig eine wachsende Bedeutung zu. Auch die Erwartungen an die eigenen Arbeitsaufgaben haben sich verändert und ebenso ist in diesem Kontext von Belang, wie die Beschäftigten mit den Herausforderungen, Chancen und potenziellen Risiken der Digitalisierung umgehen.

Als vierte Facette sind noch die **rechtlichen Rahmenbedingungen** zu nennen, schließlich unterliegen auch diese einem kontinuierlichen Wandel dank neuer Gesetze, regelmäßig neu verhandelten Tarifverträgen und veränderter Rechtsprechung. Von besonderer Relevanz sind in diesem Kontext bspw. die Regelung des Renteneintrittsalters, definierte Auszeiten mit Rückkehroptionen bei Erziehungs- oder Pflegezeiten, Quotenregelungen oder der Mindestlohn – um nur eine Auswahl der aktuellen Themen zu nennen. Hinzu kommen höchstrichterliche Entscheidungen auf europäischer Ebene, wie jüngst zum Thema Arbeitszeit bzw. deren Erfassung. Gerade dieser Aspekt, nämlich die Abgrenzung von Arbeits- und Freizeit dürfte künftig erheblich an Relevanz gewinnen – auch in arbeitsrechtlicher Hinsicht.

16.1.2 Besondere Herausforderungen der Digitalisierung auf allen Ebenen

Der Digitalisierung kann man sich nicht mehr entziehen. Sämtliche Lebens- und Arbeitsbereiche sind betroffen, wenn auch ganz unterschiedlich. Auch die Beschäftigten selbst begegnen diesem Phänomen und den hiermit verbundenen Herausforderungen ganz unterschiedlich. So differenziert Cloots (2020) zwischen Pionieren, Vertretern des Mainstreams und Skeptikern. So gibt es „Pioniere", die technische Neuerungen gerne ausprobieren, während der „Mainstream" Neuerungen aufgreift, aber hierbei nicht den Anfang macht. „Skeptiker" halten sich dagegen eher zurück und sehen die Entwicklungen durchaus kritisch.

Diese Typen gehen nicht nur mit den Herausforderungen der Digitalisierung unterschiedlich um, auch die Erwartungen an die Arbeitswelt und deren Wahrnehmung des Arbeitsalltags differieren. Der vorliegende Beitrag greift dies auf und geht der Frage nach, wie die betrieblichen Arbeitsaufgaben gestaltet sein sollten, um den Beschäftigten hinreichende Lern- und Motivationspotenziale zu bieten. Schließlich ist dies nicht nur der Schlüssel für die persönliche Entfaltung der Beschäftigten, sondern kann auch dazu beitragen, betriebliche Innovationspotenziale zu erschließen bzw. zu nutzen. In diesem Sinne ist es jedoch für eine zielgruppenadäquate Gestaltung hilfreich, etwaige Unterschiede zwischen Pionieren, Skeptikern und dem Mainstream zu kennen und zu berücksichtigen. Aufgrund der Herausforderungen und Chancen, die mit der Digitalisierung verbunden sind und im betrieblichen Sinne genutzt werden können, wird hierbei der Gruppe der Pioniere besondere Beachtung geschenkt.

Der vorliegende Beitrag basiert auf Daten des Studienverlaufspanels „Studienverlauf – Weichenstellungen, Erfolgskriterien und Hürden im Verlauf des dualen Studiums an der

DHBW“ (Deuer et al. 2017). Dieses Forschungsprojekt der Dualen Hochschule Baden-Württemberg (DHBW) ist als Panelstudie mit jährlichen Erhebungswellen angelegt.

16.2 Digitalisierungstypen im Kontext des dualen Studiums

In Frühjahr 2019 wurde die vierte Welle des Studienverlaufspanels der Dualen Hochschule Baden-Württemberg erhoben. Die Online-Umfrage war als Vollerhebung konzipiert und es beteiligten sich mehr als 7000 Studierende (Rücklaufquote rund 20 %). Aufbauend auf den Arbeiten von Cloots (2020) wurden die dual Studierenden um eine Selbsteinschätzung gebeten, wie sie mit den Herausforderungen und Chancen der Digitalisierung umgehen (siehe Abb. 16.1).

Ein Viertel der dual Studierenden ordnet sich der Gruppe der Pioniere („ich probiere gerne selbst technische Neuerungen aus“) zu. Ein knappes Siebtel steht dem Phänomen Digitalisierung skeptisch gegenüber („ich bin eher zurückhaltend und sehe die Entwicklung durchaus kritisch“). Knapp zwei Drittel lassen sich dem Mainstream zuordnen („ich mache bei technischen Neuerungen mit, ohne der Erste zu sein“), welcher somit seinem Namen auch unter quantitativen Gesichtspunkten gerecht wird.

Eine nach Zielgruppen differenzierte Analyse macht einige bemerkenswerte Details deutlich. Zunächst einmal zeigt sich kein nennenswerter Unterschied zwischen den Studienjahren (siehe Abb. 16.1). Das duale Studium an der DHBW ist stark strukturiert und der Studienalltag wird von Studiengangsleitern organisiert, weshalb sich das Studium nur in wenigen Fällen über die geplanten sechs Semester hinaus verlängert. Aufgrund der geringen Zeitspanne an der Hochschule waren große Unterschiede daher kaum zu erwarten, eine derart weitgehende Deckungsgleichheit aber genauso wenig. Bezüglich der Studienbereiche zeigt sich, dass Pioniere häufiger im Studienbereich Technik als in den anderen Studienbereichen zu finden sind (34 % vs. 24 % bzw. 9 %). Im Sozialwesen gibt es die wenigsten Pioniere, dagegen mehr Skeptiker als in den Studienbereichen Technik und Wirtschaft (24 % vs. 12 %). Diese Unterschiede sind aufgrund der Branchenspezifika gut nachvollziehbar.

Eine nach dem Geschlecht differenzierte Auswertung zeigt ebenfalls deutliche Differenzen. So fällt der Anteil der Pioniere bei den Studenten mehr als dreimal so hoch wie bei den Studentinnen aus (42 % vs. 12 %). Studentinnen finden sich dagegen im Mainstream überproportional häufig (73 % vs. 47 %), während der Unterschied bei den Skeptikern eher moderat ausfällt. In allen Studienbereichen unterscheiden sich Studentinnen und Studenten signifikant.

Die Studienbereiche Wirtschaft und Technik unterscheiden sich kaum, der Studienbereich Sozialwesen weicht aber hiervon markant ab. Pioniere finden sich hier auch unter den Studenten eher selten und skeptische Einstellungen sind bei Studenten im Sozialwe-

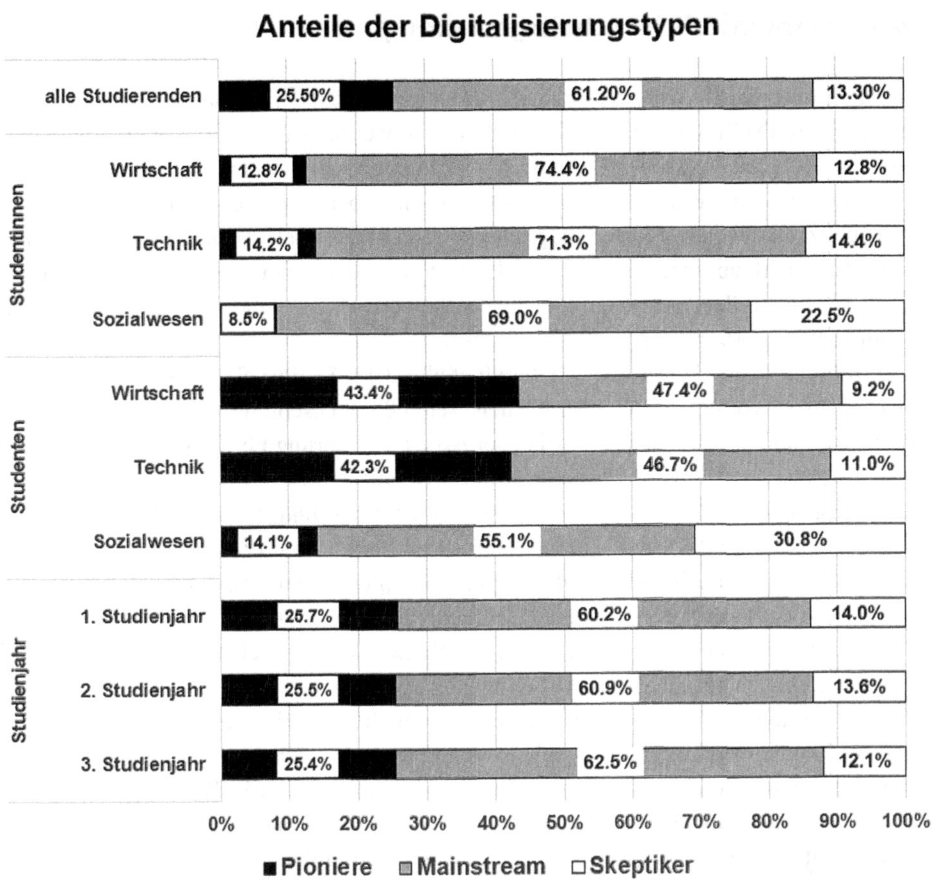

Abb. 16.1 Anteile der Digitalisierungstypen bei dual Studierenden. (Quelle: eigene Studie)

sen sogar noch deutlich häufiger anzutreffen als bei den Studentinnen des gleichen Studienbereichs.

In allen Teilgruppen zeigt sich aber mehrheitlich eine Offenheit für die neuen Entwicklungen. Die Studentinnen erscheinen zwar nicht so häufig als Pioniere, dafür findet sich hier häufiger als bei den Studenten der Mainstream wieder.

Skeptiker sollten zudem in unserer Wahrnehmung nicht (ab)wertend betrachtet werden, denn bei allen Chancen sollte der Umgang mit der Digitalisierung keineswegs blauäugig sein – eine bedachte Zurückhaltung kann hier viel Wert sein. Insbesondere im Sozialwesen stellen sich hier auch unmittelbar eine Reihe von ethischen Fragen, die es zu bedenken gilt. In diesem Sinne können Skeptiker betriebliche Teams in konstruktiv-kritischer Weise ergänzen, ohne neue Entwicklungen grundsätzlich zu blockieren.

16.3 Lernförderliche Arbeitsgestaltung

Einer lernförderlichen Arbeitsgestaltung kommt im Kontext der Digitalisierung eine große Bedeutung zu (Mühlbradt et al. 2018). Schließlich werden sich die Aufgaben- und Kompetenzprofile stark verändern. „Das macht adäquate Qualifizierungsstrategien und eine lernförderliche Arbeitsorganisation notwendig, die lebensbegleitendes Lernen und eine arbeitsplatznahe Weiterbildung ermöglichen" (Kagermann et al. 2013, S. 6 f.). Der Art und Weise der Qualifizierung, auch und gerade im Prozess der Arbeit selbst, kommt daher zunehmend „die Rolle eines kritischen Pfades bei der Umsetzung von Industrie 4.0" zu (Schlund et al. 2015, S. 25).

Lernförderlichkeit kann nach Mühlbradt et al. (2018, S. 196) als „Fundament des Lernens" im Arbeitskontext bezeichnet werden. Schließlich beschreibt sie „die Bedingungen von Tätigkeiten, die im Arbeitsalltag bei der Arbeitsausführung Lernprozesse begünstigen bzw. lerngünstige Voraussetzungen schaffen" (Bigalk 2006, S. 38). Lernförderliche Arbeitsbedingungen wirken sich somit „positiv auf Lernen und damit die Kompetenzentwicklung aus" (Bigalk 2006, S. 55). Arbeiten und Lernen sind hierbei keine Gegensätze mehr (Mühlbradt et al. 2018, S. 196), vielmehr gilt: „Personalentwicklung findet vor allem in der Arbeitstätigkeit und durch Gestaltung von Arbeitstätigkeit statt" (Ulich 2006, S. 139). „Dies verstärkt den Druck auf Personalentwickler, sich ebenfalls mit Organisationsentwicklung zu beschäftigen." (Frieling 2006, S. 316)

Das Lern- und Motivationspotenzial der betrieblichen Arbeitsaufgaben wurde im Rahmen des Studienverlaufspanels durch zehn Fragen operationalisiert (siehe Tab. 16.1). Grundlage hierfür war der Ansatz von Rausch und Schley (2015). Die Fragen beziehen sich insbesondere auf die verschiedenen Lern- und Motivationspotenziale der betrieblichen Arbeitsaufgaben als Qualitätsmerkmale am betrieblichen Lernort. Anhand einer 5-stufigen Skala konnten die einzelnen Merkmale hinsichtlich Relevanz (von „unwichtig" bis „sehr wichtig") bewertet werden.

Bei der Auswertung wurde zwischen den drei Digitalisierungstypen (Cloots 2020) differenziert und es zeigte sich, dass die Vertreter des Mainstreams durchgängig eine mittlere Position einnahmen. Dies spricht gleichzeitig dafür, dass die Klassifizierung nach Cloots (2020) eine sinnvolle Differenzierung zu leisten vermag. Im Folgenden werden nur die Antworten der Pioniere und Skeptiker präsentiert (Abb. 16.2).

In Abb. 16.2 zeigt sich zunächst, dass alle zehn Facetten grundsätzlich als relevant erachtet werden, die Mittelwerte liegen durchgängig oberhalb des Wertes von 3,5. Die Studierenden, die sich selbst als Skeptiker eingestuft haben, finden sechs Aspekte wichtiger als die anderen Studierenden. Hierbei handelt es sich um die Facetten: Interaktion, Vielfalt, Bedeutsamkeit, Transparenz, Vollständigkeit und Zeitelastizität. Die Pioniere bewerten dagegen die Relevanz von Herausforderung, Spielraum, Störungsfreiheit und Rückmeldung höher als andere Studierende.

Aufgrund der besonderen Relevanz der künftigen Herausforderungen und der besonderen Rolle, welche nicht zuletzt die Pioniere in diesem Kontext spielen, wird im Folgenden

Tab. 16.1 Lern- und Motivationspotenzial von Arbeitsaufgaben (Quelle: vgl. Rausch und Schley 2015)

Merkmal	Itemformulierung
Zeitelastizität	Die Arbeitsaufgaben bieten einen zeitlichen Spielraum und vermeiden allzu hohen Zeitdruck.
Rückmeldung	Die Arbeitsaufgaben bieten Informationen über die Qualität des eigenen Handelns, möglichst mit geringem Zeitverzug.
Spielraum	Die Arbeitsaufgaben enthalten Freiheitsgrade hinsichtlich Planung, Entscheidung & Kontrolle sowie der Reihenfolge der Handlungsabläufe.
Vollständigkeit	Die Arbeitsaufgaben umfassen die Planung, Durchführung und Kontrolle der Handlung anstelle isolierter Teilschritte.
Herausforderung	Die Arbeitsaufgaben stellen (häufig) eine Herausforderung dar, sie verlangen Problemlösungen und sind somit mehr als reine Handlungsroutinen.
Störungsfreiheit	Unnötige Störungen des Handlungsablaufs (wie bspw. durch defekte Arbeitsmittel) unterbleiben.
Transparenz	Die Arbeitsaufgaben tragen dazu bei, das eigene Handeln zu durchschauen und dessen Folgen einzuschätzen.
Bedeutsamkeit	Die Arbeitsaufgaben lassen einen individuellen, organisatorischen und/oder gesellschaftlichen Nutzen erkennen.
Interaktion	Die Arbeitsaufgaben umfassen auch Interaktionserfordernisse, d. h. die Notwendigkeit, mit anderen zu kommunizieren und zu kooperieren.
Vielfalt	Die Arbeitsaufgaben sind abwechslungsreich und sprechen unterschiedliche Kompetenzbereiche an.

v.a. auf die Aspekte der Arbeitsgestaltung Bezug genommen, welche von den Pionieren häufiger als wichtig erachtet werden. Folglich ergeben sich hieraus Handlungsfelder in den Bereichen Herausforderung, Spielraum, Störungsfreiheit und Rückmeldung.

16.4 Ausgewählte Handlungsfelder

Die folgenden Ausführungen beschreiben, wie sich das Arbeitsumfeld in den Organisationen gestalten lässt. Hierbei geht es weniger darum, Fachkenntnisse aus der Informationstechnologie oder Programmierkenntnisse zu vermitteln oder zu fördern, sondern einen Beitrag zu leisten, um den Anforderungen der digitalen Arbeitswelt besser gerecht zu werden. Schließlich werden die meisten Beschäftigten (und auch die meisten Pioniere) gefordert sein, die neuen Möglichkeiten der Informationstechnologie zu nutzen und weniger, diese selbst zu entwickeln (Placke und Schleiermacher 2018, S. 15).

16.4.1 Herausforderungen

Arbeitsaufgaben, die eine Herausforderung darstellen, ermöglichen den Beschäftigten, sich „on the job“ weiter zu entwickeln und Erfolgserlebnisse im unmittelbaren Arbeits-

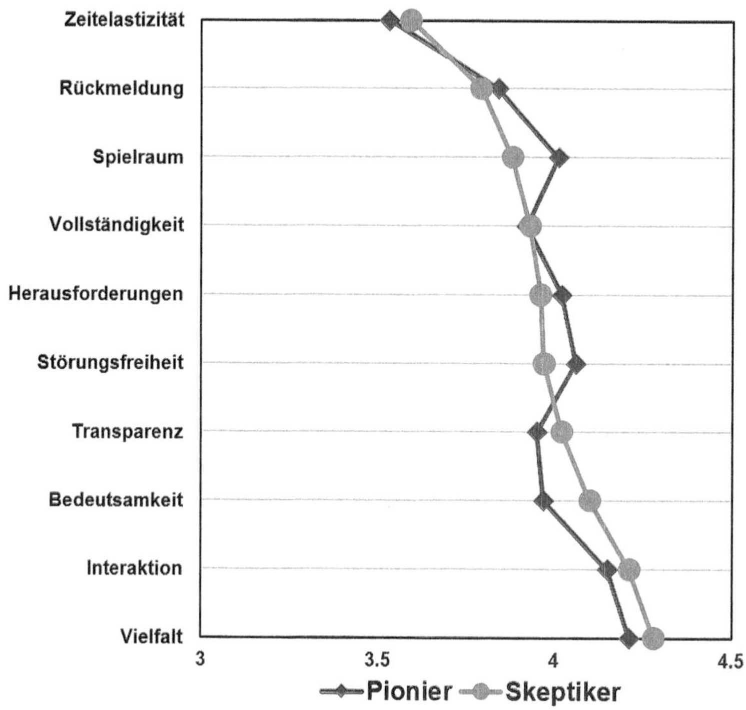

Abb. 16.2 Wichtigkeit der Facetten der Arbeitsgestaltung aus der Perspektive der Pioniere und Skeptiker

kontext zu haben. Dies trägt dazu bei, dass das individuelle Kompetenzerleben zunimmt, ebenso die Motivation. Das Bedürfnis nach Herausforderungen wird im Kontext der Digitalisierung durchaus bedient.

Die Komplexität der digitalen Transformation erfordert jedoch auch zunehmend Freiheitsgrade „für inhaltlich herausfordernde Arbeitstätigkeiten für die Beschäftigten" sowie „weit mehr Fach- und Erfahrungswissen als bisher" (Hasselmann et al. 2018, S. 241). In diesem Sinne gilt es in den Organisationen zu prüfen, ob und inwieweit mehr Freiheitsgrade zur Bewältigung der digitalen Transformation gegeben werden können, wie notwendiges Fach- und Erfahrungswissen gefördert werden können und wie Arbeitsaufgaben so gestaltet werden können, dass sie herausfordernd statt monoton wirken und im Kontext der Digitalisierung darüber hinaus übermäßige Routine möglichst vermieden werden kann.

16.4.2 Individuelle Spielräume ermöglichen

Aus der Sicht der Pioniere ist es wichtig, dass die Arbeitsaufgaben Freiheitsgrade enthalten hinsichtlich Planung, Entscheidung und Kontrolle sowie der Reihenfolge der Handlungsabläufe. Dieser Anspruch lässt sich auch aus der Lerntheorie heraus begründen, denn

„die mit dem Lernprozess einhergehende Persönlichkeitsentwicklung ist im Arbeitsprozess nur gegeben, wenn ein hinreichender Handlungs- und Entscheidungsspielraum besteht“ (Frieling 2006, S. 316). Vor diesem Hintergrund sollte in den Organisationen geprüft werden, inwiefern flexible und individuelle Umsetzungs- und Lösungsmöglichkeiten tolerierbar bzw. grundsätzlich möglich sind. Dies umfasst auch, dass die Mitarbeitenden individuell priorisieren dürfen und letztlich geht es darum, Eigenverantwortung zu ermöglichen und zu fördern. Im Kontext der Digitalisierung bieten sich hierfür konkrete Möglichkeiten, denn „die zunehmende echtzeitorientierte Steuerung verändert Arbeitsinhalte, -prozesse und -umgebungen“. Dies wiederum „bietet Chancen für eine stärkere Eigenverantwortung und Selbstentfaltung der Arbeitnehmer“ (Kagermann et al. 2013, S. 6).

16.4.3 Störungen reduzieren oder vermeiden

Es mag selbstverständlich klingen, aber Störungen sollten möglichst vermieden werden. Hierauf legen ausgerechnet Pioniere mehr Wert als andere Gruppen. Vermutlich benötigen gerade sie ein störungsfreies oder zumindest störungsarmes Umfeld, um tatsächlich so offen mit (immer wieder) neuen Herausforderungen umgehen zu können. Und auch aus der Lernforschung ist bekannt, dass die Konzentration auf die Lernaufgabe eine gewisse Störungsfreiheit voraussetzt. Entsprechend gilt es zu prüfen, ob und welche Störungen im Arbeitskontext vermeidbar sind. Hierfür sind betriebliche Prozesse zu analysieren, wobei die Schnittstellen besondere Aufmerksamkeit verdienen. Daneben spielt auch die technische Ausstattung eine wichtige Rolle. Diese trägt nicht nur dazu bei, Störungen zu reduzieren. Sie stellt auch die Basis dar, um sich den konkreten Herausforderungen der Digitalisierung im Arbeitskontext aktiv und kompetent zu stellen.

Klar ist aber auch, dass sich Störungen nicht immer vermeiden lassen. In solchen Situationen sollte man die Chance nutzen, diese Störungen bewusst und systematisch zu nutzen, um arbeitsprozessintegrierte Lernprozesse zu initiieren und eine Kompetenzentwicklung bei Mitarbeitenden in Unternehmen zu bewirken.

16.4.4 Zeitnahe und differenzierte Rückmeldung

Das Bedürfnis nach Rückmeldung ist keineswegs neu, aber die Rahmenbedingungen und Erwartungen haben sich, insbesondere im Hinblick auf die zeitliche Dimension, dramatisch verändert. Man wartet nicht mehr (nur) auf den Postboten, sondern blickt („always on“) regelmäßig oder gar permanent aufs Smartphone. Und Bilder werden nicht mehr nach vielen Tagen entwickelt aus der Drogerie geholt, sondern gleich digital verschickt. Entsprechend warten Mitarbeitende nicht auf das jährliche Gespräch, sondern erwarten Rückmeldungen zu ihrer Arbeit zeitnah – auch um hierauf reagieren zu können. Die Digitalisierung hat schließlich dazu geführt, dass viele Informationen in Echtzeit oder echtzeitnah vorliegen. Die zuvor benötigte Zeit für das Erfassen, Suchen und Aufbereiten von

Informationen hat sich maßgeblich reduziert, sodass Informationen in hoher Qualität sofort (in Echtzeit) vorhanden sind bzw. sein können (vgl. Frost et al. 2018). Entsprechend ist der Wunsch der Mitarbeitenden, nach einer zeitnahen und differenzierten Rückmeldung sowohl nachvollziehbar als auch berechtigt.

Diese Rückmeldungen sind auch im Sinne einer (neuen) Fehlerkultur in den Organisationen relevant.

> „In Zeiten der digitalen Transformation [ist] vor allem deshalb ein Paradigmenwechsel in Richtung Fehlerkultur und in Richtung ‚schöner Scheitern' erforderlich." (Werther et al. 2018, S. 49 f.)

Das erfordert einen offenen Umgang mit Fehlern. Je früher und präziser diese Rückmeldungen erfolgen, desto größer ist die Chance, aus den Fehlern zu lernen. Entsprechend resümiert Rotzinger (2018): „Agile Verhaltensanpassungen brauchen schnelle Rückmeldungen."

Die Umsetzung all dieser Empfehlungen bedeutet in vielen Fällen eine weitgehende Neuausrichtung der Prozesse und Verantwortlichkeiten. Dies ist jedoch keineswegs nur „nice to have", sondern durchaus konsequent, da die Ansprüche der Mitarbeiter an angemessen erscheinende Arbeitstätigkeiten mit steigender Qualifikation ohnehin höher werden (Frieling 2006, S. 316). Projektbezogenes Arbeiten bietet in diesem Kontext Chancen, derartige Spielräume zu etablieren und zu gestalten.

16.5 Fazit und Ausblick

Die Digitalisierung stellt Organisationen und Beschäftigte vor große Herausforderungen, sie bietet aber auch große Chancen. Die Gestaltung der Arbeitsaufgaben ist hierfür ein zentrales betriebliches Handlungsfeld. So ist aus vorangegangenen Studien bekannt, dass mit entsprechend positiver Gestaltung der Arbeitsaufgaben eine höhere Zufriedenheit und eine geringere Fluktuationstendenz bei dual Studierenden einhergeht (Deuer 2018). Der vorliegende Beitrag zeigte darüber hinaus, dass sich die dual Studierenden verschiedenen Digitalisierungstypen zuordnen lassen und welche Erwartungen diese Gruppen an die Arbeitswelt richten.

Lern- und Innovationsbereitschaft markieren Schlüsselkompetenzen in diesen Zeiten. Pioniere, die offen und spielerisch mit den Chancen der Digitalisierung umgehen und aktiv Herausforderungen suchen, kommen diesen Anforderungen weit entgegen. Dies sollten die Betriebe bei der Arbeits- und Aufgabengestaltung beachten, auch um (weiterhin) als attraktiver Arbeitgeber wahrgenommen zu werden. Um hierfür gerüstet zu sein und zu bleiben, ist es von großer Bedeutung, ob und wie das (lebenslange) Lernen im Arbeitskontext gelingt.

In diesem Sinne wurde deutlich, welche Aspekte der Arbeitsgestaltung für Pioniere wichtiger sind als für Skeptiker oder Vertreter des Mainstreams. Entsprechend sollten

Arbeitsaufgaben Herausforderungen darstellen und mehr verlangen als reine Handlungsroutine. Daneben sollen die Arbeitsaufgaben Freiheitsgrade bei der Umsetzung bieten und Rückmeldungen über die Qualität des eigenen Handels ermöglichen, und dies weitgehend frei von vermeidbaren Störungen. Wenn es den Organisationen gelingt, diese Facetten der Arbeitsgestaltung künftig noch besser zu realisieren, so dürften alle hiervon in verschiedener Hinsicht profitieren. Es ist von einer Steigerung der Zufriedenheit, einer Reduktion der Fluktuationstendenz (Deuer 2018) und einem ansteigenden Innovationspotenzial auszugehen. Denn diese vier Merkmale sprechen Pioniere mehr als andere Zielgruppen an und genau dieser Gruppe dürfte in vielerlei Hinsicht eine künftige Schlüsselrolle zukommen. Es geht aber keineswegs darum, nur noch Pioniere zu suchen, einzustellen und zu fördern. Vielmehr geht es um einen passenden Mix, welcher Mitmacher genauso umfasst wie Skeptiker – denn Chancen bieten sich auch im Kontext der Digitalisierung nur in Verbindung mit entsprechenden Risiken. Insofern sind alle dargestellten Facetten der Arbeitsgestaltung relevant, auch ausdrücklich aus der Perspektive der betrieblichen Nachwuchskräfte, wie die Befragung zeigen konnte.

Die vorliegende Studie beruht auf subjektiven Wahrnehmungen und Bewertungen. Gleichwohl sollten diese Einschätzungen der Betroffenen ernst genommen werden – nicht zuletzt vor dem Hintergrund der aufgezeigten Handlungsfelder und der möglichen Konsequenzen. Schon 2013 warf die Promotorengruppe Kommunikation der Forschungsunion Wirtschaft – Wissenschaft die Frage auf, wie Arbeit unter den Bedingungen zunehmender Automation und echtzeitorientierter Steuerungssysteme für die Beschäftigten gut, sicher und fair gestaltet werden kann. Denn hiervon würde es abhängen, „ob die Mobilisierung von Innovations- und Produktivitätsreserven und damit die Sicherung von Wettbewerbsvorsprüngen durch den breitflächigen Einsatz selbststeuernder, wissensbasierter, sensorgestützter Produktionssysteme gelingen kann" (Kagermann et al. 2013, S. 56). Inzwischen liegen viele Beispiele guter Praxis vor, auch solche, aus denen man lernen kann, es noch besser zu machen. „Der Arbeitsplatz wird immer mehr zum Lernort" – so ist ein Schwerpunktthema im Harvard Business Manager vom Juni 2019 überschrieben (o.V. 2019, S. 44) – dieser Herausforderung gilt es sich nun verstärkt zu stellen.

Literatur

Baumann, Anja, Oleg Cernavin, Martina Frost, Arno Georg, Klaus Große, Oliver Hasselmann, Annette Icks, Welf Schröter, und Katrin Zittlau. 2018. Betriebliche Prävention 4.0. In *Prävention 4.0. Analysen und Handlungsempfehlungen für eine produktive und gesunde Arbeit 4.0*, Hrsg. Oleg Cernavin, Welf Schröter und Sascha Stowasser, 3–20. Wiesbaden: Springer.

Bigalk, Debora. 2006. *Lernförderlichkeit von Arbeitsplätzen – Spiegelbild der Organisation?* Kassel: Kassel University Press.

Cloots, Alexandra. 2020. „Weiter so" ist „out" – Neugierde und Menschlichkeit sind „in". In *Human Digital Work – eine Utopie?* Hrsg. Sebastian Wörwag und Alexandra Cloots, 99–112. Wiesbaden: Springer Gabler.

Deuer, Ernst. 2018. Ausbildungsqualität als Erfolgsfaktor in dualen Bildungsgängen. In *Ausbilderhandbuch, Ergänzungslieferung, Deutscher Wirtschaftsdienst*, Hrsg. Stefan F. Dietl, Hermann Schmidt, Reinhold Weiß und Wolfgang Wittwer, 1–24. Köln: Wolters Kluwer.

Deuer, Ernst, Steffen Wild, Susanne Schäfer-Walkmann, Katharina Heide, und Robert Walkmann. 2017. Die Panelstudie „Studienverlauf – Weichenstellungen, Erfolgskriterien und Hürden im Verlauf des Studiums an der DHBW" – Gesamtbetrachtung, Notwendigkeit und Potenziale. Forschungsbericht 1/2017, Stuttgart.

Franken, Swetlana, und Samantha Angela Cutmore-Beinlich. 2018. Digitalisierung und Industrie 4.0 – neues Arbeiten, veränderte Belegschaften. In *Personalmanagement in Zeiten von Demografie und Digitalisierung*, Hrsg. Sascha Armutat, Natalie Bartholomäus, Swetlana Franken, Volker Herzig und Bernd Helbich, 57–76. Wiesbaden: Springer Gabler.

Frieling, Ekkehart. 2006. Lernen und Arbeiten. In *Handbuch der Berufsbildung*, Hrsg. Rolf Arnold und Antonius Lipsmeier, 315–327. Wiesbaden: VS Verlag für Sozialwissenschaften.

Frost, Martina, Sebastian Terstegen, Ufuk Altun, Sibylle Adenauer, und Tim Jeske. 2018. Führung und Organisation in der Arbeitswelt 4.0. In *Prävention 4.0. Analysen und Handlungsempfehlungen für eine produktive und gesunde Arbeit 4.0*, Hrsg. Oleg Cernavin, Welf Schröter und Sascha Stowasser, 159–188. Wiesbaden: Springer.

Hasselmann, Oliver, Christina Meyn, Julia Schröder, und Corinna Sareika. 2018. Gesundheit in der Arbeitswelt 4.0. In *Prävention 4.0. Analysen und Handlungsempfehlungen für eine produktive und gesunde Arbeit 4.0*, Hrsg. Oleg Cernavin, Welf Schröter und Sascha Stowasser, 231–268. Wiesbaden: Springer.

Kagermann, Henning, Wolfgang Wahlster, und Johannes Helbig. 2013. *Umsetzungsempfehlungen für das Zukunftsprojekt Industrie 4.0. Abschlussbericht des Arbeitskreises Industrie 4.0.* Frankfurt a. M.: Promotorengruppe Kommunikation der Forschungsunion Wirtschaft – Wissenschaft.

Mucic, Luka. 2019. Sind Sie ein Jobkiller, Herr Mucic? Interview in: DIE ZEIT vom 28.03.2019, S. 22.

Mühlbradt, Thomas, Peter Kuhlang, und Thomas Finsterbusch. 2018. Lernförderliche Arbeitsorganisation in der Industrie 4.0. In *Zukunft der Arbeit – Eine praxisnahe Betrachtung*, Hrsg. Steffen Wischmann und Ernst Andreas Hartmann, 195–206. Heidelberg: Springer Viewweg.

o.V. 2019. Der Arbeitsplatz wird immer mehr zum Lernort. *Harvard Business Manager* 6(2019): 44–47.

Placke, Beate, und Thomas Schleiermacher. 2018. *Anforderungen der digitalen Arbeitswelt. Kompetenzen und digitale Bildung in einer Arbeitswelt 4.0. BPM-Studie 2918.* Köln: Bundesverband der Personalmanager.

Rausch, Andreas, und Thomas Schley. 2015. Lern- und Motivationspotenzial von Arbeitsaufgaben als Qualitätsmerkmale des Lernorts Arbeitsplatz. *Berufsbildung in Wissenschaft und Praxis, Heft* 1(2015): 10–13.

Rotzinger, Joachim. 2018. Instant Feedback: Eine Frage der Kultur oder der Technologie? Eintrag vom 12.06.2018. https://newmanagement.haufe.de/leadership/instant-feedback-eine-frage-der-richtigen-kultur-oder-der-richtigen-technologie. Zugegriffen am 24.05.2019.

Schlund, Sebastian, Moritz Hämmerle, und Tobias Strölin. 2015. *Industrie 4.0 – Eine Revolution der Arbeitsgestaltung.* Stuttgart: Fraunhofer IAO.

Ulich, Eberhard. 2006. Lern- und Entwicklungspotentiale in der Arbeit – Beiträge der Arbeits- und Organisationspsychologie. In *Personalentwicklung in Organisationen*, Hrsg. Karlheinz Sonntag, 138–176. Göttingen: Holgrefe.

Werther, Simon, Laura Bruckner, Franziska Mann, Norbert Huchler, Stefan Sauer, und Alexander Lorenz. 2018. Perspektiven auf die Zukunft der Arbeit. In *Arbeit 4.0 aktiv gestalten. Die Zukunft der Arbeit zwischen Agilität, People Analytics und Digitalisierung*, Hrsg. Simon Werther und Laura Bruckner, 47–86. Berlin: Springer.

New Work: Digitale, agile neue Welt – Eine kleine Auswahl von Personalentwicklungsinstrumenten in einer Zeit, in der Geschwindigkeit und Wandel den Ton angeben

17

Ein Praxisbeitrag

Christina Hübschen

> *„Wer immer tut, was er schon kann, bleibt immer das, wes er schon ist“*
>
> *Henry Ford*

Zusammenfassung

Dieser Beitrag beschreibt, wie wir bei Avaloq mit dem Thema „New Work“ umgehen. Unser Praxisbeispiel soll Mitarbeitern im Personalbereich Ideen und Anregungen geben, die – wie wir – nicht auf ein Heer von Organisationsentwicklungs-Spezialisten und unendliche Budgets zugreifen können. Wir stellen in diesem Beitrag unsere wichtigsten Initiativen und Programme vor, Erfolge und Misserfolge, Menschen und Beiträge, die uns inspiriert haben – und hoffen auf einen Austausch mit Gleichgesinnten und Andersdenkenden. Wir fokussieren uns dabei auf die grössten erlebbaren Veränderungen für unsere Mitarbeiter.

C. Hübschen (✉)
Avaloq, Zürich, Schweiz
E-Mail: Christina.Huebschen@avaloq.com

S. Wörwag, A. Cloots (Hrsg.), *Arbeitskulturen im Wandel*,
https://doi.org/10.1007/978-3-658-30451-5_17

17.1 Einleitung

17.1.1 Worum geht es in diesem Beitrag?

Frédéric Laloux (2014) hat in „Reinventing Organizations" aufgezeigt, dass in den heutigen Organisationen etwas schiefläuft. Mit dieser Aussage hat er einen Nerv getroffen. Wir wissen oder spüren zumindest, dass sich etwas ändern muss, auch wenn wir noch nicht genau wissen, was und wie. Mitarbeitende sind unzufrieden – und das seit Jahren. Wir verlieren uns in Maßnahmen, die uns nicht weiterbringen. Gratis-Essen und Tischfußball im Büro täuschen nicht darüber hinweg, dass es eine fundamentalere Änderung braucht. Viele HR-Experten zerbrechen sich den Kopf, wie man altbewährte Prozesse an neue Gegebenheiten anpassen muss und wie man sich als Firma neu erfindet. Transformation und digitale Disruption sind weit mehr als nur Schlagworte ohne Bedeutung. Sie sind Realitäten, mit denen wir uns ständig auseinandersetzen.

Dieser Beitrag beschreibt, wie wir bei Avaloq mit dem Thema „New Work" umgehen. Avaloq ist ein führender Hersteller von Digital-Banking- und Kernbanken-Systemen sowie ein Anbieter von Software as a Service (SaaS) und Business Process as a Service (BPaaS) für Banken und Vermögensverwalter. Bei Avaloq arbeiten aktuell 2500 Mitarbeitende, auf deren Schaffenskraft unser Erfolg basiert.

Unser Praxisbeispiel soll HR-Experten, die – wie wir – nicht auf ein Heer von Organisationsentwicklungs-Spezialisten und unendliche Budgets zugreifen können, Ideen und Anregungen geben.

Wir werden in diesem Beitrag unsere Initiativen und Programme vorstellen, Erfolge und Misserfolge, Menschen und Beiträge, die uns inspiriert haben – und hoffen auf einen Austausch mit Gleichgesinnten und Andersdenkenden. Wir fokussieren uns dabei auf die größten erlebbaren Veränderungen für unsere Mitarbeitenden.

17.1.2 Was dieser Beitrag nicht ist

Dieser Beitrag ist keine wissenschaftliche Publikation. Er ist auch keine Forschungsarbeit und enthält nur wenige Verweise auf Studien. Wichtige Unterthemen, wie die Digitalisierung unserer Prozesse, unsere Entwicklung im Umgang mit Daten, Generationenmanagement, AI & Robotics, haben wir hier ausgelassen.

17.2 Wie alles anfing

Vor 5 Jahren haben wir uns bei Avaloq den Kopf zerbrochen, wie wir sicherstellen, dass wir kein Opfer des sogenannten Produktlebenszyklus werden. Wie können wir uns regelmäßig neu erfinden und innovativ zur wohl größten Transformation in der Geschichte des

Bankwesens beitragen, sie gar gestalten und dabei als Firma erfolgreich bleiben? Mit diesen Fragen sind wir auf die Universität Zürich[1] zugegangen. Wir waren auf der Suche nach einem Werkzeug, das uns hilft, die Schaffenskraft unserer Mitarbeitenden zur vollen Entfaltung zu bringen. Das Werkzeug gab es auch. Relativ zügig wurde ein Konzept für Innovationsmanagement für Avaloq entwickelt. Allerdings hat uns das Zitat „Culture eats strategy for breakfast“ [2] schonungslos vor Augen geführt, dass wir ohne eine Kultur, die Innovation zulässt und fördert, auch mit den besten Werkzeugen und Konzepten scheitern werden.

Kultur ist also zentral. Doch wie erfasst man Kultur, wie misst man sie? Wie schafft man Kultur und wie gestaltet man sie? Wir hatten Glück. Wir haben den Organisationspsychologen Peter Kruse getroffen, der uns gezeigt hat, dass und wie man Kultur messen kann. In vielen Stunden Interviews mit unseren Mitarbeitern aus allen Standorten wurden tausende Datensätze erhoben. Die Firma „nextpractice“ beschreibt ihre Methode folgendermaßen:

> „Um die psychologischen und sozio-kulturellen Treiber zu identifizieren, die das Handeln von Menschen im Unternehmen, in Märkten oder in der Gesellschaft leiten, braucht es ein indirektes Verfahren, das die unbewussten Bewertungen erfasst. Die Hirnforschung der letzten Jahre bestätigt, dass Menschen unbewusst entscheiden und danach erst die bewussten Regionen des Gehirns aktiv werden, um Entscheidungen nachträglich zu begründen.“ (nextpractice 2020)

Das von nextpractice entwickelte qualitativ-intuitive Verfahren nextexpertizer erhebt qualitative Beschreibungen der Befragten zum Untersuchungsfeld und misst anhand von rund 500 intuitiven Bewertungen, die die Befragten in den jeweils zweistündigen Einzelinterviews treffen, deren unbewusste Wertepräferenzen.[3]

Das Ergebnis all dieser Datensätze zur Kulturerhebung war vielschichtig. Wir waren beeindruckt, schockiert und fasziniert. Es hat uns Schwachstellen und Stärken aufgezeigt. Große Themen, bei denen wir in unterschiedliche Richtungen gerannt sind, jeweils überzeugt davon, dass sich die Firma genau auf diesem jeweiligen Weg entwickeln muss. Es hat uns aber auch gezeigt, was uns vereint und welches unser gemeinsames Verständnis von Erfolg ist. Es hat uns unsere Werte aufgezeigt. Diese Analyse war der Startpunkt für viele Veränderungen.

Aus der intensiven Beschäftigung mit unserer Kultur wuchs unsere Kulturinitiative mit dem Ziel, Innovation in einer Netzwerkorganisation zu ermöglichen. Ein zentrales Thema waren unsere Mitarbeiter-Prozesse, die wir nach und nach verändert haben. Ebenfalls eine besondere Rolle kam auch der Strategie-Kommunikation zu, die vor allem für Klarheit sorgen sollte. Abb. 17.1 zeigt das Logo unserer Kulturinitiativen.

---

[1] Institut für Informatik, Universität Zürich und Universität Strathclyde, Glasgow.

[2] Der Ursprung des Zitats wird Peter Drucker (1909–2005) zugeschrieben.

[3] Weitere methodische Hinweise finden sich unter https://www.nextpractice.de/nextexpertizer/.

Abb. 17.1 Logo der Kulturinitiativen. (Quelle: Avaloq)

All unsere Veränderungen sind aus dem Dialog heraus entstanden, aus vielen Interviews und kontroversen Diskussionen. Die Priorisierung erfolgte rein nach dem Kriterium, wo unsere Teams den höchsten Veränderungsbedarf hatten. Jede Initiative hat einen Einfluss auf das Thema Führung und erfordert den Mut, Gelerntes loszulassen und sich auf Neues einzulassen.

Als wir uns später intensiver mit Themen wie Agilität und Selbst-Organisation auseinandersetzten, ist uns erst bewusst geworden, dass die meisten unserer Veränderungen genau diese Modelle unterstützen und fördern. Wir haben nicht gesagt: „Ab heute sind wir agil und jetzt passen wir einmal alles an." Faktisch erfolgte unsere Umstellung auf „agil" erst 4 Jahre nach der ersten Anpassung der wichtigsten Mitarbeitendenprozesse.

17.3 Performance Management

17.3.1 Unser altes Modell

In der Vergangenheit nutzten wir ein klassisches Performance-Management-Modell, wie es viele Unternehmen heute tun: Zielvereinbarungen am Jahresanfang und eine Beurteilung unterjährig sowie am Jahresende – selbstverständlich nach den Regeln der Gauß'schen Normalverteilung. Damit direkt verknüpft, war die individuelle Bonuszahlung, die sich aus persönlichem Rating multipliziert mit dem Unternehmensfaktor und einem Prozentsatz des Gehaltes errechnet hat.

Das Feedback unserer Mitarbeiter dazu war ernüchternd. Der Prozess wurde bestenfalls als nicht motivierend empfunden. Erstaunlicherweise auch nicht von den sogenannten High Performern. Ein Kritikpunkt war z. B. die Zielsetzung. Der Prozess sei zu unflexibel, da sich Ziele volatil geänderten Rahmenbedingungen anpassen müssten und selten starr auf ein Jahr gesetzt werden könnten. Eine Leistungsbeurteilung rein auf Basis dieser Ziele würde nicht die gesamte Leistung des Mitarbeitenden honorieren, insbesondere dann, wenn sich der Mitarbeitende auch außerhalb der Zielsetzung einsetzt. Dies sei aber eigentlich egal, da das Feedback ohnehin kaum eine echte Leistungsbeurteilung sei, sondern es lediglich darum ginge, wie der Bonus verteilt werden durfte. Besonders häufig war dabei folgende Rückmeldung zu hören: „Meine Führungskraft gibt das Feedback so, dass man am Ende den Budgettopf einhalten kann. Mit mir und meiner Leistung hat das nichts zu tun." Aufhorchen ließ auch das folgende Feedback: „Es gab ein Feld für Mitarbeiterentwicklung? Ach ja, stimmt. Das haben wir an das HR geschickt. Ich habe nie wieder etwas davon gehört."

17.3.2 Was haben wir verändert?

Bei der Einführung des neuen Modells haben wir zuerst festgelegt, was wir erreichen möchten. Die wichtigsten Parameter waren Mitarbeitermotivation, Mitarbeiterentwicklung und Netzwerk-Kollaboration.

Fokussiert haben wir uns dabei auf drei Schlüsselthemen: Zielsetzung, Feedback und Perspektivengespräche.

17.3.3 Ziele: gemeinsam erarbeitet und gemeinsam bewertet – Orientierung, hohe Transparenz, Flexibilität, Commitment und Buy-in

Im Bereich der Zielsetzung haben wir intensiv darüber nachgedacht, ob wir den Zielsetzungsprozess nicht sogar ganz abschaffen wollen. Denn welcher Mitarbeiter weiß nicht, was er zu tun hat, wenn er morgens zur Arbeit kommt? Die Mehrzahl der Mitarbeiter wollte aber einen Prozess zur Zielsetzung beibehalten, dies vor allem vor dem Hintergrund der Orientierung. „Woran arbeitet die Firma außerhalb meines Bereichs?" und „Wie zahlt mein Beitrag auf unsere Strategie ein?" waren Hauptthemen der Diskussion. Dazu kam der Wunsch nach Flexibilität – eine Forderung, die der Dynamik der heutigen Zeit geschuldet ist. Schließlich haben wir uns für die Umsetzung der folgenden Maßnahmen entschieden:

17.3.3.1 Gemeinsame Erarbeitung der Ziele im Team

Die Strategie und die wichtigsten Ziele der einzelnen Bereiche werden weiterhin „Top-Down" vorgegeben. Wie wir diese erreichen, legen wir aber nun gemeinsam im Team fest. Dadurch erreichen wir ein ganz anderes Commitment und Buy-in. Kulturell sind wir damit den ersten Schritt vom „Ich und Du" zum „Wir" gegangen.

17.3.3.2 Einführung von Quartalszielen versus Jahreszielen

Um eine möglichst hohe Flexibilität zu erreichen, können die Teams selbst den Zeitraum festlegen, in welchem sie ein Ziel erreichen wollen. Üblicherweise sind dies 3 Monate. Dem agilen Arbeiten nachempfunden, ermöglicht uns dies schnellere Ergebnisse, wenn auch in kleineren Arbeitspaketen. Dadurch ergibt sich auch eine konstante Rückkopplung in Bezug auf Fortschritte sowie eine Dynamik, die es uns erlaubt, schnell auf neue Umstände und Prioritäten zu reagieren.

17.3.3.3 Gemeinsame Bewertung der Zielerreichung und Teamarbeit

Geht ein Zielzyklus zu Ende, bewerten wir uns gemeinsam im Team. Haben wir unsere Ziele erreicht, und wie haben wir sie erreicht? Es werden dabei nicht Individuen bewertet, sondern ob das jeweilige Ziel erreicht wurde.

Teamarbeit ist für unseren Erfolg essenziell. Wir bewerten daher bewusst, wie wir als Team zusammengearbeitet haben. Dabei geht es uns vor allem um den Dialog und einen bewussteren Umgang miteinander.

Die Bewertungsskalen sind in Tab. 17.1 dargestellt.

Tab. 17.1 Bewertungsskalen der Zielerreichung und Teamarbeit

Did we achieve our targets?	How did we do as a team?
Long way to go: target not yet achieved – minimal or zero progress	**High costs on team energy:** teamwork did not go well, e.g. lots of misunderstandings, work done more than once or even failed due to poor communication. Teamwork needs a lot of energy due to conflicts, visible or underlying
Almost there: work has started but target not yet achieved	**Should have worked together better:** generally good collaboration but could be improved, e.g. not all clearly communicated, some misunderstandings, support for teammates could be better. Teamwork perhaps undermined by tension in discussions or relationships.
Made it: target achieved and basic expectation fulfilled, i.e. minimum	**Good team energy & collaboration:** team works well together with good communication, healthy internal support for each other and good team spirit overall.
Applause: target achieved with greater success than expected, i.e. better than minimum	**Great flow and support in working together:** from good to great – team in sync, colleagues working together and supporting each other with a smile and high productivity. No tension in relationships.
Standing Ovation: target over-achieved with significantly better results than expected	**Real super-team approach:** Exceptional teamwork, perhaps better than could be expected. Very high levels of energy and productivity, frequent open discussions and healthy feedback culture, numerous synergies and daily progress on finding best shared solutions.

Quelle: Avaloq

17.3.3.4 Volle Transparenz

Bei uns kann jeder alles sehen, wenn es nicht aufgrund von rechtlichen oder besonderen Umständen auf vertraulich gesetzt wird. Diese Offenheit gilt für die Ziele, aber auch für die Bewertungen anderer Teams. Dadurch schaffen wir eine neue Stufe der Transparenz, die wir in der Form bisher nicht hatten.

17.4 Feedback – Entwicklung auf der Position: Ehrliche Dialoge, die auf Entwicklung ausgerichtet sind

Das Feedbackgespräch des Mitarbeiters ist auf die Entwicklung des Mitarbeiters auf seiner jeweiligen Position ausgerichtet. Wir wollten bewusst weg von der klassischen Beurteilung – da sträuben sich bei vielen bereits beim Wort die Nackenhaare. Die Herausforderung war dabei, dass wir viele junge Führungskräfte haben und in der Vergangenheit das Thema Führungskräfte-Entwicklung sträflich vernachlässigt hatten.

Im Bereich Feedback haben wir folgende Anpassungen implementiert:

17.4.1 Differenziertes Feedback

Wir haben die Gesamt-Beurteilung der Mitarbeitenden abgeschafft und führen zur Bewertung auch kein Schulnoten-System mehr. Jeder Mitarbeitende erhält stattdessen differenziertes (!) Feedback zu seinem persönlichen Beitrag bei der Zielerreichung, zu den Kompetenzen, die es auf seiner Position benötigt, und zu der Art und Weise, wie er seine tägliche Arbeit erledigt. Zusätzlich geben wir Feedback in Bezug darauf, wie unsere Werte gelebt werden, aber auch zu überzeichneten Stärken. Gemeinsam mit den Mitarbeitenden erarbeiten wir Handlungsempfehlungen, die der weiteren Entwicklung auf der Position zuträglich sind.

17.4.2 Textskalen, die auf Entwicklung gerichtet sind

Die Wahl der Skalen, die wir zukünftig nutzen sollten, hat uns lange beschäftigt. Brauchen wir eine 3er, 5er oder sogar 9er Skala? Wollen wir ein numerisches oder alphabetisches System?

Schließlich entschlossen wir uns für eine Textskala. Wir wollten uns so weit als möglich von der reinen Beurteilung distanzieren, die oft auch als Verurteilung empfunden wird. Die Textskalen sind in ihrer Wortwahl alle auf den Entwicklungsgedanken ausgerichtet, wie ein Beispiel in Tab. 17.2 zeigt.

Tab. 17.2 Textskala zur Bewertung der Kompetenzen

5	**Role model: You should teach this** Tick role model when you are consistently stunned by exceptional behaviour in this competency. Even in critical or stressful situations, the person's behaviour continuously exceeds expectations and sets new standards in this competency. This is a very strong, positive message and if the person is interested, they might want to consider teaching or mentoring others.
4	**Clear strength: Foster it for all of us** Tick here when you want make a strong statement and praise consistently positive behaviour in this competency. There is still space for further growth or more frequent application i.e. finding more opportunities to apply and improve this competency.
3	**Well developed competency: Great! Keep on living it** Tick this when you see positive behaviour in different work situations and consistency over time. This evaluation should indicate neither a strength nor a weakness, with potential to develop in either direction.
2	**Development area: Would be great to grow** Choose this evaluation when there is a lack of consistency in terms of positive behaviour for this competency. Either some aspects are missing, there is a lack of stability or the performance is different according to the situation. With this evaluation the competency can be considered a minor weknaess – not necessarily a development area but something to be aware of. If the person would like to develop, discuss what you can do together to support the development – it might be about making the person aware in real life situations, or it might require self-study, coaching or training.
1	**Today's weakness: Could be a risk for the career path** This is a strong message from the manager and a clear request for the person appraised to change. Choose this evaluation if an employee's behaviour is consistently poor or negative for this competency, which might even lead to problems fulfilling the role. The employee should drive the development path but employee and manager should together define steps to develop and improve this competency. If there are more than two competencies rated „Today's weakness" you might want to discuss a role that better fits the person's strengths (in this case, you should prepare for this conversation by considering their strengths).

Quelle: Avaloq

17.4.3 Einfache, aber starke Führungskräfte-Tools

Um die Feedbackgespräche möglichst effektiv zu unterstützen, setzen wir einfache, aber dennoch schlagkräftige Führungstools ein. Ein Beispiel hierfür ist der Reife-Zyklus von Hilb (2011), in dem die verschiedenen Phasen von Entwicklungspotenzial und Leistung dargestellt werden. Das Modell lässt sich einfach erklären, kann in einem Tool anschaulich dargestellt werden und erlaubt auch weniger erfahrenen Führungskräften, differenzierte Aussagen zur Leistung ihrer Mitarbeiter zu treffen. Was uns an Hilb's Modell besonders gut gefällt, ist die Tatsache, dass der Zyklus eine ständige Veränderung vorsieht. Das erlaubt uns, Feedback zu geben, ohne einem Mitarbeitenden einen Stempel aufzudrücken, den er nie wieder loswird.

Bei Avaloq setzen wir es folgendermaßen und leicht angepasst ein: Wir alle lernen und entwickeln uns in unserem beruflichen Leben und dabei gehen wir durch verschiedene Reife-Phasen. Alle Phasen können unterschiedlich lang sein, und es gibt keine Anforderungen, wie lange man in einer bestimmten Phase sein sollte. Die Einstufung erfolgt anhand zweier Faktoren: die „Entwicklungs-Fähigkeit" auf der Position (y-Achse) und der eigene Beitrag zur Team-Leistung (x-Achse).

Wir starten in der „Einführungsphase". Hier geht es darum, die Position zu verstehen, ihre Anforderungen, Stakeholder und Regeln der Zusammenarbeit. In dieser Phase ist der eigene Beitrag noch nicht so hoch, sehr wohl aber die Entwicklungsfähigkeit. Das Entwicklungsziel in dieser Phase ist, Mitarbeitende relativ schnell durch diese Phase zu begleiten. Eine gute Einführung ist der Schlüssel zum Erfolg.

In der „Wachstumsphase" erreicht der Mitarbeitende die Leistungserwartungen an die Position oder übertrifft sie sogar, hat aber immer noch Entwicklungspotenzial. In dieser Phase erleben wir die Mitarbeitenden üblicherweise sehr motiviert. Je länger man dieselbe Position innehat, desto mehr nimmt das Entwicklungspotenzial ab – mit der Zeit kennt man seine Position in- und auswendig und erfüllt mühelos alle Anforderungen.

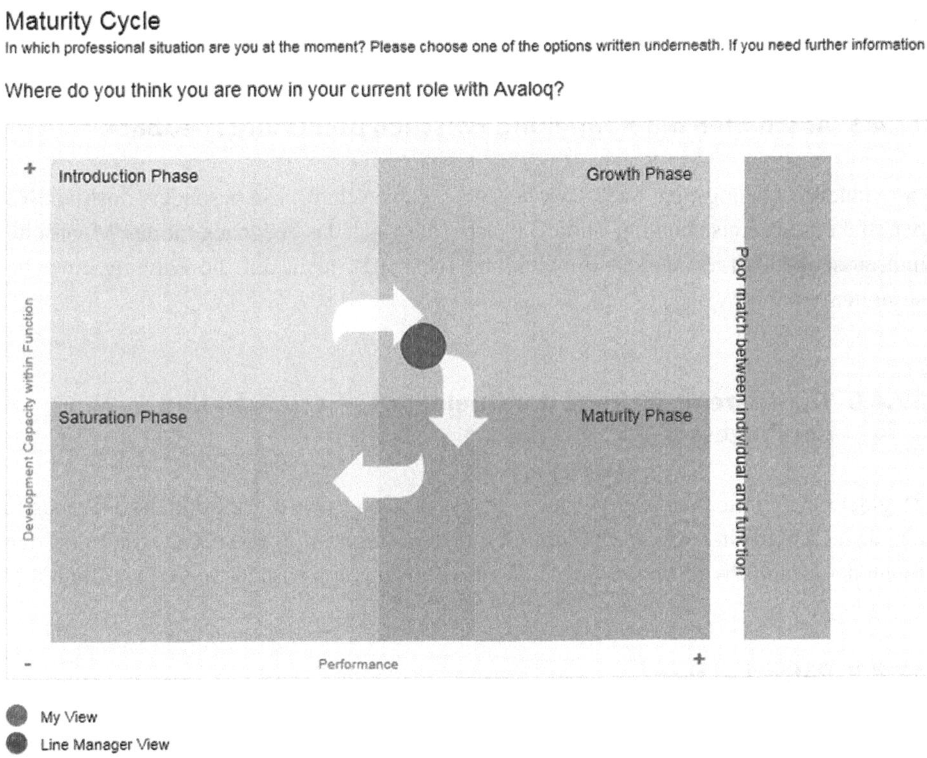

Abb. 17.2 Bildschirmfoto des „Maturity Cycle" des Avaloq Tools „Appreciate"

Man kommt nun in die sogenannte „Maturitäts-Phase“. Auf der Leistungsebene ist man im oberen Bereich, aber die Position bietet keine Entwicklungsmöglichkeiten mehr. Das geht sicherlich eine bestimmte Zeit sehr gut, aber mit der Zeit fällt die Leistung ab, da man sich nicht mehr weiterentwickelt hat oder eine Form von Routinisierung eintritt.

Man rutscht in die „Sättigungs-Phase“, in der man weder Gutes leistet noch sich entwickelt. Um dies zu vermeiden, erweitern wir entweder rechtzeitig den Anforderungskatalog der Position oder verschieben die Kollegen auf eine neue Position mit neuen Anforderungen. Der Kreislauf startet von Neuem. Abb. 17.2 zeigt die Darstellung des Modells in unserer Feedback-Applikation.

17.4.4 Dediziertes Tool

Auch im Feedback nutzen wir eine Software, deren Analytics ein strukturiertes Talent-Management ermöglichen soll. Nicht nur der Status wird hier analysiert, sondern welche Themen besonders häufig in der Entwicklung angesprochen werden oder welche Kompetenzen niedriger ausgeprägt sind. Dies hat dann einen direkten Einfluss auf das Trainingsprogramm.

17.4.5 Abschaffen der Koppelung zwischen Bonus und Feedback

Individuelle Leistungsboni haben wir bei Avaloq abgeschafft. Ein besonders positiver Nebeneffekt dieser Entscheidung ist die Tatsache, dass sich das Feedback für den Mitarbeiter nun ausschließlich auf dessen Entwicklung fokussiert, nicht auf die Zahlung einer bestimmten Summe.

17.4.6 Transparenz: Abfrage der Qualität des Gesprächs und des Prozesses

Zu guter Letzt führten wir auch beim Feedbackgespräch eine weitere Form der Transparenz ein: Jeder Mitarbeiter wird nach dem Gespräch gefragt, ob er mit der Qualität und dem Inhalt des Gesprächs zufrieden war. Auch diese Information wird aggregiert veröffentlicht.

17.4.7 Retrospektive

Die Trennung des Feedbackgesprächs von der Bonusvergabe führt zu deutlich mehr Vertrauen dahingehend, dass das Feedback wirklich auf die Entwicklung ausgerichtet ist und nicht mehr länger auf die Verteilung eines Bonustopfes. Dies steigert die Bereitschaft und Akzeptanz.

Besonders positiv wurde die Differenzierung aufgenommen, ebenso wie der Reifezyklus von Hilb. Einigen ist unser Kompetenzmodell zu umfangreich; manche wünschen sich eine einfachere Bedienerfahrung (mehr Klicks, weniger Text). Alles in allem wenden Führungskräfte von der Vorbereitung bis zum Gespräch pro Mitarbeiter zwei bis drei Stunden auf. Dies wird als zeitintensiv empfunden, auch wenn die Notwendigkeit selbst nicht in Frage gestellt wird. Derzeit starten wir ein Projekt, wie man unkompliziert häufiges und spontanes Feedback geben kann. Außerdem planen wir im Herbst einen Pilotversuch zu Peer-Feedback.

17.5 Mitarbeiterentwicklung: Verstehen, was Mitarbeiter motiviert und Energie schafft

Im Bereich der Mitarbeiterentwicklung haben wir zwei Themengebiete voneinander getrennt: die Entwicklung eines Mitarbeitenden auf der Position und die langfristige Karriereentwicklung. Das jährliche Perspektivengespräch ist auf die langfristige Entwicklung ausgerichtet.

In dieser Hinsicht haben wir die folgenden Schritte eingeleitet:

17.5.1 Jährlicher dedizierter Dialog zum Thema Karriere-Entwicklung

Wir haben den Karrieredialog bewusst von allen anderen People-Prozessen getrennt, damit er den richtigen Fokus, Energie und Zeit erhält. Das Gespräch verfolgt ein klares Ziel: Die Führungskraft soll besser verstehen, was den Mitarbeiter motiviert, antreibt und positive Energie beim Mitarbeiter kreiert. Es soll ein echter Dialog stattfinden, der auch darüber geführt wird, was man im Kleinen und Großen bewegen, verändern oder angehen kann. Das erlaubt es uns, das volle Potenzial des Mitarbeiters zu entfalten. Dieses Gespräch soll Wertschätzung vermitteln.

17.5.2 Freiwilligkeit – der Mitarbeiter initiiert das Gespräch

Wir glauben daran, dass Karriereentwicklung ein hohes Maß an Eigenverantwortung voraussetzt. Mitarbeiter, die dieses Gespräch führen möchten, initiieren es. Es findet auf freiwilliger Basis statt. Dieses Gespräch ist nur für den Mitarbeiter freiwillig – wird der Prozess vom Mitarbeiter initiiert, muss die Führungskraft das Gespräch führen.

17.5.3 Dediziertes Tool

Für das Gespräch nutzen wir einc dedizierte Software, in welcher der Mitarbeiter Fragen beantworten muss. (siehe Abb. 17.3) Der Einstieg in das Gespräch startet mit einem Rating,

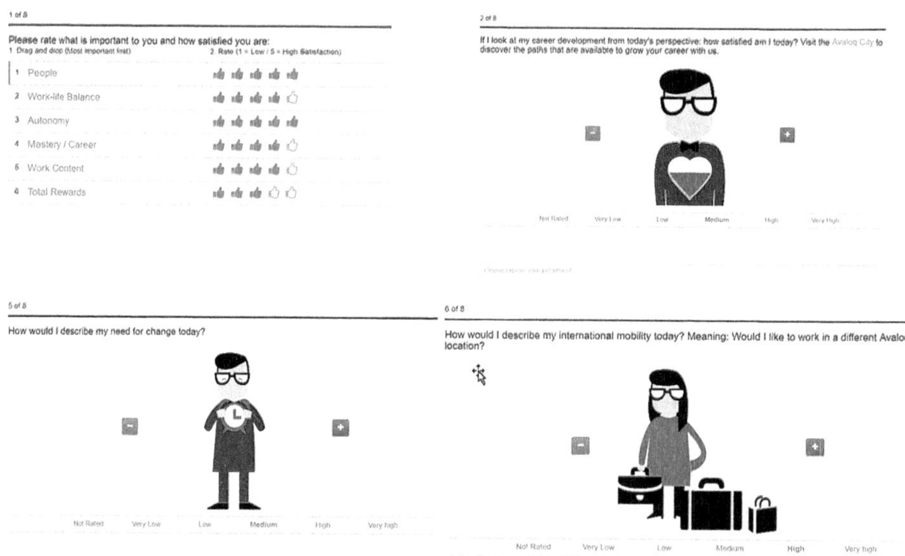

Abb. 17.3 Bildschirmfotos des Avaloq Tools „Appreciate“. (Quelle: Avaloq)

welche Themen dem Mitarbeiter wichtig sind und wie zufrieden er jeweils mit den Themen ist. Danach werden Fragen zur Zufriedenheit mit der eigenen Karriere gestellt, ob man an Themen eingesetzt wird, die man am besten beherrscht und ob es Probleme oder Hinderungsgründe gibt, das eigene Potenzial voll auszuschöpfen. Es wird offen darüber gesprochen, wo der Mitarbeiter sich in 3 bis 4 Jahren sieht. Dies muss nicht unbedingt eine andere Position sein, Es geht darum, wie man sich entwickeln möchte. Es wird auch angesprochen, ob der Mitarbeiter eine Veränderung wünscht und wie mobil er oder sie ist. Zu guter Letzt werden gemeinsame Vereinbarungen mit der Führungskraft festgehalten, was man gemeinsam starten möchte und ob in der täglichen Arbeit Veränderungen vorgenommen werden. Wichtig ist, dass keine Versprechungen gemacht werden, die man nicht halten kann.

Der Einsatz der Software ermöglicht eine systematische Analyse, die wesentlich zur Verbesserung des Talent-Managements beiträgt. So werten wir zum Beispiel aus, wie zufrieden die Mitarbeitenden mit Themen sind, die ihnen wichtig sind. Entdecken wir ein Muster, wird dieses Thema als Projekt in unser Engagement Team gegeben. Werden einzelne Begriffe besonders oft genannt (zum Beispiel „Leadership Skills“), wird die Analyse in das Trainings-Team übergeben.

17.5.4 Abfrage des Nutzens

Nach jedem Gespräch erhält der Mitarbeitende eine E-Mail, in der die Qualität des Gesprächs beurteilt wird. Nach 11 Monaten beantwortet der Mitarbeitende, ob das Gespräch für die eigene Entwicklung nützlich war. Auch hier sind wir transparent und planen die Veröffentlichung der kumulativen Ergebnisse.

17.5.5 Retrospektive

Wir nutzen ein einfaches Tool, das relativ simpel mit wenigen Klicks und Kommentaren ausgefüllt wird und dennoch die notwendige Tiefe hat, um gute Gespräche zu führen. Allerdings waren wir von der zögerlichen Nutzung des Tools überrascht. Im ersten Jahr nutzten lediglich 40 % unserer Mitarbeitenden das neue Werkzeug. Im zweiten Jahr waren es dann immerhin schon 60 %. Fehlende Zeit, aber auch fehlende Orientierung werden als Hauptgründe genannt. Erst kürzlich haben wir aus diesem Grund eine Karriere-Kampagne gestartet, um Möglichkeiten aufzuzeigen und Orientierungshilfe zu bieten, die sogenannte Avaloq-City, wie Abb. 17.4 zeigt.

Führungskräfte und Chapter Leads werden zudem gebeten, die Perspektivengespräche von sich aus anzubieten. Dies mag widersprüchlich zu dem Prinzip der Eigenverantwortung erscheinen, führt aber dazu, dass der Mitarbeiter sich aktiv damit auseinandersetzt, ob man ein solches Gespräch möchte oder nicht. Im Übrigen zeigt es, dass das Thema Entwicklung von der Führungskraft ernst genommen wird.

17.6 Vergütung: Erfolg teilen, Fairness und außergewöhnliche Leistungen honorieren

17.6.1 Abschaffung individueller Leistungsboni

Bei Avaloq haben wir uns von unserem klassischen „Pay for Performance"-basierten Kompensationsmodell getrennt. Dieses weit verbreitete Modell ist darauf ausgerichtet, Motivation durch finanzielle Anreize zu schaffen. Interessanterweise legt die Wissenschaft

Abb. 17.4 Avaloq Karriere-Modell. (Quelle: Avaloq)

(Glucksberg 1962) nahe, dass finanzielle Anreize die Unternehmensleistung verschlechtern können. Im Extremfall beginnen Arbeitnehmer gar in Grauzonen zu operieren, um Bonuszahlungen zu maximieren. Der Ted-Vortrag von Dan Pink (2009): „The Puzzle of Motivation" ist in diesem Kontext großartig zu hören oder lesen. Pink prangert die individuellen Leistungsboni an und verweist darauf, dass wahre Motivation durch Sinnhaftigkeit, Autonomie und Wachstum des eigenen Könnens entsteht.

Das heißt nicht, dass Geld nicht wichtig ist. Monetäre Faktoren können zu großer Demotivation führen, wenn Mitarbeiter das eigene Gehalt als nicht angemessen empfinden. Noch ausgeprägter ist der negative Effekt, wenn Kollegen, deren Leistung und Wertbeitrag als maximal so hoch wie die eigene angesehen wird, deutlich besser bezahlt werden.

Wir haben uns bewusst dafür entschieden, weiterhin variable monetäre Vergütungen auszubezahlen, diese aber nicht mehr auf individuelle Performance-Ziele zu stützen. Bonuszahlungen hängen nun vor allem vom gemeinsam erreichten Unternehmenserfolg ab.

Das neue Modell basiert auf drei Bausteinen, wie Abb. 17.5 zeigt: dem Basissalär und zwei variablen Vergütungskomponenten, den sogenannten Success Share Units und einem Extraordinary Achievement Award.

17.6.1.1 Grundgehalt

Jeder Mitarbeiter erhält wie bis anhin einen monatlich ausbezahlten, marktüblichen Grundlohn. Die Position ist dabei entscheidend für das Gehaltsband. Eine Position hat bis zu vier Maturitätsstufen und mit jeder Maturitätsstufe steigt das Gehaltsband. Hierbei steht die Entwicklung des Mitarbeiters auf der Position im Vordergrund.

Unsere Führungskräfte erhalten detaillierte Informationen darüber, wo der Mitarbeitende im Gehaltsband, aber auch im Vergleich zum internen und externen Markt steht. Auf dieser Basis können bei der jährlichen Gehaltsrunde bewusste und informierte Entscheide getroffen werden. Dies führt zu besseren individuellen Lösungen und zur besseren Verteilung des zur Verfügung stehenden Gehaltstopfes.

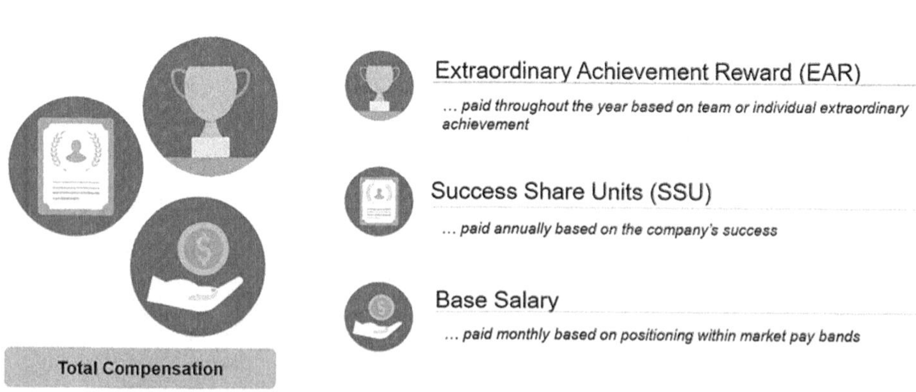

Abb. 17.5 Überblick Total Compensation, Avaloq. (Quelle: Avaloq)

17.6.1.2 Success Share Units

Jeder Position im Unternehmen ist eine Anzahl von Success Share Units zugeordnet. Die Anzahl dieser Units ist bei homogenen Positionen immer gleich, es gibt also keine persönlichen Unterschiede. Einmal jährlich werden die Success Share Units ausgeschüttet, deren Wert vom gemeinsam erreichten Unternehmenserfolg abhängt. Damit fokussieren wir uns bewusst darauf, den Erfolg des Unternehmens als Ganzes in den Vordergrund zu stellen: Nur wenn wir alle am gleichen Strang ziehen und uns alle für unser Unternehmen gemeinsam einsetzen, haben wir auch Erfolg.

17.6.1.3 Einführung eines Extraordinary Achievement Awards

Wir stellen zusätzlich ein Budget für besondere Leistungen zur Verfügung. Dieser kann für Teams oder Individuen genutzt werden, wenn ein außerordentlicher Einsatz honoriert werden soll. Die Beurteilung solcher Leistungen erfolgt ganzjährig durch ein Gremium, und die Zahlungen werden zeitnah zur besonderen Leistung ausgeführt. Die Beurteilungskriterien orientieren sich in erster Linie an unseren fünf Unternehmenswerten. Es wird berücksichtigt, inwieweit diese durch die Teams und Mitarbeiter in besonderer Weise gelebt wurden. Zudem kommt der Komponente des Networking eine besondere Bedeutung zu. Durch dieses Budget ist es nun auch möglich, interdisziplinäre Teams gemeinsam zu belohnen. Die Organisationseinheit wird nicht länger nur isoliert betrachtet, sondern es wird die bereichsübergreifende Kollaboration und Kooperation gefördert und honoriert.

17.6.2 Retrospektive

Die Abschaffung der Leistungsboni aufgrund individueller Ziele wurde sehr positiv aufgenommen. Auch bei der Rekrutierung von Mitarbeitern gehört es zu den positiv bewerteten Elementen. Eine kleine Gruppe stand dem Modell kritisch gegenüber: die Sales-Organisation. Diese arbeitet weiterhin mit Kommissions-Modellen, allerdings ist dies nach wie vor ein stark kontrovers diskutiertes Thema.

Eine Lehre, die wir an jedes Team weitergeben möchten, das sich mit dieser Thematik befassen muss, ist die folgende: Die Thematik ist extrem emotional. Dies sei am Beispiel der Transparenz illustriert, die uns in diesem Kontext sehr wichtig ist. Wir haben im Rahmen der Umstellung die Einstufung sämtlicher Positionen des Unternehmens mit dem oberen Management Team geteilt. Obwohl wir durchgehend mit Experten zusammengearbeitet haben und jede Einheit die eigene Einstufung abgesegnet hatte, kam es zu einem regelrechten Aufschrei. Jede, ausnahmslos jede Organisationseinheit, hat die jeweils anderen Organisationseinheiten äußerst kritisch beobachtet und sich benachteiligt gefühlt. Ohne die starke Einbindung unseres CEOs, der alle Entscheidungen mitgetragen hat, wären wir möglicherweise zu dem Zeitpunkt gescheitert. Vor dem Hintergrund dieser Reaktion haben wir darauf verzichtet, im Unternehmen volle Lohntransparenz zu implementieren.

17.7 Recruiting

Auch im Recruiting haben wir einige Neuerungen eingeführt. Das war nicht nur der Digitalisierung geschuldet, sondern aufgrund unseres Wachstums eine unumgängliche Notwendigkeit. Im vergangenen Jahr haben wir im Recruiting zum ersten Mal die 500-Personen-Marke durchbrochen und innerhalb eines Jahres 550 neue Kollegen begrüßt. Die folgenden Maßnahmen haben uns geholfen, das zu erreichen.

17.7.1 The A-Factor: Mitarbeiter empfehlen Mitarbeiter

Die Einführung eines Mitarbeiterempfehlungs-Instruments mag für viele keine bahnbrechende Erfindung darstellen. Für uns hat die Einführung aber einen gigantischen Erfolg gebracht. Innerhalb von 8 Wochen hatten wir 1400 neue Bewerbungen. Kritische und schwer zu besetzende Positionen konnten gefüllt und unsere Kosten reduziert werden.

Die Vorteile des Programms liegen auf der Hand: Motivierte Mitarbeiter agieren als Botschafter des Unternehmens und helfen uns, unsere Reichweite in einer Art zu erweitern, die ohne die Mitarbeitenden nicht möglich wäre. Dadurch können die Mitarbeitenden aktiv beeinflussen, wer zukünftiger Kollege wird, und als Firma sind wir in der Lage, Positionen schneller und besser zu besetzen. Bei der Einführung von „The A-Factor" haben wir die folgenden Grundsätze definiert: Es sollte bequem und kreativ sein und die Aufmerksamkeit der Mitarbeiter erreichen.

Als „digital and social company" nutzen wir mit Talentry eine App, die 24/7 von überall bedient werden kann. In der App teilen wir nicht nur die offenen Positionen, sondern auch Erfolgsgeschichten und Social-Media-Beiträge, die wiederum von unseren Mitarbeitenden geteilt werden können. Der Status jeder Empfehlung kann von den Mitarbeitenden eingesehen werden. Alle Mitarbeitende, die einen erfolgreichen Kandidaten anwerben, erhalten eine Prämie.

17.7.2 Einführung von Video-Bewerbungen

Ebenfalls neu ist die Einführung von Videobewerbungen. Als Instrument haben wir wepow ausgewählt. Auch hier ist die Idee einfach. Statt des physischen Interviews laden wir passende Erstrunden-Kandidaten zu einem Video-Interview ein. Die Führungskraft, die für ihr Team einstellt, oder das Team selbst, nimmt 5 Fragen per Video auf. Der Bewerber erhält die Fragen und antwortet selbst in einem Video. Das Video kann von der Führungskraft jederzeit angeschaut werden und bildet die Basis für die Entscheidung zu einem zweiten Interview. Die Videos haben eine sehr hohe Aussagekraft und vermitteln ein gutes Gefühl für die Person, die sich vorstellt. Man erhält einen deutlich tieferen Eindruck als nur über den Lebenslauf. Gleichzeitig erhält der Bewerber einen guten Eindruck vom

Team und seinem potenziellen Vorgesetzten, aber auch davon, was in einem Zweitinterview erwartet wird.

17.7.3 Aufbau externer Nachfolge-Pools, direkte Ansprache und Netzwerkpflege

Interne Nachfolgeprogramme werden bei uns seit Jahren mit Erfolg eingesetzt. Neu ist der Aufbau eines sogenannten externen Nachfolge-Pools. Dabei identifizieren wir Schlüsselpositionen, von denen wir wissen, dass wir sie nicht kurzfristig mit Mitarbeitenden aus dem eigenen Haus besetzen können, da sich unser eigener Talente-Pool noch in der Aufbauphase befindet. Wie in der Rekrutierung, nehmen wir Kontakt mit möglichen Kandidaten auf und identifizieren zwei bis drei Personen, mit denen wir längerfristig in regelmäßigem Kontakt bleiben. Erst zu einem späteren Zeitpunkt, wenn die Position tatsächlich frei wird, wird einer der Kandidaten eingestellt.

Vermehrt bitten wir unsere Führungskräfte, sich um die Pflege des eigenen Netzwerks zu kümmern. Die Wenigsten betreiben eine bewusste Netzwerkpflege im Hinblick auf die Rekrutierung. Dabei erzielen wir die höchsten Erfolgsquoten einer schnellen Integrierung vor allem dann, wenn die Kandidaten aus dem eigenen Netzwerk kommen und der einstellenden Führungskraft bereits bekannt sind.

Stark verändert haben wir uns auch in der Ansprache von Kandidaten. Während wir früher nur die Bewerbungen auf Anzeigen hin bearbeitet haben, durchforsten wir heute aktiv LinkedIn und Xing und sprechen passende Professionals direkt an. Die Erfolgsquote einer direkten Ansprache ist sogar noch deutlich höher, wenn die einstellende Führungskraft die Kandidaten selbst anschreibt. Diese Vorgehensweise hilft uns besonders bei schwer zu besetzenden Positionen in einem anspruchsvollen Marktumfeld.

17.7.4 Veränderung der Kommunikation

Nicht immer sind es die großen Veränderungen, die eine bedeutende Wirkung hervorrufen. Seit kurzem haben wir die Art und Weise der Kommunikation mit den Kandidaten umgestellt. Statt mit Standard-Mails versuchen wir, Bewerber sehr personalisiert anzusprechen und unseren ehrlichen Dank für den Aufwand einer Bewerbung auszudrücken. Wir haben die Erfahrung gemacht, dass dies sehr geschätzt wird. Selbst bei Absagen kommt es mittlerweile vor, dass Kandidaten sich bedanken.

17.7.5 Retrospektive

Talentry ist mittlerweile eine unserer wichtigsten Recruiting-Quellen und hat unsere Cost-per-hire reduziert. Bedenken, dass aus der Motivation der Prämienmaximierung nun

„jeder“ an Bord gebracht werde, haben sich nicht bewahrheitet. Vielmehr werden Kandidaten empfohlen, mit denen Mitarbeitende selbst zusammenarbeiten wollen. Empfehlungen für schwache Kandidaten haben wir kaum erhalten. Ursprünglich wollten wir sämtlichen Bewerbern, die von Mitarbeitenden empfohlen wurden, ein Interview garantieren. Aufgrund der Masse an Bewerbungen hätten wir dieses Ziel nicht erreichen können.

Der Einsatz von Video-Interviews hat sich nicht für alle Positionen durchgesetzt. Es herrscht eine gewisse Scheu, sich selbst aufzunehmen. Damit meinen wir nicht die Bewerber, sondern die Führungskräfte, die einstellen. Man kann deutliche Unterschiede nach Berufs- und Altersgruppen erkennen. Wer das Tool einmal eingesetzt hat, greift in der Regel auch zukünftig danach.

Den Aufbau von externen Nachfolgern konnten wir nur sehr limitiert implementieren. Zum einen liegt dies an unserem außerordentlich hohen Rekrutierungsbedarf, so dass wir bei passenden Kandidaten umgehend ein Vertragsangebot unterbreitet haben. Daher haben wir nur wenig Erfahrung, wie schwierig oder leicht es ist, den Kontakt über einen längeren Zeitraum zu pflegen. Auch mussten wir feststellen, dass nur wenige Führungskräfte den Aufwand einer mittelfristigen Nachfolgeplanung erwägen – es hat viel proaktives Nachfassen gefordert, z. B. immer wieder Vorschläge zu machen, für welche Stellen dies interessant sei, dann die Stellen zu beschreiben oder sich aktiv an der Kandidatensuche zu beteiligen. Auf Kandidatenseite sind wir durchaus auf Interesse gestoßen. Es gibt viele Kandidaten, die nicht aktiv auf Stellensuche sind, sich einen Wechsel aber mittelfristig vorstellen können. Es bedarf aber vor allem noch sehr starker Aufklärungsarbeit, wie wichtig die Pflege des eigenen Netzwerks für das Auffinden geeigneter Kandidaten ist.

17.8 Leadership Netzwerkorganisation und Geschwindigkeit

Alle Themen, die wir bereits vorgestellt haben, betreffen Führung und entfernen sich von dem, was wir in der Vergangenheit als richtig gelernt haben. Eine der ganz großen Herausforderungen neben den klassischen Personalinstrumenten ist außerdem das Organisationsmodell sowie die rasende Geschwindigkeit der technischen und sozialen Veränderungen.

Die oberste Führungsspitze wird zum Engpass bei Entscheidungen. Häufig müssen Entscheidungen schnell getroffen werden und haben weitreichende Folgen, da viele unserer Themengebiete sehr komplex sind. Viele Top-Führungskräfte wären dankbar, wenn Entscheidungen dort getroffen werden, wo die Expertise schlussendlich sitzt. Damit geht aber ein Kontrollverlust einher, der insbesondere in Krisenzeiten als zu risikoreich wahrgenommen wird.

Die rasende Geschwindigkeit der zum Teil weitreichenden Veränderungen ist ein großes Problem. Es gibt tonnenweise Literatur, wie ein vernünftiger Veränderungsprozess ablaufen muss. Die Wahrheit ist aber, dass wir uns zum Teil noch mitten in der sogenannten Schock- oder Abschiedsphase befinden, während sich die nächste Veränderung schon abzeichnet. Dies erfordert komplett neue Kenntnisse sowohl beim Mitarbeitenden als auch und vor allem in der Führung.

17.8.1 Netzwerkorganisation

Das Pyramidenmodell in einem komplexen Umfeld hat ausgedient und kann mit der Stärke von Netzwerk-Organisationen nicht mehr mithalten. Unser Traummodell, das alle Erwartungen erfüllt, haben wir noch nicht gefunden. Deshalb entwickeln wir derzeit unser eigenes Modell, das Elemente verschiedener Organisationstypen nutzt. Aufgrund von Pilotversuchen und wachsenden Erfahrungswerten, entsteht ein neues Modell und wird konsequent weiterentwickelt. Dafür haben wir die Organisationsmodelle von Spotify und Holacracy (2019) sowie Teal-Organisationen (Laloux 2014) genauer analysiert und uns vom „Seestern und der Spinne" (Brafman und Beckström 2007), David Marquet (2015) und dem „Dive" bei Resourceful Humans inspirieren lassen. Die eingeführten Maßnahmen helfen uns bei der Entwicklung in Richtung selbstorganisiertes Unternehmen. Wichtige Elemente, die gemeinsam mit den Mitarbeitenden erarbeitet wurden, sind Kundenzentrierung, Agilität, Interdisziplinäre Teams sowie fokussierte und autonome Teams. Derzeit schaffen wir gemeinsam die nötige Klarheit, um allen Teams das adäquate Rüstzeug für das Arbeiten in der Netzwerkorganisation zu geben.

17.8.2 Umstellung der Organisation auf „agile"

Während einige unserer Teams schon lange agil arbeiten, haben wir erst in diesem Jahr unsere gesamte Software-Organisation auf „agile" umgestellt. Hier sind wir noch mitten in der Transformation. Diese zielt stark darauf ab, die Mitarbeiter von Anfang an in den Wandel miteinzubeziehen. Ebenfalls prüfen wir derzeit die Einführung von „agile" in anderen Unternehmensbereichen.

Im Rahmen des Transformationsprozesses haben wir uns auch darauf verständigt, ein Pilot-Projekt, das wir vor einem Jahr gestartet haben, in der Software-Organisation umzusetzen: die Einführung der sogenannten Chapter Leads.

17.8.3 Trennung von fachlicher Führung und Mitarbeiter-Entwicklung – Chapter Leads

Dedizierte Chapter Leads übernehmen den Teil der Führung, der sich auf die Mitarbeiter-Entwicklung und die volle Ausschöpfung des persönlichen und beruflichen Potenzials fokussiert. Sie sollen eine innovative und inspirierende Arbeitsumgebung fördern und üben dadurch einen starken Einfluss auf die Kultur aus. Coaching und Mentoring sind wichtige

Bestandteile ihrer täglichen Arbeit. Fachliche Führung wurde bewusst von der Mitarbeiterführung getrennt.

17.8.4 Retrospektive

Es kostet Zeit und einen beträchtlichen Aufwand, das richtige Organisationsmodell zu finden. Das gesamte Management Team ist gefordert. Besonders schmerzhaft ist das Loslassen von Gewohnheiten und dem alten Status. Das Verständnis, das die Teams nicht agil und selbstorganisiert arbeiten können, wenn sich das Verhalten auf Managementstufe nicht ändert, muss achtsam entwickelt werden.

Die Trennung der fachlichen von der personellen Führung wurde von den Mitarbeitern selbst entwickelt. Nach relativ kurzer Pilotphase wurde die Einführung in der gesamten Softwareorganisation durchgesetzt. Erfolgreich war der bewusste Einsatz von sogenannten fachfremden Chapter Leads, die eine fachliche Führung nicht übernehmen könnten, da ihnen das notwendige Wissen in der Software-Entwicklung fehlt, die sehr wohl aber das notwendige Wissen für die Mitarbeiter-Entwicklung mitbringen.

17.9 Wie holt man das eigene HR-Team ins Boot?

17.9.1 Herausforderungen

Natürlich geht man automatisch davon aus, dass die eigene Personalabteilung das Thema „New Work" treiben muss. Davon sind wir ebenfalls überzeugt, auch wenn nicht alle Initiativen im HR entwickelt wurden. Es ist allerdings nicht ganz so einfach, wie es vielleicht den Anschein hat. Es gibt relativ wenig Expertise auf diesem Gebiet. Man erwartet von einem gut trainierten Team von Spezialisten, sich komplett neu zu erfinden und die Firma gleich mit. Im Grunde stellt man alles infrage, was man einmal als richtig gelernt hat. Das fällt vielen Personalabteilungen so schwer wie den Führungskräften.

Wir mussten uns vor allem mit den folgender Problemaussagen auseinandersetzen: „Das haben wir schon immer so gemacht." Diesen Killer-Satz haben wir vor allem zu Beginn der Veränderungsprozesse oft gehört. Das heißt, wir sind im eigenen Team auf Ablehnung unserer Ideen gestoßen. Eine weitere Herausforderung ist der konsequente Fokus auf Effizienz. Wir denken Prozesse mustergültig aus Firmen-, aus Kosten- und aus Compliance-Sicht, nicht notwendigerweise aus der Sicht der Wertschöpfung für den Anwender. Interessanterweise waren nicht alle HR-Kollegen bereit, sich mit dem Mitarbeitenden intensiv auseinanderzusetzen und Initiativen gemeinsam zu erarbeiten, denn „wir wissen schließlich, was der Mitarbeitende braucht".

Da wir unsere eigene Personalmanagement-Software „Appreciate" gebaut haben, haben wir uns auf einmal in neuen Rollen gefunden, die wir bisher nicht kannten. Plötzlich waren wir „Product Owner“ und mussten nicht nur agil arbeiten, sondern User Stories schreiben und Wire Frames bewerten.

17.9.2 Was haben wir gemacht?

Zu Anfang haben wir zu viel vorausgesetzt und den einen oder anderen schlicht überfordert. „New Work“ war auf einmal eine Anforderung, die es bis dato nicht gab. Wir haben viele Veränderungen „von oben“ getrieben und die übrige HR-Organisation dann intensiv trainiert, damit sie selbst Trainings durchführen kann. Auf diese Art konnten wir zwar Widerstände überwinden und durchaus Buy-In generieren, insbesondere deswegen, weil wir Mitarbeitende und HR-Kollegen als Trainer für neue Modelle eingesetzt haben. Ein echtes Umdenken hat zu dem Zeitpunkt aber nicht sofort stattgefunden.

17.9.2.1 Einladung zur Reise ins Unbekannte

Nachdem wir schon viel über sich verändernde Anforderungen an Organisationen und an Personalabteilungen im eigenen Team gesprochen hatten, riefen wir eine offizielle Initiative ins Leben: unsere „HR-Nextpedition“. „New Work“ hat somit einen Rahmen erhalten. Es klingt banal, aber wir haben ausnahmslos alle HR-Mitarbeiter gebeten, sich auf eine Reise einzulassen. Wir haben vorgestellt, wo wir uns heute befinden, welche Veränderungen uns bereits eingeholt haben und welche noch auf uns warten. Wir haben offen darüber gesprochen, dass wir nicht genau wissen, was kommt, dass wir aber eine veränderte Rolle annehmen und mit Unsicherheiten umgehen lernen müssen. „Sense and Respond“ wurden als die neuen Fähigkeiten propagiert, die wir erlernen müssen.

17.9.2.2 Weiterbildung

Eine Reihe von HR-Trainings hat uns geholfen, Sicherheit zu vermitteln. Der Fokus lag auf den folgenden Themen: „Agile“, Design Thinking und Holocracy. Im Rahmen der Trainings haben wir auch Sprecher von anderen Firmen eingeladen, die über ihre Erfahrungen gesprochen und über Erfolge und Misserfolge berichtet haben.

Gestartet haben wir die Trainingsinitiative mit einem Spiel in der virtuellen Realität, das uns eindrücklich im wahrsten Sinne vor Augen geführt hat, dass Zukunft bereits „ist“. Wir haben erinnert, wann die Personalinstrumente, die heute im Einsatz sind, entwickelt wurden und wie Kommunikation zu diesem Zeitpunkt stattgefunden hat. Wer erinnert sich nicht mit einem Lächeln an die Mobiltelefone der Achtziger und Neunziger? Und dann schaut man sich an wie Kommunikation heute stattfindet – in unserem Fall war das das Erleben in der virtuellen Realität, und sei es nur im Spiel. Da muss man nicht mehr erklären, warum wir uns neue Wege überlegen müssen in der Personalarbeit.

Nachdem die erste Trainingsreihe abgeschlossen war, haben wir monatliche Newsletter initiiert mit Beispielen, was wir für uns und was wir für die Firma bereits erreicht haben und wie wir die Nextpedition weiter vorantreiben.

Für jedes der vielfältigen Projekte, die wir im HR ins Leben rufen, wählen unsere HR-Mitarbeitenden ein Instrument, mit dem sie arbeiten möchten. Man findet nicht nur Kanban Boards, sondern vor allem Prototypen, die wir unter Einbindung der Mitarbeitenden, unserer „Anwender", entwickeln. Wir haben volle Transparenz, wer an welchen Themen arbeitet. Auch die Mitschriften aus dem Management-Meeting sind HR-intern einsehbar. Außerdem teilen und feiern wir unsere kleinen und großen Erfolge.

17.9.3 Retrospektive

Es braucht ein HR Leadership Team, das seine Rolle als Gestalter von „New Work" versteht und in der Lage ist, gemeinsam mit Mitarbeitenden und Führungskräften an neuen Initiativen zu arbeiten, ohne dabei zu wissen, wie das Ergebnis aussieht.

Wer die Möglichkeit hat, sein HR-Team an einer Softwareentwicklung zu beteiligen, sollte dies nutzen. Die praktische Arbeit mit neuen Rollen in Sprints und aus Anwendersicht verändert die Wahrnehmung und den Fokus gewaltig. Es entsteht ein anderes Verständnis, worauf man achten muss, wenn man neue Prozesse ausrollt oder Initiativen entwickelt.

Die Einfassung von „New Work" in den Rahmen der Nextpedition sowie die Trainingsreihe waren Momente, die echte positive Energie geschaffen haben. Man sieht deutlich einen Unterschied im Verhalten und in der Herangehensweise an Themen.

Aus „agile" leihen wir uns vor allem die Kanban Boards, Sprints sowie die Fokussierung auf den Nutzer. Den größten Einfluss auf unser Verhalten hatte – gefühlt – Design Thinking. Dessen Einsatz sorgte sehr schnell für besonders gute Ergebnisse.

Mit den Themen Hierarchie und Netzwerkorganisation setzen wir uns noch ambivalent und kritisch auseinander. Nur wenige trauen sich an Holacracy heran und von einer Einführung ohne professionelle Begleitung würden wir abraten.

Alles in allem hat die Nextpedition unsere Haltung verändert und den Mut geweckt, an unbekannten Themen eigenverantwortlich zu arbeiten. Dabei sind unsere Ergebnisse in der Mitarbeiterzufriedenheit in unserem HR-Team deutlich gestiegen.

Schaut man sich alle unsere Veränderungen an, haben wir es geschafft, auch ohne große finanziellen Investments in Employer-Branding in den vergangenen zwei Jahren im Universum Ranking der attraktivsten Arbeitgeber der Schweiz von Platz 95 auf Platz 46 zu steigen.

Literatur

Brafman, Ori, und Rod A. Beckström. 2007. *Der Seestern und die Spinne: die beständige Stärke einer kopflosen Organisation*. Weinheim: Wiley-VCH.

Glucksberg, Sam. 1962. The influence of strength of drive on functional fixedness and perceptual recognition. *Journal of Experimental Psychology* 63(1): 36–41.

Hilb, Martin. 2011. *Integriertes Personal-Management: Ziele – Strategien – Instrumente*, 20. Aufl. München: Luchterhand.

Holacracy. 2019. Self-management practice for organizations. https://www.holacracy.org/. Zugegriffen im Oktober 2019.

Laloux, Frederic. 2014. *Reinventing organizations: A guide to creating organizations inspired by the next stage of human consciousness*. Brussels: Nelson Parker.

Marquet, L. David. 2015. *Turn the ship around!: A true story of building leaders by breaking the rules*, 2. Aufl. London: Penguin.

Nextpractice. 2020. Understand complexity, Das Analyseverfahren, eigene webpage: https://www.nextpractice.de/nextexpertizer/. Zugegriffen im Oktober 2019.

Pink, Dan. 2009. The puzzle of motivation. TEDGlobal 2009. https://www.ted.com/talks/dan_pink_on_motivation?language=en. Zugegriffen im Oktober 2019.

MIX
Papier aus verantwortungsvollen Quellen
Paper from responsible sources
FSC® C105338

Printed by Books on Demand, Germany